Theodor von Bernhardi

Denkwürdigkeiten aus dem Leben des Kaiserl. Russ. Generals Carl Friedrich,

Grafen, von Toll

Theodor von Bernhardi

Denkwürdigkeiten aus dem Leben des Kaiserl. Russ. Generals Carl Friedrich, Grafen, von Toll

ISBN/EAN: 9783743620216

Hergestellt in Europa, USA, Kanada, Australien, Japan

Cover: Foto ©ninafisch / pixelio.de

Theodor von Bernhardi

Denkwürdigkeiten aus dem Leben des Kaiserl. Russ. Generals Carl Friedrich,

Grafen, von Toll

Denkwürdigkeiten

aus dem Leben des

kaiserl. russ. Generals von der Infanterie

Carl Friedrich Grafen von Toll.

Von

Theodor von Bernhardi.

Zweite vermehrte Auflage.

Drittes Band.

Leipzig

Verlag von Otto Wigand.

1866.

Inhalt.

Sechstes Buch.
Der Herbst-Feldzug 1813.

Beilagen.

Sechstes Buch.

Der Herbst-Feldzug 1813.

———

Erstes Kapitel.

Die allgemeine Lage. — Unterhandlungen mit Oesterreich. — Toll's Entwürfe.
— Sendung nach Gitschin. — Der Prager Congreß. — Conferenzen zu
Trachenberg.

Der Frühjahrs-Feldzug war mißlungen. Trotz der allgemeinen
Begeisterung, trotz der Opfer, die gebracht wurden und die jedes Maaß
gewöhnlicher Wahrscheinlichkeit bei Weitem überstiegen, hatte der Erfolg den Erwartungen nicht entsprochen. Die Verbündeten, besonders
die Preußen, hatten auf den Schlachtfeldern eine Tapferkeit gezeigt, die
gewiß nie übertroffen worden ist, und dennoch war das allgemeine
Ergebniß ein so ungünstiges daß die endliche Entscheidung des Kampfes
sehr zweifelhaft wurde. Man sah sich genöthigt in gewissem Sinn die
Bahnen zu verlassen, auf denen man bisher den Erfolg erstrebt hatte,
und andere Elemente der Macht aufzubieten, um in anderer Weise die
Wahrscheinlichkeit des Sieges für sich zu gewinnen.

Dieser Thatsache gegenüber drängt sich unabweisbar die Frage
auf, ob die Bahnen, in welche Scharnhorst und die Gleichgesinnten in
Preußen die Kriegführung anfänglich zu leiten suchten, vielleicht überhaupt nicht zum Siege führen konnten? — Ob ein solcher Volks- und
Nationalkrieg, wie ihn die berühmte Proclamation von Kalisch ankündigte, überhaupt und schon seinem Wesen nach ein verfehlter Gedanke,
der Plan zu kühn, und auf unhaltbare Voraussetzungen begründet
war?

1 *

Allerdings verhielt sich Manches anders als Scharnhorst, den wir hier als Träger der Ideen nennen, von denen die strebende, patriotische Partei in Preußen ausging, sich gedacht haben mochte, und seine Voraussetzungen trafen wohl in sehr wesentlichen Punkten nicht zu. Schwerlich hatte er sich das russische Heer in dem Grade zerrüttet gedacht, wie er es dann wirklich fand, und vielleicht hatte auch er nicht gedacht, daß Napoleon, nach dem Untergang seiner großen Armee, in so kurzer Zeit ein neues, in dem Grade zahlreiches und tüchtiges Heer zu bilden vermochte, wie er bei Groß-Görschen in den Kampf führte.

Die Ausführung jener Plane war demnach bedeutend schwieriger als Scharnhorst vorausgesetzt hatte, die Gunst der Umstände geringer, der Sieg schwerer zu erringen.

Dennoch aber war ein großer Erfolg auch so nicht unmöglich. Es war nicht unmöglich rasch gegen den Rhein vorzudringen; die Bildung der französischen Heertheile am Main zu stören, sie schon im Entstehen zu zerrütten, und was von Truppen bereits da war, über den Rhein zu treiben; das schwach begründete Königreich Westphalen umzustürzen, und sich alle Mittel der Macht dienstbar zu machen, die das nördliche Deutschland barg, während man Napoleon's treue Anhänger unter den süddeutschen Fürsten, zum Mindesten wankend machte, und in ihren Entschlüssen lähmte. Und Oesterreich, sollte man denken, konnte dann nicht schwanken, wenn es sich nicht überflügelt, seinen Rang unter den europäischen Staaten nicht verloren sehen wollte. Es mußte rascher handeln und wurde weniger Herr der gesammten Sachlage.

Aber freilich, damit dergleichen möglich werde, mußte sich überall ein Geist rastlos strebender Thätigkeit offenbaren, der vor keiner Wagniß und vor keinem Opfer zurückbebte; und mehr als das: ein großer Sinn, der großen Verhältnissen gewachsen ist; es mußte sich von allen Seiten eine ungetrübte Reinheit der Absichten begegnen — und das waren allerdings, wie die Welt einmal beschaffen ist, sehr kühne Voraussetzungen.

Unter den russischen Generalen und Staatsmännern durfte nicht eine so entschiedene Abneigung gegen die Fortsetzung des Krieges herrschen; sie durften nicht in beschränkten Vorstellungen verloren sein, denen zufolge Rußlands Sache ihnen außer allem Zusammenhange mit den sonstigen Verhältnissen Europa's zu stehen schien; man durfte von Seiten Rußlands das Bündniß mit Preußen nicht dadurch ver= zögern, daß man selbst nach York's entscheidendem Schritt nur zau= dernd vorrückte, Rußlands Absichten auf Polen zu der Hauptsache machte, um die es sich eigentlich handelte, und selbst dem Verlangen nach Ostpreußen und Danzig nicht sogleich zu entsagen wußte. Auch der preußische Hof durfte nicht so lange die ostpreußischen Stände sich selbst überlassen, nicht so lange schwanken und zaudern, ehe er zu wirklichen Unterhandlungen schritt. Selbst England durfte die Wich= tigkeit Hamburgs, und die Natur der dortigen Verhältnisse nicht so verkennen, wie es that, sich nicht darauf beschränken in der Person des Grafen Wallmoden einen General hin zu senden, der nicht einmal einen Adjutanten mitbrachte. Endlich mußten die russischen Generale, welche die entscheidende Stimme hatten, sich gewöhnen können, die Art der eigentlichen Kriegführung den leitenden Ideen anzupassen, wie sie Scharnhorst hinstellte.

In Allem was geschah und unterblieb, that sich eben die hem= mende Friction kund, die sich überall ergiebt, wo der Mensch berufen ist, in dem erschwerenden Element der Wirklichkeit zu handeln; die lähmende Macht, die den Erfolg abschwächt, die so oft das, was groß gedacht und angelegt war, nur verkümmert zur Erscheinung kommen läßt — und die man freilich schon bei der Anlage seiner Plane mit in die Rechnung ziehen muß.

So wie die Dinge wirklich geleitet wurden, erkannte Scharnhorst sehr bald, daß ohne ein — übrigens unter allen Bedingungen wün= schenswerthes — Bündniß mit Oesterreich gar nicht auszukommen sei, nachdem man so Vieles aufgegeben hatte, ohne es recht zu wissen. Besonders nachdem er das neue französische Heer bei Groß=Görschen gesehen hatte, befestigte sich diese Ueberzeugung bei ihm; — und auch bei dem Kaiser Alexander und seiner Umgebung steigerte sich fortan das Verlangen nach einem Bündniß mit Oesterreich mit jedem Tage, und bis zu solchem Grade, daß man bereit war selbst mehr als billig dafür zu thun, sich mehr als billig den Forderungen und Ansichten des Wiener Cabinets zu fügen.

Jetzt vollends, zur Zeit des Waffenstillstands, durfte man nicht entfernt daran denken, die früheren, von Kalisch aus verkündeten Plane wieder aufzunehmen. Nach neuen Siegen war Napoleon mit überlegener Macht im Besitz des gesammten Deutschlands, außer Preußen, und alle Hülfsmittel, die es bot, standen ihm zu Dienst. Deutschland konnte sich nicht regen, konnte nicht aufgerufen werden zum Kampf gegen Napoleon: es mußte erkämpft werden. Die Fürsten des Rheinbundes mußten jeden Augenblick darauf gefaßt sein, zu erfahren, „daß sie aufgehört hätten zu regieren", wenn sie nicht in Napoleon's Dienst das Aeußerste leisteten. Sie sahen zudem die Verbündeten mit einem besorgten Mißtrauen an, denn sie befürchteten von diesen eine Beschränkung der Souveränetät, der Machtvollkommenheit, die ihnen Napoleon verliehen hatte — und sehr unerfreulich war es ihnen, daß sich in der Bevölkerung ihrer Länder ein Gedanke an das Vaterland regte. Diesen neuen, unbequemen Geist konnten die Verbündeten gar wohl veranlaßt sein zu nähren und zu heben —: Napoleon unterdrückte ihn gewiß, dessen durfte man versichert sein. Aus allen diesen Gründen hielten die Fürsten des Rheinbundes fest zu Napoleon, selbst als sie eine Wahl hatten, und so lange ihnen eine Wahl blieb. — Kaum daß Baiern begann, im Bewußtsein eines etwas fester begründeten Daseins, durch selbstständige Rüstungen auf alle Fälle für sich selbst zu sorgen. —

Auch der Versuch des Generals Thielmann und einiger gleichgesinnten sächsischen Offiziere den König von Sachsen auf die Seite der Verbündeten herüber zu ziehen, war vollständig gescheitert. Dieser König, ein ganz guter Mann bekanntlich, dessen Geist und Charakter aber großen Aufgaben nicht gewachsen war, der vielmehr in durchaus beschränkten und veralteten Vorstellungen lebte — der hatte Dresden erschreckt verlassen, als die Verbündeten nahten. Während die übrigen sächsischen Truppen sich in Torgau einschlossen, und dort eine Art von Neutralität behaupteten, so lange keine Franzosen in der Nähe waren und drohten, zog der König mit zwei Kürassier-Regimentern, die er aus Dresden mitgenommen hatte, ziemlich rathlos in Baiern und Böhmen herum; hielt sich erst zu Regensburg auf, dann, von dem Wiener Cabinet eingeladen, zu Prag, und ließ sich dort erzählen, was der Graf Metternich von einer gemeinsamen bewaffneten Neutralität andeutete. Der sächsische Minister, Graf Senfft-Pilsach, hatte diese Idee, scheint es, zuerst in Anregung gebracht —: Graf Metternich schien darauf einzugehen. Dem Wiener Cabinet konnte allerdings daran liegen, daß der König von Sachsen nicht unverzüglich dem Bunde Rußlands und Preußens beitrat; — daß überhaupt dieser Bund nicht ohne Oesterreichs Eingreifen und Verdienst zu größerer Macht heranwuchs — oder vollends zu einer unwiderstehlichen, siegesgewissen Macht. Je mehr sich der besonderen, zuwartenden Politik Oesterreichs anschloß, desto bedeutender wurden Gewicht und Stellung dieses Kaiserreichs. Die Verhältnisse Sachsens aber, des unmittelbaren Kriegsschauplatzes, waren zu einer solchen Neutralität in keiner Weise angethan, und der Gang der Weltgeschichte wartete nicht auf den Entschluß der Rathlosen. Nach der Schlacht bei Groß-Görschen wieder im Besitz von Dresden, drohte Napoleon sehr unumwunden den König Friedrich August als Verräther vom Thron zu stoßen, wenn dieser nicht augenblicklich in seine Hauptstadt zurückkehrte, und seine Pflichten als Mitglied des Rheinbundes erfüllte. Kaum Stunden Bedenkzeit gewährte Napoleon. Da eilte Friedrich August mit seinen Kürassieren nach Dresden zurück, unter die schützenden Flügel seines „erhabenen Alliirten", wie er gewohnt war, Napoleon zu nennen; die sächsischen Truppen aber mußten von Neuem den französischen Adlern folgen.

Von dieser Seite war also jede Aussicht geschwunden, das Bündniß oder seine Streitkräfte erweitert zu sehen.

Zugleich aber hatte sich immer entschiedener die Ansicht festgestellt, daß die Lage wieder eine schwierige wurde, wenn die allgemeinen Verhältnisse unverändert, Rußland und Preußen auf ihre eigene Macht allein angewiesen blieben. Trotz aller Anstrengungen schien diese Macht, den gewaltigen Mitteln gegenüber, die dem Herrn Frankreichs noch immer zu Gebote standen, nicht genügend den Erfolg sicher zu stellen.

Zwar, die Rüstungen Preußens überstiegen Alles, was man zum Voraus für wahrscheinlich, oder selbst für möglich halten konnte. Es genügt daran zu erinnern, daß der preußische Staat, der damals nur

vier und eine halbe Million Einwohner zählte, verarmt, von allen
Geldmitteln entblöst, das zahlreichste der verbündeten Heere in das
Feld stellte.

Auch von Seiten Rußlands geschah, in verhältnißmäßig kurzer
Zeit, viel zur Ergänzung des mehr als gelichteten Heers; aber diese
Macht hatte mit alle den Schwierigkeiten zu kämpfen, deren wir bereits
gedacht haben, und das Ergebniß blieb natürlich auch jetzt weit hinter
dem zurück, was Napoleon's energische Verwaltung in Frankreich
möglich machte, was sein gefürchtetes Machtgebot in den Staaten des
Rheinbundes erzwang.

Denn auch Napoleon's Streitmacht vermehrte sich bedeutend, be=
sonders an Geschütz und Reiterei; neue Schaaren zogen vom Rhein
durch Deutschland an die Elbe, und zuletzt blieb sein Heer an diesem
Strom der Macht, welche die Verbündeten, die so viele Festungen um=
stellen mußten, zur Verwendung im freien Felde übrig behielten, um
ein sehr Beträchtliches an Zahl überlegen —: nach den zuverlässigsten
Nachrichten, die vorliegen, wohl um fünfzigtausend Mann. — Erst
wenn im September das russische Heer an die Oder rückte, das sich
unter Bennigsen in Polen bildete, war das Gleichgewicht hergestellt.
Mußte man den Krieg ohne Oesterreich führen, dann war es gewiß
wünschenswerth den Heran = Marsch dieses Heeres zu beschleunigen;
vielleicht ließ sich das möglich machen; vielleicht ließen sich dann auch
noch von den zu Blokaden und Belagerungen im Rücken der Armee
bestimmten Truppen, einige tausend Mann absparen —: aber an
Streiterzahl ein fühlbares Uebergewicht über den Feind zu gewinnen,
dazu war keine Aussicht.

Wie sehr man das Bedenkliche der ganzen Sachlage empfand, das
geht deutlich genug aus manchen Anordnungen des Kaisers Alexander
hervor. Daraus namentlich, daß er vier befestigte Brückenköpfe an
der Weichsel zu bauen befahl: bei Gura und Janowice oberhalb War=
schau, bei Plock und Thorn unterhalb dieser Hauptstadt. Außerdem
wurde der Bau der Festungswerke von Dünaburg und Bobruysk in
Lithauen mit verdoppeltem Eifer wieder aufgenommen.

Es war natürlich, daß unter diesen Umständen die früheren Be=
mühungen, Oesterreich für ein Bündniß mit Rußland und Preußen

zu gewinnen, in gesteigertem Maaße fortgesetzt wurden. Das Wiener Cabinet seinerseits suchte sich zunächst des unbequemen bestehenden Bündnisses mit Frankreich zu entledigen. Denn wozu es sich auch entschließen mochte, und wäre es zu einer erneuten Vereinigung mit Napoleon gewesen: das 1812 geschlossene Bündniß paßte in keiner Weise mehr auf die sehr veränderten Verhältnisse. In keinem Fall konnte Oesterreich jetzt, wo eine mehr oder weniger veränderte Gestaltung Europa's in Frage stand, bloß als Hülfsmacht mit einem mäßigen Heertheil an dem Kampf Antheil nehmen, und sein eigenes Gebiet als neutrales Land absperren. Es mußte, durch seine europäische Stellung mehr noch als durch seine geographische Lage dazu genöthigt, mit seiner gesammten Macht in den Kampf eingreifen, und seine gesammten Interessen dabei einsetzen; dafür mußte ein wirklicher und namhafter Gewinn in Aussicht stehen — und das Alles ließ sich nur auf der Grundlage neuer Verträge ordnen.

Merkwürdig und bezeichnend ist, wie in dieser schwebenden Lage der Dinge das wahrscheinliche Verhalten Oesterreichs von beiden Parteien beurtheilt wurde, und was man davon erwartete. Oesterreich hatte sich das Jahr zuvor, 1812, wie bekannt, der Sache Napoleon's keineswegs mit unbedingter Hingebung gewidmet, es hatte vielmehr die geheimen diplomatischen Verbindungen mit Rußland nie abgebrochen, die scharf gezogene Unterscheidungslinie zwischen dem österreichischen Hülfs-Corps und dem österreichischen Staat als solchem, nach dieser Seite hin, nie in Vergessenheit gerathen lassen. Jenes war gleichsam dem Kaiser Napoleon für seine Zwecke überlassen, Dieser blieb, wie man mittelbar zu erkennen gab, selbstständig und neutral, den Absichten Napoleon's fremd, obgleich man in den geheimen Artikeln des Bündnisses mit Frankreich das Versprechen einer Vergrößerung auf Kosten Rußlands angenommen hatte. Sobald sich zeigte daß Napoleon's Unternehmen mißlungen sei, erschienen, wie wir gesehen haben, so bedeutende österreichische Staatsmänner wie Herr v. Wessenberg, im russischen Lager bei Krasnoi, um sich gehörig zu orientiren. Was sie nebenher etwa versprachen, ist nicht bekannt geworden. Und als darauf immer entschiedener hervortrat daß man einem Wendepunkt der europäischen Politik entgegen gehe, ließ sich das Wiener Cabinet auf mancherlei geheime Verabredungen und Tractate mit Rußland ein, in denen Oesterreich das Interesse seines Verbündeten — Napoleon's — vielfach preis gab, und nur den Schein zu wahren suchte. — In Erwiderung, und um ein so erwünschtes Verhältniß seinerseits zu pflegen, befleißigte sich der Kaiser Alexander einer gewissen ritterlichen Courtoisie selbst gegen das Hülfs-Corps unter Schwarzenberg. Noch während des offenen Krieges sendete er dem österreichischen Chevaurlegers-Regiment Oreilly zwei Standarten, die man ihm abgenommen hatte, mit einem artigen Schreiben zurück —: dennoch betrachtete er Oesterreichs Beitritt zu dem Bündniß gegen Napoleon keineswegs als eine Sache, die sich von selbst verstehe. Er war vielmehr überzeugt, daß es nicht ohne Mühe zu erkaufen sei, und bereit, viel dafür zu bieten.

War doch Graf Stackelberg, der schon im Januar dem Grafen Metternich in gehobenem Ton von einer Erhebung Oesterreichs sprechen mußte, sehr kalt empfangen worden. Alle Begeisterung wies Graf Metternich mit dem Spott zurück, der die Begeisterung in der großen Welt so häufig trifft.

Unter den deutschen Staatsmännern erwarteten gerade die einsichtsvollsten kaum einen großen und günstigen Entschluß von Seiten Oesterreichs; so namentlich Wilhelm von Humboldt. Sie glaubten wahrzunehmen, daß die diplomatische Gewandtheit des Wiener Cabinets weder mit Energie und moralischem Muth, noch mit einer großartigen und freisinnigen Ansicht der Dinge und Verhältnisse gepaart sei; daß vielmehr in dem dortigen Kreise jeder Entschluß von vielfachen Rücksichten zweiten Ranges abhängig gemacht werde — und gelähmt durch die Furcht vor jedem Außerordentlichen; besonders durch die Furcht vor dem Geist der Zeit, vor einem möglichen Erwachen der Völker zu wirklichem Leben. Das, was in Preußen alle Kräfte aufrief, das Streben eine gefährdete und beleidigte Nationalität zu neuer, unabhängiger Geltung und Größe zu erheben, gab es für Oesterreich nicht — sollte es nicht geben, wo Oesterreich gebot. — Daß die Art und Weise, wie die preußische Regierung auftrat und zu den eigenen wie zu den übrigen Völkern Deutschlands sprach, in Wien höchlich mißfiel, war kein Geheimniß. Während die Söhne des nörd-

lichen Deutſchlands auf den Schlachtfeldern von Groß-Görſchen und
Baußen als Helden kämpften und als Helden ſtarben, wurde ihre Be-
geiſterung — und überhaupt jede ſelbſtſtändige Regung der Vater-
landsliebe — zu Wien, mit Genehmigung der k. k. Cenſur, auf den
Vorſtadt-Theatern in allerhand Poſſen verhöhnt und verſpottet. So
glaubte man denn ſogar bis zum leßten Augenblick an Oeſterreich zweifeln zu müſſen. Es iſt bekannt, daß Wilhelm v. Humboldt, als der
Prager Congreß ſchon geſchloſſen war, den Courier, der dem Kaiſer
der Franzoſen Oeſterreichs Kriegs-Erklärung überbringen ſollte, ſelbſt
bis an den Reiſewagen begleitete — aus Beſorgniß, er könnte wieder
zurückgerufen werden, noch ehe er unterwegs war!

Andererſeits glaubte Napoleon bis gegen das Ende des Waffenſtillſtands, immer noch nicht, daß Oeſterreich je wirklich als Feind
gegen ihn in die Schranken treten könne. Das offenbart ſich in allen
ſeinen Maaßregeln. So wurde namentlich Dresden nur auf dem
rechten Elb-Ufer befeſtigt, nur gegen einen Angriff von Schleſien her
ſicher geſtellt.

Ueber den Gang der Unterhandlungen, die Oeſterreich nach zwei
Seiten hin führte, ſind wir bei Weitem noch nicht vollſtändig unterrichtet, ſo viele Denkwürdigkeiten und Aktenſtücke auch in der leßten
Zeit die europäiſche Literatur bereichert haben. Zwar wie ſich Oeſterreichs Verbindungen mit Rußland und Preußen allmälig entwickelten
und geſtalteten — das läßt ſich ſo ziemlich überſehen —: weniger dagegen der Gang der Unterhandlungen mit Napoleon in den entſcheidenden Augenblicken. Hier wurde Vieles mündlich verhandelt — von
Seiten Oeſterreichs iſt nichts darüber bekannt gemacht worden — was
durch Hormayr und ſonſt auf Nebenwegen in die Oeffentlichkeit gekommen iſt, kann natürlich nicht vollſtändig ſein — und was franzöſiſche Schriftſteller bringen, iſt großentheils in der ausdrücklichen Abſicht geſchrieben, die Geſchichte zu fälſchen und die Maſſe irre zu
führen.

Es iſt jeßt bekannt genug, und wird von allen Seiten anerkannt,
daß Napoleon ſelbſt in St. Helena ſeine Rolle keineswegs unwiederbringlich ausgeſpielt achtete, vielmehr immer die Hoffnung nährte,
wieder in Frankreich zu herrſchen, den Thron Frankreichs jedenfalls

für seine Dynaftie wiedergewonnen zu sehen. Er dachte nicht entfernt
daran, sich in sein Schicksal zu ergeben, seine Verhältniffe hinzunehmen
wie sie waren, und sie eben durch eine würdevolle Ergebung erträglich
zu machen für sich selbst und Andere. Vielmehr wurde zwischen ihm
und seiner Umgebung eine förmliche Verabredung getroffen, wo und
wie es sich irgend thun ließe, Händel anzuzetteln, alle Verhältniffe
bis zum unleidlichen zu verwirren, sich Unannehmlichkeiten zuzuziehen,
die sich für grausame, unwürdige Verfolgungen ausgeben ließen — und
die Kunde davon so viel als möglich in Frankreich, ja in ganz Europa
zu verbreiten. Es war dies der einzige Weg, der blieb, die Aufmerksamkeit der europäischen Welt beständig auf sich zu lenken, und mit
seiner Person, mit seinen Schicksalen zu beschäftigen, ja die allgemeine
Theilnahme für sich zu gewinnen —: ein Verfahren, dem wir Klug-
heit nicht absprechen können, so sehr wir auch Adel und Größe darin
vermiffen mögen. Jetzt begreift man freilich selbst in Frankreich, daß
Sir Hudson Lowe, ein ehrenwerther Mann und Charakter, aber an
Feinheit in diesem Spiel seinem Gegner weitaus nicht gewachsen, auf
diese Weise von Napoleon vielfach gepeinigt und verfolgt wurde; daß
er, den die englische Regierung für diesen nichts weniger als beneidenswerthen Posten gewählt hatte, weil er von unbedeutender Herkunft
war, man ihn also leicht aufopfern und fallen laffen konnte, in der
That das Opfer dieser Intriguen geworden ist*).

Das Alles begreift man jetzt, wie gesagt, zur Zeit aber fanden
die Schriften, Tagebücher und Lamentationen, die von St. Helena
aus verbreitet wurden, unbedingten Glauben. Die Maffe, auch die
der Halbgebildeten, ist immerdar im Sinn der herrschenden Stimmung,
von der sie abhängt, leicht zu täuschen — und die herrschende Stimmung kam allerdings diesen Bemühungen überall zu Hülfe. Selbst
in England war jede Waffe gegen Lord Castlereagh's Verwaltung
willkommen. In Frankreich vollends hatten schon die verkehrten
Maaßregeln der Regierung, und die anmaaßliche, verletzende Thorheit
der ehemaligen Emigranten, während der ersten Restauration den Bo-

---

*) Man sehe zum Beispiel in der Revue des deux mondes, Jahrgang 1855,
den Artikel: Sir Hudson Lowe et ses mémoires sur la captivité de Ste. Hélène.

den vortrefflich vorbereitet; es kam nun noch hinzu, daß die National-
Eitelkeit 1815 auf das Tiefste verletzt war, und daß die Liberalen auch
in der Verherrlichung einer nahen Vergangenheit, deren eigentliches
Wesen sie glücklich beseitigt wähnten, — in der Verherrlichung Napoleon's, ein Mittel zu sehen glaubten, ihre Zwecke zu fördern. Sogar
in Deutschland, wo man Napoleon doch besser kennen mußte, machte
die allgemeine Verstimmung, welche die Zustände seit 1815 hervorriefen, empfänglich für die Kunde, die von St. Helena herüber erscholl;
das Talent des Gerührtseins, das der Deutsche in einem so hohen
Grade besitzt, kam auch dem großen Gefangenen zu Statten; man war
tief gerührt durch seine Leiden, und erging sich in gefühlsamen Reden
darüber — ohne sich etwa Toussaint Louverture's zu erinnern.

Mit diesen Berichten aus St. Helena waren dann auch in bunter
Reihe Mittheilungen verbunden, die sich für geschichtliche ausgaben.
Besondere Werke behandelten in demselben Geist einzelne Theile der
napoleonischen Geschichte und gewannen durch wirkliche, echte Aktenstücke, die darin abgedruckt wurden, ein gewisses Ansehen. Das Bestreben ging in allen dahin, den National-Stolz für Napoleon und die
Zustände unter ihm aufzurufen, dann aber auch gewisse böse Eindrücke
zu verwischen, die das Selbsterlebte auch in Frankreich gemacht haben
konnte. Nicht allein mußten zu diesem Ende die Thaten des Helden
im Glanz des völlig Wunderbaren gezeigt, seine Plane und Ansichten
als durchaus unfehlbar dargestellt, die verderblichen Unfälle entweder
durch Verrath, oder durch eine ganz unberechenbare Kette von Zufälligkeiten erklärt werden —: es schien auch nicht minder nöthig, die beispiellose, ja beinahe zu weit gehende Friedensliebe Napoleon's in das
gehörige Licht zu stellen. So werden wir denn auch belehrt, daß Napoleon beständig nach dem Frieden strebte und die Hand bot, ihn der
Welt zu schenken, daß aber die ganz übermäßigen Forderungen seiner
Feinde, alle seine Bemühungen immerdar vereitelten; daß nur das
durchaus verderbte, Alles vergiftende England — la corruptrice
Angleterre — alle Staatsmänner Europa's mit schnödem Gold erkauft hatte, damit sie an ihren Landesherren Verrath übten, und zu
deren Schaden jeglichen Frieden auf Napoleon's billige Bedingungen
unmöglich machten.

So ist größtentheils die französische Literatur über diese Zeit beschaffen; denn auch nach Napoleon's Tod hörte diese Art von Schriftstellerei nicht auf. Es gab der Leute genug deren vielversprechende Laufbahn durch Napoleon's Sturz unwiederbringlich gestört war, und gar mancherlei Parteien in Frankreich hatten ein Interesse dabei, dem Nationalstolz zu schmeicheln, den Bourbons zu schaden, die bestehenden Zustände zu untergraben. In dem Bewußtsein des französischen Volks haben wirklich die Vorstellungen, welche man auf diese Weise bemüht war zu verbreiten, tiefe Wurzeln geschlagen. Sie haben denn auch ihre Früchte getragen.

In der Nationalsage der Franzosen werden diese Vorstellungen auch wohl für immer haften bleiben; da sind sie schwerlich zu beseitigen. Um so mehr ist es Pflicht der ernsten Forschung und redlichen Kritik das Unwahre, das in solcher Weise ein großes Publikum gefunden hat, wenigstens aus der Geschichte zu verbannen, und man muß es gewiß bedauern, wenn selbst in neueren, in vielfacher Beziehung sehr achtungswerthen, und mit Recht viel gelesenen Werken deutscher Geschichtschreiber, die Schriften eines Mannes wie Fain benützt werden als seien sie redlich gemeint, und wirklich zuverlässige Quellen für die Geschichte dieses Zeitraums. — —

Wir haben hier natürlich die Phasen der österreichischen Unterhandlungen nicht vollständig und im Einzelnen zu erzählen. Einige allgemeine Andeutungen können genügen — : aber auch diese vermögen wir nicht durchaus mit voller Sicherheit zu entwerfen; die gewichtigen Zweifel, welche die Berichte der Franzosen erwecken, sind nicht zu umgehen — und sie betreffen gerade die wichtigsten Momente; das, was sich in dem persönlichen Verkehr der leitenden Staatsmänner ereignete, und die Entscheidung wesentlich herbeiführte.

Ueber die ersten Besprechungen dieser Art, die stattfanden, als das Wiener Cabinet zuerst daran dachte, veränderte Bahnen der Politik einzuschlagen, von denen es vor der Hand selbst eine recht bestimmte Vorstellung nicht hatte — : über die geben Aktenstücke, Gesandtschaftsberichte, welche Hormayr veröffentlicht hat, freilich zuverlässige Auskunft. Wir sehen da, daß der leitende Minister Oesterreichs während der ersten Monate des Jahres 1813, während österreichische Diplo-

maten von Krasnoi bis Kalisch lebhaft auch mit dem Kaiser Alexander unterhandelten, sich gegen den französischen Gesandten zu Wien
äußerte, als werde Habsburg nunmehr seine ganze Macht für Napoleon in die Wagschaale werfen.

Als man dem Drängen der französischen Regierung gegenüber
diese Rolle nicht länger durchführen konnte ohne wirklich im Interesse
Napoleon's zu handeln, sprach Oesterreich gegen Frankreich wie gegen
Rußland und Preußen den Wunsch aus, den europäischen Frieden
herbeizuführen, und trat als Vermittler auf — behauptete aber dennoch das im vorigen Jahr geschlossene Bündniß als Grundlage aller
seiner Beziehungen aufrecht zu erhalten.

Napoleon glaubte, wie es scheint, auch diese Wendung könne
dienen Oesterreichs gesammte Macht für seine Sache in die Schranken
zu führen. Die Aufgabe der vermittelnden Macht, welche den Frieden
wünschte und herbeiführen wollte, bestand nach seiner Auffassung, im
Wesentlichen darin, daß sie seine Forderungen bei den Verbündeten
unbedingt mit drohendem Nachdruck unterstützte, und ihre gesammten
Streitkräfte zu seiner Verfügung stellte, um einen Frieden, wie Er ihn
haben wollte, zu erzwingen oder zu erkämpfen.

„Oesterreich, das sich vorangestellt hat um den Frieden herbeizuführen," erklärte Napoleon am 7. April durch seinen Minister —:
„Oesterreich muß, um dies Ziel zu erreichen, eine bestimmte Farbe annehmen, auf die unmittelbare Eröffnung der Unterhandlungen bringen,
und als hauptsächlich betheiligte Partei (comme partie principale)
Antheil an dem Kampfe nehmen. — In den ersten Tagen des Mai's,
wenn der Kaiser der Franzosen für seine Person mit 300,000 Mann
auf dem rechten Ufer der Elbe sein wird, könnte Oesterreich seine Armee
bei Krakau verstärken, und sie, die Truppen des Fürsten Poniatowski
mitgerechnet, auf mehr als 150,000 Mann bringen; da diese Bewegungen im April stattfänden, würde die Armee, indem sie sich enger
vereinigte, vorläufig eine defensive Stellung einnehmen, aber bereit
sein, die Offensive wieder zu ergreifen. Ein Heertheil von 30 bis
40,000 Mann müßte sich in Böhmen versammeln, und an dem
Tage, an welchem der Kaiser an der Spitze seines Heeres vom Main
her an der Elbe ankäme, würde Oesterreichs Minister dem Kaiser

Alexander seine Erklärung abgeben, die Armee bei Krakau kündigte den
Waffenstillstand, die Truppen in Böhmen brächen aus ihren Cantonirungen auf u. s. w."

Mit großer Gewandtheit erfaßten die österreichischen Diplomaten
nur diejenigen Punkte dieser Erklärung, die ihnen gelegen kamen, und
deuteten sie in ihrer Weise. So antwortete der Feldmarschall Fürst
Schwarzenberg, österreichischer Botschafter zu Paris (am 22. April) —:
den Zweck zu erreichen, gebe es allerdings nur Eine diplomatische
Form: die der bewaffneten Neutralität; der Kaiser von Oesterreich
lasse sich demgemäß bewegen, diese Stellung einzunehmen. — Auf
diese Weise war der Uebergang zu einer veränderten Stellung Oesterreichs gefunden, und man gab sich noch dazu das Ansehen, einem Verlangen Napoleon's zu genügen. — Dann sprach Fürst Schwarzenberg
seine Freude darüber aus, daß Napoleon, eben wie die österreichische
Regierung selbst, der Ansicht sei, daß Oesterreich nicht mehr als bloße
Hülfsmacht an dem Kampfe Antheil nehmen könne, sondern nur als
eigentliche Partei; die Artikel des bestehenden Bündnisses, die sich auf
eine beschränkte Hülfsleistung bezögen, müßten demgemäß geändert
werden.

Der französische Gesandte in Wien, Graf Narbonne, der sich über
das Verhalten des österreichischen Hülfsheers in Polen beschwerte,
mußte vernehmen, daß dieser Heertheil einen etwanigen Befehl Napoleon's den Waffenstillstand zu kündigen, nicht befolgt haben würde,
da die vermittelnde Macht doch unmöglich angriffsweise vorschreiten,
und die ersten Feindseligkeiten ausüben könne.

In dieser Stellung die alle Wege offen ließ, suchte sich nun
Oesterreich bis weit in den Junius hinein zu erhalten, theils weil es
mit seinen Rüstungen noch nicht fertig war, theils weil es in der That
noch keinen Entschluß gefaßt hatte. Es suchte eben vor Allem die
Stellung eines anerkannten Schiedsrichters zu gewinnen; eines neutralen Vermittlers, der nicht schon gebunden ist, sondern durch Vortheile, die man ihm bietet, gewonnen werden muß. Seine Staatsmänner vermieden deshalb jede bestimmte Erklärung darüber, welche
Punkte des französischen Bündnisses sie geändert haben wollten — oder
welche Friedensbedingungen ihre Regierung bereit sei zu verfechten;

wenn auch Graf Bubna, mehrfach aus Wien in Napoleon's Hauptquartier gesendet, in dieser Beziehung, wie man sagt, einige vorbereitende Winke fallen ließ. — In allen Noten, die an den Kaiser der
Franzosen gerichtet waren, wurde theils vorausgesetzt, als verstehe es
sich von selbst, daß Oesterreich sich nur dem Schwiegersohn seines Kaisers anschließen könne, wenn der Friede nicht zu Stande komme —
theils ließ man das geflissentlich durchschimmern: aber man vermied
es ausdrücklich zu sagen. —

Inzwischen herrschte in den Hauptquartieren der Verbündeten eine
rege und mannigfaltige Thätigkeit.

Auch Toll verlebte die erste Zeit des Waffenstillstandes im Hauptquartier zu Reichenbach, wo zur Zeit so viele bedeutende Männer vereinigt waren.   Sehr häufig, ja fast täglich, wurde er nach dem nahen
Schloß zu Peterswaldau berufen, um mit dem Kaiser Alexander zu
arbeiten, der dort wohnte.   Sein nächster Auftrag war, einen Operations-Plan für den Herbstfeldzug auszuarbeiten, dem man mit Bestimmtheit entgegen sah, und schon am 9. Juni legte Toll seinem
Kaiser einen Entwurf vor, den wir in den Beilagen vollständig wiedergeben *).

Er war in französischer Sprache ausgearbeitet, um unmittelbar
dem König von Preußen und den preußischen Generalen mitgetheilt
werden zu können.   Wenn man diesen ersten Plan mit dem vergleicht,
was später ausgeführt wurde, darf man nicht vergessen, zu welcher
Zeit er entworfen war, und von welcher Sachlage, von welchen Voraussetzungen Toll fünf Tage nach dem Abschluß des Waffenstillstandes
ausgehen mußte.   Noch ließ sich nicht übersehen um wie viel die verbündeten Heere im Lauf des Waffenstillstandes verstärkt werden konnten, auf welche Höhe man die Zahl der Streiter bringen werde — und
sie ist in Folge dessen in Toll's Entwurf um ein Bedeutendes zu gering
angeschlagen.   Noch wußten auch die russischen Generale nicht zu beurtheilen, inwiefern die preußischen Landwehren im freien Felde brauchbar sein würden.   Unbekannt mit den Verhältnissen des nördlichen
Deutschlands legten sie natürlich den Maaßstab ihrer Heimat an die

*) Beilage 1.

Dinge, setzten die Schwierigkeiten, welche die Bildung einer solchen ganz neuen, aus dem Volk hervorgegangenen Truppe in Rußland haben mußte, auch hier voraus — und indem sie sich der russischen Milizen des eben vergangenen Jahres erinnerten, erwarteten sie, die preußischen Landwehren würden eben auch nur Truppen von sehr bedingter und beschränkter Brauchbarkeit sein.

Auf den Kronprinzen von Schweden rechnete man vor der Hand sehr wenig, wie eben aus diesem Operationsplan erhellt. Sein gar seltsam zweideutiges Benehmen während des Frühjahrs-Feldzugs, die Art, wie er Hamburg, das er leicht retten konnte, wieder in die Hände des Feindes fallen ließ, hatte offenbar, als man zuerst davon unterrichtet wurde, einen großen Eindruck gemacht, und im Hauptquartier der Verbündeten entschiedenes Mißtrauen erweckt.

Was endlich die Stellung der feindlichen Heeresmacht anbetrifft, so nahm man sie so an, wie sie sich unmittelbar nach dem Abschluß des Waffenstillstandes gestaltet hatte. Man dachte sich Napoleon's Hauptmacht zwischen der Katzbach, dem Fuß des schlesischen Gebirges und der Oder in Erholungs-Quartiere vertheilt, die sich rückwärts bis Bautzen und Kottbus ausdehnten.

Unter diesen Bedingungen nahm Toll zwei mögliche Fälle an, je nachdem Oesterreich neutral blieb, oder dem Bündniß Preußens und Rußlands beitrat.

In dem ersteren Fall schien es bedenklich und gefahrdrohend, daß die Heeresmacht des Feindes eine centrale Stellung einnahm, zwischen der Hauptmacht der Verbündeten in der Ebene bei Schweidnitz, dem Heertheil Winzingerode's bei Polnisch-Lissa, und denen der Generale Bülow und Graf Worontzow in der Churmark und vor Magdeburg.

Toll deutete an, den Gefahren dieser Lage zu begegnen, sei es nöthig Alles aufzubieten, um wo möglich ein numerisches Uebergewicht über den Feind zu erlangen, dann aber die Initiative auf dem Kriegsschauplatz zu ergreifen, und mit Energie zu raschem Angriff vorzugehen.

Zu diesem Ende sollte die russisch-preußische Armee — mit Ausnahme der Abtheilung des Grafen St. Priest, die im Gebirge den äußersten linken Flügel bildete — sich rechts wenden, so wie die kriegerischen Operationen wieder aufgenommen werden konnten — (während der sechs Tage zwischen der Kündigung des Waffenstillstands und dem wirklichen Beginn der Feindseligkeiten) — bei Brieg und Ohlau über die Oder gehen, und von diesen Punkten in zwei Colonnen auf Krossen marschiren; die Eine, zur Rechten, sollte über Trebnitz, Trachenberg und Schwiebus dorthin vorrücken, die Andere, zur Linken, von Ohlau über Hundsfeld, Winzig, Guhrau, Fraustadt und Züllichau. Winzingerode's Heertheil sollte von Lissa an den Vortrab dieses Heeres bilden, nach Krossen voran eilen, und dort neben der stehenden Brücke noch mehrere andere schlagen lassen. — Die rückwärtige Operationslinie dieser 140,000 Mann stark angenommenen Hauptarmee, wurde dann über Posen auf eine durch die Punkte Graudenz, Thorn und Plock an der Weichsel bezeichnete Basis geführt. Große Magazine mußten in Posen und Landsberg an der Warthe eingerichtet sein, kleinere in Frankfurt a. d. O. und Meseritz. Graudenz und Thorn sollten die Haupt-Niederlagen von Schießbedarf, Waffen und sonstigem Kriegs-Material aufnehmen.

Gleichzeitig hatte sich zur Rechten Bülow's 25,000 Mann starker Heertheil bei Müllrose und Beeskow zu vereinigen.

Zur Linken mußten die Schaaren der Parteigänger schon drei Tage vor der Kündigung des Waffenstillstandes die Vorposten der Hauptarmee an der Scheidelinie quer durch die schlesische Ebene, welche der Poischwitzer Vertrag festgesetzt hatte, bei Nacht, und überhaupt so viel als möglich unbemerkt, abgelöst haben. St. Priest sollte vom Gebirge herab, rechts in die Ebene rücken, und drei Tage vor dem Beginn der Feindseligkeiten bei Kanth stehen, um das wichtige Breslau vor dem Feinde besetzen zu können. Aber Breslau war eben sehr wichtig, und St. Priest's Abtheilung konnte zur Zeit nur auf etwa 3000 Mann angeschlagen werden; damit er die Hauptstadt Schlesiens behaupten könne, sollte er durch etwa 5000 Mann preußische Landwehr verstärkt werden.

„Die übrigen schlesischen Landwehren verstärken zum Theil die Besatzungen von Kosel, Neisse, Glatz, Silberberg und Schweidnitz. Der etwanige Ueberschuß dieser Landwehren könnte den Parteigängern Kaissarow, Emanuel und Orlow (Denissow) beigegeben werden."

2 *

Man setzte voraus daß schon diese einleitenden Bewegungen den
Feind bestimmen würden, seine Hauptmacht zwischen Sagan und Neustädtel zu vereinigen.   Die wirklichen Feindseligkeiten wurden dann
dadurch begonnen, daß die verbündete Hauptmacht bei Krossen über
die Oder ging, und zunächst auf den Heerstraßen nach Grüneberg und
Naumburg am Bober lagerte.   Bülow sollte gleichzeitig, zur Rechten,
von Müllrose und Beeskow nach Guben vorrücken, um dann weiter im
engsten Zusammenhang mit der Hauptmacht zu handeln. — Zur Linken mußte St. Priest die Stadt Breslau besetzen. — Was in Polen,
durch die Reserve-Bataillone unter dem Fürsten Labanow-Rostowsky
abgelöst, an russischen Truppen noch entbehrt werden konnte, sollte
unter Dochturow über Kalisch auf Glogau heranrücken. — Drei oder
vier Brücken auf verschiedenen angemessenen Punkten zwischen Sabor
und Krossen über die Oder geschlagen, und durch kleine Brückenköpfe
gedeckt, sollten Verbindungen und Bewegungen erleichtern. — Die
Parteigänger der verbündeten Hauptarmee, auf dem linken Ufer der
Oder in der schlesischen Ebene zurückgelassen, sollten von dort aus dem
Feinde, der sich gegen Sagan und Neustädtel zurückbewegte, auf dem
Fuß folgen; — Bülow's Parteigänger sollten aus der Mark in der
Richtung auf Bunzlau und Bautzen vorgehen.

So waren die rückwärtigen Verbindungslinien des Feindes von
allen Seiten gefährdet. Die weiteren Angriffs-Operationen der Hauptarmee mußten im Einzelnen von den Maaßregeln des Feindes abhängen.   Wurde ein Rückzug nothwendig, so ging die Hauptmacht
zwischen Sabor und Krossen über die Oder zurück, und wich auf der
Linie über Posen — welche der Feind, wenngleich im Besitz von Glogau, doch nie ernstlich gefährden konnte — gegen die Weichsel, auf
Thorn und Plock zurück.

Bülow mußte sich in diesem Fall gegen die Mark zurückziehen und
Berlin zu decken suchen. — War alsdann auf den Kronprinzen von
Schweden zu rechnen, wollte dieser „die gute Sache aufrichtig unterstützen", auf Berlin vorrücken und sich mit Bülow vereinigen —: dann
bildete er mit diesem eine Streitmacht von 40 bis 50,000 Mann, die
sich gegen Napoleon's Verbindungen vorbewegen konnte.   Napoleon
mußte gegen sie eine wenigstens gleichwiegende Macht entsenden, und

kam dann in den Fall, jenseits der Oder von den Verbündeten mit
Ueberlegenheit angegriffen zu werden.

Auf dem äußersten rechten Flügel der Verbündeten sollte Graf
Worontzow Magdeburg und Wittenberg beobachten, und Streifschaaren
gegen Leipzig vorsenden — Czernischew als Parteigänger über die Elbe
gehen, und die Richtung auf Erfurt nehmen. Tettenborn und Dörn=
berg — „von den märkischen Landwehren unterstützt" — erhielten den
Auftrag, Hamburg zu beobachten.

Anders gestalteten sich die Dinge in dem zweiten, günstigeren und
erwünschteren Fall; wenn nämlich Oesterreich sich dem Bunde gegen
Napoleon anschloß.

Toll setzte voraus daß die österreichische Armee sich zunächst zwi=
schen Königs=Grätz und der Elbe sammeln werde. Sie mußte von hier
in zwei Colonnen in die Oberlausitz — in die rechte Seite und den
Rücken des französischen Heers vordringen: zur Rechten über Gabel
und Ostritz auf Görlitz, — zur Linken über Hayda und Löbau auf
Reichenbach (in der Lausitz).

Diese Bewegung konnte, des Waffenstillstands wegen, nicht vor
dem 28. Juli erfolgen — : schon am 26. mußte die russisch=preußische
Hauptarmee im Lager bei Schweidnitz vereinigt stehn — die Verbin=
dung mit den Oesterreichern über Hirschberg und Marklissa aufsuchen,
und bei dem Wiederbeginn der Feindseligkeiten gerade auf den Feind
losgehen und ihm unmittelbar folgen, falls er sich gegen die Oester=
reicher zurückwenden sollte.

Bülow sollte angewiesen werden zu gleicher Zeit in Gewaltmär=
schen von Beeskow, über Kottbus und Spremberg, auf Görlitz vorzu=
dringen, um sich in unmittelbare Verbindung mit dem österreichischen
Heer zu setzen. Er mußte jeden feindlichen Heertheil angreifen, der
ihn auf diesem Wege aufhalten wollte, selbst einen überlegenen.

Freilich blieb dem Feinde auf diese Weise der Vortheil einer cen=
tralen Stellung; man konnte fürchten, daß es ihm gelingen werde,
das eine der verbündeten Heere zu schlagen, ehe das andere zur Hülfe
herbeieilen könne. Aber Toll meinte, die Nachtheile dieser Lage würden
durch die große Ueberlegenheit der Verbündeten aufgewogen, da jede
der beiden Armeen für sich allein der feindlichen Macht beinahe gleich=

kam. — Er rechnete nämlich die ruſſiſch-preußiſche Hauptarmee, durch Dochturow verſtärkt, 150,000 Mann ſtark, die Oeſterreicher zu 120,000 M. — Bülow's Heertheil zu 25,000 M. — den Winzingerode's zu 12,000 M. — Napoleon's geſammte Heeresmacht wurde auf nicht mehr als 160,000 Mann angeſchlagen.

Unter dieſen Umſtänden, und bei den mäßigen Entfernungen, konnte man ſich, durch die zahlreichen Parteigänger von den Bewegungen des Feindes fortwährend in Kenntniß erhalten, immer gegenſeitig zu rechter Zeit zu Hülfe kommen.

Wurde die ruſſiſch-preußiſche Armee bei Schweidnitz angegriffen, ſo mußten Bülow und die Oeſterreicher mit Gewaltmärſchen in den Rücken des Feindes vordringen, und ſelbſt vorausgeſetzt, daß das verbündete Heer nach zwei Gefechtstagen weichen mußte, konnte doch Napoleon ſeinen Vortheil nicht verfolgen — : er mußte umwenden gegen die Oeſterreicher, und mit einem ſchon durch eine erſte Schlacht geſchwächten und ermüdeten Heer ſogleich eine zweite liefern. Die ruſſiſch-preußiſche Armee mußte dann natürlich auch ſofort wieder umwenden und im Rücken des Feindes zu erneutem Angriff vorgehn.

Suchte Napoleon zuerſt die Oeſterreicher in der Lauſitz anzugreifen, ſo wurden die Rollen gewechſelt, das Verfahren blieb daſſelbe.

Dochturow und Winzingerode verſtärkten die verbündete Hauptarmee; der Letztere mußte ein Beobachtungs-Corps vor Glogau zurücklaſſen. — Die Aufgabe der entſendeten Heertheile an der unteren Elbe blieb im erſten und zweiten der angenommenen Fälle dieſelbe. Worontzow und Czerniſchew ſollten Parteigänger gegen die Verbindungslinie des Feindes zwiſchen Dresden und Altenburg vorſenden.

Toll nahm dann endlich auch noch einen dritten Fall, der durch den Beitritt Oeſterreichs zu dem Bunde herbeigeführt werden konnte, als einen möglichen an.

Es war möglich daß Napoleon, ſobald er den Bruch mit Oeſterreich unvermeidlich ſah, auf das linke Ufer der Elbe zurückging, „um ſich der gefährlichen Lage zu entziehen, in welche er gerathen konnte, wenn er an der Katzbach blieb." — In dieſem Fall ſchien es nöthig, den Waffenſtillſtand unverzüglich zu kündigen, ſobald man des Rückzugs der feindlichen Armee gegen die Elbe gewiß war. Das preußiſche

Heer in Schleſien, durch den Heertheil Sacken's verſtärkt, ſollte alsdann dem weichenden Feinde raſch in der Richtung auf Dresden folgen; dorthin ſollte auch Bülow aus den Marken vordringen, ſo daß
auf dieſe Weiſe eine Macht von 70,000 Mann vor der Hauptſtadt an
der Elbe vereinigt wurde.

Das öſterreichiſche Heer, durch die 100,000 Mann ſtarke Hauptmacht der Ruſſen verſtärkt, ſollte dann bei Leitmeritz über die Elbe
gehen, und ſich nach Eger wenden, um von dort aus, in dieſer Vereinigung 220,000 Mann ſtark, nach Hof und Saalfeld vorzubringen.
Durch eine ſolche gewaltige Macht in ſeinem Rücken bedroht, ſah ſich
Napoleon wahrſcheinlich genöthigt das linke Elbufer aufzugeben, um
die Verbindungslinie auf Weſel zu wahren — die einzige, die ihm
blieb. — Wollte er ſich dennoch am linken Ufer der Elbe behaupten,
dann ſollte die in Böhmen geſammelte Hauptmacht der Verbündeten,
über Teplitz in die ſächſiſche Ebene, in rechte Seite und Rücken des
Feindes vorrücken.

Wintzingerode ſollte an der Oder zurückbleiben, um Glogau und
Küſtrin zu blokiren u. ſ. w.

Wir finden in dieſem erſten Entwurf ſchon den leitenden Gedanken, der ſpäter in den bekannten, zu Trachenberg gefaßten Beſchlüſſen,
freilich ſo verändert, wie es die veränderte politiſche Stellung des Kronprinzen von Schweden mit ſich brachte, und in der That in etwas ab-
geſchwächter Energie, wieder erſcheint.

Von dem Kaiſer Alexander und dem König von Preußen gutgeheißen, blieb dieſer Entwurf fortan die Grundlage aller weiteren militairiſchen Verabredungen —: nur daß ſehr bald, wie man die Dinge
weiter beſprach, der Fall, welchen Toll als den dritten möglichen vorausgeſetzt hatte, zum erſten und wahrſcheinlichſten erhoben wurde, auf
den man ſich vorzugsweiſe vorzubereiten habe.

Sehr bald ſetzte ſich, wie man ſieht, die Vorſtellung feſt, daß
Napoleon einer Uebermacht gegenüber, wie ſie ſich durch das Bünd-
niß mit Oeſterreich ergeben mußte, nur noch daran denken konnte, den
Krieg abwartend, vertheidigungsweiſe zu führen; daß er, durch
Böhmen in ſeiner Rechten drohend überflügelt, auf
dem rechten Ufer der Elbe nur kleinere Abtheilungen

zurücklassen, seine Hauptmacht aber in der sächsischen
Ebene, auf dem linken Ufer, aufstellen werde, die
Stirnseite gegen Böhmen gewendet.

Manches, was sonst schwer zu begreifen bliebe, wird dadurch allerdings erklärt. Namentlich verstehen wir nun wohl warum, bei der
wirklichen Eröffnung des Feldzugs, das Hauptheer der Verbündeten,
als es von Böhmen über das Erzgebirge nach Sachsen vordringen sollte,
zuerst die Richtung auf Leipzig erhielt.

Bald sollte dieser Plan dann auch noch vor ein anderes Forum
gebracht werden. Bekanntlich war der Kaiser Franz von Oesterreich
schon einige Tage vor dem Abschluß des Poischwitzer Waffenstillstands
mit seinem gesammten Ministerium und einem zahlreichen Gefolge von
Wien aufgebrochen, um sich in sehr kleinen Tagereisen nach Gitschin
in Böhmen zu begeben, wo er den Ereignissen und Unterhandlungen
näher war — und gleich darauf, als seit der Unterzeichnung des Waffenstillstandes kaum einige Tage verflossen waren, sprach der Oberbefehlshaber des österreichischen Heeres, F.-M. Fürst Schwarzenberg, den
Wunsch aus, von den Planen der Verbündeten für den Fall eines erneuerten Feldzugs in Kenntniß gesetzt zu sein. In welcher Form dieser
Wunsch ausgesprochen wurde, wissen wir mit Bestimmtheit nicht zu
sagen. Wahrscheinlich durch den Grafen Stadion, und zunächst gegen
den General Barclay de Tolly; wenigstens war es der Form nach dieser, der darauf antwortete.

Das Verlangen war wohl ein seltsames zu nennen, denn noch
hatte Oesterreich kein Recht auf ein solches Vertrauen, auf eine solche
Mittheilung erworben. Noch war dies Reich nicht mit Rußland und
Preußen verbündet, es hatte sich noch zu nichts verpflichtet. Freund-
schaftsversicherungen, gute Wünsche, Versprechungen, die sich ganz im
Allgemeinen hielten, hatte das Wiener Cabinet wohl gegen die Verbündeten ausgesprochen, aber es war damit gegen Napoleon kaum
weniger freigebig gewesen. Vielleicht mochte Graf Stadion gelegentlich im Gespräch weiter gegangen sein —: aber ein bloßes Gespräch
bindet Niemanden — und zudem war Graf Stadion als persönlicher
Gegner Napoleon's bekannt. Wie leicht konnte man auf die Behauptung zurückgehen, er sei, durch eine persönliche Stimmung verleitet,

über seine Instruction hinaus gegangen; sein Eifer sei weiter gegangen als sein Auftrag. — Nichts bürgte unbedingt dafür, daß von solchen vertraulichen Mittheilungen nicht ein sehr nachtheiliger Gebrauch gemacht wurde.

Dennoch aber ging der Kaiser Alexander mit der größten Bereitwilligkeit auf dies Verlangen ein; selbst mit einer Eile, die vielleicht zu sehr verrieth, mit welcher Sehnsucht man Oesterreich im Bunde erwartete, und insofern wohl nicht ganz gut berechnet war. Erst am 12. Juni traf der Kaiser von Oesterreich im Schloß zu Gitschin ein —: schon am 13. wurde General Toll dorthin abgefertigt. Er sollte sich dem Kaiser Franz, dem Grafen Metternich vorstellen, und dann nach Prag eilen, um sich mit dem General Scharnhorst, der dort verwundet lag, in Verbindung zu setzen, und vereint mit ihm, die künftigen Operationen mit dem Fürsten Schwarzenberg und den leitenden Offizieren seines Hauptquartiers zu besprechen.

Vielleicht glaubte der Kaiser Alexander in dem ausgesprochenen Wunsch das erste Zeichen zu erkennen, daß Oesterreich nun entschieden für die Verbündeten Partei nehmen wolle; daß Oesterreichs Verhältniß zu Napoleon immer gespannter, die Rückkehr zu dem französischen Bündniß immer schwieriger, ja selbst die Neutralität immer bedenklicher werden mußte, je mehr das Wiener Cabinet mit den Verbündeten verkehrte und vertrauliche Mittheilungen annahm und erwiderte — auch wenn solche Folgen etwa nicht vorhergesehen, noch weniger beabsichtigt waren —: das durfte man einigermaaßen hoffen. Vielleicht dachte der Kaiser Alexander, es könne gelingen, eben durch bereitwilliges Entgegenkommen, dadurch, daß man das noch nicht geschlossene Bündniß voraussetzte, als verstehe es sich von selbst, Oesterreich gleichsam unvermerkt weiter zu führen und fester zu binden als möglicher Weise jetzt noch in den Absichten des Wiener Hofs lag.

Dem General Toll wurde zur Pflicht gemacht, mit den österreichischen Generalen sehr zart umzugehen — in Oesterreich immer gleichsam die höhere Einsicht und Autorität anzuerkennen — dann aber auch den Frühjahrs-Feldzug und seine Ergebnisse so darzustellen, daß dadurch die moralische Verantwortung für die gegenwärtige Lage der Dinge Oesterreich zugeschoben wurde. Nur aus Rücksicht für Oester-

reich, so sollte er berichten, habe man in der letzten Zeit vor dem Waf=
fenstillstand entscheidende Schlachten vermieden, für welche sich die gün=
stigsten Aussichten geboten hätten. Man habe sie vermieden, gleichsam
ausdrücklich um Oesterreich seinen Platz in den Reihen der Kämpfen=
den, besonders seine entscheidende Stimme in dem Rath, der über das
Schicksal Europa's verfügen sollte, offen zu erhalten.

In diesem Sinn war auch die schriftliche Instruction für den Ge=
neral Toll abgefaßt, welche der Graf Kapodistrias in Barclay de Tolly's
Namen ausgearbeitet hatte — und die wir in den Beilagen in der
Ursprache mittheilen —: in einem Französisch, das allerdings auf
Classicität keine Ansprüche machen darf*).

Ihr Inhalt war folgender:

„In dem Augenblick, wo Oesterreich mit dem Kaiser, unserem
erhabenen Herrn, und dem König von Preußen gemeinschaftliche Sache
machen wird, hat Se. Durchlaucht der Fürst Schwarzenberg, Ober=
befehlshaber der österreichischen Armee, den Wunsch zu erkennen gege=
ben, sich mit uns über den Operationsplan zu verständigen, den wir
für den vortheilhaftesten halten."

„Die Grundlagen dieses Plans sind entworfen. Es handelt sich
jetzt darum, ihn zur Kenntniß des österreichischen Oberbefehlshabers zu
bringen — diesem die darauf bezüglichen Erläuterungen zu geben, die
er veranlaßt sein kann zu fordern, — und mit Aufmerksamkeit die Ideen
aufzunehmen, welche dieser General in Beziehung auf den erwähnten
Plan äußern dürfte, und die vielleicht in gewissen Hinsichten von den
unserigen abweichen könnten."

„Sie, mein Herr, sind mit dieser eben so wichtigen als zarten
Commission beauftragt. Das Vertrauen, welches Sie verdienen, die
Kenntnisse und Talente, welche Sie auszeichnen, sind eben so viele
Bürgschaften für den Erfolg, welchen man berechtigt ist von Ihrer
Sendung zu erwarten. Ich beschränke mich darauf, Ihnen hier, in
Beziehung auf den Auftrag, den Sie zu erfüllen haben, einige Andeu=
tungen mitzutheilen."

---

*) Beilage 2, a.

„Sie werden sich nach dem österreichischen Hauptquartier begeben, und S. D. den beiliegenden, an ihn überschriebenen Brief überreichen, welcher ihm den Zweck Ihrer Sendung ankündigt."

„Das Papier, welches Sie hier beigefügt finden, enthält in all= gemeinen Zügen die Betrachtungen, welche sich an die militairischen Operationen vor dem Waffenstillstand knüpfen — diejenigen, welche sich auf diesen Vertrag beziehen — und die Ideen, denen gemäß wir den Plan entworfen haben, welchen wir unter Mitwirkung Oesterreichs zu befolgen vorschlagen. Sie müßten besonders hervorheben, wie ent= scheidend wichtig wir es achteten, nichts zu gefährden, so lange die Heeresmacht Seiner Majestät des Kaisers von Oesterreich nicht in der Verfassung war, welche die gemeinschaftlichen Interessen erforderten; geben Sie zu verstehen, daß wir nur darum in dieser letzten Zeit ein entscheidendes Gefecht vermieden haben, und glaubten Land aufgeben zu müssen, um Zeit zu gewinnen."

„Dieser Operationsplan ist von der gegenwärtigen Instruction getrennt worden, um Sie in den Stand zu setzen, ihn dem Fürsten v. Schwarzenberg im Original vorzulegen, in dem Augenblick, wo Ihnen dies Zeichen von Vertrauen am angemessensten und natürlichsten schei= nen wird."

„Sie werden hierbei ferner den Ausweis der gegenwärtigen Ver= theilung der Armee, und den ihrer wirklichen Stärke finden."

„Sie können dies Papier gleichfalls dem Feldmarschall mitthei= len, wenn die Umstände es erfordern sollten."

„Da es in die Reihe der wahrscheinlichen Dinge gehört, daß der österreichische General, für die im Verein mit uns auszuführenden Operationen, einen Plan entworfen hat, der sich mehr oder weniger von demjenigen entfernen könnte, den Sie überbringen — und da es von der höchsten Wichtigkeit ist, das Selbstgefühl der österreichischen Generale — deren Talente und lange Erfahrung von unserer Seite sehr viel rücksichtsvolle Nachgiebigkeit (déférence) verdienen — mit der äußersten Sorgfalt zu schonen — werden Sie, mein Herr, gewiß in den Gesprächen, welche Sie in Beziehung auf diese verschiedenen Plane haben können, nie die Vorsicht, die Rücksichten aus den Augen verlieren, die man sich zum Gesetz machen muß, wenn es sich um so

zarte Verhältnisse handelt, und welche die Persönlichkeit so nahe berühren. "

„Wenn Sie die Ideen des Fürsten v. Schwarzenberg vernommen, und das Ergebniß mit ihm festgestellt haben, werden Sie sich
beeilen zu mir zurückzukehren, und mir über den Erfolg Ihrer Sendung
Bericht zu erstatten. "

„Im Fall der österreichische General unseren Plan vollständig
annehmen sollte, müßten Sie die bestimmte und genaue Feststellung
der Zeit erlangen, zu welcher die Operationen auf allen Punkten beginnen können. Sie kennen die Gründe, die uns wünschen lassen,
daß dieser Zeitpunkt nicht zu weit hinausgeschoben werde. "

Der Brief, den Kapodistrias, ebenfalls in Barclay's Namen, an
den Fürsten Schwarzenberg richtete, und der durch Toll überreicht werden sollte, konnte diesem General als Muster des Tons dienen, den er
im österreichischen Hauptquartier anzunehmen hatte.

Man ließ darin den General Barclay sagen: „Indem ich Euer
Durchlaucht Glück wünsche zu der hohen Bestimmung, zu der Sie zum
Heil des Ganzen berufen sind, wünsche ich mir selbst Glück dazu, daß
ich mich durch diesen glücklichen Umstand in den Stand gesetzt sehe,
den Grund zu unseren Beziehungen zu legen, wie ich durch den gegenwärtigen Brief thue. "

„Sie haben den Wunsch ausgesprochen, mein Fürst, sich mit uns
zu verständigen, über den Operationsplan für Ihre und unsere Armee,
die bestimmt sind gemeinschaftlich zu handeln. Der General - Major
von Toll, der die Ehre haben wird, Ihnen diesen Brief zu überreichen,
ist beauftragt Ihnen meine Ideen in dieser Beziehung mitzutheilen. "

„Ich habe die Ehre, E. D. einen Plan vorzuschlagen, welcher
das Ergebniß unserer Operationen vor dem Waffenstillstand ist. Diese
hatten, wie der Waffenstillstand selbst, keinen anderen Zweck als die
Zeit zu gewinnen, welche Ihr erhabener Souverain nöthig achtete,
um seine Streitkräfte zusammenzuziehen, und sie in die gehörige Verfassung zu setzen, vereint mit den verbündeten Armeen thätig zu
sein. "

„Es wird mir im höchsten Grade angenehm sein, die Ideen
E. D. über die Gesammtheit von Bewegungen zu kennen, die ich, den

verschiedenen Voraussetzungen entsprechend, die man, wie es scheint, annehmen darf, geglaubt habe, vorschlagen zu müssen. "

„Ich bitte E. D. vollkommen überzeugt zu sein, daß ich, durchdrungen von der Größe des Zwecks, dem wir zu genügen haben, mir immer ein Vergnügen daraus machen werde, Ihrer Einsicht zu folgen, und daß ich mich glücklich schätzen werde, das Ziel, nach welchem wir streben, auf dem Wege zu erreichen, den Sie geneigt sein wollten mir zu öffnen *). "

Nicht weniger rücksichtsvoll und vorsichtig war der Operations= plan selbst gewendet, in der Fassung, welche ihm Kapodistrias verliehen hatte. Er beginnt mit dem Satz, daß es so nothwendig als dringend sei, gemeinschaftlich einen Plan für die künftigen Bewegungen der Heere festzustellen, und fährt dann fort:

„Es ist nicht zweifelhaft, daß der neuerdings abgeschlossene Waffenstillstand für uns die günstigsten Folgen haben wird, wenn wir die Ruhe, die er uns gewährt, zu benützen wissen, um alle Vorbereitungen zu einem nachdrücklichen und entscheidenden Kampf zu vervollständigen. "

„Die Feststellung eines allgemeinen Operationsplans ist ohne Widerrede eine der wesentlichsten derselben. "

„Als der Feind in der Richtung auf die Oder gegen uns anrückte, war seine Absicht, uns über diesen Fluß zurückzuwerfen, uns von Oesterreich zu trennen, und diese Macht zu isoliren. Er schmeichelte sich, uns zur Fortsetzung unseres Rückzugs zu zwingen, obgleich der Erfolg der verschiedenen Gefechte, in welchen der Verlust an Kanonen und an Gefangenen beständig auf seiner Seite war, ihn errathen lassen mußte, daß wir nur Zeit zu gewinnen suchten, um Oesterreich diejenige zu verschaffen, seine Streitkräfte zu vereinigen, und sich in die Verfassung zu setzen, seine hohe Bestimmung, über das Schicksal von Europa zu entscheiden — zu erfüllen; daß unsere Absicht dahin ging, den Feind von seiner Basis und seinen Hülfsquellen zu entfernen, um mit desto größerem Nachdruck auf die Operationslinie zu wirken. "

„Die Richtung, welche unsere Armee von Liegnitz an einschlug,

---

*) Beilage 2, b.

die Stellung, welche sie bei Schweidnitz einnahm, klärten den Feind auf über die Absicht unserer rückgängigen Bewegungen. In dieser Stellung boten wir Oesterreich die Hand, indem wir die Seite und den Rücken des Feindes bedrohten; wenn er es gewagt hätte noch weiter vorzurücken, waren seine Verbindungen mit Dresden durch unsere leichten Truppen schon fast ganz unterbrochen, und die Lage der französischen Armee war nichts weniger als befriedigend. Im Fall der Kaiser Napoleon sich entschloß uns anzugreifen, fand er uns in einer vortheilhaften Stellung, bedeutend verstärkt durch unsere Reserven und das Corps von Sacken; wurde der Feind geschlagen, so entschied dieser Schlag das Schicksal von Europa; uns dagegen blieb, wenn wir einen Unfall erlitten, ein gesicherter Rückzug hinter die Neisse, und der Feind fand sich dann in der dringenden Gefahr, durch die gesammte Macht Oesterreichs im Rücken angegriffen zu werden."

„In dieser Lage der Dinge schlug Napoleon einen Waffenstillstand vor; wir haben ihn aus den oben angedeuteten Gründen angenommen."

„Es handelt sich jetzt darum, zu untersuchen, welche die Operationen der französischen Armee während dieses Waffenstillstandes sein könnten."

„Man kann in dieser Beziehung drei (verschiedene) Voraussetzungen zum Grunde legen."

„Die Erste, und vielleicht die wahrscheinlichste ist, daß der Feind, im Vertrauen auf die Dauer des Waffenstillstands *), indem er nur einen Theil seiner Streitkräfte gegen uns stehen läßt, die Uebrigen auf dem linken Ufer der Elbe vereinigen wird, um sich gegen Oesterreich zur Wehr zu setzen. In diesem Fall könnten die österreichischen Armeen einen überlegenen Feind vor sich haben; man müßte sie folglich verstärken. Die gegenwärtige Aufstellung unserer Armee macht uns dies leicht. Ihr linker Flügel, der sich an die Grenze von Böhmen lehnt, und aus drei Armeecorps von (zusammen) ungefähr 25,000 Mann, unter den Befehlen des Grafen Wittgenstein besteht, würde durch einen

---

*) Soll wohl heißen: „Im Vertrauen darauf, daß der Waffenstillstand nicht vor der verabredeten Zeit gekündigt werde."

Marsch aus ihrer Linken, nach Böhmen gelangen, und sich mit der österreichischen Armee vereinigen, die sich unterdessen an der Elbe, in der Umgegend von Leitmeritz, zusammengezogen hätte. Vermöge dieser Verstärkung wird sie im Stande sein, nicht allein dem Feinde Widerstand zu leisten, sondern auch angriffsweise gegen ihn vorzugehen; sobald diese Bewegung begonnen wäre, würde unsere große Armee gerade auf Dresden vordringen, indem sie den Feind, den sie vor sich hat, zurückwürfe; ihr rechter Flügel wäre durch Sacken gebildet, die Mitte durch Blücher, der linke Flügel durch Langeron."

"Es versteht sich von selbst daß die Verpflegung dieses Corps, von dem Augenblick seines Eintritts in Böhmen an, und so lange es mit der österreichischen Armee verbunden bleibt, durch die Intendantur dieser Armee besorgt würde, und daß Rußland die Kosten seines Unterhalts nach den von dieser Intendantur vorgelegten Anschlägen erstatten würde."

"Die zweite Voraussetzung ist, daß der Feind sich zwischen der Elbe und Oder zusammenzieht, ohne über den ersteren dieser Ströme zurückzugehn, der in seinem Rücken bliebe. Dann würden wir sowohl mit der österreichischen Armee im Einverständniß handeln, als auch mit dem Corps von Bülow und Winzingerode, welche in jedem Fall von dem Wiederbeginn der Feindseligkeiten an mit der größten Raschheit gegen die linke Flanke des Feindes operiren, und auf Meißen und Dresden vordringen werden —: das erstere über Hoyerswerda, das zweite über Sagan."

"Die dritte Voraussetzung, welche die unwahrscheinlichste sein möchte, ist, daß der Feind fortfährt seine Streitkräfte gegen uns stehen zu lassen; in diesem Fall würde die österreichische Armee ihre bereits entworfene Richtung auf Zittau verfolgen, und unsere gesammte Armee würde gegen Görlitz vordringen, wo der entscheidende Schlag geführt werden müßte, wenn der Feind, gegen alle Wahrscheinlichkeit, in seinem Rückzug zögerte. In diesem Fall wird das Corps von Bülow seinen Marsch noch beschleunigen, und sich in die linke Flanke und den Rücken des Feindes werfen; es wird in Verbindung mit Winzingerode bleiben, welcher letztere in derselben Richtung, und so viel als möglich vereint mit Bülow thätig sein wird, indem er Alles zurückwirft was er vor

sich hat, und zugleich seine Verbindung mit der großen Armee zu erhalten sucht. Das Corps von Sacken wird die Linke des Feindes zu
umgehen, und sich mit Wintzingerode in Verbindung zu setzen suchen,
ohne jedoch jemals seine Verbindung mit der großen Armee zu gefährden."

„Sind die allgemeinen Ideen einmal festgesetzt, dann wird Alles,
was sich auf die Anlage der Magazine und Niederlagen von Vorräthen
aller Art bezieht, sowie die Marsch-Richtung der Reserven, die herankommen, auf die angemessenste Weise bestimmt werden."

Die Truppen unter den Befehlen des Kronprinzen von Schweden, zu welchen auch die Corps von Worontzow und Wallmoden gehören, werden mit ihrer Hauptmacht Hamburg und Magdeburg beobachten, und auf der Vertheidigung bleiben, so lange nicht eine an
der oberen Elbe gewonnene Schlacht das Schicksal von Deutschland
entschieden hat. Bis zu diesem Zeitpunkt werden diese Truppen sich
darauf beschränken dem Feinde durch Streifzüge, von den leichten
Truppen nach dem Harz und in die Länder von Braunschweig und
Hannover ausgeführt, so viel als möglich Abbruch zu thun. Sobald aber die große Armee in Folge einer gewonnenen Schlacht gegen
den Thüringer-Wald vordringt, wird der Kronprinz von Schweden
thätig eingreifen, indem er mit seiner gesammten Macht über die
Elbe geht, und die Richtung über die Weser nach dem Nieder-Rhein
einschlägt."

„Man hat sich hier darauf beschränkt die allgemeinen Ideen dar-
zulegen. Sollten diese Ansichten angenommen werden, so würde man
sich beeifern, die wichtigsten näheren Bestimmungen, die sich auf die
Ausführung beziehen, mitzutheilen. In einem umfassenden und verwickelten Operationsplan ist man genöthigt, einen großen Theil dieser
näheren Bestimmungen dem Talent der Generale zu überlassen, welche
die verschiedenen Armeen und abgesonderten Corps befehligen, indem
man ihnen hinsichtlich der Aenderungen, welche die Umstände herbeiführen können, die nothwendige Freiheit gewährt."

„Es ist von der entschiedensten Nothwendigkeit, die Zeit und selbst
den Tag für den Beginn der Feindseligkeiten auf allen Punkten mit
Bestimmtheit festzustellen, und es wäre vortheilhaft für uns, diesen

Termin nicht zu weit hinaus zu schieben, damit der Feind zu der Zeit nicht schon alle seine Verstärkungen erhalten habe *)."

Unverzüglich reiste Toll mit diesen Aufträgen über Landeshut nach Gitschin, und als er sich hier dem Grafen Metternich vorstellte, erfuhr er von diesem, daß auch das Hauptquartier des österreichischen Heers nach Gitschin verlegt, der F.=M. Fürst Schwarzenberg mit seinem Generalstabe bereits daselbst eingetroffen sei.

Toll's weitere Reise nach Prag wurde dadurch unnöthig, aber freilich mußte er auch auf Scharnhorst's Theilnahme an den Verhand= lungen verzichten.

Diese machten sich übrigens ungemein leicht, sehr viel leichter als man erwartet hatte. Toll fand sowohl bei dem Fürsten Schwarzen= berg als bei dem Chef seines Generalstabs, dem Feldmarschall=Lieute= nant Grafen Radetzky, die zuvorkommendste Aufnahme, und ganz un= bedingt gingen die österreichischen Strategen auf die Vorschläge ein, die er brachte. Freilich konnten diese auch nicht wohl Schwierigkeiten er= heben und Einwendungen machen, denn das hätte sich kaum thun lassen, ohne daß man mit Gegenvorschlägen hervortrat, und über die eigenen Mittel und Absichten Auskunft gab —: vor der Hand aber lag, wie es scheint, dem österreichischen Hof daran, Absichten und Mittel der Verbündeten kennen zu lernen, ohne sich im Mindesten zu binden, oder die eigenen Plane zu verrathen. Die österreichischen Feldherren waren also jedenfalls darauf angewiesen Alles gut zu heißen. Indessen berechtigt uns die Geschichte der nächstfolgenden Zeit anzunehmen, daß Toll's Plane in der That hier nicht bloß die scheinbare Zustimmung fanden, die unvermeidlich war unter den ge= gebenen Umständen, — daß vielmehr, namentlich Radetzky auch wirk= lich, wenn auch mit gewissen Einschränkungen, mit ihnen einverstanden war, und sich in einer Weise aussprach, die darüber keinen Zweifel ließ. Insofern war Toll's Sendung nach Gitschin von Folgen und

---

*) Beilage 2, c. — Unter — d — folgt dann die General=Dislocation der verbündeten kaiserl. russischen und königl. preußischen Truppen, mit der Anzeige der wirklichen Stärke dieser Armee, welche Toll den österreichischen Generalen vor= legen sollte.

wichtig; denn es möchte wohl kaum thunlich oder rathsam gewesen sein, später in den Conferenzen zu Trachenberg mit solcher Zuversicht zu Werke zu gehen, und ohne Zuziehung österreichischer Bevollmächtigter einen gemeinsamen Operationsplan festzustellen, wenn man nicht die Hauptsachen schon vorher mit den österreichischen Strategen besprochen hatte, und ihrer Zustimmung gewiß war.

Was zu Gitschin verhandelt wurde, und in welcher Weise, geht am Besten aus folgendem Brief hervor, den Toll wenige Tage später an den General Scharnhorst richtete, von dem er in Prag erwartet wurde.

Opoczno, den 5/17. Juni 1813.

„Da der Obristlieutenant von Grolmann nach Prag reiset, so habe ich die Ehre, Euer Excellenz eine vollständige Beschreibung über meine Zusammenkunft mit dem F. v. Schwarzenberg zu machen."

„Der commandirende General Barclay de Tolly gab mir seine Befehle — (nebst einem Brief an den F. v. Schwarzenberg), — daß ich mich nach Prag zu begeben habe, um über einen Operationsplan mit Euer Excellenz sowohl, als mit dem F. v. Schwarzenberg zu consultiren, und nach Beendigung meiner Mission mich so schnell als möglich nach dem Hauptquartier zu begeben. Meine Reise trat ich über Landeshut an, in Gitschin erfuhr ich vom Grafen von Metternich, daß der Fürst v. Schwarzenberg auch eben angekommen wäre, ich begab mich also gleich zu ihm, und dies gab Veranlassung, gleich über militairische Operationen zu sprechen. Ich kann wohl sagen: der gute Geist des Commandirenden der österreichischen Armee, so auch dessen General-Quartiermeister Radetzky für die gute Sache, brachte es so weit, daß binnen einigen Stunden wir über den Operationsplan einig waren, der auf folgende Suppositionen basirt ist:"

1) „Der sechswöchentliche Waffenstillstand giebt dem Feinde die Mittel alle seine Verstärkungen in allen Branchen an sich zu ziehen, und da er von Oesterreich Vieles zu befürchten hat, so ist es sehr wahrscheinlich, daß er bloß ein Rideau von Posten gegen uns an der Katzbach zurückläßt, und sich mit seiner ganzen Macht auf das linke Ufer der Elbe allmälig zurückziehen wird, um (sich) dadurch seinen Verstär-

kungen und Magazinen zu näheren, und hinter sich in der Lausitz alle Mittel zu benehmen ihn scharf verfolgen zu können."

„Sollte dies in Erfahrung gebracht werden, daß der Feind diese Bewegung sicher macht, so wird der Waffenstillstand unsererseits unvermeidlich gebrochen*), mit der verbundenen russisch-preußischen Armee dem Feinde nachgegangen, wohin General von Winzingerode seinen Marsch auch antreten wird. Der General Bülow aber auf Roßlau dirigirt, um dort über die Elbe zu gehen. Die österreichische Armee, zu der das Corps des Grafen Wittgenstein, 25,000 Mann stark stößt, nimmt ihre Direction nach Leutmeritz, wo sie die Elbe übersetzt, um dem Feind in die rechte Flanque zu fallen, während dem die vereinigte russisch-preußische Armee diesen Strom zwischen Dresden und Torgau passirt. Das Corps von Bülow observirt Wittenberg und Torgau, das von Worontzow Magdeburg. Beide Generale schicken so weit als möglich ihre Parteigänger auf die Communication des Feindes."

2) „Die zweite Supposition, daß der Feind an der Katzbach stehen bleibt."

„Sollte das der Fall sein, so versammelt sich die russisch-preußische Armee bei Schweidnitz, die österreichische debouchirt über Zittau auf Görlitz, wohin auch der General Bülow und ein Theil des Winzingerode'schen Corps ihre Direction nehmen wird (werden) um dadurch so schnell als möglich sich in Verbindung mit der österreichischen Armee zu setzen und gänzlich den Rücken des Feindes zu bedrohen. Die verbundene russisch-preußische Armee marschirt grade dem Feind entgegen über Jauer und Goldberg, die Oesterreichische geht von Görlitz nach Lauban in des Feindes rechte Flanque, der General Schüler mit der Landwehr besetzt Breslau und macht Bewegungen gegen Neumark vor. Bei allen diesen Combinationen ist das wahrscheinlichste daß der Feind mit versammelten Kräften der einen Armee entgegenrücken wird. Wir wollen also annehmen daß die österreichische Armee von dem überlegenen Feinde angegriffen wird. Nach einem zweitägigen Kampfe wird die russische und preußische Armee gänzlich im Rücken der feind-

---

*) Sofort gekündigt, meint Toll natürlich.

lichen sein, so daß, wenn die österreichische Armee auch zum Weichen gebracht sein wird, der Feind eine neue und zahlreichere Armee zu bekämpfen haben wird, oder vor ihr fliehen muß."

„Nun aber, um dieses mit Gewißheit und Vortheil auszuführen, hat der commandirende General Barclay=de=Tolly beschlossen, sobald als die Reserven angekommen sein werden (was binnen 20 Tagen geschehen ist), den Waffenstillstand zu brechen *), und die strengste Offensive zu ergreifen, worüber frühzeitig der österreichische commandirende General benachrichtigt sein wird."

„Da nun, wie Euer Excellenz selbst einsehen werden, die Operationen nicht sobald angehen können, so sind unsere Combinationen manchen Veränderungen unterworfen. Es wäre daher sehr zu wünschen, daß, wenn Euer Excellenz selbst nicht nach unserem Hauptquartier zu Peterswaldau sich begeben können, Sie Ihre Ansichten über einen Operationsplan darstellen, damit wir die Zeit gewinnen, die gehörigen Anstalten zur Ausführung desselben zu treffen."

„Hierbei übersende ich Euer Excellenz die gegenwärtige Dislocation der verbundenen russisch=preußischen Armee."

„Nach Beendigung meiner Mission schickte ich die Original-Depeschen vom F. Schwarzenberg mit meinem Adjutanten an den commandirenden General, und begab mich selbst nach Opotschna um meinen Rapport dem Kaiser abzustatten."

So befriedigend aber auch das Ergebniß der mündlichen Verhandlungen sein mochte: sich schriftlich irgend zu „compromittiren" oder zu binden war Oesterreich für jetzt noch durchaus nicht geneigt. Schriftlich erhielt daher Toll durchaus nichts als ein Antwortschreiben des Fürsten Schwarzenberg an Barclay, das in französischer Sprache so leer und nichtssagend als möglich gefaßt war. Es beschränkte sich auf diese wenigen, grammatisch nicht eben streng richtigen Sätze:

„Die Eröffnungen des Generals v. Toll, der beauftragt ist, sich für den möglichen Fall über einen Operationsplan für die verbündeten Armeen und die Seiner Majestät des Kaisers von Oesterreich zu verständigen, drehen sich um zwei Möglichkeiten, deren erste den Wieder-

---

*) kündigen.

beginn der Feindseligkeiten erst nach dem Ablauf der im Waffenstillstand festgesetzten Zeit annimmt, und von denen die Andere von der
Voraussetzung ausgeht, daß der Waffenstillstand noch vor dem Ablauf
der Zeit gekündigt werde. "

„Was die Erstere betrifft, so scheint es, daß man irgend einen
Operationsplan mit Erfolg nicht eher wird festsetzen können, als wenn
man bestimmtere Nachrichten über Stellung und Streitkräfte des Feindes, den man zu einer noch entfernten Zeit zu bekämpfen haben wird,
eingesammelt hat. Es ist indessen zu bemerken, daß es unerläßlich ist,
daß der österreichische Oberbefehlshaber achtzehn Tage zuvor davon
unterrichtet werde, zu welcher bestimmten Zeit die verbündeten Armeen
die Feindseligkeiten wieder beginnen würden; es werden zwei erforder-
lich sein, um den Truppen die nöthigen Dispositionen zukommen zu
lassen, und fünfzehn weitere Tage, um sie auf den Punkten zu versammeln, wo sie sich in der Stellung und in der Verfassung befinden
werden, die Grenze binnen vierundzwanzig Stunden überschreiten zu
können. Nur wenn man von dieser Grundlage ausgeht, wird man,
in Beziehung auf die Zeit zu welcher die österreichische Mitwirkung
stattfinden kann, richtig rechnen. "

„Da die zweite Möglichkeit über die Grenzen einer einfachen bloß
militairischen Verabredung hinausgeht, muß man sich auf die Bemerkung beschränken, daß in diesem Fall die achtzehn Tage ebenfalls mit
in Anschlag zu bringen sind*). "

Gelangte dies Blatt etwa vor der Zeit, während noch Alles in
der Schwebe war, zu Napoleon's Kenntniß, so ließ es sich wohl für
ein Papier ausgeben, das keine andere Bestimmung habe, als eine
von Seiten Oesterreichs nicht gewünschte Zudringlichkeit der Verbündeten höflich abzulehnen.

Toll reiste, wie schon aus seinem Briefe erhellt, von Gitschin zunächst nach Opoczno, wohin sich der Kaiser Alexander begeben hatte,
um dort auf dem Schloß des Fürsten Colloredo, mit seinen beiden
Schwestern den Großfürstinnen Maria und Katharina (Erbgroßherzogin
von Weimar und nachmalige Königin von Württemberg) zusammen-

---

*) Beilage 2, c.

zutreffen. Nachdem er hier mündlich Bericht erstattet, ging Toll in
das Hauptquartier nach Peterswaldau zurück. —

Während er sich in Gitschin mit Schwarzenberg und Radetzky besprach, war ein österreichischer Unterhändler sehr geschäftig um Napoleon's Person. Es war der Feld-Marschall-Lieutenant Graf Bubna,
ein geistreicher, feiner Mann. Schon am 11. Juni wieder in Dresden eingetroffen, sprach er viel und mit großer Beredsamkeit von der
Nothwendigkeit des Friedens, von der Nothwendigkeit eines schon viel
früher vorgeschlagenen Congresses zu Prag. Man sei auf dem bedenklichen Punkt angekommen, äußerte er im Namen seines Hofs, wo der
von Preußen so unvorsichtiger, thörichter Weise geweckte Dämon der
Volksbewegung allen Herrschern, allen Thronen gefährlich werde.
Jetzt, in dieser dringenden Gefahr, sei vor allen Dingen nöthig, daß
die Fürsten sich unter einander so schnell als möglich verständigten und
Frieden schlössen, um sich gegen den Geist des Jacobinismus zu vereinigen; es sei im Interesse des französischen Kaisers wie der übrigen
Fürsten dieser guten Sache zu Liebe einige Opfer zu bringen, und sich
nachgiebig zu erweisen; schon hätten die Verbündeten, Rußland und
Preußen, Oesterreichs Vermittelung angenommen, Napoleon möge
jetzt ein Gleiches thun. Da die Sendung des Herrn v. Wessenberg
nach London ganz fruchtlos geblieben sei, wolle Oesterreich darauf verzichten den Weltfrieden herzustellen, und sich begnügen, einen Continental-Frieden zu vermitteln von dem England ausgeschlossen bleiben
könne.

Ohne Zweifel sprach er im Wesentlichen die wirklichen Ansichten
und Wünsche seines Hofes aus; aber das drohende Gespenst der europäischen Revolution machte in Napoleon's Hauptquartier nicht den
gehofften Eindruck, und man gelangte nicht zum Ziel. Die französischen Diplomaten mußten vielmehr auf Befehl ihres Kaisers immer
von Neuem und immer dringender darauf zurückkommen, daß man allerdings eben auch den Frieden wünsche, daß aber zunächst etwas viel
Nothwendigeres und Näherliegendes zu thun sei: die zweckmäßige Um-
gestaltung nämlich des zwischen Oesterreich und Frankreich fort und
fort bestehenden Bündnisses. Der Wiener Hof müsse sich erklären,
welche Punkte er geändert zu sehen wünsche, welche als zeitweilig außer

Wirkung gesetzt zu betrachten seien. In einer an den Grafen Metter=
nich gerichteten Note (vom 15. Juni) *) bemerkt der französische Minister
Maret: Napoleon habe erklärt, ehe man auf Unterhandlungen ein=
gehe, auch nur über eine Convention, vermöge welcher Oesterreichs
Vermittelung angenommen würde, müsse man wissen, ob das Bünd=
niß noch bestehe; denn in diesem Fall stehe Oesterreich, welches den
gegenwärtigen Länderbesitz Frankreichs gewährleistet habe, in einem
bestimmten Verhältniß zu diesem Reich; im entgegengesetzten Fall aber
wisse man nicht, in welchem Verhältniß die beiden Staaten eigentlich
zu einander ständen. Ehe er sich auf etwas weiter einließ, verlangte
Napoleon in derselben Note, als vorläufige Bedingung, einen Ver=
trag, vermöge dessen die aufgehobenen Artikel des Bündnisses durch
neue Verabredungen ersetzt würden, das Bündniß selbst ergänzt
wäre.

So ging noch jetzt sein energisches Bestreben dahin, Oesterreichs ge=
sammte Kriegsmacht seinen Zwecken dienstbar zu machen. Er verlangte
damit sehr viel, und bot dagegen wenig oder nichts; namentlich weder
das was man vor Allem wünschte, noch überhaupt etwas Bestimmtes.
So neigte sich denn Oesterreich mehr und mehr den Verbündeten zu.
Toll auf dem Fuße folgend (am 19.), traf ein österreichischer Offizier,
einer der Vertrauten des österreichischen Hauptquartiers, Graf Latour,
in Reichenbach ein. Er sollte eventuelle Operations=Entwürfe be=
sprechen; was er sonst noch für Aufträge gehabt haben mag, ist nicht
bekannt geworden. Wahrscheinlich sollte er sich auch die Rüstungen der
Verbündeten in der Nähe ansehen.

Eine damalige Berliner Zeitungs=Nachricht, der zu Folge der
Kaiser Franz schon am 20. Juni zu Josephstadt, auf dem halben Wege
zwischen Gitschin und Opoczno, ganz in der Stille eine persönliche Zu=
sammenkunft mit den verbündeten Monarchen von Rußland und
Preußen gehabt hätte, beruht auf einem Irrthum — wenn nicht etwa
diese falsche Nachricht absichtlich verbreitet wurde, was wohl möglich
wäre. Dagegen hatte allerdings Graf Metternich in denselben Tagen
auf dem Schlosse zu Ratiborzitz bei Nachod in Böhmen eine Zusam=

*) Fain, manuscrit de 1813 II, S. 117 und flgde.

menkunft mit dem Kaiser Alexander, der auch Graf Nesselrode, der
Staats-Kanzler Hardenberg und Wilhelm v. Humboldt beiwohnten.
Oesterreich ließ sich hier vor allen Dingen in Beziehung auf die Unge-
heuerlichkeiten von Theilnahme des Volks an dem Kampf, und somit
an den öffentlichen Dingen überhaupt, die bündigsten Versicherungen
geben. Seine Staatsmänner verlangten, daß die gefährlichen Grundsätze, welche die bedenkliche Proklamation von Kalisch aussprach, wenn
nicht ausdrücklich zurückgenommen, doch stillschweigend der Vergessenheit übergeben würden; daß man nie darauf zurückkomme, das Dasein
der Völker fortan mit Stillschweigen übergehe, sich nirgends an das
National-Gefühl der Massen, sondern überall einzig und allein an
die Politik der Cabinette wende — und überhaupt diesen in so verderb-
lichem Geist begonnenen Krieg so viel als möglich in die correcten
Bahnen eines nüchternen Cabinets-Krieges zurückführe.

Erst als auf diese Weise alle „jacobinischen" Elemente glücklich
beseitigt waren, konnte das Versprechen Oesterreichs gewonnen werden,
dem Kaiser der Franzosen gewisse Bedingungen eines allgemeinen Friedens vorzulegen, und im Fall sie entschieden zurückgewiesen wurden,
dem Bündniß Preußens und Rußlands beizutreten, um sie mit ihnen
vereint zu erkämpfen.

Die Bedingungen aber, die Oesterreich in dem zu Reichenbach
am 27. Juni unterschriebenen Vertrag bei der französischen Regierung
als Vermittler befürworten, für die es nöthigen Falls sogar das
Schwert ziehen wollte, waren bekanntlich dieselben, die das Wiener-
Cabinet schon vor der Schlacht bei Groß-Görschen in Vorschlag gebracht hatte. Napoleon sollte das Herzogthum Warschau aufgeben,
zur Vertheilung unter die Verbündeten; — Oesterreich verlangte für
sich die illyrischen Provinzen und den Theil von Polen den es zur Bildung des Herzogthums Warschau abgegeben hatte; — Preußen sollte
Danzig erhalten, sowie ebenfalls einen Theil des Herzogthums Warschau, und die französischen Besatzungen sollten seine Festungen verlassen. Endlich sollte Frankreich die Hansestädte wieder freigeben, und
die Landstriche im nördlichen Deutschland abtreten, die in den letzten
Jahren als „32. Militair-Division" unmittelbar mit Napoleon's
großem Reich vereinigt worden waren. Selbst das Königreich West-

phalen blieb nach diesen Vorschlägen mitten in Deutschland bestehen!
Selbst das Großherzogthum Berg, das auch einem Napoleoniden ver=
liehen war! — Daß der Rheinbund unter französischer Leitung fort=
bestehen mußte, das verstand sich danach in der That von selbst. Frei=
lich wurde auch der Auflösung dieses Bundes gedacht, aber nur in
ganz beiläufiger Weise. Sie wurde als etwas wünschenswerthes be=
zeichnet, nicht aber als eine nothwendige Bedingung des Friedens den
Oesterreich vermitteln wollte; das wiener Cabinet entzog sich der Ver=
pflichtung sie mit Bestimmtheit zu verlangen. Welche Bedeutung hätte
eine solche Forderung auch haben können, wenn der größte Theil des
nördlichen Deutschlands zweien Napoleoniden unterworfen blieb, deren
Einem Oesterreich sogar das Stammland, von dem aus die branden=
burgisch=preußische Monarchie sich entwickelt hatte, die Altmark und
die Feste Magdeburg lassen wollte? — Es war unter solchen Be=
dingungen wirklich nicht der Mühe werth sie ernsthaft zu nehmen oder
dafür zu streiten.

Was aber mußte aus Preußen, was aus Deutschland werden,
wenn wirklich ein elender Friede auf solche Bedingungen geschlossen
wurde! — Man war durch die verfehlte Kriegführung im Frühjahr
dahin gelangt, daß man glaubte, Oesterreichs Bündniß auf seine
Bedingungen annehmen, und ihm sogar auf solchen Bahnen folgen
zu müssen. Natürlich suchte man Beruhigung in dem Gedanken, daß
Napoleon's unbeugsamer und durch das Schicksal verwöhnter Sinn
sich auch diesen Bedingungen nicht fügen werde — ja man handelte
in dieser Voraussetzung, die freilich das Ganze weniger bedenklich
scheinen ließ. Die Absichten, welche der Kaiser Alexander in Beziehung
auf Polen hegte, sind bekannt; aufgegeben hatte er sie gewiß nicht;
ganz ohne allen Gewinn, oder mit einem geringfügigen, sollte gewiß
auch jetzt Rußland mit seinem Willen aus diesem Kampf nicht hervor=
gehn; andere Plane die er im Stillen nährte, gingen noch viel weiter.
Es ist also sehr einleuchtend, daß er solchen Bedingungen seine Zu=
stimmung nur gab, um Oesterreich in irgend einer Weise zu binden —:
in der Hoffnung, daß Napoleon auch einen solchen Frieden ver=
werfen — und dieser erste Schritt die österreichische Regierung dann
nothwendiger Weise weiter, und bis zu dem gewünschten Ziel führen

müsse. — Für die preußischen Staatsmänner vollends war es in jedem
Fall die heiligste der Pflichten, Alles aufzubieten, damit Unter=
handlungen, die auf der Grundlage solcher Forderungen begonnen
wurden, und nicht darüber hinausgehen konnten, nicht zum Frieden
führten.

Unmittelbar nach dieser Zusammenkunft zu Ratiborzitz und den
beruhigenden Versicherungen die man da erhalten hatte, wagte sich
dann Oesterreich Napoleon gegenüber ein wenig weiter. Ohnehin
gedrängt, in einer Weise, die wenig Raum zum Ausweichen ließ, er=
klärte Graf Metternich in zwei an Maret gerichteten Noten (vom
22. Juni) überraschender Weise das bestehende Bündniß mit Frank=
reich für ein lediglich „defensives" — und legte ihm so einen Charakter
bei, der mit seiner Entstehung und mit den Zwecken, die es ursprüng=
lich fördern sollte, in einem ziemlich entschiedenen Widerspruch stand.
Es beruhe dies Bündniß, gleich dem von 1756, auf dem Prinzip „der
Erhaltung des Friedens auf dem europäischen Festlande, und der
Wiederherstellung des Friedens zur See." — Eben deshalb stehe es
nicht im Widerspruch mit dem Amt des Vermittlers, welches Oester=
reich übernommen habe — aber freilich müßten einige Artikel des Ver=
trags außer Wirksamkeit gesetzt werden —: welche? darüber wurde
auch jetzt nichts Näheres gesagt. Graf Metternich erzählt dann in
seiner Weise, wie Oesterreich veranlaßt worden sei, die bloße „Inter=
vention", die fruchtlos zu bleiben drohte, die „bons offices" in eine
wirkliche, durch die Waffen unterstützte „médiation" zu verwandeln
— und es ergiebt sich, wenn auch in vorsichtig unbestimmter Weise
angedeutet, daß unter „Vermittelung" eine Art von Schiedsrichteramt
zu verstehen sein könnte. Selbst die Befugniß der vermittelnden Macht
als Hauptpartei im Kriege ihre Waffen gegen den zu wenden, der sich
ihren Vorschlägen nicht fügt, scheint in derselben Weise durchzuschim=
mern. Der Kaiser von Oesterreich, heißt es, hätte nie ein Bündniß
gut geheißen, das sich nicht auf den Frieden als Grundlage bezog.
Er würde jeder Verbindung entsagen, welche der Wiederherstellung des
Friedens hemmend im Wege stehen könnte.

Zum Schluß erklärte sich Graf Metternich bevollmächtigt, sowohl
über die nothwendigen Veränderungen des bestehenden Bündnisses zu

unterhandeln, als über einen Vertrag, vermöge dessen Oesterreichs Vermittelung angenommen, und die Eröffnung eines Friedens-Congresses
zu Prag genehmigt würde. In der zweiten Note aber schloß sich daran
die Bemerkung, daß die Ruhe Europa's nur durch ein gerechtes politisches Gleichgewicht sicher gestellt werden könne, und daß dies nur im
Zusammenhang mit dem Frieden zur See denkbar sei.

Endlich am 25. Juni, in einem Augenblick wo der Abschluß des
schüchternen Vertrags mit Rußland und Preußen, über den zu Reichenbach unterhandelt wurde, nicht mehr zweifelhaft war, erschien Graf
Metternich selbst in Dresden. Er begann hier seine diplomatische
Thätigkeit damit, daß er dem französischen Minister Maret schriftlich
erklärte: „Die Rolle des Vermittlers setze vollkommene Freiheit voraus,
und lasse keine Verpflichtungen zu, welche mit den Interessen der Einen
oder der Anderen der streitenden Parteien im Widerspruch sein könnten", — der Geist des bestehenden, durchaus nur defensiven Bündnisses
gefährde nun allerdings diese Unabhängigkeit Oesterreichs nicht —:
von dem Buchstaben des Vertrags aber lasse sich nicht dasselbe sagen.
Er schlug vor, im Interesse der Menschlichkeit — um keine Zeit zu
verlieren — für jetzt auf jede Erörterung in Beziehung auf die einzelnen Artikel zu verzichten, und einen Vertrag zu unterzeichnen, vermöge dessen Oesterreich und Frankreich ganz im Allgemeinen erklärten:
„daß alle diejenigen Bestimmungen des bestehenden Bündnisses, welche
der Unparteilichkeit des Vermittlers Eintrag thun könnten, für die
ganze Dauer der Unterhandlungen außer Wirksamkeit gesetzt sein
sollten." — Andere Bestimmungen als solche konnte ein Bündniß,
zum gemeinsamen Angriff auf Rußland geschlossen, kaum enthalten;
und da das Wiener Cabinet der Erklärung, ob die übernommene
Garantie des damaligen Besitzstandes der französischen Monarchie
in Kraft bleibe, geflissentlich auswich, wäre nicht leicht zu sagen,
was eigentlich in bindender Wirksamkeit bleiben konnte. Dennoch
sollte die Erklärung hinzugefügt werden, daß dieses Uebereinkommen
keine Folgerung gegen das Fortbestehen des Bündnisses selbst ein-
schließe. Der weitere Nachsatz, daß man sich das Recht vorbehalte,
die zeitweilig aufgehobenen Bestimmungen „wieder aufleben zu lassen"
— natürlich „mit den nothwendig gewordenen Modificationen" — hieß

in der That auch nichts weiter, als daß später ein neues Bündniß ge=
schlossen werden könne — wenn nämlich beide Parteien darüber einig
waren!

Bald darauf, nämlich schon am 28. in den Nachmittagsstunden,
hatte Graf Metternich in dem Marcolini'schen Garten=Pallast, den
Napoleon in Dresden bewohnte, ein langes und sehr wichtig geach=
tetes Gespräch mit dem Beherrscher Frankreichs selbst, über dessen
Ergebnisse im Großen und Ganzen sehr bald kein Zweifel blieb,
dessen Einzelnheiten aber nicht so leicht in weiteren Kreisen bekannt
werden konnten, da es unter vier Augen Statt fand. Mit Sicherheit
erfuhr man zunächst nur daß Napoleon eine sehr heftige Scene daraus
gemacht hatte. Daß er, von einer leidenschaftlichen Stimmung be=
herrscht, den Fehler begangen hatte den leitenden Minister Oester=
reichs in einer Weise zu beleidigen, die kaum verziehen werden konnte,
schien nicht zweifelhaft; er sollte ihn heftig gefragt haben, wie viel
ihm persönlich England für die Rolle bezahle die er spiele. — Dann
war der Geschichte auch noch die hochwichtige Thatsache bewahrt, daß
Napoleon in heftiger Bewegung seinen berühmten kleinen dreieckigen
Hut fallen ließ, und daß der beleidigte Metternich ihn nicht aufhob.

Was aber zwischen Napoleon und Metternich zur Sprache ge=
kommen ist, was für Vorschläge gemacht, welche Forderungen gestellt
und wie sie beantwortet worden sind, darüber war bis in die neueste
Zeit herab nichts zuverläßiges in die Oeffentlichkeit gelangt. Zwar
lag schon seit lange ein ziemlich in das Einzelne ausgemalter Bericht
vor, der Napoleon's Cabinets=Secretair, den Baron Fain zum Ver=
fasser hatte — aber er war in keiner Weise geeignet Vertrauen einzu=
flößen. Fain spricht als habe er den Anfang des Gesprächs aus der
Entfernung lauschend gehört, und dann auch wieder den Schluß, da
Napoleon zuletzt sehr laut geworden sei. Zuerst soll Graf Metternich,
diesem Bericht zufolge, in leicht verständlicher Weise ein vollständiges
Bündniß mit Oesterreich als möglich in Aussicht gestellt haben, wenn
nur der gehörige Preis dafür gezahlt werde —: zuletzt soll Napoleon
ausgerufen haben: „Was! — nicht nur Illyrien und die Rückkehr des
Pabstes nach Rom — auch Polen! — und die Räumung Spaniens
— und Holland (?!) — und den Rheinbund! — und die Schweiz!"

— und dann wieder: „Ihr verlangt hier durch einen Federzug die Wälle von Danzig, Cüstrin, Glogau, Magdeburg, Wesel, Mainz (!), Antwerpen (!), Alexandria (!), Mantua — der stärksten Plätze in Europa vor euch fallen zu machen! “

Aber, selbst als noch kein anderer Bericht vorlag auf den man sich stützen konnte, durfte, ja mußte man diese ganze Darstellung unbedingt als ein durchaus unwahres Phantasiebild verwerfen. Diese angeblichen Forderungen Oesterreich's passen durchaus nicht zu den Worten die derselbe Fain dem Grafen Metternich doch auch in den Mund legt —: „Ah Sire! soll Metternich zu Anfang dieses selben Gesprächs gesagt haben, warum wollen Sie allein stehen in diesem Kampf, warum nicht Ihre Macht verdoppeln; Sie können es Sire, denn es hängt nur von Ihnen ab über die unsrige zu verfügen.“ — Um sich einen solchen Frieden zu erkämpfen, brauchte Napoleon Oesterreich's Heere nicht; der war umsonst zu haben ohne weiteren Kampf; und Schlimmeres schienen selbst entscheidende Niederlagen nicht herbeiführen zu können. Das war Alles in dem Grade einleuchtend, daß wohl kein Staatsmann — wenigstens so lange er vorgab ernsthaft zu sein — Oesterreich's Beistand an solche Bedingungen knüpfen konnte. —

Und dann! — ist es wohl irgend denkbar — kann man glauben, daß Oesterreich in demselben Augenblick, wo es sich in Reichenbach auf so überaus bescheidene Bedingungen hin verband, und zu einem kühneren Streben nicht zu bewegen war, zu Dresden, unmittelbar gegen den gefürchteten Napoleon selbst mit so großartig kühnen Forderungen hervortrat? — Mit Forderungen, die bei der damaligen Lage der Dinge selbst den Beginn der Unterhandlungen unmöglich machen mußten? — Und zwar ohne dazu irgend verpflichtet zu sein, ohne die Verbündeten davon auch nur in Kenntniß zu setzen, ohne sich dieses Eifers für die gute Sache bei ihnen zu rühmen und sich ein Verdienst daraus zu machen! — Diese Fragen sind wohl beantwortet, wenn wir uns erinnern, daß Oesterreich auch sechs Monate später, nach den glänzenden Siegen des Jahres 1813, noch ziemlich weit davon entfernt war, Antwerpen, Mainz oder Alessandria zu verlangen. — Es kömmt noch dazu, daß Napoleon bis zum letzten Tage an ein ihm feindliches, thätiges Eingreifen Oesterreichs in den großen Kampf nicht glauben, es kaum für möglich halten wollte. Waren einmal solche Forderungen ausgesprochen, dann konnte ihm darüber schwerlich ein Zweifel bleiben. — Endlich kamen selbst auf dem Prager Congreß so weitgreifende Forderungen Oesterreichs nicht zu Tage; noch am 7. August stellte Graf Metternich da lediglich die zu Reichenbach verabredeten Punkte als Bedingungen des Friedens auf, und nicht das Mindeste mehr.

Der Fürst Metternich hat später, wie bekannt, im Gespräch erklärt, an der ganzen Erzählung Fain's sei nichts wahr, als die große Begebenheit mit dem kleinen dreieckigen Hut.

Dennoch wird Fain's phantastischer Bericht immer wieder in neue Darstellungen dieser Zeiten aufgenommen als sei er Geschichte; selbst in Werke, die Anerkennung verdienen, und wie das des Majors Beitzke, in einem weiten Kreise Geltung haben. Wir lesen da die Bemerkung: „es sei schwer anzunehmen, daß Fain die ganze Sache aus der Luft gegriffen habe, denn es sei gar kein Grund abzusehen, warum er sie erdichtet haben sollte." — Fain ist ein sehr unzuverlässiger Mann; schwerlich möchte sich in seinem ganzen Buch auch nur Eine Thatsache nachweisen lassen, die er der Wahrheit getreu erzählt hätte, und allerdings hatte er einen bestimmten Grund, gerade in diesem Sinn zu dichten. Der liegt sogar sehr nahe. Es galt, die französischen Leser von Napoleon's Mäßigung, Großmuth und Friedensliebe zu überzeugen, und von der maaßlosen Ruchlosigkeit der teutschen Staatsmänner die England bestochen hatte. Das ganze Buch ist in dieser Absicht und in solchem Geist geschrieben.

Glücklicher Weise sind wir nun seit Kurzem von anderer Seite her, in ausreichend zuverlässiger Weise über den Verlauf dieses Gesprächs unterrichtet. Der Graf Metternich selbst hat bald nachdem er es bestanden, als die Erinnerung noch neu und unversehrt in seinem Gedächtniß lebte, aufgezeichnet was er da gehört und gesprochen hatte, und von ihm selbst dem Geschichtschreiber mitgetheilt, sind diese Aufzeichnungen in Thiers' Geschichte des Kaiserreichs bekannt gemacht worden.

Mögen nun auch die Beleidigungen die Metternich persönlich er-

fuhr, in etwas bemäntelt — mag überhaupt Napoleon's Brutalität
etwas gemildert, das ganze Bild doppelt, erst durch Metternich, dann
durch Thiers, abgeschwächt auf uns gekommen sein — : es ist dennoch
ausreichend zuverlässig für die wesentlichen Zwecke der Geschichte, denn
es ist ohne Zweifel wahrhaft in Beziehung auf den wesentlichen Inhalt,
auf die Forderungen die da als Bedingungen eines europäischen oder
festländischen Friedens gestellt worden sind. Dafür bürgt eben dieser
Inhalt selbst. Hätte der Graf Metternich daran etwas verschönern
wollen, so wäre es gewiß in einer Weise geschehen, die Oesterreichs
Politik in einem etwas günstigeren Licht erscheinen ließ.

Metternich berichtet daß er schon auf dem Wege durch die Vorzimmer wahrnehmen konnte, wie sehr in Napoleon's Umgebung das
Verlangen nach Frieden vorherrschend, wie überdrüssig man der end-
losen Kriege war. Berthier geleitete ihn bis an die Thür zu Napoleon's Cabinet, und fragte ihn unterwegs ob er den Frieden bringe?
— er solle billig sein, denn es sei für Frankreich eine Nothwendigkeit
dem Krieg ein Ende zu machen, und für Oesterreich nicht minder.

Napoleon empfing den Vertreter Oesterreichs mit einem Anschein
von Förmlichkeit der wahrscheinlich seine Bedeutung haben sollte, ste-
hend, den Degen an der Seite, den Hut unter dem Arm. Er zeigte
sich zum voraus leidenschaftlich erregt und gereizt, und eröffnete — was
sehr der Beachtung werth ist — das Gespräch damit, daß er sich sofort,
noch ehe er wußte was für Vorschläge und Forderungen Gegenstand
der Unterhandlungen werden sollten, in Vorwürfen und Beschuldigun-
gen erging, die Oesterreich und seine Politik betrafen. Er legte es
Oesterreich zur Last daß bereits vier und zwanzig Tage seit dem Abschluß des Waffenstillstands verflossen seien, ohne daß man in den
Unterhandlungen auch nur um einen Schritt weiter, ja ohne daß man
nur zu deren Anfang gekommen sei; er ging auf seine früheren wech-
selnden Beziehungen mit Oesterreich zurück — mit dem Kaiser Franz,
dem er dreimal seinen Thron „zurückgegeben" habe; er habe „den
Fehler begangen" dessen Tochter zu heirathen, und nun auf den nahen
Verwandten gerechnet; aber nach einem einzigen Feldzug den die Elemente zu einem unglücklichen gemacht haben, wanke der Kaiser von
Oesterreich, und stelle sich zwischen Napoleon und seine Feinde, angeb-

lich um den Frieden zu vermitteln, in Wahrheit um ihn, Napoleon,
in seiner Siegeslaufbahn aufzuhalten; unter dem Vorwand den Frie=
den zu vermitteln, habe Oesterreich gerüstet — und nun, da es mit
seinen Rüstungen fertig sei, stelle es Forderungen, die keine anderen
seien als die der Feinde Frankreichs. Dann gingen die Vorwürfe, ehe
Metternich auch nur zu Worte kommen konnte, in Drohungen über.
„Erklärt Euch“ rief Napoleon aus: „wollt Ihr den Krieg mit mir?
— Die Menschen werden also ewig unverbesserlich bleiben! — Die
Lectionen die sie erhalten, werden ihnen niemals zu etwas dienen! —
Die Russen und die Preußen haben, ermuthigt durch den Erfolg des
letzten Winters, gewagt mir zu begegnen, ich habe sie geschlagen, tüch=
tig geschlagen, obgleich sie Euch das Gegentheil gesagt haben.   Ihr
wollt also nun auch an die Reihe kommen? — Gut, es sei, Ihr sollt
daran kommen! — Ich gebe Euch Rendez-vous in Wien, im October.“

Da Metternich versicherte, man wolle nicht Frankreich den Krieg
erklären, nur einem unerträglich gewordenen Zustand ein Ende machen,
der fortwährend ganz Europa mit einem gänzlichen Umsturz bedrohe,
und möglicher Weise Gefahren selbst für den französischen Kaiser herbei=
führen könnte — da Napoleon darauf fragte was man verlange? —
konnte dann Metternich einen zuverlässigen Frieden — nothwendig für alle
Parteien — als das Ziel nennen, das Oesterreich im Auge habe, und
von den Bedingungen sprechen, unter denen er möglich sein möchte.
Aber er sprach diese Bedingungen nicht etwa in bestimmter Form und
einfachen Worten als Forderungen aus, die gestellt würden —: er
„insinuirte“ sie nur in der zartesten, rücksichtsvollsten Weise (avec des
ménagements infinis, sagt Thiers) — und die Wünsche denen er in
so geschmeidiger Weise Worte lieh, gingen, wie sich von selbst versteht,
nach keiner Richtung hin auch nur im Geringsten über das Maaß der
Bedingungen hinaus, auf die sich Oesterreich fast gleichzeitig zu Reichen=
bach verpflichtet hatte.   Das Herzogthum Warschau wurde zu neuer
Vertheilung gefordert — oder gewünscht; — Danzig für Preußen,
Illyrien für Oesterreich, und die Freigebung der deutschen Hansestädte
aus dem französischen Staatsverband, um den Handel Deutschlands
wieder her zu stellen.   Weiter nichts, nach Metternich's eigenem
Zeugniß.

Einer Auflösung des Rheinbunds wurde, wie sich ergiebt, nicht ausdrücklich gedacht, und das ließe sich erklären, denn die Frage was an seine Stelle treten solle, hätte, so unmittelbar berührt, bedenkliche Erörterungen herbeiführen können. Metternich äußerte nur, Napoleon möge dem Protectorat des Rheinbunds entsagen; er gebe damit nur einen leeren Titel auf.

Aber Napoleon gerieth schon über diese „Insinuationen" in einen leidenschaftlich aufbrausenden Zorn, und soll daraufhin die bekannte, beleidigende Frage an den österreichischen Staatsmann gerichtet haben. Metternich hat dies zwar stets geleugnet, nach einigen Aeußerungen Napoleon's gegen seine Vertrauten, könnte es indessen doch vielleicht wahr sein. Zur Sache erklärte der französische Kaiser er errathe das Geheimniß seiner Gegner, er wisse was sie alle eigentlich wollten —: „Ihr Oesterreicher wollt ganz Italien, Euere Freunde die Russen wollen Polen, Preußen will Sachsen, die Engländer wollen Holland und Belgien, und wenn ich heute nachgäbe, würdet Ihr morgen diese Gegenstände Euerer glühenden Wünsche fordern. — Aber dann bereitet Euch darauf Millionen Menschen unter die Waffen zu rufen, das Blut mehrerer Generationen zu vergießen, und an den Fuß der Höhen von Montmartre zu kommen und zu unterhandeln."

Metternich gab sich die größte, und ohne Zweifel auch redlichste Mühe den zürnenden Herrn zu überzeugen daß von solchen extravaganten Forderungen durchaus nicht die Rede sei. Nur der rücksichtslos fortgesetzte Krieg könne vielleicht solche Ansprüche wieder erwecken. Es gebe allerdings in Europa eine Anzahl überspannter Thoren, denen die Ereignisse des Jahres 1812 den Kopf verdreht hätten; es gebe wohl einige dieser Thoren zu Petersburg, zu Berlin, zu London — nicht aber in Wien, das könne er versichern; da verlange man nichts unverständiges. Der wiener Hof verlange genau das was er zu erlangen wünsche, und wolle wirklich nur das was er fordere, nicht mehr. Das beste Mittel die verkehrten Ansprüche jener Thoren zu hintertreiben, sei übrigens einen ehrenvollen Frieden anzunehmen, und der angebotene Friede sei sogar ein ruhmvoller für Frankreich.

Napoleon verrieth in seiner Antwort die Rücksichten, und namentlich auch die Stimmung, die ihn wirklich beherrschten, indem er zu ver-

ſtehen gab was ihn beleidige, das ſei nicht dieſes oder jenes Opfer
das von ihm verlangt werde, ſondern die Thatſache an ſich, daß man
ſich überhaupt vermeſſe ihm Bedingungen auf zu erlegen. Er fügte
Worte hinzu die uns jetzt unvorſichtig ſcheinen könnten, die er aber mit
vollkommener Unbefangenheit ſprach. Die auf dem Thron geborenen
Souveraine könnten, ſagte er, die Empfindungen nicht verſtehen die ihn
beſeelten; ſie kehrten beſiegt, geſchlagen in ihre Hauptſtädte zurück, und
das habe weiter nichts auf ſich. Er aber ſei Soldat, für ihn ſei Ehre
und Ruhm Bedürfniß; er könne nicht verkleinert vor ſeinem Volk erſcheinen; er müſſe ſtets groß, ruhmgekrönt, bewundert ſein und bleiben.
Für uns, wie wir die Dinge jetzt überſehen, können dieſe Worte den
Anſchein haben, als hätte Napoleon darin verrathen wo die Schwäche
ſeiner perſönlichen Stellung lag. Aber ſo verſtand Napoleon ſeine
eigenen Worte nicht. An der Sicherheit ſeiner Stellung in Frankreich
zweifelte er ſelbſt viel ſpäter und in viel ſchlimmerer Lage nicht; ſelbſt
dann nicht, als ſich warnende Stimmen erhoben, die jetzt noch ſchwie-
gen. Auch wäre es in der That ein Irrthum geweſen, wenn Napoleon geglaubt hätte, ein Friede, den er nicht unbedingt als Sieger vor-
ſchrieb, hätte ſeine Stellung im eigenen Lande erſchüttern können.
Frankreich hätte ihm jubelnd für den Frieden gedankt, wie er darge-
boten wurde, das konnte man in des Kaiſers eigenem Vorzimmer vernehmen. Napoleon dachte, wie ſeine eigenſten Worte bezeugen, nur
ſeine perſönlichen Gefühle zur Geltung zu bringen; das berechtigte
Selbſtgefühl des ſieggewohnten Feldherrn. Ihm war es unerträglich
mit geſchmälertem Ruhm vor ſeinen Unterthanen zu erſcheinen, und
darum konnte Europa nicht erwarten erhört zu werden, wenn es das
verlangte.

Metternich bewies hier durch ſeine Einwendungen, wie ſpäter
durch ſein Benehmen zu Prag und zu Frankfurt am Main, daß er die
eben gehörten Worte nicht anders auffaßte als Napoleon ſelbſt. Er
äußerte, auf dieſe Art, wenn Niederlagen eben ſo gut wie Siege ein
Grund würden den Kampf fortzuſetzen, wenn Napoleon als Sieger
den Erfolg ſtets bis auf die äußerſten Gränzen der Möglichkeit aus-
beuten — beſiegt ſich unbedingt wieder auf die vorige Höhe erheben
wolle, dann ſei gar kein Ende dieſer gewaltſamen Zuſtände abzuſehen,

und da Napoleon dazwischen warf, er gehöre nicht sich selbst an,
sondern der tapferen Nation, die auf seinen Ruf ihr edelstes Blut opfere,
fügte Metternich hinzu: diese tapfere Nation bedürfe selbst des Friedens.
Er habe Frankreichs Heer unterwegs gesehen; es bestehe aus Knaben;
Napoleon habe der Zeit vorgegriffen, das Contingent eines späteren
Jahres vor der Zeit ausgehoben, und eine kaum erwachsene Genera-
tion zu den Waffen gerufen; und wenn diese nun auch durch den Krieg
vernichtet werde, wolle er dann etwa weiter in die Zukunft greifen? —
wolle er ein noch jüngeres Geschlecht aufrufen?

Ueber diese Worte erbebte Napoleon in einem Zorn, der diesmal
wohl, wenn nicht tiefer, doch peinlicher empfunden sein mochte als vorhin,
denn Metternich berührte hier eine sehr wunde Stelle. Daß Frankreich
ermüdet, erschöpft sein könnte, das sollte nicht wahr sein, das durfte
niemand wissen oder glauben. Napoleon erblaßte, warf seinen Hut
zu Boden, trat nahe an Metternich heran, und rief auf ihn hinein:
„Sie sind nicht Krieger, Sie haben nicht wie ich das Herz eines Soldaten (l'ame d'un soldat); — Sie haben nicht Ihr Leben im Feld-
lager zugebracht; Sie haben nicht gelernt das Leben anderer gering
achten, und das eigene, wenn es sein muß" — und in dieser heroischen
Exaltation bediente er sich einer obscönen Wendung um zu erklären
daß ihm das Leben von zweimal hunderttausend Kriegern sehr gleichgültig sei.

Das war eine Blöße die sich Napoleon gab, und als gewandter
Diplomat versäumte Metternich auch nicht sie zu benützen. „Oeffnen
wir Thüren und Fenster," rief er aus: „daß ganz Europa Sie höre;
die Sache die ich vertrete wird dabei nicht verlieren!"

Napoleon suchte einzulenken und gleichsam eine andere Antwort
auf Metternich's wehthuende Bemerkung, an die Stelle der ersten,
leidenschaftlichen zu setzen. Er äußerte jetzt Frankreich, dessen Blut
der österreichische Staatsmann in Schutz nehme, habe sich nicht so sehr
über ihn zu beklagen; er habe freilich in Rußland zweimalhunderttausend Mann verloren, aber nur zur Hälfte Franzosen — allerdings der
Besten; deren Verlust sei ihm ein Gegenstand schmerzlicher Trauer —:
die anderen hunderttausend, das seien Polen gewesen, Italiener und

4*

vor allem Deutsche — eine wegwerfende Bewegung der Hand sollte
ausdrücken wie gleichgültig ihm deren Untergang sei.

Da Metternich darauf zu verstehen gab daß es nicht angemessen
sei einem Deutschen gegenüber diesen Umstand in solcher Weise geltend
zu machen (Vous conviendrez, Sire, que ce n'est pas une raison
à donner à un allemand) — erwiderte Napoleon mit vieler Geistes-
gegenwart: „Sie haben im Namen der Franzosen gesprochen, ich habe
Ihnen in ihrem Namen geantwortet."

Indem er dann auf die Ereignisse des Jahrs 1812 näher einging, suchte er den Glauben an seine Unbesiegbarkeit neu zu befestigen.
Er bemühte sich darzuthun daß er auch in Rußland in allen Kämpfen
Sieger geblieben sei; nur die Ungunst der Elemente das schließliche
Mißlingen des Zuges und seine Verluste herbeigeführt habe. Er
ging dann zu neuen Vorwürfen über, daß Oesterreich, dem er so oft
verziehen habe — jetzt, nachdem er, wie Metternich noch einmal hören
mußte, den Fehler begangen habe eine Erzherzogin zu heirathen —
zum Dank für so viel Nachsicht ihm den Krieg erklären wolle. Er suchte
dann auch, bei dieser Gelegenheit ausführlich zu beweisen, daß das
Reich der Habsburger nicht einmal über ausreichende Mittel dazu
verfügen könne; daß Oesterreichs Heere kaum halb so zahlreich seien
als vorgegeben werde.

Fast überraschend in diesem Zusammenhang, aber allerdings auch
ohne daß Napoleon dabei mit Nachdruck verweilte, wurde der Wink
hingeworfen, Oesterreich möge neutral bleiben, sich ganz, auch von
der Vermittelung zurückziehen; er sei geneigt ihm Illyrien als Preis
einer solchen durchaus passiven Neutralität zu gewähren. Den Frieden,
den Oesterreich der europäischen Welt verschaffen wolle, den werde ihr
Napoleon selbst zu seiner Zeit gewähren. Der Friede aber, den Oesterreich durch seine Vermittelung herbeizuführen suche, würde ein ihm,
dem Kaiser der Franzosen, auferlegter Friede sein; er würde ihn vor
der Welt als einen Besiegten hinstellen, dem man das Gesetz vor-
schreibt. — Das Gesetz! ihm! unmittelbar nach zwei glänzenden
Siegen!

Metternich mußte sich wohl sagen daß Illyrien, auf solche Weise
wieder gewonnen, ein sehr unsicherer Besitz geworden wäre, selbst wenn

es nicht etwa blos bei einem nicht erfüllten Versprechen blieb, und da er natürlich von der Vermittelung nicht abgehen konnte oder wollte, wiederholte Napoleon, von Neuem erzürnt, zum Schluß die Drohung mit der er begonnen hatte: „Ach! Ihr besteht auf Euerem Sinn, Ihr wollt mir Gesetze vorschreiben! — Nun wohl! — es sei! — Krieg! — Aber auf Wiedersehen in Wien!"

Auf dem Rückweg durch die Vorzimmer will Metternich gegen den von Neuem ängstlich fragenden Berthier geäußert haben, Napoleon habe den Verstand verloren. Er hatte aber dennoch keineswegs die nahe liegende Einsicht gewonnen, daß diesem Mann gegenüber kein dauernder Friede möglich sei, der ihn nicht zum Oberherren von Europa machte; daß man ihm gegenüber einen vollständigen Sieg erkämpfen müsse, wenn man sich nicht seiner Herrschaft fügen wollte. —

So haben wir denn also nun auch Metternich's eigenes Zeugniß dafür, daß Oesterreich weit entfernt war zu Dresden über die Bedingungen des Vertrags von Reichenbach hinaus zu gehen, und Napoleon's Zorn dadurch zu reizen, daß es etwa, wie Fain berichtet, die kühnen Forderungen „überspannter Thoren" zu den seinigen machte. — Napoleon zeigte sich zum voraus gereizt; schon daraus dürfen wir schließen daß sein Zorn nicht in Wahrheit durch die bescheidenen Forderungen Oesterreichs hervorgerufen war, sondern ganz im Allgemeinen dadurch, daß eine Verständigung dieser Macht mit den Verbündeten und Verabredungen mit ihnen im Werke waren. Anderes kömmt hinzu uns in dieser Ansicht zu bestätigen. Ein in vielfacher Beziehung gut unterrichteter Schriftsteller (Friccius) berichtet, die Verbündeten hätten, eben um Oesterreich den Rückweg abzuschneiden, selbst dafür gesorgt daß dies dem Kaiser der Franzosen nicht unbekannt blieb. Jedenfalls war er bereits davon unterrichtet.

Das Alles erhellt namentlich auch aus einem kurzen Briefchen des Grafen Nugent an den hannöverschen Minister Grafen Münster zu London, das Hormayr bekannt gemacht hat, und das überhaupt in mehrfacher Beziehung merkwürdig ist. Wir ersehen daraus unter anderem, daß diejenigen unter den österreichischen Staatsmännern und Generalen, die von einem unversöhnlichen Haß gegen Napoleon beseelt waren, wie Graf Nugent, ihrem Hof eigentlich keine große

Energie zutrauten, und erst als sie wußten, daß Napoleon genau
von Allem unterrichtet sei, was Oesterreich im Geheimen trieb, als
nach ihrer Ansicht dem Wiener Cabinet keine ganz freie Wahl mehr
blieb, auf einen entscheidenden Entschluß ihrer Regierung zu hoffen
wagten.

Graf Nugent schrieb nämlich dem Grafen Münster aus Gitschin,
am 6. Juli:

„Heute ist Metternich zurückgekehrt von seiner Zwiesprache mit
Bonaparte und mit Alexander. Nachdem er den Kaiser Franz gesehen,
hatte ich mit ihm eine lange Conversation. — Gottlob, Bonaparte weiß Alles, dürstet Rache und äußert sich höchst
unbesonnen. Der Rückzug ist abgeschnitten*).“

Dieses kurze Schreiben, durch das allein Fain's dichterischer Bericht in gewissem Sinn widerlegt wäre, zeigt in ausreichend erkenn-
barer Weise daß Napoleon durchaus nicht in der Stimmung war einen
redlichen allgemeinen Frieden zu wollen — und was ihn in dem Augenblick besonders verdroß. Wir begreifen nun, warum er zu Prag
vorzugsweise ein besonderes Abkommen mit dem Kaiser Alexander
suchte. Er wollte für jetzt in seiner Erbitterung freie Hand gewinnen,
um Oesterreich für seine Doppelzüngigkeit zu züchtigen, und war in
leidenschaftlicher Aufregung unbesonnen genug, das laut zu äußern;
so daß Metternich noch während seines Aufenthalts in Dresden davon
hören konnte.

Das leidenschaftliche Verlangen sich an Oesterreich zu rächen,
das in dieser Weise angefacht, rasch aufloderte und für den Augenblick
vorherrschend war in seinem Gemüth, erklärt auch genügend, warum
er nun plötzlich, ganz im Widerspruch mit seinem bisherigen Streben,
keinen Werth weiter darauf legte, diese Macht in den Banden der bestehenden Verträge festzuhalten — vielmehr im Gegentheil den zunächst
liegenden Wünschen des Wiener Hofs auf mehr als halbem Weg entgegen kam. Schon am 29. Juni ließ Napoleon dem Grafen Metternich
durch Maret schriftlich erklären: er wolle ein Bündniß seinen Freunden nie
beschwerlich machen, er entsage daher den bestehenden Verträgen.

---

*) Lebensbilder aus dem Befreiungskrieg II, 162.

So leichten Kaufs ſah ſich Oeſterreich ſeiner Verpflichtungen ent-
laſſen. In einer Uebereinkunft, am folgenden Tage unterzeichnet,
wurde ſeine Vermittelung nun auch von Frankreich angenommen, und
ſo hatte denn der Kaiſerhof zu Wien auch der Form nach die lang gewünſchte Stellung.

Die Ausfertigung dieſes Actenſtücks führte eine zweite Unterredung Metternich's mit Napoleon herbei, und in dieſer zeigte ſich der
Kaiſer der Franzoſen durchaus liebenswürdig und höflich, ſelbſt ge-
ſchmeidig; und dieſe Geſchmeidigkeit beſchränkte ſich nicht etwa bloß
auf die Formen der Unterhaltung; ſie bewährte ſich vielmehr auch in
ſehr weſentlichen Dingen. Sein Miniſter der auswärtigen Angelegenheiten, Maret, hatte ſich nämlich in dem Entwurf zu der Uebereinkunft
einer großen Feinheit befliſſen, und mit einer geſuchten Vorſicht, die
in keiner Weiſe an der Zeit war, Beſtimmungen eingeflochten, denen
Oeſterreich unmöglich zuſtimmen konnte. Namentlich (Art. 2) daß der
Kaiſer von Oeſterreich, indem er ſeine Vermittelung anbiete, nicht als
Schiedsrichter (arbitre) auftreten wolle, ſondern lediglich als vollkommen unparteiiſcher und durchaus uneigennütziger Vermittler (der
nichts für ſich ſelbſt forderte, wie ſich danach von ſelbſt verſtand). —
Dann (Art. 3) daß die Vermittelung ſich auch auf England, die Ver-
einigten Staaten von Nordamerika, den König von Spanien (d. h.
Joſeph Buonaparte) und die Regentſchaft zu Cadir ausdehnen ſolle.
Das hieß verlangen daß Napoleon's Recht auf Spanien von Neuem
anerkannt werde, und zwar ſelbſt von England.

Auf Metternich's Verlangen ſtrich Napoleon dieſe Beſtimmungen
nicht nur ohne Schwierigkeiten zu erheben, ſondern indem er ſelbſt ſie
als unpaſſend bezeichnete und ſeinen Miniſter tadelte. Das Alles
hatte ſeine Gründe die leicht zu durchſchauen ſind. Er bedurfte in dem
Augenblick vor Allem einer Verlängerung des Waffenſtillſtands um
ſeine Rüſtungen vollenden zu können, und auf dieſe Verlängerung, die
Rußland und Preußen ſehr wenig geneigt waren zu gewähren, durfte
er nur rechnen, wenn er wenigſtens eine Ausſicht auf Unterhandlungen
offen hielt —: ſolche Beſtimmungen aber, wie die von Metternich an-
gefochtenen hätten in der That keine Möglichkeit für Unterhandlungen
gelaſſen. Sie zu ſtreichen aber war für Napoleon kein großer Ent-

schluß, denn er war ein praktischer Mann der That, kein Doctrinair,
und wußte sehr wohl daß es ziemlich gleichgültig war ob dergleichen
in der Uebereinkunft stand oder nicht, wenn er sonst die Mittel hatte
mit den Waffen in der Hand jede Steigerung der Macht Oesterreichs
abzuwehren.

Der Waffenstillstand wurde verlängert, zu Prag sollten die Unterhandlungen beginnen —: sie gelangten nicht einmal zu einem wirklichen Anfang. Die Bevollmächtigten von Rußland und Preußen
wußten dies durch Streitigkeiten über die Form, in der unterhandelt
werden sollte, unmöglich zu machen — und eigentlich wollte Niemand
wirklich den Frieden. Selbst Oesterreich wünschte ihn nur in etwas
zaghafter Weise, ohne ihn zu hoffen.

Am 12. Juli sollte der Congreß eröffnet werden; der Eine der
Bevollmächtigten Napoleon's, Narbonne, war freilich schon seit dem
9. in Prag eingetroffen, aber er mußte erklären, daß er seine Verhaltungsbefehle noch nicht habe, und nicht ermächtigt sei allein zu unterhandeln. Der andere französische Minister, Caulaincourt, traf erst
am 29. ein, zwölf Tage vor dem Ablauf des Waffenstillstandes, und
der französische Minister Maret rechtfertigte diese Verspätung sehr bezeichnend dadurch, daß er dem Grafen Metternich mittheilte: Caulaincourt, Ober-Stallmeister, versehe seit Duroc's Tode bei Napoleon
auch das Amt eines Hofmarschalls, und habe deshalb nicht früher
kommen können.

Die Instructionen dieser beiden französischen Gesandten schrieben
ihnen ausdrücklich vor, die Zeit so lange als möglich mit Formalitäten
und Zank um Formalitäten hinzubringen; mit Erörterungen über die
Art, wie die Vollmachten ausgewechselt, die Protocolle redigirt, die
Unterhandlungen geführt werden sollten, ja über das Ceremoniell und
den Rang der Gesandten. Napoleon, heißt es in diesen Verhaltungsbefehlen, verwerfe den Gedanken nicht ganz, sich unter veränderten Umständen wieder mit Oesterreich zu verständigen, für jetzt aber liege das
nicht in seinen Plänen. Seine Absicht sei vielmehr, mit Rußland
einen für diese Macht rühmlichen Frieden zu schließen, der Oesterreich
seine Treulosigkeit mit dem Verlust seines Einflusses in Europa büßen
lasse. Napoleon bediente sich der Worte: „Es ist Frankreichs Inter-

esse, daß Oesterreich nicht ein Dorf gewinnt" — und befahl seinen Be=
vollmächtigten besonders zwei Punkte wahrzunehmen: daß nämlich
der Vermittler, dessen Stellung Uneigennützigkeit wie Unparteilichkeit
voraussetzt, nichts für sich verlangen dürfe und daß überhaupt die
Unterhandlungen nur die Verhältnisse derjenigen Staaten berühren
könnten, deren Stellung und Geschick seit dem vergangenen Jahre eine
Veränderung erfahren habe.

Welches Abkommen mit Rußland Napoleon im Sinn hatte, ist
bekannt; Polen aufzuopfern hatte für ihn keine Schwierigkeit. Der=
selbe Kaiser der Franzosen, der kaum ein Jahr früher verkündete, er
komme mit Heeresmacht an den Niemen, um Polen in seiner alten
Herrlichkeit herzustellen, erklärte jetzt, er habe Polen immer nur als
ein Mittel betrachtet; nie als einen Gegenstand, der um seiner selbst
willen Werth habe, dessen Erhaltung Zweck seiner Politik sein könnte.
Polen und Danzig wollte er abtreten — wenn nämlich dagegen die
Grenzen des Rheinbundes bis an die Oder ausgedehnt würden.
Preußen verlor dann die Marken, sah die Hauptstadt seiner Könige
zur Provinzstadt eines benachbarten Reichs werden, und behielt, in
Polen entschädigt, aus Deutschland hinausgeschoben, in einen über=
wiegend slawischen Staat umgewandelt, ein dürftiges Dasein, das
um so unsicherer wurde, da die Regierung alsdann die Mehrzahl ihrer
Unterthanen zu entschiedenen Feinden hatte. Und um Deutschland
war es geschehen; die Deutschen hörten auf ein weltgeschichtliches Volk
zu sein. Napoleon hoffte, wie es scheint, das Petersburger Cabinet
durch einen Gewinn zu locken, der sehr gering bleiben mußte, da so
nicht einmal das ganze Herzogthum Warschau dem russischen Staat
anheim fiel —: und durch die Aussicht, daß Preußen unter solchen
Bedingungen schwerlich etwas Anderes sein konnte als ein Vasallen=
staat Rußlands.

Daß Napoleon wähnte solche Vorschläge könnten angenommen
werden, daß er dergleichen für möglich hielt, beweist, wie wenig er von
dem Aufschwung des preußischen Volks eine Vorstellung hatte; wie
wenig er dessen Werth und Gewicht auch nur entfernt zu würdigen wußte.
Es beweist ferner, daß er den Kaiser Alexander noch immer, trotz der
bitteren Erfahrungen des kaum vergangenen Jahres, sehr falsch be=

urtheilte; daß er keine Ahnung davon hatte, wie tief er diesen Fürsten schon auf dem Congreß zu Erfurt durch manche unnüße Scene prahlerischen Uebermuths verletzt hatte — und wie weit, wie sehr weit die Plane reichten, die Alexander für jetzt noch im Stillen nährte. Dieser doppelte Irrthum ist großentheils die Quelle auch der militairischen Fehler geworden, die Napoleon begangen hat, und die sich nicht ableugnen laffen. —

Während man zu Prag nicht zu einem wirklichen Anfang gelangen konnte, waren im Hauptquartier der Verbündeten die Ansichten in Beziehung auf die Führung des Feldzugs der bevorstand, im Großen und Ganzen, in fortgesetzten Berathungen, zur Reife, ja zum Abschluß gekommen. Sie wurden dann auf der bekannten Zusammenkunft auf dem Schloß zu Trachenberg in Schlesien endgültig festgestellt.

Wir versuchen dem Gang der Verhandlungen darüber zu folgen. Toll, dem es immer darum zu thun war die Streitkräfte so viel als möglich zu entscheidenden Schlägen zusammen zu halten, hatte vorgeschlagen die Heere der Verbündeten in zwei Hauptmaffen zu vereinigen: in Böhmen und in Schlesien. Berlin zu decken sollte die Aufgabe eines mäßigen entsendeten Heertheils unter Bülow sein. Vielleicht wurde die Bedeutung welche Berlin unter den damaligen Umständen hatte, dabei nicht nach ihrem ganzen Werth berücksichtigt — eigentlich entscheidend aber war, daß Toll von der Ansicht ausging, man sei, zumal im Verein mit Oesterreich, unbedingt in der Lage die Initiative zu ergreifen und das Gesetz zu geben auf dem Kriegsschauplatz. Es erhellt dies auch aus den Unternehmungen die er Bülow vorzuschreiben dachte. Er setzte eine energische, rasch und entschieden handelnde Kriegführung voraus, die dem Feinde nicht Zeit läßt weit auszuholen. Dann aber war für ihn in allen seinen Entwürfen maaßgebend daß er im Allgemeinen gewöhnt war, nicht sowohl in geographischen Punkten, als unmittelbar in dem feindlichen Heer selbst das strategische Object zu sehen, auf das sich alle Operationen beziehen müßten, und daß er dieselbe Ansicht vom Wesen des Kriegs und von den Gesetzen der Kriegführung im Allgemeinen auch beim Feinde, namentlich aber bei Napoleon voraussetzte.

Gegen die im Sinn dieser Ansichten zu Gitschin gemachten Vorschläge erhob sich nun zuerst und vor Allen der General Knesebeck,
und das war natürlich, da er überhaupt in Anschauungen und Vorstellungen lebte, die mit den solchen Planen zum Grunde gelegten
Ideen, mehrfach im Widerspruch standen. Wir haben schon Veranlassung gehabt zu bemerken daß er selbst in den allgemeinsten Fragen
der Politik, wo es sich um die Abgrenzung der Staaten gegeneinander
und um ihre Beziehungen zu einander handelte, weniger die geistigen,
moralischen Elemente in Rechnung zu bringen pflegte, und wenn nicht
ausschließlich, doch weit überwiegend nur die rein materiellen, namentlich die geographischen Verhältnisse beachtete. Auch in seinen
strategischen Berechnungen traten die moralischen Elemente häufig mehr
in den Hintergrund, und die Rücksicht auf geographische Verhältnisse
blieb vorwaltend. Endlich war Knesebeck in seinen Entwürfen stets
mehr vorsichtig als kühn. Man kann ihm nicht den Vorwurf machen,
daß er je der eigenen Partei zu viel zugetraut hätte, und so war es
denn, in dem vorliegenden Fall, für ihn keineswegs wie für Toll oder
für Gneisenau eine ausgemachte Sache, daß es unbedingt in der Macht
der Verbündeten stehe sich der Initiative zu bemächtigen. Er dachte
zwar auch daß Napoleon, sobald Oesterreich dem Bunde wider ihn beigetreten wäre, seine Truppen aus Schlesien und aus der Lausitz auf
das linke Ufer der Elbe zurücknehmen werde, aber nicht etwa weil er
sich dazu unbedingt gezwungen fühlte, und nur um sich gegen die
Ueberflügelung zu decken, die durch die geographische Lage des west-
lichen Böhmens, zwischen der Elbe und dem Fichtelgebirge, gegeben
war, sondern vielmehr um von dort aus in der für ihn vortheilhaftesten Weise selbst die Initiative zu ergreifen, und wenn man nicht die
angemessenen Gegenmaaßregeln traf, ohne Zweifel mit entscheidendem
Erfolg.

Indem Knesebeck sich nun, dieser Ansicht gemäß, Rechenschaft
davon zu geben suchte, in welcher Richtung Napoleon die entscheident-
sten Vortheile sehen, wohin er demnach seinen Angriff wahrscheinlich
richten werde, dachte er nicht daß der gewaltig geachtete Feind etwa
vor Allem die Hauptmacht der Verbündeten aufsuchen könnte, wo sie
auch stehen mochte; daß es ihm darum zu thun sein könnte vorzugs-

weife die ruffifch-preußifche Heeresmacht zu bekämpfen und zu be-
fiegen, weil er in ihr das Werkzeug der entfchiedenften Feindfchaft
fehen, und eben deßhalb von ihr die größte Energie erwarten mußte;
weil er demnach durch entfcheidende Siege über fie, viel gewiffer die
gefammte Kriegführung der Verbündeten lähmte, als durch Vortheile
die er über Oefterreichs Heer davon trug. Eben fo blieb dem General
Knefebeck der Gedanke fremd, daß Napoleon Werth darauf legen könne
fich des Mittelpunktes der geiftigen Bewegung die fich gegen ihn erhoben hatte, nämlich Berlins zu bemächtigen, oder eines weiten Bereichs preußifcher Provinzen, um damit dem vor Allen kriegerifch ge-
finnten Gegner die Mittel der Macht, und in Folge deffen auch fein
Gewicht im Rath der Verbündeten fo viel als möglich zu nehmen.
Endlich erwog Knefebeck auch nicht daß Napoleon fchon dadurch, daß
feine Oberherrfchaft im nördlichen Deutfchland viel unficherer begründet, viel mehr gefährdet war als im füdweftlichen, bewogen fein konnte
feinen ftrategifchen Landbefitz in diefer Region, wenn wir uns fo ausdrücken dürfen, nicht nur mit aller Macht entfchieden zu behaupten,
fondern auch wo möglich fofort von der Elbe bis an die Oder, bis
an die feften Plätze die er dort noch inne hatte, zu erweitern, um fich
vollkommen ficher zu ftellen.   Doch lag es vielleicht nicht all' zu fern
fich zu fagen daß Napoleon im füdweftlichen Deutfchland jedenfalls
auf die befreundeten Regierungen mit Beftimmtheit zählen konnte und
von der Bevölkerung, wie fie auch geftimmt fein mochte, fchwerlich
mehr als einen, eben durch die eigenen Regierungen vollftändig im
Zaum gehaltenen, unthätigen Unwillen zu befürchten hatte, während
im Norden das wankende Königreich Weftphalen ohne Zweifel in fich
felbft zufammenftürzte, und alles Land bis gegen den Rhein den Verbündeten anheim fiel, fobald es nicht mehr durch eine franzöfifche
Heeresmacht gedeckt war, die fich fiegreich an der mittleren und unteren
Elbe behauptete.

Ausfchließlich durch andere Elemente der ftrategifchen Rechnung
in Anfpruch genommen, gelangte Knefebeck dahin bei dem Feinde mit
vollfter Ueberzeugung gerade diejenigen Plane voraus zu fetzen, die dem
franzöfifchen Feldherrn und Kaifer, wie wir fpäter fehen werden, am
entfchiedenften durchaus fern lagen.

In einer „Betrachtungen über die nächſten Kriegs-Operationen“ überſchriebenen Denkſchrift, die er am 20. Juni zu Neudorf entworfen hatte, und zunächſt natürlich dem König von Preußen vortrug, er-wähnte Kneſebeck zwar noch der Möglichkeit daß Oeſterreich an dem Kriege nicht Theil nehme, aber ohne dabei zu verweilen. In der That nur mit der Frage beſchäftigt, wie der Krieg im Verein mit Oeſterreich zu führen ſei, ſchlug er „die Armee in Schleſien“ auf 150,000 Mann (90,000 Ruſſen, 60,000 Preußen), die „Armee in der Mark“ auf 90,000 Mann (30,000 Ruſſen, 45,000 Preußen und 15,000 Schwe-den) an; die Armee der Oeſterreicher endlich auf 150,000 Mann, wovon er aber nur 90,000 in Böhmen, den Reſt an der Donau vorausſetzte. Er rechnete alſo im Ganzen, für die Verbündeten — nach Abzug der Blokade-Corps und der noch in der Formation be-griffenen Reſerven, auf eine Geſammtmacht von 390,000 Mann. —

Einheit in das Zuſammenwirken dieſer drei getrennten Armeen zu bringen, war die Hauptſchwierigkeit, meinte Kneſebeck, beſonders einem Feinde gegenüber, der, wie Napoleon, als oberſter Feldherr dieſe Ein-heit repräſentire. Die Frage wie Napoleon nunmehr operiren könne, beantwortete Kneſebeck in folgender Weiſe:

„Ein Blick auf die Karte zeigt, daß die verlängerte Linie der Donau gerade in das Centrum der franzöſiſchen Macht fällt, folglich ein Krieg an dieſem Strom Frankreich viel leichter werden muß, als ein Krieg an der Elbe und Oder. Ein Krieg an der Elbe und Oder wird nur durch ein Verſchieben der franzöſiſchen Macht möglich, wäh-rend ein Krieg an der Donau ſie in ihr natürliches Geleiſe rückt. Oeſterreichs Beitritt zur Coalition bringt Frankreich wieder auf ſein natürliches Kriegstheater.“

„Was wird die Folge davon ſein? Napoleon wird, ſobald Oeſter-reich ſich erklärt hat, das Kriegstheater entweder nach Böhmen oder an die Donau verlegen, alſo auf Oeſterreich ſeinen Haupt-ſchlag richten, und zwar wo möglich bevor die anderen Mächte es unterſtützen können.“

„Dem franzöſiſchen Kaiſer ſtehen zu dieſem Ende zwei Wege offen.“

„1) Er bricht mit einer Armee von Dresden und Zittau längs

der Elbe in Böhmen ein, während eine zweite Armee, die er bei Würzburg sammelt, über Eger oder Pilsen vorrückt."

„2) Oder er operirt von Würzburg auf dem rechten Donau-Ufer gleich gegen Wien, und unterstützt diese Bewegung von Dresden längs der Elbe gegen Böhmen hin, die Elbe nur beobachtend."

„In beiden Fällen greift er die österreichische Macht numerisch überlegen an. Soll Oesterreich im ersten Fall bei Prag sich schlagen, oder im Rückzuge auf Wien oder auf Königsgrätz sich wenden, sich von den Verbündeten trennen, oder die Vereinigung mit ihnen suchen? und soll bei Königsgrätz die große Schlacht geschlagen werden, die das Schicksal der Welt entscheiden würde? — Und wie wenn Napoleon über München und Passau gegen Wien vordringt, die Corps in Böhmen festhält, die an der Donau schlägt, bevor jene sich links geschoben, und mit diesen vereinigt haben? Wird unsere Hülfe dann nicht gleichfalls zu spät kommen?"

„Genug in beiden Fällen wird Oesterreich von dem ersten Schlag getroffen. Ein bloßes Hülfs-Corps in Böhmen kann nicht genügen; wir müssen schon im Laufe des Waffenstillstandes mit 130 bis 140,000 Mann — (d. h. mit der ganzen in Schlesien versammelten Armee) — „nach Böhmen abmarschiren. Czaslau oder Prag, je nach der Zeit und Sachlage, wird der Vereinigungspunkt."

„Dann aber muß die combinirte Nord-Armee sogleich nach Dresden oder Leipzig vordringen, während in Schlesien die Landwehr-Bataillone nebst den stark besetzten Festungen genügen werden."

„Allein setzen wir nun auch"

„3) den für uns günstigsten Fall: Napoleon wendet sich mit seiner Armee nach Schlesien gegen uns, mit der anderen nach Böhmen gegen die Oesterreicher; dann würden wir von der Mark, von Schlesien" — (? womit denn noch von hier aus?) — „und von Böhmen aus zuerst gegen die an der Elbe oder in der Lausitz oder in Schlesien befindliche Haupt-Armee losbrechen müssen. Führen wir diese

Bewegungen so aus daß sie in wenigen Tagen zusammenwirken können, so ist der Sieg für uns sehr wahrscheinlich."

„Wird Napoleon sich dieser Lage nicht aussetzen wollen, so ist sein Marsch nach Berlin noch weniger wahrscheinlich" (sic!).

„Das Resultat dieser Betrachtungen ist also dies:"

„wenn Oesterreich sich erklärt hat, müssen wir eilen die Hauptarmee in Schlesien mit der österreichischen in Böhmen zu vereinigen."

„Die Aufgabe der combinirten Nord=Armee bleibt alsdann die, in der Richtung auf Dresden die Wirkung auf die linke Flanke Napoleon's und auf seine Communication zu suchen, aber nicht in einer excentrischen Operation nach Nord=Deutschland, sondern der Haupt=Armee stets so nahe als nur möglich."

„Haben alle Mächte zu einer solchen Operation Kraft, Uebereinstimmung, Entschluß, guten Willen und Resignation genug, so wird der Ausgang der Campagne glücklich für uns sein."

„Im entgegengesetzten Fall erwarte man, selbst wenn Oesterreich an dem Kriege Theil nimmt, keine günstigen Resultate. Das bloße Hinzutreten dieser Macht mehrt die Kräfte, aber sichert noch nicht den Erfolg."

„Allein der Abmarsch nach Böhmen, zeitig noch im Laufe des Waffenstillstandes ausgeführt, macht es möglich, die Operationen mit einer glücklichen Offensive zu beginnen; ihr Object liegt in der französischen Armee die an der Elbe stände; gegen Würzburg mag die Defensive festgehalten werden."

„Ja selbst wenn es nicht wieder zum Kriege kommen sollte, würd' eine solche Vereinigung der Alliirten auf die Friedensunterhandlungen doch den größten Einfluß üben; sie würde politisch und militairisch Napoleon imponiren."

„Auf jeden Fall ist diese Operation so nothwendig, daß das Heil Europa's von ihr abhängt; sie ist die einzige die Oesterreich retten kann."*)

---

*) Geschichte der Nord=Armee im Jahr 1813. Erstes Heft (Beiheft zum Militair. Wochenblatt für 1859) Seite 55 — 57.

Die mit gesperrter Schrift gedruckten Worte, sind von Knesebeck
unterstrichen; natürlich ist auch das von der vorgeschlagenen Maaßregel so unbedingt abhängige „Heil Europa's" in dieser Weise gehörig
hervorgehoben. Im Allgemeinen war die Lage, wie wir sehen, in
Knesebeck's Augen auch nach dem Beitritt Oesterreichs, eine immerhin
noch sehr schwierige, da es sich zunächst darum handelte Oesterreich zu
retten, und es läßt sich danach wohl denken, daß ihm die Sache der
Verbündeten, wenn ihr vollends Oesterreich nicht zu Hülfe kam, als
eine ziemlich hoffnungslose erscheinen mochte. Die „Resignation" die
er verlangte, bezog sich wohl darauf, daß bei dieser vollständigen
Uebersiedelung der verbündeten Heeresmacht nach Böhmen, der Oberbefehl, die Leitung des Kriegs ganz, oder doch fast ohne Vorbehalt
in Oesterreich's Hände gelegt werden mußte. Knesebeck dachte dabei
wahrscheinlich an den Kaiser Alexander, dessen Anspruchslosigkeit in
dieser Beziehung ihm allerdings zweifelhaft scheinen konnte — und
möglicher Weise an den Kronprinzen von Schweden, der seine besonderen Plane gegen Dänemark verschieben mußte.

Knesebeck hatte diesen Entwurf am 20. Juni niedergeschrieben —:
den Tag vorher war der Oesterreicher, Graf Latour, im Hauptquartier
der Monarchen eingetroffen. Doch läßt sich mit einer gewissen Bestimmtheit nachweisen, daß dieser Offizier, weit entfernt etwa Einfluß
auf Knesebeck's Plane zu üben, im Gegentheil gar nichts davon erfahren hat. Diese Plane hätten ohne Zweifel den Oesterreichern sehr
genehm sein müssen — mehr als Alles was in Gitschin besprochen
worden war; nicht allein der größeren unmittelbaren Sicherheit wegen,
die sie ihnen zu gewähren schienen, sondern vorzugsweise wohl weil
auf diesem Wege Oesterreich, allem Anschein nach, so ziemlich unbedingt zu der leitenden und entscheidenden Macht im Bunde gegen
Frankreich werden konnte. Ein im Juli im österreichischen Hauptquartier ausgearbeiteter Entwurf beweist aber daß Schwarzenberg und
sein Stab merkwürdiger Weise von den Planen der Verbündeten bis
dahin nicht weiter unterrichtet waren, als durch die Verabredungen
zu Gitschin, an die sie sich fortwährend hielten.

Glücklicher Weise fanden Knesebeck's Ideen gewichtigen Widerspruch, so daß sie zwar Einfluß übten, nicht aber eigentlich ange-

nommen wurden, wenigstens nicht ohne sehr wesentliche Aenderungen erfahren zu haben. — Zwar Gneisenau wurde nicht um seine Meinung befragt, er wurde fern gehalten, dafür wußten seine Gegner am Hof des Königs von Preußen zu sorgen. Aber es fanden sich andere preußische Offiziere, denen das Auge für die Wichtigkeit des nördlichen Kriegsschauplatzes nicht fehlte, und es gelang ihnen, sich Gehör zu verschaffen. Vielleicht um so leichter weil die obwaltenden Verhält= nisse, besonders die persönlichen Beziehungen in denen der Kaiser Alexander zu dem Kronprinzen von Schweden stand, und die Ver= pflichtungen die er früher gegen ihn übernommen hatte, es beinahe nothwendig machten diesem Prinzen eine bedeutende selbstständige Rolle in der Führung des Kriegs zu überweisen.

Freilich hatte Bernadotte's zweideutiges Benehmen während des Frühjahr=Feldzugs den Unwillen nicht nur, sondern auch den Arg= wohn der verbündeten Monarchen und ihrer Umgebung erregt, aber es lag in der Natur der Verhältnisse daß man sich dennoch mit ihm verständigen mußte, daß ein Bruch mit ihm nicht anders als sehr un= erwünscht sein konnte.

Bernadotte hatte die Aufforderungen Hamburg zu retten, die von preußischen und russischen Generalen und Staatsmännern wieder= holt an ihn ergingen, immer wieder abgelehnt, ja durch Klagen beantwortet. Man habe ihm nicht Wort gehalten; er könne das schwedische Heer nicht vereinzelt einem Unfall aussetzen, er könne und werde nichts unternehmen, so lange man ihm nicht gehalten habe was die geschlossenen Verträge versprächen; so lange die 35,000 Mann russischer Truppen, die ihm der Kaiser Alexander zugesagt habe, nicht wirklich unter seine Befehle gestellt seien.

Ein Oberbefehl über preußische Truppen war ihm nicht ver= sprochen, er suchte aber die Vertreter Preußens in seinem Hauptquar= tier, namentlich den Major Grafen Kalckreuth, mit vieler Kunst und Beredsamkeit davon zu überzeugen daß es nothwendig, ja im In= teresse ihres Vaterlandes vor Allem nothwendig sei, ihm einen bedeu= tenden Theil der Streitkräfte Preußens anzuvertrauen. Er trug mit der Ueberschwenglichkeit eines echten Gascogners eine unbegränzte Ver= ehrung für Friedrich Wilhelm III. zur Schau, und ein lebhaftes

Interesse für das Gedeihen des preußischen Staats, um dann, nach
dieser Einleitung vor Rußland zu warnen, über dessen Kaiser er sich
mit Bitterkeit aussprach. — Schon von Stockholm aus, Anfang Mai,
hatte er den König von Preußen warnend auffordern lassen, nicht seine
gesammten Streitkräfte einem russischen Oberbefehl anzuvertrauen; ein
Theil seiner Truppen müsse jedenfalls eigener Verfügung vorbehalten
bleiben — um unter den Befehlen des Kronprinzen Bernadotte mit
schwedischen und hannöverischen Kriegern vereint, eine von russischem
Einfluß unabhängige Macht zu bilden. — Ende Mai, zu Stralsund,
äußerte er von Neuem gegen Kalckreuth, der jetzigen Abhängigkeit von
Rußland müsse sich der König entziehen, sonst werde er am Ende noch
über die Weichsel zurückgedrängt. Polen hätte preußisch werden müssen,
mit einem Prinzen des königlichen Hauses als Statthalter an der
Spitze. Wolle der König seinen Vorschlägen Gehör geben — dem
schwedischen Staat Norwegen zusichern, und einen preußischen Heertheil zu seiner „unbedingten Verfügung" stellen, dann wolle Er,
Bernadotte, die Waffen nicht eher niederlegen, als bis das mächtige
Preußen keines anderen Verbündeten mehr bedürfe, als Englands,
Schwedens und der Türkei. Er sprach vom Rhein als Preußens
Gränze und von einer Vergrößerung des Staats, von einem Länder-
erwerb der das Königreich Sachsen, Hessen-Darmstadt, das Land
zwischen Main und Neckar bis an den Rhein umfassen sollte — bei
dem er aber der Länder im Norden des Mains nicht gedachte. Er
mochte wissen daß die Vertrauten des Prinzen Regenten von England
dort ein weites Reich für das Haus der Welfen zu gründen hofften.

Aber indem er so glorreiche Aussichten zu eröffnen suchte, ließ er
doch zugleich erkennen daß deren Verwirklichung von der Erfüllung
bestimmter Vorbedingungen abhängig sei. Er erklärte zu gleicher Zeit
ganz unumwunden, da man ihm nicht Wort gehalten, ihn nicht an
die Spitze des versprochenen Heers gestellt habe, werde er auch nicht
vorrücken um Berlin zu retten, für das man Ende Mai Ursache hatte
zu fürchten.

Da Bernadotte seine Verstimmung gegen Rußland sehr laut
äußerte, ja zur Schau trug, zum Theil vielleicht um seine Unthätigkeit
gegen den gemeinsamen Feind dadurch zu rechtfertigen, sendete der

Kaiser Alexander den Obersten Pozzo=di=Borgo, der schon in Schwe=
den mit ihm unterhandelt hatte, von Neuem an ihn, mit dem Auf=
trag das Verhältniß zu ihm wieder in das gehörige Geleise zu bringen.
Pozzo=di=Borgo überbrachte einen Brief Alexander's, der aus
Schweidnitz vom 31. Mai datirt, mit großer Kunst und Gewandtheit
abgefaßt, die Erfüllung aller billigen Forderungen und Wünsche Ber=
nadotte's in Aussicht stellte, zugleich aber auch die Möglichkeit durch=
schimmern ließ, daß die Erfüllung der früheren Versprechungen, in
Beziehung auf Norwegen, sehr schwierig werden könnte, wenn
Schweden und sein Kronprinz nicht thätigen Antheil nähmen an dem
Kampf gegen den gemeinsamen Gegner. Der etwas ironische Ton in
dem dieses Schreiben gehalten war, kündigte selbst bestimmter als
der Inhalt an, daß es damit unter Umständen wohl Ernst werden
könnte.

Der Kaiser sprach darin von dem peinlichen Gefühl mit dem er
aus den eigenen Mittheilungen des Prinzen entnehme, daß dieser sich
selbst durch den raschen Gang der Ereignisse nicht habe bestimmen
lassen, die gemeinsame Sache durch eine wirksame Operation zu unter=
stützen, und fügte hinzu, unveränderlich in seiner Gesinnung und in
den übernommenen Verpflichtungen, könne er nicht mit Gleichmuth
Erörterungen über die Ausführung eines Vertrags sich wiederholen
sehen, dessen Erfüllung ihm nicht weniger am Herzen liege als dem
Kronprinzen.

Er erinnert daran daß er es gewesen sei, der zuerst, von freien
Stücken, eine Hülfsmacht von 35,000 russischen Kriegern angeboten
habe um Norwegen zu erobern. Der Kronprinz wisse welche Umstände
es unumgänglich nothwendig gemacht hätten, diese Truppen ander=
weitig zu verwenden; er wisse wo und mit welchem Erfolg sie seitdem
unablässig gekämpft hätten. Wiederholt verwies der Kaiser darauf,
daß er in Deutschland nicht für Rußlands unmittelbare Interessen
kämpfe, sondern großmüthige Opfer bringe für die Befreiung Europa's,
und indem er darauf überging daß er den Kronprinzen mit dem leb=
haftesten Interesse seiner persönlichen Gesinnung für ihn auf dem
Kampfplatz erwartet habe, gab er sehr deutlich zu verstehen daß der
Prinz die Armee, an deren Spitze er zu stehen verlange, in Deutschland

5*

nicht vorgefunden habe, weil er noch in Schweden verweilte, während
man sich bereits jenseits der Elbe schlug.

Jetzt sehe sich der Kaiser in täglichen Gefechten von einer überlegenen Macht angegriffen, und in dieser Situation fordere der Kronprinz die vollständige Zahl der vor einem Jahr versprochenen Truppen
von ihm, und zwar ausdrücklich um sie auf der dänischen Halbinsel
zu verwenden.

So sehr diese Forderung in solcher Weise als eine befremdende
hingestellt wird, fügt dann der Kaiser doch wieder hinzu: in die Unmöglichkeit versetzt diesem Verlangen zu entsprechen, habe er doch an
die Mittel gedacht den Kronprinzen an die Spitze einer angemessenen
Heeresmacht zu stellen. Bülow, Worontzow, so wie Wallmoden an
der Spitze der russisch-deutschen Legion, seien angewiesen sich unter
seinen Befehlen zu vereinigen; das seien zusammen 34,000 Mann; —
ein Nachsatz aber schloß sofort die Möglichkeit aus diese Truppen etwa
gegen Dänemark zu verwenden, um Schwedens besondere Zwecke zu
fördern, und deutete an was der Prinz mit ihnen zu thun habe, wenn
er sie seinen Befehlen anvertraut sehen wollte. Es hänge nur von
dem Kronprinzen ab, sagte der Kaiser, sich an der Spitze einer Armee
von 60,000 Mann zu sehen — „und mit derselben auf die Verbindungen des Feindes zu operiren."

Zwinge die Erklärung Oesterreichs den Feind sich auf das linke
Ufer der Elbe zurück zu ziehen, dann könnte das Heer des Kronprinzen
auch noch durch russische Truppen verstärkt werden; der Prinz könne
ferner alle neuen Aushebungen in Deutschland an sich ziehen — und
werde sich in die Lage versetzt finden großen Einfluß zu üben und großen
Ruhm zu erwerben.

Wollte aber der Kronprinz darauf bestehen daß ihm eine russische
Armee überwiesen werde, „während der Feind seine Fortschritte verfolgt ohne auf seiner Communications-Linie gestört zu werden" —
(d. h. wolle der Prinz unter solchem Vorwand unthätig bleiben) —
„dann, erklärt Alexander, könnte ich diese Verschiedenheit der Ansichten
nur beklagen, weil sie dem Kaiser Napoleon die Vortheile mehrerer
gewonnenen Schlachten sichert. Nur in dem Maaße als unsere allgemeine Lage besser wird, kann auch die Erwerbung Norwegens leichter

werden." (Worte die der Kronprinz von Schweden alle Ursache hatte reiflich zu erwägen.) Dänemark werde seinen Widerstand nach der Lage der Verbündeten im Allgemeinen bemessen und leichter — der Kaiser setzt sogar voraus ohne Kampf — nachgeben, wenn der Kronprinz an der Spitze einer Armee stehe „auf welche zum großen Theil die Hoffnungen aller Verbündeten gerichtet sind."

Eine überaus herzliche, eigenhändige Nachschrift, in welcher der Kaiser Alexander dem Anschein nach nur sein persönliches Gefühl walten ließ, in welchem er daran erinnerte daß er dem Kronprinzen „mehr als einmal" den Oberbefehl über die gesammte russische Armee angeboten habe, war offenbar bestimmt den Eindruck des Briefs, insofern er ein persönlich verletzender sein konnte, zu mildern, ohne etwas von dem wesentlichen Inhalt desselben zurück zu nehmen.

Der Kronprinz Bernadotte erhielt diesen Brief, und fast unmittelbar darauf die Nachricht von dem zu Poischwitz geschlossenen Waffenstillstande — die der Kaiser die rücksichtsvolle Aufmerksamkeit hatte ihm brieflich unmittelbar mitzutheilen. Dieser Waffenstillstand konnte, unter Oesterreichs Vermittelung, zu einem Frieden führen der Schweden und seinen Kronprinzen um alle ihre Hoffnungen brachte. Der Prinz fühlte, wie wir sehen, daß er in so zarten Verhältnissen fast schon zu weit gegangen sei. Er suchte einzulenken und wußte das mit vielem Geschick zu thun.

In seiner Antwort (vom 10. Juni aus Stralsund) ist selbst von der leisesten Klage nicht mehr die Rede; der herzliche Brief des Kaisers hat ihn über ihr gegenseitiges Verhältniß in der befriedigendsten Weise aufgeklärt. Aber er widerräth in der dringendsten Weise den Frieden — wobei die Bemerkung daß ein unter den obwaltenden Umständen geschlossener Friede, nur England und Schweden unverletzt lassen würde, die Uneigennützigkeit seines Raths in das gehörige Licht stellt, — und zugleich nimmt er seinerseits den Kaiser beim Wort indem er spricht als seien die Heertheile derer der Kaiser erwähnt, bereits entschieden unter seine Befehle gestellt. Er kündigte an daß er, bei dem Wiederausbruch der Feindseligkeiten einen nachdrücklichen Angriffskrieg in Flanke und Rücken des französischen Heeres führen werde, während die Hauptarmee der Verbündeten sich wohl am besten jenseits der Oder

auf der Vertheidigung hielte, bis sie, durch Ersatz verstärkt, der feind=
lichen an Zahl gleichkäme, und eben durch die Unternehmungen des
Kronprinzen, die einen Theil der feindlichen Streitkräfte nach einer
anderen Region des Kriegsschauplatzes hinziehen würden, in den Stand
gesetzt werde auch ihrerseit zum Angriff überzugehen.

In Folge dieses Briefwechsels wäre es nun vollends kaum noch
möglich gewesen den Kronprinzen von Schweden nicht an die Spitze
eines zahlreichen, selbstständigen Heers zu stellen — und dies mußte
dann natürlich auch eine entsprechende Aufgabe zu lösen haben. Die
Nothwendigkeit dem schwedischen Prinzen persönlich die verlangte
Stellung anzuweisen, war auch eigentlich bereits in Knesebeck's Ent=
wurf anerkannt, wenn auch nicht ausdrücklich ausgesprochen. Sie
wurde in ausgesprochenster Form anerkannt, als der General Borstell
und der Oberst Boyen — wie Bülow schon etwas früher gethan hatte
— in Denkschriften die sie einsandten, die Nothwendigkeit hervorhoben,
die verschiedenen Heertheile in den Marken — denen sie selber ange=
hörten — unter einen gemeinsamen Oberbefehl zu stellen, und sich
dabei, gleich Bülow, mit einer gewissen Freudigkeit den Kronprinzen
zum Feldherrn wünschten. Bernadotte hatte sie sämmtlich zu gewin=
nen gewußt, so wie er persönlich mit ihnen in Berührung gekommen
war. Der König von Preußen ließ die Entwürfe beider (am 27. Juni)
dem General Knesebeck zustellen, mit der Weisung zu benützen, und
zur Sprache zu bringen was sie etwa brauchbares enthielten. Ein
Umstand aber sei unbedingt fest zu halten Der Operations=Entwurf
der durch den General Toll mit dem Fürsten Schwarzenberg verabredet
worden, betrachte den General Bülow als isolirt, und unabhängig
von dem Kronprinzen von Schweden; diese Trennung sei gegen die
Absichten des Königs; dem Kronprinzen seien Versprechungen gemacht
worden, die gehalten werden müßten.

Borstell und Boyen hatten dann aber auch die Gefahren hervor=
gehoben, denen Berlin ausgesetzt sein konnte.

Borstell schrieb: „Tritt Oesterreich dem Bunde bei, so kann Na=
poleon seine jetzige Stellung nicht behaupten. Noch vor Ablauf des
Waffenstillstandes wird er seine Armee über die Ober=Elbe bis hinter
die Saale zurückziehen. Nur der Beitritt Oesterreichs ist eine Radikal=

Hülfe; er verſetzt uns aus der Defenſive in die kräftigſte, vielver-
ſprechendſte Offenſive, die ſonſt ſehr ſchwierig iſt."

Geſetzt aber Oeſterreich bleibe neutral; dann werde Napoleon in
Schleſien nicht weiter, nicht über die Oder vordringen, bevor er die
untere Oder gewonnen habe, ſeine Offenſive werde alſo in dieſem Fall
zunächſt auf Berlin gerichtet ſein; dazu ſtehe eine Macht von 150,000
Mann unter Davouſt, Oudinot, Victor, Arrighi, Reynier, Vandamme
ſchon bereit, und könne in drei Colonnen über Beeskow, Baruth und
Schwerin in wenigen Tagen die preußiſche Hauptſtadt erreichen. Was
die Verbündeten an Truppen in der Mark hätten, ſei zu ſchwach um
zu widerſtehen, die Hauptarmee bei Schweidnitz zu entfernt um den
Stoß abzuwehren. Deshalb ſcheine es nothwendig einen entſendeten
Heertheil der Hauptarmee — die Preußen unter Kleiſt — vorläufig
auf dem rechten Ufer der Oder, zwiſchen Frankfurt und Croſſen auf-
zuſtellen.

Der Oberſt Boyen (damals Chef des Generalſtabs bei Bülow,
ſpäter Kriegsminiſter und Feldmarſchall) ging in mancher Beziehung
etwas tiefer auf die Sache ein. Auch er dachte ſich die Hauptarmee
in Schleſien aufgeſtellt, und wünſchte daß allen entſendeten Heertheilen
eine unermüdliche und kühne Offenſive anbefohlen werde, während die
Hauptarmee vorſichtig vorrückte. Nur dem Feldherrn Napoleon in
Perſon gegenüber ſei Vorſicht in der Annahme einer entſcheidenden
Hauptſchlacht geboten.

Wahrſcheinlich werde Napoleon ein Obſervations-Corps an
Bober und Queis ſtehen laſſen, mit ſeiner Hauptmacht aber auf Berlin fallen, um dadurch Cüſtrin, Stettin und Magdeburg zu entſetzen,
die Kräfte der Schweden zu lähmen, die der Dänen in Bewegung zu
bringen. Für dieſen Fall ſei es nöthig den einheitlichen Oberbefehl
über alle Streitkräfte im nördlichen Deutſchland bei Zeiten in die
Hände des Kronprinzen von Schweden zu legen. Ob man ſich in der
Mark bis zur Ankunft der Hauptarmee werde halten können, ſtehe
dahin; ſollte aber ein Rückzug nothwendig werden, ſo dürfe er nicht
über die Oder gehen; es wäre beſſer ihn auf Stralſund zu nehmen,
um bei einer günſtigen Wendung der Ereigniſſe wieder raſch zum Entſatz von Spandau und Berlin vorrücken zu können.

Trete Oesterreich dem Bunde bei, so müßte ein Links-Abmarsch aus Schlesien durch Böhmen in der Direction auf Plauen in Sachsen zu den wichtigsten Resultaten führen; — so wie auch eine Verstärkung des äußersten rechten Flügels zu Operationen über die Nieder-Elbe gegen die Weser hin, die gesunkene öffentliche Meinung Deutschlands wesentlich wieder heben könnte *).

Daß Berlin und der Norden der preußischen Monarchie selbst dann noch in Gefahr sein könnten, wenn auch Oesterreich gegen Napoleon in die Schranken trat, das dachten, wie wir sehen, Boyen und Borstell eigentlich nicht, und zwar weil in diesem Fall, ihrer Ansicht nach, die maaßgebende Macht unbedingt in den Händen der Verbündeten lag, Napoleon aber auf Vertheidigung und Abwehr beschränkt war. Knesebeck dagegen, mußte eigentlich, einmal aufmerksam gemacht auf das was der Feind nach jener Seite hin unternehmen konnte, die Dinge wesentlich anders beurtheilen, da er, auch wenn die Macht der Verbündeten durch den Beitritt Oesterreichs gesteigert wurde, einen Angriffskrieg von Seiten Napoleon's, und zwar nicht unbedingt ohne Bedenken erwartete. Aber, so weit wir sehen können, übten die Denkschriften Borstells und Boyens keinen namhaften Einfluß auf seine Ansichten; er blieb bei der Ueberzeugung stehen, daß in dem vorausgesetzten Fall Prag, nicht Berlin, das Ziel aller Angriffe Napoleon's sein müsse und werde, — eine Ueberzeugung die übrigens auch sein Freund Müffling theilte. Nur war man im großen Hauptquartier jetzt vielleicht eher geneigt, dem verbündeten Heer in den Marken Verstärkungen zu überweisen, über die man etwa noch verfügen konnte.

Die gesammten Streitkräfte der Verbündeten sollten, nach Knesebeck's Plan, in zwei Massen aufgestellt werden, aber nicht wie in den früheren Entwürfen angenommen war, in Schlesien und Böhmen — wobei Berlin durch entsendete Heertheile geschützt worden wäre — sondern in Böhmen und in der Mark, und zwar in ungleicher Vertheilung, so daß zwei Drittheile der Gesammtmacht in Böhmen vereinigt gewesen wären. Da nun der Oberbefehl in Böhmen nothwen-

---

*) Geschichte der Nordarmee 2c. 1. S. 59—60.

tiger Weiſe in Oeſterreichs Hand fallen mußte, im Norden aber dem
Kronprinzen von Schweden beſtimmt war, hätte es daneben für eine
ſelbſtſtändige preußiſche Kriegführung (und ſomit für eine ſelbſtſtändige
Thätigkeit Blücher's und Gneiſenau's) keinen Raum gegeben. Das
wäre ohne Zweifel ſehr unheilvoll geworden. Allerdings konnte niemand vorher wiſſen wie viel oder wie wenig Energie Schwarzenberg
und Bernadotte in der Führung des Kriegs entfalten würden; ja, es
hat ſich gewiß niemand die Leitung des Feldzugs von dieſer Seite gerade ſo gedacht wie ſie wirklich zur Erſcheinung kam —: aber auch
ganz abgeſehen davon, mußte es, wie man denken ſollte, gerade einem
preußiſchen Offizier — wenn er ſich nicht ganz in abſtracten Vorſtel-
lungen bewegte — bedenklich ſein, daß Preußen, der Staat für den
ohne Vergleich am meiſten auf dem Spiele ſtand, die Leitung des
Kriegs, jeden unmittelbaren Einfluß darauf, vollſtändig aus der Hand
gegeben hätte. Man mußte, um darin keinen Uebelſtand zu ſehen,
nicht allein ein unbedingtes, hingebendes Vertrauen in den Kaiſer
Alexander ſetzen, — ſondern dieſes Vertrauen auch auf Oeſterreich
und Bernadotte übertragen. Wir wüßten uns die Sorgloſigkeit
Kneſebeck's in dieſer Beziehung ſelbſt dann kaum zu erklären, wenn
er geglaubt haben könnte daß der Kaiſer Alexander den Oberbefehl
ſelbſt führen werde — und das war, ſoweit wir ſehen können, wohl
nicht einmal der Fall.

Es war in jeder Weiſe ſehr glücklich daß es nicht dabei blieb, daß
man vielmehr im Lauf der Verhandlungen ſchließlich wieder auf die
Dreitheilung der geſammten Streitkräfte zurück kam, die in den früheren
Entwürfen Toll's und in dem zu Gitſchin beſprochenen Plane lag.
Dies geſchah, doch aber nicht ohne daß jene früheren Entwürfe in
zweifacher Beziehung, eine weſentliche Abänderung erfahren hätten.
Während auf der einen Seite die Nordarmee eine größere Bedeutung
gewann, wurde auf der anderen das Heer in Böhmen entſchieden zur
Hauptarmee erhoben. Man einigte ſich nämlich dahin, nicht blos ein
mäßiges Hülfs-Corps an die Eger zu ſenden, aber auch nicht, wie
Kneſebeck vorgeſchlagen hatte, das ganze in Schleſien vereinigte ruſſiſch-
preußiſche Heer zur Vereinigung mit den Oeſterreichern nach Böhmen
überſiedeln zu laſſen, ſondern nur etwa zwei Drittheile deſſelben.

Schlesien aber wurde nicht unter dem schwachen Schutz einiger Landwehr-Bataillone seinem Schicksal überlassen. Dieses Land sollte die
Basis für die Operationen der dritten, aus dem letzten Drittheil der
russischen und preußischen Schaaren gebildeten, selbstständigen Armee
bleiben. Diese „schlesische Armee" unter Blücher's Befehle gestellt,
wurde zunächst auf fünf und fünfzig tausend Mann angeschlagen.

Wer diese theilweise Rückkehr von den Plänen Knesebeck's zu den
früheren Entwürfen bewirkt hat, darüber ist nichts Bestimmtes bekannt
geworden, es kann aber doch wohl kaum zweifelhaft sein, daß sie auf
Verlangen der Macht, in deren Namen zunächst Toll zu sprechen hatte,
Rußlands erfolgt sein muß. Die Sicherstellung ihrer Verbindungen
durch Schlesien mit der Weichsel bei Warschau, und weiter mit den
mittleren Provinzen des russischen Reichs, war, wie wir wissen, den
russischen Offizieren, und namentlich auch dem General Toll, über
Alles wichtig. Wir haben gesehen daß während des Frühjahrs-
Feldzugs die Rücksicht auf diese Verbindungen für die russischen Offiziere im Allgemeinen beinahe ausschließlich maaßgebend blieb; in einem
Grade selbst der durch die damaligen Verhältnisse nicht durchaus gerechtfertigt war; so daß die Wichtigkeit der preußischen Rüstungen und
die Nothwendigkeit sie zu schützen, daneben kaum ihrem ganzen Gewicht nach gewürdigt wurden. Auch jetzt konnten die russischen Offiziere nicht zugeben daß dem Feinde die Möglichkeit gelassen wurde diese
Verbindungen zu stören — um so weniger da im Lauf des Feldzugs
der Heranmarsch einer russischen Armee auf diesem Wege erwartet
werden mußte. Auch haben wir gesehen daß Toll in seinem ersten
Entwurf vorgeschlagen hatte die russische Armee mit der österreichischen
in Böhmen zu vereinigen, die preußische aber in Schlesien aufzustellen.

Jedenfalls ist wohl mit Bestimmtheit anzunehmen daß die Dreitheilung der Streitkräfte in dieser Weise endgültig beschlossen, und daß
man auch über die Hauptzüge des Operations-Plans so ziemlich einig
geworden war, ehe noch die verbündeten Monarchen sich zu der bekannten Zusammenkunft nach Trachenberg begaben. —

Nebenher hatte man dann auch die Vorschläge des Kronprinzen
von Schweden zu erwägen gehabt, aber sie waren von der Art daß

man sich nicht veranlaßt fühlen konnte, etwa den allgemeinen Operationsplan danach einzurichten.   Mündliche Aeußerungen die im Gespräch mit Bülow, mit Boyen, mit dem preußischen Major Grafen Kalckreuth vorkamen, denen zufolge der Prinz Stettin und Magdeburg mit Sturm erobern — oder auch Berlin dadurch decken und sicher stellen wollte daß er Dänemark zum Frieden zwang, blieben natürlich, als nur durch den Augenblick der südfranzösischen Lebendigkeit eingegeben, auf sich beruhen.

Ernster gemeint waren dann aber die Plane die der Prinz dem preußischen Obristlieutenant v. Ende in eingehender Weise auseinander gesetzt hatte, und über welche dieser, von einer Sendung in das schwedische Hauptquartier zu Stralsund zurückgekehrt, zunächst (am 20. Juni) seinem König berichtete.

Der Kronprinz dachte sich darin an der Spitze einer Armee von 70 bis 80 tausend Mann — wollte nicht an den Beitritt Oesterreichs zu dem Bunde glauben — setzte demgemäß die feindliche Hauptarmee in Niederschlesien voraus — und legte drei verschiedene Entwürfe für die Operationen der Nord-Armee vor, die ihm unter den gegebenen Bedingungen möglich, und mehr oder weniger zweckmäßig erschienen.

Nach dem ersten dieser Entwürfe sollte ein Heertheil von 12 bis 15,000 Mann Hamburg, Lübeck und was sich dort vom Feinde befand „observiren" und in Schach halten — und durch den Landsturm unterstützt, Mecklenburg, Pommern und die Mark decken.

Mit seiner Hauptmacht — 60 bis 70,000 Mann — wollte der Kronprinz selbst nach Bautzen marschiren, und dort „links einschwenken". Dann stände er im Rücken der großen französischen Armee und schnitte ihr alle Verbindungen mit Dresden ab. Die verbündete Armee in Schlesien sollte in ihrer „Defensiv-Aufstellung" verbleiben bis das geschehen war, dann aber, in dem Maaße wie das französische Heer sich ganz oder theilweise gegen Bautzen zurückwendete, zum Angriff übergehen.

Der Kronprinz Bernadotte möchte sich wohl schwerlich in der Ausführung sehr kühn und entschlossen gezeigt haben, wenn er beim Wort und dieser Vorschlag angenommen wurde. Der zweite Entwurf führte schon um ein beträchtliches weiter weg von dem in Schlesien vorausgesetzten Feind.

Da sollte, wie nach dem ersten Plan, der Feind an der unteren Elbe durch einen entsendeten Heertheil von 15,000 Mann im Zaum gehalten werden, die Hauptmacht aber bei Dessau oder bei Wittenberg über die Elbe gehen um sich bei Leipzig aufzustellen. Da „durch= schneidet" sie „dem Feinde alle Kommunikationen die von Dresden kommen, und macht aus jener Aufstellung starke Diversionen nach Dresden, nach Westphalen oder nach Hannover hin, um die Kräfte dieser Länder und den dort herrschenden Geist zu benützen. Vielleicht gelingt es Magdeburg durch anzuknüpfende Verbindungen zu neh= men." (Eine ganz willkürliche, leere Vorstellung, die auf gar nichts gegründet war.)

Der dritte endlich verirrte sich noch viel weiter in das Leere. Er bestimmte nämlich:

„Berlin und die Mark wird durch ein an der sächsischen Grenze aufgestelltes Corps von 15,000 Mann, in Verbindung mit dem Land= sturm, gegen feindliche Diversionen gedeckt, und die Hauptarmee (des Kronprinzen) wendet alle ihre Kräfte an sich wieder in den Be= sitz von Hamburg, Lübeck und Holstein zu setzen."

„Ist dieser Zweck erreicht, und sind Franzosen und Dänen bis hinter die Eider zurückgeworfen, so wird ein Corps von 20,000 Mann sie dort im Schach halten, während Se. Königl. Hoheit mit dem Rest von 40,000 Mann die Elbe passiren, sich der Mündungen der Elbe, Weser und Ems versichern, und je nachdem es zweckmäßig (? sein) wird, die weiteren Operationen gegen Holland und Brabant oder ge= gen Westphalen richten."

Mit anderen Worten, Bernadotte wollte sich selbst und das Heer unter seinen Befehlen, dem Entscheidungskampf an der mittleren Elbe ganz entziehen, und die Marken preisgeben, um sich mit Unternehmun= gen von sehr nebensächlicher Bedeutung zu beschäftigen, die, insofern sie ein unmittelbar erreichbares Ziel verfolgten, unter den zur Zeit ob= waltenden Umständen, die Entscheidung selbst im besten Fall um gar nichts förderten; sofern sie aber weiter ausholten, nach Erfolgen streb= ten, die erst in längerer Zeit, erst wenn der Kampf an der Elbe ent=

ſchieben ſein mußte, Realität gewinnen konnten, und ſofort in ſich zer-
fielen wenn der Kampf in Meißen und in der Mark zu Ungunſten der
Verbündeten entſchieden wurde.

War vollends Oeſterreich dem Bunde gegen Napoleon fremd geblieben, wie hier vorausgeſetzt wird, dann mußte ein entſchiedener Angriff des Feindes auf Berlin und darüber hinaus, die Nordarmee,
wenn ſie ſich auf die Ausführung ſolcher Plane eingelaſſen hatte, unfehlbar ſehr bald, und wahrſcheinlich in der übelſten Verfaſſung unter
die Kanonen von Stralſund führen. Das iſt einleuchtend. Dennoch
ließ der Kronprinz von Schweden den Verbündeten gerade dieſen dritten Entwurf vor allen empfehlen, als den zweckmäßigſten, der die
größten Ergebniſſe verſpreche. Nur für den allerdings wahrſcheinlichen
Fall daß er nicht angenommen werde, wollte der Prinz den zweiten
Entwurf dem erſten vorgezogen wiſſen.

In dem „nicht erwarteten Fall" jedoch daß die Streitkräfte der
Verbündeten durch den Beitritt Oeſterreichs vermehrt würden, und ein
Theil der öſterreichiſchen Armee in Sachſen einbrach, konnte kein Zweifel walten, wie Bernadotte meinte, oder wenigſtens vorgab. Dann
mußte die Nordarmee ihren Operationen ſofort über die Nieder=Elbe
und die Weſer hinaus die Richtung nach dem Rhein geben „um ſich
aller zwiſchen dieſen Strömen gelegenen Länder zu verſichern, und die
Franzoſen von dem rechten Rheinufer abzuſchneiden"*).

Es gehörte der gute Wille und der gute Glaube dazu, die dem
Kronprinzen wirklich noch immer entgegen gebracht wurden, nicht zu
gewahren wie deutlich ſchon in dieſen erſten Entwürfen das Verlangen
hervortrat dem Feinde aus dem Wege zu gehen; ſich irgend wohin zu
wenden, wo er ſicher nicht zu finden war.

Eine Verſtändigung war nothwendig. Da konnte es nur er-
wünſcht ſein daß der Kronprinz von Schweden wiederholt und dringend den Wunſch ausgeſprochen hatte ſich perſönlich mit den verbündeten Monarchen zu beſprechen, und es wurde denn auch verabredet daß man ſich an beſtimmtem Tage zu Trachenberg treffen
wolle.

---

*) Geſchichte der Nordarmee I, 62—64.

Der Kaiser Alexander und der König von Preußen waren am
10. Juli schon bei guter Tageszeit dort eingetroffen; der Kronprinz
von Schweden, der von Greifswald, im strengsten Incognito, auf
einem weiten Umweg, über Schwedt, durch die Neumark und Polen
heranreiste, langte spät am Abend an, und am folgenden Tag begannen die militairischen Conferenzen, an denen, außer dem Kronprinzen
Carl Johann (Bernadotte), nur dessen Chef des Generalstabs Graf
Löwenhielm, Toll und Knesebeck Theil nahmen. Denn da Meinungs-
verschiedenheiten hervortraten, zogen sich der Kaiser Alexander und der
König von Preußen zurück, um der Erörterung freien Lauf zu lassen.
Einige andere Generale, welche die Monarchen begleiteten, wurden
nicht zu den Berathungen gezogen. Von russischer Seite waren auch
Pozzo-di-Borgo, Graf Suchteln und der Fürst Wolkonsky zu Trachenberg anwesend, und daß der Letztere, Chef des Generalstabs bei dem
Kaiser Alexander, keinen Antheil an den Berathungen nahm, mußte
für Jeden, der die Personen und Verhältnisse nicht kannte, in der That
etwas Befremdendes haben —: aber er fühlte ein für allemal keinen
Beruf, sich in solche Dinge zu mischen, und blieb sich in dieser Beziehung immer gleich. Hier wie zu Wilna, Witzy und Drissa hielt er
sich geflissentlich ganz außer dem Bereich des Kriegsrathes und vermied
es, sich zu compromittiren.

Ein Krieg ohne Oesterreich wurde hier in Trachenberg gar nicht
als ein möglicher Fall besprochen. Allerdings war seit den Verabredungen zu Reichenbach und den dresdener Scenen zwischen Napoleon
und Metternich, der Beitritt des Wiener Hofs zu dem Bündniß sehr
viel wahrscheinlicher geworden —: jedenfalls aber geboten die Umstände den Monarchen von Rußland und Preußen, dem Kronprinzen
von Schweden gegenüber, in dieser Beziehung weder Zweifel noch Besorgniß zu zeigen.

Was den Gang der Verhandlungen im Besonderen anbetrifft,
hat die öffentliche Meinung lange Zeit über den Operationsplan, der
hier zuletzt genehmigt wurde, dem berühmten Feldherrn, dem Kronprinzen Bernadotte zugeschrieben. Wie wir schon gesehen haben konnte
es in dieser Beziehung kaum einen größeren Irrthum geben. Der
Prinz trat im Gegentheil auch in Trachenberg wieder mit ganz anderen

Ideen und Planen auf, von denen wir unmittelbar nur wiſſen daß ſie
allen anderen Betheiligten durchaus nicht zweckmäßig ſcheinen wollten,
und daß ſie mühſam widerlegt und beſeitigt werden mußten. Mittelbar laſſen die früheren Vorſchläge des ſchwediſchen Prinzen mit einiger
Wahrſcheinlichkeit auf ihren Inhalt ſchließen; vielleicht zeichneten ſie
ſich auch nicht durch große Beſtimmtheit aus.

In neuerer Zeit hat Graf Henckel in ſeinen Erinnerungen den
Hauptantheil an den Trachenberger Beſchlüſſen ſeinem Schwager
Kneſebeck zugeſchrieben. Der habe dort einen von ihm ausgearbeiteten
Operationsplan vorgelegt, für den er den Kronprinzen nicht ohne
große Mühe gewonnen habe, der aber ſchließlich angenommen wor-
den ſei.

Auch dieſer Bericht iſt nicht frei von Irrthum. Ein ſchriftlicher,
ſchon ausgearbeiteter Operationsplan iſt überhaupt nicht vorgelegt und
zur Grundlage der Berathungen gemacht worden. Dieſe begannen
vielmehr mit einem mündlichen Vortrag des Kronprinzen, der dann
widerlegt wurde. — Daß auch Kneſebeck mit Gründen gegen den
Prinzen auftrat, iſt wohl nicht zu bezweifeln; wer aber zuerſt widerſprach, war der lebhafte, ja leidenſchaftliche Toll, der es nicht wie
Kneſebeck an der Art hatte, leiſe und ſchonend aufzutreten.

Als der Kronprinz ſeine Anſichten ausführlich vortrug — wir
wiſſen nicht beſtimmt zu ſagen, ob noch in Gegenwart der Monarchen
oder ſpäter — da glaubte er zu bemerken, daß Toll mißbilligend und
mit großer Ungeduld zuhörte; er richtete an ihn die Worte: „Sie,
General, ſcheinen nicht meiner Meinung zu ſein?“ — „Wenn es mir
als dem jüngſten in dieſem Kreiſe geſtattet iſt, meine Meinung zu ſagen“ — begann Toll; der Kronprinz unterbrach ihn mit den Worten:
„Reden Sie! — reden Sie frei!“ — und Toll trug nun die Plane
vor, die wir ſchon in ſeinen früheren Entwürfen wahrnehmen, und die
weitere Beſprechungen im Hauptquartier der Verbündeten dann zur
Reife gebracht hatten.

Der Kronprinz begleitete Toll's Vortrag mit einzelnen beifälligen
Worten — „bien! — mais très-bien! — c'est très-vrai! — con-
tinuez!“ — Damit aber war die Sache keineswegs abgemacht. Der
Kronprinz war reich an Ausflüchten und Einwendungen, das ſollte

man im Lauf des Feldzugs noch vielfach erfahren. Obgleich auch am Nachmittag eine Sitzung gehalten wurde, kam man doch erst am 12. zu einem Schluß.

In welchem Sinn auch Knesebeck sich thätig an der Berathung betheiligte, kann nicht zweifelhaft sein. Es ziemte ihm in seiner Stellung nicht, schweigend zuzuhören; er besaß das Vertrauen seines Königs wie kein Anderer, und war berufen Preußen in diesem Kriegsrath zu vertreten; die Vorschläge aber die Toll zur Sprache brachte, waren in ihrer letzten Gestalt aus Berathungen hervorgegangen, an denen er selbst den bedeutendsten Antheil genommen hatte.

Als man ziemlich im Reinen war, wohnten die Monarchen und wahrscheinlich auch die bedeutenden Männer ihrer Umgebung, der Schlußsitzung bei. Es scheint als seien selbst hier noch einige Einwendungen des Kronprinzen zu beseitigen gewesen. Endlich gab dieser seine Ansichten auf, indem er höflich zu Toll sagte: „Sie haben mich überzeugt, General!" — und ihn aufforderte, da die anderen Herren damit einverstanden zu sein schienen, das schriftlich aufzusetzen, worüber man sich verständigt habe.

Toll brachte nun folgende „Disposition générale pour les opérations ultérieures" zu Papier.

„Il a été convenu pour principe général que toutes les forces des alliés se porteront toujours du côté où les plus grandes forces de l'ennemi se trouveront: de là il s'en suit:"

„1º Que les corps qui doivent agir sur les flancs et en dos de l'ennemi, choisiront toujours la ligne qui conduit le plus directement sur la ligne d'opérations de l'ennemi."

„2º Que la plus grande force des alliés doit choisir une position qui la mette à même de faire face partout où l'ennemi voudra se porter. Le bastion saillant de la Bohème parait donner cet avantage."

„Suivant ces maximes générales les armées combinées doivent donc avant l'expiration de l'armistice, être rendues aux points ci-dessous énoncés; savoir:"

„Une partie de l'armée alliée en Silésie, forte de 90/m à 100/m hommes se portera quelques jours avant la fin de l'armistice

par les routes de Landshut et de Glatz sur Jung-Buntzlau et
Brandeis pour se joindre dans le plus court délai à l'armée
autrichienne afin de former avec elle en Bohème un total do
200/m à 220/m combattants."

„L'armée du Prince-Royal de Suède laissant un corps de
15/m à 20/m hommes contre les Danois et les Français en observation vis-à-vis de Lübeck et de Hambourg, se rassemblera
avec une force à peu près de 70/m hommes dans les environs de
Treuenbrietzen pour se porter au moment de l'expiration de l'armistice vers l'Elbe, et passer ce fleuve entre Torgau et Magdebourg en se dirigeant de suite sur Leipzig."

„Le reste de l'armée alliée en Silésie forte de 50/m hommes
suivra l'ennemi vers l'Elbe. Cette armée évitera d'engager une
affaire générale à moins qu'elle n'aye toutes les chances de son
coté; en arrivant sur l'Elbe elle tâchera de passer ce fleuve entre
Torgau et Dresden, afin de se joindre à l'armée du Prince Royal
de Suède, ce qui fera monter cette armée à 120/m combattants.
Si cependant les circonstances exigeaient de renforcer l'armée
alliée en Bohème avant que l'armée de Silésie fût jointe à celle
du Prince Royal de Suède, alors l'armée de Silésie marchera
sans délai en Bohème."

„L'armée autrichienne réunie à l'armée alliée débouchera
d'après les circonstances ou par Eger et Hof, ou dans la Saxe,
ou dans la Silésie, ou du coté du Danube."

„Si l'Empereur Napoléon voulant prévenir l'armée alliée
en Bohème marchait à elle pour la combattre, l'armée du Prince
Royal de Suède tachera par des marches forcées à se porter
aussi vite que possible sur les derrières de l'armée ennemie. Si
au contraire l'Empereur Napoléon se dirigeait contre l'armée du
Prince Royal de Suède, l'armée alliée prendrait une offensive
rigoureuse et marcherait sur les communications de l'ennemi
pour lui livrer bataille."

„Toutes les armées coalisées prendront l'offensive et le
camp de l'ennemi sera leur rendez-vous."

„L'armée de reserve Russe sous les ordres du général Bennigsen s'avancera de la Vistule par Kalisch vers l'Oder dans la
direction de Glogau, pour être à portée d'agir suivant les mêmes
principes et de se diriger sur l'ennemi s'il reste en Silésie, ou
d'empécher de tenter une invasion en Pologne."

„Le blocus des places de Danzig, Modlin, Stettin, Custrin,
Glogau, l'observation de Magdebourg, Wittenberg, Torgau et
Dresde, sera fait par la landwehr prussienne et la milice
russe."

Der Kronprinz von Schweden ließ sich das Blatt reichen und
nahm darin einige sprachliche Verbesserungen vor. Wer den Text,
wie wir ihn hier nach Toll's Entwurf wiedergeben, mit demjenigen
vergleicht, der schließlich als Original unterschrieben wurde, und der
mehrfach gedruckt erschienen ist — : (zuerst, wenn wir nicht irren, bei
Plotho, II. Bd., 1. Beilage) — der wird leicht entdecken, worin diese
Verbesserungen bestanden, und daß sie durchaus nicht etwas Wesent-
liches berührten.

Gleich im ersten Satz wurde z. B. nach „convenu" eingeschaltet
„d'adopter" und dann weiter „trouveront" in „trouvent" verändert. — Im dritten Absatz finden wir alsdann „voudrait" anstatt
„voudra"; — im vierten „rentrées" anstatt „rendues" und „nom-
més" anstatt „énoncés"; — in Beziehung auf den Heertheil, welchen der Kronprinz vor Hamburg und Lübeck zurücklassen soll, sind die
Worte „en observation" gestrichen; — im vorletzten Satz ist „d'empecher de tenter" durch „de l'empecher de faire" ersetzt.

Da durch diese kleinen Veränderungen in der That selbst der Styl
nicht wesentlich verbessert wurde, ist man versucht zu glauben, daß der
Kronprinz sie eigentlich nur vornahm — pour sauver les apparences
— damit es doch einigermaaßen das Ansehen gewinne, als ob der
Operationsplan von ihm herrühre.

Es mußte nun eine Reinschrift besorgt werden, die unterschrieben
werden konnte. Daraus, daß in dieser Reinschrift der letzte Satz aus-
blieb, der sich auf die Verwendung der preußischen Landwehren zu
Blokaden bezog, dürfen wir wohl folgern, daß es der einzige anwe-
sende preußische Offizier, nämlich Knesebeck, war, der sie anfertigte.

Auch wurde „Budin" anstatt „Brandeis" gesetzt, wir wissen nicht, auf welche Veranlassung.

Während dies Papier so abgeschrieben und zur Unterschrift vorbereitet wurde, führte der Kaiser Alexander, dadurch, daß Alles so gut ausgeglichen war, in die beste Stimmung versetzt, den General Toll in eine Fenstervertiefung und sagte zu ihm: „Ich danke Dir von ganzem Herzen, Karl Fedorowitsch, für den wohl durchdachten Operationsplan, der ohne Zweifel einen Erfolg, der den Ruhm unserer Waffen befestigt, zur Frucht haben wird."

Als das eigentlich Charakteristische des Plans, der so zum Abschluß kam, möchten wir hervorheben, daß er nicht geographische Punkte, sondern unmittelbar Napoleon's Heer selbst — das Heer, auf dessen unzerrüttetem Dasein die französische Oberherrschaft in Deutschland beruhte — zum strategischen Object machte, zu dem Gegenstand, auf den sich alle Bewegungen beziehen sollten, den man zu fassen strebte. Diese Ansicht der Verhältnisse im Allgemeinen und Großen — die wir schon in Toll's erstem Entwurf am 9. Juni wahrnehmen, — war in den Planen zu den früheren Feldzügen der verschiedenen Coalitionen gegen Frankreich keineswegs vorwaltend gewesen. Man sollte denken daß die Bedeutung dieses Umstandes Niemandem entgehen könnte, der mit der Geschichte der Kriegskunst und ihrer Theorie nicht unbekannt ist — und doch finden wir nicht, daß er besonders beachtet worden wäre in den zahlreichen Schriften über diesen Feldzug. Zur Zeit selbst scheinen auch nicht alle die Feldherren, denen die Ausführung anvertraut war, klar und bestimmt erkannt zu haben, daß gerade darin das Wesentliche des Plans liege.

Als auffallend ist dann aber auch noch zu bemerken, daß man selbst hier in Trachenberg noch die Streitkräfte der Verbündeten viel geringer anschlug als sie wirklich wurden. So rechnete man nur auf fünfzig tausend Mann für die schlesische Armee — und sie wurde fast doppelt so stark. Die Nordarmee ist hier nur auf siebzig tausend Mann angeschlagen — und sie hatte auch über eine sehr viel bedeutendere Streiterzahl zu verfügen, als der Feldzug eröffnet wurde. — Was in den verschiedenen Entwürfen über die Verwendung der preußischen Landwehren gesagt ist, erklärt einigermaßen diese sonst schwer zu begreifenden Rechnungsfehler. Die rufsischen Generale wußten sich eben nicht an den Gedanken zu gewöhnen, daß diese Landwehren in den wenigen Wochen wirklich im Feld verwendbare, hinreichend zuverläfsige Truppen werden könnten, und zählten sie eigentlich nicht mit.

Wir bemerkten schon vorhin, daß Toll's erste Ideen doch nur etwas abgeschwächt in Beziehung auf die Energie, die sie geboten, zu allgemeiner Geltung gelangten. Diese Herabstimmung, wenn wir so sagen dürfen, zeigt sich eigentlich noch nicht in dem Trachenberger Protocoll wie es Toll entworfen hatte, wohl aber zuerst in einem, unabhängig von den Trachenberger Berathungen, fast gleichzeitig im österreichischen Hauptquartier ausgearbeiteten, umfassenden Entwurf, und dann sowohl in den besonderen, ausführlichen Instructionen, wie sie für die schlesische Armee aufgesetzt wurden, als in dem besonderen Operationsplan für die böhmische oder Hauptarmee.

Nach Toll's früheren Entwürfen sollte diejenige Armee der Verbündeten, gegen welche Napoleon sich mit seiner Hauptmacht wendete, den Kampf mit ihm annehmen und den Feind im Kampf, wäre es auch in einem nicht glücklichen, festhalten, ihm den Boden streitig machen, bis das andere verbündete Heer in seinem Rücken erscheinen, und die günstige Entscheidung bringen könne. „Alle verbündeten Heere ergreifen die Offensive und das Lager des Feindes ist ihr Versammlungspunkt," sagt in demselben Sinne auch noch der zu Trachenberg genehmigte allgemeine Operationsplan.

In den besonderen Instructionen wurde die allgemeine Vorschrift nun aber dahin gedeutet, daß die Armee, gegen die Napoleon sich wendete, dem Kampf ausweichen und sich zurückziehen sollte, während die anderen in seinem Rücken die Offensive ergriffen und ihn umzukehren zwangen.

Zuerst war an eine solche Vorschrift nur in Beziehung auf das schlesische Heer gedacht worden — und zwar nur weil man voraussetzte, es werde kaum fünfzigtausend Mann stark bleiben —: sie wurde kunstreich weiter ausgesponnen, und auch auf die Hauptarmee in Böhmen ausgedehnt.

In Wahrheit wurde man durch die näheren Bestimmungen in

diesem Sinne dem Geist der Kriegführung, wie sie Toll gedacht hatte, und dem Geist des Trachenberger Kriegsplans ungetreu; man über-ließ eigentlich die Initiative dem Feinde. Denn das so gedeutete Verfahren setzte zunächst ein leidendes Verhalten voraus; man war so darauf angewiesen abzuwarten, gegen wen der Feind sich wenden werde, um dann auszuweichen oder vorwärts zu gehen, je nachdem man die feindliche Hauptmacht gegen sich hatte oder nicht.

Zuerst tritt diese veränderte Auffassung, wie gesagt, in einer österreichischen Denkschrift hervor, die von Radetzky entworfen, dann unter dem Einfluß des General-Quartiermeisters Langenau überarbeitet, am 7. Juli dem Fürsten Schwarzenberg überreicht, am 12. dem Kaiser Franz „unterbreitet" wurde.

Die Verfasser setzen darin sowohl die Streitkräfte der Verbünde-ten als Napoleon's Heer bedeutend schwächer voraus als sie sich später in der That erwiesen — das Verhältniß im Ganzen aber weniger günstig als es in der That war.

Abgesehen von 50,000 Mann die angeblich bei München gesam-melt wurden; — von Augereau's ebenfalls auf 50,000 Mann ge-schätzten Heertheil bei Würzburg; — von 60,000 Mann die man unter dem Vicekönig Eugen Beauharnais bei Verona und in Illyrien voraussetzte; — und endlich von den zu 70,000 Mann berechneten Besatzungen in den Plätzen an der Elbe, — wurden die Truppen über welche Napoleon an diesem Strom im freien Felde verfügen konnte, auf nicht mehr als 220,000 Mann angeschlagen, von denen 30,000 unter Davoust als ein besonderes Heer bei Hamburg gedacht wurden.

Dieser Macht gegenüber wurde nun, auf Seiten der Verbündeten, eine „erste österreichische Reserve-Armee" von 60,000 Mann im Donau-Thal, eine „zweite" von 40,000 Mann gegen Italien ange-nommen; gegen den Kriegsschauplatz an der Elbe gewendet aber, in drei Armeen, eine Gesammtmacht von nicht mehr als 305,000 M. — Nämlich ein Heer von 80,000 Mann (25,000 Schweden, 35,000 Preußen und 20,000 Russen) in den brandenburgischen Marken; ein eben so starkes russisch-preußisches in Schlesien — und ein drittes, das 120,000 Oesterreicher, verstärkt durch einen 25,000 Mann star-

fen Heertheil ruſſiſcher Truppen unter Wittgenſtein, in Böhmen bilden
ſollten.

Wir ſehen, man ging in Schwarzenberg's Hauptquartier zur
Zeit noch ganz von den zu Gitſchin getroffenen Verabredungen aus,
und hatte nicht erfahren welche viel bedeutenderen Verſtärkungen dem
öſterreichiſchen Heer durch ſpätere Beſchlüſſe zugedacht worden waren.

Die geſammte Macht Preußens wurde kaum fünf und ſiebzig
tauſend Mann ſtark gerechnet, alle Truppen über die Rußland an der
Elbe und Oder verfügen konnte, nicht mehr als fünf und achtzig tau=
ſend. Da mußte es allerdings ſcheinen als könnte eine active Ver=
wendung der unter Augereau bei Würzburg vorausgeſetzten Macht,
eigentlich ſchon ein Uebergewicht der Streitkräfte auf Seiten des Fein=
des herbeiführen. Jedenfalls war man in Schwarzenberg's Haupt=
quartier ſehr weit davon entfernt anzunehmen, wie Toll zu Gitſchin
gethan hatte, daß eine Verſtärkung durch fünf und zwanzig tauſend
Ruſſen die öſterreichiſche Armee in den Stand ſetzen werde angriffs=
weiſe über das Erzgebirge vorzugehen, oder daß der Feldzug überhaupt
mit einem allſeitigen Angriff von Seiten der Verbündeten beginnen
könne oder dürfe. Man erwartete vielmehr einen gewaltigen, ſchwer
abzuwehrenden Angriff von Seiten des Feindes, und war überzeugt
daß er auf Oeſterreich gerichtet ſein werde.

Man nahm an Davouſt müſſe ſich an der unteren Elbe, bei der
täglich wachſenden Ueberlegenheit der Armee des Kronprinzen von
Schweden ihm gegenüber, auf die ſtrengſte Defenſive beſchränken,
während Augereau in Baiern (wohl an der Donau) und der Vice=
könig Beauharnais von der Etſch her, zu Gunſten der Operationen
der franzöſiſchen Hauptarmee, zum entſchiedenen Angriff gegen Oeſter=
reich vorgehen würden.

Es „erhellte" mithin für das öſterreichiſche Hauptquartier, eben
wie für Kneſebeck, „aus allen Gründen der Probabilität" daß auch
„der Schlag der franzöſiſchen Hauptarmee gegen die Oeſterreicher ge=
richtet ſein werde."

„Denn bei der Stellung der franzöſiſchen Hauptarmee an der
Elbe, wo ſie die Armee des Kronprinzen in der linken Flanke, die ruſ=
ſiſch=preußiſche in der Front, und die öſterreichiſche, im Beſitz von bei=

den Elbe-Ufern in der rechten Flanke hat, ist es wahrscheinlich daß dieselbe ihre rechte Flanke zuerst frei zu machen suchen werde, weil sie nur dadurch nicht bloß die aus der Grenzlage Oesterreichs entspringende gefährlichste Bedrohung ihrer Operationslinien abwendet, sondern auch die kürzere Kommunikation mit ihren übrigen Armeen bezwecken kann" — und selbst der Reichthum Böhmens an Hülfsmitteln für die Kriegführung konnte, wie man meinte, den Feind dorthin ziehen.

So schien einerseits durch die Nothwendigkeit geboten daß der Feind „die Eroberung der österreichischen Provinzen zum Hauptzweck seiner Operationen mache" während zugleich andererseits besondere Vortheile die auf diesem Wege in Aussicht standen, ihn dazu aufforderten.

Diesen „mehr als wahrscheinlichen Fall" vorausgesetzt, war es einleuchtend daß nur eine energische Offensive von Seiten der Nordarmee und der schlesischen die Hauptmacht Frankreichs von der österreichischen Armee abzuleiten vermochte. „Alles und Alles" kam demnach darauf an, daß die beiden russisch-preußischen Armeen gleich bei dem Beginn der Feindseligkeiten „mit der unablässigsten Anstrengung die Offensive ergriffen", während Oesterreichs Heer sich auf einer „wohlberechneten Defensive" hielt, die es allein in den Stand setzen konnte, „seine Hauptkräfte für den entscheidenden Schlag beisammen zu halten", bis zu dem Augenblick wo das Vordringen jener Armeen von Norden und Osten her bei dem Feinde eine Theilung der Streitkräfte herbeigeführt hätte.

Diese Defensive zu stützen, war an der Eger, vermöge zweier verschanzter Lager, bei Budin und bei Laun, eine feste Stellung vorbereitet, und man suchte sich sofort, selbst im Einzelnen und Besonderen Rechenschaft davon zu geben, in welcher Weise die Vertheidigung sich gegen alle als möglich gedachten Fälle vorsehen könne.

Der französische Angriff schien in drei verschiedenen Formen unternommen werden zu können: das Elbeufer aufwärts „kotoyirend" gerade auf Budin — oder so daß die feindliche Armee, über das Erzgebirge bis an den Fuß des Mittelgebirges herangerückt, sich hier rechts, von Bilin nach Laun wendete — oder endlich über das Erzgebirge auf Kommotau und Saaz.

Der grade Angriff an der Elbe herauf, war eigentlich derjenige
deſſen man ſich verſah. Schwarzenberg's Heer ſollte ihn in der Stellung
bei Budin erwarten — wobei die linke Flanke gegen Laun „gehörig
gedeckt" die Strecke zwiſchen Laun und Saaz beobachtet werden mußte.
Nur wenn „die feindliche Uebermacht nicht zu groß" war, wollte man
es in dieſer verſchanzten Stellung auf eine Schlacht ankommen laſſen.
Im entgegengeſetzten Fall ſollte die Armee dem Kampf ausweichen,
indem ſie entweder mit dem rechten Flügel nach Thereſienſtadt, mit
dem linken nach Budin — oder „allenfalls gar" bei Weltrus hinter
die Moldau zurückging. Die ruſſiſch-preußiſche Armee mußte alsdann
zum Entſatz aus Schleſien herbeieilen, und bei Leitmeritz über die Elbe
gehen, zum gemeinſchaftlichen Angriff auf den Feind — in deſſen
Rücken der Kronprinz von Schweden zu gleicher Zeit den Uebergang
über die Elbe erzwingen — oder die Beſatzungen der Elbe-Feſtungen
„feſthalten" ſollte, damit ſie nicht der ſchleſiſchen Armee der Verbündeten auf der Spur nach Böhmen folgen konnten.

Rückte der Feind über Bilin nach Laun heran, ſo wollte ihn die
öſterreichiſche Armee in der verſchanzten Stellung bei Laun erwarten;
verſuchte der Feind die Umgehung über Kommotau und Saaz, dann
ſollte das eigene Heer zwiſchen Saaz und Tzyra aufgeſtellt werden.
Im Uebrigen blieb das Verfahren ſtets daſſelbe; das heißt, wie der
Entwurf ausdrücklich beſagt: „in allen d r e i Fällen erfolgt der Rückzug der Armee bei einem Unfall hinter die Moldau bei Weltrus, um
das feindliche Vordringen gegen Prag zu hindern."

Erfolgte der Angriff auf dem rechten Ufer der Elbe — wo die
öſterreichiſche Armee, um über die wahre Abſicht zu täuſchen, vorläufig
in Cantonirungs-Quartiere um Hirſchberg, Hollan und Auſcha verlegt war — ſo wollte man ſich ſtreng defenſiv verhalten, jedes Gefecht
vermeiden, „im Nothfall" auf das linke Elbe-Ufer zurückgehen, und
„in dieſer Verfaſſung" das Herannahen der ſchleſiſchen Armee abwarten, um dann gemeinſchaftlich zu operiren.

Der Vollſtändigkeit wegen wurden dann auch neben dem „allein
wahrſcheinlichen Fall" auch die „anderen, wenngleich nicht probablen
Fälle" beſprochen, daß Napoleon ſeine Operationen gegen die Nordarmee oder die ſchleſiſche richtete — und da ſollte dann das angegrif-

fene Heer dem Kampf stets ausweichen, während die beiden anderen zum Angriff in Seite und Rücken des Feindes vorgingen.

Endlich wird auch noch der Fall erwogen, daß „die feindliche Hauptmacht eine allseitige Defensive beobachtet" — und es ist gar merkwürdig was für diesen Fall angerathen wurde. Es „wäre" als-dann „von Seiten der schwedischen (d. h. der Nord-) und der russisch-preußischen Armee eine gleichzeitige Offensive zu führen, indeß die österreichische so lange die Defensive hält bis die verbündeten Heere sich ihr so sehr genähert haben, daß deren Gesammtüberlegenheit einen günstigen entscheidenden Schlag verbürgt". *)

Wenn man einem Feinde gegenüber, der sich auf die Defensive beschränkt, ebenfalls in der Defensive bleibt, dann wird eben auf dem Kriegsschauplatz wo das geschieht, einstweilen gar nicht Krieg geführt. Die Streitkräfte die man so der Defensive gegenüber in Unthätigkeit erhält, werden nicht als solche wirksam, ihre Beobachtung nimmt jedenfalls nur einen unverhältnißmäßig geringen Theil der feindlichen Macht in Anspruch — es ist einstweilen beinahe als wären sie gar nicht vorhanden — und die Entscheidung kann leicht gefallen sein ehe sie in Thätigkeit kommen. Das Alles ist sehr einleuchtend. Man sieht nicht wie es in diesem besonderen Fall der Erwägung entgehen konnte, daß ein solches Verfahren dem Gegner volle Freiheit ließ über seine Gesammtmacht zu verfügen, und die schlesische wie die Nord-Armee der Gefahr aussetzte auf eine überlegene Macht des Feindes zu stoßen und in bedenkliche Kämpfe verwickelt zu werden. Man sollte denken daß gerade die Berechnungen von denen man in Schwarzen-berg's Hauptquartier ausging, unmittelbar auf eine solche naheliegende Möglichkeit hinwiesen.

Dennoch läßt sich diese Seltsamkeit gewissermaßen erklären. Wir entnehmen einer Aeußerung Radetzky's, daß man im österreichischen Hauptquartier ein Vorrücken über das Erzgebirge bedenklich fand, weil man sich am jenseitigen Fuß der Berge in die Nothwendigkeit versetzt

---

*) Gr. Radetzky, eine biographische Skizze rc. von einem österreichischen Ve-teranen. S. 156—165.

sehen konnte, eine Schlacht anzunehmen — die schwierigen Gebirgspässe unmittelbar im Rücken.

Natürlich hat diese Denkschrift weder auf die Berathungen zu
Trachenberg noch auf die dort gefaßten Beschlüsse irgend einen Einfluß
üben können, da sie, am 12. Juli vom Kaiser Franz genehmigt, den
verbündeten Monarchen erst nach deren Rückkehr aus Trachenberg mitgetheilt wurde — wohl aber haben, der Geist, die Ansichten die sich in
diesem Entwurf kund geben, einen sehr fühlbaren Einfluß auf die
wirkliche Kriegführung geübt. — Man fand sich, als der Waffenstillstand zu Ende ging, in einer Lage die wesentlich von der hier vorausgesetzten verschieden geachtet wurde; die Hauptarmee in Böhmen war
fast doppelt so stark geworden als man gerechnet hatte — und im Allgemeinen glaubte man dem Feinde an der Spitze einer bedeutenden
Uebermacht gegenüber zu stehen —: die herrschende Ansicht aber in
Beziehung auf den Geist in welchem der Krieg im Ganzen geführt
werden müsse, blieb unverändert dieselbe. —

In der besonderen Instruction für die schlesische Armee waren die
Worte des Trachenberger Operations-Plans denen zufolge sie eine entscheidende Schlacht nur unter durchaus günstigen Bedingungen annehmen sollte, dahin erweitert daß sie dem Feinde stets nahe bleiben
solle, ohne sich je in ein ernstes Gefecht mit einem überlegenen Feind
einzulassen. Sie sollte stets ausweichen wenn der Feind mit seiner
Hauptmacht gegen sie vordrang, aber auf dem Fuße folgen, wenn er
sich gegen die Elbe zurück bewegte. — Diese Instruction von Barclay
unterschrieben, war vermuthlich von Diebitsch ausgearbeitet, wahrscheinlich aber wohl nicht ohne daß er mit Knesebeck Rücksprache genommen hätte, und seiner Zustimmung gewiß war. Toll hatte keinen
Antheil daran.

Aus Trachenberg zurückgekehrt, verwendeten der Kaiser Alexander
und der König von Preußen die noch übrige Zeit des Waffenstillstandes großentheils zu vielfachen Besichtigungen der Truppen — und
mit dem Waffenstillstand erreichte auch der seltsame Congreß zu Prag
sein Ende.

In den letzten Tagen des Waffenstillstandes hatte sich noch ein
Zwischenfall ergeben, der den russischen und preußischen Staatsmän-

nern sehr bedenklich schien, weil man fürchtete Oesterreich könnte sich
dadurch zu neuen Vermittelungs-Versuchen und Zögerungen bestimmen
lassen. Ein Cabinets-Courier der in den ersten Tagen des August
aus London zunächst in Prag bei dem hannöverschen Minister Hardenberg eintraf, überbrachte nämlich Depeschen, deren Inhalt sehr
wichtig geachtet wurde. Auch England erklärte sich darin bereit Oesterreichs Vermittelung anzunehmen und auf Unterhandlungen einzugehen,
wenn als eine quibus non zum Voraus festgestellt werde, daß Napoleon allen Ansprüchen auf Spanien, Portugal und Sicilien entsage, und daß Norwegen an Schweden abzutreten. Damit war
die Aussicht auf einen allgemeinen Frieden eröffnet, während man sich
bis dahin nur mit einem Continental-Frieden beschäftigt hatte, und es
war allerdings möglich daß der Graf Metternich dadurch bestimmt
wurde am 10. August wenigstens nicht den entschiedenen Bruch auszusprechen. Wohin das dann weiter führen konnte, war nicht abzusehen.

Aber der Vertreter Englands am Hof und im Hauptquartier des
Kaisers Alexander, Lord Cathcart, in dessen Hände die wichtigen Depeschen kamen, ließ sich, da er selbst ohnehin gegen den Frieden war,
leicht „durch den Rath (Council) der Verbündeten" — eigentlich wohl
durch den Kaiser Alexander selbst, für die Ansicht gewinnen, daß es
zweckmäßig sei von diesen Eröffnungen keinen Gebrauch zu machen,
sie im Gegentheil vor dem Grafen Metternich geheim zu halten, eben
damit sich nicht solche unfruchtbare und gefährliche Verzögerungen
daraus ergaben. Lord Cathcart wußte dann auch seine Collegen in
diesem Sinn zu bestimmen. Das österreichische Cabinet erfuhr zur Zeit
wirklich nichts von dem Inhalt dieser Depeschen*).

So glaubte man im Rath der Verbündeten eine gefährliche Klippe
glücklich umschifft zu haben — und dennoch nahm eben in dieser selben
Zeit, ohne daß nun der Kaiser Alexander oder der König von Preußen
ihrerseits eine Ahnung davon gehabt hätten, der Congreß zum Schluß
noch eine Wendung vermöge der es dem Kaiser der Franzosen vielleicht gelingen konnte, seine Stellung günstiger zu gestalten, wenn

---

*) Sir Robert Wilson, private journal II, 75, 145.

er früher daran gedacht hätte diese Wege einzuschlagen. Das Verhalten des russischen und des preußischen Bevollmächtigten auf dem
Congreß (Anstett und Wilhelm v. Humboldt) — überzeugte, wie es
scheint, am Ende doch Napoleon von der Unmöglichkeit Verhandlungen einzuleiten, bei denen Oesterreich umgangen würde, und einen
Frieden mit seinen bisherigen Gegnern zu schließen, der diese Macht
seiner Rache preis gebe. Da ließ er seinen Groll gegen den Wiener
Hof fallen, entsagte den zu rasch entworfenen Racheplanen und trachtete nun wieder umgekehrt danach, sich mit Oesterreich insbesondere
abzufinden.

Napoleon suchte demgemäß eine geheime Unterhandlung anzu-
knüpfen, die mit besserem Erfolg neben der verunglückten öffentlichen
Thätigkeit des Congresses hergehen sollte. Am 5. August erhielt
Caulaincourt den Auftrag, eine geheime Unterredung mit dem Grafen
Metternich nachzusuchen. Es wurde dabei für alle Betheiligten zu
einer persönlichen Ehrensache gemacht, daß außer dem Kaiser von
Oesterreich Niemand etwas von dieser Unterredung oder ihrem Inhalt
erfuhr. Selbst für den zweiten französischen Bevollmächtigten, den
Grafen Narbonne, blieb das Ganze ein Geheimniß. Der Zweck die-
ses Schrittes war, nach den Vorschriften, die Caulaincourt erhielt, mit
Bestimmtheit zu erfahren, auf welche Bedingungen Oesterreich den
Frieden geschlossen wissen wolle; — zu erfahren, ob Oesterreich, wenn
Napoleon seine Bedingungen annahm, gemeinschaftliche Sache mit
Frankreich machen, oder doch wenigstens neutral bleiben werde. Hatte
man darüber Gewißheit, dann sollten die Gesandten Napoleon's auch
für die öffentlichen Unterhandlungen entsprechende Instructionen erhalten —: die Verbündeten durften natürlich von diesem Treiben hinter
den Coulissen erst wenn Oesterreich und Frankreich über den Frieden
einig waren, etwas erfahren.

Graf Metternich ging wirklich auf diese bedenkliche Nebenunter-
handlung ein. Schon am 6. konnte Caulaincourt nach Dresden melden, daß er eine geheime Unterredung mit dem österreichischen Minister
gehabt habe. In dieser Unterredung zeigte sich Graf Metternich erfreut über diesen Beweis von Vertrauen, den er so erhielt; bedauerte
zwar, daß dieser Schritt Napoleon's so spät erfolgte, und fügte selbst

eine Warnung hinzu, indem er von Neuem daran erinnerte, daß die Unterhandlungen wie der Waffenstillstand nicht über den 10. hinaus verlängert werden könnten; er äußerte auch beiläufig, es wäre einfacher gewesen, wenn man von Seiten Frankreichs zuerst erklärt hätte, auf welche Bedingungen man geneigt sei einzugehen —: aber er versprach sich schon am folgenden Tage zu Brandeis mit dem Kaiser Franz zu besprechen, in wenigen Stunden zurück zu sein, und dann dem französischen Minister Oesterreichs letzte Bedingungen vorzulegen.

Und in der That, vierundzwanzig Stunden später wußte Caulaincourt amtlich Oesterreichs letzte und äußerste Forderungen; er wußte, um welchen Preis der Frieden zu haben war.

Die Bedingungen, die Graf Metternich ihm vorlegte, waren eben die, auf welche man sich zu Reichenbach verpflichtet hatte:

„Napoleon giebt das Herzogthum Warschau auf; dies wird zwischen Rußland, Oesterreich und Preußen getheilt; Danzig fällt dabei an Preußen."

„Die Unabhängigkeit der Städte Lübeck, Hamburg und Bremen wird hergestellt. Napoleon entsagt dem Protectorat des Rheinbunds; die Unabhängigkeit aller Souveraine (nicht Staaten) Deutschlands wird unter den Schutz (garantie) sämmtlicher Großmächte (also auch Frankreichs) gestellt." (Ein ohnmächtiges Schein-Abkommen, das Napoleon's Herrschaft in Deutschland nicht erschüttert hätte, da das Königreich Westphalen und das Großherzogthum Berg unberührt bleiben sollten.)

„Herstellung Preußens mit einer haltbaren Grenze an der Elbe." (Eine Wendung die vielleicht andeuten sollte, daß man geneigt sein könnte die Feste Magdeburg für Preußen zu fordern.)

„Abtretung der illyrischen Provinzen mit der Stadt Triest an Oesterreich" — und endlich: „gegenseitige Bürgschaft, daß der Besitzstand der verschiedenen Staaten, der kleinen sowohl wie der großen, wie er durch den Frieden festgestellt würde, fortan nur mit Zustimmung Aller geändert werden könne."

Spaniens und Hollands und ihrer möglichen Unabhängigkeit wurde nur beiläufig, nur gesprächsweise gedacht; nicht als sollte der gegenwärtige Friedens-Tractat über diese Länder etwas verfügen. Es wurde nur darauf hingewiesen, daß später, wenn über einen allgemei-

nen, auch England umfassenden Frieden unterhandelt würde, auch
dieser Punkt zu berücksichtigen sei.

Nahm die französische Regierung diese Bedingungen an, so trat
Oesterreich noch jetzt zurück auf ihre Seite. Es verlangte dann auch
von den Verbündeten entschieden die Annahme, wie sie zu Reichenbach
versprochen war, und wollte alsdann der Kaiser Alexander, wollte
Preußen einen solchen Frieden nicht eingehen, so mußten sie den kühnen Entschluß fassen, den Krieg wenigstens ohne Oesterreichs Beistand
fortzusetzen — denn Oesterreich schloß sich ihnen dann zum Kampf gewiß nicht an.

Um einen so geringen Preis konnte sich Napoleon auch jetzt noch
der drohenden Gefahr entziehen! — Das Schicksal Europa's schien
an einem Haar zu schweben!

Glücklicher Weise war Napoleon in eigenthümlicher Verblendung
befangen; stolz auf sich selbst im Bewußtsein großer intellectueller
Ueberlegenheit, überschätzte er offenbar noch den allerdings großen
Eindruck, den seine Persönlichkeit machte, die Scheu, die man vor ihm
als gewaltigem Feldherrn und schonungslosem Feind empfand. Er
hatte zwar eine Zeit lang den Gedanken genährt, sich vorzugsweise an
Oesterreich zu rächen: aber sobald er ihn aufgab, sobald er dieser
Macht gleichsam die Strafe erließ, schien ihm ein Abkommen sehr
leicht; das kleinste Zugeständniß von seiner Seite mußte es sichern.
Daß Oesterreich seine Wünsche durch die Waffen unterstützen, ihn angreifen werde, glaubte er auch jetzt noch nicht.

Das Schreiben, in welchem Caulaincourt die Forderungen Oesterreichs meldete, kreuzte sich unterwegs, zwischen Prag und Dresden,
mit einem Schreiben Maret's — oder vielmehr Napoleon's — das
auf den letzt vorhergehenden Bericht des Gesandten antwortete. Napoleon bezog sich darin auf die Aeußerung Metternich's, daß eigentlich
die französische Regierung mit ihren Vorschlägen hervortreten müßte,
und ließ antworten: „Wenn der Kaiser Napoleon Vorschläge zu
machen gehabt hätte, wäre seine Basis eine sehr einfache gewesen;
nämlich der Besitzstand vor dem gegenwärtigen Kriege.”
(Si l'Empereur Napoléon avait dû faire des propositions, sa base
eût été simple; ce serait *l'uti possidetis ante bellum.*) Ja er ließ

drohend noch hinzufügen: „soll der Krieg fortgesetzt werden, so wird
ein Augenblick kommen, wo unsere Feinde sich Glück wünschen würden,
die Gewährung dieses Besitzstandes erhalten zu können." (Si la
guerre doit continuer, il arrivera un moment où nos ennemis se
feliciteraient de pouvoir l'obtenir.) *)

Darnach darf es wohl nicht befremden, daß Napoleon selbst noch
am Tage vor dem Ablauf des Waffenstillstands, die mehr als bescheidenen Forderungen des Wiener Hofes keineswegs unbedingt gewährte.
Zwar Polen opferte er ohne Schwierigkeiten und Bedenken auf —:
aber Danzig sollte nicht unter preußische Hoheit zurückkehren; es sollte,
wenn auch unbefestigt, eine freie Stadt bleiben — und der König von
Sachsen sollte für den ganz nominalen Besitz des Herzogthums Warschau entschädigt werden, der seinem deutschen Königreiche fremd und
nur eine Last gewesen war. Wie? war nicht ausdrücklich gesagt, aber
es leuchtet von selbst ein, daß es nur auf Preußens Kosten geschehen
konnte — und so setzte denn auch einer der nächsten Artikel fest, daß „der
Rheinbund sich bis an die Oder ausdehnen" solle! — Die illyrischen
Provinzen erklärte sich Napoleon bereit, dem österreichischen Staat zurückzugeben — ja sogar auf den Hafen von Fiume wollte er verzichten.
Damit glaubte er das Aeußerste zu thun; Triest behielt er sich ausdrücklich vor. (On consent même à abandonner le port de Fiume.
Mais Trieste ne sera pas compris dans la cession.)

Indem er dann zum Schluß die Forderung hinzufügte, die Integrität des Gebiets der Krone Dänemark solle garantirt werden, genügte er unter anderem auch seinem persönlichen Haß gegen Bernadotte —: aber er schuf damit zugleich neue Schwierigkeiten, die kaum
zu beseitigen waren. Napoleon wußte, daß Norwegen längst dem
Kronprinzen von Schweden versprochen war, und daß England und
Rußland ihr Versprechen schwerlich zurücknehmen konnten **).

Diese Bedingungen waren im Uebrigen ganz dieselben, die früher
einem besonderen Frieden mit Rußland zur Grundlage dienen sollten,
nur daß Oesterreich jetzt mit den illyrischen Provinzen bedacht war.
Oesterreichs Vorschläge ließen den Rheinbund, ließen Napoleon's Herr-

---

*) Norvins, portefeuille de 1813 II, 238—243
**) Norvins II, 244—245.

schaft in Deutschland, der Sache nach, unangetastet —: Napoleon, der es ablehnte dem Protector-Titel zu entsagen, verlangte in dieser Beziehung noch zu gewinnen; Preußen so gut wie ganz aus Deutschland hinauszudrängen, das Gebiet des Rheinbunds auszudehnen, die Fremdherrschaft in Deutschland fester zu begründen. Die brandenburgischen Marken sollten sächsische Provinzen werden. Dieser Landgewinn, der dem Hause Sachsen auf Preußens Kosten zugedacht war, im Fall der Kampf unter fremden Fahnen gegen Preußen, gegen das unabhängige Dasein des gemeinsamen deutschen Vaterlandes, ein siegreicher wurde —: der verdient gewiß gar sehr beachtet zu werden, wenn von dem Verlust die Rede ist, der das Haus Sachsen betraf als das Unternehmen mißlang. Man spielt ein so ernstes Spiel nicht ohne Einsatz, und daß der verloren gehen kann im Fall des Unterliegens, das liegt in der Natur der Sache; es ist die Bedingung des Spiels.

Bezeichnend aber ist es, daß Napoleon kaum über sich gewinnen konnte, selbst die so gewendeten Vorschläge — durch die er so wenig opferte, die noch Gewinn für ihn in Anspruch nahmen — zu unterschreiben und abzusenden. Noch gab er der Ueberzeugung nicht Raum, daß der österreichische Minister die Unterhandlungen wirklich schließen und den Beitritt zu dem Bündniß gegen Frankreich erklären werde. Er fragte Maret: „Glauben Sie, daß die Oesterreicher den Muth dazu haben? wenn sie die Drohung nicht erfüllen, machen sie sich lächerlich!" — Maret, der ihn schon vielfach beschworen hatte, auf den Frieden einzugehen, versicherte, sie würden es thun. Da unterschrieb Napoleon endlich die Vollmachten, welche seine Gesandten ermächtigten, Oesterreichs Vorschläge mit den erwähnten gewichtigen Einschränkungen und Vorbehalten anzunehmen. Aber nun konnte er sich nicht entschließen den Courier abzufertigen, der sie überbringen sollte. Bis zum 10. früh hielt er ihn zurück, so daß der Eilbote gar nicht anders als zu spät in Prag eintreffen konnte. Theils wurde es dem französischen Kaiser ohne Zweifel schwer, sich der Nothwendigkeit zu fügen — theils aber auch soll seine Absicht gewesen sein, den Verbündeten, besonders dem österreichischen Minister, auf diese Weise eine Demüthigung zu bereiten. Sein Bote sollte zu spät kommen; die

Unterhandlungen sollten bereits abgebrochen sein. Napoleon war überzeugt daß man sie dennoch, in Rathlosigkeit und Zagen, wieder aufnehmen werde, sobald er die Hand bot, und vor aller Welt bezeugte dann die Thatsache, daß man nicht gewagt hatte, ihm, dem Siegreichen und Gefürchteten, im Ernst einen Termin zu setzen — daß man nicht wagte, Drohungen gegen ihn wahr zu machen. So erzählte Maret nach Napoleon's Sturz*).

Der Eilbote des französischen Kaisers traf erst am 11. August früh in Prag ein — als es nicht blos der Form nach, sondern auch in der That zu spät war. Die Gesandten Rußlands und Preußens, von denen besonders der letztere diesen Augenblick mit Sehnsucht erwartet hatte, erklärten genau um Mitternacht, in der Nacht vom 10. zum 11., daß ihre Vollmachten erloschen seien — Wilhelm v. Humboldt ruhte nicht, bis er auch die österreichische Kriegserklärung unterwegs wußte — und die Gefahr des Friedens war endlich vorüber!

Von den Neben-Unterhandlungen Oesterreichs hatten die Verbündeten natürlich nichts erfahren. Ein Versuch, den Caulaincourt auch jetzt noch machte, sich dem Kaiser Alexander persönlich zu nähern, mißlang.

Zweites Kapitel.

Die Streitkräfte. — Die Hauptquartiere. — Napoleon's Plane.

Ehe wir auf die Ereignisse des erneuerten Feldzugs eingehen, wird es nöthig sein, einen Blick auf die Streitkräfte zu werfen, die beiden Parteien zu Gebote standen. Um so mehr, da sehr schwankende Angaben, ja erweislich irrige, immer wieder von Neuem nachgeschrieben, selbst in werthvollen Werken über diesen ewig denkwürdigen Krieg ihre Stelle behaupten. Die französischen Schriftsteller

---

*) Niebuhr, Geschichte des Zeitalters der Revolution II, 328—29.

suchen natürlich im Interesse der National-Eitelkeit die Uebermacht der Verbündeten so groß als möglich darzustellen; sie bringen daher gern, wo von den Truppen der Verbündeten die Rede ist, die übertriebensten, abenteuerlichsten Zahlen, die in der That ohne die entfernteste Rücksicht auf die Angaben und Nachrichten, die ihnen wirklich vorliegen konnten, vollkommen aus der Luft gegriffen sind. Napoleon's Streitkräfte dagegen lassen sie so geringfügig als irgend möglich erscheinen. Verleitet durch das löbliche, redliche Streben nach Unparteilichkeit, folgen denn auch deutsche Schriftsteller ihren Spuren; das Bild des Ganzen, welches sie auf diese Weise entwerfen, wird ein falsches, und verbreitet irrige Ansichten über die Mittel, welchen die Verbündeten die Siege des Jahres 1813 verdankten, und über den kriegerischen Werth dieser Siege.

Auch das vielgelesene Werk des Majors Beitzke verfällt, wie eine genauere Untersuchung beweist, mehrfach dieser Rüge.

Schon im ersten Bande, der den Frühjahrs-Feldzug 1813 behandelt, tritt das Streben einer Unparteilichkeit, die über das Ziel hinausgeht, gelegentlich darin hervor, daß die französischen Streitkräfte zu gering, die der verbündeten Russen und Preußen zu hoch angegeben werden.

So wissen wir z. B. aus dem Journal der russisch-preußischen geheimen Operations-Kanzellei, oder um in unseren Angaben ganz genau zu sein, aus den Tagebüchern eines bei dieser Kanzellei angestellten Generalstabs-Offiziers, der diese Zahl aus dem officiellen Journal in sein besonderes Tagebuch übertrug, daß das verbündete Heer unmittelbar vor der Schlacht bei Bautzen nicht mehr als 82,852 Mann unter den Waffen zählte. Major Beitzke schätzt es nach Plotho auf wenigstens 96,000 Mann, und meint, es müsse wohl noch zahlreicher gewesen sein, namentlich sei in Beziehung auf die preußischen Truppen, die zu 28,000 Mann angenommen werden, wohl etwas „abgeknappt". — Die wirkliche Zahl konnte Major Beitzke freilich nicht wissen; wir glauben, sie war bisher nicht bekannt; aber uns scheint ein Blick auf Plotho's Angaben, auf die Wahrscheinlichkeits-Berechnung auf die sie in Ermangelung wirklicher Nachrichten begründet sind, genügt, um zu überzeugen, daß diese Angaben nicht richtig sein können — um ein Ansehnliches zu hoch sein müssen *).

Noch weniger läßt sich vertheidigen, was in dem genannten Werke, gleichwie in vielen anderen selbst der neuesten Zeit (z. B. auch in den sehr werthvollen Monographien des Obersten Aster) über die Verhältnisse des französischen Heeres zur Zeit des Herbstfeldzuges 1813 — über die Macht gesagt ist, mit der Napoleon in diesen gewaltigen Kampf ging.

Von dem wirklichen Zustand der französischen Armee zu dieser Zeit sind wir, und zwar schon seit dreißig Jahren, aus amtlichen Quellen in sehr zuverlässiger Weise unterrichtet. Ein französischer General hat uns mit dem Inhalt der Berichte bekannt gemacht, in denen der Marschall Berthier dem Kaiser Napoleon selbst über die Streitkräfte Auskunft gab, die ihm an der Elbe, in Sachsen, vom böhmischen Gebirge bis Hamburg zu Gebote standen.

Nach den Tages-Rapporten vom 6. August, auf welche Berthier diese Berichte an seinen Kaiser gründet, betrugen die Heerschaaren, die hier zu dem neu beginnenden Kampf versammelt waren, nicht weniger als 330,000 Mann Fußvolk, 72,500 Reiter, 33,500 Artilleristen, 4000 Pioniere und Sapeure, im Ganzen:

440,000 Streiter,

die nicht weniger als 1200 Stücke Geschütz mit sich führten **). — Dazu kommen dann noch einige Verstärkungen, die später, während der letzten Tage des Waffenstillstandes zu den Truppen stießen, die sich aber, soweit die Berichte bis jetzt vorliegen, nicht überall mit vollkommener Sicherheit nachrechnen lassen, und vielleicht nicht vollständig bekannt geworden sind. Doch wissen wir mit Bestimmtheit daß Bertrand's Heertheil (das 4. Armee-Corps) am 20. August durch 2446 Württemberger (4 Bataillone) verstärkt wurde. Ebenso wurde um dieselbe Zeit die Dragoner-Division L'Héritier, die in 16 Schwadronen wohl 2800 Reiter, und vielleicht etwas mehr zählen mochte, von Würzburg nach Dresden heran gezogen — und nach einem Tages-

---

*) Vergl. Bd. II. Beilage 19.
**) Vergl. Beilage 4.

7*.

bericht vom 15. August der in die Hände der Preußen fiel, könnte auch
das 5. Armee-Corps (Lauriston) zwischen dem 6. August und dem
genannten Tage noch um einige tausend Mann verstärkt worden sein.

Eine gewaltige Heeresmacht! — Daß sie so schnell wieder in
solchem Umfange neu geschaffen werden konnte, nach dem Untergang
des französischen Veteranenheers in Rußland, beweist, was Frankreich,
Italien und der Rheinbund unter Napoleon's energischer Herrschaft
zu leisten vermochten!

Wenn wir erwägen welchen Quellen diese Berichte entnommen
sind, bleibt wohl eigentlich überhaupt kein Raum für einen Zweifel an
ihrer Richtigkeit. Glaubt man aber dennoch sie prüfen zu müssen, so
bieten Napoleon's eigene Befehle an seine Marschälle, und der Aufsatz
über seinen Operationsplan, den er selbst zu seinem eigenen
Gebrauch kurz vor dem Ausbruch der Feindseligkeiten dictirt hat,
ein leichtes und untrügliches Mittel, Gewißheit über ihren Werth oder
Unwerth zu erhalten —: und da ergeben dann die Berechnungen, die
der französische Kaiser selbst anstellt, wie wir sehen werden, in der über-
zeugendsten Weise, daß die Zahlen, die General Pelet beibringt, die
richtigen sind.

Dennoch werden gerade diese authentischen Berichte in den genannten neuesten Werken — namentlich in dem des Majors Beitzke
— ganz mit Stillschweigen übergangen, als gebe es dergleichen gar
nicht. — Man geht, anstatt sich an diese echten Quellen zu halten,
auf die unsicheren Berechnungen zurück, die zur Zeit der Ereignisse
selbst, nach schwankenden, unvollständigen, kaum halb zuverlässigen
Nachrichten im Hauptquartier der Verbündeten angestellt wurden, —
auf die Vermuthungen, die Plotho, wenige Jahre nach dem hergestell-
ten Frieden, auf eigene Hand anstellt; man nimmt sogar die mit Absicht unwahren Berichte eines Fain und Vaudoncourt zu Hülfe, und
das ist wohl am wenigsten zu verzeihen, da diese Herren sich ihre Ar-
beit sehr leicht gemacht haben, so daß die Unrichtigkeit ihrer Angaben
ohne Mühe nachzuweisen ist, und eigentlich wohl Niemanden entgehen sollte.

In dieser Weise liefert Major Beitzke ein Bild der französischen
Armee nach Plotho's Vermuthungen, denen zu Folge Napoleon's Macht

auf 357,000 Mann berechnet ist, und fügt hinzu: „Die Angabe die=
ser Stärke ist die höchste" — (das ist ein Irrthum) — „und sie ist
sicherlich zu hoch," — (das müßte erwiesen werden) — „da Napoleon
dieselbe gegen den Grafen Metternich bei der merkwürdigen Unter=
redung zu Dresden selbst nur zu 300,000 angiebt." — Das ist ein
zweiter Irrthum; niemals hat Napoleon seine damalige Macht so
gering berechnet; nur Fain findet es seinen Zwecken entsprechend, sie
in Napoleon's Namen nicht höher zu schätzen — das ist ganz etwas
Anderes. Auf welche Zahlen Napoleon wirklich selbst seine Heeres=
macht anschlug, das werden wir demnächst sehen.

„Eine andere mittlere Angabe," fährt Major Beitzke fort, „be=
stimmt die französische Stärke nur auf 204,000 Mann und eine fol=
gende noch niedriger." Hier ist ein sehr arges Versehen vorgegangen.
Eine Angabe, welche die französische Heeresmacht zu Anfang des Feld=
zugs, um den es sich hier handelt, auf nur 204,000 Mann berech=
nete, giebt es gar nicht und hat es nie gegeben. Lord Westmore=
land (damals Lord Burghersh), auf den sich Major Beitzke bei dieser
Gelegenheit beruft, theilt allerdings drei verschiedene Berechnungen
der Armee Napoleon's mit, diese beziehen sich aber keineswegs, wie
der genannte Schriftsteller zu glauben scheint, als eine höchste, eine
mittlere und eine niedrigste, auf eine und dieselbe Zeit, sondern umge=
kehrt einen und denselben Quellen entnommen, auf drei sehr verschie=
dene Zeiten.

In der ersten dieser drei Listen stellt nämlich Lord Westmoreland
die Nachrichten zusammen, welche man im Hauptquartier der Verbün=
deten über den Zustand des französischen Heeres am 17. August hatte,
und denen zu Folge es an dem genannten Tage ohne Davoust's
Heertheil und ohne die Truppen, die sich unter Auge=
reau in Franken sammelten, 357,107 Mann gezählt hätte;
es wird also schon hier volle 45,000 Mann stärker gerechnet als nach
Plotho's Schätzung, welche Major Beitzke die höchste nennt, die es
überhaupt giebt.

Nach der zweiten Liste Lord Westmoreland's wäre die französische
Armee allerdings nur 204,000 Mann stark gewesen —: nämlich am
20. September! — Nach der Schlacht bei Dresden, den schweren

Niederlagen bei Kulm, an der Katzbach, bei Groß-Beeren und Dennewitz, und zahllosen, großentheils unglücklichen kleineren Gefechten —:
und abermals ohne Davoust's und Augereau's Heertheile zu rechnen.
— Die dritte Liste berechnet dann Napoleon's Heer am 24. September, nach neuen Verlusten, auf 188,000 Mann.

Dabei ist noch zu bemerken daß die Heertheile der Generale Girard und Margaron weder bei Plotho noch bei Lord Westmoreland mitgerechnet sind.

Da nun weiter gar nichts beigebracht wird, ist Major Beitzke
gewiß nicht berechtigt, abschließend zu sagen: die Streiterzahl des französischen Heeres lasse sich nicht mehr genügend ermitteln, „doch ist so
viel gewiß(!!), daß sie 300,000 nicht ganz erreichte."

Wir haben nun noch nachzuweisen, was Napoleon selbst über
sein Heer wußte; wie seine eigenen Berechnungen dienen können, die
oben mitgetheilten, in den Beilagen ausführlicher beigebrachten Zahlen
zu prüfen, und wie entschieden diese Zahlen durch seine Berechnungen
bestätigt werden.

In dem Aufsatz über die bevorstehenden Operationen, welchen
Napoleon am 13. August dictirte*), nimmt er an, daß die Oesterreicher, die er auf nicht mehr als hunderttausend Mann schätzt, entweder auf dem linken Ufer der Elbe gegen Dresden vordringen können,
oder auf dem rechten, gegen Görlitz. Im ersteren Fall sollen St. Cyr
und Vandamme Dresden vertheidigen, und Napoleon schätzt die Heertheile dieser beiden Generale vereinigt auf 60,000 Mann. Nach den
Listen, die der General Pelet bekannt gemacht hat, zählten sie 59,447
Mann; das stimmt so genau wie runde Zahlen und genaue Angaben
nur irgend stimmen können.

Die Macht, die ihm in der Lausitz zu Gebote stand, um dort
einem Doppel-Angriff der Oesterreicher aus Böhmen, der Russen und
Preußen von der Katzbach her, zu begegnen —: das heißt sein ge-
sammtes Heer ohne St. Cyr bei Dresden und ohne die unter Oudinot,
Girard und Davoust gegen die Mark entsendeten Heertheile — schätzt
Napoleon in demselben Aufsatz auf 280,000 Mann; sie betrug nach

*) Spectateur militaire 1826. T. I. S. 167. Vergl. Beilage 3.

den Listen, ohne die zu dem Reserve-Artillerie-Park gehörigen Truppen
275,875 — mit denselben 283,885 Mann. Die bei Bunzlau gegen
die Russen und Preußen vereinigten Abtheilungen insbesondere —
d. h. die Heertheile Ney, Lauriston, Marmont, Macdonald und Sebastiani — schätzt Napoleon auf 130,000 Mann; sie zählten nach
unseren Listen 130,387 Mann. — Das Heer endlich, welches wirklich in Schlesien unter Macdonald gegen Blücher zurückblieb, als Napoleon sich gegen Dresden zurückwendete, schätzt der Kaiser der Franzosen in den gleichzeitigen Verhaltungsbefehlen für Macdonald selbst *)
auf 100,000 Mann. Es bestand aus den Heertheilen Ney, Lauriston, Macdonald und Sebastiani, welche zusammen, nach unseren
Listen, eine Gesammtzahl von 102,633 Mann ergeben.

Die Truppentheile, welche unter Oudinot gegen Berlin vordringen sollten, berechnet Napoleon in den Verhaltungsbefehlen für diesen
Marschall **) auf siebzig bis fünfundsiebzigtausend Mann. Sie betrugen nach den Listen 72,287 Mann.

Endlich sagt Napoleon in einem den 17. August erlassenen Brief
an den Marschall Gouvion St. Cyr, das französische Heer zwischen
Magdeburg und dem böhmischen Gebirge — also die gesammte Macht
ohne Davoust — sei 400,000 Mann stark***). Nach den Listen
und den Zahlen, die wir für die in ihnen nicht aufgeführten Heertheile
ermittelt haben, betrug sie 402,500 Mann. So lauten Napoleon's
eigene Berechnungen in der Wahrheit.

Nach solchen Ergebnissen der Prüfung dürfen wir wohl die Untersuchung für geschlossen, die Frage für erledigt halten, und die Zahlen,
wie sie Berthier's Listen bringen, als feststehend der Geschichte überweisen. —

Ueber den Zustand der verbündeten Heere sind wir, seltsamer
Weise, nicht in demselben Grade zuverlässig unterrichtet, und zwar,
weil zwei der Mächte die dem Bunde gegen Napoleon beigetreten waren, die Zahl der Krieger, die sie wirklich stellten, und Alles, was die

---

*) Spectateur militaire, 1826. T. I. S. 178.
**) Gouvion St. Cyr, mémoires IV. S. 355.
***) Gouvion St. Cyr, mémoires IV. S. 367.

sonstigen Verhältnisse ihrer Armeen zu jener Zeit betrifft, geflissentlich in ein gewisses Dunkel zu hüllen suchen. Sie mögen dazu ihre guten Gründe haben. Schweden will nicht verrathen, um wie viel das, was es für die gemeinschaftliche Sache wirklich leistete, hinter den Verpflichtungen zurückblieb, die es in den Verträgen übernommen hatte: — Oesterreich möchte wohl der Welt nicht unumwunden zeigen, daß seine damalige Heeresmacht weder seiner Stellung unter den europäischen Großmächten überhaupt, noch der Schiedsrichter-Rolle, die es schon in Prag in Anspruch genommen hatte, noch seinem späteren politischen Auftreten ganz entsprach.

So haben wir denn eben nur über die schlesische Armee unter Blücher bestimmte Nachrichten, die wir ohne weitere Untersuchung und kritische Sichtung gelten lassen dürfen. Hier waren nur Russen und Preußen vereinigt; wir wissen, daß sie zusammen eine Macht von 99,500 Mann bildeten (genauer 61,220 M. Russen, 38,2200 M. Preußen) und daß dies Heer 340 Stück Geschütz mit in das Feld führte.

Was die Hauptarmee der Verbündeten in Böhmen anbetrifft, so ist — abgesehen von einer etwas abenteuerlichen Schätzung, der zu Folge sie 267,000 Mann stark gewesen wäre — die Hauptzahl von 230 — 235 — 237,000 Mann, auf die sie gewöhnlich angeschlagen wird, wohl ziemlich richtig; seltsamer Weise sind dagegen die Factoren, aus denen man, Plotho's Spuren folgend, diese Zahl zusammensetzt, ganz entschieden falsch.

Die russischen Truppen, die sich bei diesem Heer befanden, werden nämlich meist viel zu gering angenommen; sie hätten nach Plotho, der wohl eigentlich nur Vermuthungen bringt, und den zahlreichen Schriftstellern, die sich ihm ohne alle Kritik anschließen, in 75½ Bataillonen, 108 Schwadronen, 26½ Batterien, 25 Kosacken-Regimentern und 2 Miliz-Bataillonen — also die Polizei-Truppen des Hauptquartiers sogar mitgerechnet — nicht mehr als 58,420 Mann betragen. Diese Truppen wären mithin weniger vollzählig und überhaupt in schlechterem Zustand gewesen, als die russischen Regimenter bei der schlesischen und Nord-Armee. Die russischen Bataillone der Hauptarmee wären nämlich im Durchschnitt nur 450 — die Schwa-

dronen kaum 100 Mann stark gewesen. Dagegen wissen wir mit Be=
stimmtheit, daß z. B. bei Langeron's Heertheil, welcher der schlesi=
schen Armee angehörte, die Bataillone durchaus über 500, zum Theil
sogar 600, die Schwadronen wenigstens 120 Mann zählten. Was
aber der Hauptarmee überwiesen wurde, war keineswegs der schlech=
teste, der am meisten vernachlässigte Theil des russischen Heers; es
waren vielmehr umgekehrt die Kerntruppen, die Garden, die Grena=
diere; und da der Kaiser Alexander selbst an ihrer Spitze nach Böhmen
zog, ist wohl eigentlich selbst ohne weiteren Beweis als ausgemacht
anzunehmen, daß für die Ergänzung und Ausrüstung dieser Heertheile
gerade am besten gesorgt war.

In neuerer Zeit hat nun Danilewsky Auszüge aus den amtlichen
Listen bekannt gemacht, denen zu Folge die russischen Heertheile der
Hauptarmee 77,241 Mann (die Polizei-Truppen des Hauptquartiers
mitgerechnet sogar 80,816 Mann) und 274 Stück Geschütz ausmach=
ten. Diese Angaben sind wenig oder gar nicht beachtet worden; man
hält sich nach wie vor an die früheren, schlecht begründeten Vermu=
thungen. Und doch! so wenig Glauben der genannte Schriftsteller
im Allgemeinen verdient, hier gerade dürfen wir ihm trauen. Ueber=
treibung ist da nirgends wahrzunehmen. Die Garden und Grena=
diere, so wie Wittgenstein's Heertheil befanden sich nach seinen Listen
in Beziehung auf ihre Vollzähligkeit nur ungefähr in demselben Zu=
stand, wie die Schaaren unter Langeron —: und anzunehmen, daß sie
schlechter als diese gehalten, daß sie im Vergleich mit ihnen vernach=
lässigt waren, ist doch wirklich, wie gesagt, nicht wohl möglich!

Auch stimmen die Zahlen, welche wir diesen Listen entnehmen
können, sehr gut zu manchen anderen zuverlässigen Angaben über die
einzeln entsendeten und verwendeten Heertheile; namentlich über die
Schaaren, die der Herzog Eugen von Württemberg gegen Pirna und
am Königstein, und dann bei Kulm befehligte. Auch General Wag=
ner, vielfach gut unterrichtet, schätzt die Russen bei der Hauptarmee auf
einige und siebzig tausend Mann ausrückenden Standes.

Ueber die preußischen Truppen ist auch hier kein Zweifel; sie zähl=
ten 49,267 Mann, und in 16 Batterien 128 Stücke.

Aber wie stark war das österreichische Heer in Böhmen? — Diese wichtige Frage ist nichts weniger als leicht zu beantworten, da uns alle amtlichen Berichte fehlen, und wir die Wahrheit auf Umwegen suchen müssen. Ziemlich allgemein hat man sich gewöhnt, Oesterreichs böhmische Armee nach Plotho 130,000 Mann stark zu schätzen. Aber wie kömmt Plotho auf diese Zahl? — Indem er, in der That ganz willkürlich, die leichten Bataillone zu 800 — die Linienbataillone zu 900 — die Schwadronen sämmtlich zu 200 Mann rechnet! — Wären sie in diesem Grade vollzählig gewesen, so würde man gewiß zu Wien nicht ein sorgfältig bewahrtes Geheimniß daraus machen. — Zudem erkennen wir auf den ersten Blick in dieser Berechnung sehr entschiedene Irrthümer; gerade die Kroaten-Bataillone, die Plotho nur zu 800 Mann rechnet, waren zur Zeit höchst wahrscheinlich die stärksten der österreichischen Armee, wie jedem einleuchtend sein muß, der die allgemeinen Einrichtungen dieser Armee kennt, und den damals obwaltenden Verhältnissen nachgeforscht hat. Was die Reiterei betrifft, so sollten die Schwadronen der schweren Reiterei — der Küraffiere und Dragoner — nach der damaligen Militair-Verfassung Oesterreichs, in ihrer größten Vollzähligkeit auf dem Kriegsfuß nur 150 Mann und Pferde stark sein. Indem er sie zu 200 rechnet, verräth Plotho, daß sein Verfahren ein vollkommen willkürliches ist.

Im Allgemeinen ist zu bemerken, daß Oesterreich zwar seit den letzten Monaten des Jahres 1812 umfassende Rüstungen begonnen hatte, daß aber der Zustand, in welchem der Krieg das österreichische Heer vorfand — der Mangel an baarem Gelde und überhaupt der durchaus zerrüttete Zustand der Finanzen — und die Mängel einer verwickelten, schwerfälligen und nicht immer redlichen Verwaltung, sie weder ganz genau zu rechter Zeit, noch überhaupt ganz nach Wunsch gelingen ließen.

Die Lage in welcher sich die österreichische Monarchie nach dem Kriege von 1809 befand, machte große Sparsamkeit zur Pflicht; wollte es auch nicht gelingen den Zustand gründlich zu verbessern — so schränkte man sich doch wirklich ein. Und namentlich suchte man am Heer zu sparen. Mehrere Regimenter wurden damals aufgelöst. Die beibehaltenen Infanterie-Regimenter blieben zwar auf dem Fuß von 2 Grenadier-Compagnien und 3 Bataillonen (zwei zu 6 und ein drittes zu 4 Compagnien) ein jedes bestehen —: aber die Compagnie zählte nur 100 Gemeine, von denen 50 beständig beurlaubt waren, so daß ein Bataillon nur 300, jedes dritte Bataillon sogar nur 200 Mann bei der Fahne hatte. Aus Sparsamkeit wurden dann die Beurlaub= ten weder oft genug, noch auf lange genug zur Uebung einberufen. Sie waren zwar in Eid und Pflicht genommene, aber kaum genügend ausgebildete Kriegs=Reserven. Daß von einem solchen Zustande aus, bei drückender Finanznoth und nicht sehr reichlichen Vorräthen an Mon= turstücken und dergleichen, die rasche Bildung zahlreicher und starker Bataillone wenigstens nicht eine Sache war, die sich gleichsam ganz von selbst machte, das läßt sich begreifen. Sie mußte vielmehr Schwie= rigkeiten haben, die Energie und Gewandtheit zwar wohl besiegen konnten — deren Besiegung aber gewiß eben Energie und Gewandt= heit forderte.

Nun hatte man zwar die dritten Bataillone der Regimenter auf= gelöst, um die beiden ersten zu verstärken, die zunächst allein in das Feld rückten: aber von jenen hatte man doch einen starken Stamm zurückbehalten müssen, um mit dessen Hülfe aus Rekruten neue dritte Bataillone zu bilden, die wenigstens Ersatzmannschaften liefern könn= ten, und außerdem mußten Mannschaften zur Ergänzung der Grena= dier=Bataillone abgegeben werden. — Die Landwehr=Bataillone, die auch das Heer verstärken sollten, waren erst in der Bildung begriffen.

Die ungarischen Regimenter, deren Mannschaft, nach der eigen= thümlichen Verfassung des Königreichs das sie stellte, einmal der Krone überlassen, und den Regimentern überwiesen, auch im Frieden nicht wieder entlassen werden konnte, waren noch von 1809 her stärker, und überhaupt in besserer Verfassung als das übrige Fußvolk.

Auch die Reiterei, deren Vermehrung, wie bekannt, längere Zeit erfordert, war man bemüht gewesen die Friedensjahre über auf einem besseren Fuß zu erhalten; sie war viel kriegstüchtiger als die Infan= terie, aber natürlich zählten selbst die Schwadronen der Husaren bei dem Ausbruch des Kriegs nicht 200 Pferde, und zum Theil fehlte daran sogar sehr viel.

Mündlich haben damalige österreichische Offiziere, hohen und nie= deren Ranges, dem Verfasser dieser Denkwürdigkeiten versichert, daß

bei der Eröffnung des Feldzugs, als man zuerst über das Erzgebirge
nach Sachsen vorging, die Bataillone und Schwadronen nicht allein
nicht vollzählig, sondern in der That im Vergleich mit den normalen
Zuständen und Zahlen der österreichischen Kriegsverfassung, sogar
schwach gewesen seien.   Erst im Lauf des Septembers seien dann sehr
beträchtliche Ergänzungs-Mannschaften bei den Regimentern eingetroffen, so daß am Ende das Heer nach dem „Unfall" bei Dresden,
und dem Verlust ganzer Bataillone und Regimenter, im Ganzen beträchtlich stärker war als vorher.

Suchen wir nun aber die eigentliche Streiterzahl der österreichischen Armee in Böhmen zu ermitteln, so ist gewiß auch das nicht zu
übersehen, daß Napoleon sie, in jenem schon erwähnten Aufsatz, den
er vorzugsweise für sich selbst dictirte, auf dem linken Ufer der Elbe,
nur zu einmalhunderttausend Mann anschlägt.   Gerade in diesem
Actenstück, gerade zu solchem Zweck niedergelegt, ist diese Zahl gewiß
nicht aus der Luft gegriffen; sie beruht höchst wahrscheinlich auf guten
Kundschafter-Nachrichten.   Das Kundschafter-Wesen war aber in Napoleon's Hauptquartier unter der Leitung des sächsischen General-
Lieutenants v. Gersdorf sehr gut eingerichtet, und es wäre nicht zu
verwundern, wenn man namentlich aus Oesterreich, wo weniger
leidenschaftliche Aufregung herrschte als im Preußischen, da der Verkehr nach dieser Seite hin, den größten Theil der Waffenstillstands-
zeit über, ein wenig erschwerter, freundschaftlicher blieb, mancherlei erfahren hätte.

Im Uebrigen finden wir, so weit uns die Quellen der Geschichte
bekannt sind, für die Berechnung, um die es sich hier handelt, nur
Einen festen Anhaltspunkt.

Im Hauptquartier des Kaisers Alexander nämlich berechnete man
nach den vorliegenden Berichten die verbündete Heeresmacht, die sich
am 26. und 27. August vor Dresden vereinigte, ohne die zur Rechten
gegen Pirna, und weiter aufwärts an die Elbe entsendeten Truppen,
auf 197,823 Mann. *)

----

*) Ortenberg, Denkwürdigkeiten aus dem Kriege 1813 (in russischer
Sprache) S. 113.

Jene entsendeten Heertheile lassen sich in ausreichend zuverlässiger Weise, so daß jedenfalls nur ein geringfügiger Irrthum möglich bleibt, auf 32,720 Mann berechnen. *)

Wir erhalten so eine Gesammtzahl von 230,543 Mann, und da die russisch-preußischen Truppen im Ganzen eine Masse von 126,508 Mann bildeten, ergiebt sich, daß die hier vereinigten österreichischen Truppen fast genau 104,000 Mann gezählt haben müssen.

Rechnen wir noch die leichte Division Bubna hinzu, die auf dem rechten Elbufer im nördlichen Böhmen stand, und damals ungefähr 6000 Mann stark gewesen sein soll, so wie einige hundert entsendete Reiter, so erhalten wir für das österreichische Heer in runder Summe eine Gesammtzahl von 110,500 — und für die verbündete Heeres-macht in Böhmen überhaupt eine Gesammtzahl von 237,000 Mann, die 762 Stück Geschütz mit sich führten **).

Nach den Ergebnissen dieser Berechnung müssen die Bataillone des österreichischen Heeres im Durchschnitt 825 — die Schwadronen 140 Mann stark gewesen sein, und wir überzeugen uns, daß diese Zahlen wohl schwerlich zu gering sind, wenn wir den, doch gewiß zu-

---

*) Nämlich bei Leitmeritz:

Die 2. Grenadier-Division nebst 2 Batterien .	7,500 Mann
Das Tschugujewsche Uhlanen-Regiment . . .	720 „
Bei Pirna: Das II. Infanterie-Corps, Herzog Eugen v. Württemberg, ohne 4 Bat. Jäger, die sich bei der Armee vor Dresden befanden	9,800 „
Die Brigade Helfreich	3,250 „
2 Schwadronen Lubny-Husaren	250 „
2 „ Serpuchowsche Uhlanen . .	250 „
Das Tataren-Uhlanen-Regiment	500 „
Das Küraffier-Regiment Ihrer Kaiserl. Majestät	700 „
Artillerie	600 „
Kosacken unter Ilowaisky	400 „
Die 1. Garde-Division, 13 Bataillone . . .	7,700 „
Das Garde-Husaren-Regiment	650 „
Garde-Artillerie	400 „

Zusammen 32,720 Mann.

**) Beilage 5.

verläſſigen Angaben des Feldzeugmeiſters Welden entnehmen, daß bei
der Armee, welche Oeſterreich gleichzeitig gegen Italien aufſtellte, die
Schwadronen auch 140, die Bataillone aber im Durchſchnitt nur wenig
über 700 Mann ſtark geweſen ſein können.

Nach neueren Angaben, die der „öſterreichiſche Veteran" Radetzky's
Biograph — S. 152 — mittheilt, hätte die öſterreichiſche Armee in
106 Bataillonen, 120 —?— Schwadronen und 36 Artillerie = Com=
pagnien, nicht weniger als 103,143 M. Infanterie, 16,070 Reiter
und 6030 M. Artillerie, im Ganzen 125,243 Mann gezählt. Wir
geſtehen aber daß uns dabei noch einige Zweifel bleiben. Es frägt
ſich ob nicht vielleicht auch die Non = Combattanten mitgezählt ſind,
oder Commandos die unterwegs, aber noch nicht eingetroffen waren.
Auch die Zahl der Reiterſchwadronen ſtimmt nicht zu der authentiſchen
Schlachtordnung der Armee. Jedenfalls aber giebt uns der Veteran
— der ſich freilich darüber nicht ausſpricht — die Zahlen des Effectiv=
nicht die des ausrückenden Standes.

Sir Robert Wilſon, der Vertraute des öſterreichiſchen Haupt=
quartiers, zu deſſen Anſichten er ſich auf das entſchiedenſte bekennt,
bemerkt unter dem 20. Auguſt in ſeinem Tagebuch — II. 86 — die
öſterreichiſche Armee in Böhmen belaufe ſich auf 115,000 Mann. —
Die 69 Bataillone, die am 19. Auguſt von den drei Monarchen ge=
muſtert wurden, ſchätzt er in runder Zahl auf 60,000 Mann. Dazu
und zu unſeren Berechnungen ſtimmen auch die authentiſchen Angaben,
die wir in der öſterreichiſchen militairiſchen Zeitſchrift — 1863, IV.,
S. 169 — in Beziehung auf die Diviſionen H. Colloredo und Bianchi
finden. Wir ſehen da daß die Bataillone dieſer beiden Diviſionen,
durchſchnittlich nur mit 800 Mann in das Feld rückten.

Wir glauben daher — wenigſtens bis vollſtändigeres bekannt
wird bei unſeren Zahlen ſtehen bleiben zu müſſen, die ſich, wie ſchon aus
der angeſtellten Berechnung hervorgeht, auf den ausrückenden Stand
der öſterreichiſchen Armee beziehen.

Uebrigens, ſollte die Hauptarmee bei der Eröffnung des Feldzugs
auch wirklich um etwa 15,000 M. ſtärker geweſen ſein als wir ſie

berechnen, so würden dadurch so großartige Verhältnisse wie hier zu erwägen sind, nicht wesentlich verändert.

Auch in Beziehung auf die Nordarmee der Verbündeten walten einige Zweifel. Es wird behauptet — und zwar von Seiten wohlunterrichteter Zeugen — Schweden habe die übernommenen Verpflichtungen in noch weit geringerem Maaße erfüllt, als schon aus den offiziellen Listen hervorgeht. Anstatt der versprochenen dreißigtausend seien selbst die vierundzwanzigtausend, für welche das schwedische Corps bei der Nordarmee ausgegeben wurde, nichts weniger als vollzählig vorhanden gewesen; es seien ihrer weniger als zwanzigtausend, ja nur achtzehntausend gezählt worden. Daran mag etwas Wahres sein, aber es ist eben nicht möglich das bestimmt zu ermitteln —; im Grunde war es auch vollkommen gleichgültig, wie viele oder wie wenige dieser Schweden sein mochten, denn im Gefecht und überhaupt zu wirklich kriegerischer Thätigkeit verwendet wurden sie nicht; ihr Kronprinz hielt sie ganz außer dem Bereich des Feindes und fern von jeder Berührung mit ihm; ja, so wie wir jetzt sein Thun und Treiben übersehen können, und die zweideutigen Beweggründe, die es bestimmten, können wir uns versichert halten, daß er sie auch im Fall der äußersten, dringendsten Noth nicht für die gemeinsame Sache der Verbündeten in den Kampf geführt hätte. Waren die französischen Waffen siegreich, so wurden diese Schweden sonder Zweifel zu Stralsund wieder eingeschifft, ohne Lorbeeren, und ohne Opfer auf den Schlachtfeldern zurückzulassen. —

Die russischen Truppen waren dagegen auch bei dieser Armee stärker als sie gemeinhin angenommen werden. Die Listen, die Plotho zuerst bekannt gemacht, und an die man sich bisher gehalten hat, beziehen sich wohl auf eine etwas frühere Periode, nicht auf die Zeit zu Ende des Waffenstillstandes, denn es fehlen darin ganze Regimenter, die sich unstreitig bei den Heertheilen Winzingerode's und Worontzow's befanden; da muß dann natürlich die Hauptzahl zu gering sein. Die Zahlen, die wir den Listen Danilewsky's entnehmen, sind gewiß richtig. Sie entsprechen auch dem Zustand, in welchem sich die genannten Heertheile 1814 in Frankreich befanden.

So bildete denn die Nordarmee unter dem schwedischen Kron-

prinzen, nach den Ermittelungen des preußischen Generalstabs, *) eine
Masse von 127,087 Mann, mit 291 Stücken Geschütz.

Und dazu kam nun endlich noch das sehr gemischte, lose zusam-
mengefügte kleine Heer, das unter dem Grafen Wallmoden in Mecklenburg dem Marschall Davoust gegenüber stand.   Aus der russisch-
deutschen Legion, dem Lützow'schen Frei-Corps, den Mecklenburgern,
einigen schwedisch-pommerschen Bataillonen, einigen neu errichteten
hannöverschen und hanseatischen Schaaren zusammengesetzt, zählte es
nur 28,458 Mann (62 Stücke Geschütz) — und stand ebenfalls, wie
bekannt, unter dem Oberbefehl des Kronprinzen von Schweden.

In ihrer Gesammtheit bestanden also die Heere, über welche die
Verbündeten zum Kampf im freien Felde gegen Napoleon verfügen
konnten, aus 363,500 Mann Infanterie, 76,000 Mann Reiterei,
30,500 Artilleristen und Pionieren, 22,000 Kosacken, die zusammen
eine Macht von

                  492,000 Mann und 1455 Stück Geschütz
bildeten.

Eine ganz unverhältnißmäßige, durchaus überwältigende Uebermacht, die den Sieg in der Art sicher stellt, daß ein Erfolg des Feindes zu den ganz außerordentlichen Dingen gehören würde —: eine
solche Ueberlegenheit hatten die Verbündeten auch
nach Oesterreichs Beitritt zum Bunde nicht! — Es ist
ohne Grund, daß die obwaltenden Verhältnisse ziemlich allgemein, —
und nicht etwa bloß von französischen Schriftstellern — so dargestellt
werden, als hätten die Verbündeten das Heer des französischen Kaisers
schon durch die bloße Masse ihrer Truppen erdrücken können.   In der
Wahrheit gehörte viel, gehörte Heldenthum und Glück dazu, den Sieg
an ihre Fahnen zu fesseln!

Die wirkliche Ueberlegenheit der Verbündeten schwindet sogar
noch mehr zusammen, wenn man erwägt, daß eines Theils auf die
zweiundzwanzigtausend Kosacken, wenigstens in offener Feldschlacht,
wenig zu rechnen war, und daß andererseits die französischen Besatzungen der Elbe-Festungen auch in Wirksamkeit treten mußten, sobald die

---

*) Geschichte der Nordarmee I, S. 69—135 u. 362.

Verbündeten Fortschritte machten. In gewissem Sinn sogar vom Anfang der Operationen an, denn durch die Natur der Dinge selbst,
durch die Natur dieses Krieges waren die Verbündeten unbedingt
darauf angewiesen ihn angriffsweise zu führen; sie verfolgten einen
positiven Zweck; es galt nicht bloße Abwehr, sondern Deutschland dem
Beherrscher Frankreichs abzuringen. Der Angriff aber führte, besonders von Norden her, fast unmittelbar vor die Festungen an der Elbe
— und so sehen wir denn auch Magdeburg von Anfang an, Wittenberg sehr bald wirksam werden, und ein Beobachtungs-Corps vor seinen Mauern fesseln.

Häufig wird dann die Sache so dargestellt, als habe das Heer
der Verbündeten, an Zahl dem französischen gewaltig überlegen, auch
noch in Beziehung auf Kriegsgewohnheit, Erfahrung und Ausrüstung
große Vortheile voraus gehabt. Auch das können wir wohl nur mit
großen Einschränkungen gelten lassen.

Die französische Armee bestand freilich zum allergrößten Theil aus
sehr jungen, vor wenigen Monaten erst ausgehobenen Conscribirten.
Aber die Tausende alter, erfahrener Offiziere und Unteroffiziere aus
denen die geretteten Trümmer der großen französischen Armee von 1812
bestanden, so wie treffliche Stämme geprüfter Krieger die Napoleon aus
Spanien herangezogen hatte, gaben der Masse Tüchtigkeit und Haltung. Auch hatte dies neue Heer bereits im Frühjahrs-Feldzug die
Feuertaufe erhalten, und großentheils die Erfahrung gewonnen, die
eine Reihe von Gefechten gewährt. Es mag sein, daß die achtzehn-
jährigen Jünglinge wenig geeignet waren, den Beschwerden eines sehr
energisch geführten Herbst-Feldzugs auf die Länge zu widerstehen —:
auf dem Schlachtfelde waren Soldaten, die sich so schlugen, wie die
Franzosen bei Groß-Görschen und Bautzen, gewiß nicht gering zu
achten.

Nur die französische Reiterei, namentlich die leichte, blieb sehr
mangelhaft, und Napoleon hielt sie selbst dafür, wie aus manchen seiner Anordnungen hervorgeht.

Wird nun diesem jugendlichen französischen Heer gegenüber die
russische Armee als eine Schaar kriegsgewohnter, vielgeprüfter und erfahrener Veterane geschildert, so liegt darin ein sehr großer Irrthum.

Wir haben gesehen, wie wenig auch von dem Heer übrig geblieben war, mit welchem Rußland den Feldzug von 1812 begann, wie gering die Zahl der Veterane, die im Frühjahr 1813 an die Ober und Elbe gelangte. Jetzt waren die Schaaren durch Rekruten ergänzt — und zwar hatte man sich begnügen müssen, einen großen Theil der Regimenter nur zu Einem Bataillon herzustellen. So bestanden diese Bataillone jetzt überwiegend aus ganz neuen Leuten, die sogar noch weniger Erfahrung und Kriegsgewohnheit hatten als die Franzosen, da sie erst während des Waffenstillstands herangekommen waren, und selbst den Frühjahrs-Feldzug nicht mitgemacht hatten. Der Augenschein konnte freilich darüber täuschen. Man nahm in ihren Reihen allerdings nicht eine Ueberzahl jugendlicher Gesichter und schmächtiger Jünglings-Gestalten wahr. Das hatte seinen Grund aber einfach darin, daß man nach so langen Kriegen, so oft wiederholten Rekrutirungen, bei den letzten Aushebungen schon vielfach genöthigt war auf die älteren Leute zurückzugehen, und die zu nehmen. Die älteren Leute, die man in den Reihen gewahrte, waren großentheils nicht alte Soldaten, sondern bejahrte Rekruten.

Die Ausrüstung des Heeres war dagegen in genügender Weise hergestellt, und ließ wenig zu wünschen. Die Reiterei war gut beritten, die Artillerie sogar vorzüglich bespannt. —

Was Preußens Heeresmacht anbetrifft, so ist bekannt daß „Geist und Wille der Truppen über alle Beschreibung vortrefflich war," wie sich Müffling ausdrückt. An Erfahrung fehlte es aber einem großen Theil der Armee, nämlich der erst während des Waffenstillstandes vollständig gebildeten Landwehr, durchaus. Hier hatten nicht etwa nur die einzelnen Bataillone viel neue Leute, sondern ganze Regimenter, ja ein ganzes Armee-Corps — das Tauentzien'sche — hatten noch keinen Feind gesehen, und waren dem Krieg vollkommen fremd.

Die Ausrüstung, besonders der Landwehren, war, wie das die damalige Lage des Staats mit sich brachte, höchst ärmlich zu nennen. Man hatte die Landwehrmänner in dunkelblaue, kurze Waffenröcke — (Litewken, wie man sie damals nannte) — gekleidet, diese Röcke aber meist aus schlechtem Tuch anfertigen müssen, das in der Eile ungenetzt verarbeitet wurde; beim ersten Regen liefen sie so ein, daß sie nicht mehr paßten, und den Körper nur kümmerlich bedeckten. Die Tuchmütze ohne Schirm schützte weder gegen das Wetter noch vor dem Hieb. Die Schuhe, die ohne Stiefeletten getragen werden mußten, blieben stecken, sobald man in regendurchweichten Boden kam, und im Lauf des Feldzugs ging, trotz aller Requisitionen von Fußbekleidung, ein großer Theil des Fußvolks barfuß. Leinene Beinkleider vollendeten den Anzug. Mäntel hatte die Landwehr nicht — und anstatt der Tornister hatte man den Leuten nur leinene Beutel geben können, die an einer Schnur über die Schulter getragen wurden. Selbst der Vorrath an Gewehren wollte nicht reichen; als der Feldzug begann, standen im dritten Gliede der Landwehrbataillone noch hin und wieder Leute nur mit Piken bewaffnet. Erst im Lauf des Feldzugs selbst ergänzten diese Schaaren ihre Bewaffnung — mit französischen Gewehren, die sie selbst auf dem Schlachtfelde dem Feind aus den Händen gewunden hatten. Geist und Wille der Mannschaft hatten also hier sehr große Mängel aufzuwiegen, sehr viel gut zu machen. Es geschah. Aber daß ein so dürftig ausgerüstetes Heer während eines Herbst-Feldzugs einen sehr bedeutenden Abgang durch Krankheiten haben mußte, ließ sich wohl vorhersehen.

In Beziehung auf Oesterreich haben wir schon der Verhältnisse gedacht, welche hier den Fortgang der Rüstungen lähmten. Man war damit noch nicht ganz fertig, als der Feldzug beginnen sollte; mit der Ausrüstung der Truppen so wenig als mit ihrer vollständigen Bildung. Ein großer Theil der Regimenter hatte z. B. die erwarteten Mäntel noch nicht erhalten, und das gelieferte Schuhwerk war so schlecht, daß schon in den ersten Tagen des neuen Feldzugs, schon am zweiten Tage der Schlacht bei Dresden, die Bataillone zum Theil barfuß einherzogen. — Den Geist aber der über alle Schwierigkeiten der allgemeinen Lage leicht hinaushelfen konnte und der die Mängel, die vielleicht dennoch unvermeidlich blieben, aufgewogen hätte, so daß sie wenig fühlbar wurden: den hatte man nicht wecken wollen; ja man hatte ihn geflissentlich unterdrückt, weil man ihn unter keiner Bedingung gelten lassen wollte. „In der österreichischen Monarchie waren alle Militair-Anstalten geboten" sagt der Minister v. Stein in der Skizze seines Lebens: „sie entquollen nicht dem National-

gefühl, denn man hatte' nicht, wie anno 1809, das Gemüth in
Anspruch genommen, sondern nur den Gehorsam, welches mir meine
dortigen Freunde antworteten, als ich ihnen ihre Kälte, ihre Be-
denklichkeiten vorhielt, und die Verschiedenheit ihres gegenwärtigen
Benehmens gegen das frühere." — „In der Armee war wenig Vertrauen, wenig Zufriedenheit mit dem Krieg." — Unter dem Einfluß
dieser nicht günstigen Umstände hatte das österreichische Heer unter den
Verbündeten am Wenigsten Anspruch darauf, dem französischen moralisch
— durch Geist und Gesinnung — überlegen geachtet zu werden.

Der zu Anfang nicht sehr gewichtigen Ueberlegenheit seiner Feinde
gegenüber, hatte Napoleon den unermeßlichen Vortheil der Einheit des
Willens und des Sinnes voraus, da er keine Verbündeten hatte, sondern nur Vasallen.

Die Verbündeten dagegen waren im Stillen schon gleich zu Anfang sehr verschiedenen Sinnes, wie das eben zu sein pflegt, und verfolgten in diesem Kampf keineswegs alle mit gleicher Energie ein und
dasselbe Ziel.

Der Kaiser Alexander hatte schon sehr früh, ja schon von Anfang
des Krieges an, die Ueberzeugung gewonnen, daß dieser, siegreich,
nicht anders enden könne und dürfe, als durch Napoleon's gänzlichen
Sturz; daß kein anderer Erfolg, kein Abkommen, einen dauernden
Frieden sichern — und somit auch Rußlands Interessen sicher stellen
könne. So wenig es seine Art war, auszusprechen, was tiefer in seiner
Seele lag, hatte er doch schon einmal im Jahr 1812 andeutend in
diesem Sinn gesprochen, und zwar zu dem Kronprinzen von Schweden,
als er sich zu Abo mit ihm verständigte. — Und auch während des
Frühjahrs-Feldzugs 1813 hatte er einmal, in einem Augenblick des
Unmuths, seinen geheimen Gedanken Worte geliehen. Es war am
Abend der Schlacht bei Bautzen. Der General Wassiltschikow war
vom Kaiser selbst entsendet worden, den Rückzug des Fuhrwesens zu be-
schleunigen, kehrte zurück, um Bericht zu erstatten, und da er den
Kaiser verstimmt und niedergeschlagen fand, glaubte er im Ton der
Zuversicht hinzufügen zu müssen, daß nach den großen Erfolgen des
Jahres 1812 zwei verlorene Schlachten wenig sagen wollten, der Krieg
doch siegreich enden werde. „Daran zweifle ich nicht", erwiderte der

Kaiser: „der Krieg wird zu unserem Vortheil enden, und Napoleon wird nicht regierender Herr bleiben (Царствовать не будетъ), aber mir ist um die unnütz verlorene Zeit und Menschen leid." — Der Minister Stein bestärkte und ermuthigte den Kaiser in dieser Gesinnung.

Dann aber auch lag es in den Planen Alexander's, das Herzogthum Warschau zu behaupten, und als Vasallenstaat an Rußland zu fesseln, um auf diese Weise seinem Reich einen Ersatz und Lohn für die gemachten Anstrengungen, eine erweiterte Macht zu gewinnen, und für sich selbst den Ruhm einer großmüthigen That: der Wiederherstellung Polens.

In Preußen war der entschiedene Wille, den Kampf auf das äußerste durchzukämpfen, und einen vollständigen Sieg zu erstreben, durchaus vorherrschend. Männer wie Gneisenau sagten sich auch hier sehr bald bestimmt und klar, daß er einen anderen Ausgang als Napoleon's Sturz nicht haben dürfe; glühender Haß und richtiger Instinct lehrten den alten Blücher dasselbe. Ob der Staats-Kanzler Hardenberg, ob der König selbst schon damals dies Ziel in das Auge faßten, darüber läßt sich weniger Bestimmtes sagen —: gewiß aber ist, daß es auch ihnen für dasjenige gelten mußte, das man zu erstreben habe, sobald es nur erreichbar schien.

Anders verhielten sich die Dinge in Oesterreich. Für Oesterreich war dieser Kampf ein bloßer Cabinets-Krieg, und in gewissem Sinn blieb immer die Hauptsache, daß er nicht in einen National-Krieg ausarte. Mit mäßigen, alltäglichen Mitteln strebte das Wiener Cabinet, aus diesem und anderen Gründen, nur nach einem mäßigen, bedingten Erfolg. Man wollte eigentlich nur eine Schmälerung der napoleonischen, eine zweckmäßige Steigerung der eigenen Macht, und ein baldiges Abkommen, das den bedenklichen Elementen einer werdenden Zeit nirgends Raum und Entwickelung gestatte. Es galt, die illyrischen Provinzen wieder zu erhalten, und die Verbindung mit dem Meer; Tyrol, und wo möglich auch festen Fuß und erneuten Einfluß in dem unvergeßlichen Italien zu gewinnen. Eine mäßige Herstellung Preußens, ein Zurückdrängen der napoleonischen Herrschaft in Deutschland erschien ohne Zweifel wünschenswerth — was man aber nicht wollte, — vorausgesetzt daß man damals überhaupt den Fall schon als einen möglichen zu denken wagte —: das war Napoleon's gänzlicher Sturz und die Beseitigung seiner, dem Kaiserhause jetzt nahe verwandten Dynastie. Auch eine gänzliche Herstellung Preußens, geeignet diesen Staat dem österreichischen in Deutschland gleichzustellen, gehörte nicht eigentlich zu den Dingen, die man wünschte, und man war nicht geneigt dafür auf das Aeußerste zu kämpfen. Rußlands Bestrebungen aber, sich an der Weichsel festzusetzen, wurden zu Wien mit entschiedenem Mißtrauen betrachtet, und die Furcht vor einer wachsenden, näherrückenden Uebermacht Rußlands, erweckte schon jetzt und immer wieder Bedenken, die gar leicht auf den Kampf mit Napoleon lähmend einwirken konnten.

Schweden, insofern die Regierung dieses Landes betheiligt war, wollte nur Norwegen erwerben. Im Uebrigen konnten ihm die entstehenden Verhältnisse des europäischen Continents gleichgültiger sein; auch lag deren Gestaltung, wie man sich nicht verbergen konnte, ganz außerhalb des Bereichs seiner Macht. Das nordische Reich sah daher eigentlich auch nur in Dänemark seinen Gegner. Den Kronprinzen von Schweden bestimmten dann in seinem Benehmen auch noch persönliche Plane, und diese führten ihn bis dicht an die Grenz-Linie, über welche hinaus sein Thun und Treiben offenbarer Verrath an der gemeinsamen Sache der Verbündeten geworden wäre.

Ein unglückliches Zusammentreffen von Umständen bewirkte dann auch, daß Englands Theilnahme an dem Krieg in Deutschland in ziemlich verkehrter Weise geleitet wurde, und daß die Regierung politische Bestrebungen hegte und förderte, die schon an sich nicht für heilbringend gelten konnten, und den Keim zu sehr bedenklichen Mißhelligkeiten in sich trugen.

In dem Haß gegen das damalige Frankreich und seinen Beherrscher, in dem heroischen Kampf gegen beide, verbanden sich nämlich, zumal in Deutschland, sehr verschiedene Parteien — die wohl zunächst vereint kämpfen konnten — deren Anstrengungen aber keineswegs unbedingt auf ein und dasselbe Ziel gerichtet waren, — deren Vereinigung nur eine scheinbare, wenigstens nur eine vorläufige sein konnte.

Neben der Maſſe derjenigen, die, ohne viel weiter zu denken, eben nur den gegenwärtigen Druck abwälzen und die unmittelbar er= duldete Schmach blutig rächen wollten, — neben der großen Anzahl reiner Vaterlandsfreunde, denen es um das ſelbſtſtändige Daſein, um Ehre und Größe des eigenen Volks zu thun, und für dieſe Güter kein Opfer zu groß war — : neben dieſen ſtanden auf der einen Seite die zahlreiche Partei derjenigen, die außerdem freiere Formen des Staats= lebens wünſchten, und als Preis des Sieges über den napoleoniſchen Despotismus herbeizuführen ſtrebten. Auf der anderen Seite ſchloß ſich, für jetzt, der Theil der europäiſchen Ariſtokratie an, der in Napo= leon den Emporkömmling haßte, und den Gründer eines modernen, gleichmachenden Despotismus bekämpfte, da ſeine Verſuche ältere Zu= ſtände neu zu begründen, nie ausſchließlich im Sinn dieſer Partei durchgeführt werden konnten, und ihr in keiner Weiſe genügten. Dieſe Partei wollte die National=Unabhängigkeit hergeſtellt haben, um in ihr die Standesherrlichkeit einer vergangenen Zeit wieder aufzubauen.

Trauer um die verlorene Nationaleinheit, ſo loſe und locker ſie auch ſeit Jahrhunderten war, — um dies früher faſt vergeſſene ge= meinſame Band, in welchem man erſt als es verloren war, wieder ein koſtbares Gut ſehen lernte; Trauer um ſo manches Gewohnte, Heimiſche, aus alter Zeit, das vor dem unverſtändigen Gebot einer fremden, unberechtigten Gewalt zuſammenbrach; — die liebevolle Rück= kehr zu den lange vernachläſſigten vaterländiſchen Erinnerungen, deren ſchöne Seite nun allein hervorgehoben wurde — : alle die Gefühle, dieſe Elemente des geiſtigen Daſeins, die ſich in der romantiſchen Literatur Deutſchlands ausſprachen, konnten auch um die Beſtre= bungen dieſer Partei einen idealen Schein verbreiten. Sie täuſchten wirklich vielfach über deren eigentlichen Gehalt. Der innere Zwie= ſpalt aber, zwiſchen dieſer Partei und den ſonſtigen Gefährten des gemeinſchaftlichen Kampfes, mußte natürlich früher oder ſpäter offen= bar werden, und zwar um ſo entſchiedener ſowohl, als vielfacher, je näher man dem Erfolg rückte. Von England her war er ſchon jetzt fühlbar geworden.

Den Männern dieſer Partei war nämlich Preußen gar ſehr ver= haßt, als ein Staat der durchaus in modernen Verhältniſſen wurzelt,

und in welchem diese sogar schon seit Friedrich Wilhelm I. mit entschiedenem Bewußtsein gepflegt wurden. Einem solchen Manne aber,
einem leidenschaftlichen Feind Preußens, war die Leitung der continen-
talen, namentlich der deutschen, Politik Englands zum großen Theil
anvertraut.

Es war dies der hannöversche Minister Graf v. Münster-Ledenburg,
der in London residirte. In dem Gefühl der eigenen Unzulänglichkeit,
in dem Bewußtsein, daß er selbst von den Verhältnissen Deutschlands
nichts wisse und nichts verstehe, ließ ihn Lord Castlereagh gewähren.

Als Feind Preußens wollte Graf Münster dessen Herstellung ganz
entschieden nicht; er hoffte sie zu verhindern; dieser Staat durfte sich
nach seiner Ansicht nie wieder auf das linke Ufer der Elbe ausdehnen.
Das Ziel seines Strebens war zwischen diesem Strom und der Schelde
für das Haus der Welfen ein bedeutendes Reich zu gründen; einen
Staat mit beschränktem, in gewissen Beziehungen sogar in mittel-
alterlicher Weise ohnmächtigem Königthum, und einem streng ari-
stokratischen Ständewesen —: ein Reich, in welchem sich die hannöversche Ritterschaft, in weiter Ausdehnung, ihres Ansehens erfreuen
könne.

Bei solchen Planen war dem Grafen natürlich auch der militairische Aufschwung Preußens, in der Weise, in welcher er stattfand,
nicht ohne Einschränkung erwünscht, denn er bildete schon an sich eine
Macht, die, einmal vorhanden, schwer wieder zu beseitigen war — und
verlieh Rechte. Weit entfernt ihn zu unterstützen und zu fördern,
wie das Interesse der gemeinschaftlichen Sache gefordert hätte, suchte
Graf Münster ihn vielmehr zu lähmen, so viel an ihm war, und that
was er konnte, ihn nicht über gewisse dürftige Grenzen hinaus kommen
zu lassen. Daß der damalige Prinz Regent — Georg IV. — lebhaft auf
diese Plane seines hannöverschen Ministers einging, läßt sich natürlich
genug erklären, und so brachte es Münster dahin, daß Englands euro-
päischer Einfluß Entwürfen dienstbar gemacht wurde, die den Interessen des englischen Staats eigentlich fremd waren. Münster brachte
es dahin, daß England, damals der einzige Staat, der über große
Geldmittel verfügen konnte, und der zugleich die gemeinschaftliche Sache
in Deutschland eben nur vermöge seiner Geldmittel zu fördern ver-

mochte, dem preußischen Reich das Einzige was da fehlte, erst spät, und nach einem sehr dürftigen Zuschnitt gewährte.

Preußen erhielt bekanntlich nur halb so viel Subsidien als Oesterreich, als Rußland — und während diese beiden Staaten Englands Geldhülfe erhielten, ohne dafür eine besondere Verpflichtung zu übernehmen, mußte Preußen seinen Antheil dadurch erkaufen, daß es schon jetzt zu Gunsten des künftigen hannöverschen Reichs auf alte Provinzen verzichtete, namentlich auf das unschätzbare Ostfriesland, und die Verbindung mit der Nordsee.

Weiter bewirkte dann Münster's Einfluß, daß von den 50,000 Gewehren, die England nach Deutschland sendete, nur 5000 zur Bewaffnung der preußischen Landwehr, die schon da war, abgegeben wurden. Die übrigen wurden aufbewahrt zum Behuf hannöverscher Rüstungen — die nie zu Stande kamen, und wie sich leicht berechnen ließ, gar nicht zu Stande kommen konnten.

Wegen dieser Dinge durch den Minister v. Stein zur Rede gestellt, sprach dann Münster seine Ansichten und Pläne sehr unverholen aus, wenn auch nicht in ganz so schroffer Weise als bei einer früheren Gelegenheit. Es ist der Mühe werth seine Briefe nachzulesen; zu sehn, wie Graf Münster und die Partei, der er angehörte, über Preußen dachten.

So versichert der hannöversche Staatsmann, in seinem Brief an Stein, in welchem er sich zugleich sehr entschieden gegen die Einheit, und selbst gegen die Vereinigung Deutschlands erklärt, daß ihm die Dynastieen nicht gleichgültig seien, und fährt dann fort: „Es herrscht in ihnen ein Geist, den man durch Jahrhunderte verfolgen kann. Lesen Sie, was J. Müller in seinem Fürstenbund über das Guelphische Haus sagt: „„Soll ich des Ruhms der Guelphen gedenken, deren ungebeugter Heldensinn ihren Namen zum Signal der Freiheit gemacht hat u. s. w.““ Selbst England ist nie so frei als unter den drei Georgen gewesen, und der vierte bringt denselben Sinn auf den Thron. Vergleichen Sie damit den preußischen Prügel und Ladestock! Ich verehre Friedrich den Großen, aber Er hat den Ruin Deutschlands (!) durch seine Vergrößerung herbeigeführt, und den seines Staats dadurch, daß er einen Körper gezeugt hat, den nur ein großer Geist

beleben konnte, der mit Ihm schied." — Er bittet Stein zu bedenken,
daß: „der Plan, Oesterreich mit ganz Deutschland zu bereichern, ganz
Europa, inclusive Deutschland; und der zweite, Deutschland zwischen
Oesterreich und Preußen zu theilen, gewiß Rußland, England und
Schweden, und alle Nord-Deutsche gegen sich haben wird, die nicht an
der Kriegsräthlichen und Auscultanten- und Affessoren-Regierungssucht
des preußischen Systems — in dem man nie glauben wollte: che governa
meglio chi men governa — gewöhnt sind." — „Preußens Macht
lebt nur noch in der Erinnerung. Sie mag zwischen der Weichsel und
Elbe als Macht der zweiten oder dritten Größe aufstehen. Warum
sollte Rußland nicht die Weichsel als Lohn seiner Thaten erhalten?
warum sollte Preußen in früheren Friedensschlüssen abgetretene Besitzungen wieder erhalten, um den Kreis seiner Verationen auszudehnen, und um mit Frankreich zu intriguiren." — Dann kömmt der
Plan, wenn Preußen, wie hier vorausgesetzt wird, auch seine Provinzen auf dem rechten Ufer der Weichsel an Rußland abgegeben hätte,
zwischen Elbe und Schelde aus „herrenlosen Besitzungen" das Guel-
phenreich zu gründen. —

　Freilich, so viel einander Widerstrebendes sich theils schon ziemlich offen zeigte, theils für jetzt im Verborgenen regte: der nächste
Zweck war allen gemein. Es galt zunächst für Alle einen ersten Sieg
über Napoleon zu erkämpfen — denn der war in den Planen Aller
nothwendig. Und so brauchte denn — im Glück — der Zwiespalt
doch wenigstens nicht nothwendiger Weise eher hervorzutreten, als bis
man sich dem Ziel um ein Bedeutendes genähert hatte. — In ein bedenkliches, verderbliches Schwanken konnten aber die Dinge augenblicklich gerathen, wenn man gleich zu Anfang des neuen Feldzugs
Unglück erlebte. Und die Zusammensetzung der Hauptquartiere war
auf Seiten der Verbündeten keineswegs durchaus eine solche, daß sie
dagegen eine Bürgschaft geboten hätte.

　Was den allgemeinen Oberbefehl über die gesammten Heere der
Verbündeten anbetrifft, die Leitung des Kriegs im Ganzen und den
damit verbundenen unmittelbaren Befehl über die Hauptarmee in
Böhmen, sind in Beziehung auf den Kaiser Alexander zwei verschiedene,
ja entgegengesetzte Sagen verbreitet worden. Man hat gesagt, in dem

Gefühl daß er ihm vor Allen gebühre, habe man von Seiten aller
Verbündeten den Kaiſer von Rußland dringend aufgefordert, dieſen
höchſten Befehl perſönlich zu übernehmen. Der Kaiſer Alexander aber
habe ihn wiederholt abgelehnt — und dies ſpäter bedauert. So erzählt namentlich Danilewsky. Natürlich iſt das vollkommen ungegründet. Man müßte Oeſterreich wenig kennen, um zu glauben, daß
es je ſeine Heere — die Hauptmaſſe ſeiner Kriegsmacht — der Führung eines fremden Feldherrn anvertrauen wird — und nun vollends,
wenn dieſer Feldherr zugleich der Selbſtherrſcher eines mächtigen Kaiſer-
reichs iſt! — Und nun in dieſem beſonderen Fall, bei der ſchon er-
wachten Beſorgniß in Beziehung auf Rußlands wachſende Macht und
Plane an der Weichſel — bei dem Bewußtſein, daß die Zwecke, die man
in dieſem Krieg verfolgte, keineswegs ganz unbedingt mit denen der
anderen Verbündeten übereinträfen; — bei dem Bewußtſein der Vortheile,
welche die ſchon erlangte Stellung gewährte, und dem Anſpruch auf
die europäiſche Schiedsrichterſtelle, der ſich daraus ergab! Das unter
allen Bedingungen ſehr natürliche Streben, ſich ſelbſt an die Spitze zu
ſtellen, oder doch die Leitung der Dinge ſo viel als möglich in Händen
zu behalten, konnte diesmal durch die obwaltenden Verhältniſſe nur ge-
ſteigert werden, und mußte mehr als jemals in den Planen der öſterreichiſchen Regierung liegen.

Eine entgegengeſetzte Sage berichtet, der Kaiſer Alexander habe
im Gegentheil das Feldherrnamt gewünſcht; habe erwartet, es werde
ihm huldigend angetragen werden, und als dies nicht geſchah, ſogar
Schritte gethan, um das gewünſchte Ereigniß herbeizuführen; er ſei
verletzt und ſehr verſtimmt geweſen, als ſie mit Stillſchweigen übergangen wurden und zu nichts fruchteten. Auch das iſt in der Wahrheit nicht begründet. Der Kaiſer hätte allerdings gern für den
Agamemnon des Zuges gegolten: aber ſo unumwunden mit ſeiner
Perſon hervorzutreten, lag durchaus nicht in ſeiner Weiſe; die allerletzte Vergangenheit hatte es von Neuem bewieſen. Was hinderte
ihn im Frühjahrs-Feldzug auch der Form nach den Oberbefehl zu übernehmen und ſich ausdrücklich an die Spitze des ruſſiſch-preußiſchen
Heers zu ſtellen? — Bei der damaligen Stimmung hätte man wohl
ziemlich allgemein eine ſolche Wendung der Sache freudig willkommen

geheißen. Alexander hatte dennoch vorgezogen, für seine Person diese
Stellung zu meiden, und den Grafen Wittgenstein vorzuschieben. —
Zudem hatte der Kaiser vielleicht mehr als billig — man kann sagen
das Aeußerste, gethan, um Oesterreich in den Bund zu ziehen. Daß
die Ernennung eines österreichischen Oberbefehlshabers ein Theil des
Preises sei, der dafür gezahlt werden mußte, und sich mithin von selbst
verstand, hatte er sich wohl von Anfang an gesagt. Seine militairische Umgebung, zu der Toll und Diebitsch gehörten, wußte sehr bestimmt, daß er weder nach dem Oberbefehl verlangt, noch darauf gerechnet hatte.

Einem Oesterreicher also war der Feldherrnstab vorbehalten. Die
Wahl fiel auf den Feldmarschall Fürsten Karl zu Schwarzenberg. In
der russischen und preußischen Armee nahm man diese Ernennung hin
als eine Sache, über die man vor der Hand kein Urtheil habe, und in der
allgemein herrschenden siegesfreudigen, hoffnungsreichen Stimmung,
erwartete man in Preußen gern das Beste davon. In Oesterreich dagegen befremdete sie einigermaaßen, und schien wenig geeignet, die sehr
kühle Stimmung in Beziehung auf den Krieg zu heben. Schwarzenberg
hatte nicht einen Ruf der ihn zu solcher Stellung berechtigen konnte.
Auch die Gelegenheit einen solchen Ruf zu erwerben, hatte ihm bis
dahin gefehlt. Die Natur der verschiedenen Stellungen, die er nach
einander eingenommen hatte, brachte es mit sich, daß er im Ganzen
als Krieger weniger genannt worden war als mancher andere, und so
ließen sich wohl Generale nennen, deren Namen der österreichischen
Armee besser bekannt waren, und ein größeres, bestimmteres Vertrauen
eingeflößt hätten.

Hin und wieder wurde der Erzherzog Karl genannt, als der
Mann den die Zeitereignisse forderten, und von dem allein man
hoffen könne, daß er ihnen gewachsen sei — : aber ohne daß man in
einigermaaßen unterrichteten Kreisen seine Ernennung erwartet hätte.
Sie war aus mehr als einem Grunde unmöglich. Schon seit Suworow's Zeiten war der Erzherzog selbst den Russen und ihren Generalen
entschieden abgeneigt; er hatte sich zum Theil deshalb im Jahre 1805
den Oberbefehl in Italien vorbehalten, wo er mit diesen Verbündeten
nicht in unmittelbare Berührung kommen konnte. Auch den Verbün-

deten hätte seine Ernennung nicht zusagen können, da der Kaiser Alexander seine Gesinnungen kannte; ein erträgliches Verhältniß zwischen ihm und den russischen Generalen wäre also kaum zu erwarten gewesen. Ein anderer Grund aber, der den Erzherzog ausschloß, lag in rein österreichischen Verhältnissen. Daß Graf Metternich und sein Anhang dem Erzherzog feindlich gegenüber standen, ist kein Geheimniß, eben so wenig, daß der Erzherzog schon seit 1809 mit einigem Mißtrauen beobachtet wurde. Er war der Verdächtigung nicht entgangen. Schon seit dem Jahre 1809 war in gewissen Sälen der großen Welt ein gar seltsames Gerücht in Umlauf: der Erzherzog Karl sei in dem genannten Jahr, nach Napoleon's ersten Siegen, da Alles zu wanken schien, nicht abgeneigt gewesen, mit dem Kaiser der Franzosen in persönliche Unterhandlungen zu treten, um — Rheinbund=König von Böhmen zu werden! — Man wollte wissen, er habe wirklich Schritte in diesem Sinne gethan. So deutete man die Versuche Unterhandlungen anzuknüpfen, die der Erzherzog unmittelbar nach den unglücklichen Ereignissen bei Landshut und Regensburg allerdings gemacht hatte — und zwar ohne Auftrag; freilich in einem Augenblick, wo er ziemlich die Fassung verloren hatte, wie auch seine damaligen Briefe an den Bruder, Erzherzog Johann, beweisen. So schlecht begründet Verdacht und Sage auch ohne Zweifel waren, hatten sie doch in einem nicht ganz engen und nichts weniger als unbedeutenden Kreise Geltung gefunden —: und jedenfalls hatte der Kaiser Franz dem Erzherzog jene unbefugten Unterhandlungs=Versuche nicht verziehen. Dieser Monarch liebte es ein für allemal nicht, daß man ihm „vorgriff." Er verzieh das nie und Niemandem.

In Ermangelung eines großen und anerkannten europäischen Feldherrn=Rufs, wie ihn außer dem Erzherzog Karl in Oesterreich Niemand hatte, schien unter den damaligen Umständen der Glanz einer hohen, fürstlichen Geburt unerläßlich; und er war es auch wohl. Dadurch wurde die Wahl auf einen sehr engen Kreis beschränkt.

Welche schöne Eigenschaften des Charakters und Gemüths der Fürst Schwarzenberg zu seiner, so schwierigen als erhabenen Stellung mitbrachte, ist bekannt. Leichtigkeit und Sicherheit in dem Umgang mit gekrönten Häuptern, die er zum Theil schon seiner gesellschaftlichen

Stellung verdankte — der feine Takt des vollendeten Weltmanns — Uneigennützigkeit, Versöhnlichkeit und Milde, waren nothwendige Eigenschaften, die er in hohem Grade besaß. Sein feiner Takt war sogar unverkennbar mehr und etwas Edleres als das bloße, durch das Leben in der Welt entwickelte Talent, unter allen Umständen das den gesellschaftlichen Verhältnissen Angemessene zu sagen und zu thun. Er bewährte mehr als einmal die schöne Fähigkeit, von jeder Art von Selbstsucht frei, alle Rücksichten, die ihm persönlich waren, vollkommen aufzuopfern.

Dann war der Fürst Schwarzenberg auch ein ehrenwerther, tapferer Soldat —: ein Feldherr aber war er nicht!

Die Aufgabe, ein Heer, den Gang eines Krieges, selbstständig zu leiten — die unter allen Bedingungen eine ungemeine Entschiedenheit des Geistes, eine große Macht des Charakters und ein bestimmtes Vertrauen auf sich selbst erfordert —: die war für ihn zu schwer, selbst wenn man gewöhnlichere Bedingungen voraussetzte. Hier, wo sich alle Verhältnisse großartig erweiterten, und vielfach in ungewohnter Weise schwierig gestalteten, mußte sie es doppelt und dreifach werden. Auch mochte der Fürst Schwarzenberg wohl fühlen, daß er seiner Stellung nicht gewachsen sei; das tritt mitunter ziemlich deutlich hervor; selbst sein Lobredner muß gestehen, daß er mit sehr geringem Vertrauen zu sich selbst und zu der Sache, an die Lösung seiner Aufgabe ging. „Jetzt, wo der Erfolg so glänzend die Besorgnisse des Fürsten widerlegt hat;" sagt der Biograph: „wo er selbst es war, der alle Mißlaute in Einklang brachte: warum sollte man es jetzt verschweigen, daß gerade des Fürsten Vertrauen auf eine glückliche Beendigung des Krieges gegen Napoleon vor dem Beginne desselben nicht das festeste gewesen ist?"*)

Daß in allen Schriften über diesen merkwürdigen Feldzug, die von Oesterreich ausgehen, der Fürst Schwarzenberg dennoch als ein vollkommener Feldherr geschildert wird, dem nach keiner Seite hin etwas fehlt, der in keiner Beziehung einer Stütze bedarf —: das versteht sich

*) Prokesch, Denkwürdigkeiten aus dem Leben des Feldmarschalls Fürsten Karl zu Schwarzenberg. S. 173.

von selbst, wie die dortigen Zustände einmal beschaffen sind. Aber es beweist auch nichts; nicht einmal daß man diese Dinge in Oesterreich selbst wirklich glaubt. Alle höheren österreichischen Offiziere, die damals den Ereignissen nahe standen, geben vielmehr im Gespräch — wenn nämlich die Begebenheiten jener Zeit unter ernsten Männern ernsthaft zur Sprache kommen — eben auch zu, daß Schwarzenberg an der Spitze eines Heeres, ohne aushelfenden Rath und Beistand nicht bestehen konnte.

Er bedurfte der Leitung — : aber wir müssen es hier wiederholen, es gehört bei Weitem mehr dazu als man gewöhnlich glaubt, daß man fähig sei mit Folgerichtigkeit in einem bestimmten Sinne geleitet zu werden. Es gehört auch dazu eine Festigkeit und Sicherheit, die sich bei Weitem nicht ein Jeder geben kann. Ist der Feldherr, der sich selbst schon unsicher fühlt, gewöhnt vielerlei Meinungen anzuhören, so kommt es wohl vor, daß er dadurch nur noch unsicherer wird, und zu keinem durchgreifenden Urtheil, zu keiner Ueberzeugung, mithin zu keinem eigentlichen Entschluß gelangen kann. Nicht selten setzt dann unter seinen Rathgebern derjenige seinen Willen durch, der am entschiedensten und rücksichtslosesten auftritt. Oft sucht man auch zwischen zwei abweichenden oder entgegengesetzten Meinungen einen Mittelweg — der natürlich, streng genommen, keinen rechten Sinn hat. Wird etwas verfügt, so geschieht es häufig ohne feste Ueberzeugung, unsicher, mit schwankendem Entschluß — und sehr oft befiehlt ein solcher Feldherr, selbst in entscheidenden Augenblicken, Maaßregeln einer bloßen Scheinthätigkeit, um in seiner Ungewißheit der Nothwendigkeit, einen wirklichen Entschluß zu fassen, für den Augenblick zu entgehen, das peinliche Gefühl, · daß etwas gethan werden müsse, doch aber auch irgendwie zu beschwichtigen. So überläßt man wohl die Initiative dem Feinde, ohne es zu wollen, und sieht sich dann plötzlich von den Ereignissen beherrscht, die dem Feldherrn zu Häupten wachsen.

Es scheint als ließen sich in der Feldherrn-Laufbahn des Fürsten Schwarzenberg solche Momente nachweisen.

In der österreichischen Armee ist sehr allgemein die Vorstellung verbreitet, der damalige Feldmarschall-Lieutenant Graf Radetzky habe den Fürsten Schwarzenberg unbedingt geleitet, und sei mithin der eigentliche Held des Feldzugs 1813. Der Verfasser dieser Denkwürdigkeiten hat das nie mit voller Ueberzeugung glauben können. In vielen Anordnungen schien ihm der Einfluß Langenau's und seiner bekannten Ansichten unverkennbar hervorzutreten. So war der Verfasser schon ehe er es mit Bestimmtheit wußte, aus inneren Gründen überzeugt, daß namentlich die Disposition zu der Schlacht bei Wachau am 16. October 1813 nicht von Radeßky sein könne; daß sie von dem General-Quartiermeister Langenau herrühren müsse.

Von preußischen sowohl als russischen hochgestellten Militairs, die sich in der Umgebung der Monarchen, Alexander's und des Königs von Preußen, im großen Hauptquartier befanden, und den Gang der Ereignisse aus großer Nähe beobachten konnten, ist dem Verfasser dann auch einstimmig bestätigt worden, daß die Leitung der Angelegenheiten damals — insoweit sie von dem österreichischen Generalstab ausging — weniger in Radeßky's als vorzugsweise in Langenau's Händen lag.

Radeßky's Auftreten war bescheiden und anspruchslos; er beschränkte sich meist auf die eigentlichen Geschäfte seines Amtes als Chef des Generalstabs, — und sagte seine Meinung nur, wenn er darum gefragt wurde, ohne sie hartnäckig zu vertheidigen, ohne sie, wie man zu sagen pflegt, mit Gewalt durchsetzen zu wollen. Er strebte eben in seinem ganzen Wesen nicht nach gebietendem Einfluß.

Sehr sichtbar war dagegen, daß General Langenau's Streben dahin ging, sich des Feldherrn ganz zu bemächtigen. Er war gewohnt Einfluß zu üben, hielt sich zu großen Dingen berufen, und wollte die Bedeutung, die ihm seiner Meinung nach zukam, auch wirklich haben. So trat er denn mit einer gewissen Bestimmtheit als faiseur auf. Der Umstand, daß der Fürst Schwarzenberg schon gewöhnt war ihn zu hören, kam ihm dabei zu Statten, und nicht minder die Voraussetzung, daß ihm in Sachsen, wohin der Krieg doch getragen werden sollte, Land und Gegenden auf das Genaueste bekannt seien — : eine Kenntniß, deren Werth häufig in der Bekanntschaft mit kleinlichen Einzelnheiten gesucht, und dann in Beziehung auf die Kriegführung im Ganzen und Großen überschätzt wird.

Der General-Major v. Langenau hatte nämlich bis dahin in sächsischen Diensten gestanden, wo der Ehrgeiz unter der damaligen Regierung häufig Nebenwege einschlug, und in der That auf ihnen auch am Besten fortkam. Er war bemüht gewesen, in engem Bunde mit dem Minister v. Sennft-Pilsach Einfluß zu üben, so wie durch unmittelbare Verbindungen mit dem Kaiser der Franzosen und den Großen seines Heeres und Hofes. Während des Feldzugs 1812 hatte er in Reynier's Hauptquartier eine Rolle gespielt, die ihn auch mit dem Fürsten Schwarzenberg in Berührung brachte — und als nun sein schützender Minister Sennft-Pilsach Napoleon's Zorn dadurch hervorgerufen hatte, daß er im folgenden Frühjahr den König von Sachsen zu einigem ungewissen Schwanken in seiner Politik veranlaßte, und auf das strenge Gebot des französischen Machthabers als ein Geächteter entfernt werden mußte, sah sich auch Langenau veranlaßt die sächsischen Dienste zu verlassen. Er wurde mit großer Auszeichnung in die österreichischen aufgenommen.

Seinen theoretischen Ansichten nach hätte man kaum glauben sollen, daß er mehrere Feldzüge unter Napoleon mitgemacht hatte — daß er aus solcher Schule kam. Denn die geographischen Verhältnisse spielten darin die Hauptrolle; namentlich die unter den gelehrten Strategen einer noch etwas früheren Zeit vielfach besprochene Vorstellung von den beherrschenden Plateaux, auf denen die Quellen der Flüsse liegen.

Endlich dürfen wir in der Umgebung des Kommandirenden auch den Feldmarschall-Lieutenant Duka nicht vergessen, über dessen amtliche Stellung in der Armee die bisher geöffneten Quellen keinen Aufschluß geben. Er war im Felde wenig verwendet worden, aber als persönlicher Freund des Kaisers — als dessen intimster Vertrauter — als Chef der geheimen Polizei, eine sehr wichtige Person, und übte natürlich einen gewissen Einfluß als Vertreter und Correspondent des Kaisers.

Dies so zusammengesetzte Hauptquartier, von dem man schon an sich den höchsten Grad von Klarheit und Energie kaum erwarten durfte, sah nun seine Aufgabe durch mancherlei erschwert, das theils überhaupt in dem Wesen einer Coalition liegt, theils in den besonde-

ren Zeitverhältnissen lag. Da das Verfahren des Fürsten Schwarzenberg aus „rein militairischen Gründen" nun einmal nicht gerechtfertigt
werden kann, wird von Seiten österreichischer Schriftsteller vorzugsweise ein sehr großes Gewicht auf die Schwierigkeiten gelegt, die aus
solchen Verhältnissen hervorgehen mußten; ja, in geheimnißvollen
Winken wird angedeutet, daß erst künftige Jahrhunderte alles erfahren,
und dann ermessen können, wie unendlich schwierig das „dornenvolle"
Commando des Fürsten Schwarzenberg war.

So viele bedenkliche Geheimnisse aber die Archive auch bergen
mögen, so scheint denn doch daß wir die Jahrhunderte nicht abzuwarten brauchen, um in der Hauptsache alles Wesentliche dieser Schwierigkeiten zu erkennen und gehörig zu würdigen. — Wir dürfen sogar
hinzufügen, daß sie nicht bloß in den Verhältnissen lagen, auf welche jene
geheimnißvollen Winke deuten. Sie entstanden vielmehr großentheils
auch aus der Politik des Wiener Hofs, die es mitunter dem Feldherrn
zur Pflicht machte zu zögern, ja eine günstige Entscheidung zu vermeiden; daraus ergab sich nothwendiger Weise ein seltsam schwerfälli-
ges, unsicheres Verfahren, dem der bestimmte Zweck zu fehlen schien.
Da dessen eigentlicher Grund natürlich den Verbündeten am allerwenigsten gesagt werden durfte, mußte es dann durch allerhand Vor-
wände und Scheingründe gerechtfertigt werden, die Niemanden befriedigten, und die Kriegführung des Fürsten Schwarzenberg vollends in
einem sehr ungünstigen Lichte erscheinen ließen. Sie trugen nicht
wenig dazu bei, das Feldherrn-Ansehen des Fürsten bei den Verbündeten mehr und mehr zu untergraben.

Wahr ist es dann allerdings, daß der Kaiser Alexander den Oberbefehl nur mit dem stillen Vorbehalt an einen Oesterreicher übergehen
ließ, selbst persönlich einzugreifen, wie und wo er das dem Rath seiner
militairischen Vertrauten gemäß nothwendig achten würde —: denn
seine Stimmung dem österreichischen Cabinet gegenüber, war natürlich
auch nicht die eines vollständigen Vertrauens und einer gänzlichen
Hingebung. Er sendete wirklich vielfach Befehle unmittelbar an die
russischen und selbst an die preußischen Truppen, ohne Schwarzenberg's
Anordnungen zu berücksichtigen. Endlich hielten russische Generale,
die schon früher selbstständig Heere befehligt hatten, sich allerdings für

befugt, die Befehle, die sie von einem fremden Feldherrn, aus dem österreichischen Hauptquartier erhielten, gelegentlich nach eigener Ein= sicht in der Ausführung zu modificiren. Sie deßhalb zur Rechenschaft zu ziehen, Gehorsam zu erzwingen, lag außer aller Möglichkeit. Schwarzenberg und seine Rathgeber konnten nicht immer mit Bestimmt= heit darauf rechnen, daß ihre Anordnungen genau befolgt wurden, und daß dieser Umstand ihre Unsicherheit steigerte, ist sehr begreiflich.

Indessen, diese Schwierigkeiten brauchten wenigstens nicht von Anfang an hervorzutreten, da zunächst, wie schon gesagt, alle Verbün= deten nach dem gleichen Ziele streben mußten. Viele rief das schwan= kende Benehmen des Feldherrn, das geringe Vertrauen, das er ein= flößte, erst hervor; andere, die sich vielleicht unter allen Bedingungen hervorthaten, hätte eine großartige, imponirende Persönlichkeit wohl großentheils besiegt. So fällt die Schuld doch wieder zum Theil auf ein Hauptquartier zurück, das der Verhältnisse so wenig Herr zu werden wußte —: und jedenfalls wird man gestehen müssen, daß hier keine besondere Bürgschaft für den Erfolg lag.

Nicht minder bedenklich stand es in dem Hauptquartier der Nord= armee, ja in mancher Beziehung schlimmer. Der Kronprinz von Schwe= den — der ehemalige Marschall Bernadotte — strebte, wie aus vielen Umständen hervorgeht, nach der französischen Krone, und der Kaiser Alexander hatte ihn darin bestärkt. Napoleon mußte nach der Ansicht des Kaisers von Rußland gestürzt werden — und wer sollte seine Stelle einnehmen? — An die Bourbons dachte Niemand; sie waren, unbe= deutend und früher nirgends beliebt, in ganz Europa wie in Frankreich auf das vollständigste vergessen. Wenn ja der Kaiser Alexander ihrer gedachte, war es mit der entschiedensten Abneigung, denn namentlich Ludwig XVIII. und Artois — Karl X. — waren ihm schon damals, wir wissen nicht zu sagen auf welche bestimmte Veranlassung, in hohem Grade zuwider. Bei der Zusammenkunft in Abo — 1812 — zu einer Zeit, wo ihm gar sehr daran gelegen war, den Kronprinzen von Schweden auf jede Weise zu gewinnen, hatte Alexander dem gemäß, wenigstens in geheimnißvollen Winken angedeutet, daß seine Wünsche die französische Kaiserkrone gern dem ehemaligen Marschall Bernadotte, dem Helden und Weisen bestimmten.

9*

Außerdem aber unterhielt der Kronprinz von Schweden auch Verbindungen in Frankreich, deren Bedeutung er wahrscheinlich überschätzte. Er glaubte dort alle diejenigen für sich gewinnen zu können,
die über den Glanz des vielgepriesenen National-Ruhms die Hoffnungen einer früheren Zeit nicht vergessen hatten, den napoleonischen Despotismus drückend empfanden, und sich nach freieren Staatsformen
sehnten. Deshalb suchte er auch ein früheres freundschaftliches Verhältniß zu dem General Lafayette bei dieser Gelegenheit wenigstens
wieder in Erinnerung zu bringen. Der alte Republikaner Lafayette,
gut von Herzen, edel geartet, aber etwas beschränkt, seicht idealisirend,
über die Gebühr eitel, und zu allen ernsten Dingen dieser Welt vollkommen unbrauchbar, war ungemein leicht zu täuschen und als Werkzeug zu benutzen, wenn man auf die Vorstellung einging, die er selbst
von seiner eigenen Bedeutung hatte, und auf die ganz in der Luft
schwebenden doctrinairen Ideen, in denen er, der Welt und Wirklichkeit
fremd, lebte. Als Schweden endlich dem Bündniß gegen Frankreich
vollständig beigetreten war, ließ der Kronprinz Bernadotte durch einen
schwedischen Consul ein Billet an Lafayette gelangen, und bat darin,
„sein Benehmen günstig zu beurtheilen, bis er Gelegenheit gefunden
habe, zu beweisen, daß er den Grundsätzen der Freiheit, und den wahren Interessen Frankreichs treu geblieben sei *). "

Später, im Jahr 1814, als diese Plane gescheitert waren, sprach
es der Kronprinz von Schweden in seinem Aerger gegen den russischen
Minister Alopäus zu Nancy ziemlich unvorsichtig aus, daß man ihn,
und nicht die Bourbons, zum Mittler zwischen Frankreich und dem
übrigen Europa hätte wählen sollen — und ein Jeder konnte aus seinem Munde vernehmen, die Bourbons seien ein entartetes Geschlecht,
das in Frankreich nicht von Neuem Wurzel fassen könne **).

Mit dem Bewußtsein dieser Plane durfte er nicht Frankreichs, er
konnte nur Napoleon's persönlicher Feind und Gegner sein, und in
diesem Sinne war auch alles gehalten, was er sagte oder schrieb.

---

*) Mémoires du général Lafayette T. XII. Appendice IV.
**) Perß, Das Leben des Ministers v. Stein III. S. 372.

Schon das Manifest, durch welches der Kronprinz von Schweden sich am 23. März 1813 als Feind Napoleon's ankündigte, war nur persönlich gegen Napoleon gerichtet, zu einer Zeit, wo die Verbündeten Schwedens, England, Rußland und Preußen in einen Kampf gegen Frankreich verwickelt zu sein glaubten; und eigentlich wurde in diesem gar merkwürdigen Aktenstück dem Kaiser der Franzosen nur das vorgeworfen, daß er viermalhunderttausend tapfere Franzosen, die Blüthe der großen Nation, nach Rußland geführt habe, in ihr Verderben. Durch seine Schuld seien diese Tapferen, die Frankreich einst gerettet und so viele Siege erfochten hätten, dort als Opfer des Frostes und des Hungers untergegangen, und unbestattet geblieben. Von Freveln, die Frankreich, oder auch nur Napoleon, gegen Europa, insbesondere gegen Deutschland geübt haben könnte, schien der Kronprinz von Schweden nichts zu wissen — : ein an Frankreich begangener Frevel Napoleon's war es, den das bewaffnete Europa zu Frankreichs Ruhm und Heil bestrafen mußte! —

Ganz in derselben Weise war in der Proclamation, welche Karl Johann (Bernadotte) am 15. August an die verbündete Nordarmee erließ, die Sache Frankreichs von der Sache Napoleon's sehr bestimmt geschieden; nur die Ereignisse welche „die letztverflossenen zwölf Jahre" — also seit 1800 — „auf eine so traurige Weise berühmt gemacht haben", erfuhren einen Tadel. Was bis dahin geschehen war, der Verlust aller deutschen Lande bis an den Rhein, wurde somit stillschweigend als berechtigt und unantastbar hingestellt. Der Vorwurf, Napoleon habe den Untergang des französischen Heeres in Rußland verschuldet, kehrte wieder — und dann wurde den Deutschen das französische Volk als Vorbild und Muster angepriesen. Napoleon habe auch nach so schrecklichen Erfahrungen den Frieden von der Hand gewiesen, der ihm von allen Seiten auf das bereitwilligste geboten worden sei; da bleibe nichts übrig als zu den Waffen zu greifen. „Dasselbe Gefühl", heißt es zum Schluß, welches im Jahr 1792 das französische Volk beseelte und es antrieb, mit vereinigten Kräften die in sein Gebiet eingedrungenen fremden Heere zu bestreiten, muß jetzt Eure Tapferkeit gegen Den richten, der Euren vaterländischen Boden feindlich überzogen, u. s. w."

In der Art seiner Thätigkeit ging dann dieser Kronprinz des nordischen Reichs vollends noch weit über den Geist seiner Erklärungen
hinaus. Durchaus war sein Streben darauf gerichtet, das eigene
Heer zu zersplittern und zu lähmen, seine Erfolge zu durchkreuzen, die
Franzosen aber vor Unglück zu wahren — und gern hätte er auch den
vorwärtsstrebenden Blücher in seine Kreise gezogen, um auch dem hem-
mende Fesseln anzulegen. — Mit vollem Recht hatte Stein vor jeder
Verbindung mit Bernadotte gewarnt. Man lernte es bereuen, daß
man auf diese Warnungen nicht gehört hatte.

Faßt man die Gesammtheit aller obwaltenden Verhältnisse zusammen, so muß man wohl gestehen, daß Napoleon's Lage an der
Elbe kaum eine ungünstige und schwierige, ganz gewiß nicht eine hoffnungslose genannt werden kann. Wir begreifen, daß ein starker
Geist und kühner Sinn als Sieger aus solchem Kampf hervorzugehen
hoffte, und nicht ängstlich nach dem Frieden trachtete. Ohne Zweifel
waren sein unbeugsamer Sinn, die Unmöglichkeit nachzugeben und sich
zu fügen, die in seinem Wesen lagen, der eigentliche, letzte Grund seines Thuns — und er würde unter weit ungünstigeren Bedingungen
ganz eben so gehandelt haben — das hat der Feldzug des folgenden
Jahres bewiesen. Für jetzt, hier an der Elbe, lag aber auch wirklich
noch ein weites Feld der Hoffnung, eine bedeutende Reihe möglicher
günstiger Erfolge vor ihm.

Das Wesentliche seiner Lage läßt sich mit wenigen Worten bezeichnen. Eine bedeutende Uebermacht hatten die Verbündeten bei der
Eröffnung des Feldzugs nicht; aber freilich konnte im Lauf dieses
Feldzugs ihre Ueberlegenheit, wenn auch nicht geradezu eine erdrückende, überwältigende, doch eine sehr fühlbare und gewichtige werden, denn allerdings hatten sie sehr viel zahlreichere Ersatzmannschaften
und Verstärkungen zu erwarten als Napoleon.

Namentlich durfte das österreichische Heer im September auf sehr
ansehnliche Zuzüge rechnen. Nicht weniger als 24 Bataillone (4 Land-
wehr- und 20 dritte Bataillone eben so vieler Linien-Regimenter) und
ein Dragoner-Regiment sehen wir innerhalb der ersten sechs Wochen
nach dem Ausbruch der Feindseligkeiten neu bei demselben eintreffen,
und außerdem erhielten alle Regimenter sehr beträchtliche Ersatzmann-

ſchaften.   Zuſammen müſſen dieſe Verſtärkungen gewiß vierzigtauſend
Mann, und wohl mehr, betragen haben, die öſterreichiſchen Truppen
unter Schwarzenberg hätten ſonſt nicht zur Zeit der Schlacht bei Leipzig noch über hunderttauſend Mann ſtark ſein können, wie erweislich
der Fall war.   Von Seiten der Ruſſen traf gegen Ende des Septembers die ſogenannte polniſche Armee 57,000 Mann ſtark auf dem
Schauplatz des Krieges ein.   Die erwarteten Verſtärkungen der Verbündeten betrugen alſo wohl hunderttauſend Streiter, und vielleicht
ſogar etwas mehr, während Napoleon bis Mitte October höchſtens
auf dreißigtauſend Mann Verſtärkungen und Erſatz rechnen konnte.

Es kam alſo für ihn darauf an, während der erſten Wochen des
neuen Feldzugs, ehe noch jene Verſtärkungen heran waren, gewichtige,
wohlgezielte Schläge gegen die Heere der Verbündeten zu führen und
ihnen Niederlagen beizubringen, welche jenes in der Nähe drohende
Mißverhältniß der Streitkräfte zum Voraus aufhoben und ihm das
Uebergewicht ſicherten.

Gerade das Gegentheil erfolgte, wie bekannt; die Verbündeten
erfochten gleich zu Anfang glänzende Siege, und zwar großentheils
auf Schlachtfeldern, auf den ihnen, wie an der Katzbach und bei Dennewitz, wahrlich keine Ueberlegenheit zu Gebote ſtand; Frankreichs
Heere erlitten ſchwere Niederlagen —: dadurch — aber auch nur
dadurch, wurde die Uebermacht der Verbündeten im October eine
geradezu überwältigende, die dem Feinde ſo gut wie keine Ausſicht auf
Erfolg mehr ließ.

An ſich aber war die Aufgabe, die der Heerführer der Franzoſen
ſich ſtellen mußte, wohl zu löſen. Oft ſchon iſt im Kriege viel Schwe-
reres gelungen.   Und die Plane, die Napoleon unter dieſen Umſtänden entwarf, ſind ſeiner würdig; wir kennen ſie diesmal aus jenem
Aufſatz, welchen er dem Marſchall Berthier dictirte, aus ſeinen Briefen
an die Marſchälle ſeines Heeres, ſehr genau, und können ihnen die
Anerkennung nicht verſagen, die einfache Zweckmäßigkeit verdient.

Noch immer reich an Mitteln, war Napoleon weder gezwungen
ſich auf ein bloß abwartendes, abwehrendes Verfahren zu beſchränken,
noch konnte er durch ein ſolches, durch bloße Vertheidigung, ſchon in
den erſten Wochen jenes Uebergewicht gewinnen, von dem die günſtige

Wendung des Feldzugs abhing. Es mußte also in seinen Planen
ein Princip des Angriffs liegen; er mußte einen positiven Zweck verfolgen, eine Veränderung der Kriegslage, eine Erweiterung auch seines
Kriegstheaters dadurch erstreben, daß er nach einer Seite hin die
Initiative ergriff —: und er wählte für seinen Angriff die Richtung,
in der allerdings die größte Aussicht auf einen entscheidenden Erfolg lag.

Dem Marschall Oudinot an der Spitze eines Heeres von 72,000
Mann wurde von Wittenberg und Dahme aus die Richtung auf Berlin gegeben. Dorthin sollte auch General Girard (mit 15,000) von
Magdeburg her vordringen, so wie von Hamburg her der Marschall
Davoust mit seinen 37,000 Franzosen und Dänen, der zugleich angewiesen war, die Rückzugslinie der Schweden von Berlin nach Stralsund zu gefährden. — Der Marschall Gouvion St. Cyr hatte unterdessen, nach der entgegengesetzten Seite, gegen das böhmische Gebirge
hin, wo es Vertheidigung galt, Dresden besonders auf dem linken
Ufer der Elbe zu decken — und sein ganzes übriges Heer, 280,000
Mann stark, sammelte Napoleon am Fuß der lausitzer und schlesischen
Gebirge zwischen Bautzen und der Katzbach, lediglich, wie er selbst ausdrücklich sagt, zu Zwecken der Vertheidigung. Seine Bestimmung
war, alle Angriffe zurückzuschlagen, welche die Verbündeten unterdessen
von Schlesien oder Böhmen aus versuchen konnten, alle Störungen
abzuwehren, welche das Unternehmen auf Berlin dadurch erfahren
konnte.

Wir begreifen nicht, was den vorliegenden Aktenstücken gegenüber einen achtungswerthen militairischen Schriftsteller, wie den Obersten Aster, bewegen kann, zu sagen, seit Oesterreichs Beitritt zur Coalition habe Napoleon auf die Unternehmung gegen Berlin nur noch
ein untergeordnetes Gewicht gelegt. Die Papiere, in denen der eben
angedeutete Feldzugsplan entwickelt ist, sind am 13. August entworfen, zu einer Zeit wo Oesterreichs Theilnahme am Kriege nicht mehr
zweifelhaft war; sehr genau ist natürlich darin berechnet, wie den möglichen Unternehmungen des Fürsten Schwarzenberg und seines Heeres
begegnet werden soll, — als Hauptsache aber ist der Angriff auf Berlin sehr bestimmt bezeichnet. An diesem 13. läßt Napoleon durch

Berthier dem Marschall Oudinot schreiben: „Das einzige Ziel des Kaisers mit der großen Armee wird sein, Ihre Unternehmung (auf Berlin) zu decken, und die österreichische und russische Armee abzuhalten." (Le seul but de l'Empereur avec la grande armée sera de protéger votre opération et de contenir l'armée autrichienne et russe.) *)

Eher könnte man dem Heeresfürsten der Franzosen zum Vorwurf machen, daß er diesen Plan mit zu ausschließlicher Leidenschaftlichkeit verfolgte, so daß er darüber günstige Gelegenheiten versäumte, welche ihm die Wechselfälle des Kriegs auf einer anderen Seite zuwendeten.

Davon abgesehen, müssen wir wiederholen, daß seine Wahl die richtige war, daß hier der Erfolg lag. Denn es war nicht zu verkennen, daß in gewissem Sinn der Schwerpunkt des ganzen Krieges in Preußen lag. Für Preußen handelte es sich in diesem Kampf um Sein oder Nichtsein; es mußte siegen oder als selbstständige Macht untergehen, und deshalb war es vor Allem entscheidend, wenn es gelang, das Herz dieses Staats zu treffen.

Gelang es, nach einer siegreichen Schlacht Berlin zu nehmen, so verschwand eigentlich die verbündete Nordarmee vom Kriegsschauplatz; denn nichts war gewisser, als daß der Kronprinz Bernadotte in Folge eines solchen Unfalls mit seinen Schweden nach Stralsund zurückeilte — besonders wenn Davoust den Weg dahin bedrohte — und höchst wahrscheinlich benutzte der Prinz seine Autorität, um einen Theil der russischen Truppen seines Heeres, vielleicht selbst Preußen, nach jener Hafenstadt mitzunehmen, und so seinen Zug dahin vollkommen sicher zu stellen. Die übrigen russischen und preußischen Heertheile seiner Armee mußten aber ihren Rückzug auf die Oder und Weichsel nehmen — und diese getrennten Heeressplitter waren dann nicht mehr ein Heer; sie hatten auf dem Kriegsschauplatz nicht mehr die Bedeutung eines solchen. Napoleon's Machtgebiet dehnte sich sogleich bis an die Oder aus, wo Stettin und Küstrin, zur Zeit noch von seinen Truppen gehalten, entsetzt wurden; es konnte sich, bei fortgesetzten Erfolgen, die immer leichter wurden, bis an die Weichsel ausdehnen;

---

*) Gouvion St. Cyr, mémoires IV, 360.

dort auch Danzig zu befreien, und seine zahlreiche Besatzung — oder das kleine Heer, das dort eingeschlossen war, wurde dann möglich.

Weite Provinzen, der Kern der preußischen Macht, waren dann mit allen ihren Hülfsmitteln für Preußen verloren, und Berlin, der Heerd der kriegerischen Begeisterung im nördlichen Deutschland, war in Feindes Hand, die Flamme zertreten. So wenig Napoleon den Geist der sich hier regte, zu seinem wahren Werth anzuschlagen wußte, legte er doch darauf großes Gewicht. „Der Kaiser hofft, Sie werden Berlin erobern, und dessen Bewohner entwaffnen" schreibt Berthier dem Mar-schall Oudinot. Ja der französische Kaiser dachte sich die Folgen dieser wichtigen Eroberung sogar noch größer und glänzender, als sie wahr-scheinlich wurden; er sah im Geist die verbündete Nordarmee nicht blos zersplittert und in dieser Zersplitterung ohnmächtig, sondern im buch-stäblichen Sinn des Wortes aufgelöst, denn er erwartete, daß die preußischen Landwehren sich dann entmuthigt zerstreuen würden. (L'Empereur espère qu'avec une telle armée vous pousserez rapidement l'ennemi; que vous enleverez Berlin, désarmerez ses habitans, disperserez toutes les Land-wehrs, et cette nuée de mauvaises troupes — — Toutefois vous manoeuvrerez pour vous joindre au prince d'Eckmühl (Davoust) débloquer Stettin et Cüstrin et rejeter tous les Suédois dans la Poméranie — ließ Napoleon am 13. August dem Marschall Oudinot schreiben; und dem Marschall Davoust an demselben Tage: „Votre principal but est de marcher entre la mer et Berlin pour vous réunir au duc de Reggio, pousser les Suédois dans la mer, et enfin débloquer Stettin.") *)

Wurde auf diese Weise der Nordosten Deutschlands siegreich ge-wonnen, dann waren alle strategischen Nachtheile, die aus den geo-graphischen Verhältnissen des Kriegsschauplatzes hervorgingen, bei weitem aufgewogen und verschwanden. Jene vielbesprochene Ueber-flügelung der französischen Stellung an der Elbe, auf ihrer Rechten, durch den Vorsprung, welchen Böhmen auf dem linken Ufer des Stroms bis an das Fichtelgebirge bildet, wollte dann wenig bedeuten.

---

*) Gouvion St. Cyr, mémoires IV, 358, 359. — Norvins, portefeuille II, 269.

In Napoleon's Augen hatte sie ohnehin nicht das Gewicht, das man ihr im Rath der Verbündeten beilegte. Den Zuwachs an Macht, an Streitkräften, den seine Gegner durch Oesterreichs Beitritt gewannen, schlug der Feldherr der Franzosen nicht gering an, das geht aus vielen seiner Aeußerungen deutlich genug hervor; ja er vermochte im ersten Augenblick Unruhe und Befangenheit vor seinem Vertrauten, dem sächsischen General Gersdorf, nicht zu verbergen, und dem Marschall Davoust schrieb er (am 12.): „Da es wahrscheinlich ist, daß Oesterreich gegen uns ist, werden die Verhältnisse sehr gespannt. Sie müssen die größte Thätigkeit in Ihre Operationen legen." (Comme il est probable que l'Autriche est contre nous, les circonstances deviennent fortes. Il faut que vous mettiez la plus grande activité dans vos opérations) — und dann wieder am folgenden Tag: „Die Kriegs-Erklärung Oesterreichs vermehrt die Zahl unserer Feinde. Es ist nothwendig, daß die entsendeten Generale Alles thun, was ihr Eifer für den Dienst des Kaisers und der Ruhm der französischen Waffen erfordern." (La déclaration de guerre de l'Autriche augmente le nombre de nos ennemis. Il est nécessaire que tous les généraux détachés fassent tout ce qu'exigent et leur zèle pour le service de l'Empereur, et la gloire des armes françaises.)*) — Jene Ueberflügelung dagegen imponirte ihm sehr wenig. Er schreibt darüber dem Marschall Gouvion St. Cyr: sollten die Oesterreicher, wie sie vorgeben, über Bayreuth in das südliche und westliche Deutschland vordringen, um die Verbindungen der französischen Macht an der Elbe mit dem Rhein und Frankreich zu gefährden, so werde er sie ruhig ziehen lassen, überzeugt, daß sie jedenfalls sehr bald und schnell umkehren müßten: „Was mir wichtig ist, das ist, daß man mich nicht von Dresden und der Elbe abschneide; ob man uns von Frankreich abschneidet, kümmert mich wenig." (Ce qui m'importe, c'est qu'on ne me coupe pas de Dresde et de l'Elbe; peu m'importe que l'on nous coupe de la France.) — Und dann wieder: der Gang der Ereignisse lasse sich noch nicht mit Bestimmtheit beurtheilen: „was aber klar ist, das ist, daß man viermalhunderttausend

---

*) Norvins, portefeuille II, 266, 270.

Mann nicht umgeht, die sich auf eine Gruppe fester Plätze stützen,
und auf einen Strom wie die Elbe, und die nach Gutdünken in gleicher Weise aus Dresden, Torgau, Wittenberg und Magdeburg vorbrechen können. Alle feindlichen Truppen, die sich auf sehr weitgreifende Manoeuvres einlassen, werden sich außerhalb des
Schlachtfeldes befinden." (Ce qui est clair, c'est qu'on ne
tourne pas 400,000 hommes qui sont assis sur un système de
places fortes, sur une rivière comme l'Elbe, et qui peuvent déboucher indifféremment par Dresde, Torgau, Wittenberg et
Magdebourg. Toutes les troupes ennemies qui se trouveront se
livrer à des manoeuvres très-éloignées, se trouveront hors du
champ de bataille.)*)

Viel klarer und entschiedener ausgeprägt als irgend ein anderer
Feldherr, hegte Napoleon die Ueberzeugung, daß der Erfolg im Kriege
durchaus durch den unmittelbaren Kampf und Sieg auf dem Schlachtfelde, und durch dessen unmittelbare Benutzung zur Zertrümmerung der
feindlichen Streitkräfte, zur Erschütterung des Muthes und Willens
der Feinde, bestimmt wird; daß es keine strategischen Nachtheile der
allgemeinen Lage giebt, die durch den Sieg im unmittelbaren Kampf
nicht aufgehoben würden, mögen sie nun schon in den anfänglichen
Verhältnissen gegeben, oder im Lauf des Feldzugs herbeigeführt sein;
daß man sich daher um solche Nachtheile wenig Sorgen zu machen
braucht, so lange man sich den Sieg im unmittelbaren Kampf überwiegend zutrauen darf.

Dann aber auch sehen wir, daß Napoleon, indem er seine eigenen
möglichen Operationen und die des Feindes gegen einander abwog, die
Bedeutung der Einen wie der Anderen durchaus ohne sich durch irgend
einen Schein, durch irgend eine strategische Dogmatik beirren zu lassen,
danach bemaß, ob sie dem Gegner unmittelbar an das Leben griffen,
oder nur mittelbar auf Umwegen; und danach, ob ihr Erfolg ein
augenblicklicher war, oder erst in einer mehr oder weniger entfernten
Zeit fühlbar werden konnte; so zwar, daß er selbst scheinbar gelingende
Unternehmungen des Feindes, die nur mittelbar und nach Verlauf

---

*) Gouvion St. Cyr, mémoires IV, S. 367.

einer gewissen Zeit eine wirkliche Wesenheit gewinnen und wirken konnten, so drohend sie aussehen mochten, immer mit vollkommener Klarheit durch den unmittelbaren und nahen Erfolg weit überwogen, ja
vollkommen aufgehoben dachte.

Er wußte, daß der Verlust von Berlin und selbst von Prag, wenn
er diese Hauptstädte nach siegreichen Schlachten gewann, den Verbündeten in erschütternder Weise viel schmerzlichere und nähere Nachtheile
brachte, als ihm eine zeitweilige Unterbrechung seiner unmittelbaren
Verbindungen mit Frankreich, die weder die Schlagfertigkeit seiner
Truppen an der Elbe augenblicklich lähmte, noch den Sitz seiner Macht
sogleich in unmittelbarer Nähe bedrohte.

Wir berühren hier diesen Punkt, weil es gewiß der Mühe werth
ist, sich davon Rechenschaft zu geben, wie Napoleon selbst in den ent-
scheidendsten Augenblicken seines Lebens seine Lage beurtheilte, und
durch welche allgemeinere Theoreme, durch welche allgemeine Ansicht
von Krieg und Kriegführung überhaupt, das Urtheil in Beziehung auf
den einzelnen Fall bestimmt wurde.

Für Napoleon selbst und seine Hauptmacht war also, während
jenes Unternehmen auf Berlin ausgeführt wurde, Abwehr der Angriffe,
welche die Verbündeten von Böhmen und Ober-Schlesien her unternehmen konnten, die unmittelbare Aufgabe. Drei Fälle hielt der
Heeresfürst Frankreichs für möglich.

1) Oesterreichs Heer, eine Macht von 100,000 Mann, konnte
auf dem linken Ufer der Elbe über Peterswalde auf Dresden vordringen. Hier mußte der Marschall Gouvion St. Cyr sie aufhalten;
in dem verschanzten Dresden selbst vereinigte sich dann Vandamme mit
ihm; beide zusammen hatten eine Macht von 60,000 Mann; und
wurde es nöthig, so konnte Napoleon leicht zu rechter Zeit mit seinen
Garden, und Victors Heertheil herbeieilen.

Warum erwartete Napoleon höchstens nur die Oesterreicher allein
auf dem linken Ufer der Elbe und vor Dresden? — Wir sehen hier
deutlich durchschimmern, daß er in dem Bündniß der anderen Mächte
mit Oesterreich, von Seiten Rußlands und Preußens weit weniger
Vertrauen voraussetzte, als sie wirklich zeigten. Er glaubte nicht, daß
diese Staaten sich je entschließen würden, einen bedeutenden Theil ihrer

Kriegsmacht österreichischer Führung zu überlassen. Daß der Kaiser von Rußland, der König von Preußen selbst in das österreichische Lager übersiedeln könnten, und daß dadurch die Bedenken großentheils beseitigt wurden, die es sonst in ihren Augen allerdings haben mußte, einen gewichtigen Theil ihrer Heerschaaren dem Feldherren einer Macht anzuvertrauen, deren Politik nicht unbedingt auch die ihrige war —: daran dachte er nicht! Er glaubte Alexander und Friedrich Wilhelm in Mitten ihrer eigenen Krieger in Schlesien.

2) Die Oesterreicher konnten über Zittau in die Oberlausitz vordringen, während Russen und Preußen sich aus Oberschlesien gegen Liegnitz und Löwenberg heranbewegten.

Dieser Fall war offenbar in Napoleon's Augen der wahrscheinlichste — und er war wirklich derjenige, der nach dem Operationsplan, wie ihn Toll ursprünglich entworfen hatte, eintreten mußte.

Kamen die Oesterreicher über Zittau aus dem Gebirge, so wollte ihnen Napoleon mit 150,000 Mann (Vandamme, Victor, Poniatowski, Latour-Maubourg, Kellermann und die Garden) bei Görlitz begegnen, während andere 130,000 (Ney, Lauriston, Marmont, Macdonald und Sebastiani) sich bei Bunzlau am Bober sammelten, um die schlesische Armee der Verbündeten aufzuhalten. Leicht konnte dann diese Heeresmacht am Bober durch alles verstärkt werden, was (besonders nach einem ersten Erfolg) zur Bekämpfung der Oesterreicher nicht mehr nöthig war.

3) Endlich konnte die österreichische, in Böhmen versammelte Armee sich über Josephstadt nach Schlesien wenden, und mit den Russen und Preußen vereinigt von dort aus gegen den Bober und die Lausitz vordringen. In diesem Fall dachte Napoleon sein ganzes Heer bei Bunzlau zu vereinigen; doch mag er ihn wohl am wenigsten wahrscheinlich geachtet haben, denn er verweilt nicht weiter dabei*).

So urtheilte, diese Sätze dictirte Napoleon am 13. August. Daß die Verbündeten mit ihrer böhmischen Armee über das Erzgebirge gegen Leipzig vorbrechen könnten, wie sie wirklich vorhatten —: daran denkt er natürlich gar nicht — und einer anderen Möglichkeit, nämlich,

---

*) Beilage 3.

daß Oesterreichs böhmisches Heer die Bestimmung haben könnte, über Bayreuth nach Franken vorzudringen, —: deren gedenkt er erst vier Tage später, als wahrscheinlich Kundschafter-Berichte solchen Inhalts an ihn gelangt waren.

Da schreibt er dann die schon angeführten Worte an Gouvion St. Cyr. Er will dann die Oesterreicher ruhig ziehen lassen, um während ihrer Entfernung auf einem solchen abenteuerlichen Zug die Russen und Preußen unter Blücher, Sacken und Wittgenstein in Schlesien anzugreifen und zu schlagen, und fügt hinzu: „Wenn ich einmal diese Heertheile vernichtet oder übel zugerichtet habe, dann ist das Gleichgewicht (der kämpfenden Parteien) gebrochen, und ich kann alsdann, je nach den Erfolgen der Armee, die auf Berlin marschirt, sie gegen Berlin hin unterstützen, oder durch Böhmen in den Rücken der Armee gehen, die sich nach Deutschland hin verirrt hätte.“ (Et une fois que j'aurai détruit ou mal mené ces corps, l'équilibre se trouvera rompu, et je pourrai, selon le succès de l'armée qui marche sur Berlin, l'appuyer sur Berlin, ou marcher par la Bohème derrière l'armée qui se serait enfoncée en Allemagne.) *)

Deutlich tritt hervor, wie es Napoleon wirklich vor Allem darum zu thun war, daß die strategischen Manoeuvre auch für ihn so unmittelbar als möglich die Gelegenheit zu der Entscheidung in Kampf und Treffen, zu dem Sieg auf dem Schlachtfelde herbeiführten. Ueber Oesterreichs Kriegs-Erklärung tröstete er sich mit den gegen General Gersdorf gesprochenen Worten: „Pah! Einmal derb geschlagen und sie lenken wieder ein!“ — Auf dem Schlachtfelde hoffte er das Gleichgewicht der beiderseitigen Streitkräfte zu brechen — und bedeutsam äußerte er: „die feindlichen Heertheile, die sich auf weite Umgehungen einlassen, werden auf dem Schlachtfelde fehlen.“

Was den allgemeinen und endlichen Erfolg betrifft, rechnete er darauf, daß Preußen durch die Zerstreuung der Nordarmee, und den Verlust Berlins und der Marken ohnmächtig wurde; daß Rußland alsdann gewiß ausschließlich nur darauf bedacht Polen zu decken, seine

---

*) Gouvion St. Cyr, mémoires IV, 367.

Heeresmacht aus Böhmen, vielleicht selbst aus Schlesien, dorthin zurückzog; daß Oesterreich, ohnehin der Coalition nur lose verbunden,
durch solche Erfolge und eigene Niederlagen erschreckt, den Krieg als
hoffnungslos aufgab und sich einem Frieden um jeden Preis zuwendete.

Wir können diese Erörterung nicht schließen, ohne einiger wenig
beachteter Umstände zu erwähnen die dazu beigetragen haben, daß
Napoleon's Pläne mißlangen, und der Erfolg gegen ihn entschied.

Dahin rechnen wir unter Anderem, daß die Ueberlegenheit, welche
die Verbündeten durch Oesterreichs Beitritt zum Bunde gewannen, im
französischen Heer ganz allgemein gar sehr überschätzt wurde. Man
hatte eine sehr große Vorstellung davon, und dachte sie sich wahrhaft
überwältigend. Deshalb machte Oesterreichs Erklärung einen erschüt-
ternden Eindruck, dem sich selbst die Offiziere des Hauptquartiers, und
die Führer des Heers nicht zu entziehen vermochten. Napoleon selbst
fand General Gersdorf schon am Tage nach dem verhängnißvollen
Bruch in seiner gewöhnlichen Fassung, aber: „anders war es im
Hauptquartier" lesen wir in dem Tagebuch des sächsischen Generals:
„man wagte nicht zu sprechen, nur wenige wußten überhaupt Etwas.
Alle ahneten Ungewöhnliches, Entscheidendes." — Der Gedanke, daß
man überall auf einen überlegenen Feind treffen werde, wirkt lähmend,
und doppelt werden unglückliche Gefechte empfunden, wo schon die an-
fängliche Stimmung eine besorgte ist.

Entscheidend wichtig ist dann geworden, daß Napoleon sich
das Unternehmen auf Berlin zu leicht dachte — viel
leichter als es in der That war. In einer Beziehung täuschte er sich
freilich nicht; nämlich darin, daß er von dem Kronprinzen von Schweden sehr wenig Ernst und Willen erwartete. In den Verhaltungsbefehlen für den Marschall Oudinot sagt Napoleon unter Anderem:
„Es ist wahrscheinlich, daß der Kronprinz von Schweden, der, wie es
heißt, den Befehl führt, seine Schweden ganz besonders schonen wird,
und das wird eine Quelle der Zwietracht unter den Verbündeten sein."
(Il est probable que le prince royal de Suède, qu'on dit avoir le
commandement, ménagera spécialement ses Suédois, ce qui sera
une source de division entre eux.) — Die Schuld des Kronprinzen
war es gewiß nicht, daß diese Worte nicht vollständig wahr wurden! —

Sehr treffend bezeichnete Napoleon dessen Benehmen zum Voraus, indem er zu dem Grafen Bubna über ihn geringschätzend sagte: „Was den betrifft, der wird nur Schein-Capriolen machen!" (Pour celui-là, il ne fera que piaffer!) — Der Kronprinz dürfte sogar in diesem Sinn die Erwartungen seines Gegners noch übertroffen haben. Aber darin lag Napoleon's verhängnißvoller Irrthum, daß er noch immer den Geist nicht zu würdigen wußte, der in Preußen Alles beseelte. Weit entfernt zu ahnen, daß die Führer zweiten Ranges, Bülow, Tauenzien und Borstell, durch verdoppelte Energie und Ausdauer die absichtlichen Versäumnisse ihres Oberfeldherren in wesentlichen Beziehungen gut machen würden, und daß ihnen dies mit einer verhältnißmäßig geringen Macht, mit zum Theil neuen Truppen, mit Landwehren, gelingen könnte, sah vielmehr Napoleon mit der Einseitigkeit eines Soldaten vom Handwerk, aus übergroßer Höhe mit entschiedener Verachtung auf Alles herab, was einer Volksbewaffnung glich; auch auf die preußischen Landwehren. Diese nuée de mauvaises troupes, meinte er, würde gar leicht auseinander stäuben.

Dies Mißverständniß, dies Verkennen der Zeit und ihrer Zeichen, bewog ihn vor Allem, den Marschall Oudinot für dies Unternehmen in der That ungenügend auszurüsten. Zwar sollten Davoust und Girard zu gleicher Zeit gegen Berlin vordringen, und der Erstere konnte allerdings ein sehr großes Gewicht in die Wagschale legen, den Erfolg bedeutend steigern —: vorausgesetzt nämlich, daß Oudinot siegreich vordrang. Aber im Allgemeinen lag der Schwerpunkt des ganzen Unternehmens so entschieden in dem Angriff, den Oudinot unmittelbar selbst führte, daß, wenn er geschlagen wurde, Vortheile, welche Davoust — oder vollends Girard — unterdessen erfochten haben konnte, ihre Bedeutung verloren. Und gerade gegen Oudinot hätte der Kronprinz von Schweden mit leichter Mühe eine sehr große — eine überwältigende Uebermacht auf dem Schlachtfelde vereinigen können! Zwanzigtausend Mann mehr gegen Berlin, auf das Hauptunternehmen des Feldzugs, zu verwenden, lag keineswegs außerhalb der Grenzen der Möglichkeit, wenn Napoleon seine übrige Macht zwischen der Elbe und dem Bober geschlossener beisammen hielt.

Oudinot empfand vollkommen das Mißliche seiner Sendung, und lehnte schon am 14., so wie er seine Verhaltungsbefehle erhalten hatte, „dies ehrenvolle und glänzende Commando" ab. Noch schwebten ihm wohl die Erinnerungen des Jahres 1812, wo er auch mit unzureichenden Mitteln das Unmögliche leisten sollte, in voller Lebendigkeit vor! Sein Wunsch aber, unter die Befehle des Königs Joachim (Murat's) gestellt zu werden, wurde nicht erhört.

Ein sehr — ja unschätzbar glücklicher Umstand war es dann endlich für die Verbündeten, daß man im großen Hauptquartier die Streitkräfte Napoleon's für sehr viel geringer hielt als sie wirklich waren — und gerade wie beim Feinde geschah, die eigene Ueberlegenheit gar bedeutend überschätzte. Man glaubte nämlich, — so viel sich die etwas verwirrten Berechnungen verstehen lassen, welche der österreichische Generalstab dem Kriegsrath zu Melnik vorlegte — Napoleon's Macht in Sachsen, alle Festungsbesatzungen, auch die an der Oder, mitgerechnet, betrage nur 331,000 Mann. Sie ist also ziemlich genau um zwei Siebentheile — fast um ein Drittheil — zu gering angenommen. — Der Wortlaut des zu Melnik von österreichischer Hand ausgearbeiteten Operationsplans, nöthigt zu glauben daß unter jener Hauptzahl auch Davoust's Heertheil bei Hamburg mitbegriffen sein soll. Ist das der Fall, so ist dann in den weiteren Berechnungen dieser Heertheil vollständig vergessen. Es wurde angenommen, daß die französischen Besatzungen der Festungen an der Elbe und Oder 50,000 Mann stark seien, daß Napoleon eben so viel gegen die schlesische Armee zurücklassen werde, und daß 80,000 Mann gegen die Nordarmee verwendet seien. Danach konnten die Truppen, welche Napoleon der Hauptarmee gegenüber behielt, kaum mehr als hundertundfünfzigtausend Mann stark sein. Einem solchen Feinde konnte man an der Spitze der böhmischen Armee entgegengehen, ohne eben verwegen zu sein!

Dennoch, obgleich man sich ein so günstiges Bild von der Lage der Dinge machte, zeigte sich das Hauptquartier des Fürsten Schwarzenberg nicht selten kleinmüthig und rathlos genug —: wie hätte man vollends gehandelt, und was wäre geworden, wenn man, besser unterrichtet, die Verhältnisse gesehen hätte, wie sie wirklich waren!

Von den drei Armeen der Verbündeten war die schlesische die
schwächste, und für den Angriff am ungünstigsten gestellt. Sie traf
einfach auf die Stirnseite des Feindes, wenn sie vorwärts drang, und
das ist die Form des Angriffs, die am wenigsten entscheidend zu werden verspricht. Dieser ungünstigen Stellung wegen hatte man sie eben
zur schwächsten gemacht, und ihr eine untergeordnete Rolle zugewiesen —: und gerade dieses Heer führte dann vor allen die glückliche
Entscheidung herbei! — Ein neuer Beweis, daß die Strategie nicht
blos die geometrischen Verhältnisse zu berücksichtigen hat.

Drittes Kapitel.

Beginn des Feldzugs. — Marsch nach Böhmen. — Moreau und Jomini. —
Gen. Toll im österreichischen Hauptquartier. — Der Kriegsrath zu Melnik. —
Der Operationsplan für die Hauptarmee. — Der Zug nach Sachsen. — Die
Schlacht bei Dresden. — Der Rückzug. — Die Schlacht bei Kulm.

Wir haben viel Zeit und Mühe auf die Darstellung der anfänglichen Verhältnisse bei dem Beginn des neuen Feldzugs verwendet, den
Betrag der beiderseitigen Streitkräfte, die Plane beider Parteien und
die Art, wie sie zu Stande gekommen waren, genau zu ermitteln gesucht, weil alle diese Dinge selbst in den neuesten Werken über jene
ewig denkwürdige Zeit weder erschöpfend, noch selbst durchaus der
Wahrheit gemäß dargestellt sind. Es kann aber nicht unsere Absicht
sein, den Gang und alle Ereignisse des Feldzugs selbst mit gleicher
Ausführlichkeit zu erzählen.

Schon ist eine ganze Bibliothek über den Feldzug 1813 geschrieben
worden, so daß derjenige, der jetzt noch wieder von dieser Zeit sprechen
will, nur von zweien Dingen Eines thun kann: er muß sich entweder
die Aufgabe stellen, alle vorliegenden Nachrichten zusammenzustellen,
kritisch zu sichten, nach ihrem inneren Zusammenhang zu ordnen, und

10*

so ein vollständiges abschließendes Werk zu liefern, das gleichsam an
die Stelle der ganzen bisherigen Literatur über diese Periode träte —
oder er muß sich darauf beschränken, nur das vorzutragen, was seine
Erinnerungen oder seine Quellen ihm an neuen, bisher unbekannten
Thatsachen bieten, und Irrthümer zu berichtigen, wo er es vermag.

Für das Erstere ist es jetzt noch jedenfalls zu früh. Noch bergen
die Archive, die Tagebücher und Papiere lebender oder kürzlich verstor-
bener Zeugen viele gewichtige Nachrichten, ohne die jede Darstellung
des Feldzugs nur scheinbar, nicht wirklich, eine durchaus vollständige
und erschöpfende sein könnte. Namentlich schweigt Oesterreich noch
immer über die Wege seiner damaligen Politik, deren Einfluß auf die
Führung des Krieges, die innere Geschichte des Schwarzenbergischen
Hauptquartiers, und die Ereignisse bei seiner Hauptarmee, und wenn
sich auch das Wesentliche dennoch so ziemlich übersehen läßt, sind wir
doch über das Einzelne und Genauere nicht gehörig belehrt.

Schon deßhalb müßten wir einem solchen Versuch entsagen, der
hier jedenfalls zu weit führen würde. Unsere Aufgabe bleibt, indem
wir den persönlichen Erlebnissen des Generals Toll folgen, den Gang
des Feldzugs übersichtlich in solcher Weise zu erzählen, daß der Leser
den Faden der Ereignisse nicht verliert, und in Beziehung auf einzelne
Punkte die bisher geltende Darstellung aus zuverlässigen Quellen,
theils zu ergänzen, theils zu berichtigen. —

Napoleon's Unternehmen auf Berlin mißlang gleich in den ersten
Tagen des neuen Feldzugs.

Oudinot sammelte sein Heer in der Gegend von Luckau, und
brach von dort aus am 19. August gegen Berlin auf, sehr schlecht
unterstützt von Davoust, der unsicher und zaudernd kaum wenige Märsche
von Hamburg vorzugehen wagte, anstatt mit der kühnen Energie zu
handeln, die Napoleon vorausgesetzt hatte, — und selbst von Girard,
der in unmittelbarer Nähe mitwirken sollte.

Die Vertheidigung der preußischen Hauptstadt wird gegen Süden
durch Bodenverhältnisse sehr begünstigt. Zwei sumpfige Flüßchen,
deren eines unterhalb, das andere oberhalb der Stadt in die Spree
mündet, und die nicht weit von ihrem Ursprung, durch Canäle in
sumpfigen Wiesen, verbunden sind, die Nute und Notte, bilden in

einer Entfernung von etwa 4 Meilen einen Halbkreis um Berlin. Man hatte die Uebergänge schon im Frühjahr verschanzt, und Ueberschwemmungen veranstaltet. Jetzt aber waren diese Vertheidigungsanstalten vernachlässigt, und schwach, nur durch zwei Brigaden (Divisionen) von Bülow's Heertheil besetzt; die Ueberschwemmungen waren der Heuernte wegen abgelassen. Man legte wenig Werth darauf, denn im Bewußtsein der Macht rechneten die preußischen Generale auf eine Schlacht, die man siegreich zu bestehen hoffte, innerhalb jenes verschanzten Halbkreises, wo das Gelände, von Wäldern bedeckt und theilweise sumpfig, dem Angreifer auch wenig Vortheile bietet.

Von Tauenzien's sehr zerstückeltem Heertheil stand Hirschfeldt bei Brandenburg, Putlitz vor Magdeburg, Wobeser bei Schiedlo auf dem rechten Ufer der Oder; und der Rest unter dem Führer selbst bei Müncheberg. Was sonst noch zu diesem Heer gehörte, nämlich die Hälfte von Bülow's Heertheil, die Russen und Schweden, hatte der Kronprinz um Berlin, Charlottenburg und Spandau ziemlich vereinigt.

Uebrigens waren die ersten Anordnungen und Maaßregeln dieses Feldherrn in mehr als einer Beziehung sehr eigenthümlicher Art. Er war zur Zeit, wie es scheint, wirklich überzeugt, daß Napoleon den Angriff auf Berlin und die Mark persönlich anführen werde, und in dem Augenblick, wo er seinem Heer den Beginn der Feindseligkeiten ankündigte, setzte er demgemäß einen Preis von einer halben Million Rubel auf die Einfangung seines verhaßten Gegners. Dergleichen war in den Kriegen der neueren Zeit nicht vorgekommen, und konnte als seltsam befremden, aber es paßte durchaus zu den Proclamationen und sonstigen Erlassen des Kronprinzen, die den Krieg immer wieder als nicht gegen Frankreich, sondern nur gegen Napoleon gerichtet, bezeichneten. Bernadotte blieb auch dabei nicht stehen; es sollte nicht dem Schicksal überlassen bleiben, und dem Reiz, den ein so reicher Lohn im allgemeinen auf alle unternehmenden Führer leichter Truppen üben mußte, ob es gelang, sich der Person des französischen Kaisers zu bemächtigen; vielmehr wurde eine eigene Streifschaar — Kosacken — unter dem russischen Obersten Baron Woldemar Löwenstern, aus der Gegend von Treuenbrietzen ausdrücklich auf diesen Fang ausgesendet. Nach den Verhaltungsbefehlen, die Löwenstern am 17. August erhielt,

sollte er sich über Jüterbogk, oder wenn das nicht thunlich sei, über
Luckenwalde dem Städtchen Baruth nähern, wo Oudinot's Hauptquartier sei; hier sollte er den Feind beunruhigen, sich dann in dessen
Rücken schleichen, die Heerstraße von Baruth nach Dresden zu erreichen
suchen, und da dem Kaiser Napoleon auflauern, der sich unter ansehn-
licher Bedeckung von Garde-Reiterei — wahrscheinlich reitenden Jägern
der Garde — von Dresden zur französischen Nordarmee begeben
werde.   Zur Unterstützung und Aufnahme der Streifschaar werde der
General Graf Orurk bei Beliß stehen*).   — Der Kronprinz von
Schweden konnte allerdings in diesem Anschlag, wenn Alles nach
Wunsch gerieth, ein Mittel sehen, s e i n e n besonderen Zwecken näher
zu kommen! — Höchst wahrscheinlich sah er darin ein Mittel, eine
Umwälzung in Frankreich, eine plötzliche Unterbrechung des Krieges
herbeizuführen, und Frankreich vor allen Nachtheilen zu bewahren, die
ein Sieg der Verbündeten in redlichem Kampf ihm bringen konnte!

Daß er diesen Kampf um jeden Preis meiden wollte, hatte der
Prinz gleich in der ersten Besprechung, die er (am 13. August) zu
Oranienburg mit den preußischen Generalen hatte, nur all zu deutlich
verrathen. Seinen ursprünglichen Anordnungen gemäß hätte der Feldzug mit einem freiwilligen Rückzug hinter die Havel und Spree begonnen und Berlin wäre ohne Kampf preisgegeben worden. Die Hauptmasse des Heers, nämlich die russischen und schwedischen Truppen,
Bülow's Heertheil und die Abtheilungen unter Hirschfeldt und Putliß
sollten sich nämlich hinter der Havel, zwischen Brandenburg und Potsdam vereinigen — so daß ein weiterer Rückzug, wenn er nöthig wurde,
auf Stralsund gehen mußte. Nur die Abtheilung unter Dobschütz
sollte sich hinter der Spree oberhalb Berlin, bei Müncheberg, Straus-
berg und Alt-Landsberg, mit Vorposten bei Fürstenwalde aufstellen.
Nur diesem Heertheil und dem General Wobeser wäre der Rückzug über
die Oder freigeblieben. Die Nordarmee aber wäre sofort in zwei Theile
zerfallen, wenn der Feind weiter vordrang. Allerdings hatte der Kronprinz bei dieser Besprechung zuletzt dem sehr entschiedenen Widerspruch
Bülow's scheinbar in soweit nachgeben müssen, daß die preußischen

---

*) Vergl. Beilage 8.

Generale auf eine Schlacht zum Schuß Berlin's hoffen konnten, aber er war dennoch, wie sich bald genug zeigte, sehr weit davon entfernt, seinen Planen entsagt zu haben. Daß der wirkliche Gang der Dinge ein anderer wurde, das ergab sich durchaus gegen seinen Willen.

Zunächst gelang dem Marschall Oudinot nach wenig bedeutenden Gefechten (den 21. und 22. August) die Pässe bei Trebbin, Thyrow, Witstock und Jühnsdorf zu nehmen, und fächerförmig drang sein Heer von hier am folgenden Tage (23.) in drei verschiedenen Richtungen weiter vor durch die Wälder. Zur Rechten ging Bertrand auf Blanken-felbe, wo er sich durch Tauenßien aufgehalten sah, der ihm bis dorthin entgegen gegangen war; in der Mitte folgte Reynier der Straße von Witstock nach Berlin bis Groß-Beeren, wo er am Ausgang der Wäl-ter Stellung nahm; zur Linken ging Oudinot selbst mit seinem eigenen Armeecorps und der Reiterei, in der Richtung auf Potsdam bis nach Schenkendorf vor.

Der Kronprinz aber hatte nur eben diese ersten Schritte des heran-rückenden Feindes abgewartet um die preußischen Generale in Bezie-hung auf die Art der Kriegführung deren sie von ihm gewärtig sein mußten, vollständig und für immer zu enttäuschen. Schon am 21. hatte er, während zwei Brigaden Bülow's die genannten Pässe zu vertheidigen suchten, die Hauptmasse seines Heers — nämlich die bei-den anderen Brigaden Bülow's, die schwedische Armee und die sämmt-lichen russischen Truppen (nur Czernyschew's Kosaken ausgenommen) — um Saarmund, vor Potsdam vereinigt. Ein Angriff von hier-aus in die linke Flanke des Feindes mußte zu glänzenden Ergebnissen führen. An ein solches Unternehmen aber dachte der Kronprinz nicht. Er äußerte vielmehr (am 22.) in einem Kriegsrath zu Philipsthal bei Saarmund, dem außer ihm selbst nur der schwedische Feldmarschall Graf Stedingk, Winßingerode und Bülow beiwohnten, nichts als schwere Bedenken; — und zwar obgleich er zur Zeit schon mit Be-stimmtheit wußte, daß keineswegs Napoleon in Person und mit ge-sammter Heeresmacht gegen ihn heranrückte, daß er nur den Marschall Oudinot und eine auf 80,000 Mann geschätzte feindliche Armee vor sich habe. Wahrscheinlich weil unter diesen Bedingungen durchaus kein anderer, irgend plausibler Grund für seine Plane aufzutreiben war,

gab er vor — wie freilich auch schon früher gelegentlich geschehen war
— an der Kriegstüchtigkeit der neugebildeten Truppen, d. h. der preußischen, namentlich der Landwehren zu zweifeln, und aus dieser vorausgesetzten Unzuverlässigkeit der Truppen folgerte er dann die Nothwendigkeit sich über die Spree zurückzuziehen, Berlin dem Feinde preis zu
geben, und im Norden dieser Stadt eine Stellung zu nehmen; bei
Charlottenburg sei glücklicher Weise eine Brücke; eine zweite habe er
bereits bei Moabit schlagen lassen. Der vorgewendete Grund hätte
natürlich, einmal anerkannt, den ganzen Feldzug über auch jeden weiteren
Rückzug gerechtfertigt. Da der Prinz sehr wohl wußte daß die Preußen an dem Gedanken, Berlin ohne Kampf aufzugeben, kein Gefallen
fanden, suchte er die Sache nebenher geringfügig zu machen, indem er
hinwarf: „was ist Berlin! eine Stadt!“ — Einem Preußen sei Preußens Hauptstadt mehr, erwiderte Bülow. Gewiß nicht ohne eine ge-
reizte Stimmung zu verrathen, wies er zugleich das geäußerte, beleidigende Mißtrauen dadurch zurück, daß er hinzufügte, die Truppen
unter den Befehlen des Prinzen gehörten zu den besten in Europa, und
sehr bestimmt erklärte er daß er dem Kronprinzen nicht über die Spree
folgen werde, bevor nicht zum Schutz Berlins eine Schlacht geschlagen sei.

Abermals gezwungen einzulenken, mußte der Prinz wenigstens
insoweit nachgeben, daß der Rückzug vorläufig nicht weiter als bis
in die Linie Gütergotz, Ruhlsdorf und Heinersdorf gehen solle, um
da die weiteren Schritte des Feindes abzuwarten. Den sehr erreg-
baren und in dem Augenblick wohl leidenschaftlich aufgeregten Bülow
ganz zu beruhigen „gab er selbst die Möglichkeit einer Schlacht zu“
— ließ sich gefallen daß Stedingk und Winzingerode, die bis dahin
geschwiegen hatten, sich jetzt zustimmend äußerten — und sprach selbst
mit Feuer von einem möglichen Kampf.

Die unmittelbar darauf ausgefertigte schriftliche Disposition aber,
der zu Folge — während Tauenzien mit der Brigade Dobschütz nach
Blankenfelde zurückging — Bülow seine vier Brigaden bei Heinersdorf vereinigte, und die Russen und Schweden auf den Anhöhen bei
Ruhlsdorf Stellung nahmen, brachte gleich wieder den Nachsatz: „in
dieser Position ist der Feind bis Mittag zu erwarten. Sollte dann ein
weiterer Rückzug befohlen werden, so gehen die schwedische, die russische

Armee und der General v. Bülow nach den Höhen vor Steglitz, während General v. Tauentzien den Weinberg (Kreuzberg) bei Berlin besetzt", — und das war unverkennbar wieder die Einleitung zu dem Rückzug über die beiden Brücken bei Charlottenburg und Moabit.

Später am Tage und in der folgenden Nacht ergingen dann freilich wieder Befehle, die eine Schlacht, selbst mit einer gewissen Bestimmtheit, zu verheißen schienen, aber Bülow glaubte nicht mehr daß der Prinz sich je freiwillig auf einen ernsten Kampf einlassen werde.

So erwies es sich denn auch. Am folgenden entscheidenden Tage (23.) erhielten sowohl Tauentzien als Bülow den an sich sehr überraschenden Befehl bis auf die sogenannten Weinberge vor Berlin zurückzuweichen; dort wolle man zur Rettung der Hauptstadt noch eine Schlacht wagen — (die Stadt selbst unmittelbar im Rücken) — das Alles in einem Ton, als sei die Lage eine verzweiflungsvolle, als handle es sich nur noch um eine letzte hoffnungslose Wagniß. Es ist kaum zu bezweifeln daß dabei die Absicht zum Grunde lag, die Wagniß an Ort und Stelle ganz hoffnungslos zu finden — und den weiteren Rückzug aus schlechter und gefährlicher Stellung nothwendig, um wenigstens das Heer zu retten. *)

Weder Bülow noch Tauentzien gehorchte dem Befehl. Bülow ging im Gegentheil rasch entschlossen vorwärts, griff Reynier in seiner Stellung bei Groß-Beeren an, und schlug ihn glänzend.

Oudinot mußte nun mit seinem dreifach getheilten Heer den Rückzug antreten, um es rückwärts zu sammeln; und er konnte auch wirklich ungestört und langsam, indem er unterwegs noch einen Rasttag machte (am 26.) den 29. und 30. die Gegend von Wittenberg, das Ziel und Ende dieses Rückzugs erreichen. Denn der Kronprinz, mehr verstimmt als erfreut durch einen Sieg, den er nicht gewollt hatte, folgte ihm kaum, vom Verfolgen war nicht die Rede; seine einzige Sorge schien sein Heer so weitläufig als möglich auseinander zu breiten, und jeden ernsten Angriff auf den Feind zu hintertreiben.

Unterdessen war Girard zu spät (am 21.) von Magdeburg aufgebrochen, und gelangte erst, als Oudinot bereits geschlagen war (am

---

*) Geschichte der Nordarmee I, 137—138; 261—264; 291—294; 312.

26.) nach Bruck, drei Meilen von Potsdam. Die Division Dombrowski, die er erwartete, fand sich natürlich nicht mehr zu ihm. Er
kehrte nun nach Lübnitz bei Belzig um, und hier von Tschernyschew's
Kosacken umschwärmt, sah er sich (am 27.) von den preußischen Land-
wehr-Brigaden Hirschfeldt und Putlitz ereilt. Diese neugebildeten
Schaaren, die sich hier zum ersten Mal einem Feind gegenübersahen,
waren an Zahl wohl etwas, wenn auch wenig, schwächer als ihre
Gegner. Sie griffen an, es kam zu einem sehr merkwürdigen Gefecht,
in welchem ein und dieselbe Schaar sich in Einem Augenblick, in ihrer
Unerfahrenheit durch panischen Schrecken zu wilder Flucht fortreißen
ließ, und im nächsten eine mehr als gewöhnliche Tapferkeit zeigte.
Girard's Heertheil wurde nicht nur besiegt, sondern vernichtet, wie in
dieser Weise auf dem Schlachtfelde selbst kaum jemals vorgekommen
war. Nur etwa ein Viertheil seiner Mannschaft (3500 M.) entrann
der Niederlage; etwa 2000 Mann könnten sich fahnenflüchtig im Lande
verloren haben; die Uebrigen waren etwa zur Hälfte, meist verwundet,
gefangen; die andere Hälfte lag, und zwar großentheils im Kampfe
Mann gegen Mann durch Kolbenschläge hingestreckt, todt auf dem
Schlachtfelde. —

Während Oudinot's Angriff auf die preußische Hauptstadt in
solcher Weise scheiterte, begann auch die Hauptarmee der Verbündeten
von Böhmen aus ihre Operationen.

Die russischen und preußischen Truppen, die zu den Oesterreichern
stoßen sollten, waren theilweise schon seit dem 7. August in Bewegung;
doch betraten sie erst am 11., als der Waffenstillstand abgelaufen war,
das österreichische Gebiet, und zogen von Landeshut und aus der Graf-
schaft Glatz, in sechs Colonnen durch Böhmen in das Lager von Budin
an der Eger, wo sie, mit Ausnahme der Garden, die um zwei Märsche
zurück waren, schon am 19. eintrafen.

Der Kaiser Alexander erreichte mit seinem Gefolge schon am 15.
Prag, und hier erschienen bald nach einander zwei vielgenannte französische Generale bei ihm —: Moreau und Jomini. Der erstere kam
gerufen, wie bekannt — ja, der Kaiser Alexander hatte sich schon früh
mit dem Gedanken beschäftigt, diesen gefeierten Feldherren, wenn nicht
an die Spitze seiner Heere, doch an seine Seite, in seinen Rath zu be-

rufen, und war mehr als einmal darauf zurückgekommen. Die Generale, die er in der russischen Armee vorfand, flößten ihm, wie wir schon einmal bemerken mußten, wenig Vertrauen ein — : Moreau's frühere Leistungen dagegen wurden zur Zeit, da die Geschichte seiner Feldzüge noch wenig aufgeklärt war, gar sehr überschätzt. Auch scheint man geglaubt zu haben, daß sein Name einen mächtigen Eindruck auf Frankreichs Krieger, und sie wankend in ihrer Treue machen könnte. Schon 1805 hatte daher Alexander Schritte gethan, ihn herbeizuziehen; der rasch geschlossene Friede veranlaßte, daß sie wieder aufgegeben wurden, und eben so ging es ein zweites Mal, als Alexander sich von Neuem Frankreich und seinem Kaiser gegenüber sah. Jetzt kam Moreau; seit zwölf Jahren des Krieges, des Befehls entwöhnt; unbekannt mit den Formen, die der Krieg seither angenommen hatte, unbekannt vor Allem mit der Zeit, der Stimmung, den Bedürfnissen und dem Verlangen der Völker Europa's, und in den seltsamsten Täuschungen befangen. Auch er glaubte Europa nicht mit Frankreich, sondern nur mit Napoleon im Kriege; das allgemeine Gefühl nicht gegen Frankreich und dessen Volk, sondern nur gegen den Kaiser der Franzosen persönlich empört — und das Gefühl der Aufregung gegen diesen mußte sich nach seiner Meinung in Frankreich selbst, namentlich im französischen Heer, viel bestimmter und leidenschaftlicher regen als irgend anderswo; denn hier mußte es doch am meisten empfunden werden, daß Napoleon den Untergang des französischen Heeres in Rußland verschuldet hatte. Kurz Moreau glaubte redlich Alles, was Bernadotte vorgab zu glauben, und bei Weitem mehr als das; er war überzeugt, Napoleon sei, als er seine Armee in Lithauen verließ, nicht sowohl vor den Russen, als vor dem Zorn seiner eigenen Soldaten entflohen; nur der Zauber seines gleichwohl verhaßten Namens und die muthlose Schwäche der Menschen halte noch sein Heer zusammen, und Frankreich in Unterwürfigkeit; dort sei eine republikanische Gesinnung vorherrschend. Sein Wunsch war nun, an die Spitze von etwa vierzigtausend französischen Gefangenen gestellt zu werden, die ohne Zweifel nach Rache an Napoleon dürsteten, und mit ihnen an der Küste von Frankreich zu landen; dann erhob sich das französische Volk! — Das war nach seiner Meinung das einzige Mittel Napoleon zu

stürzen, aber auch ein sicheres! — Für einen General in rufsischen
Diensten zu gelten, konnte natürlich seinen Zwecken nicht entsprechen,
und er mied diesen Schein. In bürgerlicher Kleidung, in rundem Hut,
grauem Ueberrock und Stiefeln mit gelben Kappen und silbernen Spo-
ren, ohne Waffen, erschien er stets im Gefolge Alexander's, und den
Republikaner, oder doch den Anhänger der Ideen, von denen die französische Revolution zuerst ausgegangen war, verläugnete er nicht.
Hätte er länger gelebt, so mußte seine Anwesenheit große Verlegenheiten herbeiführen — wenn man auch, was die Führung des Krieges
anbetrifft, gewiß immer weniger auf seine Rathschläge gehört hätte.

Jomini hatte aus bekannten persönlichen Gründen (weil ihn Napoleon weder zum General-Lieutenant befördern, noch ihm seinen Abschied gewähren wollte) das französische Heer verlaffen. Der Kaiser
Alexander empfing ihn mit großer Achtung und ernannte ihn zum General-Lieutenant in der rufsischen Armee; nicht minder begegnete ihm
die ganze Umgebung des Kaisers mit großer Aufmerksamkeit. Das
war schon deswegen natürlich, weil Jomini wohl nirgends in der Welt
als Schriftsteller, als Theoretiker, in so hohem Ansehen stand, als in
der rufsischen Armee, deren jüngere unterrichtete und vorwärts strebende Offiziere sich eigentlich ausschließlich an seinen Schriften gebildet
hatten, und ihn als eine unbedingte Autorität betrachteten. Man erwartete von ihm, wie von Moreau, große Dinge. Freilich mußte
man bald wahrnehmen, daß er in den Operationen des wirklichen
Kriegs eigentlich wenig Uebung habe; daß ihm manches fehle, was
man im Grunde von jedem Generalstabs-Offizier erwartet. So wußte
er z. B. die Zahl feindlicher Truppen, die man in einer Stellung oder
auf dem Marsch vor sich sah, nicht zu schätzen. Er hatte kein Auge
dafür, und scheint das selbst gefühlt zu haben, denn seine eigenen Vermuthungen blieben immer sehr unsicher, und den Schätzungen Anderer
getraute er sich nie zu widersprechen. Ebenso fehlte ihm das Talent
sich an Ort und Stelle, auf dem wirklichen Felde der Operationen, in
Feld und Wald schnell zurecht zu finden. Diese Umstände mögen dazu
beigetragen haben, daß es ihm nicht gelingen wollte auch bleibend bedeutenden Einfluß zu gewinnen, und später wenigstens gestand er selbst
von sich, daß er „kein Taktiker sei"; diese Meinung wurde herrschend

in der russischen Armee; sein Ansehen als „Stratege" aber war so
fest begründet, daß es auch dadurch nicht erschüttert wurde, und auf
diesem Gebiete gilt er wohl bis heute den unterrichteten Offizieren der
russischen Armee so ziemlich für die höchste Autorität.

Natürlich lernte auch Toll die beiden Generale kennen, doch verschwand Moreau so bald wieder von der Schaubühne, daß irgend ein
Verhältniß zu ihm sich nicht bilden konnte.

Schon etwas früher hatte der Kaiser Alexander dem General Toll
eröffnet, daß er als General-Quartier-Meister die zweite Stelle im
Stabe des Kaisers habe, daß seine nächste Bestimmung sei, im Hauptquartier des Fürsten Schwarzenberg dessen Correspondenz mit den
russischen Heertheilen — und im wesentlichen die Geschäfte eines General-Quartiermeisters zu übernehmen, insofern sie die russischen Truppen beträfen. Natürlich mußte er dann auch mit dem Kaiser selbst,
und mit dem Fürsten Wolkonsky in beständiger Verbindung bleiben —
in schriftlicher, sobald die Hauptquartiere getrennt waren. Wohlwollend sagte der Kaiser Vieles über die wichtigen Dienste, die er von
Toll in diesem bedeutenden Wirkungskreise erwartete, und über die
Schwierigkeiten einer Stellung, die mancherlei Rücksichten gebot. Toll
werde es hier vorzugsweise mit fremden Generalen zu thun haben,
deren Selbstgefühl man nicht verletzen dürfe; „Du wirst leicht heftig,
fügte er hinzu: da müßtest Du Dich bewachen!" — „Was denken
Euer Majestät von mir!" fiel Toll etwas hastig ein; liebenswürdig
und lächelnd unterbrach ihn der Kaiser mit den Worten: „Nun siehst
Du! Du fährst schon auf! — und gegen mich!" — Auch Toll mußte
lächeln und schwieg.

Die nächsten paar Tage, bis die Hauptquartiere zusammentra-
fen, blieb er indessen noch bei der Person des Kaisers. Er wohnte
daher der Conferenz nicht bei, die am 18. August im Hauptquartier
des Fürsten Schwarzenberg zu Melnik stattfand, zu der sich auch Barclay de Tolly von Diebitsch begleitet einfand, und in welcher der besondere Operationsplan für die Hauptarmee der Verbündeten festgesetzt
wurde. —

Bisher hatte man sich im österreichischen Hauptquartier vorzugsweise mit der Vertheidigung beschäftigt; und das darf nicht befremden,

denn einen Angriff zu unternehmen, daran konnte man nicht denken,
so lange die Verstärkung durch ruffische und preußische Heertheile nicht
eingetroffen war — und es war wohl möglich, daß Napoleon, die
Zwischenzeit benützend, den Verbündeten im Angriff zuvorkam.

Man erwartete daß er in diesem Fall aus der Oberlaufiß, wo
man seine Hauptmacht vereinigt wußte, auf dem rechten Ufer der Elbe
über Zittau und Gabel auf Prag vordringen werde. Deshalb waren
die drei Uebergänge über die Elbe, die man bei Leitmeriß, Raudniß und
Melnik vorbereitet hatte, auf dem rechten Ufer des Flusses, gegen die
Laufiß, durch Brückenköpfe gedeckt; ferner war die 2. leichte Division
(Bubna) einstweilen unter dem Grafen Neipperg, zur Beobachtung an
der Grenze, im Halbkreis um den vorspringenden Theil der Oberlaufiß
von Friedland bis Rumburg und Schluckenau aufgestellt — und am
9. und 10. August wurde das österreichische Heer in Lagern bei Hüner-
waffer, Hirschberg und Hohlan versammelt, eine Vorhut bei Böhmisch-
Leipa aufgestellt. Schon hatte man am Polzen, zwischen dem Hirsch-
berger und Neuschloffer See, bei Mückenhain, eine sehr feste Stellung
gewählt, in der man glaubte eine Schlacht annehmen zu können. Sie
war sorgfältig verschanzt, und ihre linke Flanke dann auch noch durch
besondere Verschanzungen jenseits des Neuschloffer Sees, gegen eine
entferntere Umgehung gedeckt.

Aber die Zeit verging, und die Gefahr verschwand; Ruffen und
Preußen rückten heran, und als Vorbereitung zu einem Angriff über
das Erzgebirge auf Sachsen, zogen die österreichischen Krieger, in dem
Maaß, wie ihre neuen Verbündeten sich näherten, auf das linke Ufer
der Elbe hinüber, um bei Jungfrau-Teiniß, Postelberg und Dreyami-
schel, den linken Flügel der Aufstellung hinter der Eger zu bilden, auf
deren rechten Flügel Ruffen und Preußen sich in dem Lager bei Budin
-fammelten.

Graf Klenau stand mit einem gesonderten Heertheil ziemlich weit
links und rückwärts von Postelberg, bei dem Städtchen Maschau. Auf
dem linken Ufer der Elbe blieb in Böhmen nur die schwache Division
Bubna an der Grenze zurück.

Napoleon stand mit seiner Hauptmacht in der Laufiß und Nieder-
schlefien bis an die Katzbach. Dieser Fall war vorgesehen, und in

Gitschin besprochen worden. Es konnte nun die Frage aufgeworfen
werden, ob die böhmische Hauptarmee nicht den früheren Entwürfen,
und selbst dem Trachenberger Operationsplan gemäß, den Feind, und
zugleich die Verbindung mit der schlesischen Armee, die gegen den Bober
vordrang, in der Lausitz aufsuchen müsse.

Aber diese Vorstellungen waren ganz in den Hintergrund getreten, und ein solcher Gedanke kam in dem Kriegsrath zu Melnik auch
nicht einmal mehr beiläufig und vorübergehend zur Sprache. Andere
Ansichten waren hier maaßgebend, und der Fürst Schwarzenberg unterzeichnete einen kühnen Entwurf, der freilich auch in den Trachenberger
Beschlüssen vorgezeichnet war. Er war auf Voraussetzungen gegründet, die in der Wirklichkeit nicht zutrafen, aber durch das Bild, das
man sich von Napoleon's Lage und seinem wahrscheinlichen Verfahren
machte, wurde man in sehr natürlicher Weise darauf geführt.

Wir haben verfolgen können, wie sich allmählich die Vorstellung
festsetzte, bei der großen Ueberlegenheit, die man zu haben glaubte, bei
den großen strategischen Vortheilen, welche das „vorspringende Boll-
werk Böhmen" (le bastion saillant de la Bohême — auf dem linken
Elbe-Ufer) gewährte, könne Napoleon nicht anders, als seine Vertheidigung und damit den eigentlichen Schauplatz des Krieges, auf das
linke Ufer des Stromes verlegen, wo ihm die größte Gefahr drohte,
und abgehalten werden mußte. Der Fürst Schwarzenberg selbst —
oder sein Generalstab — „hielt es nicht für unwahrscheinlich, daß Napoleon anfänglich eine Stellung am linken Elbufer in der Gegend von
Leipzig nehme, und dort erwarten wolle, daß irgend ein Mißgriff, ein
Mangel an Zusammenhang im Benehmen der aus Süden und Norden heranrückenden Verbündeten" ihm eine günstige Aussicht eröffne.
Man setzte, im Zusammenhang damit, voraus, daß er gegen Blücher,
am Bober, nur eine verhältnißmäßig geringe Macht — von etwa
50,000 Mann — zurücklassen werde, die natürlich nichts unternehmen
konnte, und langsam vor dem schlesischen Heer gegen die Elbe zurückweichen mußte.

Nur wenn er der Nordarmee der Verbündeten gegenüber auf der
Vertheidigung bleiben, gegen die böhmische Armee angriffsweise vor-

gehen wollte, schien Napoleon allenfalls anders handeln zu können —:
nun wußte man aber im großen Hauptquartier, daß er umgekehrt, einen
Angriff auf den Kronprinzen von Schweden und Berlin eingeleitet
hatte, und daraus folgte von selbst, daß er sich an der Grenze von Böh=
men auf der Vertheidigung hielt.

Noch dazu glaubte mancher der Rathgeber den Angriff auf die
brandenburgische Churmark viel großartiger angelegt als er wirklich
war, und man vermuthete, Napoleon stehe persönlich an der Spitze
desselben. Das geht namentlich auch aus einem Briefe hervor, den
Diebitsch am 17. August an den General Blücher richtete. Er mel=
det darin, daß nach den Nachrichten, die man soeben von dem Grafen
Neipperg erhalte, „der Feind seinen Hauptangriff auf das Branden=
burgische zu richten scheint, daß der Kaiser Napoleon zwar selbst in
Bautzen und Görlitz erwartet wird, aber von da sich nach Cottbus
wenden soll, und daß die polnischen Truppen anfangen, sich von der
österreichischen Grenze fort nach Zittau zu ziehen, von wo sie den Be=
fehl haben sollen, sich nach der Nieder=Lausitz zu ziehen. Alle Truppen
von Wittenberg, Dahme, Luckau, Lübben, Lieberose, Friedland und
Guben sollen gegen Berlin bestimmt sein, und von denen von Sorau,
Sagan, Sprottau, Neustädtel, Freystadt und Neusalz unterstützt wer=
den, während die Truppen in Schlesien und an der böhmischen Grenze
diese Bewegungen masquiren.“

Durch solche Vorstellungen wurde man natürlich in der einmal
herrschenden Ansicht bestärkt, und dieser entsprechend wurde denn zu
Melnik auch nur über einen Zug nach Sachsen berathen.

So sehr das Unternehmen aber auch durch die Umstände wie
durch den Trachenberger Operationsplan geboten schien, waren doch die
Stimmen im österreichischen Hauptquartier nichts weniger als einig
darüber. Duka widersprach sehr entschieden, und wollte durchaus auf
der Vertheidigung bleiben; erst nach langem Widerstreben gab er nach
und willigte auch seinerseits in den Zug über das Erzgebirge; aber,
da er, wie es scheint, an einen Angriff Napoleon's auf Bernadotte
und die Mark auch jetzt nicht glaubte, ausschließlich nur um „der
schlesischen Armee Luft zu machen“; darüber hinaus durfte das Unter=

nehmen, seiner Ansicht nach, einen positiven Zweck nicht haben *). Ob auch Radetzky eben so laut und entschieden widersprochen hat, muß dahin gestellt bleiben; nach allen bis jetzt geöffneten Quellen sollte man eher schließen daß es nicht geschehen sei. Aber wenn er sich auch vielleicht nicht so bestimmt aussprach, war er doch in der That ebenfalls gegen den Zug. Noch am Tage nach dem gefaßten Beschluß äußerte er gegen Sir Robert Wilson: „Die russischen und französischen" — das heißt wohl Moreau's und Jomini's — „Rathschläge" hätten in dem Kriegsrathe zu Melnik den Sieg davon getragen, und gegen seine — Radetzky's — Meinung seien Angriffs-Operationen beschlossen worden. Er sprach die Ueberzeugung aus daß der Feind gewiß wünsche die Hauptarmee der Verbündeten zum Angriff über das Gebirge herankommen zu sehen, wo sie dann, die schwierigen Gebirgspässe unmittelbar im Rücken fechten müsse — während „Wir" wie Radetzky sich ausdrückt, und womit nur die Oesterreicher gemeint sein können, die Absicht hatten, umgekehrt, den Feind in diese bedenkliche Lage zu versetzen (b. h. ihn diesseits des Gebirges zu erwarten). — Er sprach ferner Zweifel aus in Beziehung auf die Fähigkeit der Generale getrennte Angriffs-Colonnen selbstständig zu führen, und sah auch darin einen Grund sich auf einer mit kleineren offensiven Unternehmungen verbundenen Vertheidigung zu halten, anstatt einen solchen allgemeinen Angriff zu wagen; ein Unternehmen bei dem allerdings v i e l gewonnen werden, aber auch A l l e s verloren gehen könne. **)

Indessen kam man doch, des Widerspruchs unerachtet, zu Melnik, wie gesagt, zu dem Schluß, daß die Hauptarmee „eine kräftige Offensive" ergreifen müsse. Zwar nicht weil man unter allen Bedingungen darauf angewiesen sei, die Initiative zu ergreifen, weil „alle Armeen der Verbündeten die Offensive ergreifen, und das Lager des Feindes ihr rendez-vous sein wird" — wohl aber, wie es in dem Melnifer Operationsplan lautet „wenn der Feind, w i e e s g e g e n w ä r t i g w a h rs c h e i n l i c h w i r d, gegen diese Hauptarmee auf der Defensive bleibend,

---

*) Radetzky, eine biographische Skizze, 192.
**) Sir Robert Wilson, private journal II, 85.

die Feindseligkeiten mit der Offensive gegen den Kronprinzen von
Schweden beginnen wird."

Da war „eine kräftige Offensive auf dem linken Ufer der Elbe
in der Hauptrichtung gegen Leipzig" eine „unbedingte
Nothwendigkeit".

Zwar mußte man sich gestehen, daß die Operationen der Hauptarmee nicht vor dem 20. beginnen könnten, Napoleon also mehrere
Tage voraus habe, wenn er, „mit Hinterlassung einer
Scheinmacht an der böhmischen Grenze, der Armee des
Kronprinzen von Schweden mit Nachdruck zu Leibe gänge". — Aber
„die hohe Kriegserfahrung" des Kronprinzen „verbürge" — heißt es
— daß es ihm gelingen werde, gleichsam bis zu seiner Entsetzung durch
die Hauptarmee, zwar die feindlichen Streitkräfte auf sich zu ziehen
und fest zu halten, entscheidende Schläge aber zu vermeiden.

„Ja selbst wenn die Armee des Kronprinzen bis zum 21. August
vom Feinde bedeutend gelitten hätte, so wird sie doch durch sehr kräftige Offensiv-Operationen das Debouschiren der Hauptarmee aus
Böhmen, durch die Defiléen des Erzgebirges, erleichtern können. Um
so mehr ist dieses zu erwarten, wenn der Feind gegen diese Armee auf
der Defensive bliebe."

Was nun das „Umständlichere" der Operationen der verbündeten Hauptarmee anbetrifft, welche „das Gepräge der Richtung auf Leipzig haben müssen" — so setzte man voraus,
daß man den Feind auf dem jenseitigen Abhang des Erzgebirges, in
Sachsen, entweder bei Freiberg oder bei Chemnitz finden werde. Für
den ersteren Fall wurde die Stadt Mittel-Saida, für den letzteren
Marienberg, als der Punkt bezeichnet, wo sich sämmtliche Colonnen
vereinigen sollten, „mit Ausnahme jener, welchen die Sicherung der
Flügel obliegt."

Schon am 19. August stand die Armee an der Eger; die Vortruppen aller verschiedenen Heertheile in langer Linie von Teplitz bis
Schlackenwerth an dem böhmischen Abhang des Erzgebirges, und am
folgenden Tage sollten die Hauptmassen selbst auf vier Hauptpunkten
am Fuße dieser Berge stehen: Wittgenstein vor Teplitz, Kleist vor Brir,
die österreichische Armee (ohne Klenau's Heertheil) auf der Straße von

Kommotau nach Marienberg, und Klenau endlich auf der Straße von Karlsbad nach Annaberg, bei Schlackenwerth.

Bis dahin hoffte man genauere Nachrichten vom Feinde zu haben, und den 21. wollte man über das Gebirge nach Sachsen gehen. War der Feind bei Freiberg, so „demonstrirt das Wittgenstein'sche Corps gegen Dresden — das Kleist'sche Corps formirt den rechten Flügel in der Stellung von Mittel=Saida — die österreichischen Hauptcolonnen gehen nach Marienberg auf den Sammelpunkt (natürlich um dann am folgenden Tage weiter nach Saida zu marschiren) — so wie auch das Klenau'sche Corps — die russischen Garden und Reserven folgen über Brix nach Mittel=Saida."

Stand der Feind bei Chemnitz, dann wurde Marienberg der allgemeine Sammelpunkt, den auch Kleist von Saida aus erreichen mußte. Nur Klenau sollte alsdann nicht nach Marienberg, sondern gerade auf Chemnitz marschiren, und Wittgenstein's Heertheil erhielt „in diesem Fall freieren Spielraum, um eine sehr geräuschvolle Demonstration gegen Dresden zu machen."

Die Division Bubna, auf dem rechten Ufer der Elbe, bei Gabel, sollte von Landeshut her, durch die Abtheilung des Grafen St. Priest (12,000 Mann russische Truppen von der schlesischen Armee) verstärkt werden, und konnte dann „füglich offensive Demonstrationen auf dem rechten Elb=Ufer machen." Ihre eigentliche Aufgabe blieb aber immer Deckung der Grenze auf dieser Seite. —

Daß eine eigenthümliche Unsicherheit und Unklarheit im großen Hauptquartier vorherrschend gewesen sein muß, geht deutlich genug aus diesem Aktenstück hervor. Es zeigt sich in mancher bedingenden und einschränkenden Redewendung; in den verschiedenartigen, ja widersprechenden Vorstellungen, die neben einander auftreten, in der Art und Weise wie das Ziel angedeutet ist. Man entschloß sich im Sinn einer Voraussetzung zu handeln, die eigentlich nur das ganz willkürliche Geschöpf der eigenen Theorie war — aber nicht mit vollkommener Ueberzeugung und in Folge dessen nur mit schwankendem Willen und halber Zuversicht.

Schon während der ersten Tage der Ausführung gewann vollends eine andere Vorstellung, jener ersten, von der man ausging, gerade entgegengesetzt, neben ihr eine gewisse Geltung, und wirkte störend und lähmend. Es erwachte von Neuem die Besorgniß, Napoleon könnte aus der Oberlausitz, über Gabel, zu raschem Angriff auf Prag vorgehen, und man war deshalb in Sorgen.

Der französische Kaiser gab allerdings Veranlassung dazu. Seit dem 15. August weilte er in Bautzen, und hier erhielt er durch den Marschall Ney die erste Nachricht von dem Marsch russischer Truppen aus Schlesien zur Vereinigung mit den Oesterreichern nach Böhmen; es sollten 40,000 Mann sein. Napoleon scheint überrascht, und wirft in einem Brief an Gouvion St. Cyr (17. August) die Frage auf: „will etwa die österreichische Armee auf dem linken Ufer auftreten?" — Ueberwiegend erwartet er sie noch immer auf dem rechten, in der Ober-Lausitz; er glaubt, sie werde über Gabel auf Zittau heranrücken, und hat bei dem Dorfe Eckartsberge, unweit dieses Städtchens, das Schlachtfeld gewählt, auf dem er sie empfangen will, während 130,000 Mann, unter dem Marschall Ney, das schlesische Heer der Verbündeten in der festen Stellung bei Bunzlau am Bober aufhalten.

Ein Angriff Schwarzenberg's auf Dresden machte ihm wenig Sorgen. Rücken die Oesterreicher, wenn auch durch jene 40,000 Russen verstärkt, dorthin vor, schreibt er in demselben schon einmal angeführten Brief an St. Cyr, so sendet er Vandamme nach Dresden, und dann sind 60,000 Mann dort vereinigt; was bei Zittau steht (Victor, Poniatowski und Kellermann), kann ebenfalls in vier Tagen dort eintreffen; Napoleon selbst mit seinen Garden desgleichen — und dann wären in vier Tagen 160 bis 180,000 Mann dort vereinigt *). — Daß Schwarzenberg's Heer über Bayreuth nach Franken gehen könnte, scheint ihm ganz unwahrscheinlich; 400,000 Mann umgeht man nicht!

Vor Allem wünschenswerth scheint ihm, daß ein Angriff auf die schlesische Armee gelänge. Die Truppen bei Bunzlau können leicht bis

---

*) Nach den von Pelet bekannt gemachten Listen ohne Latour-Maubourg's Reiterei 155,191, mit dieser 171,704 Mann; beide Zahlen ohne die Besatzung von Dresden und die Dragoner-Division Lheritier, die sich dort befand. Die Zahlen dieser Listen und Napoleon's eigene Angaben stimmen also wieder sehr genau.

auf 180,000 Mann verstärkt werden; mit solcher Macht könnte er dann selbst gegen Blücher vorbrechen, den er schon in raschem Vordringen weiß; gelingt es diesen zu schlagen, ist dadurch das Gleichgewicht der Macht gebrochen, dann meint Napoleon den Angriff auf Berlin unterstützen, oder im Rücken des österreichischen Heers, das sich nach Deutschland hinein verirrt hätte, nach Böhmen vordringen zu können.

Wir kommen hier auf diesen Brief zurück, weil es gar sehr der Beachtung werth ist, daß Napoleon glaubte einen Sieg erfechten und das schlesische Heer zurückwerfen zu müssen, ehe er sich auf dem rechten Ufer der Elbe nach Böhmen und auf Prag vorwagen durfte. Wir müssen uns dabei erinnern, daß er zur Zeit Blücher's Armee für sehr bedeutend stärker hielt als sie war, weil er nach den Nachrichten, die ihm vorlagen, die zur Hauptarmee nach Böhmen entsendeten russischen und preußischen Truppen viel zu gering anschlug —: und in der That, er konnte es wohl kaum darauf ankommen lassen, daß die schwierigen Pässe, die aus Böhmen nach der Lausitz führen, in seinem Rücken in Feindes Hand fielen, während er gegen Prag vordrang, und daß man ihn so von Dresden abschnitt. (Ce qui m'importe, c'est qu'on ne me coupe pas de Dresde et de l'Elbe; peu m'importe que l'on nous coupe de la France.)

Um sich Gewißheit über die eigentliche Lage der Dinge zu verschaffen, ließ Napoleon zunächst durch die Truppen, die in der Nähe von Zittau standen (Victor, Poniatowski und die Reiterei unter Kellermann), sobald Feindseligkeiten nach Ablauf des Waffenstillstandes gestattet waren, am 17., Einfälle nach Böhmen unternehmen. — Vandamme stand zur Zeit bei Bautzen, die Garden zwischen Löbau und Görlitz, Latour=Maubourg mit seinen Reitern bei dieser letzteren Stadt — Marmont bei Bunzlau; Ney, Lauriston, Macdonald und Sebastiani noch jenseits des Bobers in Schlesien.

Am 17. vertrieben Polen von Poniatowski's Heertheil eine schwache österreichische Abtheilung aus Böhmisch=Friedland — Wallenstein's Herzogthum — und machten einige Gefangene. — Am 18., während Napoleon sein Hauptquartier nach Görlitz verlegte, drang der General Lefebvre=Desnouettes mit einer Infanterie= und einer Kavalerie=

Division der Garde, auf der entgegengesetzten Seite, von Löbau her nach Rumburg hin, vor.

Graf Neipperg, der die Division Bubna einstweilen befehligte, gerieth in große Verlegenheit; er hörte von mächtigen Heeresmassen, die sich hier gegen Böhmen heran bewegten — und berichtete natürlich in diesem Sinn in das große Hauptquartier, besonders da am folgenden Tage Napoleon selbst, persönlich von Poniatowski begleitet, mit Polen von dessen Heertheil, in der Mitte, zwischen Friedland und Rumburg, auf der Hauptstraße von Zittau nach Gabel vorging. Neipperg, der sich hier mit einem Jäger=Bataillon und einem Husaren= Regiment aufgestellt hatte, mußte natürlich nach einigen Kanonen= schüssen weichen, und ging auf Posterna zurück.

Schon hatte Napoleon etwas mehr von dem Marsche der Russen und Preußen erfahren. Nach seinen Nachrichten hatte Wittgenstein am 17. bei Böhmisch=Leipa gestanden — und einen Augenblick war der französische Heeresfürst entschlossen, in dieser Richtung auf Prag vorzudringen. Wie es scheint schwebte ihm dabei die Hoffnung vor, man könne die heranrückenden Heertheile der Russen vielleicht noch im Marsch ereilen und einzeln schlagen —: wozu es indessen jetzt in der That schon zu spät war.

Berthier schrieb an demselben Tage dem Marschall Gouvion St. Cyr, wie dieser erzählt, der Kaiser sei über die Lage der Dinge nicht mehr im Zweifel; er habe den Feind auf der That ertappt (en flagrant délit, eine Redensart, die Napoleon sehr liebte) — jetzt werde er in dessen Rücken fallen und mit ihm zugleich in der Gegend von Prag eintreffen *).

Seltsamer Weise hat Gouvion St. Cyr dies vor Allen wichtige Schreiben nicht unter den Beilagen zu seinen Memoiren abdrucken lassen — aber außer dem Wort des Marschalls, das aller Ehren werth ist, deuten auch einige Spuren in der Correspondenz darauf, daß es wirklich existirt hat und wirklich solchen Inhalts war. So sagt Na= poleon in einem, an denselben General gerichteten Brief vom 20.: „Im Fall der Feind gegen Dresden eine entschiedene Offensive ergreift,

*) Gouvion St. Cyr, Mémoires IV. 69.

vor der Meinigen, werden Sie den General Vandamme von
Allem benachrichtigen, was wichtig sein kann" (Si l'ennemi prenait
sur Dresde une offensive caractérisée avant la mienne, vous
donneriez avis au général Vandamme de tout ce qui pourrait in-
téresser) — und in diesem Zusammenhang kann nur von einer gegen
die Hauptarmee in Böhmen gerichteten Offensive die Rede sein,
welche beschlossen war, und nun um etwas aufgeschoben wurde. —
Der Marschall St. Cyr spricht seinerseits, sobald er erfahren hat,
daß der Marsch auf Prag aufgegeben ist, gegen Napoleon selbst (in
einem Schreiben vom 21.) sein Bedauern in folgenden Worten aus:
„Die Bewegung, welche Eure Majestät über Gabel begonnen hatten,
und welche Sie weiter vorwärts zu treiben beabsichtigten, schien mir eine jener glücklichen Inspirationen, an denen
Ihr Genius so fruchtbar ist" (Le mouvement que Votre Majesté
avait commencé sur Gabel, et qu'Elle avait l'intention de pousser
en avant, me paraissait une des inspirations heureuses dont
son génie est si fécond). — Das mußte ihm also geschrieben
worden sein.

Aber freilich verweilte Napoleon nur einen Augenblick bei dem
Gedanken, den Marsch auf Prag gleich jetzt zu unternehmen.
Schon am folgenden Tage wendete er sich gegen Blücher und den
Bober.

Und warum gab er den Zug nach Böhmen wieder auf? — Vergleichen wir die schon oben angeführten Worte Napoleon's aus seinem
Brief an St. Cyr (vom 17.) über die Bedingungen, unter denen ein
solches Beginnen rathsam sei, und die Lage der Dinge in jenen Tagen,
so kann uns darüber kein Zweifel bleiben. Blücher's energisches Vordringen bis an den Bober war es, das ihn dazu nöthigte. —

Auf dieser Seite war in wenigen Tagen schon verhältnißmäßig
viel geschehen. Bei dem Beginn des Feldzugs mußte dem General
Blücher vor Allem daran liegen, sich der Stadt Breslau und überhaupt
des neutralen Gebiets zwischen den Stellungen, welche der Waffenstillstand beiden Parteien angewiesen hatte, zu bemächtigen, und dem
Feinde darin zuvorzukommen. Doch durfte es, nach den Verträgen,
erst sechs Tage nach dem Ablauf des Waffenstillstands besetzt werden,

nicht vor dem siebzehnten, an welchem Tage überall die Feindseligkeiten begannen; und Vieles schien darauf zu deuten, daß man von feind-licher Seite dies Gebiet sobald als möglich zu überschwemmen gedenke. Glücklicher Weise verletzten die Franzosen selbst noch vor der Frist das neutrale Gebiet; Streifschaaren betraten es, Lebensmittel wurden darin ausgeschrieben u. s. w. So wie ihm dies durch amtliche Anzeigen bekannt war, rückte Blücher hocherfreut mit Heeresmacht in den bis dahin unberührbaren Landstrich, und man hatte Gelegenheit sich durch den Augenschein zu überzeugen, daß die Franzosen ihn verletzt hatten, denn man fand in demselben hin und wieder Feinde, und bei Röchlitz einen französischen Posten, der Feuer gab. Am 17. früh war Blücher im Besitz des ganzen Gebiets, und dicht am Feinde, wie er es wünschte. Macdonald war sehr erstaunt und sehr entrüstet. Er sprach von Ver-rath: ein Beweis, daß er jene Verletzungen des neutralen Landstrichs von französischer Seite nicht angeordnet hatte, und nicht einmal darum wußte; daß sie in Folge mangelhafter Disciplin von Untergeordneten auf eigene Hand unternommen waren.

Napoleon hatte am 15., als er noch die Hauptmacht der Ver-bündeten — nämlich das gesammte russische und preußische Heer — in Schlesien glaubte, befohlen, die sämmtlichen Heertheile, die er jen-seits des Bobers hatte (Marmont, Ney, Lauriston, Macdonald und Sebastiani), sollten sich vom 17. ab auf Bunzlau zurückziehen, um dort in vorher gewählter Stellung, 130,000 Mann stark vereinigt, unter dem Marschall Ney, die schlesische Armee der Verbündeten auf-zuhalten.

So wichen denn die Franzosen, aber ziemlich planlos, da Ney noch nicht Zeit gehabt hatte den Oberbefehl wirklich anzutreten, ohne Zusammenhang — und trotz ihrer namhaften Ueberlegenheit hätte ihnen bedeutendes Unheil daraus erwachsen können, wenn Blücher, der in drei Colonnen nahe genug folgte (Sacken rechts auf Bunzlau, in der Mitte York auf Löwenberg, und zur Linken Langeron auf Zobten; St. Priest selbstständig im Gebirge) — nicht im eignen Heer große Schwierigkeiten zu bekämpfen gehabt hätte.

Selbst den General York machte sein Charakter zu einem unter allen Bedingungen schwer zu behandelnden Untergebenen; und nun kam dazu, daß er, deffen kühner Entschluß im letztvergangenen Jahr eine so merkwürdige Wendung der Weltlage herbeigeführt hatte, sich schon deßhalb in diesem Kampf zu einer viel höheren Stellung — zu der Stellung an der Spitze eines Heers — berechtigt glaubte, und auch wohl im Stillen darauf gerechnet hatte. Außerdem war er persönlich verfeindet mit dem General Gneisenau, den er leidenschaftlich haßte.

Besonders unglücklich aber traf es sich, daß Graf Langeron von den Verhaltungsbefehlen unterrichtet war, die der Kriegsrath — das militairische Cabinet der Monarchen, dem General Blücher gegeben hatte. Er wußte, welche untergeordnete Rolle diesem bestimmt war; — daß man ihn darauf angewiesen hatte, zwar dem Feinde zu folgen, wenn er zurückgehe — aber jedem ernsten Zusammentreffen auszuweichen, jedes entscheidende Gefecht zu meiden —: kurz, daß man ihm vorgeschrieben hatte, an der Spitze von hunderttausend Mann eigentlich einen sogenannten kleinen Krieg zu führen. Ebenfalls durch seine untergeordnete Stellung sehr wenig befriedigt, mißmuthig und verstimmt, zur Vorsicht, selbst zur äußersten, ohnehin geneigt, der Straflosigkeit unter den obwaltenden Umständen gewiß, beachtete Graf Langeron Blücher's Befehle nur sehr nothdürftig, und handelte vielfach nach eigenem Gutdünken, wie er meinte im Sinn der allgemeinen Verhaltungsbefehle.

Während schon am 19. Langeron bei Zobten, York bei Löwenberg den Bober erreichten, und ihre Vortruppen auf dem jenseitigen Ufer festen Fuß zu faffen suchten, rechts General Sacken auf der Straße von Liegnitz nach Bunzlau bis an Thomaswaldau vordrang, befand sich Ney, der mit seinem Heertheil und Sebastiani's Reitern von Haynau seltsamer Weise die Richtung auf Löwenberg genommen hatte, am Gräditzberg mitten unter den feindlichen Heerzügen.

Er konnte hier mit großer Uebermacht angegriffen werden, und entging einer, in der That sehr wahrscheinlichen, Niederlage nur dadurch, daß Langeron unter nichtigen Vorwänden den Befehlen Blücher's den Gehorsam versagte und nicht zum Angriff heranrückte. So entkam Ney in der Nacht bei Bunzlau über den Bober — aber dies Städtchen, das die Franzosen verschanzt hatten, fiel am folgenden Tag

ohne Widerstand in die Hände der Russen von Sacken's Heertheil,
und Napoleon's schlesisches Heer stand nun nicht vereinigt in der
Stellung bei Bunzlau, sondern vertheilt längs dem Bober: Ney,
Marmont und Sebastiani bei Tillendorf, auf dem linken Ufer, Bunzlau gegenüber, — Lauriston bei Löwenberg — Macdonald bei Grei-
fenberg und (Kloster-) Liebenthal.

Der Bober schien unter diesen Umständen Blücher nicht aufhalten
zu können, die Oberlausitz nicht gesichert: Napoleon wendete sich gegen
die schlesische Armee der Verbündeten, um vor allen Dingen diese zurückzuwerfen und sich einen freien Rücken zu sichern. Außerdem rechnete Napoleon ohne Zweifel darauf, daß der unternehmende Blücher
einer Schlacht nicht ausweichen werde; wir haben gesehen, wie hoch
er den materiellen und moralischen Gewinn anschlug, den ein Sieg an
sich brachte, wie nothwendig er ihn achtete —: hier schien dieser entscheidende Gewinn auf dem kürzesten Wege und in der kürzesten Zeit
zu erlangen!

Von Dresden konnte die Hauptarmee der Verbündeten, nach Napoleon's Rechnung, erst mehrere Tage später erscheinen, und Dresden
war, wie er glaubte, im Stande, sich acht Tage zu halten. Er hatte
also Zeit genug vor sich, Blücher zu schlagen und nach Schlesien zurückzuwerfen, und dann umzukehren, um Dresden zu Hülfe zu eilen,
entweder unmittelbar, oder mittelbar durch den schon einmal beschlossenen Zug auf dem rechten Elb-Ufer nach Prag. Ja, für jetzt war
dieser letztere Plan entschieden vorherrschend; denn als Gouvion St.
Cyr sein Bedauern aussprach, daß er aufgegeben sei, ließ ihm Napoleon antworten: er sei nicht aufgegeben; man werde darauf zurückkommen, sobald die Offensive gegen Schlesien Erfolg gehabt habe und Blücher zurückgeworfen
sei*) — und das entspricht auch ganz den allgemeinen Ansichten, die
er am 17. aussprach.

Am 20. also wendete sich Napoleon an den Bober nach Löwenberg, und setzte seine Garden — mit Ausnahme der Abtheilung unter
Lefebvre-Desnouettes — und Latour-Maubourg's Reiter eben dorthin

---

*) Gouvion St. Cyr, Mémoires IV, 70.

in Bewegung. In den Lausitzer Bergen ließ er den Befehl zurück: Victor solle bei Zittau, Vandamme bei Rumburg als Rückhalt stehen bleiben, beide die Pässe aus Böhmen nach der Lausitz verschanzen; Lefebvre-Desnouettes und Poniatowski ihre Scheinunternehmungen nach Böhmen fortsetzen und weiter vorwärts ausdehnen. Dies ohne Zweifel in der Absicht, Besorgnisse zu erregen, und die Unternehmungen der Verbündeten dadurch zu lähmen, denn er spricht die Hoffnung aus, daß seine persönliche Anwesenheit in Gabel den Verbündeten bekannt geworden sei, und schon dieser Umstand Langsamkeit und Unsicherheit in ihre Bewegungen gebracht habe. (L'ennemi aura su que j'étais en personne à Gabel; cela mettra plus de lenteur et d'incertitude dans ses mouvements, quels qu'ils soient. Brief an Gouvion St. Cyr vom 20.)

Da Graf Neipperg mit seinen Oesterreichern rechtshin, nach Olschwitz an der sogenannten Teufelsmauer (einem Felsenzug) und dann (21.) nach Liebenau auswich, um den Marsch der Verstärkungen zu decken, die er aus Schlesien erwartete, konnten die Franzosen und Polen ihre Streifereien ohne große Schwierigkeiten, auf der einen Seite bis Reichenberg, auf der anderen bis in die Gegend von Neuschloß und Mückenhayn ausdehnen. Gar seltsam nimmt es sich aus, daß sie nicht allein das Land brandschatzten und plünderten, sondern daß namentlich die Polen auch versuchten junge Mannschaft im Lande auszuheben, um ihre eigenen Reihen zu ergänzen. So verlangten sie von dem Städtchen Reichenberg sechshundert Rekruten*). Zu gleicher Zeit aber begab sich, daß zwei westphälische Husaren-Regimenter, die zu Victor's Heertheil gehörten — in der Nacht vom 22. zum 23. — zu den Oesterreichern übergingen. Baron Wilhelm Hammerstein, westphälischer Obrist, und Oberstallmeister des Königs Hieronymus (derselbe, der später österreichischer General der Kavalerie und 1848 Kommandirender zu Lemberg war), führte sie vollständig und geordnet hinüber —: ein Ereigniß, das im französischen Hauptquartier vielerlei Bedenken erwecken mußte. —

Diese Streifereien der Franzosen erregten wirklich große Besorg-

---

*) Oesterr. Militair-Zeitschrift 1838, I, 140.

nisse. Graf Neipperg glaubte sich in einer sehr gefährlichen Lage, und bot die Bauern auf zur Vertheidigung des Landes. Es sollen sich ihrer 1700 wirklich bewaffnet eingefunden haben. Auch im Hauptquartier der böhmischen Armee, oder vielmehr in den beiden Hauptquartieren dieser Armee, wurde man unruhig. Der Fürst Schwarzenberg benachrichtigte den Grafen Neipperg schon am 19.: „daß der bei Landeshut stehende G. L. Graf Pahlen (St. Priest) an eben diesem Tage mit seinem Corps nach Böhmen einrücken und sich hinter dem Polzen aufstellen werde, um das weitere Eindringen des Feindes von dieser Seite zu erschweren."

Viel weiter ging der Kaiser Alexander. Er schrieb an demselben Tage aus Jungfrauen-Teiniz an den Gen. Blücher: Die beschlossenen Operationen seien aus der Nothwendigkeit hervorgegangen, sich der Verbindungsstraßen des Feindes zu bemächtigen; wahrscheinlich aber werde sich der Feind auf die Hauptarmee werfen, um sie zu bekämpfen; es sei daher dringend nöthig, daß die schlesische Armee der Verbündeten gleichzeitig in Thätigkeit trete. Blücher solle demnach den Feind lebhaft verfolgen, wenn er sich gegen Dresden zurückziehe.

Dann aber folgt, was die Gemüther vorzugsweise beschäftigte: „Es ist auch möglich, daß der Kaiser Napoleon die centralen Verbindungsstraßen von Zittau und Rumburg auf Prag benutzen will, um in Böhmen einzufallen, und sich zwischen unsere beiden Armeen zu werfen." (Il est possible aussi que l'Empereur Napoléon veuille profiter des communications centrales de Zittau et de Rumbourg sur Prague afin d'envahir la Bohème et de se jeter entre nos deux armées.)

In diesem Fall soll Blücher leichte Truppen entsenden, bestimmt, in der Gegend von Jung-Bunzlau dem Feinde in die linke Flanke zu fallen; er selbst soll der Nachhut Napoleon's lebhaft folgen, und über den Bober in die Lausitz gelangt, eine halbe Linksschwenkung ausführen, so daß sein linker Flügel die Richtung auf das Riesengebirge, der rechte die Richtung auf die Elbe bekommt, und die Stirnseite gegen Böhmen gewendet ist. Langeron's Heertheil; der in diesem Fall entweder an der Spitze des Zugs, oder auf Blücher's rechtem Flügel gedacht wird, soll sich sodann zu seiner Rechten ausdehnen, um über Theresienstadt mit der Hauptarmee in Verbindung zu kommen.

Man war also für diesen Fall, wenigstens in dem militairischen Cabinet des Kaisers Alexander, darauf gefaßt, mit der Hauptarmee stromaufwärts bis in die Strecke zwischen Theresienstadt und Melnik zurückzugehen, wo man alsdann doch auch zwischen Napoleon's Heer und seiner Basis am Rhein stand, was man sehr wesentlich erachtete. (Le corps de Mr. le général Langeron devra se prolonger à droite dans la direction de Theresienstadt, afin de se lier avec la grande armée dont le but sera constamment de se placer entre l'armée ennemie et sa base du Rhin.)

Fiel aber der Feind nicht in Böhmen ein, und wichen doch die-jenigen seiner Truppen, die der schlesischen Armee gegenüber standen, auf Dresden und die Elbe zurück (d. h. verlegte Napoleon den Kriegs-schauplatz auf das linke Ufer des Stromes, in die Gegend von Leipzig, Chemnitz, Freiberg) — : dann mußte natürlich Blücher rasch folgen und seinen linken Flügel dabei an die Pässe lehnen, die aus der Lausitz nach Böhmen führen — von diesem Flügel aber den Heertheil Lange-ron's eben auch wieder nach Leitmeritz zur Vereinigung mit der Haupt-armee entsenden. Man sah sich, an der Spitze eines Heers von 237,000 Mann, schon nach Verstärkungen um.

Indem man so diese beiden Vorstellungen von Napoleon's allge-meiner Lage, von seiner Stellung und seinen Planen, die einander gerade gegenüber standen, wie Nord- und Südpol, neben einander und zu gleicher Zeit gelten ließ, zögerte man, wie gesagt, und verfiel in eine unvermeidliche Halbheit des Handelns.

Der Uebergang über das Gebirge, der am 21. erfolgen sollte, wurde zunächst um einen Tag verschoben; angeblich wegen Ermüdung der Truppen, die eines Ruhetages bedurften, aber, wie nun wohl klar ist, in Wahrheit aus ganz anderen Gründen; denn gerade an diesem Tage, am 21., schrieb der Kaiser Alexander dem Kronprinzen von Schweden, fast genau mit denselben Worten wie an Blücher, nur etwas bestimmter: „Napoleon scheine die centralen Verbindungsstraßen von Zittau und Rumburg auf Prag benutzen zu wollen, um sich zwischen die Haupt-armee und die schlesische zu werfen."

An demselben Tage, wahrscheinlich jedoch spät Abends, langte als Antwort auf die ersten, schon am 17. deshalb nach Schlesien gesendeten Befehle, im Hauptquartier die Nachricht an: St. Priest's Abtheilung sei schon so weit im Gebirge gegen die Lausitz vorgegangen, daß sie vier Märsche zurückmachen müßte, um über Trautenau nach Böhmen und in die Stellung hinter dem Polzen zu rücken, — daß sie also nicht kommen könne *).

Da wurde dann, um sich nach dieser Seite zu sichern, den Tag darauf (22.) die russische Grenadier-Division Tschoglikow mit dem Tschuguyew'schen Uhlanen-Regiment und zwei schweren Batterieen nach Melnik entsendet, mit dem Auftrag: „den dortigen Brückenkopf zu vertheidigen und dadurch Prag zu decken."

Und an eben dem Tage ging die Hauptmasse des Heeres über das Erzgebirge in der Richtung auf Leipzig, nach Sachsen.

Weshalb? kann man fragen: wodurch jetzt dazu veranlaßt, nach so vielen Bedenken?

Ohne Zweifel eben durch die Nachrichten, die man aus Sachsen erhielt. Man wußte nun, daß Blücher über die Katzbach vorgegangen war, und daß der Feind ohne Widerstand vor ihm wich; ein entscheidendes Vorbrechen Napoleon's aus der Lausitz hatte man mehr gefürchtet als gesehen und erfahren —: „Also," folgerte man, „geht Napoleon über die Elbe zurück" — und man setzte sich von Neuem in Bewegung, wenn sich auch vielleicht selbst der frühere Grad von Zuversicht nicht mehr ganz wieder einstellen wollte.

Die erste Colonne des Heers, ziemlich entfernt zur Rechten, Wittgenstein's Heertheil, wie Schwarzenberg's Disposition besagt, als selbstständig zu betrachten, und den rechten Flügel zu decken bestimmt, drang an diesem 22. August, auf der neuen Straße von Teplitz nach Dresden, über Nollendorf und Peterswalde bis jenseits Gießhübel vor, von wo sie nach hartnäckigem Gefecht eine Abtheilung Gouvion St. Cyr's vertrieb.

Die Hauptmasse der Armee war, den früheren Bestimmungen gemäß, fünf bis acht Meilen weiter westwärts über den Kamm des

---

*) Oesterr. Militair-Zeitschrift 1838, I, 139.

Gebirges gegangen, und stand am Abend auf dessen jenseitigem Ab=
hang nach Sachsen hin; Kleist mit seinen Preußen bei Saida, die
Oesterreicher um Marienberg vereinigt. Das Hauptquartier des Kaisers
Alexander sowohl als des Fürsten Schwarzenberg war in Zöbliß; die
Reserven, der König von Preußen, der Kaiser von Oesterreich waren
noch in Böhmen zurück.

Man hatte vom Feinde nur schwache Reiterposten angetroffen,
die bloß zur Beobachtung aufgestellt, nach ganz unbedeutenden
Scharmützeln, gegen Freiberg zurückwichen. Aber ein Adjutant
des Marschall St. Cyr mit wichtigen Depeschen, wahrscheinlich an
Augereau in Franken abgefertigt, war in die Hände der Verbündeten
gefallen.

Genau und im Einzelnen wissen wir den Inhalt dieser Depeschen
nicht anzugeben, im Allgemeinen und Wesentlichen aber war daraus
zu ersehen, daß man in der Richtung auf Chemniß, Freiberg und Leip=
zig gar keinen Feind vor sich habe; daß Gouvion St. Cyr's Heer=
theil, um Dresden zu decken, in der unmittelbaren Umgegend dieser
Hauptstadt vertheilt sei; und daß Napoleon mit seiner Hauptmacht
noch immer wirklich am Fuß der Lausißer Berge stehe, weit entfernt,
an einen Rückzug über die Elbe zu denken. Daß er gegen Blücher
nach Schlesien aufgebrochen sei, das erfuhr man nicht, und dieser Um=
stand blieb auch nicht ohne Einfluß.

Sehr einleuchtend war nun, daß „Bewegungen mit dem Gepräge
der Richtung" auf Leipzig, ein Stoß in das Leere sein würden, und
von anderer Seite her schien sehr Bedenkliches zu drohen. Den Kaiser
Alexander, der zuerst in Zöbliß eingetroffen war, und zuerst den In=
halt dieser Depeschen kennen gelernt hatte, beunruhigte das Alles auf
das sichtbarste. Kaum waren die Oesterreicher eingetroffen, als er —
um 6 Uhr Abends — einen Kriegsrath um sich versammelte, welchem
außer dem Fürsten Schwarzenberg und den Hauptpersonen seines
Stabes, außer den früheren Vertrauten des Kaisers, auch Moreau
und Jomini beiwohnten. Barclay und Diebitsch fehlten; ihr Haupt=
quartier war in Porschenstein bei Saida.

Hier in Zöbliß wurde nun beschlossen, die Richtung auf Leipzig
zu verlassen, sich rechts zu wenden und auf dem kürzesten Wege, über

Frauenstein und Dippoldiswalde, gegen Dresden vorzugehen. Aus den Gründen, auf welche dieser Beschluß sich stützte, lernen wir die herrschende Ansicht kennen. Der Zug auf Dresden wurde noth= wendig geachtet:

1) Weil man Wittgenstein nicht zwischen Pirna und Dresden sich selbst überlassen dürfe, wo er leicht in Gefahr gerathen könne; werde er mit überlegener Macht angegriffen, so könne man ihn in der jetzigen Lage nicht schnell genug unterstützen, da man durch eine be= schwerliche Gebirgsgegend von ihm getrennt sei.

2) Damit der Feind nicht die Entfernung der verbündeten Armee benütze, um aus der Lausitz in Böhmen einzufallen, Prag erobere und dem Heer in den Rücken falle.

3) Weil man Dresden, indem man den Feind sowohl von Böh= men als von dem Kronprinzen von Schweden ab= und auf sich ziehe, in seinem Rücken erobern, und somit der französischen Armee den Rück= zug über die Elbe abschneiden könne.

Die früheren, kaum beschwichtigten Befürchtungen, machten sich von Neuem, und mit verdoppeltem Gewicht, geltend; und auch wieder tritt dann die Kühnheit neben die Besorgniß, und zeigt einen möglichen großen Erfolg auf diesem Wege!

Toll war nicht für einen Angriff auf Dresden. Seiner Meinung nach mußte man das Heer vereinigt bei Dippoldiswalde aufstellen, und hier zunächst abwarten, was Napoleon weiter thun werde. Wir wissen nicht welche Gründe er für diese Ansicht geltend machte, mit der er nicht durchdrang. Dresden, von dessen Befestigung man ge= hört hatte, glaubte er natürlich gegen einen Handstreich gesichert; die Aussicht es zu erobern, hielt er für illusorisch. Vielleicht versprach er sich nicht viel von einer Schlacht unter den Mauern dieser Hauptstadt, wo, selbst wenn man siegte, kein Raum zur Verfolgung war; vielleicht nahm er Rücksicht auf den gesicherten Elb=Uebergang, den Napoleon unter dem Königstein hatte, und der unter Umständen sehr gefahrbrin= gend werden konnte. — Man konnte endlich auch daran denken, die Armee auf Leitmeritz und dort über die Elbe zu führen, im Fall Na= poleon gegen Prag vordrang, und daß man sich auch darauf vorberei= ten müsse.

Barclay war unzufrieden, als er in der folgenden Nacht, zu Porschenstein, von den neuen Anordnungen unterrichtet wurde. Er machte schriftlich Vorstellungen, und sprach den Wunsch aus, daß man den früheren Bestimmungen gemäß das Heer bei Freiberg vereinigen möge, von wo man sich dann immer noch, je nach den Umständen, gegen Leipzig oder gegen Dresden wenden könne. Der Fürst Schwarzenberg ließ ihm antworten: „daß man für den Grafen Wittgenstein besorgt sei, und daher sich ihm nähern müsse" — ein Vertrauter Barclay's bemerkt jedoch dazu: „die Hauptsache war aber wohl vermuthlich die ängstliche Besorgniß für den Einfall des Feindes in Böhmen — *)."

Der Zug nach Dresden, der am 23. angetreten wurde, konnte nicht sehr schnell gehen, und erwies sich in einem ungewöhnlichen Grade beschwerlich und ermüdend für die Truppen. Das Erzgebirge hat bekanntlich nach der böhmischen Seite hin einen kurzen und steilen Abhang —: auf der anderen Seite dagegen, nach Sachsen hin, flacht es sich sehr allmählig ab; die Bäche und Flüßchen, die auf den Hochflächen des Kamms entspringen, schneiden auf dieser Seite bald schmale Thäler ein, die weiter hinab bedeutend tiefer werden, und von steilen Thalrändern eingeschlossen sind. Indem man nun auf diesem Abhang in einer dem Hauptkamm gleichlaufenden Richtung dahinzog, hatte man alle diese Thäler in ihrer Breite zu durchschneiden. Mühsam mußte man von der linken Seite her in die Gründe hinabsteigen, um auf der anderen Seite noch mühsamer den entgegengesetzten Thalrand zu erklimmen. Das Alles auf schlechten, verwahrlosten Feldwegen, wie sie von Dorf zu Dorf, von Städtchen zu Städtchen über die Berge führten. Die Menschen ermüdeten, die Pferde litten, besonders die Zugpferde der Artillerie.

Während der Marschall Gouvion St. Cyr seine Truppen bis in die unmittelbare Umgegend von Dresden zurücknahm; während Wittgenstein, der 20 Bataillone und 4 Schwadronen unter dem Herzog Eugen v. Württemberg zurücklassen mußte, um den Königstein und die dortigen Brücken zu beobachten, Pirna besetzte, dem Feind aber vor-

---

*) Journal der Kriegsoperationen u. s. w. von F. v. R. — S. 38.

sichtig nur bis Groß=Seblitz folgte, weil er sich mit den Truppen die ihm blieben — 14 bis 15,000 Mann — dem Feinde vor ihm keineswegs überlegen, oder nur gewachsen fühlte, — langten die großen Hauptquartiere am 24. in Dippoldiswalde an; Kleist mit seinem preußischen Heertheil, und die österreichische Armee (mit Ausnahme Klenau's) sehr ermüdet in der Gegend zwischen diesem Städtchen, Beerwalde und Höfendorf. Die russischen Garden und Reserven waren noch im Gebirge; zum Theil sogar noch jenseits desselben in Böhmen; Klenau, weiter den sächsischen Abhang des Gebirges hinabgesendet, war bei Freiberg; sein Vortrab unter Meszko im Tharander Wald.

Hier endlich, in Dippoldiswalde, erfuhr man, daß Napoleon seit vier Tagen vom Bober aus nach Schlesien gegen Blücher in Bewegung sei. Die Besorgnisse, die wohl nicht so lebhaft erwacht wären, wenn man das zu Zöblitz schon erfuhr, und die bisher die Armee vorzugsweise auf ihrem Zug geleitet hatten, traten nun in den Hintergrund; die Aussicht auf einen großen Erfolg dagegen trat näher. Denen, welche die Eroberung von Dresden möglich geglaubt hatten, mußte sie jetzt wahrscheinlich werden.

Von allen Seiten rückte man nun, am 25., nach den Anordnungen des österreichischen Hauptquartiers, gegen diese Hauptstadt vor. Die Anordnungen dazu haben aber gar viel Befremdendes, das man um so weniger zu erklären weiß, da von österreichischer Seite der leitende Gedanke und der Zweck, den man dabei verfolgte, nie bekannt gemacht worden sind.

So sind den Führern der einzelnen Heertheile, Wittgenstein, Kleist, Colloredo u. s. w. durch die Disposition Einzelnheiten aus dem Gebiet der Elementar=Taktik vorgeschrieben; „die erste Colonne, heißt es da, marschirt links ab, um rechts deployiren zu können" — eben so die zweite; die dritte soll aus der Mitte abmarschiren — die vierte sich wiederum darauf einrichten, rechts zu deployiren. Dergleichen ist unter allen Bedingungen sehr seltsam bei der heutigen Beweglichkeit und Manoeuvre=Fertigkeit der Truppen, nachdem man schon längst davon abgegangen war, ganze Heertheile, ganze Colonnen, als Ein taktisches Ganze zu handhaben, das stets, gleich dem einzelnen Bataillon, Einen bestimmten Zug auf seinem rechten Flügel haben muß, und einen anderen, ebenfalls bestimmten, auf dem linken —: unter Bedingungen also, wo es nicht mehr die Bedeutung hat, wie etwa zur Zeit des siebenjährigen Krieges, ob eine Colonne rechts oder links abmarschirt anlangt. Vollkommen undenkbar aber ist es, daß der österreichische Generalstab dergleichen angeordnet haben könnte, wenn er in dem Vormarsch gegen Dresden nur einen Reisemarsch sah, und nicht die unmittelbare Einleitung zu einem Gefecht. Manches Andere kömmt hinzu; so wurden die sämmtlichen Colonnen angewiesen, ihre schweren Batterieen und Haubitzen mitzunehmen, die österreichischen insbesondere schon an diesem Tage durch acht schwere Batterieen aus der Geschütz-Reserve verstärkt; endlich aber wurden allen Heertheilen als vorläufiges Ziel des Marsches die Punkte bezeichnet, wo sie „in Colonnen bereit stehen" sollten, und die Anordnungen für jeden einzelnen insbesondere schließen ohne Ausnahme mit den Worten: „die Colonne bringt ihre schweren Batterieen an die Spitze, und erwartet die weiteren Befehle".

Unverkennbar geht aus diesen Verfügungen hervor, daß es von Seiten des österreichischen Hauptquartiers auf einen sofortigen Angriff auf Dresden, noch an diesem Tage, abgesehen war. Natürlich sollte, wie auch in der That geschah, Fürst Schwarzenberg mit seinem Stab schon mit den Vortruppen vorgehen, um sich über die Lage der Dinge bei Dresden genauer zu orientiren, und den Haupt-Colonnen die „weiteren Befehle" ertheilen zu können, sobald sie eingetroffen waren.

Da dies nun wohl ohne Zweifel die Absichten waren, die man hegte, muß es sehr befremden, daß man so wenige Truppen dazu in Bewegung setzte. Nur etwa den vierten Theil der verbündeten Hauptarmee, kaum 60,000 Mann stark. (Nämlich höchstens 15,000 Russen, etwa 18,000 Preußen, und von den Oesterreichern 32 Bataillone und eben so viele Schwadronen.) Zwei Fünftheile der Truppen, über die man in dem Augenblick verfügen konnte, wurden absichtlich bei Freiberg, Dippoldiswalde und Maren zurückgelassen — warum? ist eine Frage, die wir nicht zu beantworten wissen.

Nicht minder befremdend ist dann, daß man erst so spät am Tage

von Dippoldiswalde aufbrach, daß die Truppen erst um vier Uhr
Nachmittags im Angesicht von Dresden eintreffen konnten; ja diese
Stunde war ihnen ausdrücklich vorgeschrieben, als die Zeit, zu welcher
sie, weiterer Befehle gewärtig, eintreffen sollten. Dresden wußte man
befestigt; dem Sturm mußte doch eine Beschießung vorangehen, auf
die man sich auch eingerichtet hatte —: wie viele Zeit blieb dann noch
übrig? — Wie schnell hoffte man denn fertig zu werden? — und
empfand man gar keine Scheu vor dem Gedanken, mit der Dunkelheit
stürmend in eine große Stadt einzudringen, wo man sich dann weder
gehörig orientiren und festsetzen, noch Unfug und Unheil verhindern
kann?

      Was das Einzelne betrifft, wurde Klenau angewiesen, grade an
diesem Tage einen Rasttag bei Freiberg zu machen. Wittgenstein
mußte in der Thalebene der Elbe gegen den großen Garten vorgehen;
Kleist über Maren, wo ihm befohlen war die größere Hälfte seiner
Truppen (zwei Divisionen und die Reiterei) zwei Meilen von Dresden
als Rückhalt stehen zu lassen, um nur mit der kleineren Hälfte auf den
Höhen bei Leubnitz zu erscheinen; von den Oesterreichern gingen in
zwei Heersäulen, unter Hieronymus Colloredo und Chasteller, nur die
leichte Division Moritz Liechtenstein, die Infanterie-Divisionen Colloredo, Crenneville und Chasteller, die Cavalerie-Division Schneller, bis
auf die Höhen zwischen Kaitz und dem Plauenschen Grund vor. Die
Infanterie unter Civalart, Bianchi, Aloys Liechtenstein und Weißenwolf, die Reiter unter Nostitz und Lederer, blieben bei Wendisch-
Karsdorf und Dippoldiswalde, zwei und drei Meilen von Dresden
stehen.

      Von einer sehr natürlichen Ungeduld getrieben, zu sehen, wie die
Sachen vor Dresden standen, trafen auch der Kaiser Alexander und
der König von Preußen mit ihrem zahlreichen Gefolge bald nach den
Vortruppen auf den Anhöhen zwischen Zschertnitz und Kaitz ein, und
sahen auf die Stadt und das Elbthal hinab. Die letzten Truppen
der Franzosen wichen fechtend, wie die Vortruppen der Verbündeten
näher rückten, in den großen Garten, die einzelnen Gehöfte vor der
Stadt, und die verschanzten Vorstädte selbst zurück. Als Moreau sie
erblickte, sagte er trauernd: „Da sind nun die Soldaten, die ich so oft

zum Siege geführt habe!" (Voilà les soldats que j'ai si souvent conduit à la victoire.)

Danilewsky erzählt nun, der Kaiser Alexander habe sogleich den Feldmarschall Schwarzenberg dringend aufgefordert, nicht eine Minute zu verlieren, und augenblicklich zum Angriff vorzugehen, um mit dem weichenden Feinde zugleich in Dresden einzubringen; die Schwäche des Feindes sei augenscheinlich gewesen. Der Fürst Schwarzenberg aber, obgleich auch er die Schwäche des Gegners sehen mußte, sei der Meinung gewesen, man müsse den Angriff bis auf den folgenden Tag verschieben, um erst das ganze österreichische Heer zu vereinigen, und die ermüdeten Truppen ausruhen zu lassen — und alle Ueberredung sei vergeblich geblieben.

Prokesch dagegen berichtet (in dem Leben des Fürsten), Schwarzenberg sei willens gewesen, unverzüglich anzugreifen, ja er habe den Angriff sofort „geordnet"; aber: „die Ermüdung der Truppen, die Nachmittags vier Uhr noch nicht alle auf ihren gegebenen Plätzen eingetroffen waren, und die darauf sich stützende bestimmte Erklärung des russischen Feldherrn, heute nicht angreifen zu können, machten den Angriff auf den 26. verschieben". — Man hat diese Worte auf Barclay bezogen, der doch nicht ausdrücklich genannt, und schwerlich gemeint ist. Jedenfalls nennt man ihn mit Unrecht; denn Barclay fand nicht einmal die Gelegenheit, sich so entschieden gegen den sofortigen Angriff auszusprechen.

Was Danilewsky vorbringt, ist natürlich, wie man das von ihm erwarten muß, das gerade Gegentheil der Wahrheit; aber auch was Prokesch sagt, ist in der Bestimmtheit nicht ganz richtig.

Die Wahrheit ist, daß die Frage, was nun weiter zu thun sei, in einem Kriegsrath verhandelt wurde, der sich auf freiem Felde, zu Pferde, um den Kaiser Alexander und den König von Preußen versammelt hatte. Schwarzenberg war, wie sich von selbst versteht, mit den Hauptpersonen seines Stabes zugegen; Barclay mit Diebitsch und seinen Adjutanten; Knesebeck im Gefolge seines Königs; vor Allen aber das sehr zahlreiche Gefolge des Kaisers Alexander, in dem sich Moreau, Jomini, Toll und viele Andere befanden — auch der beständige Begleiter des Kaisers, der General-Adjutant Fürst Peter Wolkonsky, der aber, wie immer, an den Berathungen nicht Theil nahm.

Der Fürst Schwarzenberg mag allerdings auch hier an Ort und Stelle noch für den sofortigen Angriff gewesen sein: aber er trat in diesem Kreise durchaus nicht als der gebietende Feldherr auf, der zwar in einem Kriegsrath die Meinungen aller dazu Berufenen anhört und erwägt, dem aber zuletzt der Beschluß, das entscheidende Wort zusteht. Er machte nicht einmal auf eine leitende, vorwiegende Stimme in diesem improvisirten Kriegsrath Anspruch, und hielt sich ziemlich auf zweiter Linie.

Mehrere sprachen hier entschiedener, führten bestimmter das Wort als der Fürst Schwarzenberg; der Kaiser Alexander aber war der Mittelpunkt des Ganzen geworden, um den sich Alles drehte. An ihn wendete sich ein Jeder mit seiner Meinung, ihn suchte Jeder zu überzeugen, von ihm erwartete ein Jeder die Entscheidung.

Jomini sprach vor Allen und mit großem Eifer für den sofortigen stürmenden Angriff, und machte dafür viele Gründe geltend, aber er wurde wenig unterstützt. Moreau war sein Hauptgegner, indem er eben so entschieden den Angriff widerrieth, und zwar nicht bloß für den Tag, sondern überhaupt; der Sturm werde nicht gelingen; man werde zwanzigtausend Mann verlieren und mit blutigen Köpfen zurückkommen; man müsse nicht die Entmuthigung der Truppen durch einen solchen Unfall herbeiführen. (Sire, nous sacrifierons vingt mille hommes et nous nous casserons le nez; il ne faut pas démoraliser nos troupes.) — Toll sprach in demselben Sinne, und schlug vor, auf den Höhen vor Dresden stehen zu bleiben, da man von dieser centralen Stellung aus alle Unternehmungen Napoleon's nach Franken wie nach Böhmen vereiteln könne. — Einige Generale machten bemerklich daß die Armee nicht vereinigt sei.

Der Kaiser Alexander schwankte hin und her, und konnte sehr lange zu keiner festen Ansicht, zu keinem Entschluß kommen. Eigentlich wurde schon dadurch der Angriff für heute immer weniger möglich; denn die kostbare Zeit, in der er hätte ausgeführt werden können, ging unwiederbringlich verloren.

Endlich sprach sich der Kaiser entschieden gegen den Angriff aus; und zwar auch nicht etwa bloß gegen den sofortigen Sturm an diesem Tage, um ihn auf den folgenden zu verschieben, sondern im Sinn Moreau's und Toll's, gegen den Angriff überhaupt und im Allgemeinen. (Государь, будучи долго въ нерѣшимости, послѣдовалъ мнѣнію великаго Моро) „Schwarzenberg fügte sich, wie es schien, als Hofmann der Ansicht des Kaisers" — (Шварценбергъ какъ придворный, казалось, повиновался волѣ государя) lesen wir in dem an Ort und Stelle geführten Tagebuch eines unmittelbaren — russischen — Zeugen dieses Kriegsraths.

Damit schien nun für heute die Erörterung geschlossen; die Fürsten wie die Feldherren suchten in den Dörfern die für sie bereiteten Quartiere auf, die Truppen richteten sich in den Biwachten ein, und litten an Vielem Mangel.

Spät Abends kam Wittgenstein mit einem Anschlag, Dresden noch in dieser selben Nacht zu überfallen, nach Leubnitz zu Barclay; dieser mußte ihn jedoch abweisen mit dem Bescheid: der Kaiser habe jeden Angriff untersagt.

Daß Leute, die gleichwohl die Wahrheit sehr gut wußten, ganz andere Dinge erzählt haben, läßt sich wohl — und zwar ohne Schwierigkeit erklären. Nicht eben so leicht möchte zu erklären sein, daß noch an demselben Abend im österreichischen Hauptquartier der Entwurf zu einem Angriff, oder doch zu einer Art von Angriff auf Dresden für den folgenden Tag verfaßt — und besonders daß die Ausführung dieses seltsamen Unternehmens wirklich verfügt werden konnte!

Wahrscheinlich wünschte in Schwarzenberg's Stab vor Allen Langenau den Angriff, und hielt ihn für ausführbar, sogar noch am Nachmittag des folgenden Tages. Warum nicht? — Daß die Vertheidiger der Stadt namhaft verstärkt werden könnten, das dachte man wohl nicht, da man Napoleon weit in Schlesien beschäftigt wähnte. Von Dresden aus hatte man zwar, wie Gouvion St. Cyr seinem Kaiser meldet, schon in der Nacht vorher am Horizont den Wiederschein der Wachfeuer gesehen, die Napoleon's Lagerstätten bezeichneten, und sein nahes Kommen ankündigten — : auf Seiten der Verbünde-

ten aber scheint man diese Feuerzeichen nicht wahrgenommen, oder
nicht beachtet zu haben.

Offenbar hätte man Dresden gern gehabt, eines Versuchs wenigstens schien es werth, wenn dabei nur nicht viel auf das Spiel gesetzt
— nicht viel gewagt wurde, — und so gelangte man, solchen Ansichten folgend, auf den gewöhnlichen Wegen der Halbheit dahin, mit
unzureichenden Mitteln und unsicherem Willen zu unternehmen, was
auf diese Weise unmöglich gelingen konnte.

Ein Versuch sollte es werden, und kaum vierzigtausend Mann
Fußvolk wollte man dazu verwenden, nämlich: die Infanterie Wittgenstein's, und des halben Heertheils von Kleist, und von den Oesterreichern 24 Bataillone der Divisionen Moritz Liechtenstein, Crenneville
und Bianchi —: wenig, und doch zu viel für ein Unternehmen, dem
der bestimmte Zweck, wie der sichere Boden eines festen Entschlusses
fehlte.

In fünf Colonnen sollte man erst am Nachmittag des 26. Aug.
gegen Dresden vorgehen; eigentlich in vieren, denn die vierte (Crenneville) sollte nur den Durchmarsch der fünften (Bianchi) durch Plauen
decken, und diese letztere war angewiesen, auf dem linken Ufer der Weiseritz das Dorf Löbeda zu nehmen, die sogenannten Schusterhäuser an
der Elbe unterhalb Dresden zu „reinigen" und die Friedrichstadt zu
beschießen, womit die Stadt selbst natürlich nicht erobert war; die drei
anderen Colonnen aber sollten gegen Dresden „demonstriren" — und
nur wenn die Umstände sich besonders günstig zeigten, war ihnen,
nach dem Wortlaut der Disposition, nicht sowohl befohlen als gestattet, ihre Unternehmungen bis auf die Vorstädte auszudehnen.

Die erste Colonne (Wittgenstein) rückt, heißt es da: „in demon-
strativer Hinsicht" (zwischen dem großen Garten und der Elbe) „so
weit als es nur möglich ist, vor, sie sucht von jeder sich ergebenden
schicklichen Gelegenheit Vortheil zu ziehen, und kann im glücklichsten Fall selbst bis in die Vorstädte von Dresden eindringen." —
Die zweite Colonne (Kleist) „greift, als Demonstration, den großen
Garten an" — von der dritten rückt die Division Moritz Liechtenstein,
ihre schweren Batterieen zu decken, so weit vor, „als es ohne unzulässigen
Menschenverlust erfolgen kann" — denn: „auch diese Colonne ist eine

demonstrative" — wenn gleich überall derselbe Nachsatz folgt wie in Beziehung auf die erste.

Sollte man unter Anderem auch gedacht haben, daß eine Be-schießung der volkreichen Stadt, begleitet von Scheinbewegungen der Truppen, vielleicht eine schnelle Capitulation herbeiführen könnte? — Für den Fall, daß die Gunst des Himmels es so fügte, und daß man in die Vorstädte einbrang, scheint man jedenfalls eine Capitulation erwartet zu haben. Uebte etwa auch der Umstand Einfluß, daß der Kaiser Alexander sich bereits gegen den Angriff ausgesprochen hatte? — Wurde man etwa auch dadurch bestimmt, dem Ganzen dies selt-same Gepräge einer Demonstration aufzudrücken, die sich nur unter besonders günstigen Umständen zu einem Versuch steigern sollte? — Und wie wurde nun die Zustimmung des Kaisers zu diesem namen-losen Unternehmen gewonnen, das ohne seine Einwilligung nicht gut zur Ausführung kommen konnte?

Noch am Abend des 25. glaubte der Kaiser Alexander den An-griff von allen Seiten entschieden aufgegeben, und dachte nicht ent-fernt, daß der Gedanke daran wieder aufgenommen werden könnte; denn er schrieb eben an diesem Abend aus Röthnitz dem General Blücher:

„Wir sind vor Dresden auf dem linken Ufer der Elbe gelagert."

„Wir hätten gestern diese Stadt nehmen können, wenn die schlech-ten Wege und die Engpässe uns erlaubt hätten zu rechter Zeit anzu-kommen; da aber der Feind dort hinreichende Streitkräfte vereinigt hat, um den Angriff zu theuer zu machen, werden wir fortfah-ren zu manoeuvriren, bis seine Plane sich mehr ent-wickelt haben." (Nous aurions pu emporter cette ville hier, si les mauvais chemins et les défilés nous avaient permis d'arriver à temps; mais l'ennemi y ayant réuni des forces suffisantes pour rendre l'attaque trop chère, nous allons continuer de ma-noeuvrer jusqu'à ce que ses projets soient mieux développés.)

Der weitere Inhalt des Briefs zeigt dann, mit was für strategi-schen Combinationen das militairische Cabinet des Kaisers zur Zeit beschäftigt war. Napoleon's Heer scheine ganz in der Lausitz zu sein, schreibt darin der Kaiser: unter den obwaltenden Umständen könne

Napoleon keine anderen Plane haben als: entweder in Böhmen einzudringen — oder mit ganzer Macht Blücher's Armee zu erdrücken,
um dann ungesäumt gegen die Hauptarmee umzukehren — oder endlich auf Torgau zu marschiren, um seine Verbindungen rückwärts wieder zu gewinnen.   Natürlich wird dem Gen. Blücher von Neuem zur
Pflicht gemacht, einem entscheidenden Schlage auszuweichen.   Zog
sich aber der Feind vor ihm gegen Dresden zurück, dann sollte Blücher
eilig folgen und seine Verbindung mit der böhmischen Hauptarmee
aufsuchen, aber nicht, wie der Kaiser früher angedeutet hatte, über
Leitmeritz, oder einen anderen Punkt in Böhmen; denn man hatte jetzt
entdeckt, was man wohl schon früher hätte gewahr werden sollen, daß
ein solcher Marsch Blücher's aus der Lausitz nach Leitmeritz eigentlich
rückwärts gegangen wäre, und die dorthin gesendeten Truppen auf
mehrere Tage ganz von dem Schauplatz der Entscheidung entfernt
hätte (ainsi vous devez renoncer à toute marche de Zittau sur
Leitmeritz, ou autre point de la Bohème, qui serait trop longue
et débarasserait ainsi l'ennemi pendant plusieurs jours de l'action
de vos forces). — Anstatt jene entfernten Uebergangspunkte aufzusuchen, soll Blücher seine Pontons mit an die Elbe bringen.   Geht
Napoleon auf Torgau zurück, dann soll Blücher ihn auf diesem Wege
lebhaft drängen, zugleich aber seinen linken Flügel über Bautzen gegen
Dresden ausdehnen, um die Verbindung mit der böhmischen Armee
aufzusuchen *).

    Der österreichische Vorschlag zu dem „Versuch" kam demnach
ganz unerwartet, das ist gewiß; und willigte der Kaiser auch ein,
bestimmt durch Rücksichten die wir nicht kennen, so konnte er sich doch,
wie man deutlich sieht, kein großes Vertrauen zu der Sache abgewinnen.

    Ehe der Entwurf zur Ausführung gelangte, waren übrigens auch
die Umstände mächtig verändert. —

    Wir haben Napoleon verlassen, wie er sich am 20. gegen Blücher
wendete, und seine Garden nach Löwenberg in Bewegung setzte.
Nach seinen rasch und mit Entschiedenheit getroffenen Anordnungen

---

*) Militair-Wochenblatt 1844. Beihefte 156.

sollte der Hauptangriff auf das schlesische Heer am folgenden Tage von diesem Punkte ausgehen; selbst Ney sollte gegen den Feind thätig werden, den man hier traf; denn war er auch angewiesen über Bunz= lau vorzugehen, und zu werfen, was er vom Feinde gerade vor sich fand, so sollte doch nur ein Theil seiner Truppen die Weichenden auf der Straße nach Liegnitz hin verfolgen, die Hauptmasse sich rechts nach Alt=Giersdorf wenden, also in die rechte Flanke der Preußen bei Löwen= berg. Vor diesem Orte sollte Macdonald sein eigenes Corps mit dem Lauriston's vereinigen; Marmont erhielt Befehl, sich in der Entfer= nung einer Meile hinter ihm aufzustellen, die Garden und Latour= Maubourg zogen eben dahin. — Ganz konnten diese Anordnungen, zu Napoleon's Verdruß und Schaden, nicht ausgeführt werden, denn Ney hatte am 21. schon seinen weiteren Rückzug nach Naumburg am Queis angetreten, die Spitze seines Heerzugs sogar schon die Gegend dieses Städtchens erreicht, als er den Befehl erhielt, wieder umzukehren und nach Schlesien vorzubringen. —

Blücher seinerseits wollte an diesem selben Tage über den Bober vorgehen, um den Feind auf dem jenseitigen Ufer anzugreifen. Glück= licher Weise bemerkte man bald, daß die Franzosen sich bereiteten um= zukehren und vorzubringen, und erhielt zu rechter Zeit auch die Kunde von Napoleon's persönlicher Anwesenheit bei den Truppen vor Löwen= berg. Daß man nun, den Verhaltungsbefehlen gemäß, zurückgehen und dem entscheidenden Kampfe ausweichen müsse, war einleuchtend; aber wie dieser Rückzug zu behandeln sei, darüber waren die Ansichten zwar nicht im Hauptquartier, wohl aber im Heer, sehr verschieden; und hatte der Umstand, daß namentlich Graf Langeron sich ermächtigt glaubte eine eigene Ansicht zu haben, und ihr gemäß zu handeln, schon in den ersten Tagen sichere Erfolge vereitelt, so konnte er jetzt vollends leicht großes Unheil herbeiführen. Geschah das nun auch nicht, so ergab sich doch daraus ein fühlbarer Mangel an Zusammenhang und Uebereinstimmung in den Bewegungen, und immerhin schmerzliche Verluste blieben nicht aus. Blücher war überzeugt, die Unterneh= mungen der Hauptarmee würden Napoleon bald nöthigen sich wieder gegen die Elbe zu wenden; er wollte deshalb nur nothdürftig und knapp ausweichen, um sogleich wieder dicht am Feinde zu sein, wenn die Umstände schon in den nächsten Tagen erlaubten erneuert vorzubringen. Nach Langeron's Ansicht dagegen mußte es nun mit großen Schritten eilig und weit rückwärts gehen.

Schon am ersten Tage wurde der Rückzug dadurch schwierig, daß Langeron versäumt hatte, die Höhen bei Plagwitz zu besetzen, und der Nachtrab sah sich in Gefechte verwickelt, bei denen man bedeutend verlor. — Am 22. wollte Blücher zunächst zwischen Abelsdorf und Pilgramsdorf hinter der schnellen Deichsel stehen bleiben, und nur im Fall der Feind wirklich große Streitkräfte vor dieser Stellung entfaltete, dachte er bis nach Goldberg an die Katzbach zurückzugehen. Langeron durchkreuzte diesen Plan, indem er den erhaltenen Befehlen zum Trotz, eigenmächtig den Rückzug von Pilgramsdorf antrat, sobald er einen Feind vor sich sah. Er setzte ihn sogar unaufhaltsam über Goldberg hinaus fort, ohne anzuhalten. Er hoffte auf diese Weise den Oberbefehlshaber zu den Maaßregeln zu zwingen, die nach seinen Ansichten die richtigen waren. Natürlich mußte nun das ganze Heer bis Goldberg zurückweichen, und wo Langeron geblieben war, wußte man im ersten Augenblick nicht einmal ganz genau; er mußte durch Adjutanten aufgesucht werden; sie fanden ihn bei Seichau, anderthalb Meilen hinter Goldberg und noch hielt er nicht an. Ein sehr peremtorischer Befehl Blücher's brachte ihn zwar in der Nacht wieder bis Prausnitz bei Goldberg vor, aber mit sehr ermüdeten Truppen, und nicht in der bereitwilligsten Stimmung.

Die Briefe, welche Blücher von dem Kaiser Alexander erhielt, sprachen lebhafte Besorgnisse aus wegen eines feindlichen Einfalls in Böhmen; Kundschafter brachten die Nachricht, daß Napoleon für seine Person mit einem Theil seiner Truppen bereits den Rückweg nach der Elbe angetreten habe — einen Theil des feindlichen Heeres (Ney und einen Theil der Reiter Sebastiani's) wußte man im Zuge von Haynau nach Liegnitz, — wo ihm General Sacken bei Baben gegenüber stand —: darauf hin wollte Blücher sogleich wieder mit den Heertheilen York's und Langeron's über die Katzbach vorgehen, um den Feind jenseits Goldberg (Macdonald, Lauriston und Reiterei) umfassend anzugreifen; traf man hier, wie man vermuthete, auf Lauriston's Abtheilung allein, so durfte man um so mehr hoffen ihr eine schwere

Niederlage beizubringen. Aber der Feind blieb selbst im Vorgehen, der preußische Nachtrab sah sich, wie der russische, unerwartet von großer Uebermacht angegriffen, die Gefangenen, die man machte, schienen nach ihren Aussagen von vier verschiedenen Armeecorps zu sein, und behaupteten fast einstimmig, Napoleon sei persönlich an der Katzbach. Die Verhältnisse schienen entschieden der Art, daß ein weiterer Rückzug nöthig, und durch den allgemeinen Operationsplan geboten war, und mit großer Mühe wurde Blücher von seiner Umgebung endlich bewogen, dazu den Befehl zu geben; nach einem hartnäckigen Gefecht, das mehr als 3000 Mann gekostet hatte, und in dem man zur Zeit im Nachtheil war, ging der Marsch des ganzen Heeres noch an diesem Tage (23.) bis in die Gegend von Jauer zurück.

Und doch waren jene Kundschaftsberichte nicht falsch gewesen. Napoleon wurde sichtlich heiter und hoffnungsvoll gestimmt, als er am 21., sowie er in Person am Bober erschien, das schlesische Heer weichen sah. Er konnte seine Freude darüber, wie ein sächsischer Offizier (Odeleben) als Augenzeuge berichtet, gar nicht verbergen, — und das war sehr natürlich, da er in dem Rückzug der Verbündeten nicht Plan und Absicht sah, sondern eine Folge des Schreckens, den seine persönliche Nähe verbreite. Er schrieb am 22. aus Löwenberg an Maret nach Dresden: „Sowie sie (die Verbündeten) unsere Colonnen über den Bober vorbrechen sahen, um von Neuem in den Angriff überzugehen, ergriff sie der Schrecken, und man konnte sich überzeugen, daß ihre Führer jedem ernsten Gefecht ausweichen wollten." (Aussitôt qu'ils ont vu déboucher nos colonnes pour reprendre l'offensive, la terreur les a pris, et l'on a pu se convaincre que les chefs voulaient éviter un engagement sérieux.) — Es kam noch dazu, daß ihm ein preußischer Landwehrmann vorgeführt wurde, den man bei Löwenberg zum Gefangenen gemacht hatte. Dieser erschien vor ihm dürftig bekleidet, in ärmlichem Aufzug, und ohnehin von seinen soldatischen Vorurtheilen in Beziehung auf jede Art der Volksbewaffnung beherrscht, bestätigte sich Napoleon in seiner geringen Meinung von der preußischen Landwehr, die er nun auch auf die ganze schlesische Armee ausdehnte. „Erwünscht ist", schreibt er, „daß ihre Infanterie äußerst schlecht ist" (ce qui est satisfaisant, c'est

que leur infanterie est extrêmement mauvaise). Dieſer Irrthum
iſt nicht ohne Folgen geblieben.

Sogleich aber erkannte Napoleon auch baß es nicht gelingen
werbe, die ſchleſiſche Armee in eine Hauptſchlacht zu verwickeln. Der
Schluß war richtig, wenn er auch einen Irrthum zur Grundlage hatte.
Und da wünſchte nun der franzöſiſche Kaiſer ganz entſchieden, die
Hauptarmee der Verbündeten möge einen ernſtlichen Angriff auf Dresden entſchloſſen wagen; dann konnte ſich auf jener Seite die Gelegenheit zur Hauptſchlacht ergeben, zu dem Sieg im unmittelbaren Kampf,
um den es dieſem Feldherrn immer vor Allem zu thun war, und ſo
ſchließt er den Brief an Maret mit den Worten: „Uebrigens, da
man ohne eine Schlacht zu keinerlei Ergebniß gelangen kann, wäre das glücklichſte was geſchehen kann, wenn der Feind
auf Dresden marſchirte, da es alsbann zur Schlacht käme. (Au reste,
comme on ne peut arriver à aucun résultat sans
bataille, ce qui peut arriver de plus heureux, c'est que l'ennemi marche sur Dresde, puisqu' alors il y aurait une bataille.)

Von ſolchen Anſichten ausgehend, mit ſolchen Gedanken beſchäftigt, ließ Napoleon ſchon am 22. weder die Garden noch Marmont's
Heertheil über den Bober nach Schleſien vorgehen. Dem ſchleſiſchen
Heer folgten an dieſem Tage nur Lauriſton und Macdonald nebſt Sebaſtiani's leichter Reiterei bis über Pilgramsdorf, gegen Goldberg;
Ney und die ſchwere Reiterei Sebaſtiani's, nach Adelsdorf und Haynau. Latour-Maubourg's Reiterſchaaren mußten ſchon ehe ſie Pilgramsdorf erreicht hatten, Halt machen. — Am folgenden Tage, während Macdonald und Lauriſton fechtend nach Goldberg vordrangen,
Ney nach Liegnitz, mußten die Garden, Marmont und Latour-Maubourg ſchon wieder umkehren gegen die Elbe, und dorthin wendete ſich
Napoleon ſelbſt, indem er Macdonald mit 100,000 Mann in Schleſien
zurückließ, und mit dem Auftrag, Blücher bis über Jauer zurückzuwerfen, bann aber am Bober Stellung zu nehmen.

Napoleon's Briefwechſel, wie er vor uns liegt, geſtattet dem Gang
ſeiner Ideen, der Entwickelung ſeiner Pläne ziemlich zu folgen. Am
23. früh, zu Löwenberg, hatte Napoleon noch keine beſtimmten Nachrichten in Beziehung auf den Zug der Verbündeten über das Erz-

gebirge. Noch beschäftigte ihn der Gedanke, über Zittau nach Böhmen einzubringen und auf Prag zu gehen, aber er stand gleichsam in zweiter Linie und sollte nur in dem Fall ausgeführt werden, daß Schwarzenberg's Heer durch Poniatowski's Schein-Unternehmungen oder sonst, veranlaßt zu zögern, in den nächsten Tagen noch nicht vor Dresden erschien. Wenn wir Napoleon's damalige und frühere Aeußerungen zusammenhalten, läßt sich mit so vieler Sicherheit als dergleichen Conjecturen überhaupt haben können, ermitteln, warum er die Ausführung dieses Plans jetzt an solche Bedingungen knüpfte. Wahrscheinlich eben weil er den materiellen und moralischen Gewinn eines Sieges über das schlesische Heer nicht erlangt hatte, ohne diesen das Unternehmen gewagt achtete, und sich demnach nur dann darauf einlassen wollte die Entscheidung hier zu suchen, wenn sie ihm nicht auf andere Weise näher gerückt wurde.

Wenigstens schreibt er, für den Fall, daß er selbst auf diesem Wege nach Böhmen gehe, dem Marschall Macdonald vor, die schlesische Armee um keinen Preis nach Zittau gelangen zu lassen. Selbst nach einer verlorenen Schlacht soll der Marschall die Linie am Queis halten, und wenn er das nicht vermag, soll er seinen Rückzug auf Zittau nehmen. Und um seine Operationslinie nach Böhmen vollends gegen das schlesische Heer sicher zu stellen, will Napoleon von diesem Lande aus versuchen, sie auf Dresden zu verlegen.

Ein anderer Fall schien erwünschter; der französische Kaiser sagt in dem Brief an Macdonald, dem wir seine Ansichten an dem genannten Morgen entnehmen: „wenn der Feind in den nächsten beiden Tagen eine unzweideutige Offensive gegen Dresden ergreifen sollte, hege er — Napoleon — die Absicht, den Verbündeten die Initiative zu überlassen, sich sofort in das verschanzte Lager (die verschanzten Vorstädte von Dresden) zu begeben, um ihnen eine große Schlacht zu liefern; und da in diesem Fall der Feind dem Rhein den Rücken zuwende, das französische Heer aber der Oder, werde er in das verschanzte Lager zurückkehren, wenn ihm der Sieg nicht verbleibe; im schlimmsten Fall werde er dann auf das rechte Ufer der Elbe zurückgehen, also die Verbindung mit Macdonald behaupten, und dann nach den Umständen über Torgau, Wittenberg oder Magdeburg wieder auf das linke Ufer vorbrechen*)". Berthier war sehr heiter, erzählt Odeleben, und sagte im Tone froher Zuversicht: Eh bien! nous gagnerons une belle bataille, nous marcherons sur Prague! — sur Vienne!

Im Lauf des Tages verlegte dann Napoleon sein Hauptquartier nach Görlitz, und erhielt dort die Nachricht von dem Gefecht bei Gießhübel, von Wittgenstein's Vordringen bis in die Nähe von Dresden. Seine Plane wurden größer und kühner. Nur Poniatowski und Kellermann's Reiter sollen bei Zittau stehen bleiben; die Heertheile Vandamme, Victor, Marmont, Latour-Maubourg und die Garden wollte Napoleon selbst (den 27.) unter dem Königstein über die Elbe führen, und in den Rücken der Verbündeten, die vor Dresden standen. Die Ausführung mochte Schwierigkeiten haben, die zum Theil in der Natur der Oertlichkeiten lagen, dennoch aber konnte, ja mußte die Ausführung dieses Entwurfs zu großen Ergebnissen führen! — Napoleon wußte, daß für's Erste nur ein Theil der verbündeten Haupt-Armee vor Dresden erschienen war; sie war also noch getheilt im Zuge dahin begriffen, entweder auf der Straße, die aus Böhmen über Peterswalde nach Dresden führt, „und dann", sagt Napoleon (Brief an Maret vom 24. Abends) „bin ich mit meinem vereinigten Heere im Rücken des Feindes, der das seinige erst in vier oder fünf Tagen versammeln kann." — Oder sie war mit ihrer Hauptmacht auf der Straße über das Gebirge gegangen, die von Kommotau nach Leipzig führt, und rückte von dieser Seite heran. Dann mußte sie nach einer unglücklichen Schlacht vor Dresden auf Kommotau zurückgehen. Es ist sehr bemerkenswerth, daß sich Napoleon den Rückzug des Feindes so dachte, indem er hinzufügt: „dann ist Dresden befreit, und ich werde in Böhmen näher an Prag sein als der Feind, und ich gehe dorthin." (Dresde se trouvera dégagée, et je me trouverai en Bohème plus près de Prague que l'ennemi, et j'y marcherai.)**)

Nach Böhmen wollte Napoleon siegreich vorrücken, und auf Prag — und zwar auf beiden Ufern der Elbe zugleich; Poniatowski, bei

---

*) Spectateur militaire 1826. 1, 246.
**) Gouvion St. Cyr, mémoires IV, 377.

Zittau zurückgelaſſen, um den Vortrab zu bilden, im Fall der franzöſiſche Kaiſer ſich mit ſeiner Hauptmacht dorthin wendete, und um,
in dem Fall, der jetzt eintrat, deſſen Zug an die Elbe von dieſer Seite
zu decken, ſollte nach einem Sieg bei Dresden verſtärkt über Gabel nach
Prag gehen *).

Am 25. Abends, als die Verbündeten vor Dresden berathſchlag-
ten und zauderten, hatte Napoleon ſein Hauptquartier nach dem Berg-
ſtädtchen Stolpen verlegt, 3½ Meile von Dresden, und etwa 2 Meilen
von den Elbe-Brücken unter dem Königſtein. Außer Victor's Truppen befanden ſich da ſeine Garden und Latour-Maubourg's Reiter um
ihn verſammelt, was man bewundern muß, wenn man erwägt, daß
ſie erſt am 23. früh von Löwenberg aufgebrochen waren. Vor ihm
ſtanden in dem verſchanzten Brückenkopf am Lilienſtein, dem Königſtein
gegenüber — eine Diviſion von Gouvion St. Cyr's Heertheil (Mouton-Duvernet) — und Vandamme, der ſich, eine entſendete Brigade
ausgenommen, mit ſeinem ganzen Heertheil dieſem Uebergangspunkt
näherte. Weiter rückwärts hatte Marmont Bautzen erreicht. — Jene
von Vandamme entſendete Brigade (8 Bataillone unter dem Diviſions-
General Teſte) war auf dem Wege nach der Dresdener Neuſtadt,
Lefebvre-Desnouettes mit ſeinen Garde-Reitern und der Infanterie-
Diviſion Decouz, die er aus den Lauſitzer Bergen hierher geführt hatte,
beobachtete die Elbe von Dresden bis Pirna.

So war Alles eingeleitet, als Napoleon, gewiß nicht zu ſeinem
Glück, durch Beſorgniſſe um Dresden bewogen wurde, ſeine Plane ſehr
weſentlich zu ändern. Man fürchtete in Dresden einen Angriff der
Verbündeten gar ſehr, und der Marſchall Gouvion St. Cyr ſelbſt, ein
beſonnener Krieger, glaubte keinen langen Widerſtand leiſten zu können, wenn er auch natürlich die äußerſten Anſtrengungen machen wollte.
Da er nur drei ſeiner vier Diviſionen in der Stadt vereinigt hatte,
ſtanden ihm, die eigentliche Beſatzung mitgerechnet, nur etwa 20,000
Mann Fußvolk zur Verfügung. Die Zugänge zu den Vorſtädten
waren zwiſchen der Elbe oberhalb der Stadt und der Weiſeritz, auf
einem Umfang von mehr als 6000 Schritten, durch fünf Lünetten

---

*) Spectateur militaire 1826. 1, 246.

gedeckt; die Friedrichstadt, jenseits der Weiseritz, hatte gar keine Verschanzungen — : im Uebrigen waren die Vorstädte, auf der ganzen über
8000 Schritte langen Linie, die vertheidigt werden mußte, nur durch
die leichten Mauern geschlossen, welche die Gärten nach der Feldseite
umgaben; hin und wieder sogar nur durch Bretterwände. Man muß
gestehen daß im Kriege schon schwierigere Dinge gelungen sind, als ein
Angriff auf die Vorstädte von Dresden am 25. gewesen wäre.

Napoleon hörte die bänglichen Berichte von dorther. Murat, der
im Laufe des Tages in Dresden gewesen war, mag, mit wenig Zuversicht von den dortigen Zuständen gesprochen haben, besonders aber
betheuerte der Ordonnanz-Offizier Gourgaud, den Napoleon eigends
hingesendet hatte, um sich bestimmte und genaue Kenntniß von der
Sachlage zu verschaffen, daß die Stadt sich nicht vierundzwanzig
Stunden — also nicht bis zum 27. — halten werde, wenn nicht Napoleon selbst hineilte. Er wollte mit seinem Kopf für seine Aussage
stehen.

Napoleon entschloß sich nun mit seiner Hauptmacht nach Dresden
aufzubrechen, zunächst die Vorstädte zu vertheidigen, sobald er aber
Truppen genug beisammen hatte, zum Angriff in das freie Feld hinaus-
zugehen, und den Verbündeten eine Schlacht unter den Mauern der
Stadt zu liefern. Die Umgehung über den Königstein sollte jetzt nur
in verkleinertem Maaßstab durch Vandamme's verstärkten Heertheil
ausgeführt werden; im Uebrigen erhielt die halbe Division Teste den
Befehl, nach Dresden zu marschiren, wohin auch Lefebvre-Desnouettes
zehn von den 12 Bataillonen der Division Decouz zu senden angewiesen wurde, — und schon in der Nacht brachen auch Victor's Truppen, Latour-Maubourg's Reiter und die Garden eben dahin auf.

Man hatte so eben die Nachricht von der unglücklichen Schlacht
bei Groß-Beeren erhalten, und fürchtete, daß in Folge dieses Ereignisses Parteigänger der Verbündeten sich von Norden her der rechten
Flanke der französischen Armee nähern könnten. Einige Vorsichtsmaaß-
regeln schienen auch nach dieser Seite nöthig; Napoleon beorderte die
Dragoner-Division L'héritier, die bisher bei Dresden gestanden, und
sich in den Gefechten vor der Stadt nicht sehr kriegstüchtig gezeigt hatte,
nach Großenhayn; Marmont, der von Bautzen in Anmarsch war,

erhielt den Befehl, 2 Bataillone 5 Schwadronen nach Hoyerswerda zu entsenden.

Am 26., während die Verbündeten auf die Ankunft der zurück=gelassenen Truppen und den Nachmittag warteten, um den ernsten An=griff zu beginnen, traf Napoleon persönlich schon um 9 Uhr früh in Dresden ein. Er war um 5 Uhr von Stolpen aufgebrochen; am so=genannten Mordgrund ausgestiegen, von wo man die Gegend auf dem linken Ufer weithin übersieht, beobachtete er die Stellung und die Be=wegungen der Verbündeten, und stieg zu Pferde. Man traute seinen Augen kaum, als er unerwartet über die Elb=Brücke in die Stadt sprengte, wo seine Gegenwart zauberisch ermuthigend und belebend wirkte. — Nach einem kurzen Besuch bei dem besorgten König von Sachsen, wies er, an der Brücke haltend, den Truppen, die mit eilen=den Schritten herüberströmten, selbst die Richtung an, die sie nehmen, die Punkte, die sie besetzen sollten; 6 Bataillone der alten Garde be=setzten die drei Eingänge zu den Vorstädten, die zunächst von Angriffen bedroht schienen; Murat sammelte Latour=Maubourg's Reiter und 8 Bataillone der Division Teste hinter der Friedrichstadt; zwei Divi=sionen der jungen Garde rückten unter dem Marschall Ney in die See=vorstadt, den Anhöhen von Räcknitz gerade gegenüber, zwei andere unter Mortier in die Pirnaische. — Theils zu Pferde, theils zu Fuß musterte Napoleon darauf die Lage der Dinge, und zurückgekehrt von diesem Ritt, äußerte er gegen den General Gersdorf: „Nun, sie grei=fen uns in wenigen Stunden an — was man nicht glauben sollte — denn sie werden wohl wissen, daß ich mit meiner ganzen Armee hier bin — aber wir geben ihnen das Geleite. Ich bin zu Allem bereit!" —

Auf Seiten der Verbündeten vermehrte sich allerdings die Zahl der Truppen, über die sie zum Angriff verfügen konnten, aber in Folge der getroffenen Anordnungen doch großentheils erst in den späteren Stunden des Tages.

Schon am 25. war Miloradowitsch mit einem großen Theil der russischen Reserven (2. Garde=, 1. Grenadier=, 2. und 3. Kürassier=Division) bei Dippoldiswalde eingetroffen, die 1. Kürassier=Division hatte, unter der Anführung des Großfürsten Constantin, etwas weiter

rechts, die Gegend von Glashütte erreicht. — (Die 1. russische Garde-
Division und die preußischen Garden waren noch jenseits des Gebirges, bei Sobochleben und Kulm.)

Jetzt, am Tage des Angriffs, mußte Alles was bei Dippoldiswalde, Glashütte und Maren stand, bis auf die Anhöhen vor Dresden
vorrücken, aber nur einige österreichische Heertheile und die preußischen
Divisionen trafen da früh genug ein, um an dem Kampf Antheil zu
nehmen; andere Truppentheile erst spät am Abend, — in der Nacht —
oder selbst am folgenden Morgen. Wahrscheinlich konnten die nöthigen
Befehle erst spät ausgefertigt werden, weil die Zustimmung des Kaisers Alexander erst am Morgen dieses selben Tages gewonnen wurde.
Wenigstens ist bekannt, daß Klenau, der nach Tharand vorrücken sollte,
den Befehl dazu erst sehr spät erhielt, erst um vier Uhr Nachmittags
aufbrechen konnte, kaum und mit Mühe auf schlechten Wegen Grillen-
burg erreichte, und dort umher mit seinen ermüdeten Truppen im Walde
liegen blieb.

Vom frühen Morgen an waren die Vortruppen der Verbündeten
auf mehreren Punkten mit dem Feinde unter Gouvion St. Cyr im
Gefecht. Wittgenstein suchte sich nach und nach der einzelnen Gehöfte
zu bemächtigen, welche der Feind vor der Pirnaischen Vorstadt inne
hatte; die Preußen drangen im großen Garten Schritt vor Schritt
weiter vor; weiter links nahmen auch die Oesterreicher einzelne Gehöfte
und das Dorf Löbeda.

Während dieser einleitenden Gefechte erschien der Kaiser Alexander
um die Mittagsstunde auf den Höhen bei Räcknitz. Als Moreau die
großen Heereszüge übersah, die sich sammelten und ordneten, äußerte
er, seltsam genug, die Leitung solcher Massen scheine ihm die Kräfte
des menschlichen Geistes zu übersteigen. Geschützfeuer lenkte die Aufmerksamkeit auf den äußersten rechten Flügel: es war das Feuer der
Batterien, die Wittgenstein auf die jenseits der Elbe heranrückenden
feindlichen Streitkräfte richten ließ, das Feuer der französischen Artillerie,
die vom rechten Ufer des Stromes her antwortete, und deutlich übersah
man den gewaltigen Heereszug der französischen Garden, der sich auf
der Straße nach Bautzen an der Berglehne jenseits des Flusses, eilig
und mit raschen Schritten herab zur Stadt bewegte. Schon seit Tages-

anbruch hatte man dergleichen Züge anlangen sehen — ohne Zweifel die 18 Bataillone der Division Teste und Decouz.

Daß es unter diesen Bedingungen eine Thorheit sei, Dresden stürmend anzugreifen, wurde mit jedem Augenblick anschaulicher. Nicht allein diejenigen, die sich gegen den Angriff am vorigen Tage ausgesprochen hatten, namentlich Moreau und Toll, mußten jetzt noch entschiedener gegen jeden Versuch dieser Art auftreten —: auch wer den Abend vorher anders gestimmt hatte, konnte jetzt den Sturm nicht mehr zweckmäßig finden. Jomini, der ihn gestern mit dem größten Eifer angerathen hatte, sprach heute eben so lebhaft dagegen, und nahm nun Toll's früheren Vorschlag auf, das Heer nach Dippoldiswalde zurückzuführen und dort Stellung zu nehmen. Dieser Plan schien dem Kaiser Alexander zuzusagen, und darüber wenigstens, daß man jetzt nicht angreifen müsse, war in dem vielköpfigen permanenten Kriegsrath der ihn umgab, bald nur eine Stimme.

Der Fürst Schwarzenberg kam herbei, der Kaiser eröffnete ihm seine erneuten Bedenken, und nach längerem Hin- und Her-Reden schien auch der österreichische Feldmarschall überzeugt, daß der Angriff eingestellt werden müsse. Schwarzenberg ritt davon, angeblich um seinen Chef des Generalstabs aufzusuchen, und die Ausfertigung der nöthigen Befehle zu veranlassen —: als ob es für den ersten Augenblick nicht genügt hätte, die Ordonnanz-Offiziere seiner persönlichen Umgebung an die Führer der verschiedenen Abtheilungen zu senden, mit der vorläufigen Nachricht, daß der Sturm aufgegeben sei! — Man sollte sogar denken daß die einfache und naheliegende Maaßregel unerläßlich scheinen mußte, damit man sich nirgends zu tief in ein ernstes Gefecht einließ, während die neuen Anordnungen berathen und die Befehle ausgefertigt wurden. Aber ohne Radetzky und Langenau einen wirklichen, feststehenden Entschluß zu fassen, mag dem Fürsten Schwarzenberg nicht geläufig gewesen sein.

Bald darauf schloß sich der König von Preußen mit seiner Umgebung dem Kaiser Alexander an, der auch ihm das Mißliche eines gewaltsamen Angriffs vortrug. Aber was sollte geschehen, wenn man ihn aufgab? — was an die Stelle dieses Unternehmens treten? — Der Vorschlag nach Dippoldiswalde zurückzugehen, mißfiel dem König

durchaus; nachdem man einmal mit zweimalhunderttausend Mann vor
Dresden erschienen war, wieder abzuziehen ohne ernstlichen Kampf,
blos weil man erfuhr, daß Napoleon mit einem Theil seines Heeres
dorthin zurückgekehrt sei; an der Spitze solcher Macht gleichsam vor
der bloßen Erscheinung, vor dem Namen Napoleon's zu weichen —:
das schien ihm schimpflich und unheilvoll; er sprach sich auf das Bestimmteste und mit großer Wärme dagegen aus.

Schwarzenberg kehrte nicht wieder. Man sagt er habe die Häupter seines Stabes nicht finden können, ohne die ein Entschluß nun
einmal nicht möglich war. Das klingt sehr sonderbar; und auffallend
bleibt es, daß sich Niemand vom Hauptquartier, kein österreichischer
Offizier, weiter in der Nähe der Monarchen sehen ließ. Man könnte
glauben, es sei den Leitern des österreichischen Stabes gelungen den
Fürsten wieder umzustimmen, und von Neuem für den Sturm zu gewinnen — und die Herren hätten sich dann geflissentlich fern von den
Monarchen gehalten, um nicht durch wiederholte Einreden in ihrem
Beginnen gestört zu werden.

Das Ergebniß war, daß eben an den früher gegebenen Befehlen
trotz aller Bedenken und alles Hin- und Her-Redens nichts geändert
wurde, und als die Stunde schlug, erfolgten die vier Signalschüsse
und man schritt von allen Seiten zum ernsten, nachdrücklichen Angriff —: ein Ereigniß, das den russischen Offizieren des kaiserlichen
Hauptquartiers, wie wir aus handschriftlichen Tagebüchern ersehen,
nach Allem was in ihrer Gegenwart besprochen worden war, sehr unerwartet kam.

Der Angriff wurde überall sehr viel ernster und nachdrücklicher
ausgeführt als die Disposition besagte, und es entspannen sich die
hartnäckigsten Kämpfe, durch ein gewaltiges Geschützfeuer eingeleitet.
Aber im Ganzen schon, jetzt wenigstens gewiß nicht mehr rathsam, war
das Unternehmen auch im Einzelnen nichts weniger als zweckmäßig
eingeleitet. Das Urtheil aller Militairs dürfte sich wohl dahin vereinigen, daß die Verbündeten die meiste Aussicht auf Erfolg gewannen,
wenn sie vorzugsweise von ihrem linken Flügel aus sich zunächst der
ganz unverschanzten Friedrichstadt zu bemächtigen suchten, und der
Lünette Nr. IV vor dem Falkenschlage, die eine beherrschende Lage

hatte. Anstatt dessen hatten sie ihre Hauptmacht auf dem rechten Flügel vereinigt, und ihre Anstrengungen waren vorzugsweise auf die Pirnaische und See-Vorstadt gerichtet, so daß man nicht recht begreift, wie in den Entwürfen ein solcher Mangel an Kenntniß der Oertlichkeiten vorwalten konnte, da doch Langenau hier Bescheid wissen mußte. —

Von Seiten des Feindes wurde der Kampf zunächst von Gouvion St. Cyr's Truppen aufgenommen, von denen 12 Bataillone den großen Garten, 16 andere den Saum der Vorstädte vertheidigten. Da die Sturm-Colonnen der Verbündeten weder mit Faschinen versehen waren noch mit Leitern — (deren einige man doch gewiß in den zahlreichen Dörfern der Gegend finden konnte) — stießen sie überall bald auf Hindernisse, die nicht zu besiegen waren. Auf dem äußersten rechten Flügel wollte es den Russen unter Wittgenstein nicht gelingen, Hopfgartens Vorwerk zu erobern, das kaum einige hundert Schritte von der Elbe und nahe vor dem Rampischen Schlage liegt; alle ihre Angriffe wurden abgeschlagen. Weiter gegen die Mitte hin eroberten die Preußen (Kleist) den großen Garten. Den Oesterreichern der dritten Colonne (H. Colloredo) gelang es, die Lünette Nr. III dicht vor der See-Vorstadt zu erstürmen — : aber ihre wie der Preußen Bemühungen, von hier aus über Graben und Gartenmauern in die wohlvertheidigte Vorstadt zu bringen, blieben vergeblich. Weiter links, an der Weiseritz, mußten sich die österreichischen Divisionen Bianchi und Crenneville mit dem Besitz der einzelnen Gehöfte bis nahe an die Vorstädte begnügen — : und jenseits der Weiseritz, der Friedrichstadt gegenüber bis an die Elbe unterhalb Dresden, wo ziemlich spät am Tage neben der leichten Division Meszko die Infanterie-Division Weißenwolf und die Kavallerie-Division Schneller eintrafen, blieb es bei einer bloßen Kanonade, da Murat hier bald Latour-Maubourg's Reiterei den Oesterreichern gegenüber entfaltete.

So blieb das Gefecht in der Schwebe, bis Napoleon hinlängliche Streitkräfte vereinigt und geordnet, und die Zeit gekommen glaubte, von der bloßen Abwehr zum Angriff überzugehen. Das geschah gegen sechs Uhr. Da vermehrte sich plötzlich das französische Geschütz auf der ganzen Linie, rechts, links und in der Mitte brachen bedeutende Truppenmassen aus den „Schlägen", den Eingängen zu den Vor-

städten hervor. Auf der Linken des Feindes war es Mortier, der mit
zwei Divisionen der jungen Garde und Reiterei (Division Doumerc
von Latour = Maubourg's Heertheil) aus der Pirnaischen Vorstadt in
die Ebene vordrang; Wittgenstein wurde bis jenseits Striesen zurück=
geworfen — die Preußen wurden in den großen Garten zurückgedrängt,
und mußten die Hälfte desselben, bis zu dem Schlößchen aufgeben;
von der See = Vorstadt aus eroberte eine Colonne Infanterie die ver=
lorene Lünette wieder.; — zur Rechten verdrängte Ney, der für seine
Person, ohne seinen Heertheil, dem französischen Kaiser hierher gefolgt
war, an der Spitze der beiden anderen Divisionen der jungen Garde,
die Oesterreicher aus den Gehöften an der Weiserih, und im Abend=
dunkel wichen die Oesterreicher auf die Höhen bei Räcknih zurück. Nur
auf dem linken Ufer der Weiserih vermochte die Division Teste, die aus
der Friedrichstadt vorbrach, nicht sich des Dorfes Löbeda zu bemäch=
tigen. Die Oesterreicher verließen es erst in der Nacht.

Als das Gefecht schwieg, am Abend, wurde wieder in einem
Kriegsrath auf dem Schlachtfelde, zu dem sich alle Hauptquartiere um
die Monarchen und den Fürsten Schwarzenberg versammelt hatten,
lange darüber hin = und hergesprochen, was nun weiter zu thun sein
möchte.

Daß Napoleon selbst in Dresden sei, soll man durch einen Dres=
dener Bürger, der sich hinauswagte, schon ziemlich früh erfahren
haben —: jeht wußte man es durch Gefangene mit Bestimmtheit.
Unter diesen Umständen, und da der Angriff auf Dresden mißlungen
war, den gerade sie bisher mit dem größten Eifer betrieben hatten,
wünschten die Leiter des österreichischen Heeres den Rückzug nach Böh=
men unverweilt anzutreten. Der Trachenberger Operationsplan, wie
man ihn einmal auslegte, ließ sich dafür anführen, aber die Monarchen,
namentlich der König von Preußen, waren nicht dafür gestimmt, und
so kam man denn am Ende auf die Maaßregeln zurück, die Toll den
Tag vorher vorgeschlagen hatte: man beschloß, auf den Höhen vor
Dresden Stellung zu nehmen, und in dieser „centralen Stellung" Na=
poleon's weitere Unternehmungen abzuwarten. — Man glaubte das
um so mehr mit Zuversicht thun zu können, da am folgenden Tage die
Armee durch die russischen Garden und Grenadiere, und wie man

mit Sicherheit berechnete, auch durch Klenau's Heertheil verstärkt auftreten konnte.

Danilewsky sagt in seinen „Denkwürdigkeiten", man habe Klenau abwarten wollen, um den Angriff auf den Feind zu erneuern. — Dem ist natürlich nicht so; ja, diese Angabe gehört zu denen, die ihrer Natur nach gar nicht wahr sein können; es ist rein unmöglich, wie jeder zugeben wird, wenn man sich erinnert, daß der Kaiser Alexander überhaupt gegen den Angriff war, und selbst am 26., nachdem er mit Widerstreben darein gewilligt hatte, doch noch im letzten Augenblick einen Versuch machte ihn zu hintertreiben —: und nun vergegenwärtige man sich vollends, wie sich seitdem die Verhältnisse geändert hatten. Auch hat sogar Danilewsky diese ganz aus der Luft gegriffene und nebenher gar seltsame Behauptung später wenigstens stillschweigend zurückgenommen. In der „Geschichte des Krieges 1813", die er einige Jahre nach den „Denkwürdigkeiten" auf Befehl des Kaisers Nicolaus schrieb, und für die ihm die Benützung aller Archive offen stand, berichtet er über die am Abend des 26. gefaßten Beschlüsse ziemlich so wie wir die Dinge wissen und erzählen, und fügt kein Wort hinzu über einen von Neuem beabsichtigten Angriff. Man sollte also wohl diese unbeglaubigte Abenteuerlichkeit nicht weiter aus seinen Denkwürdigkeiten abschreiben, wie noch immer, und selbst in den neuesten Werken über den Feldzug 1813 geschieht.

Während hier der blutige Kampf des Tages nach bedeutenden Verlusten nicht eben glücklich endete, zog sich auf einer anderen Seite ein drohendes Ungewitter zusammen: Vandamme, durch die Division Mouton-Duvernet (von St. Cyr's Heertheil), eine Brigade vom zweiten Armee-Corps (Victor) und die Reiter-Division Corbineau bis auf 52 Bataillone und 26 Schwadronen — bis auf 40,000 Mann — verstärkt, ging im Rücken des verbündeten Heeres unter dem Königstein über die Elbe, und suchte sich zunächst auf der Hochebene bei Pirna auszudehnen. Hier fand er unmittelbar nur den General Helfreich vor sich, der mit 5 Bataillonen und einigen Kosacken bei Nikolsdorf den Königstein beobachtete. Etwas entfernter stand ihm der Herzog Eugen von Württemberg mit kaum 12,500 Mann, mit 15 Bataillonen und 4 Schwadronen, am Fuß jener Hochfläche gegen-

über. Glücklicher Weise übersah dieser General mit richtigem Blick die
Wichtigkeit seiner Stellung, den Umfang der drohenden Gefahr, und
wußte entschlossen zu handeln. Verstärkt nur durch ein Kürassier-
Regiment, das ihm der Großfürst Constantin, eben vorbeiziehend nach
Dresden zu, auf vieles Bitten endlich sandte, stieg der Herzog zur
Hochebene hinauf, besetzte dort die vortheilhafte Stellung zwischen
Kritschwitz und Struppen, und behauptete sich den Tag über mannhaft
in ihr, gegen die wiederholten Angriffe Vandamme's. Es kam ihm
dabei zu Hülfe, daß Vandamme seine Truppen erst nach und nach über
die Elbe bringen konnte, und daher nicht gleich vom Anfang zur Hand
hatte, namentlich nicht viel Geschütz sogleich in Thätigkeit zu bringen
vermochte.

Der Herzog Eugen hemmte Vandamme's Entwickelung, er ver-
schaffte so den Feldherren des verbündeten Heeres die nöthige Zeit sich
zu wahren und angemessene Vorkehrungen zu treffen, indem er käm-
pfend ausdauerte —: aber damit war auch erschöpft, was er ohne
Verstärkungen hier zu leisten vermochte. Mit seinen wenigen Truppen in derselben Stellung am folgenden Tage ein erneuertes Gefecht
anzunehmen, das nun ein hoffnungslos ungleiches werden mußte —:
daran durfte er nicht denken. Um so weniger, da General Helfreich
bereits von der Hochfläche verdrängt, und über die Gottleube am Fuß
derselben, nach Groß-Cotta zurückgegangen war. Da sich der Herzog,
gewiß zu seiner Verwunderung, nicht verstärkt sah, mußte er demnach
eben die Nacht benützen, dem drohenden Angriff auszuweichen. Aber
wohin? — die Wahl war nicht ganz leicht, denn es gab wichtige Interessen in gerade entgegengesetzten Richtungen wahrzunehmen; es
galt den Rücken des Heeres zu decken, das vor Dresden stand, und
zugleich die Verbindung mit Böhmen auf der geradesten, besten und
wichtigsten Straße; auf der Chaussee, die von Dresden über Pirna,
am Fuß der Hochebene entlang, und weiter über Berg-Gießhübel,
Peterswalde und Nollendorf, nach Teplitz in das Thal jenseits des
Erzgebirges hinabführt. Beides zugleich war jetzt nicht mehr möglich; man mußte zu wählen und aufzugeben wissen. Sollte der
Herzog den Weg nach Böhmen decken und den Rücken des Heeres
vor Dresden preisgeben? — oder sollte er umgekehrt die grade

Straße nach Böhmen für den Augenblick dem Feinde überlaſſen, um sich auf die verbündete Armee zurückzuziehen und ihr den Rücken frei=zuhalten?

Der Herzog Eugen entſchied ſich für das Letztere, und mit Recht. So lange das verbündete Heer in ernſte Kämpfe verwickelt vor Dres=den ſtand, war es überwiegend wichtig, dem Feinde, der vom König=ſtein und Pirna her kam, den Weg zu vertreten, welcher unmittelbar zum Angriff in den Rücken der Armee führte. Der Herzog ließ dem=nach nur kleine Abtheilungen zur Beobachtung des Feindes auf der Pirnaer Hochebene zurück, und führte ſeine übrigen Truppen hinab, über die Gottleube und Müglitz, um bei Zehiſta Stellung zu nehmen, die Stirn gegen Pirna und Vandamme gerichtet. — Uebrigens blieb man auch in dieſer Stellung Herr der Hauptſtraße nach Böhmen, ſo lange der Feind nicht von der Pirnaer Hochebene zu weiteren Angriffen herabſtieg. Gegen Streifſchaaren und kleinere Abtheilungen war ſie durch den General Helfreich gedeckt, der bei Cotta ſtand.

Natürlich hatte es der Herzog Eugen an den nöthigen Meldungen nicht fehlen laſſen —: aber hier zeigten ſich die Nachtheile, welche die verwickelten und ungemein zarten, loſe zuſammenhängenden Befehls=Verhältniſſe der großen Armee in wichtigen Augenblicken brachten. Nicht allein, daß hier zwei höchſte Autoritäten neben einander beſtan=den: die einzelnen ruſſiſchen und preußiſchen Heertheile der Armee waren als ein beſonderes Ganze unter dem beſonderen Oberbefehl des Generals Barclay zuſammengefaßt. Sie waren dem Heere nicht ein=verleibt, ſondern als ein beſonderes Ganze nur angefügt. Die Führer dieſer Heertheile hatten regelmäßiger Weiſe nicht unmittelbar an das große Hauptquartier zu berichten, ſondern an Barclay. Ob dann gleich hier das Nöthige verfügt wurde — ob die Berichte überhaupt weiter gingen — ob an den Kaiſer Alexander allein, oder auch an den Fürſten Schwarzenberg —; das hing alles von ganz unberechenbaren Umſtän=den ab, und Niemand konnte es vorherſehen.

Unter ſolchen Bedingungen geſchieht es leicht, daß ein gemeldetes Ereigniß nicht gleich in ſeiner vollen Bedeutung erkannt wird, — und wer mit einem bedenklichen Anliegen kommt, kann ſehr leicht von einer Autorität zur anderen herumgeſchickt werden. So machten jetzt die

ersten Meldungen des Herzogs Eugen eben keinen großen Eindruck;
es scheint Niemand sonderlich danach hin gehört zu haben, und aus
Allem geht hervor, daß man im österreichischen Hauptquartier fürs
Erste gar nichts davon erfuhr. Dort, wo man nicht immer wußte
wie im Einzelnen über die russischen Truppen verfügt war, wiegte man
sich in der allgemeinen Vorstellung, daß der Königstein durch eine hinreichende Macht blokirt, und Alles von der Seite sicher sei.

Verstärkungen wurden dem Herzog Eugen nicht gesendet. Dagegen aber, was kaum nothwendig scheinen konnte, in der Person des
Grafen Ostermann-Tolstoy ein neuer Oberbefehlshaber, der die sämmtlichen Truppen gegen Vandamme und den Königstein befehligen sollte.
Das war ein gar seltsames Ereigniß, das später Niemand veranlaßt
haben wollte; ein Jeder sagte sich davon los. Das Zettelchen, das
er dem Herzog brachte, um sich als Kommandirender auszuweisen, war
vom Grafen Wittgenstein ausgestellt und unterschrieben — dennoch
erklärte Wittgenstein später, daß es nicht von ihm, sondern von Barclay
ausgegangen sei. In der That hatte einer der Hülfe suchenden Adjutanten des Herzogs den Grafen Ostermann, kurz vor dessen Eintreffen bei Pirna, in einem Gespräch mit Wittgenstein getroffen, das
mit großer Aufregung geführt wurde, und das der Letztere ungeduldig
mit den Worten endete: „Nun so gehen Sie meinetwegen zum Prinzen Eugen! — er wird Ihnen sagen, was Sie wissen wollen.“ —
Was Barclay anbetrifft, so gab er noch am Abend desselben Tages
dem damaligen Obersten Hofmann (Chef des Generalstabs bei dem
Herzog Eugen) nicht undeutlich zu verstehen, daß die Ernennung
Ostermann's nicht von ihm, sondern unmittelbar vom Kaiser Alexander
ausgegangen sei, — und das wird auch von anderer Seite her bestätigt. — Man sagt, der Kaiser habe den Grafen Ostermann, der seit
Kurzem erst von einer Wunde genesen und bei dem Heere wieder eingetroffen war, nach Pirna und gegen Vandamme gesendet, — eigentlich um ihn und seine dringenden Bitten um ein Commando los zu
werden.

Da Graf Ostermann, hoch betagt, bis vor wenigen Jahren unter
den Lebenden weilte, war das ganze Verhältniß immer, namentlich
von denen die am besten unterrichtet waren, wie die Generale Wolzogen

und Hofmann, mit der Zurückhaltung und Schonung besprochen
worden, die durch persönliche Rücksichten für diesen würdigen Mann
geboten schien. Jetzt aber, nachdem ein unmittelbarer Zeuge, der
Oberst v. Helldorf, einmal das Wort des Räthsels öffentlich ausge=
sprochen hat, ist es nicht mehr möglich, auf jene schonende Art der
Darstellung zurückzukommen, und die Dinge müssen einfach bei ihrem
wahren Namen genannt werden.

Graf Ostermann war ein tapferer Soldat, dem es weder an
Charakter noch an Einsicht fehlte — aber als sehr reizbar, eigen=
thümlich, mitunter bizarr, hatte man ihn, mehr oder weniger, immer
gekannt. Schon im Jahre 1812 hatte sich Reizbarkeit und Verstim=
mung mitunter bis zu dem Grade gesteigert, daß man an ihm irre
wurde; vielleicht hingen selbst seine sonst ganz unbegreiflichen Ver=
spätungen auf dem Rückzug von Smolensk und bei Tarutino zum
Theil mit diesen Seelenzuständen zusammen. Gewiß ist, daß er am
26. August 1813, als er den Befehl bei Pirna übernehmen sollte,
gemüthskrank war, wie man das zu nennen pflegt; in einem Zustand
der Ueberspannung und irren Aufregung, der eine sorgsame Aufsicht
nöthig machte.

Die Verlegenheiten einer ohnehin sehr schwierigen Lage wurden
dadurch gesteigert; der Herzog Eugen sendete am Abend, als das
Gefecht beendet war, den Obersten Hofmann in das große Haupt=
quartier, um die Hülfe auszuwirken, deren man hier bedurfte. Dieser
Offizier ritt einen Theil der Nacht umher, ehe er den General Barclay
finden konnte, und hatte auch dann noch Mühe, sich im Hauptquartier
Gehör zu verschaffen. Barclay sendete ihn zu Schwarzenberg, und
dieser war eben so überrascht als unzufrieden, wie er nun vernahm,
welche unzureichende Macht vor dem Königstein zurückgeblieben war.
Da der österreichische Generalstab natürlich das größte Gewicht auf
die Behauptung der kürzesten und besten Straße nach Böhmen legte,
und in jeder Disposition besonders Rücksicht darauf genommen hatte,
zeigte sich der Feldmarschall sehr beunruhigt, und rief eilig eine Art
von engerem Kriegsrath zusammen, dem außer Radetzky nur noch der
Fürst Wolkonsky beiwohnte. Daß es entscheidend wichtig, daß es
unbedingt nothwendig sei, jene Hauptstraße zu halten, darüber war

man einig; der Fürst Schwarzenberg machte es dem Obersten Hofmann wiederholt zur Pflicht, und äußerte, daß er bestimmt darauf
rechne. Um sich vollständig zu orientiren, fragte Hofmann noch beim
Abschied den Grafen Radetzky, der ihn vor die Thür begleitete: ob
man, wenn eine Wahl nöthig werde, die Verbindung mit Böhmen
halten, oder Flanke und Rücken der Hauptarmee decken solle; und erhielt zur Antwort: „Die Communication mit Böhmen sei Ihnen
heilig!" Dem General Barclay aber ließ Schwarzenberg den Befehl
zugehen, den Herzog Eugen zu verstärken.

Barclay hatte bereits die 1. russische Garde=Division unter
Yermolow bestimmt zu dem Herzog zu stoßen. Diese war eben
an diesem Tage von 8 Reiter=Schwadronen (Garde=Husaren und
Tataren=Uhlanen) begleitet über das Erzgebirge bis Ottendorf (zwischen
Gießhübel und Pirna) heran marschirt, befand sich also ganz in der
Nähe ihrer neuen Bestimmung. Aber, da man die Garden, besonders
die erste Division, nicht gern ernstlich verwendet, vielmehr durchaus
darauf bedacht ist, sie außer dem Gefecht zu erhalten, sollte man das
kaum für eine ernstlich gemeinte Verstärkung halten —: ja man könnte
fast aus dieser Maaßregel schließen, daß Barclay zur Zeit noch die
Verhältnisse bei Pirna so wenig für drohend hielt, als die Behauptung
der großen Straße für wichtig. Auch hielt er es nicht der Mühe werth
den Kaiser dieser Dinge wegen in der Nacht zu stören, und sendete keine
Meldung an ihn.

Im österreichischen Hauptquartier dagegen hatte Hofmann's Meldung den nachhaltigsten Eindruck gemacht, und so ist sie denn auch,
wie es scheint, nicht ohne sofortigen Einfluß auf die Ereignisse des
folgenden Tages geblieben. Die österreichischen Generale waren nämlich schon ehe die Schlacht bei Dresden begann, zum Rückzug entschlossen; nichts aber deutet darauf, daß sie es schon am Abend vorher
gewesen wären. Wahrscheinlich also war es in Folge der nächtlichen
Zusammenkunft mit dem Obersten Hofmann, daß sie die Schlacht, der
man entgegen ging, nur noch als ein Arriere=Garden=Gefecht in großem
Maaßstab betrachteten, dessen Erfolg, welcher er auch sei, den Entschluß
zum Rückzug nicht mehr ändert. Ist das nun auch nur Vermuthung,
für die wir einen directen Beweis nicht beibringen können, so ist es

dagegen Thatsache und gewiß, daß Fürst Schwarzenberg und sein Stab
bereits in der Nacht Anstalten zum Rückzug trafen, ja diesen ganz in
der Stille von österreichischen Truppen am frühen Morgen des 27.
bereits antreten ließen, ohne die Verbündeten fürs Erste etwas davon
wissen zu lassen. Nicht nur das österreichische Fuhrwesen setzte sich mit
dem Frühesten nach Böhmen in Bewegung: auch die Truppen, die bei
Gittersee als Rückhalt aufgestellt waren, brachen bald nach 9 Uhr eben
dahin auf*), und es ergab sich daraus das seltsame Schauspiel, daß
ein Theil des Heeres schon wieder rückwärts abzog, während die rus=
sischen und preußischen Garden und Kürassiere noch im Vorrücken gegen
Dresden begriffen waren.

Bald nach Mitternacht hatte ein gewaltiger, kalter Regen be=
gonnen; bleich, trübe und kühl brach der 27. August an, der Regen
hörte nicht auf; an solchem Tage, in solchem Wetter wurde die Schlacht
bei Dresden geschlagen — eine der denkwürdigsten jener thaten=
reichen Zeit! — Obgleich durch Marmont's Heertheil verstärkt, war
Napoleon bei Weitem der Schwächere, denn die Truppen, die er hier
vereinigt hatte, zählten gewiß, nach den Verlusten des vorigen Tages,
Kranke und Entsendete abgerechnet, höchstens 125,000 Mann unter
den Waffen. Sie hatten am 6. August zusammen nicht mehr als
143,000 Mann betragen, und 2 Bataillone der Garde, 2 Bataillone,
5 Schwadronen von Marmont's Heertheil wissen wir entsendet. —
Die Theile ihres Heeres dagegen, mit denen die Verbündeten vor
Dresden standen, hatten zu Ende des Waffenstillstandes — Klenau
mitgerechnet — eine Kriegsmacht von 197,850 Mann gebildet —:
schwächer als 178—180,000 Mann unter den Waffen dürfen wir sie
an diesem Tag gewiß nicht rechnen; selbst ohne die Truppen Klenau's,
die nicht heran kamen, betrugen sie sicher 160,000 Mann.

Noch nie hatte Napoleon eine Hauptschlacht mit solcher Minder=
zahl geschlagen, und selten nur war überhaupt einer solchen Minder=
zahl der Sieg zu Theil geworden. Daß Napoleon Sieger blieb, ver=
dankte er zum Theil seinen eigenen Anordnungen, zum Theil denen
der Verbündeten.

---

*) H. Aster, Schilderung der Kriegsereignisse in und vor Dresden. S. 328.

Im österreichischen Hauptquartier meinte man nämlich, Wittgenstein's Heertheil sei gefährdet auf der Ebene, welche die Sohle des
Elbthales bildet; er könne dort leicht durchbrochen und abgeschnitten
werden. Man soll dabei auch an Gefahren von Pirna her gedacht
haben. Um die Streitkräfte mehr zusammen zu haben, wurde er,
gleich den Preußen aus dem verlassenen großen Garten, auf die Räck-
nitzer Höhen zurückgenommen. Die Stellung, deren Linke die Oesterreicher, deren Rechte die Russen und Preußen einnahmen, lief nun
vom Plauenschen Grund über den Kamm der Höhen bis Leubnitz, und
von hier im Haken zurückgebogen nach Torna; auf dieser letzteren
Strecke gleichlaufend mit der alten Straße, die von Dresden über
Dohna nach Böhmen führt, und hier den Fuß der Höhen berührt.
In der Ebene, an der neuen Straße nach Pirna und Nollendorf, bei
Gruna und Striesen, blieb nur der Vortrab Wittgenstein's, unter dem
Gen.-Major Roth zurück: 9 Bataillone, 13 Schwadronen, 2½ Kosacken-Regimenter; ein schwacher Schutz, der keinem ernsten Angriff
stehen konnte. Drang aber der Feind auf der neuen Straße in der
Ebene vor, so konnte man sie auch rückwärts über Dohna und Zehista
nicht wieder erreichen, ohne den feindlichen Truppen die Flanke zu
bieten. So großen Werth man auf die Behauptung der Straße legte,
scheint man sich doch in dem Augenblick alle hier möglichen Wechselfälle nicht klar gemacht zu haben. War etwa die etwas zu allgemein
gefaßte Vorstellung maaßgebend, daß die Ebene von den Höhen beherrscht wird?

Auf der entgegengesetzten Seite zog der Fürst Schwarzenberg, in
der Voraussetzung daß Klenau früh am Morgen schon eintreffen
werde, einen großen Theil auch der Truppen an sich, welche zur Linken
der angedeuteten Stellung, das Gelände zwischen dem Plauenschen
Grund und der Elbe unterhalb Dresden besetzt hielten. Dort blieben
nur 5 Bataillone der Division Weißenwolf (Brigade Czollich) — die
Division Aloys Liechtenstein, und die 3 Bataillone der Division Meszko
mit wenigen Reiter-Schwadronen; nur 4 Bataillone, die Klenau vorausgesendet hatte, stießen am Morgen zu ihnen. Im Ganzen standen
also auf dieser Seite 24 Bataillone, höchstens 18,000 Mann zur Verfügung; sie waren theils zwischen dem Plauenschen Grund und Roßthal,

theils in der Dörfer-Gruppe von Roßthal, Gorbitz u. s. w. — theils links derselben aufgestellt; ein Vortrab (3 Bat. Meszko) war die Ab= hänge hinab etwas weiter vorwärts gegen Dresden vorgesendet, ein Rückhalt von 4 Bataillonen stand rückwärts zwischen Pesterwitz und Altfranken. Durch eine tiefe Kluft, die jede Unterstützung unmöglich machte — den Plauenschen Grund — von dem übrigen Heere getrennt, war diese geringe Macht über einen weiten Raum auseinandergezo= gen, ohne doch mit ihrem linken Flügel die Elbe oder den Zschonen= Grund erreichen zu können.

Napoleon hielt die Hauptmacht der Verbündeten dadurch unthä= tig auf den Höhen fest, daß er ihr gegenüber die Hälfte der Garden unter Ney, so wie die Heertheile Gouvion St. Cyr's und Marmont's, drohend in der Ebene am Saum der Vorstädte und vor denselben auf= stellte, und ein Artillerie-Gefecht lebhaft unterhalten ließ — und zu gleicher Zeit umfaßte er, obgleich im Ganzen der bei Weitem schwächere, doch mit bedeutender Uebermacht beide Flügel der Verbündeten.

Zu seiner Linken drang Mortier mit zwei Divisionen junger Garde und einem großen Theil der Garde-Reiterei unter Nansouty (24 Bataillone, 28 Schwadronen) weiter vor in der Ebene, und ver= trieb Roth's schwache Abtheilung, nach hartnäckigen Gefechten, aus ihren Stellungen. Roth ging nicht grade rückwärts; erhaltenem Be= fehl gemäß mußte er die Straße nach Pirna ganz verlassen, indem er links=rückwärts schwenkte und auf dem äußersten rechten Flügel der Hauptstellung, am Fuße der Anhöhen, bei Torna eine neue Stellung nahm. Nachdem Mortier nun noch das Dorf Reick, fast schon am Fuße der Berglehnen, erobert hatte, und nach einem verunglückten Versuch auf Prohlis, unmittelbar unter den Höhen, unternahm er nichts weiter.

Viel unglücklicher gestaltete sich Alles auf der äußersten Linken der Verbündeten, jenseits des Plauenschen Grundes. Murat — dessen Oberbefehl indessen selbst da, wo er nur Reiterei zu führen hatte, oft genug Sache bloßer Form wurde, — griff hier mit sehr großer Ueber= legenheit die wenigen Oesterreicher an — mit Victor's Heertheil, der Division Teste und Latour-Maubourg's Reitern, d. h. mit mehr als 40,000 Mann. Auch war die Niederlage der 18,000 Oesterreicher

vollständig; sie wurden aus ihren Stellungen geworfen, und ihr linker
Flügel in einer Entfernung von kaum tausend Schritten von französischer Reiterei vollständig umgangen, ohne daß man es durch den
Regen und die trübe Luft gewahr wurde. Die Brigade Czollich und
eine von Liechtenstein's Divisionen entkam über den Plauen'schen Grund;
die 4 Bataillone bei Alt-Franken retteten sich die Schluchten hinab
nach Potschappel, wo eben Klenau eintraf —: 10 Bataillone streckten
im freien Felde vor den französischen und sächsischen Reitern die Waffen.
Ein Ereigniß, das man wenigstens erklärlich finden wird, wenn man
bedenkt, daß die Leute zum Theil durch beschwerliche Märsche und Mangel
entkräftet waren, daß sie ihre schlechten Schuhe im durchweichten
Boden stecken ließen und barfuß einhergingen, daß sie ohne Mäntel
vom Wetter litten, und daß bei dem anhaltenden Regen keine Flinte
mehr losging.

Der Kaiser Alexander und Friedrich Wilhelm III. waren mit
dem frühen Morgen in der Nähe von Räcknitz auf den Höhen erschienen. Von Vandamme's Vordringen auf dem linken Ufer der Elbe
hatte der Kaiser seltsamer Weise bis dahin weder durch Barclay noch
durch Wolkonsky Bericht erhalten; nur der Großfürst Constantin hatte
ihm schon davon erzählt; da dieser aber sehr leicht beunruhigt war
und oft unnützen Alarm schlug, traute man seinen Berichten nicht sehr.
Auch der Kaiser scheint zunächst kein großes Gewicht darauf gelegt zu
haben; er sendete zwei seiner Flügel-Adjutanten, den Grafen Kutusow
und Wolzogen, nach Pirna, um sich nähere Auskunft zu verschaffen,
und Wolzogen wenigstens ritt mit der vollkommenen Ueberzeugung
dorthin ab, daß an der Sage nichts sei. Spätere Nachrichten, die
ihm wohl der Fürst Wolkonsky brachte, scheinen etwas mehr Eindruck
auf den Kaiser gemacht zu haben, ohne jedoch die Aufmerksamkeit vorzugsweise auf jene Gegend zu lenken. Er sendete noch den Grafen
Branicki und einen Fürsten Galitzin nach, die, wie es scheint, dem Herzog Eugen für den Fall, daß es nöthig werden sollte, Verstärkungen
zu versprechen beauftragt waren.

Die Straße nach Pirna war auf dem Schlachtfelde selbst, wie
geflissentlich preisgegeben worden; als man sie nun aber verloren sah,
und Mortier in der Ebene der Flanke des verbündeten Heeres gegen-

über, da war man betroffen. Moreau und Jomini, auch diesmal
eines Sinnes, glaubten, sie könne und müsse wieder gewonnen werden,
und es sei hier selbst ein bedeutender Erfolg zu erfechten; sie schlugen
vor, Barclay solle mit den Heertheilen Kleist's und Wittgenstein's
sammt den russisch=preußischen Reserven von den Höhen hinabsteigen,
um Mortier, der zwischen Gruna und Seidnitz aufmarschirt stand,
mit entscheidender Ueberlegenheit anzugreifen. Nach kurzer Berathung
gingen beide Monarchen auf den Vorschlag ein — und Barclay er=
hielt — von dem Kaiser Alexander, nicht von Schwarzenberg — den
Befehl zum Angriff hinabzurücken.

Aber Barclay bezeigte wenig Lust, seine vortheilhafte Stellung
auf den Höhen unter den obwaltenden Umständen zu verlassen; er
ließ antworten, es sei ihm nicht möglich, den befohlenen Angriff aus=
zuführen, denn im Fall des Mißlingens werde er seine gesammte
Artillerie dabei verlieren, die man in dem durchweichten Boden nicht
wieder die Berglehnen hinan bringen könne; sie werde unten stecken
bleiben; und in der That waren alle Bewegungen außerhalb der Heer=
straßen nachgerade sehr schwierig geworden.

Als sein Adjutant zu den Monarchen gelangte, war eben Moreau
in der unmittelbaren Nähe des Kaisers Alexander tödtlich verwundet
gefallen. Eine Stückkugel hatte ihm beide Beine weggerissen; der
Kaiser Alexander war von dem unglücklichen Ereigniß auf das tiefste
ergriffen, und Alles beschäftigte sich mit dem hochgeachteten Manne
und Feldherrn, den die Hand des Schicksals so schwer getroffen hatte.
Eben kam auch Wolzogen aus Pirna und Zehista zurück und berichtete
wie die Sachen dort standen. Der Kaiser Alexander sendete ihn so=
gleich wieder dorthin; er sollte dem Herzog Eugen die 1. Garde=
Division als Verstärkung zuführen — im Fall es nöthig sei, was
man also immer noch nicht für ausgemacht hielt. Daß Barclay be=
reits in der Nacht dasselbe verfügt hatte, wußte der Kaiser zur Zeit
noch nicht.

In der allgemeinen, schmerzlichen Aufregung blieb Barclay ganz
ohne ferneren Bescheid, und bald darauf hatte man ganz andere Fragen
zu erörtern; denn gewaltig erschüttert durch die Unglücksbotschaft von
Meszko's Niederlage, die jetzt ebenfalls eingetroffen war, drangen

14*

Schwarzenberg und die Offiziere seines Stabes mit großem Nachdruck auf den sofortigen Rückzug nach Böhmen.

Noch wollte der Kaiser Alexander nicht darauf eingehen — und ganz entschieden widersprach der König von Preußen, der die Schlacht am folgenden Tag erneuert wissen wollte, da doch nur ein kleiner Theil der Truppen gefochten habe, die Hauptmasse des Heeres nicht geschlagen sei. Jomini wiederholte den Vorschlag nach Dippoldiswalde zurückzugehen, aber Schwarzenberg bestand auf dem Rückzug nach Böhmen, indem er erklärte, daß es den Oesterreichern jetzt, fünf Tage nach Eröffnung des Feldzugs, durchaus an Lebensmitteln, großentheils an Schießbedarf und sogar an Fußbekleidung fehlte.

Er übertrieb nicht; der damalige Oberst Rothkirch, Chef des Stabes bei Klenau, berichtet: „Bei allem diesem kam noch zu bedenken, daß unsere Soldaten durch Hunger und Elend so erschöpft waren, daß mehrere Leute todt aus den Gliedern fielen, daß mehr als ein Drittheil der Mannschaft barfuß ging, und auf das Losgehen der Gewehre — — bei dem anhaltenden Regen gar nicht zu rechnen war [*]."

Der Feldmarschall hätte sogar noch hinzufügen können, daß der Geist, besonders der österreichischen Truppen, sehr tief gesunken war. Wenigstens berichten unmittelbare Zeugen, daß mehr als ein österreichisches Bataillon in diesem Ungemach sehr wenig Lust bezeigte sich zu schlagen, und selbst Prokesch spricht von erschütterten Massen, die schwer zu halten waren. Russen und Preußen hatten wenigstens das Vertrauen zu den neuen Verbündeten, und zu der vielköpfigen Leitung verloren.

Die Monarchen mußten nachgeben, und es wurde hin und her besprochen, wie der Rückzug einzurichten sei. Der Gedanke, die Hauptmasse der Armee auf der neuen Straße über Peterswalde nach Böhmen zurückzuführen, drängte sich gewissermaßen als erster Gegenstand der Berathung auf, und scheint besonders dem König von Preußen zugesagt zu haben, wurde aber sogleich beseitigt, da man die neue

---

[*] Hormayr, Taschenbuch für die Vaterländische Geschichte, Jahrg. 1841. S. 38.

Straße als verlegt durch Vandamme ansah. Jomini meinte, man könne dennoch den Rückzug in drei Colonnen ausführen: über Peters= walde, auf der alten Straße, die über Dohna und den Geiersberg nach Teplitz führt — und über Dippoldiswalde; wenn man auch in den Fall kommen sollte, sich den Weg mit Gewalt zu öffnen, zweimalhun= derttausend Mann könnten durch dreißigtausend weder aufgehalten noch abgeschnitten werden. — Ob nach seiner Meinung die neue Straße schon in der Ebene wieder genommen werden mußte, oder über Dohna und Zehista erreicht werden sollte, geht aus seinen eigenen Mittheilun= gen nicht hervor. — Der König Friedrich Wilhelm wollte die schlechte Straße über Dohna nicht gewählt wissen.

Alle diese schwankenden Berathungen, welche besonders die Um= gebung des Kaisers von Rußland noch lange in Gegenwart des Fürsten Schwarzenberg beschäftigten, übten aber diesmal gar keinen Einfluß auf die wirklichen Anordnungen zum Rückzug, die unterdessen von Radetzky und Toll getroffen wurden, und zwar vorzugsweise von dem Ersteren.

Ihrer von den Monarchen und Schwarzenberg gutgeheißenen Disposition zu Folge, sollte die verbündete Armee sich in drei Colonnen zurückziehen: zur Rechten nämlich Barclay, mit allen russischen und preußischen Truppen über Dohna und Zehista von der alten Straße aus die neue erreichen, und auf ihr über Peterswalde und Nollendorf weiter zurückgehen; — in der Mitte die eine Hälfte des österreichischen Heeres — (die Divisionen: Moritz Liechtenstein, H. Colloredo, Bianchi, Chasteller, Civalart und Crenneville, nebst der Reiterei unter Lederer und Nostitz) — den Weg über Dippoldiswalde und Eichwald nach Teplitz einschlagen; — zur Linken endlich die kleinere Hälfte dieser Armee unter Klenau und dem F. Z. M. Giulay — (nämlich Klenau's Heertheil nebst den Divisionen Aloys Liechtenstein, Weißenwolf und Schneller) — über Tharant Freiberg gewinnen, um zunächst dort hinter der (Freiberger) Mulde Stellung zu nehmen.

Aber die Ausführung dieses Entwurfs war schon dadurch schwie= rig geworden, daß die beiden Hauptstraßen, die nach Pirna und die nach Freiberg, auf dem Schlachtfelde selbst in Feindeshand gefallen waren, und so wurde sie denn auch von den Befehlshabern beider Flügel willkürlich abgeändert.

Auf der Linken hatte sich sehr unheilvoll erwiesen, daß man Klenau nicht auf der sogenannten hohen Straße, über Kesselsdorf, von Freiberg nach Dresden vorrücken ließ, sondern durch den unwegsamen Tharander Forst in die Tiefe des Plauenschen Grundes. Man ließ ihn dahin rücken, um seine Truppen „nach Umständen" auf beiden Ufern der Weiseriz verwenden zu können, und daß er hier in den aufgeweichten Waldwegen kaum von der Stelle kommen werde, hatte man eben nicht gedacht. Auf der hohen Straße wäre er höchst wahrscheinlich zeitig genug eingetroffen, um wenigstens Meszko's gänzliche Niederlage zu verhindern —: in der Tiefe hatte er mit Mühe kaum Potschappel erreicht, als ihm die Fliehenden entgegen kamen — und zur Zeit stand er natürlich nicht mehr bei Potschappel, wo ihn die Disposition zum Rückzug voraussetzte. Dort in der Tiefe zu verweilen, während der Thalrand des Plauenschen Grundes zur Linken — die Höhe von Döltzschen bis Alt-Franken — vom Feinde besetzt war, mußte natürlich ganz unthunlich erscheinen; und so hatte denn auch Klenau sogleich mit seinen Truppen den gegenüber liegenden Thalrand des Grundes, zur Rechten, erstiegen, und zwar, wie das die Umstände geboten, zugleich rückwärts, nach Rabenau.

Nun wieder, wie die Disposition vorschrieb, in die Tiefe hinab zu steigen, und mit einer bis auf 40,000 Mann verstärkten Truppenmasse durch jene grundlosen Wälder, die man jetzt zur Genüge kannte, den Weg nach Freiberg zurück zu suchen, während dem Feinde die „hohe Straße" dorthin zu Gebote stand —: das war ein sehr bedenkliches Unternehmen!

Als Klenau den Befehl dazu in der Nacht vom 27. zum 28. zu Nieder-Häßlich erhielt, war er sehr unangenehm überrascht. Der Fürst Schwarzenberg wußte doch wie es dem Corps auf diesem Wege ergangen war, wie hatte er dergleichen gutheißen können! — Oberst Rothkirch, der entschiedenen Einfluß auf Klenau übte und auch im großen Hauptquartier etwas galt, sprach sich bestimmt gegen die Ausführung aus. Er meinte: „Da Meszko den 27. schon früh am Tage geschlagen worden, sei Freiberg zur Zeit wahrscheinlich schon vom Feinde beſetzt; man könne den Marſch dorthin nicht früh am 28. antreten, aber wenn dies auch möglich wäre, würde man doch Naundorf, wo die Waldwege von Tharand her wieder in die hohe Straße münden, nicht vor dem Einbruch der Nacht erreichen; gelange man nun auch glücklich dorthin, ohne auf dem Marſch in der rechten Flanke angegriffen zu werden, ſo komme man doch nicht weiter und über die Mulde, denn die kleinſte feindliche Abtheilung bei Freiberg genüge, um die Brücken über dieſen Fluß abzuwerfen; am Abend des 28. müſſe man aber erwarten, nicht bloß kleine Abtheilungen, ſondern ſchon ganze Heertheile des Feindes bei Freiberg vorzufinden" —: kurz, Rothkirch erklärte: „daß, wenn man dieſen Befehl in Vollzug ſetzte, das ganze Corps (Klenau's) ſammt den drei Diviſionen am Abend des 28. theils gefangen, theils zerſtreut ſein würde."

Er ſchlug vor, zunächſt am 28. nach Pretſchendorf (in der Richtung von Rabenau nach Frauenſtein und über die Berge nach Dur) zurückzugehen, die Generale Weißenwolf, Aloys Liechtenſtein und Schneller aber davon zu unterrichten und aufzufordern, ſich dieſer Bewegung anzuſchließen. Klenau ließ ſich dazu beſtimmen, und man meldete den gefaßten Entſchluß dem Fürſten Schwarzenberg, indem hinzugefügt wurde, daß man ſuchen werde, von Pretſchendorf aus, auf dem Abhange des Erzgebirges die Straße, welche von Chemnitz nach Kommotau in Böhmen führt, bei Marienberg zu erreichen*).

Hier haben die ſelbſtſtändigen Anordnungen der unmittelbaren Anführer gewiß das Heer vor großem Unheil bewahrt; bedenklich dagegen waren die Abweichungen von der allgemeinen Ordnung des Rückzugs, die auf dem rechten Flügel nothwendig erachtet wurden. Barclay hatte bisher nicht eben ein ſehr großes Gewicht auf Vandamme's Unternehmungen bei Pirna gelegt: auch jetzt wurde er, wie ſich aus Allem ergiebt, die Gefahr nicht inne, die für das geſammte

---

*) Hormayr, Taſchenbuch 1841, S. 38—40. — In dem bekannten Werke: „Geſchichte der Kriege in Europa" wird angenommen, nur Klenau's Heertheil allein ſei durch die Disroſition angewieſen worden, bei Freiberg Stellung zu nehmen; die Diviſionen Weißenwolf, A. Liechtenſtein und Schneller dagegen ihren Rückzug auf Pretſchendorf zu richten. Das iſt aber bloße Conjectur, und ſteht im Widerſpruch mit Rothkirch's eigener Ausſage.

Heer, für den Erfolg des ganzen Krieges, darin lag, daß Vandamme
den Verbündeten in Böhmen, im Teplitzer Thal zuvor kommen, und
in ihrem Rücken aufgestellt, die Engpässe sperren konnte, durch welche
sie vom Gebirge herunter steigen mußten —: dagegen aber sah er auf
dem Wege der ihm vorgeschrieben war, große Gefahren für den Theil
des Heeres, der unter seinen unmittelbaren Befehlen stand. Nur für
diese hatte er ein Auge; er suchte ihnen auszuweichen — und sah
nicht, daß er eben dadurch jene weiter greifende, das Ganze bedrohende
Gefahr unberechenbar steigerte.

Wir lassen ihn selbst oder seinen Vertrauten reden: „Der General Barclay de Tolly, die, durch die Disposition des Feldmarschalls
Fürsten v. Schwarzenberg den ihm anvertrauten Truppen vorgeschrie-
bene Bewegung mit der gegenwärtigen Stellung des Feindes verglei-
chend, fand, daß sie uns in eine unvermeidliche Gefahr führen würde,
denn vor uns würden wir das starke feindliche Corps von Vandamme,
der schon zu diesem Zweck ein bedeutendes Corps nach Gießhübel und
Peterswalde abgeschickt hatte, finden; in unserer linken Flanke waren
50,000 Mann jener Truppen, die am 27. uns gegenüber standen, —
(Mortier bei Gruna und Seidnitz) — zum Angriff bereit, und im
Rücken würde Napoleon gewiß nicht unterlassen haben, mit seiner
Hauptmacht auf uns zu fallen, und uns so auf dem Marsche selbst
zwischen drei Feuer zu bringen. Durch so wichtige Umstände überzeugt, entschloß sich der General Barclay de Tolly, unserer Reserve
die Richtschnur (Richtung) auf Dippoldiswalde, und dem Kleist'schen
Corps auf Maren zu geben. Das Wittgenstein'sche Corps, mit einer
preußischen Brigade verstärkt, ließ er auf den Höhen bei Leubnitz und
Prohlis zurück, um vereint mit der österreichischen Avantgarde alle
diese Bewegungen zu decken *)."

Ja selbst die Truppen, die der Form nach unter Ostermann, in der
That unter dem Herzog Eugen von Württemberg bei Zehista standen,
glaubte Barclay unter gewissen Bedingungen jener drohenden Gefahr
entziehen zu müssen. Er sendete dem Grafen Ostermann den Befehl:
„im Fall er glaube, daß ihm die große Straße von Zehista nach Gieß-

---

*) F. v. R., Journal der Kriegsoperationen ꝛc., S. 47.

hübel, oder wie es wahrscheinlicher sei, die Straße von Königstein nach Hellendorf vom Feinde bereits verlegt und abgeschnitten sei, mit seinen Truppen über Maren zu marschiren, und auf diesem Wege sich an die Hauptarmee anzuschließen."

Daß Barclay den Rückzug auf der neuen Straße mit mehr als 80,000 Mann nicht glaubte ausführen zu können, wohl aber daß ihn Ostermann unter gewissen Bedingungen unternehmen dürfe, ist oft als ein seltsamer Widerspruch bezeichnet worden, und läßt sich doch, von Barclay's Standpunkt aus, ganz gut erklären. Vor Mortier und Napoleon selbst hatte Ostermann einen bedeutenden Vorsprung; sie holten ihn nicht ein, wenn ihm der Weg nicht schon durch Vandamme verlegt war, und er konnte dann ungefährdet nach Böhmen gelangen. Barclay hatte einen solchen Vorsprung allerdings nicht. —

Wurden die Befehle dieses Feldherrn überall vollständig ausgeführt, dann freilich hinderte nichts Vandamme, man darf sagen vor den Verbündeten her nach Böhmen zu ziehen, Napoleon ihm zu folgen; sie gelangten ohne Gefecht dahin.

Wir müssen übrigens diesen merkwürdigen Wendepunkt des Feldzugs noch genauer in das Auge fassen, denn Toll ist seither beschuldigt worden, Barclay's Irrthum veranlaßt zu haben.

Zuerst berichtete nämlich der damalige Oberst (später General) Hofmann in seinem rühmlich bekannten Werke über diesen Feldzug, daß Barclay, zugleich mit der von Schwarzenberg unterzeichneten Disposition, von seinem Kaiser die Erlaubniß erhalten habe, „solche nach der localen Lage des rechten Flügels zu modificiren."

Später, als seit den Ereignissen bereits eine längere Reihe von Jahren verflossen war, hat der, nun auch längst verstorbene Graf Clamm-Martiniz, damals Adjutant des Fürsten Schwarzenberg, eine anscheinend sehr genaue Darstellung des ganzen Herganges in Umlauf gesetzt, der zu Folge Barclay nicht von seinem Kaiser die Ermächtigung, sondern von Toll einen Wink erhalten hätte, seinen Rückzug auf Dippoldiswalde zu nehmen.

Die Erzählung, wie sie neuerdings der Oberst Aster, wahrscheinlich aus den Papieren des Grafen Clamm, bekannt gemacht hat, lautet wie folgt:

Radetzky und Toll hatten die Disposition zum Rückzug zu ent=
werfen. „Hierbei wollte der russische General, daß die Preußen (Kleist)
die Straße auf Peterswalde, die Russen unter Barclay de Tolly da=
gegen sämmtlich die Straße über Dippoldiswalde einschlagen sollten.
Radetzky behauptete jedoch, daß alle russischen Corps die Straße nach
Peterswalde decken müßten, weil ein Corps gegen die dort vordringen=
den Streitkräfte Vandamme's zu schwach sei, überdies auch die dip=
poldiswaldaer Straße schon durch die sich darauf zurückziehenden
Oesterreicher überfüllt wäre. Nach mehreren aufgestellten und ver=
theidigten Gründen fügte sich endlich der russische General, und die
Marschordres wurden nach der Ansicht Radetzky's, womit der Fürst
Schwarzenberg sich völlig einverstanden erklärte, ausgefertigt. Als
aber die Ordonnanz=Offiziere mit diesen Rückzugsbefehlen an die ver=
schiedenen Unter=Feldherren abreiten sollten, trat Toll in den Hof, wo
jene Offiziere eben aufstiegen, und rief: welcher Offizier reitet zum
Grafen Barclay? — Ein österreichischer Dragoner=Offizier meldete
sich als solcher, und erhielt nun noch vom besagten General ein
offenes Billet für den Chef des Generalstabes vom Barclay'schen
Corps. Dem österreichischen Rittmeister und Adjutanten Schwar=
zenberg's, Grafen Clamm=Martiniz, war Toll's beharrliches Be=
kämpfen der Radetzky'schen Ansicht gleich anfänglich aufgefallen und
verdächtig gewesen. Er beobachtete ihn daher und folgte ihm, als
er jenen Dragoner=Offizier abfertigte. Nachdem Toll in das Haus
zurückgegangen war, gab Clamm=Martiniz dem Ordonnanz=Offizier
einen Wink, noch zu bleiben, nahm ihm das eben vom General er=
haltene Billet ab und fand, daß es, in französischer Sprache ge=
schrieben, nur die Bitte enthielt, ihm eine Karte der Umgegend von
Kulm zu senden. Als er aber dieses Blatt umwendete, entdeckte er
noch einige mit Bleistift geschriebene russische Worte, die er aber
aus Unkenntniß der russischen Sprache nicht zu entziffern vermochte.
Graf Clamm=Martiniz gab hierauf das Billet zurück und ließ
den Ordonnanz=Offizier damit abreiten, meldete jedoch diesen Vor=
fall sogleich dem Grafen Radetzky. Dieser ging zu Toll und stellte
ihn über jenes Billet zur Rede, erhielt aber die Versicherung, daß sie
in ihrer Ansicht einig wären, und Alles so bliebe, wie es befohlen

worden sei, die gegebene Notiz aber nur eine Privat-Angelegenheit betroffen habe."

Zwei Tage später, am 29. früh, auf dem Rückzuge selbst, wurde dann dem Fürsten Schwarzenberg zu Dippoldiswalde gemeldet, daß von Maren her eine Colonne Russen anrücke; er wollte das nicht glauben, und als Barclay bei ihm eintrat, redete er ihn mit den Worten an: „Excellenz, wie kommen Sie hierher? Haben Sie nicht den Befehl erhalten, auf Peterswalde zu marschiren?"

„Ruhig erwiderte Barclay: Ja wohl, Durchlaucht! Allein später ist mir die Weisung aus dem Hauptquartier zugekommen, daß es gerathener sein würde, auf Dippoldiswalde zu marschiren, und da mir Se. Majestät der Kaiser Alexander erlaubt hat, nach Umständen Maaßregeln, die mir nothwendig scheinen, zu treffen, so bin ich dieser Weisung gefolgt."

„Es wurde sogleich nach General Toll geschickt, derselbe war jedoch schon nach Böhmen aufgebrochen, und als ihn Tags darauf Radetzky in Dur traf, erklärte Ersterer auf die Anfrage des Letzteren: Er wisse von Nichts und Barclay verdiene, daß ihm der Kopf vor die Füße gelegt werde; die Sache müsse genau untersucht werden."

Nach der glücklichen Wendung der Dinge bei Kulm war von einer Untersuchung nicht weiter die Rede; „allein Graf Clamm-Martinitz ruhte nicht, sondern suchte zu erfahren, was jene russischen Worte bedeutet hätten. Er ermittelte auch nach der Schlacht bei Kulm den in Barclay's Hauptquartier befehligten österreichischen Offizier vom Generalstabe, welcher bestätigte, daß das am 28. Nachts erhaltene Billet, in russischer Sprache mit Bleistift geschrieben, die Weisung enthalten habe":

„Die Straße auf Dippoldiswalde dürfte für Sie jedenfalls die bessere sein. Ich würde dahin marschiren."

Barclay verstand den Wink u. s. w. — Verstand der österreichische Generalstabs-Offizier russisch? — ein seltener Fall! — Und war das Billet wirklich auch durch seine Hände gegangen?! — Allerdings müßte der Uebersetzer jedenfalls ein Oesterreicher gewesen sein; das beweist schon der eigenthümliche Gebrauch des Wörtchens „dürfte."

Toll war nicht mehr unter den Lebenden, als diese Geschichte in

Umlauf gesetzt wurde; von ihm selbst war keine Auskunft mehr zu erlangen. Aber es liegen uns bestimmte Beweise vor, daß Barclay nicht,
wie Hofmann vermuthet, eine besondere Ermächtigung vom Kaiser
Alexander erhalten hat, gerade in diesem Fall nach Gutdünken zu handeln — und eben so sind wir überzeugt, daß er auch nicht einen solchen
Wink von Toll erhielt, wie hier erzählt wird.

Uns würde in dieser Beziehung schon Toll's Wort genügen; hat
Toll gesagt, daß er nicht darum wisse, wie Barclay zu seinem Entschluß gekommen sei, so verhielt sich die Sache auch so, denn Graf Toll
war nicht der Mann, der je in seinem Leben etwas anderes gesagt hätte
als die Wahrheit. Das weiß Jeder, der ihn je gekannt hat.

Indessen — abgesehen davon, da ein jüngeres Geschlecht ihn
eben nicht gekannt hat, und eine solche persönliche Ueberzeugung natürlich kein geschichtlicher Beweis ist, geben wir folgende Punkte zu bedenken.

Toll wäre durch einen solchen unbestimmt und allgemein gehaltenen Wink sehr weit über seine eigenen Ansichten und Plane hinaus-
gegangen, denn selbst nach der Erzählung des Grafen Clamm lag es
durchaus nicht in seiner Absicht, daß die Straße nach Peterswalde ganz
verlassen werden sollte.

Es leben noch mehrere der Offiziere, welche damals die persönliche Umgebung des Kaisers Alexander und des Königs von Preußen
bildeten, oder im großen Hauptquartier angestellt waren. Der Verfasser ist in dem Fall gewesen, einigen von ihnen Fragen in dieser Beziehung vorzulegen. Keiner von ihnen hatte, weder zur Zeit an Ort
und Stelle, noch jemals später etwas der Art gehört. Die Erzählung
des Grafen Clamm-Martiniz erregte in diesem Kreise ohne Ausnahme
eine ziemlich ungläubige Verwunderung.

Von größerer Bedeutung und, wie uns scheint, sehr zu beachten
ist Barclay's eigenes Stillschweigen. Seine Anordnungen in jenen
Tagen sind schon bei seinem Leben vielfach und oft mit Bitterkeit getadelt worden, ja sie haben vom ersten Augenblick an ohne alle Ausnahme nur strengen Tadel erfahren —: dennoch hat er nie eines Winkes gedacht, der ihn dazu veranlaßt hätte — weder mündlich noch schriftlich — er hat die Verantwortung seiner Anordnungen immer ganz

allein übernommen. Wäre von einer Ermächtigung, von einer Wei=
sung die Rede, die er vom Kaiser Alexander erhalten hätte, so ließe sich
begreifen, daß er darüber schwieg, um seinen Kaiser nicht bloß zu stel=
len — : aber welchen Grund hätte er haben können, einen Vorschlag
zu verschweigen, den ihm Toll gemacht hätte, und durch den er großen=
theils gerechtfertigt erschiene?

Dann ist der ganze angebliche Hergang sehr unwahrscheinlich,
und die Erzählung verräth sowohl Unkenntniß der Personen, als na=
mentlich auch der Verhältnisse, in denen sie zu einander standen.

General Toll war allerdings sehr oft anderer Meinung als die
österreichischen Generale, und suchte nicht selten, wenn er nicht glaubte
nachgeben zu dürfen, die Maaßregeln, die er für nothwendig hielt,
auch ohne ihre Zustimmung durchzusetzen. Er wendete sich in solchen
Fällen an den Kaiser Alexander und suchte bei diesem unmittelbare Be=
fehle an die russischen und preußischen Truppen, im Sinn seiner Vor=
schläge auszuwirken, was ihm auch in der Regel gelang. Wie sollte
er das gerade diesmal versäumt haben, da sich der Kaiser ganz in der
Nähe befand, und wenige Schritte zu ihm führten? — Wie hätte sich
da Toll auf unbestimmte Winke beschränkt, die sehr leicht mißverstan=
den werden, ja möglicher Weise ganz unbeachtet bleiben konnten!

Denn es ist dabei noch zu erwägen, in welchen persönlichen Be=
ziehungen Toll zu dem General Barclay stand. Dieser, überhaupt
etwas abgeschlossen und unzugänglich, sah in Toll noch immer den
Zögling und Anhänger Kutusow's, und hatte ihm nicht gerade Beweise
von Vertrauen gegeben. Kaum drei Monate früher hatte er ihn sich
vielmehr geflissentlich fern gehalten, und einen Anderen zu seinem Ge=
neral=Quartiermeister gewählt. Auch dem Fürsten Wolkonsky, mit
dem Toll vielfach in Verbindung gedacht wurde, stand Barclay sehr
fern. So war denn Barclay unter allen höheren russischen Generalen
gerade derjenige, dem Toll am allerwenigsten einen solchen freundschaft=
lichen, vertraulichen Wink geben konnte.

Dann wissen wir auch, daß Barclay sehr selbstständig war; daß
eigentlich Niemand entschiedenen Einfluß auf ihn hatte, daß seine Ent=
schließungen, gute oder schlechte, immer ihm selbst angehörten. Ein
solcher, in ein gewisses Halbdunkel gehüllter Wink würde am aller=

wenigſten Eindruck auf ihn gemacht haben — und was uns ebenfalls von großer Bedeutung ſcheint: ſchon in den Nachmittagsſtunden des 26. hatte er ſich geweigert, von den Höhen bei Leubniß und Torna hinabzuſteigen, um die Straße nach Pirna wieder zu gewinnen. Er hatte ſich geweigert dieſes Wagniß zu beſtehen, obgleich es ihm im Namen ſeines Kaiſers befohlen wurde — und zwar ganz unabhängig von etwanigen Rathſchlägen und Winken. Was er jeßt that, war, ſo zu ſagen, die ganz folgerichtige Fortſeßung ſeines ſo begonnenen Verfahrens, das, wie man wohl ſieht, vollkommen folgerichtig aus einer feſtſtehenden Anſicht hervorging —; und ſo haben wir denn allen Grund zu glauben, daß auch dieſer Entſchluß, wie ſeine früheren und ſpäteren, durchaus ſein eigener war.

Eine heftige Scene zwiſchen Schwarzenberg und Barclay hat allerdings zu Dippoldiswalde ſtattgefunden —: aber kann Graf Clamm wirklich verbürgen, daß da wirklich gerade die angeführten Worte und keine anderen geſprochen wurden? daß dabei keinerlei Mißverſtändniß obwaltet? — Daß Barclay ſich nicht bloß auf ſeine allgemeine Vollmacht, ſondern auf eine beſondere Ermächtigung berief?

Wir müſſen glauben daß Graf Clamm-Martiniß, in Beziehung auf den Inhalt jenes Zettelchens in ruſſiſcher Sprache, irre geführt worden iſt.

Und nun kehren wir zu den Ereigniſſen am Abend des 27. Auguſt zurück; wir finden da auch in den Quellen, die uns vorliegen, neue Beweiſe, daß Barclay weder eine Ermächtigung von Seiten ſeines Kaiſers, noch einen Wink von Toll erhalten haben kann.

In jenem ſchon angeführten ruſſiſchen Tagebuch, das in der Umgebung des Kaiſers Alexander geführt, mehr als einmal wichtige Aufſchlüſſe giebt, ſind die gefaßten Entſchlüſſe in folgende wenige, aber inhaltsreiche Worte zuſammengefaßt.

„Die Armee zog ſich in drei Colonnen zurück. — Die Eine über Freiberg, die andere auf Dippoldiswalde — die dritte aber unter dem Befehl Barclay's ſollte auf der Teplißer Straße abziehen, die ſchon vom Feinde beſeßt war. Es galt ſich unterwegs durchzuſchlagen. — (а третьей колоннѣ подъ командою Барклая надлежало идти по Теплицкой дорогѣ, уже занятой непріятелемъ. Надлежало пробиваться на пути.) — Der Kaiser schickte den General-Major Toll hin, diese Colonne zu führen."

Also in drei Colonnen sollte sich das Heer zurückziehen, nicht in vieren, wie in der „Geschichte der Kriege in Europa" angenommen wird, und die Colonne des linken Flügels war ursprünglich nach Freiberg bestimmt, nicht nach Pretschendorf, wie die vielfachen Geschichten dieses Feldzugs ohne Ausnahme berichten. Das Alles stimmt sehr genau zu dem einzigen Zeugniß das von österreichischer Seite vorliegt, zu der Aussage des Obersten Rothkirch.

Der Kaiser Alexander sendete Toll zu Barclay, um an der Leitung des Rückzugs nach Peterswalde Theil zu nehmen, und zwar, weil er diesen Zug nicht gefahrlos achtete, und voraussah, daß es dort zu Gefechten kommen müsse. Toll empfing den Auftrag in diesem Sinn. Beide waren also zur Zeit des Glaubens, daß Barclay die Richtung dorthin genommen habe, und wußten nichts von seinem verhängnißvollen Entschluß.

Jenes Tagebuch berichtet weiter: „Nachdem Barclay die Disposition erhalten hatte, beschloß er, ihren Bestimmungen nicht zu folgen. Er wählte den Weg auf Dippoldiswalde."

Ein damaliger Adjutant des Generals Toll, sein Begleiter auf dem nächtlichen Ritt zu Barclay, hat die Güte gehabt, dem Verfasser Auskunft zu geben über seine eigenen und Toll's Erlebnisse an jenem Abend. Wir theilen seinen Brief in wortgetreuer Uebersetzung mit.

„Nach Radetzky's Disposition lag Barclay ob, über Dohna, Gießhübel und Peterswalde auf Teplitz zurückzugehen. Als nach der Dresdener Schlacht Karl Fedorowitsch (Toll) und die fünf oder sechs Offiziere vom Generalstab, die ihm beigegeben waren, alle erschöpft durch Anstrengungen, sich auf seinen Befehl um 7 oder 8 Uhr, bei dem Eintritt der Dunkelheit bereiteten, nach dem Hauptquartier des Kaisers zurückzukehren, erhielt Karl Fedorowitsch plötzlich von Seiner Majestät den mündlichen Befehl, sich zu Barclay zu begeben, und bei ihm zu bleiben, für die Zeit des Marsches nach Peterswalde, und zwar wegen der Gefahr dieses Weges. Durch Karl Fedorowitsch's Wahl wurde ich bestimmt ihn zu begleiten. — Wir zerrten uns vor-

wärts im langsamen Schritt, auf übermüdeten Pferden, die beinahe
bis an die Kniee einsinkend in dem aufgeweichten Boden kaum ihre
Hufen wieder herauszuziehen vermochten.   Der Regen hörte auf, der
fast vierundzwanzig Stunden ohne Unterbrechung gefallen war.   Es
wurde finstere Nacht.   Es war sehr schwer die Richtung zu finden,
die wir inne halten mußten.   Ich näherte mich einem Biwachtfeuer,
um einen Blick auf meine Karte zu werfen, und zog eine gallertartige
Masse aus der Tasche, in die sich Papier und Leinwand verwandelt
hatten; so waren wir vom Regen durchweicht.   Wir zogen auf gut
Glück herum, und nach einem langen Ritt fanden wir endlich Barclay,
der sich in eine einsame kleine Hütte einquartiert hatte.   Jemand führte
Karl Fedorowitsch ein — ich konnte nicht sehen, ob ein Diener oder ein
Adjutant, denn das Individuum verschwand sogleich wieder für mich.
Ich blieb allein in dem dunklen Hausflur, dessen Thür nach innen
offen blieb.   So hörte ich das ganze Gespräch der Generale.   Barclay,
der die Disposition aus dem österreichischen Hauptquartier schon früher
erhalten hatte, sprach sich sehr stark gegen die Richtung aus, die darin
seiner Colonne gegeben war. — Er bediente sich dabei des Ausdrucks,
daß er auf diese Weise durch die feindliche Armee Spießruthen laufen
müsse: „il faut que je passe les verges de l'ennemi, et je risque
ma réputation“ — und erklärte sehr bestimmt, daß er seine Truppen
einer solchen augenscheinlichen Gefahr weder aussetzen dürfe noch aussetzen wolle — und darum gehe er über Maren auf Dippoldiswalde;
nur der Abtheilung Ostermann's habe er befohlen den Weg nach Peterswalde zu versuchen, wenn sie ihn nicht schon vom Feinde besetzt
finde.   Von Seiten Karl Fedorowitsch's erfolgte durchaus keine Aeußerung in Antwort. — Nach einer sehr kurzen Unterredung theilten Barclay und Toll ein gebratenes Huhn, welches der Erstere anbot, und
das Nachtlager in der engen Hütte.   Auf dem Hausflur legte ich mich
hungrig und ganz erschöpft auf die Diele — es war mir, als ob ich
auf ein weiches Pfühl gesunken wäre, und ich versank in einen tiefen
Schlaf.   Als ich am anderen Morgen um 8 Uhr erwachte, wurde ich
zunächst gewahr, daß ich auf einem Düngerhaufen geruht hatte.   Keine
Seele fand ich um mich her.   In Mitten einer Todtenstille stand mein
Pferd im Hof, das ganze vierundzwanzig Stunden über weder Futter

noch Waſſer bekommen hatte. Nachdem ich meinen Tſcherkeſſen=Schim=
mel getränkt hatte, trieb ich an, was noch von Kräften in ihm war,
in der Richtung auf Maren und Dippoldiswalde. Bald holte ich
Barclay's Nachtrab ein — und am Abend — denn die Reiſe durch
die Engpäſſe ging außerordentlich langſam — auch das Hauptquar=
tier des Kaiſers, wo ich Karl Federowitſch vorfand. Ich glaube, daß
er und Barclay ſich an dieſem Morgen ohne weitere Erörterungen
trennten, da die Sache unter ihnen ſchon am vorigen Abend abge=
macht war."

Auf die beſtimmte Frage hat derſelbe Offizier dem Verfaſſer ſpäter
noch insbeſondere verſichert, daß irgend eines Zettels, den Barclay
von Toll erhalten hätte, nicht erwähnt wurde. Uebrigens ſehen wir
ja auch Barclay durchaus bemüht ſeine Anordnungen, Toll gegenüber,
eben als die ſeinigen zu rechtfertigen, und die Gefahren des Rückzugs
auf Peterswalde auseinanderzuſetzen, was alles kaum nöthig ſcheinen
konnte, wenn ſich die Dinge ſo verhielten, wie Graf Clamm erzählt,
und wenn Toll nicht widerſprach, ſo ſtimmte er doch auch nicht bei.
Beſonders bezeichnend aber iſt, daß Toll gleich am folgenden Morgen
wieder zu dem Kaiſer Alexander zurückkehrte, weil die Vorausſetzungen
nicht eintrafen, in denen er zu Barclay geſendet war — weil eben
Barclay nicht fechtend auf der neuen Straße zurückging — Toll's Auf=
trag ſomit nicht erledigt — wohl aber aufgehoben war.

Der mitgetheilte Brief zeigt uns auch, wie der Rückzug beſchaffen
war. Die Truppen brachen mit der Dunkelheit auf; die Richtung des
Marſches war ihnen gegeben, nicht aber das nächſte Ziel, das ſie er=
reichen ſollten, ehe ſie anhielten. Sie zogen durch die Nacht dahin,
ſo weit ſie konnten, und ruhten vielleicht gezwungen während der Stun=
den tiefſter Dunkelheit längs dem Wege, wo ſie eben waren, um dann,
ſo wie die Nacht durchſichtiger wurde, unerquickt und hungrig weiter
zu ſchreiten. —

Napoleon äußerte ſich, wie wir aus dem Tagebuch des Generals
Gersdorf wiſſen, am Abend des 27. in Dresden, ſehr zufrieden mit
den Ergebniſſen der beiden letzten Tage — ſprach die Hoffnung aus,
daß die erlittenen Unfälle das Bündniß ſeiner Gegner wohl lockern
könnten — und fügte hinzu daß er eher in Böhmen zu ſein gedenke,

als diese seine Gegner; ja eher in Prag, als seine „Herren Collegen“, wie er die verbündeten Monarchen nannte — aber auch zugleich, daß es überall schlecht gehe, wo er nicht persönlich sei. — Was gegen Berlin stehe, sei geschlagen, und er fürchte für Macdonald.

Bei alle dem erwartete er doch daß die Verbündeten am folgenden Tag (28.) die Schlacht bei Dresden erneuern könnten, und die Anordnungen, die er Berthier in die Feder dictirte, bezogen sich lediglich auf einen erneuerten Kampf — nicht auf die Verfolgung eines weichenden Feindes. Napoleon wollte für den kommenden Tag besonders eine bedeutende Masse Artillerie zu seiner persönlichen unmittelbaren Verfügung haben, und es scheint, als ob der Umstand, daß man sich eben nur mit den Anstalten zu einem erneuerten Kampf beschäftigte, die Verfolgung verspätet, und was daraus folgen mußte, auch gelähmt habe.

Mit Tagesanbruch hatte sich Napoleon wieder bei der Lünette Nr. IV vor dem Falkenschlag der See-Vorstadt eingefunden, wohin auch die zahlreiche Artillerie befehligt war, die er zu sammeln dachte. Man gewahrte nun den Rückzug der Verbündeten; nur Wittgenstein hielt noch die Höhen besetzt. Während Murat mit Victor's Heertheil, der Division Teste und Latour-Maubourg's Reitern, seine Bewegung nach Freiberg fortsetzte, ordnete der Heeresfürst der Franzosen nun auch im Uebrigen die Verfolgung. Marmont mußte auf der Dippoldiswalder Straße vorgehen, Mortier zur Linken mit der gesammten jungen Garde und deren Reiterei nach Pirna, Gouvion St. Cyr zwischen beiden, nachdem er sich in Folge mißverstandener Befehle eine Zeit lang ziemlich unsicher hin- und herbewegt hatte, in der Richtung auf Maren.

Erst um acht Uhr machte der Feind vom großen Garten aus einen schwachen Versuch auf das Dorf Leubnitz, der von den Preußen (von der Brigade Klür), die das Dorf besetzt hielten, mit leichter Mühe zurückgewiesen wurde. — Aber da nun die Haupt-Colonnen schon einen bedeutenden Vorsprung gewonnen hatten, säumte Wittgenstein nicht länger seinen Rückzug anzutreten, und in der That, es war hohe Zeit, denn seine Lage war bereits gefährlich geworden. Die österreichische Nachhut unter dem Fürsten Moritz Liechtenstein war viel früher aufgebrochen, wie es schien, ohne weiter auf ihn Rücksicht zu nehmen, gewiß wenigſtens, ohne ihn zu benachrichtigen, und in Folge deſſen konnte Wittgenſtein, wenn Marmont entſchloſſener vorwärts ging, zu ſeiner Linken ganz umgangen, und in eine ſehr bedenkliche Lage verwickelt werden. Auch dieſer Umſtand wurde, wie wir aus den Tagebüchern erſehen, im Hauptquartier des Kaiſers Alexander bemerkt, gab Veranlaſſung zu bittern Bemerkungen, und ſteigerte den ſchon herrſchenden Unwillen gegen die Oeſterreicher.

Der Rückzug der Verbündeten, welche die Hauptſtraßen zu beiden Seiten aufgegeben hatten, und auf das bergigte, durchſchnittene, un= wegſame Gelände zwiſchen beiden eingeſchränkt waren, lief im Ganzen über alle Erwartung glücklich ab. Dank der mäßigen Verfolgung wurde nirgends einer ihrer Truppentheile abgeſchnitten, ſo ſehr auch z. B. der General Roth gefährdet war; nirgends brach ein größeres Unheil herein, wie es wohl auf Rückzügen nach verlorenen Schlachten vorzukommen pflegt. Aber qualvoll und herabſtimmend war der Marſch darum nicht minder; die kleinen, im Einzelnen wenig fühlbaren Ver= luſte, reihten ſich ſo aneinander, daß ſie, beſonders bei den Oeſter= reichern, im Ganzen zu ſehr großen wurden, und der Feind konnte an manchen Zeichen erkennen, wie weit eine allgemeine Entmuthigung hier ſchon ging. „Bei der Verfolgung der Alliirten fanden die Fran= zoſen auf allen Wegen Fuhrweſen, Gepäck und Waffen aller Art; auch bot ſich zwiſchen Neu=Oſtra und Goſtritz, und zwiſchen Kaitz und Co= ſchütz, in der ſogenannten Autel, und auf der Coſchützer Flur, den Sie= gern eine Erſcheinung dar, die auf Schlachtfeldern noch wenig vorge= kommen ſein wird. Man fand nämlich zwiſchen den genannten Orten mehrfache lange Linien von Gewehren, nach den Gliedern der daſelbſt poſtirt geweſenen Bataillone geordnet, in Pyramiden zuſammengeſtellt und ſehr viel dabei im Koth ſtecken gebliebene Schuhe."*)

Zwiſchen Neu=Oſtra und Goſtritz hatte die preußiſche Brigade Pirch geſtanden; die dort verlaſſenen Gewehre könnten alſo dem 9. ſchleſiſchen Landwehr=Regiment angehört haben. Denn einer hand= ſchriftlichen Mittheilung aus Kleiſt's Hauptquartier, die vor uns liegt, entnehmen wir, daß allerdings, wenigſtens im Lauf der nächſten Tage,

---

*) Aſter, Kriegsereigniſſe in und vor Dresden. S. 339.

während des Rückzugs „einzelne Bataillone der Landwehr der Auf=
lösung nahe waren." Die übrigen waren ohne Widerrede öster=
reichische.

Der aufgesammelten Nachzügler waren so viele, daß die Zahl der
in Dresden untergebrachten Gefangenen im Lauf des Tages bis auf
20,000 anwuchs, unter denen sich kaum einige hundert Russen und
Preußen befanden. Gewiß war nicht die Hälfte dieser Zahl in der
Schlacht zu Gefangenen gemacht worden — denn wir müssen hier be=
merken, daß die Trophäen, die Zahl der Gefangenen besonders, welche
der Sieg unmittelbar in Napoleon's Händen ließ, gar sehr übertrieben
worden sind; man folgt den Angaben, die der französische Kaiser be=
kannt machen ließ, um den Muth seines Heeres und das Erstaunen
der Einwohner von Dresden zu steigern, und spricht von 13,000 Oester=
reichern, die in Masse die Waffen gestreckt hätten. Es hatten sich aber
in der That nur 11 Bataillone ergeben — eins am 26. in der See=
Vorstadt abgeschnitten, und zehn unter Meszko — und die betrugen,
nachdem sie bereits auf dem Marsch und im Gefecht namhafte Verluste
erlitten hatten, gewiß nicht mehr volle 8000 Mann. Die aufgegrif=
fenen österreichischen Nachzügler blieben, wie bemerkt zu werden ver=
dient, nicht alle aus wirklicher Entkräftung liegen; vielmehr lieferten
Entmuthigung, Mangel an gutem Willen und Mangel an Kriegs=
zucht, die sich hier überraschend schnell lockerte, ihren reichlichen Beitrag.
So erzählt After, daß diese Marodeurs, in den Dörfern zurückgeblieben,
„mit ihren Weibern (!) plünderten und raubten, und bei der Auffor=
derung, selbst von einzelnen Franzosen, zu zwanzig, dreißig Mann die
Gewehre wegwarfen und sich ergaben." — Französische Schriftsteller
berichten, es seien viele Polen darunter gewesen, die zum Theil —
vielleicht nur halb freiwillig — in Poniatowski's Schaaren Dienste
nahmen.

Die dreißig Kanonen welche die Franzosen erbeuteten, waren auch
ausschließlich österreichische; außerdem hatten die Verbündeten über
10,000 Todte und Verwundete; kurz, sie hatten in der zweitägigen
Schlacht, und am ersten Tage der Verfolgung, ein volles Sechstheil
ihrer Heeresmacht eingebüßt, obgleich kaum die Hälfte ihrer Truppen
zum Gefecht gekommen war.

Napoleon begab sich auf die Höhen bei Kaitz, sobald sie frei waren, und General Gersdorf folgte ihm dorthin. „Man brachte mehrere Gefangene, heißt es in des letzteren Tagebuch: nur Kaiserliche (Oester= reicher), die geradehin über Mangel an Schuhen, noch mehr aber über Mangel an Brod klagten." — Napoleon machte die sehr naheliegende Bemerkung, es sei nicht zu begreifen, daß die Kaiserlichen ihre Truppen, nicht ordentlich bekleidet, wenige Meilen von der eigenen Grenze Hun= ger leiden ließen, und indem er Gersdorf mit froher Botschaft zu dem König von Sachsen zurücksendete, fügte er hinzu: „Ich werde sehen, was auf dem linken Flügel zu thun ist."

Dorthin, an die Ufer der Elbe, zu Vandamme und dem Herzog Eugen von Württemberg, müssen auch wir uns wenden, um den wich= tigsten Ereignissen des Tages zu folgen. —

Vandamme hatte sich glücklicher Weise während der Schlacht bei Dresden — 27. — ziemlich ruhig verhalten, obgleich er schon am Morgen bedacht war, die wenigen russischen Truppen zu vertreiben, die sich noch auf der Pirnaer Hochebene hielten, und diese ganz einzu= nehmen. Etwas später bemächtigte er sich des Kohlberges bei Zehista, der die Straße nach Böhmen beherrscht; weiter unternahm er nichts. Theils konnte er einen Theil seiner Truppen, namentlich seine Artillerie, erst heute über die Elbe bringen — zum Theil scheint ihn auch die Aus= sage eines gefangenen Militair=Arztes etwas irre gemacht zu haben, der bemüht war, ihm von der Macht, die er gegen sich habe, eine sehr hohe Vorstellung zu geben, wozu dann noch kam, daß ein Förster aus der Gegend, Namens Leßky, ein Doppelspion, der beiden Theilen diente, ihn glauben ließ, bedeutende Abtheilungen verbündeter Truppen seien zur Aufnahme der Weichenden aus Böhmen im Anzug.

Die Lage des Herzogs Eugen von Württemberg wurde aber da= durch noch schwieriger und verwickelter, daß Yermolow, der an der Spitze der 1. Garde=Division stand, sich des leidenden Grafen Oster= mann und damit des Oberbefehls zu bemächtigen suchte, indem er in dessen Namen Befehle dictirte.

In dieser peinlichen Lage erhielt man nun zuerst durch Wolzogen, der aus dem großen Hauptquartier kam, spät in der Nacht, die uner= freuliche Kunde von der verlorenen Schlacht, und dem beschlossenen Rück=

zug nach Böhmen — und mit dem Morgen des folgenden Tages auch
die Befehle Barclay's, die selbst den hier vereinigten Truppen den Rück=
zug auf der neuen Straße nur in sehr bedingter Weise, unter den gün=
stigsten Voraussetzungen, allenfalls gestatteten.

Den Weg nach Peterswalde mußte man schon als vom Feinde
verlegt betrachten, dem Befehl gemäß mußte man sich also dem weichen=
den Heer über Maren anschließen. — Der Herzog Eugen erkannte mit
richtigem Blick, worauf es hier ankam — nämlich nicht bloß in Be=
ziehung auf die Truppen, die man hier beisammen hatte, und den
allernächsten Schritt, der für sie der gefahrloseste scheinen mochte, son=
dern in Beziehung auf das Ganze, auf den Erfolg des Feldzugs, ja
das Schicksal des ganzen Krieges, das auf der Schwebe stand. Er
erklärte mit Bestimmtheit, man müsse auf jede Gefahr hin den Weg
nach Peterswalde einschlagen, und sich nöthigenfalls mit Gewalt Bahn
brechen, sonst werde der Feind vor den Verbündeten im Thal bei Teplitz
sein, und ihnen den Rückzug das Gebirge herab wehren.

Graf Ostermann und die meisten der anwesenden Generale wider=
sprachen, und achteten das Unternehmen zu gewagt; ihr Haupt=Argu=
ment war, daß die Garde auf diesem Wege nicht mehr ohne Gefahr
durchzubringen sei! — Der Fall, daß die Garde zu sichern, sie einem
möglichen bedenklichen Gefecht zu entziehen und in unverletzter Schön=
heit zu erhalten, in schwierigen Augenblicken als die Hauptsache, als
die eigentliche Aufgabe betrachtet wird, und daß darüber der Erfolg im
Ganzen fast als Nebensache einigermaaßen in den Hintergrund tritt,
der ist öfter vorgekommen; nicht bloß hier. Dergleichen eigenthümliche
Ansichten entwickeln sich wohl auf dem Exerzierplatz, unter dem Ein=
fluß einer mehr als billigen Bedeutung, welche militairische Liebhaberei
auf die Parade=Schönheit solcher Truppen legt. Zudem wiegt die
Verantwortung, diese Truppen einer Niederlage auszusetzen, so schwer,
daß die Rücksicht auf die persönlichen Interessen bei den einzelnen Füh=
rern ihre mehr als gewöhnliche Rolle mitspielt. Für den Erfolg im
Ganzen sind Divisions= und Brigade=Generale nicht eben so unmittelbar
verantwortlich.

Es kam zwischen dem Herzog und Ostermann bei Zehista zu einem
lebhaften Wortwechsel; der Letztere berief sich auf Barclay's Befehle,

und wiederholte beständig in krankhafter Aufregung, er könne und dürfe die Garden nicht dem Untergang aussetzen, und obgleich Wolzogen, der Herzog Leopold von Sachsen=Coburg und selbst Yermolow den Herzog unterstützten, gab Ostermann doch erst nach, als dieser sehr entschieden erklärte: wolle ihm die Garde nicht folgen, so werde er mit seinem zweiten Infanterie=Corps allein den Weg über Peterswalde nach Böh=men einschlagen und halten.

Die Generale der ersten Garde=Division (Baron Rosen, Potemkin, Chrapowitzky) mußten sich nun wohl fügen; Ostermann und Yermo=low aber knüpften ihre Zustimmung an Bedingungen, die für ihre Ansicht der Dinge und die herrschende Stimmung sehr bezeichnend sind: ihrem Verlangen zu entsprechen, mußte der Herzog Eugen die Verant=wortlichkeit für den gefaßten Entschluß vermöge ausdrücklicher Erklä=rung ganz allein übernehmen, Wolzogen aber sogleich zu dem Kaiser Alexander zurückkehren, um diesen auf das Genaueste davon in Kenntniß zu setzen, daß nicht Ostermann die Garden einem so gefahrvollen Unter=nehmen unterziehe, sondern einzig und allein der Herzog von Württem=berg.

Die Aufgabe wurde in der Ausführung dadurch noch schwieriger als sie ohnehin war, daß man allerdings bedacht sein mußte, den Garden so viel als irgend möglich den Antheil am Gefecht zu ersparen, ihnen durchzuhelfen, anstatt sie gleich anderen Schaaren zu verwenden; ja der Herzog hatte sich, um die Zustimmung der Generale zu erlan=gen, ausdrücklich dazu verpflichten müssen, sie so viel als irgend mög=lich zu decken — und das konnte nur auf Kosten der übrigen verfüg=baren Truppen geschehen, von denen man eben deshalb das Aeußerste, und große Opfer verlangen mußte.

Nach den Verfügungen die der Herzog Eugen nun traf, sollte der General=Major Knorring mit 4 Bataillonen und seinem Uhlanen=Regiment, zuerst unterstützt durch die Garde=Jäger, einen Angriff auf den Kohlberg machen; General Helfreich, nachdem sich das zweite In=fanterie=Corps bei Groß=Cotta mit ihm vereinigt hatte, unterstützt durch den Obersten Wolf mit den Schützen aller Regimenter, von dort aus Schein=Angriffe auf Krizschwitz und den Aufgang zur Pirnaer Hochebene unternehmen — die Garden aber, nebst der Reiterei und

dem Geschützzug, unter dem Schutz dieser Gefechte, einen Vorsprung
auf der Straße nach Peterswalde gewinnen, — und die Feldtruppen
dann endlich sich aus den begonnenen Kämpfen so gut wie möglich
loswinden, um als Nachtrab den Zug zu schließen.   Dabei war nicht
befohlen, wie in solcher Lage natürlich gewesen wäre, sofern nicht besondere Rücksichten maaßgebend wurden, daß die vorausziehenden
Garden an günstigem Ort zur Aufnahme der folgenden Truppen Stellung nehmen sollten, um dann von dort aus ihrer Seits den Nachtrab
zu bilden; sondern der Zug mußte bis an das Ende in der einmal
festgestellten Ordnung bleiben, wie sehr auch dadurch die Feldtruppen
des Herzogs in die Gefahr einer endlichen Niederlage gebracht werden
mochten.

Noch dazu wurde der Marsch der Garden verzögert durch wider-
sprechende Anordnungen, die weder den Umständen noch der herrschenden Besorgniß entsprachen; dahin gehört namentlich, daß die Regimenter auf Befehl des Grafen Ostermann anhielten, um — abzukochen,
während man von den Höhen bereits zahlreiche feindliche Abtheilungen
in Bewegung sah, die Vandamme, nicht länger getäuscht durch jene
Schein-Angriffe, abgesendet hatte, um dem Zug bei Gießhübel den
Weg zu verlegen.   Nicht ohne Mühe gelang es dem Herzog Eugen
Alles wieder in Bewegung zu bringen, und trotz der Eile, die nun
aufgewendet wurde, fand man die Straße im Walde hinter Gießhübel
schon vom Feinde gesperrt; — doch war er hier zum Glück noch nicht
mit Heeresmacht aufgestellt, und das erste Bataillon Preobraschensk,
das an der Spitze marschirte, öffnete die Bahn durch einen raschen
Bajonnet-Angriff ohne sonderliche Mühe. Um den Paß einigermaaßen
offen zu halten, ließ Yermolow hier 2 Bataillone der Garde-Jäger
zurück, die schon auf dem Marsch wieder zu ihm gestoßen waren; und
die Garden eilten weiter um Hellendorf und Peterswalde zu erreichen,
wohin der Feind durch das Thal von Markersbach zuvorzukommen
drohte.

Auch Helfreich kam glücklich durch Gießhübel — : nicht so die
Hauptmasse des zweiten Infanterie-Corps, 11 durch Entsendungen und
Verluste sehr geschwächte Bataillone unter der besonderen Führung des
Fürsten Schachowskoy; schon war auch diese Colonne großentheils die

steile Bergwand von Pirna her zu dem Städtchen hinabgestiegen, die Spitze durch die Gassen hinauf wieder, die Berglehnen der entgegengesetzten Seite hinan, in das Freie gelangt, als der Feind, der nun einen großen Theil der Division Dumonceau auf diesem Punkt beisammen hatte, ihre linke Seite anfiel, und die Mitte des Zuges sprengte. Die Russen litten hier bedeutenden Verlust; zwar ließ der Herzog Eugen den Theil der Colonne, der schon im Freien war, wieder umkehren, und es gelang ihm wohl, den Feind auf sich zu ziehen, nicht aber den Weg wieder frei zu machen; er mußte fechtend gegen Peterswalde weichen, der abgeschnittene Theil der Colonne aber auf dem Umweg durch das Thal der Gottleube und über Geppersdorf, den Weg zur Wiedervereinigung mit dem Herzog suchen, was natürlich nur mit bedeutendem Verlust gelang.

Die Abtheilungen, die noch weiter zurück waren, die Brigade Püschnißky (4 Bat.) — die Schützen unter dem Obersten Wolf — und die 4 Bataillone unter dem Obersten Iwanow, welche am Morgen den Kohlberg angegriffen hatten, waren bereits angewiesen, im Nothfall, wenn sie den Paß bei Gießhübel gesperrt fänden, rechtshin nach Geppersdorf auf der alten Straße auszubiegen, um dann auf dieser über Breitenau, Peterswalde oder Nollendorf zu erreichen.

Ohne weitere Gefechte erreichte die ganze Abtheilung, welche der Herzog Eugen leitete (Garden, Helfreich und Schachowskoy) Peterswalde, wo man keinen Feind mehr im Rücken, und den Weg nach Böhmen frei hatte; aber nicht umsonst hatte man das Ziel erreicht! War auch der Verlust der Garden nicht bedeutend, so zählte dagegen was sich hier vom zweiten Corps vereinigt hatte, nur noch etwa 2500 Mann, und das Schicksal des Nachtrabs unter Püschnißky war so ungewiß als unbekannt! —

Im Uebrigen hatten an diesem Tage die russisch-preußischen Reserven Altenberg, nahe am Kamm des Gebirges erreicht; Kleist und Wittgenstein dagegen waren bei dem Einbruch der Nacht noch weit zurück in Sachsen; der Erstere bei Hausdorf unweit Maren, Wittgenstein mit seinen wenigen Russen und der Brigade Klür bei Dippoldiswalde, wo auch die Division Moritz Liechtenstein anlangte. — Bei Altenberg war auch, von Dippoldiswalde her, die eine Hälfte des österreichischen Heers am Abend eingetroffen. Die andere, das heißt, die vier unter Klenau vereinigten Divisionen (nämlich ohne Schneller, der nach Altenberg gegangen zu sein scheint) bei Pretschendorf.

Ihnen gegenüber hatte Murat Freiberg nur mit einem Theil seiner Truppen erreicht; Marmont war bis gegen Dippoldiswalde gefolgt; St. Cyr bis Maren; Vandamme stand am Abend mit der Spitze seines Heertheils bei Hellendorf, dem Herzog Eugen von Württemberg nahe gegenüber, und hinter ihm hatten die französischen Garden schon seit den Mittagsstunden Pirna erreicht. —

Napoleon's Entschließungen an diesem Tage sind verhängnißvoll geworden, und eben deshalb hat die Wohldienerei seiner Anhänger die Welt darüber irre zu führen gesucht; aus diesem doppelten Grunde ist es wichtig, sie genau in das Auge zu fassen, und die Wahrheit aller absichtlichen Täuschung zu entkleiden.

Welche Ansichten Napoleon in den Morgenstunden hatte, und welche Plane er darauf baute, geht hinreichend aus einem Befehl=schreiben hervor, in welchem er dem Chef seines Generalstabs die nöthigen Aufträge ertheilte. „Geben Sie dem Marschall St. Cyr den Befehl, auf Dohna zu marschiren. Er wird, indem er zwischen Dohna und der Ebene vorgeht, dem Rückzug des Feindes in gleicher Höhe mit demselben folgen. (Il se mettra sur la hauteur, et suivra la retraite de l'ennemi, en passant entre Dohna et la plaine — es war also auf eine parallele Verfolgung des Feindes abgesehen, den Napoleon auf der alten Straße über Dohna im Rückmarsch glaubte). Sobald seine Vereinigung mit dem General Vandamme bewirkt ist, wird der Marschall St. Cyr seinen Marsch fortsetzen, um mit seinem Corps und dem des Generals Vandamme auf Gießhübel zu gehen. Der Herzog von Treviso (Mortier mit den Garden) wird bei Pirna Stel= lung nehmen. Uebrigens werde ich mich auch dorthin begeben, sobald ich erfahre, daß die Bewegung begonnen ist. — — Schreiben Sie dem General Vandamme, um ihn von den Bewegungen und dem Rückzug des Feindes in Kenntniß zu setzen: 30,000 Mann, 40 Ka= nonen und mehrere Generale sind genommen worden. Unterrichten Sie ihn von dem Marsch des Marschalls St. Cyr und des Herzogs

von Treviso auf Dohna und Pirna. Sobald die Vereinigung erfolgt
ist, soll er sein ganzes Corps auf den Höhen von Gießhübel und Hellendorf ordnen."

Bald darauf aber änderten sich Napoleon's Plane, und er störte
selbst die Ausführung dieser Anordnungen, indem er Gouvion St. Cyr
von dem schon angetretenen Marsch nach Dohna zurückrief, und ihm
die Richtung auf Maren anwies. Die vorliegenden Quellen sagen
nicht warum? — aber wie uns scheint, läßt es sich wohl erklären —:
Höchst wahrscheinlich, weil er bemerkte, daß nicht, wie er gewiß erwartet hatte, ein bedeutender Theil der verbündeten Heeresmacht auf
der alten Straße nach Dohna zurückging, um von dort aus entweder
Gießhübel und Peterswalde, oder den Paß über den Geiersberg nach
Teplitz zu erreichen; weil der Augenschein lehrte, daß die gesammte
Armee der Verbündeten sich weiter westwärts gewendet haben mußte,
um über die von der Elbe entfernteren Pässe nach Böhmen zurückzugehen.

Auf seinem Ritt von den Höhen von Kaitz über Leubnitz nach
Pirna, wohin er sich begab, „um zu sehen, was auf dem linken Flügel
zu thun sei", überzeugte sich dann Napoleon vollends, daß die alte
Straße von den Verbündeten vollkommen aufgegeben sei, und daß auf
der neuen nur der Herzog Eugen von Württemberg mit seiner mäßigen
Truppenzahl zurückgehe. Zwar erhielt Napoleon auf diesem Ritt einen
Bericht Vandamme's, der um 9³⁄₄ Uhr Morgens abgefertigt war, zu
einer Zeit, wo dieser General noch durch die Schein=Angriffe der Russen auf den Kohlberg, und durch die Fabeln des Jägers Leski getäuscht,
nicht entschieden zu handeln wagte —: aber er scheint, indem er den
Bericht mit seinen eigenen Beobachtungen und den sonst eingelaufenen
Nachrichten zusammenhielt, doch nur die Wahrheit herausgelesen zu
haben. Wenn ihm Vandamme schrieb: „Ich sehe, daß der Feind sehr
viele Truppen nach Böhmen abziehen läßt, die von Dresden her zu
kommen scheinen" (je vois que l'ennemi fait filer beaucoup de
troupes du côté de la Bohême, et paraissant venir de devant
Dresde), so wußte Napoleon, daß von Dresden aus keine feindliche
Abtheilung diese Straße eingeschlagen hatte, und konnte nicht irre geführt werden. Eben so wenig dadurch, daß Vandamme meldete: „vor

einer Stunde habe ich 5 bis 6000 Mann vorbeiziehen sehen (die 1. russische Garde-Division), mit einem bedeutenden Wagenzug, den ich zum Theil für Artillerie halte" — und dann hinzufügte: „Ich schätze das, was ich in der Nähe vor mir habe, auf 25,000 Mann; und ich sehe diese Streitkräfte stündlich vermehrt durch diejenigen, die sich vor dem Kaiser zurückziehen." (Et je vois ces forces s'accroître à chaque heure par celles qui se retirent devant l'Empereur.)

Napoleon hatte die Heertheile von Gouvion St. Cyr, Mortier und Vandamme zu einem energischen Zusammenwirken auf der Straße nach Dohna, Gießhübel und Peterswalde vereinigen wollen, um ganz so wie Barclay fürchtete, den Theil des verbündeten Heeres, der hier zurückging, mit Macht zu fassen — und nur dazu —: jetzt, wo er zu wissen glaubte, daß der Feind auf der Strecke zwischen Altenberg und Marienberg — vielleicht Annaberg — über das Erzgebirge zurückging, sah er darin seltsamer Weise nicht eine dringende Aufforderung, mit ganzer Heeresmacht nach Böhmen vorzudringen, seinen Gegnern im Teplitzer Thal, an der Eger, und bei Prag zuvorzukommen, die einzelnen Abtheilungen am jenseitigen Abhang des Erzgebirges zu erwarten, und gewichtige Schläge gegen sie zu führen. Kurz, er dachte nicht daran, das Heer unter Schwarzenberg zu vernichten; und man muß es wohl gestehen: er erkannte die Gunst der Umstände, die sich plötzlich vor ihm aufthat, nicht in ihrem ganzen Umfang. Vielmehr folgerte er, wie seine Maaßregeln beweisen, aus dem was er sah und in Erfahrung brachte, daß es unter diesen Bedingungen, wenigstens vor der Hand genüge, wenn Murat, Marmont, St. Cyr dem weichenden Feinde auf dem Fuße folgten, Vandamme aber allein, ohne daß ihn Mortier unmittelbar zu unterstützen brauchte, nach Böhmen hinabstieg, um Schrecken und Verwirrung im Rücken der feindlichen Armee zu verbreiten und Trophäen zu sammeln, ja bei Außig eine Brücke über die Elbe schlagen zu lassen, sich dort festzusetzen, die Verbindung mit Poniatowski zu eröffnen, der bei Gabel stand, und so weitere Unternehmungen nach Böhmen einzuleiten. Denn was Vandamme vom Feinde unmittelbar vor sich hatte, schien er ohne bedeutende Verstärkungen mit leichter Mühe schlagen zu können.

Es schien also thunlich, die Garden, wenigstens vorläufig auf dem diesseitigen Abhang des Erzgebirges, bei Dresden und Pirna zurück zu behalten, in der Nähe und verfügbar für eine anderweitige Verwendung, im Fall sie nöthig werden sollte.

Auf die Frage, warum Napoleon das zur Zeit auch wünschenswerth fand, und dem gemäß handelte, — obgleich er sich weitere Unternehmungen nach Böhmen für gewisse Fälle vorbehielt —: mit einem Wort, die Frage nach dem letzten Grund, der seine Maaßregeln bestimmte, können wir freilich nur durch Vermuthungen beantworten, denn Napoleon hat sich darüber im Augenblick selbst nicht mit Bestimmtheit ausgesprochen, und Allem, was er später über diesen sehr bedenklichen Theil seines Feldzugs gesagt und geschrieben hat, liegt die ganz offenbare Absicht zum Grunde, die Wahrheit in Wolken und Nebel zu hüllen — wo möglich in undurchdringliche. Indessen brauchen wir diese Vermuthungen doch auch nicht gerade aus der Luft zu greifen; sie reihen sich vielmehr ganz natürlich an die Befehle, welche Napoleon in diesen Tagen erließ, an einzelne Winke und Aeußerungen, die uns hin und wieder begegnen, und gewinnen damit einen hohen Grad von Wahrscheinlichkeit.

So wissen wir, daß ein Sieg über die Nordarmee, die Eroberung Berlins, die Erweiterung seines Kriegstheaters nach Norden, fort und fort Napoleon's Lieblingsgedanke war und blieb, auf den er gern zurückkam, dem er geneigt war, alles Andere unterzuordnen. Diese Vorliebe, diese Art von Befangenheit, wenn wir es so nennen dürfen, ließ ihn wohl das, was in anderer Richtung lag, nicht nach seinem ganzen Werth schätzen. Am 28. wußte er bereits daß Oudinot's Angriff auf Berlin mißglückt war, und in Beziehung auf Macdonald hatte er seltsamer Weise schon am Abend vorher Besorgnisse geäußert. Vor Allem der Wunsch die Unternehmung auf Berlin wieder aufzunehmen, und vielleicht unbestimmte Besorgnisse in Beziehung auf das, was vielleicht in Schlesien und in der Mark geschah, möchten somit das gewesen sein, was ihn bewog, sich zunächst mit einem Haupttheil seiner Macht in der Nähe von Dresden abwartend zu verhalten.

Muß man gestehen, daß Napoleon nicht erkannte, welche Siegeskränze das Glück ihm bot, und sie nicht rasch und entschlossen zu er-

greifen wußte, so ist dagegen sehr natürlich, daß er nicht entfernt an
eine Gefahr dachte, der Vandamme etwa ausgesetzt sein könnte, wenn
er ihn allein über das Gebirge nach Teplitz vorgehen ließe. Ohne
Zweifel stellte er sich den Rückzug der Verbündeten überlegter, geregel-
ter vor, die Armee in mehrere Heerzüge getheilt, in Bewegung auf
mehrere Pässe des Gebirges zugleich; unmöglich konnte er sich denken,
daß Mißverständnisse mancher Art, und willkürliche Abweichungen
von den Verfügungen des Feldmarschalls Schwarzenberg, den größten
Theil der verbündeten Streitkräfte auf Einen Punkt, bei Altenberg,
zusammenführen würden; und daß dann größtentheils die Schwierigkeit weiter zu kommen, die sich hier ergab, den Führer von vierzigtausend Preußen veranlassen werde, auf dem Kamm des Gebirges selbst
von einem Paß zum anderen zu marschiren, und so dem französischen
General eine entscheidende Macht grade in den Rücken zu führen.
Der Gedanke, einen solchen Flankenmarsch, wie man glauben mußte,
in der unmittelbaren Nähe des Feindes auszuführen, war so neu, es
mußten so eigenthümliche Verhältnisse zusammentreffen, um darauf zu
führen, daß gewiß Niemand darauf verfallen konnte, der zum Voraus
die möglichen Wechselfälle dieses Rückzugs erwog. Und wäre selbst
die Möglichkeit auch eines solchen Unternehmens zum Voraus zur
Sprache gekommen, so ergab sich wie von selbst die Antwort, daß ein
ganzer Heertheil, dem ein drängender Feind unmittelbar auf dem Fuße
folgt, unmöglich dergleichen ausführen kann — und in der Nähe verfolgt von den Seinigen, dachte sich natürlich Napoleon die weichenden
Heereszüge der Verbündeten.

Faßt man dies Alles zusammen, so wird man Zusammenhang
und Folgerichtigkeit in den Anordnungen des französischen Heerführers
gewiß nicht vermissen. „Der Kaiser — (zu Pirna angelangt) —
glaubte nun, daß Alles abgemacht sei"; erzählt Odeleben, Napoleon's
Begleiter auch an diesem Tage. Was er sah und erfuhr, „machte
ihn so sicher, daß er in der größten Gemüthlichkeit nach einer Stunde
Aufenthalts und eingegangenen Nachrichten zu dem Grafen von der
Lobau sagte: „„Wohlan! ich sehe weiter nichts; lassen Sie die alte
Garde nach Dresden zurückkehren; die junge Garde mag hier im Bivouac bleiben!"" (Eh bien! je ne vois plus rien; faites retourner

la vieille garde à Dresde; la jeune garde restera ici au bivouac.)
— Und somit ließ er sehr heiter und ruhig den Wagen herankommen,
setzte sich ein und kutschirte nach Dresden —."

Nie ruhend hatte Napoleon die Gewohnheit im Fahren, dem neben ihm sitzenden Marschall Berthier die nöthigen Befehle zu dictiren,
die dann zum Schlag hinaus den neben dem Wagen reitenden Ordon-
nanz-Offizieren zur Bestellung eingehändigt wurden. So, aus dem
Reisewagen, wurden nun auch die nöthigen Verhaltungsbefehle für Vandamme ausgefertigt; das Schreiben ist: „eine Lieue von Pirna, vier
Uhr Nachmittag" datirt. Berthier rechnet darin zunächst dem General
Vandamme vor, daß dieser durch eine Division vom 14. Armeecorps
und eine Brigade vom 2. um 18 Bataillone verstärkt ist; er unterrichtet ihn davon, daß Mortier bei Pirna steht, und auch Vandamme's
Posten in dem verschanzten Lager bei Pirna ablösen wird. Dann
fährt er fort: „Der Kaiser wünscht, daß Sie alle Streitkräfte vereinigen, die er zu Ihrer Verfügung stellt, und daß Sie mit ihnen in
Böhmen eindringen, und den Prinzen von Württem-
berg über den Haufen werfen, wenn er sich dem widersetzen wollte. (L'Empereur désire que vous réunissiez toutes
les forces qu'il met à votre disposition, et qu'avec elles vous pé-
nétriez en Bohème, et culbutiez le prince de Württemberg s'il
voulait s'y opposer.) Der Feind, den wir geschlagen haben, scheint
sich auf Annaberg zurückzuziehen. Seine Majestät glaubt, daß
Sie vor ihm auf der Verbindung von Tetschen, Aussig
und Teplitz eintreffen, und in Folge dessen seine Wagenzüge,
seine Ambulancen, sein Gepäck, kurz Alles nehmen könnten, was hinter einer Armee her zu ziehen pflegt. (S. M. pense que vous pour-
riez arriver avant lui sur la communication de Tetschen, Aussig
et Toeplitz, et par là prendre ses équipages, ses ambulances,
ses bagages, et enfin tout ce qui marche derrière une armée.)
Der Kaiser befiehlt, daß die Schiffbrücke vor Pirna aufgenommen
werde, um eine andere bei Tetschen schlagen zu können."

Deutlich sehen wir hier, wie mäßig die Erfolge waren, die Napoleon unmittelbar im Auge hatte und erwartete. Die Brücke, die er

bei Tetschen haben will, beweist, daß er sich weitere Unternehmungen
nach Böhmen vorbehielt.

In den späteren Nachmittagsstunden in Dresden eingetroffen,
erhielt Napoleon spät Abends durch den General Gersdorf die Nach=
richt von Macdonald's Niederlage an der Katzbach — und sie wurde
gewiß für ihn ein Grund mehr, sich fürs Erste mit seinen Garden in
der unmittelbaren Nähe seiner Elb=Brücken, zu Bewegungen nach ver=
schiedenen Seiten bereit zu halten. Noch später in der Nacht, kam
dann ein um 8¹⁄₂ Uhr von Hellendorf abgesendeter Bericht Vandam=
me's, der so günstig als muthig klang, und ganz geeignet war Napo=
leon in der Ansicht zu befestigen, daß die getroffenen Vorkehrungen
nach jener Seite hin vollkommen genügten. „Wir sind in Hellendorf
angelangt," meldete Vandamme: „der Feind hat vergebliche Anstren=
gungen gemacht, unsere jungen Helden (nos jeunes braves) aufzu=
halten; er ist überall über den Haufen geworfen, und vollständig in
die Flucht geschlagen worden; wir haben eine Kanone mit ihrem Mu=
nitionswagen genommen. Die Kanoniere sind auf ihren Stücken er=
schlagen. Ich habe ungefähr 4—5000 Mann vor mir. Mit dem
grauenden Tage werde ich sie angreifen, und wenn ich nicht
einen entgegengesetzten Befehl erhalte, rücke ich mit
dem ganzen ersten Corps auf Teplitz." (J'ai environ 4 à
5000 hommes devant moi. Je les attaque demain à la pointe du
jour, et je marche sur Toeplitz avec tout le 1er corps, si je ne re=
çois pas d'ordre contraire.) — Zum Schluß wird wiederholt, daß die
französischen Truppen den größten Eifer gezeigt hätten, der Verlust des
Feindes an Gebliebenen und Verwundeten sehr bedeutend gewesen sei.

Daß Vandamme's Bote, der diesen Bericht überbrachte, nicht
ohne Antwort, nicht ohne die weiteren Verhaltungsbefehle zurückging,
um welche der General am Schluß seines Schreibens eigentlich an=
fragt: das liegt so sehr in der Natur der Sache, daß es eines Bewei=
ses gar nicht bedarf. Aber es lassen sich auch bestimmte Spuren nach=
weisen, daß Vandamme in der Antwort neue Befehle erhielt, so daß
wir sogar deren Inhalt zum Theil errathen können. Namentlich sehen
wir Vandamme schon am folgenden Tage bemüht, Aussig zu besetzen
und zu befestigen, um dort — nicht bei Tetschen, wie alle früheren

Befehle verfügt hatten — eine Brücke über die Elbe zu schlagen. Ganz gewiß erlaubte sich Vandamme nicht auf eigene Hand von den früheren Bestimmungen seines Kaisers abzuweichen; das war unter Napoleon's Oberbefehl weder üblich noch rathsam. Er hatte also neue Befehle erhalten, welche unter anderem auch dies vorschrieben. Dennoch wird die Antwort, welche Napoleon auf Vandamme's Bericht ertheilte, vom General Pelet und den sonstigen Lobrednern geflissentlich nicht mitgetheilt; schon dieser Umstand allein beweist zur Genüge, daß sie die früheren Befehle bestätigte, und Vandamme erneuert anwies nach Teplitz vorzudringen, wenn das auch nicht aus allen späteren Verfügungen Napoleon's auf das entschiedenste hervorginge.

Ueberhaupt geberden sich die Lobredner Napoleon's, dieser Reihe von Thatsachen und Actenstücken gegenüber, gar seltsam, um die Unfehlbarkeit ihres Helden auch aus dieser bedenklichen Verwickelung siegreich zu retten; und auch hier, wo von Verrätherei Verbündeter nicht die Rede sein kann, Vandamme's Mißgeschick ohne Napoleon's Verschulden, ja ohne daß diesem auch nur eine Unterlassungs-Sünde zur Last gelegt werden könnte, aus Zufälligkeiten und den eigenen Fehlern des Generals hervorgehen zu lassen.

Fain, der unzuverlässigste unter den Schriftstellern dieser Gattung, läßt den Kaiser Napoleon plötzlich krank werden. — und durch die Krankheit des leitenden Helden geräth dann natürlich ohne sein Verschulden Alles in das Stocken. Das Hauptquartier sollte am 28. nach Pirna kommen, erzählt dieser glaubwürdige Mann, aber da wird Napoleon krank; Frost stellt sich ein — Erbrechen; — allgemeine Aufregung und Besorgnisse! — Gegenbefehle ergehen; man bestimmt den Kaiser in seinen Wagen zu steigen, und bringt ihn nach Dresden zurück (on le ramène à Dresde). — Stillschweigend wird angenommen, daß Vandamme über diesen allgemeinen Schrecken ganz ohne Verhaltungsbefehle geblieben sei. Während der folgenden Tage scheint Alles aus den Fugen zu gehen, weil Napoleon, obgleich wieder hergestellt, nicht nur durch die Ereignisse in den Marken und in Schlesien zerstreut ist, sondern auch durch Depeschen, die sich auf die innere Verwaltung Frankreichs beziehen. Der Cabinets-Secretair erzählt uns namentlich, daß Napoleon, gerade in diesen Tagen der Entscheidung,

mit Maret zusammen eine Botschaft an den französischen Senat ausgearbeitet habe! Freilich beschäftigt ihn n e b e n h e r auch der Krieg;
er fragt nach den Neuigkeiten und giebt Befehle; diese können aber
seine persönliche Anwesenheit beim Heere nicht ersetzen.

General Pelet nimmt die Nachricht von Napoleon's plötzlicher
Krankheit, von der eigentlich kein anderer Zeuge etwas weiß, dankbar
aus Fain's Manuscript auf, und übertreibt sie sogar noch ein wenig;
ihm zu Folge war der Anfall so heftig, daß man zuerst an eine Ver-
giftung glaubte; es sieht fast aus, als habe man Napoleon besin-
nungslos in seinen Wagen getragen — on le place dans sa voiture.
— Da er das Dasein der um 4 Uhr Nachmittags ausgefertigten Verhaltungsbefehle für Vandamme nicht leugnen kann, stellt er in Form
einer Frage die Vermuthung auf, Berthier könnte sie auf eigene Hand
erlassen haben, während der Kaiser gerade „am meisten leidend" war.
Er vergißt aber dabei, daß die Befehle, welche Napoleon im Laufe der
folgenden Tage erließ, vollkommen zu diesen stimmen. Elegisch fügt
der General Pelet hinzu: „Von Pirna aus hätte er — Napoleon —
den Willen Aller beherrscht und angespornt. Seine Abwesenheit lähmt
und gefährdet Alles." Wohlweislich aber nimmt Pelet Fain's Bericht nur zur Hälfte auf, und deutet in einer Anmerkung an, die andere Hälfte, daß nämlich Napoleon über allerhand andere Dinge den
Krieg eigentlich ganz aus den Augen verloren habe, sei nicht wahr!

Was soll man zu dergleichen geschraubten Armseligkeiten sagen!
— Wir können diese Krankheitsgeschichte schon an sich kaum für mehr
als eine Fabel halten. Das Streben nach Unparteilichkeit hat auch
deutsche Schriftsteller, wie den Obersten Aster, veranlaßt zu äußern,
es könnte doch vielleicht etwas Wahres daran sein. Wäre das der
Fall, so müßte Napoleon's Uebelbefinden wohl ein sehr schnell vorüber-
gehendes und unbedeutendes gewesen sein; denn gesund, und sogar
heiter, hat ihn sein beständiger Begleiter Odeleben aus Pirna abreisen
sehen; gesund hat ihn General Gersdorf in Dresden wenige Stunden
nach seiner Ankunft getroffen, und unterwegs hatte er den Brief an
Vandamme dictirt! Ausgemacht aber ist jedenfalls, daß diese problematische Begebenheit auf den Gang des Feldzugs durchaus keinen
Einfluß geübt hat; denn gewiß konnte eine Krankheit Napoleon's doch

nur insofern Einfluß üben, als seine Feldherrn=Thätigkeit dadurch unterbrochen wurde. Das ist aber erweislich nicht geschehen, da eine nirgends unterbrochene Reihe seiner Befehle vor uns liegt. — Ueberhaupt scheint uns diese Erzählung sehr ungeschickt angelegt, und für die Zwecke der buonapartistischen Schriftsteller schlecht berechnet; denn wer sieht nicht, daß diese Krankheitsgeschichte, selbst zugegeben, den Helden keineswegs rechtfertigt, und die Sache in der That um nichts bessert. Wäre Napoleon auch am 28. krank gewesen —: folgt daraus etwa, daß er auch am folgenden Tage, als er wieder hergestellt war, sich nicht weiter um Vandamme kümmern konnte, und ihn ohne Befehle lassen mußte, wie er nach diesen Berichten gethan haben soll? —

Zu Altenberg, wohin das Hauptquartier sowohl des Kaisers Alexander als des Fürsten Schwarzenberg gekommen war, erhielt man am Abend dieses denkwürdigen Tages, an dem so Wichtiges sich vorbereitete, durch Wolzogen die Nachricht, daß der Herzog Eugen von Württemberg den kühnen Zug nach Nollendorf gewagt habe. Barclay, der ganz in der Nähe zu Geising verweilte, scheint nach einigen Andeutungen Wolzogen's, diese Kunde nicht zum besten aufgenommen zu haben; der Kaiser Alexander dagegen billigte auf Wolzogen's Vortrag vollkommen, was geschehen war —: aber von dem weiteren Schicksal der auf der Straße nach Nollendorf vereinigten Truppen, von den Ereignissen des Tages und den Ergebnissen wußte man nichts, und die Lage des Ganzen mußte, bei der schon eingerissenen Unordnung und Entmuthigung, sehr ernst und gefährlich erscheinen. Im Hauptquartier des Fürsten Schwarzenberg sah man das Alles ohne Zweifel in einem noch viel trüberen Lichte als in der Umgebung des Kaisers Alexander.

Ja an einer anderen, nicht minder wichtigen Stelle, hatten die unglücklichen Ereignisse der beiden letzten Tage einen noch tieferen Eindruck gemacht — nämlich in dem Cabinet des Kaisers von Oesterreich! — Man scheint das einigermaaßen vorhergesehen zu haben, denn es ist ein sehr beachtenswerther Umstand, daß der König von Preußen unmittelbar von dem Schlachtfelde bei Dresden nach Teplitz zurückreiste, wo sich zur Zeit der Kaiser Franz aufhielt. Gewiß verließ Friedrich Wilhelm III. seine Truppen in dem Augenblick nicht gern, und konnte nur durch sehr wichtige Gründe dazu bewogen werden. Wahrscheinlich traute man der politischen Festigkeit des österreichischen Cabinets nicht sehr, und in Folge einer Verabredung eilte der König zu dem Kaiser Franz, um in der Nähe zu sehen, was da vorging, während der Kaiser Alexander bei dem Heere blieb, um auch das nicht aus den Augen zu verlieren, was sich hier begab.

Besorgnisse dieser Art waren in der That nicht ungegründet; auf das Tiefste erschüttert durch die Ereignisse dachte der Graf Metternich nur an schleunigen Frieden, nur daran, die Unterhandlungen wieder aufzunehmen, und das mußte um so leichter scheinen, da der Verkehr mit Napoleon von Seiten Oesterreichs in der That bis dahin n o c h g a r n i c h t a b g e b r o c h e n w a r!

Nach der Auflösung des Prager Congresses hatte sich nämlich Caulaincourt auf das, wenn wir nicht irren, Metternich'sche Schloß Königssaal in der Nähe zurückgezogen, und verweilte dort so lange es irgend gestattet sein konnte, nämlich bis zum 16. August; bis zum Abend vor dem Tage, an welchem die Feindseligkeiten wieder beginnen sollten. Von hier aus that Caulaincourt einige sehr vorsichtige Schritte, sich dem Kaiser Alexander zu nähern, ihn wo möglich persönlich zu sehen; die Verbindungen, die er, von der Zeit seiner Gesandtschaft in Petersburg her, am russischen Hofe hatte, sollten ihm dazu dienen; auf sein vorsichtiges Schreiben an den Hofmarschall Grafen Tolstoy erfolgte aber nur eine höflich ablehnende Antwort. — Dem Grafen Metternich theilte Caulaincourt auch nach dem Bruch der öffentlichen Unterhandlungen Napoleon's letzte Entschließungen mit; es kam zu einem Hin= und Herreden darüber, dessen Inhalt nicht bekannt geworden ist, das aber jedenfalls dem Kaiser der Franzosen einige Aussicht gelassen hat, mit Hülfe glücklicher Ereignisse im Felde das Bündniß der wider ihn vereinigten Mächte auch jetzt noch zu lösen, und ein besonderes Abkommen, wie er es wünschte, wenigstens mit Oesterreich zu treffen. Denn unmittelbar nach Caulaincourt's Rückkehr nach Dresden, am 18. August, ließ Napoleon durch Maret ein Schreiben an Metternich abfertigen, in dem er sich nicht ohne Absicht schroff genug über Oesterreichs bisheriges Benehmen äußert, dann aber den Vorschlag thut, einen beliebigen Ort an der österreichischen

Grenze für neutral zu erklären und dort einen Congreß zu versammeln, um über den Frieden zu unterhandeln, während unterdessen die Kriegs-Operationen ihren Gang gingen. Ungesäumt, schon am 21., am Tage vor dem Einmarsch der Verbündeten in Sachsen, antwortete Metternich darauf: daß sein Herr und Kaiser in diesem Vorschlag allerdings „einen Schimmer von Hoffnung“ (une lueur d'espoir) erkenne, zu einem „allgemeinen“ Frieden zu gelangen (de parvenir à la pacification générale) und er glaube sie deshalb ergreifen zu müssen. Auf Befehl seines Kaisers habe er, Graf Metternich, Napoleon's Verlangen dem Kaiser von Rußland und dem König von Preußen mitgetheilt, und diese, von gleichen Empfindungen beseelt, hätten ihn ermächtigt zu erklären, „daß sie über einen Gegenstand gemeinschaftlichen Interesses nicht entscheiden könnten, ohne sich vorher mit ihren anderweitigen Verbündeten zu berathen; die drei verbündeten Höfe würden diese nun ohne Säumen von den Vorschlägen Frankreichs in Kenntniß setzen“ — und Metternich hat natürlich alle verbündeten Höfe aufgefordert, in der kürzest möglichen Zeit dem französischen Cabinet ihre Eröffnungen in dieser Beziehung zu machen.

Man sieht wohl, der Kaiser Alexander und Friedrich Wilhelm trugen kein Verlangen, diese neu gebotene Gelegenheit zu „ergreifen“ — Metternich aber stellte die Antwort so, daß sie, ohne zu etwas zu verpflichten, doch die Möglichkeit offen ließ, den Verkehr fortzusetzen, und wenn man es nöthig achtete, neue Unterhandlungen daraus hervorgehen zu lassen.

Was den weiteren Verlauf betrifft, ist namentlich ein merkwürdiges kurzes Schreiben Napoleon's an Berthier bekannt geworden, das sich, am 29. Aug. erlassen, auf einen Abgesandten bezieht, welcher so wie der Rückzug der Verbündeten vor Dresden entschieden war, in das „Hoflager“ des Kaisers Franz, oder eigentlich wohl zu dem Grafen Metternich nach Dur abgehen sollte.

„Ich billige nicht,“ heißt es darin, „daß Sie den Adjutant-Commandant Galbois über die Stellung des Königs von Neapel gehen lassen. Ich sehe nicht warum Sie den König von Neapel von den Verbindungen in Kenntniß setzen sollten, die ich mit Oesterreich unterhalte. (Je ne vois pas pourquoi vous feriez connaître au roi de Naples les communications que j'ai avec l'Autriche.) — Der Brief ist unschicklich und unnütz. — Senden Sie den Adjutant-Commandant Galbois zu dem Herzog von Ragusa (Marmont). — Ich finde auch in Ihrem Briefe an diesen Adjutant-Commandant, „daß er meinen Sinn für Freigebigkeit erfahren werde" (qu'il reconnaîtra mes dispositions libérales). — „Das ist eine unschickliche Redensart *)."

Wie wenig traut Napoleon bereits seinem Schwager Murat! der darf um diese Unterhandlungen mit Oesterreich nicht wissen. Freilich war dem französischen Kaiser nicht verborgen geblieben, daß auch Murat seinerseits schon Versuche gemacht hatte, sich mit Oesterreich zu verständigen. Welche Wichtigkeit man auf Galbois' Sendung legte, geht schon daraus hervor, daß Berthier die Unschicklichkeit begangen hatte, ihm eine reiche Belohnung zu versprechen.

Jetzt, nach der Schlacht bei Dresden, war auch von Metternich's Seite bereits ein Unterhändler unterwegs, mit dem Erbieten, Prag neutral zu erklären, und dort neue Unterhandlungen zu eröffnen. Der österreichische Minister erklärte sich jetzt dazu bereit, obgleich eine Antwort der englischen und schwedischen Regierung auf diesen Vorschlag noch gar nicht eingetroffen sein konnte — gegen den Wunsch und Willen des Kaisers Alexander und des Königs von Preußen — ja, ohne ihr Vorwissen!

So brach der 29. August an. Er konnte leicht Ereignisse von entscheidender Wichtigkeit bringen, und das schon gelockerte Bündniß gegen Napoleon einer schnellen Auflösung entgegen führen.

Im österreichischen Hauptquartier hatte man schon in der Nacht eine Disposition zum ferneren Rückzug entworfen, den man natürlich glaubte ohne Aufenthalt in die festen Stellungen hinter der Eger, von Budyn bis Laun, fortsetzen zu müssen.

An diesem ersten Tage sollten alle russischen und preußischen Truppen der böhmischen Armee, Alles was unter Barclay's Oberbefehl stand — mit Ausnahme des Wittgenstein'schen Heertheils, welcher die Nachhut bildete — bei Teplitz Stellung nehmen. — Das

*) Spectateur militaire 1826, I, 268.

Nähere des Marsches dahin wird aber in der Disposition — die man bei Plotho nachlesen kann — ganz mit Stillschweigen übergangen; wahrscheinlich weil man eben gar nicht wußte, was aus den Truppen unter dem Herzog Eugen von Württemberg geworden sein mochte, und wo sie sich befanden — und in Schwarzenberg's Umgebung insbesondere, auch nicht einmal von dem Verbleiben der übrigen russischen und preußischen Heertheile ganz genau unterrichtet war. Der Generalstab des österreichischen Feldmarschalls beabsichtigte, obgleich die Disposition dies nicht besagt, daß die gesammte russische und preußische Heeresmacht — (die 2. Garde= und 1. Grenadier=Division; die preußischen Garden zu Fuß und zu Pferde — die russischen Kürassiere und leichten Garde=Reiter — endlich Kleist's Heertheil) — durch den einzigen Engpaß am Geiersberg, vom Gebirge in das Thal hinabrücken — der Weg von Altenberg über Zinnwald nach Eichwald hinab, dagegen für die bei Altenberg vereinigten Oesterreicher frei bleiben sollte; wahrscheinlich wurde das in mündlichen Erläuterungen zu erkennen gegeben. — Die Voraussetzung aber, daß Kleist, wenn er von Hausdorf her eintraf, den Paß am Geiersberg bereits von allen voranziehenden Heertheilen und ihren Wagenzügen frei finden werde; daß er den Marsch von Hausdorf bis Teplitz in einem Tage ausführen könne, beweist, daß man sich trotz der neuesten Erfahrungen nicht Rechenschaft davon zu geben wußte, was auf diesen schlechten Gebirgswegen innerhalb einer gegebenen Anzahl Stunden möglich zu machen sei. —

Die österreichischen Truppen dagegen verzweifelte man an einem Tage durch den noch schlimmeren Engpaß bei Zinnwald zu bringen; nur die Divisionen Hieronymus Colloredo, Bianchi, Chasteller, Rostitz, Lederer und Schneller — im Ganzen 32 Bataillone und 60 Schwadronen — sollten diesen Weg einschlagen, um am Abend ein Lager bei Dur in Böhmen zu beziehen. — Zwei andere Divisionen (Civalart und Crenneville, 18 Bat.) wurden angewiesen, von Altenberg südwestwärts, auf dem sächsischen Abhange des Gebirges, auf den mühsamen Wegen, die dem Hauptkamm der Kette parallel laufen, nach dem fast vier Meilen entfernten Städtchen Saida zu marschiren, um einen anderen Paß über den Kamm des Gebirges zu erreichen; — und einen ähnlichen Marsch sollte Klenau mit allen ihm überwiesenen

Truppen — (40 Bataillonen und 22 Schwadronen) noch tiefer auf
dem Abhang der Berge nach Sachsen hin, von Pretschendorf nach
Groß-Waltersdorf ausführen.

Selbst wenn diese Anordnungen durchaus befolgt werden konnten, blieb ein großer Theil der böhmischen Armee am Abend dieses
Tages noch jenseits des Gebirges — zum Theil sogar weit jenseits
desselben. Nämlich außer den beiden zuletzt genannten Heerzügen auch
noch Wittgenstein, der sich durch die Division Moritz Liechtenstein verstärkt, als Nachhut bei Altenberg aufstellen sollte. Im Ganzen also
20 Bataillone und 16 Schwadronen Russen; 60 Bataillone, 34 Schwadronen Oesterreicher. Das war nicht zu ändern; aber wie man Alles
in Sicherheit bringen, Alles hinter der Eger wieder vereinigen wollte,
wenn der Feind über die Nollendorfer Höhe entschlossen in Böhmen
vordrang, ist gewiß nicht abzusehen.

Selbst die Disposition schob den Augenblick der Vereinigung
ziemlich weit hinaus. Sie verfügte nämlich, daß die bei Teplitz vereinigten Russen und Preußen von dort aus in zwei starken Märschen
am 31. das Lager bei Budin erreichen sollten. Diejenigen österreichischen Heeresmassen, die von Altenberg über Zinnwald gingen, und die
man sich am Abend des 29. bei Dux gesammelt dachte, wurden in
gleicher Weise angewiesen, von dort in zwei Märschen nach dem Lager
bei Laun hinter der Eger zurückzugehen, während Civalart und Trenneville erst am 30. von Saida über das Gebirge nach Unter-Georgenthal
im Teplitzer Thal herabkommen, und mit zwei weiteren Märschen, ohne
Rasttag, Laun nicht vor dem 1. September erreichen konnten. Klenau
vollends kam auf dem weiten Umwege über Marienberg, erst am 31.
über die Berge nach Kommotau, erst am 2., oder wenn ein Rasttag
unerläßlich werden sollte, erst am 3. September nach Saatz an der
Eger.

Vor Allem muß gewiß als etwas gar Seltsames auffallen, daß
man die Stellungen bei Teplitz und Dux sofort, ohne Aufenthalt, am
Morgen des 30. wieder zu verlassen gedachte, da Trenneville und Civalart doch erst am Abend desselben Tages in das Thal herabkommen
konnten. Es klingt, als wisse man nichts von einem Feinde, der unter
Vandamme über Nollendorf kommen könnte, ja als sei von einem

Marsch im Frieden die Rede, und an einen nachdrängenden Feind, der
störend eingreifen könnte, überhaupt nicht zu denken —: und doch be=
weist die überstürzende Eile, mit der man, ohne auf die Verluste zu
achten, welche schon die Uebermüdung der Truppen herbeiführen mußte,
ohne Aufenthalt, ohne Rast, bis hinter die Eger zurückgehen wollte,
daß man den Feind nur allzu sehr scheute. — In der That waren sogar,
für den Fürsten Schwarzenberg und sein Hauptquartier, selbst die Stel=
lungen an der Eger nur das vorläufige Ziel des Rückzugs. Man
war in diesem Hauptquartier vollkommen darauf gefaßt, wenn der
Feind nach Böhmen folgte, auch dort keine Schlacht anzunehmen, bis
Prag zurückzugehen „und das Weitere der schlesischen und Nord=Armee
anheim zu stellen. " —

Von den Befehlen, welche Napoleon an diesem Morgen erließ,
haben die französischen Berichterstatter sich veranlaßt gefunden, nur
Einen bekannt zu machen. Er ist um 5½ Uhr früh ausgefertigt, wie
gewöhnlich an Berthier gerichtet, und verfügt, daß Murat seine ganze
Macht zusammen nehmen, und von Freiberg sich links in die Richtung
auf das Gebirge wendend, nach Frauenstein vorgehen soll, um dem
Feinde in Seite und Rücken zu fallen; Marmont und Gourion St.
Eyr werden angewiesen, dem Feinde, der erstere über Dippoldiswalde,
der zweite über Maren, zu folgen, welche Richtung er auch genommen
habe. Jeder dieser drei Feldherren soll von den Verhaltungsbefehlen
der beiden anderen in Kenntniß gesetzt werden.

Da man sich von gewisser Seite her so eifrig bemüht, der angeb=
lichen Krankheit Napoleon's am Tage vorher eine große Bedeutung
beizulegen, können wir nicht umhin, im Vorbeigehen darauf aufmerk=
sam zu machen, daß es auch am 29. noch keineswegs zu spät scheinen
konnte, die Garden unter Mortier von Pirna über Nollendorf nach=
rücken zu lassen, wenn Napoleon die Bedeutung einer solchen Maaß=
regel erkannt hätte. —

Der Herzog Eugen von Württemberg mußte sich, vor allen Füh=
rern des verbündeten Heeres, mit voller Bestimmtheit sagen, daß er
auch heute wieder einem sehr schweren Tage entgegen gehe, — daß die
gestrigen Kämpfe und ihr Erfolg ihn eben nur in die Lage versetzt hat=
ten, an die Lösung seiner eigentlichen Aufgabe: Deckung des Rückzugs

der Verbündeten, zu gehen — und daß ihm nun heute obliege sie
wirklich zu lösen, in Mühe und Gefahr.   Einigermaaßen wurde sein
Tagewerk dadurch erleichtert, daß Vandamme sich in den ersten Stun=
den des vorhergehenden Tages unsicher und zaudernd bewegt, und in
Folge dessen seine Streitkräfte auch jetzt nicht nahe genug beisammen
hatte.   Denn nur die Spitze der Heertheile unter Vandamme über=
nachtete bei Hellendorf; seine übrigen Brigaden in mehreren Staffeln
weiter rückwärts, sein Nachtrab jenseits Gießhübel; ja ein Theil seiner
Truppen hielt noch die Hochebene zwischen Pirna und dem Königstein
besetzt, und wurde erst im Lauf des Tages durch Bataillone von Mor=
tier's Heertheil abgelöst. — Erschwerend erwies sich dagegen auch an
diesem Tage, daß Yermolow in Ostermann's Namen sehr eigenthüm=
liche, störende Befehle gab.

Auch die Unordnung, die im Rücken des Heeres herrschte, war
nicht erfreulich, und konnte leicht neue unheilvolle Verwickelungen her=
vorrufen.   Ein gewaltiger russischer Wagenzug, der nach Sachsen fol=
gen sollte, war am 28. von Peterswalde wieder nach Kulm zurück=
gegangen; aber er wollte gar kein Ende nehmen, es fanden sich immer
mehr Wagen dazu, darunter auch viele preußische, die in der kaum
glaublichen Verwirrung dieses Rückzugs, in einzelnen Abtheilungen
auf Querwegen die neue Straße aufsuchten, um besser fortzukommen.
Als gegen Abend das Gefecht näher rückte, verzweifelte man daran,
sie zu retten; viele Wagen wurden verbrannt, viele zertrümmert, —
viele verlassen, indem die Fuhrknechte die Pferde ausspannten und mit
ihnen davon jagten.   So war denn in den Morgenstunden des 29.
der Weg den Nollendorfer Berg hinab, auf welchem der Herzog Eugen
seinen weiteren Rückzug nehmen mußte, durch verlassene Fuhrwerke,
Wagentrümmer und weggeworfene Kisten sehr verengt, theilweise bei=
nahe gesperrt.

Im Thal sah es nicht besser aus.   Der russische Troß trat schon
in der Nacht vom 28. zum 29. den weiteren Rückzug in der Richtung
über Karbitz nach Aussig an.   Dieser Rückzug artete aber bald in eine
Flucht aus.   Niemand wollte der Letzte sein in der Reihe; die Fuhr=
knechte, die den Schweif des Zuges bildeten, suchten neben der Heer=
straße über die Felder an der Colonne vorbei zu jagen, um an deren

Spitze zu gelangen; da sie über die Aecker nicht schnell genug fortkommen konnten, warfen sie Gepäck ab, und Fässer voll Lebensmittel in großer Menge. Bald blieben auch hier viele Wagen verlassen stehen. Ordnung war nicht zu erhalten, denn die Kosacken, welche die Bedeckung dieses Wagenzuges bildeten, hatten sich zerstreut und plünderten in der Gegend umher.

Wie nachtheilig Yermolow's Eingreifen werden konnte, sollte sich auch gleich in den frühesten Morgenstunden des 29. zeigen. Am Abend vorher standen die Garden und ein Theil der Reiterei am oberen Ende des, gleich so vielen Gebirgsdörfern, lang gestreckt den Abhang hinab gebauten Dorfes Peterswalde; Helfreich mit seinen 5 Bataillonen und den Kürassieren unter dem Prinzen von Coburg neben der Mitte des Dorfes; Schachowskoy mit kaum 2500 Mann Fußvolk und den Tataren-Uhlanen am unteren Ende des Dorfes, zunächst am Feinde. Yermolow beeilte sich, von Ostermann eine Disposition unterschreiben zu lassen, der zu Folge die Garden am 29. früh zum weiteren Rückzug aufbrechen, Helfreich und Schachowskoy den Nachtrab bilden sollten. Dagegen hatte der Herzog Eugen nichts einzuwenden; aber da noch am Abend feindliche Reiterei sich gegen Reiza vorbewegte, befürchtete er in aller Frühe einen Angriff auf Schachowskoy, der in seiner gefährdeten Stellung wenig Aussicht hatte, ihn glücklich abzuwehren. Er verfügte demgemäß, daß Schachowskoy und Helfreich schon um 11 Uhr in der Nacht aufbrechen, und am oberen Ende des Dorfes, und am Rande des dortigen Waldes, hinter den Garden, von Neuem Stellung nehmen sollten; war dies geschehen, dann konnten die Garden aufbrechen, sich durch den so aufgestellten Nachtrab durchziehen, und unter dessen Schutz den Rückzug fortsetzen.

Allein dem General Yermolow gefielen diese Anordnungen nicht; er besorgte, es könne ein Augenblick kommen, wo nichts hinter den Garden stehe, wo diese einem feindlichen Angriff ausgesetzt und in ein Gefecht verwickelt werden könnten. Er befahl deshalb — in Ostermann's Namen natürlich — und ohne den Herzog Eugen davon zu benachrichtigen, dem Fürsten Schachowskoy: „er solle bis zu Tagesanbruch in seiner Stellung am unteren Ende des Dorfes stehen bleiben, um die Garden zu decken, zahlreiche Wachtfeuer anzünden, um den Feind über seine Macht zu täuschen — und sich um jeden Preis behaupten."

Daß auf diese Weise der Zwischenraum zwischen den rasch davon eilenden Truppen und denjenigen, die zu ihrer Deckung aufgeopfert wurden, ein viel zu großer werden mußte, so daß von einer rechtzeitigen Unterstützung des Nachtrabs gar nicht die Rede sein konnte, daß Schachowskoy einer ziemlich gewissen Niederlage ausgesetzt blieb — : das Alles scheint den General Yermolow sehr wenig gekümmert zu haben.

Vergebens harrte der Herzog Eugen von Mitternacht an, nachdem Helfreich bereits in seine neue Stellung abgerückt war, dem Tag entgegen, auf den Fürsten Schachowskoy; endlich sendete er einen vertrauten Offizier, den Obersten Wachten, zu diesem, und bewirkte dadurch, daß er wenigstens doch um 3 Uhr aufbrach und nicht noch länger zauberte. Aber schon war es zu spät um ganz glücklich durchzukommen; Schachowskoy brachte nur 2 Bataillone in Ordnung und geschlossen zu dem General Helfreich — denn während seine Truppen in Sections-Colonne durch das Dorf heraufzogen, griff die französische Reiterei den Schweif des Zuges an, und fiel zugleich durch einen Seiteneingang des Dorfes dessen Seite an; ein dicker Nebel begünstigte den Angriff; die Colonne wurde gesprengt, in völliger Auflösung, fliehend, wälzten die geschlagenen Bataillone sich auf Helfreich's Brigade heran, die glücklicher Weise Stand hielt und einen ersten Angriff der feindlichen Reiter zurückwies. Entschlossene Angriffe der Kürassiere unter dem Prinzen von Coburg schafften Zeit und Raum zu dem weiteren Rückzug, der nun doppelt nothwendig geworden war — und doch nur langsam und unter beständigem Gefecht ausgeführt werden konnte.

Auf dem Kamm des Gebirges, bei Nollendorf, hatte Yermolow, wahrscheinlich durch den immer näher kommenden Lärmen des Gefechts dazu veranlaßt, denn doch die Brigade Chrapowitzky zur Aufnahme stehen lassen (Reg. Ismailow und Garde-Jäger) — und glücklicher Weise stieß hier auch der Oberst Iwanow, der sich mit seinen 4 Bataillonen und den in Gießhübel abgeschnittenen Regimentern über Geppersdorf, Breitenau und Schönwalde heraufgefunden hatte, zu ben Truppen, über die der Herzog an dieser Stelle verfügen konnte; der Feind drängte eine Zeitlang weniger, weil er mehr Fußvolk heran bringen mußte, um von Neuem entschieden vorzubringen. So gewann man Zeit, die bei Peterswalde geworfenen Truppen wieder zu ordnen; bald konnte der Herzog Eugen die Brigaden Chrapowitzky und Helfreich dem General Hermolow nachsenden, und es gelang ihm dann noch, sich anderthalb Stunden lang auf der Höhe zu behaupten, um diese Abtheilungen einen Vorsprung gewinnen zu lassen.

Und dennoch mußten vielerlei günstige Umstände zusammentreffen, damit so viel Aufopferung, so viel Ausdauer, nicht im letzten Augenblick noch fruchtlos wurden.

Der Herzog Eugen von Württemberg rechnete nämlich darauf, daß Hermolow zunächst bei Kulm von Neuem Stellung nehmen werde, denn jetzt gerade galt es, mannhaft Widerstand zu leisten und den Feind aufzuhalten. Hermolow aber sah die Sache anders an; er verfuhr eben als habe er gar nicht begriffen, warum der Herzog eigentlich die Hauptstraße eingeschlagen hatte, und bemüht war sie zu halten — aller Wahrscheinlichkeit nach wollte er das nicht begreifen — er verfuhr auch jetzt, als handle es sich lediglich darum, die erste Garde-Division in Sicherheit zu bringen. Ohne Aufenthalt zog er durch Kulm, wo er nur einen Nachtrab von 4 Feldbataillonen unter dem G.-M. Knorring zurückließ, und eilte weiter, um so schnell als möglich das Lager bei Bubin hinter der Eger zu erreichen, wo die Garden allerdings in vollkommener Sicherheit gewesen wären, was auch aus dem übrigen Heere der Verbündeten werden mochte.

Doch meldete Hermolow nach Teplitz, wo er den Kaiser von Oesterreich wußte, daß der Feind über die Nollendorfer Höhe hereinbreche und nahe. Der Kaiser Franz, der keine Ansprüche darauf machte für einen Kriegsmann und Feldobersten zu gelten, reiste sofort ab nach Laun. Aber glücklicher Weise war auch der König von Preußen schon den Tag vorher in Teplitz eingetroffen, und er griff mit Einsicht und Energie in den Gang der Ereignisse ein.

Zuerst sendete er seinen Flügel-Adjutanten, Major von Natzmer, zu Ostermann, und ließ diesen auffordern, sich dem weiteren Vordringen des Feindes mit aller Macht auf das Aeußerste zu widersetzen;

sonst sei eine Auflösung der ganzen Armee zu befürchten, und selbst die
Rückkehr des Kaisers Alexander — welcher sich noch im Gebirge be-
finde — könne gefährdet sein. — Wenig später traf auch der General
Knesebeck mit einer schriftlichen Aufforderung gleichen Inhalts, vom
König gesendet, bei Ostermann ein.

Es traf sich sehr glücklich, daß gerade der König von Preußen
diese Aufforderungen erließ; Worte des Kaisers von Oesterreich z. B.
hätte Yermolow in dem Augenblick schwerlich in gleichem Maaße beachtet — und noch glücklicher müssen wir es nennen, daß der König
das einzige Argument geltend machte, auf das sich keine ausweichende
Antwort geben ließ —: daß er die Person des Kaisers Alexander
nannte. Wollte man nur von dem Schicksal der Armee sprechen, von
dem entscheidenden Wendepunkt des Feldzugs, von dem auf das
Aeußerste gefährdeten Erfolg des ganzen Krieges —: darauf antwortete Yermolow möglicher Weise, daß er viel zu schwach sei den Feind
aufzuhalten, daß er die Garden ganz nutzloser Weise aufopfern würde
u. dergl. m. — Aber eine persönliche Gefahr des Kaisers Alexander!
— Das war etwas Anderes! — Eine solche abzuwenden, mußte unbedingt selbst die erste Garde-Division eingesetzt werden; Yermolow
setzte sich sogar umgekehrt persönlich der höchsten Ungnade aus, wenn
er wich.

Yermolow sah denn auch ein, daß er die nächste Stellung nehmen müsse, die sich nun noch vor Teplitz bot, um entschlossen Widerstand zu leisten, während der König von Preußen Alles aufbot, um
so bald als möglich Unterstützung zu verschaffen.

Die Stellung hinter Priesten, die nun genommen wurde, bot
allerdings nicht die Vortheile, die man etwas früher bei Kulm haben
konnte; der linke Flügel lehnte sich bei der Eggenmühle, die schon
hoch in eng eingeschnittener Bergschlucht liegt, an das waldige Gebirge, der rechte dehnte sich durch das Thal bis an die tief liegenden
sumpfigen Wiesen bei Karbitz. Hierher wich nun auch der Herzog
Eugen von Württemberg zurück, und übernahm — so weit ihn Yermolow nicht hinderte — die Leitung des Ganzen. Die Garde-Jäger
und 2 Feldbataillone bildeten auf den Höhen bei der Eggenmühle den
äußersten linken Flügel; alle übrigen Feldtruppen, 14 bereits sehr

schwache Bataillone, in und hinter Priesten die Mitte; auf der Rechten dehnte sich die Reiterei aus, verstärkt durch einige Schwadronen des österreichischen Dragoner-Regiments Erzherzog Johann, die der König von Preußen als erste Hülfe persönlich herbeiführte. Zehn Garde-Bataillone waren als Rückhalt, mehr hinter dem linken Flügel als der Mitte aufgestellt.

Bald nahten Vandamme's erste Truppen, es begann das denkwürdige Treffen bei Priesten, das auch als der erste Tag der zweitägigen Schlacht bei Kulm bezeichnet wird. Der Oberst Aster hat mit großer Umsicht alle bekannt gewordenen Einzelnheiten desselben in einem sehr werthvollen Werke zusammengefaßt, und vieles früher aus mancherlei Rücksichten Verschwiegene ist neuerdings durch den Obersten Helldorf mitgetheilt worden. Doch wäre noch einiges nicht Unbedeutende nachzutragen.

So entspann sich gleich zu Anfang ein heftiger Streit zwischen dem Obersten Hofmann — Chef des Generalstabs bei dem Herzog Eugen — und dem General Yermolow. Oberst Hofmann war der Ansicht, daß man für die Vertheidigung der Stellung besonders auf die verhältnißmäßig sehr zahlreiche Artillerie des kleinen hier versammelten Heertheils rechnen müsse, die namentlich viele Stücke von schwerem Caliber zählte, deren der Feind daher nicht durch ein überlegenes Geschütz-Feuer Herr werden konnte. Der Oberst schlug daher vor, das Dorf Priesten unbesetzt dem Feinde zu überlassen; dieser werde doch unter dem Feuer der hinter dem Orte aufgestellten schweren russischen Batterien nie aus demselben vorbrechen können; wolle man dagegen das Dorf halten, so werde man sich doch nach einigem Widerstand daraus vertrieben sehen, und es sei dann zu befürchten, daß die aus dem Ort weichende russische Infanterie das Feuer der eigenen Geschütze maskire. — Yermolow wollte von solchen Anordnungen nicht hören, denn ihm lag auch jetzt gar sehr daran, seine Garde-Bataillone so viel als möglich außer dem Gefecht zu halten, und auf diese Weise konnte, wie ihm schien, der Kampf gleich zu Anfang dieser gewählten Schaar nahe rücken. Er verlangte umgekehrt, Priesten solle von den Feldtruppen besetzt, und auf das Aeußerste behauptet werden, um den Feind von den Garden abzuhalten, und da der Oberst Hofmann seine

Ansicht mit Gründen vertheidigte, fuhr Yermolow in großer Leidenschaft mit den Worten heraus: „Sie sind ein Deutscher! — ein Verräther! — Ihnen ist es freilich einerlei, ob der Kaiser eine erste Garde-
Division hat oder nicht —". Als der Herzog Eugen herbei kam, sich
seines Chefs des Generalstabs anzunehmen, schlug Yermolow in den
Ton größter Höflichkeit um: „Ah! vous Monseigneur, qui êtes
toujours dans la chaine des tirailleurs u. s. w." — Indessen mußte
doch eine Vermittelung versucht werden; Priesten wurde besetzt und man
wollte es halten; der Herzog Eugen von Württemberg sah sich aber
dadurch in die Nothwendigkeit versetzt, selbst bei dem Dorf und in der
Schützenkette zu verweilen, um persönlich dafür zu sorgen, daß die
russischen Jäger, wenn sie aus dem Dorfe vertrieben wurden, nicht
grade rückwärts gingen, sondern rechts und links auswichen, um das
Feld für das Feuer der eigenen Geschütze frei zu lassen.

Vandamme's Angriffe auf die Stellung bei Priesten begannen
bald nach 12 Uhr, und es zeigte sich auch hier wieder günstig, daß er
seine Truppen noch immer ziemlich auseinander, die ganze gewaltig
überlegene Macht, über die er gebot, nicht gleich von Anfang zur Hand
hatte. Dann ging auch sein Streben dahin, den linken Flügel der
Russen bei der Eggenmühle an den Bergen zu verdrängen und zu umgehen, und hier gestattete die Natur des Geländes der Tapferkeit des
russischen Fußvolks, die Vertheidigung durch einen hartnäckigen Widerstand in die Länge zu ziehen. Den rechten Flügel der Russen zu umfassen, der in der Fläche stand, daran hat der französische Feldherr gar
nicht gedacht; in den Reihen der russischen Garde war man, unter den
Offizieren, besonders für diese Seite besorgt.

Der Herzog Eugen von Württemberg leitete den Kampf mit großer Besonnenheit und Ausdauer. Ostermann hielt sich bei den Garden
auf, genau bewacht von Yermolow, und sah von dort den Ereignissen
zu; in den späteren Stunden des Tages riß ihm eine Stückkugel den
linken Arm ab. Yermolow's Antheil an der Schlacht beschränkte sich
darauf, daß er um jedes neue Bataillon der Garde, dem vorwärts zu
gehen befohlen wurde um das Gefecht zu halten, von Neuem Händel
anfing; er verweigerte die Bataillone, und kam immer wieder darauf
zurück, daß der Herzog zu verschwenderisch mit dem Blut dieser erlese-

nen Schaaren umgehe, er aber verpflichtet sei, dem Kaiser wenigstens etwas von seiner ersten Garde-Division zu retten; gern hätte er wieder sich des Namens und der Autorität Ostermann's für seine Zwecke bedient, und der Herzog mußte sehr entschieden auftreten, um die nöthige Unterstützung zu erzwingen.

Während hier der ernste Kampf die höchste Tapferkeit in Anspruch nahm, nahte auch die ganze Masse verbündeter Truppen, die in der Gegend von Altenberg übernachtet hatte, und zwar kamen die Oesterreicher auf dem schlechten Weg über Zinnwald und Eichwald auf Dur, etwas schneller fort, als die Russen über den Geyersberg. Der Kaiser Alexander, in dessen zahlreicher Begleitung sich an diesem Tag auch Toll befand, ritt den Weg hinab, den die Oesterreicher nehmen sollten, um sich nach Dur zu begeben. Von dem Kamm des Gebirges aus gewahrte man, etwa um 2 Uhr nach Mittag, unten im Thal weißen Pulverdampf — bald hörte man auch den Lärmen des Gefechts — der Kaiser ritt links gegen Graupen hin auf eine beherrschende Anhöhe, und hier wurde es einem jeden klar, wie die Sachen unten im Thal der Tepel standen. Man errieth daß der Feind dem Herzog Eugen von Württemberg — oder wie man in diesem Kreise sagte, dem Grafen Ostermann, auf dem Fuße gefolgt sei — und wie auf dem Schlachtfelde selbst war auch hier auf der Höhe einem jeden einleuchtend, daß die Stellung, welche der Herzog vor Teplitz vertheidigte, um jeden Preis behauptet werden müsse — daß es unerläßlich sei, schleunige Hülfe dorthin zu senden.

Nach einer eiligen Berathung mit Toll, Jomini und anderen Offizieren seines Hauptquartiers, die auch darein redeten, sendete der Kaiser Alexander den General Jomini zu dem ersten österreichischen General, den er an der Spitze des Heereszugs finden werde; den sollte er auffordern, sich unverzüglich nach dem Schlachtfelde zu wenden. Toll mußte den Kaiser nach Dur begleiten, wo mit dem Fürsten Schwarzenberg berathen werden sollte, was weiter zu thun sei.

Der Oberst Such von Erzherzog Johann Dragoner, der mit zwei Schwadronen seines Regiments den Zug eröffnete, und wie es scheint den übrigen Truppen sehr weit voraus war, hatte sogleich der Aufforderung des Königs von Preußen Folge geleistet —: anders glaubte

der Graf Hieronymus Colloredo handeln zu müssen, den Jomini an
der Spitze seiner Division traf.   Er gab eine ausweichende Antwort,
die klang, als fühle er sich verletzt dadurch, daß der Kaiser Alexander
in die Anordnungen des Feldmarschalls eingreifen, und sogar über
österreichische Truppen verfügen wollte.   „Er habe Befehl nach Dur zu
marschiren, nicht nach Teplitz, antwortete Colloredo, und ohne einen
ausdrücklichen Befehl des Fürsten Schwarzenberg könne er von der vor-
geschriebenen Richtung nicht abweichen".

Der Fürst Schwarzenberg war nicht in Dur, wie man vermuthete, wohl aber fand der Kaiser Alexander dort den Grafen Metternich — und zwar in sehr trüber verzagender Stimmung! — Der
Kaiser sprach ihm von der Nothwendigkeit, die Marschrichtung der
österreichischen Truppen zu ändern — und als nun vollends Jomini
eilig eintrat mit der ganz unerwarteten Antwort des Grafen Colloredo,
verlangte Alexander, Metternich solle, da der Feldherr nicht zu finden
sei, den österreichischen Generalen die nöthigen Befehle geben.   Aber
wie es scheint, zauderte der österreichische Diplomat auf diese ungewöhnliche Weise einzugreifen in das kriegerische Thun, von dem er
nichts verstand — denn sonst hätte Jomini keine Veranlassung gehabt,
sich in das Gespräch zu mischen.   Das that aber dieser General, und
zwar mit Erfolg; er zeigte die Gefahr, in die man gerathen mußte,
wenn man jetzt noch daran denken wollte, ohne Aufenthalt bis hinter
die Eger zurückzugehen, wie der Fürst Schwarzenberg am Morgen dieses Tages befohlen hatte; er wies nach, daß man, selbst um den Rückzug hinter die Eger möglich zu machen, um die Hälfte des Heeres zu
retten, die noch jenseits der Berge in Sachsen war — Vandamme angreifen und zurückdrängen müsse, ehe Napoleon ihm folgen, oder ihn
verstärken könne.

Die Ansichten, welche Jomini hier aussprach, verdienen um so
mehr Beachtung, da sie, auch von Toll getheilt und lebhaft vertreten,
überhaupt herrschend wurden in der militairischen Umgebung des Kaisers, und alle weiteren Anordnungen bestimmten, insofern sie von diesem Forum ausgingen.

Auch der Graf Metternich fügte sich diesen Gründen, und schrieb
ein Billet in dem gewünschten Sinn an den Grafen Colloredo, der

darauf wirklich mit seiner eigenen und Bianchi's Division nebst einer Reiter-Brigade (Sorbenburg) den Weg nach Teplitz und Priesten einschlug, auf dem er jedoch an diesem Tage das Schlachtfeld nicht mehr erreichte.

Hier, wo der Herzog Eugen den Kampf mit kaum 14,500 Mann angenommen hatte, wurde gegen das Ende des Tages Vandamme's Uebermacht immer drückender fühlbar; schon war Priesten einmal verloren gegangen und wieder genommen worden; jetzt waren die Franzosen bei der Eggenmühle über den Grund und weiter vorgedrungen, man kämpfte mit höchster Anstrengung um die sogenannte Juchten-Capelle, die etwas tiefer an den Bergen liegt — der Herzog von Württemberg wußte aber seine zahlreiche Artillerie sehr gut zu nützen, und den letzten verwendbaren Bataillonen der Garde gelang es, den Feind wieder zurückzuwerfen über die Schlucht an der Eggenmühle.

Und jetzt kamen mehr und mehr Verstärkungen an; zuerst war die leichte Garde-Reiterei unter Schäwitsch eingetroffen, von dem General Diebitsch dazu veranlaßt; — dann kamen mehrere Regimenter der russischen 2. Kürassier-Division; und wie seltsam in solchen Augenblicken dem Einzelnen mitunter vergönnt ist einzugreifen! Eigentlich war es ein Lieutenant vom Generalstab, der diese Kürassiere rechtzeitig auf das Schlachtfeld brachte (v. Diest, früherer preußischer Offizier, und später preußischer General-Lieutenant). — Auch dieser Offizier hatte von den Höhen aus erkannt, wie bedenklich es bei Priesten stand, und wie entscheidend wichtig es sei, die dortige Stellung zu halten —: und dem gemäß veranlaßte er, daß die Reiter-Division den Weg dorthin einschlug, ohne auf höhere Befehle zu warten.

Etwa um 5 Uhr, als eben wieder mehrere französische Colonnen auf Priesten vorrückten, traf General Diebitsch mit der Nachricht ein, daß Barclay demnächst mit allen russischen Reserven und den preußischen Garden das Schlachtfeld erreichen werde. Das war eine beruhigende Aussicht für die nächste Zukunft, und dennoch stand im Augenblick noch Alles in der Schwebe — denn nur durch einen Reiterangriff konnte man dem Feinde bei Priesten begegnen, da selbst das letzte Bataillon Fußvolk bereits verwendet war. Der Angriff gelang, und zwar in glänzender Weise; der Herzog Eugen selbst führte dazu zwei

17*

Kürassier-Regimenter der 2. Division herbei — und Diebitsch, seinen Anordnungen folgend, von der anderen Seite das Garde-Dragoner- und Uhlanen-Regiment. Die beiden letzteren namentlich sprengten eine der feindlichen Colonnen vollständig.

Vandamme entsagte darauf weiteren Versuchen für heute, und nahm seine Truppen in die Stellung bei Kulm zurück. Daß Barclay's Truppen (die 1. Kürassier-, 1. Grenadier- und 2. Garde-Division) in Masse heranrückten, kann ihm wohl kaum durchaus entgangen sein —: aber bei aller Erfahrung folgerte er nicht daraus, daß die Lage der Dinge wesentlich verändert sei. Er beschränkte sich dem gemäß auch nicht etwa darauf, in abwartender Stellung seinem Herrn den Weg nach Böhmen offen zu erhalten —: der weitere Angriff war einfach nur auf den nächsten Morgen verschoben —: ein Beweis, daß er nicht allein auf Unterstützung rechnete, sondern sie ganz in der Nähe glaubte. Aussig an der Elbe hatte er, wie Napoleon wollte, schon früh am Tage durch 600 Mann Infanterie, 300 Sapeure und 2 Kanonen besetzen lassen und dann später diese Besatzung des mit Mauern und Thür- men umgebenen Städtchens noch durch 1 Bataillon und 400 Reiter verstärkt.

Auf Seiten der Verbündeten löste nun die 1. russische Grenadier- Division Yermolow's Garde-Bataillone und die vordersten Truppen des 2. Infanterie-Corps ab. Den letzten Reiter-Angriff abgerechnet, waren alle Angriffe des Feindes den langen Tag über durch die 12,000 Mann Fußvolk zurückgeschlagen worden, über die der Herzog Eugen gebieten konnte. Vandamme hatte im Ganzen zur Zeit wenig- stens noch 38,000 Mann, und verwendete davon wirklich im Ge- fecht 29 vollzählige Bataillone, welche an diesem Morgen ungefähr 19,000 Mann unter den Waffen gezählt haben müssen. Diese Zah- len sprechen es zur Genüge aus, wie rühmlich der Tag für die russi- schen Waffen war.

Aber freilich hatte man den Erfolg auch theuer bezahlt; 6000 Mann, und vielleicht noch ein Paar hundert mehr, betrug an diesem Tage der Verlust der Russen — und davon kamen nur etwa 800 auf die Reiterei — so daß in den Abendstunden die Infanterie des Her- zogs von Württemberg kaum noch 7000 Mann unter den Waffen zählte. Erst in der folgenden Nacht wurde er durch die Brigade Püschnitzky und die Schützen unter Wolf verstärkt, die in Folge eines Mißverständnisses von Breitenau nach Teplitz marschirt waren.

Barclay's Truppen waren über Graupen vom Gebirge herabgekommen, auf schlimmen Wegen, deren man in den früheren Dispositionen gar nicht gedacht hatte; und einen Theil der Streitkräfte unter seiner unmittelbaren Führung (nämlich die 2. Garde- und 3. Kürassier-Division, nebst der preußischen Garde-Reiterei) hatte dieser Feldherr seltsamer Weise rückwärts, nach Teplitz, marschiren lassen! Ein Beweis, daß er die Wichtigkeit des Kampfes bei Priesten noch nicht erkannt hatte, und zur Zeit noch weniger daran dachte, den Feind dort selbst anzugreifen.

Die beiden österreichischen Divisionen Colloredo und Bianchi, in gerade entgegengesetzter Richtung im Marsch nach dem Schlachtfelde, waren aus Uebermüdung längs der Straße liegen geblieben. Ob die übrigen österreichischen Truppen, die von Altenberg herabkommen sollten (die Division Chasteller und die Reiterei) — am Abend bereits vollständig bei Dux eingetroffen waren, ist bei dem Mangel an österreichischen Berichten über diesen Theil des Feldzugs nicht mit Bestimmtheit zu ermitteln. Wahrscheinlich trafen diese Truppen zum Theil erst spät in der Nacht, und selbst gegen Morgen des folgenden Tages an dem Ort ihrer Bestimmung ein.

Während auf der Hauptstraße heftiger Kampf sich von Peterswalde über das Gebirge bis Priesten herab bewegte, hatten auf den anderen Wegen, die von Sachsen nach Böhmen herein führen, selbst die Truppen, die am weitesten zurück waren, ihren heutigen Marsch, da der Feind nirgends sehr heftig drängte, mit unbedeutendem Verlust glücklich genug ausgeführt. Aber freilich blieb am Abend noch ein großer Theil des verbündeten Heeres jenseits der Berge; ja ein größerer als man gerechnet hatte, denn wie man in der That erwarten mußte, vermochte auch Kleist Teplitz nicht zu erreichen; er kam von Hausdorf über Glashütte, wo sein Nachtrab noch ein Gefecht mit St. Cyr's Vortruppen zu bestehen hatte, auf der Straße über den Geyersberg nur bis Fürstenwalde, das auf der sächsischen Seite dem Kamm nahe liegt.

die von Fuhrwerken geſperrten Engpäſſe in das Thal hinab marſchiren wolle."

Allerdings hätte er wenig Ausſicht gehabt, ſeinen Heertheil nur einigermaaßen kampfbereit in die Ebene und die unmittelbare Nähe des Feindes zu bringen; auch konnte eine etwas ſpätere Aufforderung des Königs, wenigſtens eine Brigade (Diviſion) ſogleich hinabzuſenden, nur auf dieſelbe Weiſe beantwortet werden — Kleiſt aber hatte am Abend bei Fürſtenwalde wohl Urſache, in nagender Sorge ſeine Lage für eine höchſt bedenkliche zu halten!

Ihm zur Linken war Wittgenſtein unter wiederholten Gefechten ſeines Nachtrabs bis Altenberg zurückgegangen, vor welchem Ort er die ruſſiſche Diviſion des Fürſten Gortſchakow, und die öſterreichiſche des Fürſten Moritz Liechtenſtein als Nachhut aufſtellte. Der bisherige Nachtrab, nämlich die preußiſche Brigade Klür vereinigt mit den ruſſiſchen Jägern unter Roth, lagerte dagegen bei Altenberg, wo man die preußiſche Garde-Infanterie vorfand, die noch nicht Raum gefunden hatte, thalwärts zu ziehen.

Was die noch weiter links entfernten Heereszüge der Verbündeten betrifft, ſo erreichten die öſterreichiſchen Diviſionen Civalart und Crenneville Saida — Klenau, in der Richtung auf Marienberg, Groß-Waltersdorf.

Auf Seiten des Feindes war Marmont dem Grafen Wittgenſtein bis über Falkenhayn hinaus gefolgt, ſtand ihm alſo ſehr nahe; Gouvion St. Cyr dagegen war bei Reinhartsgrimma, weit zurück und weit ab vom Feinde geblieben. Er war nämlich dort mit Marmont's Heertheil zuſammengetroffen, und hatte dieſen vorbei gelaſſen. — Auf dem rechten Flügel des Feindes erhielt Murat wohl ſeine Verhaltungsbefehle zu ſpät, und brach zu ſpät von Freiberg auf, ſo daß er Frauenſtein nicht erreichen konnte, und nur bis Lichtenberg kam; und auch das war ſehr glücklich für die Verbündeten. Denn hatte ſich Murat früher in Bewegung geſetzt, ſo traf er leicht mit ſeiner ganzen Macht auf die Flanke Klenau's, und daraus konnte großes Unheil entſtehen. Ohnehin hatte Klenau in mehrfachen Gefechten die rechte Seite ſeines Heerzuges gegen Murat's Vortruppen zu ſchützen.

So standen die Sachen, als nach fünf Uhr Abends erst Miloradowitsch und Barclay, und etwas später auch der Fürst Schwarzenberg, auf dem Schlachtfelde eintrafen. Man wußte auch ziemlich daß
sie so standen; denn von Kleist — und ohne Zweifel auch von Wittgenstein — hatte man Meldungen; und daß Civalart und Klenau die
ihnen bezeichneten Punkte erreicht hätten, war weniger als Anderes
ein Gegenstand des Zweifels.

Merkwürdig ist es gewiß zu nennen, daß der Oberfeldherr, der
Feldmarschall Schwarzenberg, bis zu diesem Augenblick herab, an den
Ereignissen dieses wichtigen Tages durchaus gar keinen Antheil genommen hatte. So viel man sehen kann, hat gerade Schwarzenberg
gar nicht daran gedacht, Verstärkungen nach Priesten zu senden, und
überhaupt sind keinerlei Anordnungen bekannt geworden, die er an
diesem Tage getroffen hätte. Man weiß sogar im Gegentheil mit Bestimmtheit, daß alle Befehle, die gegeben wurden, von Anderen herrührten, so daß von allen Truppenbewegungen, die erfolgten, gar
keine übrig bleiben, die er verfügt haben könnte.

Wahrscheinlich wurde er erst sehr spät von dem unterrichtet, was
im Thal bei Teplitz vorging. Theils waren die Generale, die dort
im Gefecht standen, russische, die nicht unmittelbar an Schwarzenberg
zu melden hatten; — theils vermuthete man den Fürsten wohl nicht
mehr in Altenberg, wo er lange verweilte, und sendete keine Meldungen
dorthin. Die herrschende Verwirrung mag dann auch das Ihrige dazu
beigetragen haben. So läßt sich vielleicht die jedenfalls eigenthümliche
Erscheinung erklären.

Prokesch erzählt dann in dem Leben des Fürsten Schwarzenberg:
„Ein General der Verbündeten — (welcher?) — kam ihm (dem
Fürsten) mit der Meldung der Vortheile entgegen, die Vandamme bis
jetzt errungen hatte. Er beschrieb ihm die Lage des Heeres als hoffnungslos; denn man nahm für entschieden an, daß Napoleon seinem
Marschall folgte. „„4000 Garden liegen auf dem Schlachtfelde. Ostermann ist so gut als todt; eine Kanonenkugel hat ihm den Arm zer-
schmettert. Alles ist verloren!"" — „„Halten die Garden noch?""
fragte der Fürst. — „„Ja!"" antwortete der General „„jetzt noch!""
— „„Nun denn"" fuhr jener fort „„nichts ist verloren; denn wir sind

wieder da. Eilen Sie zum Kaiſer Alexander. Sagen Sie ihm, daß
ich ihm Glück wünſchen laſſe; denn morgen wird einer der ſchönſten
Tage ſein.""

Darauf, geht die Sage weiter, ordnete Fürſt Schwarzenberg den
Angriff für den nächſten Tag, ließ Kleiſt auffordern, mitzuwirken
u. ſ. w.

Geſchichte iſt das Alles natürlich nicht. Wir dürfen nicht überſehen, daß Herr v. Prokeſch in Beziehung auf die Schlacht bei Kulm
nicht als unmittelbarer Zeuge ſpricht, und ſich überhaupt mehrfach
nicht genau unterrichtet zeigt. Auch müſſen wir uns der entſchuldigen-
den Worte erinnern, die Herr von Prokeſch ſelbſt, in der öſterreichiſchen
militairiſchen Zeitſchrift, über ſein Werk bekannt gemacht hat. Es geht
daraus hervor, daß ſeine Abſicht eigentlich nicht dahin ging, ein ge-
ſchichtliches Werk zu ſchreiben, und er deutet ſelbſt an, daß ihm, in ſeiner
Stellung, die Hände dabei gar ſehr gebunden waren.

Als der Fürſt Schwarzenberg um 6 Uhr Abends auf dem Schlachtfelde erſchien, war die dringende Gefahr, die Gefahr für dieſen Tag,
bereits vollſtändig vorüber, und zu ſolchen Reden keine Veranlaſſung.
Vor Allem aber müſſen wir fragen: wußte der Feldmarſchall etwa mit
Gewißheit, daß Napoleon dem General Vandamme nicht folgte? —
Ohne dieſe Gewißheit hatte er wahrlich keinen Grund, ſo ſiegesfreudig
und zuverſichtlich geſtimmt zu ſein. Dieſe Gewißheit aber hatte er
ſo wenig als ein Anderer, vielmehr lebte er wie jeder Andere zur Zeit
des Glaubens, daß Napoleon höchſt wahrſcheinlich dem General Vandamme folgen werde.

Auch der Kaiſer Alexander kam noch an dieſem Abend, von Dur
her, mit einem Theil ſeines Gefolges auf das Schlachtfeld und nach
Teplitz —: ein ſehr wichtiger Umſtand, der Herrn v. Prokeſch unbekannt
geblieben iſt, und deſſen überhaupt von allen bisherigen Schriftſtellern
über die Geſchichte jener Tage nur Wolzogen gedenkt. Wir können
die Richtigkeit ſeiner Angabe auf das entſchiedenſte verbürgen; ſie iſt
uns namentlich auch von hochgeſtellten Offizieren aus der damaligen
Umgebung des Königs von Preußen beſtätigt worden.

Danilewsky ſchildert uns nun ſeinerſeits den Kaiſer Alexander als
leicht ſich wiegend in lächelnder Sieges-Zuverſicht. Alle Anderen ver-

zagen —: der Kaiser sieht mit ungetrübtem Blick, daß jede Gefahr
durch die Tapferkeit der russischen Garden bereits abgewehrt ist, und
jetzt der glänzendste Erfolg in gewisser Aussicht; daß Vandamme angegriffen, daß ihm eine vollständige Niederlage beigebracht wird, versteht sich ganz von selbst; der Kaiser sieht Alles vorher; er sendet auch
dem General Kleist den Befehl, dem Feinde — wunderbarer Weise
über den Geyersberg — in den Rücken zu gehen —: nicht etwa, weil
für diesen General kein anderer Weg der Rettung bleibt, sondern weil
dies geniale, von Alexander entworfene Manoeuvre die glänzendste
Entscheidung herbeiführen muß! — Auch dabei ist natürlich wieder
sehr viel Poesie.

Die Wahrheit ist, daß an diesem Abend, auf dem Schlachtfelde,
die Ereignisse des Tages allerdings als sehr glorreich von Seiten des
Kaisers und seiner Umgebung mit großem Stolz besprochen wurden —
und daß man allgemein großes Unheil für jetzt glücklich abgewendet
glaubte, doch aber die Lage im Allgemeinen noch immer für eine schwierige, zum Theil sogar für eine sehr bedenkliche hielt. Niemand sah zur
Zeit noch für den folgenden Tag unbedingt glänzenden Erfolgen entgegen. So hoch gingen die Wogen der herrschenden Stimmung nicht,
und es war dazu in der That auch gar kein Grund. Die Sorge blieb
bei Weitem überwiegend.

Der Kaiser Alexander und der König von Preußen beriethen, was
nun weiter zu thun sein möchte, und Schwarzenberg, in seiner an-
spruchslosen und vorsichtigen Weise, begnügte sich dabei eine untergeordnete Rolle zu spielen. Um so mehr, da es sich zunächst vorzugsweise um Bestimmungen über russische und preußische Truppen handelte, die unmittelbar unter Barclay's Befehlen standen. So war die
Entscheidung in Beziehung auf das, was hier geschehen sollte, dem
angeblichen Oberfeldherrn ziemlich aus der Hand genommen.

Was hier Alles im Einzelnen zur Sprache kam, ist nicht vollständig bekannt geworden. Im Allgemeinen war einleuchtend, daß
man sich in der Stellung vor Teplitz behaupten müsse, um den Rückzug der Heertheile sicher zu stellen, die noch nicht aus dem Gebirge
zurück waren. Die Aufgabe konnte noch immer ganz schwierig werden, da man natürlich erwarten mußte, daß Napoleon den General

Vandamme unterstützen und verstärken werde. Da man wußte, daß Kleist nicht über den Geyersberg herab könne, war man seinethalb sehr in Sorgen, die besonders der König von Preußen drückend empfinden mußte. Was sollte aus ihm werden, wenn er auf dem Kamm bei Fürstenwalde von einem überlegenen Feind ereilt wurde, und nirgends einen Ausweg hatte?

Unter diesen Umständen trat der Gedanke hervor: der beste Weg sich des Feindes zu erwehren, und die Rückkehr der noch entfernten Heertheile sicher zu stellen; sei, daß man selbst zum Angriff übergehe, und Vandamme zurückzudrängen suche, ehe Napoleon ihn verstärkt habe. Toll und Jomini waren es namentlich, welche diese Ansicht zur Geltung zu bringen suchten; der König von Preußen stimmte ihnen bei, der Kaiser Alexander wurde dafür gewonnen, mehr und mehr vereinigten sich fast alle Stimmen dahin, und der Angriff wurde wirklich beschlossen — oder vielmehr gewissermaaßen beschlossen. Manches deutet darauf, daß der Entschluß dazu doch noch nicht in der Seele jedes Einzelnen endgültig feststand — daß er unter Umständen wohl wieder zurückgenommen werden konnte — daß überhaupt das letzte oder allerletzte Wort noch nicht gesprochen war. Bedeutsam ist vor Allem, daß die Ausführung dieses Plans für jetzt noch nicht entschieden angeordnet wurde, so daß die Dinge doch eigentlich noch in der Schwebe blieben.

Die Frage, was General Kleist in seiner schwierigen Lage weiter thun könne oder solle, mußte natürlich als eine der wichtigsten zur Sprache kommen, doch konnte man ihm am allerwenigsten bestimmte Verhaltungsbefehle geben. Nach genommener Rücksprache mit dem König von Preußen, sendete der Kaiser Alexander den preußischen Obersten und Flügel-Adjutanten v. Schöler, der für die Zeit des Feldzugs eben dem Kaiser zur Dienstleistung beigegeben war, in das Gebirge zu dem General Kleist. Wie aus einer eigenhändigen Aufzeichnung des Obersten v. Schöler hervorgeht, die uns mitgetheilt worden ist, war sein Auftrag buchstäblich: „diesen General, wenn irgend möglich, zu einer Bewegung in den Rücken des Feindes zu veranlassen." — Des Weges über Nollendorf ist dabei nicht ausdrücklich gedacht; das Ganze war noch hypothetisch, die Art der

suchte man hier die Mittel, den weiteren Rückzug der Haupt-Armee sicher zu stellen — Gefahren abzuwehren, und den Druck zu mäßigen, den der nachdrängende Feind übte.

Einige neuerdings für den Krieg ausgerüstete österreichische Bataillone, die dem Heere nachrückten, waren bereits, so wie das Dragoner-Regiment Levenehrn, in Theresienstadt eingetroffen; der Gouverneur dieser Festung, G. d. C. Graf Merveldt, erhielt den Befehl, aus diesen Truppen schleunig ein Corps zu bilden, und damit der Armee über Lowositz auf Teplitz entgegenzurücken. Auch die 2. russische Grenadier-Division (Tschoglikow), die bisher in dem Brückenkopf bei Melnik gestanden hatte, sollte in Gewaltmärschen dem Heer (wie es scheint über Budin) entgegenkommen, um den Rückzug desselben zu erleichtern. In den Schanzen bei Melnik blieben nur die beiden übergegangenen westphälischen Husaren-Regimenter, und eine Abtheilung von Klenau Chevauxlegers. Eine eigenthümliche Besatzung für einen Brückenkopf! — Da alle diese Abtheilungen am folgenden Tag (30.) bereits in voller Bewegung waren, muß Schwarzenberg die betreffenden Befehle gewiß schon von Altenberg aus abgefertigt haben. Jetzt leuchtete ihm eine neue Hoffnung in den Siegesnachrichten, die aus Schlesien eintrafen —: Blücher konnte jetzt mit dem größten Theil seines Heeres der böhmischen Armee unmittelbar zu Hülfe kommen — das war der einzige Trost, den man für jetzt dieser Siegesbotschaft zu entnehmen wußte! — Er sollte bewogen werden, mit eiligen Schritten herbeizuziehen.

Auch in der Umgebung des Kaisers Alexander war man nicht frei von Sorgen, denn der Kaiser legte bekanntlich den größten Werth auf das Bündniß mit Oesterreich, und mußte sich wohl gestehen, daß es jetzt sehr unsicher geworden sei, besonders da ein wirklicher Vertrag noch nicht unterzeichnet war. Uebrigens befestigte sich der Kaiser in erneuten Besprechungen mit seinen Vertrauten, mehr und mehr in der Ansicht, daß man zum Angriff gegen Vandamme schreiten müsse. So wurde denn noch am Abend Toll von Dur wieder nach Teplitz abgesendet, um diesen besprochenen Angriff jetzt von dort aus ganz entschieden zu betreiben, und an dessen Leitung Antheil zu nehmen.

Obgleich Schwarzenberg auch seine Zustimmung zu diesem Plan

gegeben hatte, scheint er doch in der Stimmung, die nun einmal herrschend war, keine großen Hoffnungen darauf gegründet zu haben;
wenigstens erwartete er nicht entfernt einen entscheidenden Sieg, der
alle Schwierigkeiten der Lage mit einem Schlage beseitigen könnte.
Man dachte sich höchstens den weiteren Rückzug erleichtert und wenigstens vorläufig gesichert, wenn es gelang, Vandamme wieder bis auf
die Höhen zurückzuwerfen: aber der Rückzug selbst, wenigstens bis
hinter die Eger, blieb darum nicht weniger nothwendig, und auch in
solcher für den Augenblick um etwas verbesserter Lage blieb es unerläßlich, Hülfe und Beistand gegen Napoleon's nachrückende Heeresmacht herbeizuschaffen.

In diesem Sinn sendete Fürst Schwarzenberg — mehrere Stunden nachdem der Entschluß zum Angriff bestätigt, und Toll nach Teplitz aufgebrochen war — seinen Adjutanten, den Fürsten Wenzel Liechtenstein, an Blücher, um in dessen Hauptquartier von dem schon erlebten
Unglück und der drohenden Gefahr zu erzählen, den schon erwähnten
Plan vorzutragen, und schleunige Hülfe zu erbitten.

Die schriftliche „Instruction" des Fürsten Wenzel, ausdrücklich
bestimmt dem General Blücher mitgetheilt zu werden, wie auch geschah, war „auf Befehl des F.-M. Fürsten Schwarzenberg", von dem
General Duka unterzeichnet, den 30. August (früh) erlassen, und trug
Ansichten und Wünsche in folgenden Worten vor:

„Der Rückzug aus Sachsen nach Böhmen, zu welchem die
Hauptarmee sich genöthigt sah, und der den 27., 28., 29. und 30. d.
vollzogen wurde, macht mehr als jemals nothwendig, nicht nur die
genaue Verbindung, sondern selbst ihre Vereinigung wenigstens mit
der Hälfte, und mit mehr wenn es möglich ist, der schlesischen Armee,
welche unter dem Befehl Sr. Exc. des Herrn General v. Blücher
steht."

„Es ist kaum zu bezweifeln, daß der französische Kaiser nicht der
vereinigten Armee nach Böhmen folgen werde, in welchem Falle derselbe nicht wohl zu gleicher Zeit auch eine ernsthafte Operation gegen
Schlesien wird unternehmen können."

„Wenn der Stand der schlesischen Armee 80,000 Mann beträgt,
so ist man überzeugt, daß von derselben 50,000 Mann (combattans)

zu der Haupt-Armee in Böhmen stoßen können, indeß die übrigen 30,000 Mann, vereinigt mit der österreichischen Division des Feld-marschall-Lieutenants Grafen Bubna, hinreichen werden, um nicht nur Schlesien, sondern auch den Theil von Böhmen auf dem rechten Ufer der Elbe vollkommen zu decken, besonders wenn dieses Armee-corps eine Seitenstellung, sei es bei Görgenthal oder bei Zittau nähme."

„Die Vortheile, welche der Armee durch diesen Zuwachs sowohl bei ihren of- als defensiven Operationen zugehen würden, sind zu ein-leuchtend, als daß es nöthig wäre, hierüber etwas zu sagen."

„Die Vereinigung der operirenden Armee war bisher die große und schwere Aufgabe, welche gegen einen Gegner zu lösen war, der à cheval seiner befestigten Elbe, auf der kürzesten Linie sich auf die eine oder die andere Armee werfen konnte, ohne für seinen Rückzug Besorg-nisse zu haben."

„Die Vorrückung der Haupt-Armee gegen Dresden hat den Kaiser Napoleon gezwungen, den größten Theil seiner Macht nach dieser Haupt-stadt zu ziehen. Der en Chef commandirende General der schlesischen Armee hat die ihm hierdurch gegebene Blöße meisterhaft benutzt, und hat am 26. d. den ihm entgegenstehenden Theil der feindlichen Armee bei Jauer oder Goldberg gänzlich geschlagen."

„Es ist hiernach nicht zu zweifeln, daß sie nicht wird ihre er-rungenen Vortheile benutzt und sich nun wenigstens bis an die Neiße poussirt haben, wodurch sie in die vollkommene Verbindung mit der österreichischen Division des Grafen Bubna bereits gekommen sein wird, und die Möglichkeit erhalten hat, die 50,000 Mann nach The-resienstadt in Marsch zu setzen; die übrigen 30,000 M. aber könnten, wie vorgesagt, bei Görgenthal, Zittau oder in irgend einer anderen Gegend dort eine zweckmäßige Position mit der gedachten österreichi-schen Division nehmen, welche von dem kommandirenden General des zurückbleibenden Corps angewiesen würde."

„Der Marsch nach Theresienstadt, wenn er von Zittau her gehen sollte, müßte über Böhmisch-Leipa und Grabern nach Leitmeritz genom-men werden, und es ist Alles daran gelegen, damit derselbe auf das Möglichste beschleunigt werde."

dieser Weise über die schlesische Armee zu verfügen, ohne darüber erst mit dem Kaiser Alexander zu sprechen. Der hatte also diese Anord=nungen auch wenigstens nicht verworfen — und danach läßt sich er=messen, wie weit auch seine Zuversicht reichte. —

Toll traf auf seinem nächtlichen Ritt die Divisionen Colloredo und Bianchi, wo man sie nicht vermuthete: zwischen Dur und Teplitz. Das schien ihm bedenklich. Er fragte einen ihm persönlich nicht be=kannten österreichischen General: warum man für die Nacht hier Halt gemacht habe, während der Kaiser Alexander sowohl als der Fürst Schwarzenberg diesen Heertheil bis jenseits Teplitz vorgerückt glaubten? — und erhielt zur Antwort: die Uebermüdung der Truppen sei Schuld, daß man hier liegen geblieben; mit dem Anbruch des Tages werde man weiter vorrücken.

Was nach Toll's Ankunft noch in Teplitz verhandelt wurde, wissen wir nicht mit Bestimmtheit anzugeben. Der König von Preußen war von Anfang an für den Angriff gewesen. Barclay soll ihn, nach Wolzogen's Bericht, noch am folgenden Morgen von H. Colloredo's Mitwirkung abhängig gemacht haben, ohne die er in der That nicht wohl auszuführen war. Doch ist sein Verfahren schon von diesem Augenblick an ein entschiedenes. Sehr deutlich tritt dagegen hervor, daß der Entschluß zum Angriff erst seit Toll's Ein=treffen in Teplitz als ein endgültig feststehender be=trachtet wurde, daß man erst jetzt wirkliche Anstalten dazu traf. — Daraus scheint zu folgen, daß es eben die entschieden ausgespro=chene Zustimmung des Kaisers Alexander war, die bis jetzt gefehlt hatte, um ihn zu einem unbedingt feststehenden zu machen.

Es wurde nun sogleich ein Offizier an den Grafen H. Colloredo abgefertigt, ihn zur Theilnahme an dem bevorstehenden Kampfe aufzu=fordern, ein anderer an den Kaiser Alexander nach Dur zurückgesendet mit der Nachricht, daß man zum Angriff schreiten werde, und mit der Bitte zu veranlassen, daß Colloredo die nöthigen Befehle aus dem österreichischen Hauptquartier erhalte. — Zu gleicher Zeit mußte ein Adjutant des Gen. Kleist — Lieutenant v. Voß — in tiefer Nacht seinen Weg die Berge hinan nach Fürstenwalde suchen, um auch Kleist davon zu benachrichtigen, daß man angreifen werde. Schöler, wenige

Stunden früher vom Kaiser Alexander selbst abgefertigt, hatte noch
keinen Auftrag, eine solche Nachricht zu überbringen; dieser bemerkens-
werthe Umstand beweist, wenn wir nicht irren, daß der Entschluß zum
Angriff erst jetzt wirklich feststand.   Irgend welche Verhaltungsbefehle
für diesen preußischen Heertheil, dessen Rettung es zunächst galt, wurden dem Lieutenant von Voß nicht mitgegeben.   Selbst die eigentliche Disposition für den unmittelbaren Angriff im Thal mußte auf
den folgenden Morgen verschoben werden, da Toll und Diebitsch, auf
die es dabei vorzugsweise ankam, noch nicht Gelegenheit gefunden
hatten, sich mit der Gegend und der Stellung des Feindes hinreichend
bekannt zu machen, und selbst Barclay zur Zeit nicht viel davon
wissen konnte.

Schon aber war in Kleist's Hauptquartier der folgenschwerste
Entschluß gefaßt! — Als der Oberst Schöler dort eintraf — in den
Abendstunden — früher als Toll die letzten Entschlüsse zu Teplitz herbeiführte — fand er den General Kleist in ernster Berathung mit dem
Chef seines Generalstabes, dem Oberst-Lieutenant Grolmann.   Wie
erzählt wird, handelte es sich um die Frage, ob man, da der Paß den
Geyersberg hinab gesperrt sei, suchen sollte, weiter westwärts, über
Graupen in das Thal hinunter zu kommen, oder ob der kühne Zug
auf dem Kamm des Gebirges selbst von Fürstenwalde nach Nollendorf,
in den Rücken des Feindes zu wagen sei.   Der Marsch über Graupen
mußte insofern hoffnungslos erscheinen, daß er nicht ohne den größten
Zeitverlust ausgeführt werden konnte; denn Graf Schweinitz, wie schon
erwähnt, im Lauf des Tages am 29. vom König von Preußen zu
Kleist gesendet, hatte das Gebirge über Graupen und Mückenthürmel
erstiegen, und dem General gemeldet, daß alle Engpässe, der bei
Graupen wie der am Geyersberg, durch Fuhrwesen und Troß durchaus
gesperrt seien *).

Schöler's leider sehr kurze, und dadurch etwas problematische
Aufzeichnung, lautet vollständig, wie folgt —: er sei zu Kleist gesendet
worden — „um diesen General, wenn irgend möglich, zu einer Be-

---

*) After, Schlacht bei Kulm; dort S. 151 die eigene Aussage des Grafen
Schweinitz.

wegung in den Rücken des Gen. Vandamme zu veranlassen. Diese Bewegung schien nicht möglich; — aber die Schilderung, die der Oberst v. Schöler als Augenzeuge über die Lage der Dinge zu geben hatte, brachte den Entschluß zur Reise, der dem General Kleist den Namen Nollendorf mit so großem Recht erwarb, und welchen der Oberst v. Schöler den beiden Hauptquartieren — (zu Teplitz und Dur) — noch vor Anbruch des Tages zu überbringen übernahm.

Wir können diesen Worten keinen anderen Sinn abgewinnen als den: daß die Bewegung unmittelbar in Vandamme's Rücken, so wie man sich die Ausführung im großen Hauptquartier gedacht hatte — (etwa durch die Schluchten von Sernitz und Hinter-Tellnitz? —) — dem General Kleist, so wie dem Chef seines Generalstabes, unmöglich schien. — (Und das war der geregelte Marsch einer Colonne durch jene unwegsamen Schluchten auch ganz gewiß.)

Wie dem auch sei, Kleist und Grolmann zogen sich zur Berathung ohne Zeugen zurück — und als darauf Kleist unter die in seinem Vorzimmer versammelten Generale und Truppenführer trat, sprach er den Entschluß aus, dem Feinde über Nollendorf in den Rücken zu gehen — und dieser Entschluß wurde von Allen mit Begeisterung aufgenommen, obgleich Niemandem die Gefahr entgehen konnte, in welche das gewagte Unternehmen möglicher Weise führen konnte. Denn daß kein anderer feindlicher Heertheil dem Gen. Vandamme auf der neuen Straße über Peterswalde und Nollendorf folgen werde, durfte man eigentlich nicht hoffen, und in welche Lage konnten die Preußen zwischen feindlichen Colonnen gerathen! — Dagegen sah man aber auch, im Fall des Gelingens, einen großen und glänzenden Erfolg vor sich. Günstig schien, daß man eine unmittelbare Verfolgung von Dippoldiswalde her, dem Anschein nach, nicht zu fürchten hatte. Ueber Glashütte hinaus war der Feind nicht gefolgt; man durfte also hoffen, einen hinreichenden Vorsprung gewonnen zu haben.

Einer handschriftlichen Mittheilung des verstorbenen Generals v. Thile entnehmen wir folgende Zeilen:

„Als der Gen. v. Kleist unter den versammelten Truppenbefehlshabern erschien, und seinen Entschluß zu erkennen gab, über Nollendorf zu marschiren, sprachen mehrere zu den Umgebungen des Generals gehörende Offiziere gegen den O. L. v. Grolmann die Meinung aus, daß dieser großartige Entschluß von ihm ausgegangen sei. Grolmann lehnte dies aber sehr bestimmt ab, und behauptete, der Gen. v. Kleist habe die Idee gefaßt, in der er ihn natürlich nur habe bestärken können. Wer den Charakter des O. L. v. Grolmann gekannt hat, wird es natürlich finden, daß, wenn auch der große Gedanke von ihm ausgegangen sein sollte, er dennoch gern dem Gen. v. Kleist die Ehre desselben zugesprochen. Immerhin bleibt es ungewiß, wem von beiden diese Ehre gebührt, wenn nicht der Eine oder der Andere von ihnen später selbst darüber einen Aufschluß gegeben. Der Gen. Kleist, den ich in späterer Zeit oft über die Schlacht bei Kulm gesprochen, hat sich nie über diesen Punkt gegen mich geäußert."

Kleist hatte sich für dies kühne Unternehmen entschieden —: offenbar aber gingen er und Grolmann in gar verschiedenen Gedanken und Gefühlen dem kommenden Tag entgegen. Grolmann, den die Natur nach ihrem großartigsten Maaßstab zum Feldherrn geschaffen hatte, sah wohl die Wagniß, aber in gehobenem Muth; er sah Erfolg und Sieg näher und wahrscheinlicher als die drohende Gefahr; das verräth sich in mancher seiner Aeußerungen, die uns glaubwürdige Zeugen berichten —: Kleist dagegen, bieder, tapfer und besonnen, aber eher schwarz sehend, und weniger genial, erkannte in der kühnen That, zu der er sich entschloß, kaum etwas anderes als einen sehr gewagten und mißlichen Rettungsversuch aus schlimmer Lage.

In einem späteren Bericht über den ganzen Hergang sagt Kleist: „Den General Barclay benachrichtigte ich von meinem Entschluß und bat um seine Mitwirkung beim Angriff." — Das war die Botschaft, die er dem Obersten Schöler mitgab. Außerdem sendete er seinem König einen mit Bleistift geschriebenen Bericht, der mit den Worten beginnt: „die Lage, in der ich mich befinde, ist verzweiflungsvoll," er meldet darauf, die Engpässe am Geyersberg seien gesperrt: „Unter diesen Umständen habe ich mich entschlossen, am morgenden Tage auf Nollendorf zu marschiren und mich mit dem Degen in der Faust durchzuschlagen; indem ich Ew. Majestät bitte, meine Anstrengungen durch einen gleichzeitigen Angriff zu unterstützen, bitte ich Ew. Maj., die Folgen dieses Schrittes, wenn er mißlingen sollte, nicht mir, sondern

denjenigen Personen beizumessen, die mich in diese verzweiflungsvolle
Lage gebracht haben."

Sein eigener Entschluß ist es, den Kleist ankündigt — und er
bittet um Unterstützung in Thal! — Daß man dort zum Angriff ent=
schlossen sei, wußte er noch nicht!

Nach General Wagner's Erzählung hätte Kleist noch die weitere
Meldung hinzugefügt: er werde sich im schlimmsten Fall nach Aussig
durchschlagen. — Dem ist nicht so. Der Gedanke liegt freilich so nahe,
daß er sich wie von selbst anfügt — aber Kleist's Berichte besagen
nichts davon, und vor uns liegen handschriftliche Aufsätze mehrerer Of=
fiziere, die damals dem Stabe des Gen. Kleist angehörten (des Generals
v. Thile und mehrerer anderer), die sämmtlich geradezu widersprechen.
Einstimmig erklären alle, davon sei gar nicht die Rede gewesen, sondern
nur davon, Vandamme im Rücken anzugreifen, und so die Wieder=
vereinigung mit dem verbündeten Heere zu erkämpfen.

Aber wie unwahr sind alle Darstellungen, die den Plan zur
Schlacht bei Kulm — auf den Höhen und im Thal — als ein zu=
sammenhängendes Ganze — als das Geschöpf Eines Geistes in voll=
endeter Gestalt — und geharnischt — wie Pallas Athene — in die
Welt treten lassen! —

Während sich so in eigenthümlicher Weise ein drohendes Gewitter
über dem Haupt Vandamme's zusammenzog, that Napoleon in selt=
samer Befangenheit, was die Verbündeten gewiß nicht hoffen durften.
Sein Blick war stets vorzugsweise auf den nördlichen Theil des Kriegs=
schauplatzes gerichtet; um so mehr, da gerade jetzt neue unheilvolle
Nachrichten von dorther einliefen: die Kunde von einem unglücklichen
Gefecht bei Luckau gegen General Wobeser, und namentlich die von
Girard's beinahe beispiellos vollständiger Niederlage bei Hagelberg.

Zwar verlor Napoleon darüber das, was im Erzgebirge vorging,
nicht ganz aus den Augen, aber es wurde ihm mehr zur Nebensache, der
man nur einen geringen Theil der Aufmerksamkeit zuwendet. Weit
entfernt, Gefahr für einen der entsendeten Feldherren zu ahnen, be=
festigte er sich jetzt in der Vorstellung, daß ihre Mittel genügten, dem
Feinde lähmende Verluste zuzufügen. Ein Befehl am 30. in der
Frühe — wahrscheinlich in den ersten Stunden nach Mitternacht —

an Berthier erlassen, gebietet diesem, Marmont, den König Murat, Victor und St. Cyr darauf aufmerksam zu machen, daß Zinnwald — (wohin man einen großen Theil des verbündeten Heeres gewendet wußte) — der schwierigste Punkt für den Feind sei, wo, nach der Meinung aller Einheimischen, ihr Gepäck und Geschütz kaum durchkommen werde. Dorthin sollen sich also die genannten Generale zur Vereinigung und zum Angriff wenden. Berthier soll ihnen allen schreiben, daß der Feind, umgangen von dem General Vandamme, der auf Tepliß vordringt, in große Verlegenheit gerathen, und wahrscheinlich genöthigt sein wird, den größten Theil seines Heergeräths im Stich zu lassen (que l'ennemi, tourné par le général Vandamme, qui marche sur Toeplitz, se trouvera très-embarassé, et sera probablement obligé de laisser la plus grande partie de son matériel). *)

Im Angesicht dieses Actenstücks wagen Leute, wie der General Pelet und Fain, zu erzählen, Vandamme sei ohne Napoleon's Wissen und Willen gegen Tepliß, ja überhaupt über das Gebirge vorgedrungen!

Fast unmittelbar darauf ließ sich Napoleon durch die eigene Befangenheit bestimmen, wenigstens dem König von Neapel noch einige seiner Truppen zu entziehen. Um 4 Uhr früh (am 30.) ließ er den General Gersdorf zu sich kommen, wie wir aus dessen Tagebuch ersehen, sprach vielerlei mit ihm — über die Niederlausiß, und die Straßen, die über Luckau auf Berlin führen. „Man sah, daß er sehr nachdenkend war, daß er mit irgend einem Plan umging, für den er noch nicht ganz entschieden war." Er that, wie er in solchen Stimmungen wohl pflegte, unendliche Fragen über Dinge, die ihm nicht neu waren, und äußerte sich mit leidenschaftlicher Heftigkeit über den Kronprinzen von Schweden, „es drängte ihn, irgend einen Streich gegen diesen auszuführen." — Um 5 Uhr ließ er den Grafen Lobau rufen, und befahl ihm auf das Schnellste einen Adjutanten nach Pirna abzufertigen, um alle dorthin befehligten Truppen zurückzurufen. Diese Truppen sollten eilen, auf der oberen Schiffbrücke bei Dresden über die

*) Spectateur militaire, I, 273.

Elbe gehen, und noch an diesem Tage Groß=Dobritz bei Großenhayn gewinnen — womit dann ihr Zug nach der Mark und Berlin ange= treten war.

„Das Erstaunen Lobau's," fährt Gersdorf fort, „war der Ab= druck dessen, was ich empfand." — Schon war ein schriftlicher Befehl an Berthier ausgefertigt, dem zu Folge die alte Garde (Infanterie und Reiterei) in Dresden über die Elbe gehen, zwei Infanterie=Divisionen der jungen Garde ihr folgen sollten, so daß bei Pirna unter Mortier nur die beiden Infanterie=Divisionen Decouz und Roguet, und die Reiter= schaaren unter Lefebvre=Desnouettes zurückblieben. — Der General Piré, der mit einer Brigade leichter Reiter von Latour=Maubourg's Heertheil nach Meißen entsendet war, um die Verbindung mit Leipzig zu erhalten, sollte dort am folgenden Tage auf das rechte Ufer der Elbe hinüberziehen — und endlich verfügt dieser Befehl: „Schreiben Sie dem König von Neapel, daß ich wünsche, da ich Streitkräfte auf der Seite gegen Berlin bedarf (qu'ayant besoin de forces du coté de Berlin) — daß er eine Brigade leichter und eine Brigade schwerer Reiterei auf Dresden oder Meißen entsendet, um dort über die Elbe zu gehen." —

In neuester Zeit — d. h. mehrere Jahre nachdem dieses Werk in erster Auflage erschienen war — ist nun ein wichtiges Actenstück bekannt geworden, das ein erklärendes Licht auf die getroffenen Anord= nungen, auf die Gespräche Napoleon's mit Gersdorf wirft, und unsere vorhin (S. 237) ausgesprochenen Vermuthungen entschieden bestätigt. Es ist einer jener Aufsätze wie Napoleon sie dem Chef seines General= stabs (Berthier) zu eigenem Gebrauch zu dictiren pflegte, wenn er Ge= danken die ihn beschäftigten, bis zu vollkommener Klarheit ausarbeiten wollte, und er muß gerade in der entscheidenden Zeit niedergeschrieben worden sein, zu der unser Bericht hier angelangt ist; spätestens in den ersten Frühstunden des 30. August; vielleicht — beinahe wahrschein= lich — schon den Tag zuvor; denn selbst die allerersten am 30. erlasse= nen Befehle Napoleon's gehen schon von den Entschlüssen aus die er in diesem Papier festgestellt hatte.

Er legt sich darin die Frage vor, ob er, die bei Dresden erfochte= nen Vortheile zu verfolgen, nach Prag vordringen solle, — oder, den ursprünglichen Feldzugsplan wieder aufnehmend, gegen Berlin? — und findet daß es eigentlich schon zu spät sei zu dem Zug nach Prag. Er könne dort nicht mehr vor dem Feinde eintreffen — auch die befestigte Stadt nicht sofort einnehmen. Böhmen könne sich „insurgiren" und seine, Napoleon's, Lage dadurch zu einer schwierigen werden; um so mehr da das verbündete Heer unter Blücher, die an der Katzbach besiegten französischen Heertheile wiederholt angreifen und gegen die Elbe zurückdrängen könnte. Im Norden müßten Oudinot und Davoust sich auf der Vertheidigung halten — und gegen die Mitte Octobers würde, mit Stettin, auch die 9000 Mann starke Besatzung verloren gehen. Das französische Heer aber, würde alsdann eine Linie besetzt halten, die von Prag bis an das Meer reichte. Diese Linie ist zu lang. Würde sie irgendwo durchbrochen, dann wäre dem Feinde der Weg in die „zwei und dreißigste Militair-Division" — (Stift Bremen, Verden, das Oldenburger Land) — geöffnet, und er könnte ihn, Napoleon, nöthigen sich nach diesem „schwächsten Theil seiner Staaten" zu ziehen. Die Russen die nichts, weder für sich selbst noch für Polen zu fürchten hätten, würden sich zwischen der Oder und Elbe, in Mecklenburg und in Böhmen verstärken.

Der Plan hätte somit das Bedenkliche, daß keine hinreichende Aussicht wäre Prag zu nehmen; — daß Napoleon sich für seine Person und mit seiner Hauptmacht auf dem äußersten Ende seiner Vertheidigungs-Linie befände, so daß er sich nicht auf die bedrohten Punkte begeben könnte; daß „Dummheiten begangen werden" und den Krieg in das Land zwischen Elbe und Rhein versetzen würden; endlich, daß die festen Plätze an der Oder (mit ihren Besatzungen) verloren gingen und nichts geschähe um sich Danzig zu nähern.

Viel anders, viel hoffnungsreicher stellt sich in Napoleon's Augen der Zug nach Berlin dar; da läßt sich sofort ein großes Ergebniß gewinnen. Napoleon deckt da seine Vertheidigungslinie, die von Dresden nach Hamburg gezogen ist, befindet sich für seine Person in der Mitte und kann die äußersten Endpunkte dieser Linie in fünf Tagen erreichen; er entsetzt Stettin und Cüstrin, und veranlaßt wahrscheinlich die Russen sich von den Oesterreichern zu trennen. — Denn die Polen unter Poniatowski sollen den Zug mitmachen und

sobald als möglich an die Oder zwischen Stettin und Cüstrin vorge=
sendet werden — und sobald die Russen die Grenze Polens von dort
aus bedroht sehen, werden sie darin einen Vorwand (!) finden Böhmen
zu verlassen. Der größte Theil der verbündeten schlesischen Armee
aber, wird über die Oder gehen um sich zwischen Stettin und Danzig
aufzustellen. — Freilich muß Napoleon 120,000 Mann am Fuß des
Erzgebirges, zur Vertheidigung gegen Böhmen stehen lassen; aber
diese defensive Kriegführung wird den jungen französischen Truppen
nützlich sein; sie werden sich darin zu vollkommener Kriegstüchtigkeit
ausbilden; auch wird ihre Stellung, durch die Napoleon Prag be=
droht ohne dahin zu gehen, die Oesterreicher verhindern sich anderswohin
zu wenden — und endlich kann es Napoleon bei dem wiener
Cabinet als eine ganz besondere Rücksicht geltend
machen, daß er sich enthält den Krieg nach Böhmen
zu tragen.

Allerdings werden die Oesterreicher wohl von den Russen und
Preußen gezwungen werden wieder zum Angriff überzugehen — aber
das kann doch nicht vor vierzehn Tagen geschehen — und in der Zwi=
schenzeit wird Napoleon Berlin erobert, Stettin entsetzt, die Arbeiten
der Preußen vor diesem Platz zerstört, und die preußische Landwehr
zerstreut haben. Wenn dann die Oesterreicher „ihre Dummheiten
wieder von vorne anfingen", würde er sich mit vereinigten Kräften
nach Dresden zurückwenden, und „ein großes Ereigniß, eine Haupt=
schlacht, würde dem Feldzug und dem Krieg ein Ende machen."

Der Aufsatz schließt mit den zusammenfassenden Worten: „In
meiner Lage ist jeder Plan unzulässig, dem zufolge ich nicht für meine
Person in dem Mittelpunkt bin. Jeder Plan der mich (von da) ent=
fernt, führt einen regelrechten Krieg (une guerre réglée) herbei, in
welchem die Ueberlegenheit der Feinde an Reiterei, an Zahl, und selbst
in Beziehung auf die Generale (et même en généraux) meine gänz=
liche Niederlage herbeiführen würde. — Um die beiden Projecte ge=
hörig zur Vergleichung zu bringen, muß man meine Armeen beiden
Voraussetzungen gemäß in (strategische) Schlachtordnung geordnet
denken:"

„1. Prager Project.“

„Ich muß mich in Person hinbegeben, und das 2., 6., 14. und das 1. Reiter=Corps dazu verwenden; Davoust müßte sich vor Ham= burg halten, die drei Corps unter Oudinot bei Wittenberg und Mag= deburg, die schlesische Armee bei Bautzen. In dieser Lage bin ich auf der Defensive, die Offensive ist dem Feinde überlassen; ich bedrohe nichts; es wäre absurd zu sagen daß ich Wien bedrohe; der Feind (Blücher) könnte die schlesische Armee (d. h. die Armee Macdonald's) maskiren, einige Corps über Zittau (in Böhmen) einrücken lassen, und mich bei Prag angreifen; oder er wird, indem er die schlesische Armee maskirt, Truppen an die Unter=Elbe entsenden, und gegen die Weser vorgehen, während ich bei Prag bin. Dann bleibt mir nichts übrig als in aller Eile den Rhein zu gewinnen. Der betreffende (fran= zösische) kommandirende General wird nicht einräumen daß sich der Feind vor ihm geschwächt hat, und mein persönliches Eintreffen bei Hamburg und Magdeburg wird ganz außer meiner Macht liegen. — Demnächst nun“

„2. Hypothese.“

„Das 1., 14., 2., 6. Corps und die Reiterei unter Latour= Maubourg bleiben ruhig um Dresden, ohne die Kosacken zu fürchten; Augereau's Heertheil nähert sich auf Bamberg und Hof; die schlesische Armee an dem Queis, oder dem Bober und bei Bautzen. Keine Be= sorgnisse noch meiner Verbindungen wegen. Meine beiden Armeen unter Davoust und Oudinot gegen Berlin und Stettin hin.“*)

In diesem Sinn faßte er seinen Entschluß. Wir sehen daß er in Beziehung auf den Zug nach Prag, Vandamme's Heertheil nicht nennt, weil er schon in Böhmen verwendet war — und es versteht sich daß auch die Garden nachrücken mußten, wenn Napoleon diese Richtung gewählt hätte — wie denn auch aus dem Zusammenhang erhellt daß umgekehrt die französische Nordarmee durch die Garden und Poniatowski verstärkt werden sollte, da er sich für den Schlag auf Berlin entschied.

---

*) Beilage 9.

Wie seltsam aber, müssen wir sagen, daß Napoleon in Böh=
men, wo die österreichische Regierung selbst, und zwar mit dem
erwünschtesten Erfolg, bemüht war Alles in passiver Ruhe zu
erhalten, einen Volksaufstand nicht ohne Besorgniß für möglich hält,
während er nach der anderen Seite hin, mit den preußischen Land=
wehren so gar leichten Kaufs fertig zu werden glaubt, und an einen
Widerstand von Seiten der Bevölkerung vollends gar nicht denkt.
Sein Augenmerk ist immer darauf gerichtet das Bündniß seiner Gegner
zu sprengen — aber er wird sich selbst untreu, indem er für den Au=
genblick die Hauptarmee der Verbündeten als strategisches Object in
der That vergißt, und nur an Prag denkt; nicht sieht daß er den Sieg,
den er an derselben Stelle in einigen Wochen erkämpfen wollte,
in dem Augenblick großentheils schon erfochten hatte, und nur zu
vollenden brauchte.

Nach 10 Uhr Morgens (30.) begann die alte Garde, dem ge=
faßten Entschluß, den getroffenen Anordnungen gemäß, in Dresden
über die Brücke zu ziehen, und um Mittag war auch die von Pirna
herangekommene junge Garde schon hinüber gegangen.

Später aber, mehrere Stunden nachdem er alle erwähnten Befehle
erlassen hatte, verfügte Napoleon dann plötzlich wieder, daß Mortier
mit dem Rest der jungen Garde, der noch bei Pirna geblieben war,
über Peterswalde nach Nollendorf vorrücken solle. Das ist sehr auf=
fallend. Was mag ihn dazu veranlaßt haben? — Etwa ein Bericht
Vandamme's, daß er auf nachdrücklichen Widerstand stoße? — Wäre
ein solcher Bericht spät am Abend vorher aus Kulm abgefertigt wor=
den, so konnte er ungefähr um die Zeit in Dresden eintreffen, zu der
Napoleon diese letzten Anordnungen traf. Aber jetzt war es zu spät;
— es war jetzt endlich zu spät, müssen wir sagen; — die Würfel
schon gefallen.

An diesem 30. August, der den entscheidenden Wendepunkt des
Feldzugs herbeiführen sollte, traf jenseits der Berge, die zwischen Na=
poleon und Vandamme lagen, früh um 3 Uhr der Oberst Schöler mit
dem Prinzen Friedrich von Oranien von den Höhen her in Teplitz ein.
Er weckte zuerst den General Diebitsch und machte ihn mit Kleist's
Entschluß bekannt. Diebitsch setzte sogleich alle leitenden Generale in

Bewegung, die sich zu Teplitz befanden; es scheint als habe die Nach=
richt Alles neu belebt; sie war dazu geeignet, denn mußte man sich
auch gestehen, daß das Spiel ein gewagtes blieb, so stand doch nun,
im glücklichen Fall, ein gar sehr gesteigerter Erfolg in Aussicht, und
selbst die angeordneten Maaßregeln bezeugen, daß man fortan vor=
zugsweise diesen letzteren im Auge hatte.

So wie der Tag graute, eilten Toll und Diebitsch hinaus ins
Freie, um eilig die Stellung des Feindes zu erforschen. Diese lehnte
ihren rechten Flügel, die Schlucht bei der Eggenmühle vor sich, an das
bewaldete Gebirge, und bog sich über das Dorf Straden rückwärts
nach den Anhöhen bei Kulm. Der linke Flügel stand auf den Wapp=
lingsbergen, den niedrigen Basalt=Hügeln, die sich mitten im Thal
aus den feuchten Wiesen erheben. Er reichte bis an Böhmisch=Neudorf
und auf die Abhänge der beherrschenden Striesowitzer Berge, die sich
zwischen diesem Ort und Aussig an der Elbe erheben.

An Streitkräften waren die Verbündeten, selbst hier im Thal und
abgesehen von Kleist's Heertheil, dem General Vandamme überlegen,
doch nicht in dem Maaße wie gewöhnlich angenommen wird. Da die
beiden österreichischen Divisionen Colloredo und Bianchi nach ihren
schweren Verlusten bei Dresden und auf dem Rückzug, in dem Augen=
blick wohl nicht viel über 12,000, jedenfalls wohl schwerlich volle
14,000 Mann wirklich bei den Fahnen haben mochten, standen wenig
mehr als 40,000 Mann zur Verfügung (nämlich 10 Bat. der 2. rus=
sischen Garde=Division = 6000 Mann; — 12 Bat. russische Gre=
nadiere = 7000 Mann; — ungefähr 6000 Mann vom 2. russischen
Infanterie=Corps, und 12 bis 14,000 Oesterreicher in 24 Bataillo=
nen; dann etwa 8500 Reiter, worunter 500 Oesterreicher, nämlich
4 Schwadronen Erzherzog Johann Dragoner, von der Brigade Sor=
benburg. Nach älteren Nachrichten wären noch 500 Husaren von
dem österreichischen Regiment Kienmayer hinzu zu rechnen; den neuesten
österreichischen Berichten zufolge scheint aber dies Regiment nicht in
den Bereich des Schlachtfeldes gekommen zu sein. Auch wird seiner
in Barclay's Disposition nicht gedacht. — Die 4000 Mann, die noch
von der ersten Garde=Division übrig waren, sind dabei nicht gerechnet,
da sie bei Sobochleben ganz außer dem Gefecht gehalten werden

sollten). — Vandamme konnte an diesem Tage noch 32,000 Mann haben.

Sobald Toll und Diebitsch zurück waren, versammelte sich um den König von Preußen ein Kriegsrath, in dem die Disposition zu dem Angriff gemeinschaftlich entworfen wurde. Toll war es, der in diesem Rath zuerst aussprach, daß man suchen müsse, den linken Flügel des Feindes zu umfassen. Viele Gründe sprachen dafür; besonders auch daß man auf diese Weise am ersten dazu gelange, Kleist die Hand zu bieten.

Der Vorschlag wurde angenommen, und dem gemäß festgesetzt, daß der linke Flügel und die Mitte abwarten sollten, bis die Umgehung ausgeführt sei, und Kleist, dessen jedoch in der Disposition nicht ausdrücklich gedacht wird, im Rücken des Feindes erscheine. — Der linke Flügel bestand unter dem Fürsten Galitzin, aus den russischen Grenadieren (1. Division) und der Brigade Pyschnitzky, hinter denen eine österreichische Brigade von der Division Bianchi (Prinz Philipp von Hessen-Homburg, 4 Bat.) und die dritte russische Kürassier-Division ein zweites Treffen bildeten; er hielt wie am vergangenen Tage die Stellung bei der Eggenmühle. In der Mitte vereinigten sich unter Miloradowitsch, zunächst hinter Priesten, die schwachen Reste der Infanterie des Herzogs Eugen von Württemberg, unterstützt von der leichten Reiterei der Garde, dem Lubny'schen Husaren-Regiment und der 1. und 2. russischen Kürassier-Division. — Auf dem rechten Flügel standen zunächst nur die Regimenter russischer Reiter unter dem Prinzen Leopold von Coburg und das österreichische Dragoner-Regiment — aber der Graf Colloredo, schon seit 3 Uhr wieder im Marsch mit seinem Heertheil, erhielt Befehl, sich mit 20 Bataillonen (denen sich nach den früheren Berichten 4 Schw. Kienmayer Husaren angeschlossen hätten) gleich von Sobochleben rechts nach Karbitz zu wenden; Bianchi's ungarische Regimenter sollten dann zwischen diesem Ort und Böhmisch-Neudörfel vorgehen, Colloredo's eigene Division zwischen Böhmisch-Neudorf und Deutsch-Neudörfel die Striesowitzer Berge krönen, und Geschütz hinaufbringen, um von hier aus, wie die Disposition besagt, „dem Feinde den Rückzug auf der Straße nach Nollendorf abzuschneiden." — Erst wenn Vandamme auf diese Weise in Flanke und Rücken genommen war, sollte Barclay mit allen Truppen aus der Hauptstellung zum Angriff gegen Kulm vorgehen.

Aber als Barclay um 8 Uhr früh diese Anordnungen unterschrieb, war man bereits im Gefecht. Die Besichtigung der feindlichen Stellung, die Berathung, hatten Zeit erfordert; die Oesterreicher waren erst um 6 Uhr bei Sobochleben eingetroffen, und ordneten sich erst jetzt bei Karbitz —: so war denn Vandamme den Verbündeten mit dem Angriff zuvorgekommen, und er leitete ihn wieder eben so ein wie gestern. Um 7 Uhr begann das Feuer der französischen Schützen, und bald bemühte sich der Feind in hartnäckigem, blutigem Gefecht über den Grund bei der Eggenmühle zu kommen, und die Russen von dem Fuß des Gebirges abzudrängen. Das Rollen des Flintenfeuers, der Donner des Geschützes, schallte von dort durch die heitere, sonnenhelle Morgenluft herab in das Thal.

Toll begab sich seinem Wunsch gemäß, in Auftrag des Generals Barclay zu dem Grafen Colloredo, um auf dem rechten Flügel dafür zu sorgen, daß der wichtigste Theil der Disposition ihrem Sinn entsprechend ausgeführt werde. Die russischen Offiziere, die Toll begleiteten, glaubten zu bemerken, daß dessen Ankunft dem Grafen Colloredo nicht erwünscht sei. In der That hatte Colloredo schon gezeigt, daß er nicht sehr geneigt war, sich einer fremden Autorität zu fügen. Für diesen Tag war er nun freilich durch den Feldmarschall Schwarzenberg selbst an die Befehle des General Barclay gewiesen, aber eben deshalb konnte ihm ein Gehülfe, der mit der Vollmacht dieses russischen Generals erschien, in dessen Namen sprach, und somit das entscheidende Wort in Anspruch nehmen durfte, doppelt unerwünscht sein. Um so mehr Eindruck machte die ritterliche Höflichkeit, mit der Graf Colloredo den General Toll empfing und dessen Vorschläge beachtete, auf seine russischen Begleiter. Toll nahm natürlich unter diesen Umständen sehr bedeutend Theil an der unmittelbaren Leitung des Gefechts auf dieser Seite.

Das erste Regiment der Division Colloredo, das herankam (Inf.-Reg. Czartoryski 2. Bat.) mußte Karbitz besetzen — die Küraßiere der Kaiserin, die Tataren-Uhlanen, und Erzherzog Johann Dragoner diesen Flecken umgeben, der ihnen zur Linken blieb, um sich in der Ebene zwischen Karbitz und Böhmisch-Neudorf zu entfalten, und so den weiteren Zug der Infanterie nach den Striesowitzer Bergen zu decken. — (In allen neueren Erzählungen dieser Schlacht wird berichtet, daß der Prinz Leopold von Sachsen-Coburg diese Reiter geführt habe: die gleichzeitigen Berichte, namentlich die officiellen, nennen dagegen den Gen.-Maj. Knorring als ihren Führer, der auch für die glänzenden Angriffe, welche diese Brigade ausführte, durch den russischen St. Georgen-Orden und das österreichische Theresienkreuz belohnt wurde.)

Die russische reitende Batterie, welche dieser Reiterei beigegeben war, sollte durch ihr Feuer das Zeichen des beginnenden Treffens geben. Sie ging durch das Ende von Karbitz vor, ein russischer Generalstabs-Offizier führte sie; der kürzeste Weg nach dem Punkte, den Gen. Toll für ihre Aufstellung bezeichnet hatte, führte durch einen Bauernhof am Ende des Orts, der beim Brande des vorigen Tags unversehrt geblieben war, und zwar durch die Scheune dieses Gehöfts auf einem Feldwege hinaus in das Freie — und seltsam genug gab sich hier, wie wohl öfter geschieht, die wunderlichste Beschränktheit in komischer Weise kund. Schon den Tag vorher stand Karbitz in Flammen, die Bewohner hatten den Ort flüchtend verlassen. Auf diesem Hof aber war eine entschlossene Bauernfrau ganz allein zurückgeblieben, und die widersetzte sich sehr entschieden dem Vorhaben der russischen Artillerie. Die großartigen und tragischen Weltbegebenheiten, die sich rundumher entwickelten, kümmerten sie nicht im Mindesten, auf ihrem Hofe aber wollte sie solchen Unfug nicht haben. Sie vertheidigte ihr Scheunenthor sehr tapfer; beide Arme in die Hüften gestemmt stand sie davor, und hielt eine sehr energische Rede, welche für die russischen Offiziere nichts weniger als schmeichelhaft war. Vernunft und Gründe hätten wohl nicht gefruchtet, auch war zu langen Unterhandlungen keine Zeit; sie mußte durch ein summarisches Verfahren beseitigt werden — aber ihr Muth blieb ungebeugt, und ihrer Beredsamkeit zu steuern unmöglich.

Die Batterie eröffnete nun ihr Feuer; Colloredo ließ noch drei Bataillone unter dem General Abele zwischen Karbitz und Böhmisch-Neudorf hinter der Reiter-Brigade des Prinzen von Coburg zurück, und mit den 7 Bataillonen seiner Division, die ihm noch blieben, erstieg er in drei Colonnen die Striesowitzer Berge. — Die 8 Bataillone der Division Bianchi dagegen, die dem Grafen Colloredo folgten, blieben zwischen dem Fuße dieser Anhöhen bei Böhmisch-Neudorf und Karbitz, hinter der Reiterei und der Brigade Abele, wo sie sich zur Unterstützung in Bataillons-Colonnen aufstellten.

Die Reiterei unter Knorring — oder dem Prinzen Leopold — ging mit vieler Entschlossenheit zum Angriff gegen eine Batterie vor, die von den Abhängen der Wapplingsberge her das Feuer der russischen Geschütze erwiderte. Die Kürassiere und Uhlanen eroberten drei Stücke derselben, und sprengten ein Bataillon der Bedeckung; französische Kavalerie, die ihnen in die rechte Flanke fiel, nöthigte sie zum Rückzug, und kehrte dann selbst wieder vor dem Feuer der Brigade Abele um. Ein zweiter Angriff wurde in gleicher Weise durch einen Flanken-Angriff der französischen Reiterei zurückgewiesen.

Unterdessen hatte sich Colloredo der Striesowitzer Berge bemächtigt, dehnte seinen rechten Flügel bis Deutsch-Neudörfel aus, brachte Geschütz auf die Höhen, seine Infanterie und Reiterei (E.H. Johann Dragoner) die Abhänge gegen Kulm hinab, bis an den Fuß derselben vor. Vandamme ließ ihm gegenüber, durch die Brigade Quiot, die sich in drei starken Massen aufstellte, von den Wapplingsbergen aus links rückwärts einen Haken bilden. Aber dieser Schutz wollte nicht genügen, denn schon war eigentlich diese Brigade in ihrer Linken durch die Oesterreicher umfaßt, — und mit schnellen Schritten nahte die vollständigste Entscheidung von anderer Seite her.

Seit 5 Uhr früh war Kleist aufgebrochen und im Marsch über Streckenwalde nach Nollendorf. In vielen Darstellungen wird berichtet, unweit des ersteren Orts habe er einen schriftlichen Bericht des Obersten Schöler erhalten, daß der Weg über den Geyersberg nun wieder von Fuhrwerk geräumt, und nicht mehr gesperrt sei; auf Grolmann's Anrathen aber sei General Kleist dennoch ohne Zweifel und Wanken im Zug nach Nollendorf geblieben. Wir wissen nicht, worauf diese Erzählung eigentlich beruht, und müssen sie dahin gestellt sein lassen. Die sämmtlichen Offiziere vom Generalstab dieses Heertheils bezeugen einstimmig, daß eine solche Meldung wenigstens nicht zu ihrer Kenntniß gekommen ist. — Die bisherige Nachhut unter General

Zieten (7 Bat., 4 Schwadr.) zog links auf Peterswalde, um dort
aufgestellt, den Rücken des preußischen Heertheils gegen nachrückende
Feinde einigermaaßen zu schützen —: drei Brigaden — da die vierte,
Klür, noch bei Wittgenstein war — im Ganzen 25 Bataillone, und
die Reiterei unter Gen. Röder, erreichten ungehindert die Nollendorfer
Höhe. Ein französischer Wagenzug mit Schießbedarf, der ganz sorglos
zu Vandamme dahin zog, wurde hier ohne Gefecht genommen, und
demnächst vernichtet; — 3 Bataillone, 1 Schwadron blieben auf der
Höhe stehen, mit dem Rest bewegte sich Kleist bald nach 10 Uhr hinab
in den Rücken des Feindes.

Der Kanonendonner hatte auch das doppelte Hauptquartier zu
Dur geweckt. Der Kaiser Alexander und der Fürst Schwarzenberg
setzten sich mit ihrem glänzenden und fast unabsehbaren Doppelgefolge
zu Pferde, und nahmen, näher gekommen, mit dem König von Preußen vereint, ihre Stellung auf dem Schloßberge bei Teplitz, der etwa
eine Meile hinter dem Schlachtfelde gelegen, eine weite Aussicht über
das Thal beherrscht. Durch Fernröhre gewahrte man um 11 Uhr,
daß bedeutende Truppenmassen in der Höhe von Arbesau, quer über
die Chaussee Stellung zu nehmen schienen, und Batterien vorbrachten,
die bald auch ihr Feuer eröffneten. Es war Kleist, der dort bemüht
war, sein Fußvolk und seine Batterieen zu entwickeln, während er zu
seiner Linken das Dorf Arbesau zu gewinnen trachtete. Für den Kaiser Alexander aber soll diese Erscheinung sehr überraschend gewesen
sein, nach Wolzogen's Bericht sogar ein ganz unlösbares Räthsel.
Das letztere ist aber kaum möglich, denn so gering und entfernt auch
sein Antheil an den Verhandlungen mit Kleist war, mußte er jetzt schon,
wenn nicht durch Schöler, doch gewiß durch den König von Preußen,
von dem Entschluß dieses Generals in Kenntniß gesetzt sein. Aber
freilich blieb das glückliche Gelingen immer überraschend genug, und
man konnte allerdings gar wohl im Zweifel darüber sein, ob Freund
oder Feind von den Bergen herab zog. Der Kaiser sendete mehrere Flügel-
Adjutanten — unter anderen Wolzogen — vom Schloßberg hinab in
das Thal, um bestimmt zu erfahren, was die Erscheinung bedeute *).

---

*) Wolzogen, Memoiren 201.

Auch Graf H. Colloredo, mit dem Zusammenhang des Ganzen nicht bekannt, war im ersten Augenblick betroffen, da er nicht anders denken konnte, als es sei ein feindlicher Heertheil, der zu Vandamme's Verstärkung vom Gebirge herab kam.

Toll wußte sich natürlich die Sache besser zu erklären, und fand eben deshalb, daß Barclay in der Hauptstellung zu lange mit dem allgemeinen Angriff zaudere. Er sendete eilig den Rittmeister Alexis Orlow — (den späteren Fürsten Orlow) zu dem Oberbefehlshaber, und ließ melden, daß er bereits den linken Flügel des Feindes umgangen habe, und im Begriff stehe, sich der Rückzugsstraße desselben zu bemächtigen —: und darin lag die Aufforderung zum Angriff, der nach der Disposition erfolgen sollte, sobald diese Bedingungen erfüllt waren.

Und in der That es war schon spät; es war schon viel versäumt. Vandamme hatte sehr früh die entscheidende Gefahr erkannt und den Preußen Truppen entgegengesendet, namentlich Reiterei; das preußische Husaren-Regiment, das an der Spitze marschirte, sah sich von überlegener Macht angegriffen und geworfen. Sobald sich dann die ganze überwältigende Größe der Gefahr übersehen ließ, faßte Vandamme den zweckmäßigen Entschluß, der allein noch Rettung versprach, ohne Schwanken, mit einer Schnelligkeit, die uns zwingt, in dem sonst in keiner Weise achtungswerthen General den einsichtsvollen und entschlossenen Krieger anzuerkennen.

Die ersten Schüsse der Preußen hatte man in den Reihen der Franzosen für Zeichen gehalten, daß nun die erwartete Verstärkung nahe, und überall auf dem Schlachtfelde zeigten sich ihre Schaaren wie neu belebt und neu ermuthigt, die Trommeln rührten, Trompeten schmetterten, Alles schien rascher und mit neu gestählter Zuversicht vorwärts zu schreiten auf der Bahn zum Sieg und glänzenden Erfolg. Wie mancher Feldherr wäre betäubt worden durch den unerwarteten Wechsel der Lage, die plötzlich wie durch Zauber zu einer verzweifelten wurde. — Vandamme entschloß sich augenblicklich, seine gesammte Artillerie aufzuopfern, um das Uebrige — oder so viel als möglich davon — zu retten. Der größte Theil der Artillerie blieb stehen in der Stellung bei Kulm, und sollte durch ihr rasches, bis zum letzten Augenblick fortgesetztes Feuer die Russen und Oesterreicher so lange als möglich von dieser Stellung abhalten, während sich der französische Feldherr selbst mit seiner ganzen Reiterei und dem größten Theil des Fußvolks auf die Preußen warf um nach Nollendorf durchzubrechen.

Zwanzig Bataillone seines linken Flügels mußten sogleich Kehrt machen; achte davon das Dorf Nieder-Arbesau besetzen und auf das Aeußerste halten, zwölf unmittelbar am Fuß der Berge über Schanda auf Liesdorf zurückgehen, während die Reiterei mit der ganzen Wucht eines Versuchs der Verzweiflung, zwischen beiden Abtheilungen auf der Chaussee selbst rückwärts jagte. Barclay's Zaudern, und das wirksame Feuer der französischen Batterieen, verschafften wenigstens diesem Theil der französischen Schaaren den nöthigen Vorsprung.

Es gelang den Preußen Ober-Arbesau zu nehmen; Nieder-Arbesau behaupteten die Franzosen mit großer Tapferkeit; sie schlugen alle Angriffe darauf zurück, sahen sich aber ebenfalls zurückgeschlagen, so oft sie zu einem Angriff auf Ober-Arbesau vorgingen, und so wogte hier unentschieden ein heftiger Kampf der immer schwieriger zu übersehen und zu leiten wurde, jemehr die einzelnen Bataillone sich in Schützen-Linien, und durch das Gefecht selbst, auflösten. Auf dem rechten Flügel der Preußen, zwischen der Chaussee und dem Fuß der waldigen Berge wurde nicht minder heftig und in eben so verwirrter Weise gekämpft, wie es der gewaltige Drang der Umstände nicht anders gestattete. Die Franzosen brachten Geschütze vor deren Feuer bald dem der preußischen Artillerie überlegen wurde — und überhaupt hatten hier die Franzosen zunächst den Vortheil der überlegenen Zahl, da zuerst nur eine preußische Brigade (die 10., Pirch) in das Gefecht kam; die beiden anderen (die 11. und 12.) sahen sich von ihr durch die Reiterei getrennt, die unmittelbar auf die Brigade Pirch folgte, und jetzt bemüht war von der Chaussee links auszubiegen und in die Gegend von Arbesau zu gelangen, um von dort aus die Verbindung mit den Oesterreichern unter Colloredo zu suchen; und dann auch noch durch die Artillerie, die im Heerzug auf die Reiterei folgte. Französische Schützenketten suchten an den waldigen Berglehnen den rechten Flügel der Preußen zu umfassen, deren Lage immer schwieriger wurde. Zwar kamen die 7 Bataillone der 11. Brigade (Jagow) herbei, aber schwerlich in der besten Ordnung, da die Leute sich auf der Chaussee zum Theil einzeln an der Reiterei und marschirenden oder in Colonne haltenden Batterieen vorbei drängen mußten; 3 Bataillone wurden sogleich der Umgehung auf dem äußersten rechten Flügel entgegen ge= sendet, die 4 anderen quer über die Chaussee aufgestellt — : aber da immer neue feindliche Schützen=Schwärme jene Umgehung wiederhol= ten gelang es nicht das Gleichgewicht herzustellen, oder vollends die Wagschale zu Gunsten der preußischen Truppen zu neigen; diese wichen vielmehr gegen die Chaussee zurück, Geschütze mit zerschossenen Laffeten blieben stehen, andere warfen im Chausseegraben um — die Verwirrung war im Steigen.

Als der Prinz August von Preußen mit der 12. preußischen Bri= gade den Berg herab kam, machte ihn der Oberst Grolmann aufmerk= sam darauf daß der Feind, von Nieder=Arbesau her, auch die linke Flanke der Preußen bedrohe. Der Prinz entsendete 2 Bataillone schlesische Landwehr zum Angriff auf das Dorf; diese wurden aber entschieden zurückgeschlagen, kamen in vollständiger Auflösung zurück, und rissen 2 andere Bataillone, die zur Unterstützung nachgeschickt waren, in Unordnung rückwärts mit sich fort, während der Feind in der Nähe folgte; alle Bemühungen die Ordnung herzustellen blieben fruchtlos; der Prinz August sprang selbst vom Pferde, ergriff eine Fahne des 2. schlesischen Regiments und schritt vorwärts, einige hun= dert Mann sammelten sich um ihn, und rückten wieder vor. Jetzt aber stürzte die französische Reiterei, die Brigade Mont=Marie an der Spitze, auf der Chaussee daher, sprengte die noch nicht wieder geordneten Ba= taillone des Prinzen August vollständig, und jagte an den preußischen Batterieen vorüber, die in der Colonne auf der Chaussee herabzogen, nach Nollendorf hinauf. An ein Schließen und Ordnen war unter diesen Bedingungen nicht zu denken, da immer neue Haufen französi= scher Reiter von dem General Corbineau geführt auf der Straße daher jagten, und alles überritten was ihnen in den Weg kam; das zer= sprengte Fußvolk wich rechts und links von der Chaussee in die Wäl= der, die preußische Artillerie aber litt schwere Verluste, indem die flie= henden feindlichen Reiter im Vorbeijagen die Fahr=Kanoniere nieder= hieben und die Pferde erstachen. — Die drei anfänglich auf dem

Kamm zurückgelassenen Bataillone, die jetzt auch bis in die Gegend von Liesdorf herab gekommen waren, und parallel mit der Heerstraße an den Berglehnen standen, konnten nicht auf die dahin sprengende Reitermasse Feuer geben, um nicht Freund und Feind niederzustrecken.

Während sich hier das Gefecht in so eigenthümlichen Formen bewegte, schritten Barclay und Colloredo vorwärts zu einem Sieg, der jetzt auf jener Seite ein sehr leichter geworden war. Der General Röder, der die preußische Reiterei befehligte, begab sich persönlich zu dem Grafen H. Colloredo, und veranlaßte ihn die Richtung auf Nieder-Arbesau zu nehmen, was sehr zweckmäßig war. Das Dorf wurde durch österreichische Infanterie erstürmt. — Der Herzog Eugen von Württemberg erstieg die Höhen über Straden; auch die russischen Grenadiere, und die österreichische Brigade Philippe von Hessen-Homburg drangen vor; Mouton-Duvernet, dessen Division den äußersten rechten Flügel der Franzosen bildend, hier bei der Eggenmühle kämpfte, erkannte bald daß er wenigstens nicht mehr daran denken dürfe nach Nollendorf vorzudringen; er ließ sein Geschütz stehen und warf sich mit seiner ganzen Division in die Wälder; in Trupps und einzeln flohen seine Leute, die Schluchten, die steilen Abhänge hinan, und den meisten gelang es den Kamm in der Gegend von Ebersdorf und Streckenwalde zu erreichen.

Der Herzog Eugen v. Württemberg wendete sich nun gegen die Höhen zwischen Kulm und dem Gebirge; die Brigade Abele, und Bianchi's Bataillone, theilweise von Toll angewiesen, von Karbitz her über die Wapplingsberge auf Kulm. Die Reiterei des Prinzen von Coburg suchte diesen Ort rechtshin zu umgehen, wurde aber lange durch das Feuer einer französischen Batterie und den Kulmer Bach aufgehalten. — Die feindliche Infanterie war eigentlich schon im vollen Weichen als die Oesterreicher nahten, und auch die Mannschaft der Batterieen suchte im letzten Augenblick zu entfliehen. Die Fahrkanoniere schnitten die Stränge ab und jagten davon — die Artilleristen schwangen sich auf die Pferde, andere, zu zweien und dreien, ließen sich, an den Schweif der Thiere geklammert, von ihnen rascher fortschleppen. Kulm wurde leicht erstürmt, und die Geschütze batterieenweise in Besitz genommen.

Die französischen Truppen welche bisher zwischen der Heerstraße und dem Erzgebirge gegen die preußischen Brigaden Pirch und Jagow gefochten hatten, und doch nicht nach Nollendorf durchzudringen vermochten, benützten die Wege welche ihnen die schon gelungene Umgehung des rechten Flügels der Preußen geöffnet hatte, und flohen, als die vollständige Niederlage offenbar wurde, in vollkommener Auflösung durch die Wälder zum Kamm des Gebirges hinauf. Von Arbesau her flohen viele Franzosen auch um den linken Flügel der Preußen herum, und hinter deren Rücken fort die Telnitzer Schlucht und die Heerstraße nach Nollendorf hinauf.

Am vollständigsten verloren waren diejenigen Heertheile, die bei Kulm die Mitte der französischen Armee gebildet hatten, und sich jetzt noch, meist sehr unsicher, zwischen Kulm und Arbesau bewegten — (die Division Philippon, und der größere Theil der Division Dumonceau). Während sie sich auch instinctartig den Abhängen des Erzgebirges zu nähern trachteten, lösten sich die Bande der Kriegszucht mehr und mehr, und die Schaaren lockerten sich in demselben Maaße. Die Franzosen selbst plünderten in verwirrter Eile das Gepäck des eigenen Heeres, besonders die Kriegskassen und die Wagen der Generale; — die Artillerie bemühte sich Munitionswagen in die Luft zu sprengen, und steigerte dadurch die Verwirrung; — Massen, die noch geordnet in Vierecken zusammenhielten, wurden durch den fliehenden Artillerie-Troß überrannt und gesprengt, und so konnte der Widerstand eigentlich kein bedeutender mehr sein, als von zwei Seiten her die Reiterei der Verbündeten vorbrach.

Auf der einen Seite fand die Reiterei des Prinzen von Coburg, als das französische Geschütz schwieg, den Weg über den Kulmer Bach —: und hier zeichnete sich nunmehr besonders das österreichische Dragoner-Regiment Erzherzog Johann durch wiederholte entschlossene Angriffe auf die französische Infanterie aus. — Von einer anderen Seite trabten die russischen Küraffiere durch Kulm vor, und schaarenweise wurden die Gefangenen zusammengetrieben.

Vandamme, der das Gefecht vom Horkaberge bei Kulm aus geleitet hatte, begann für seine persönliche Sicherheit erst dann zu sorgen, als jede Leitung seiner Truppen vollkommen unmöglich geworden war. Er

wurde von russischen Jägern des 4. Regiments gefangen genommen ehe
er noch die Schlucht von Sernitz erreichen konnte, — und ging dann aus
einer Hand in die andere, denn Kosacken, und russische Garde-Husaren,
jagten den Jägern diesen werthvollen Gefangenen ab, um ihn als den
ihrigen vorzustellen, und jene behielten zum Wahrzeichen nur seine
Epaulettes, die sie sich sogleich angeeignet hatten. — General Quiot
mußte sich bei Arbesau mit sehr vielen Offizieren den Preußen ergeben — und bald waren auf dem weiten Felde nur Erschlagene, todte
Pferde, verlassene Geschütze, Waffentrümmer und lange Züge von Gefangenen zu sehen; nur in dem Winkel zwischen Kulm, Schanda und
den Bergen, hielt noch ein letzter Rest der feindlichen Heeresmacht
Stand.

Schanda mußte durch zwei österreichische Bataillone der Division
Bianchi erstürmt werden, 4000 Mann die sich in Vierecken in der
Nähe vertheidigten, streckten erst dann die Waffen als ihnen jeder Rückzug abgeschnitten, und ihre Munition verschossen war. So kamen
10,000 Gefangene zusammen; wahrscheinlich sogar mehr.

Neben dem König von Preußen erschien nun auch der Kaiser
Alexander auf dem Schlachtfelde, — und er zeigte sich hoch erfreut,
wie der Mensch wohl ist, wenn ein unerwarteter, blendender Glücks-
fall ihn erhebt; — denn freilich, einen solchen Erfolg hatte er nicht
erwartet. — Schon unterwegs, vom Teplitzer Schloßberg her, hatte er
bei Sobochleben der ersten Garde-Division für ihre Thaten am Tage
vorher gedankt, und auch auf dem Schlachtfelde sprach er sich in gleicher Weise sowohl gegen die Truppen aus, als gegen die Führer; besonders gegen diejenigen, die einen hervorragenden Antheil an der
Ehre des Sieges hatten.

Wie sich die Dinge im Lauf der drei letzten denkwürdigen Tage
auf dem äußersten rechten Flügel, unter dem angeblichen Oberbefehl
des Grafen Ostermann, gestaltet hatten, mußte der Kaiser jedenfalls
aus Wolzogen's Berichten wissen. Auch war er unterrichtet, das beweisen die denkwürdigen Worte die er, wie wir durch den Obersten
Helldorf erfahren, auf dem Schlachtfelde zu dem Herzog Eugen von
Württemberg sprach: „Ich weiß alles was wir Ihnen verdanken",

sagte der Kaiser, „aber Selbstverleugnung ist die schönste aller Tugenden." (Je sais tout ce que nous vous devons; mais la résignation est la plus belle des vertus.)

Den heutigen Erfolg sah der Kaiser großentheils als Toll's Werk an, da dieser General vor allen zu Dur entschieden für den Angriff gesprochen, und auf dem Schlachtfelde selbst den umgehenden rechten Flügel geführt hatte. „Der Kaiser dankte dem General-Major Toll herzlich für die erfolgreiche Führung des Angriffs" (Императоръ искренно благодарилъ Г. М. Толя за удачное командование атакою) lesen wir in dem schon mehrfach angeführten handschriftlichen Tagebuch.

Gefangene zogen am Kaiser vorüber, auch Vandamme wurde durch Kosacken vor ihn geführt. Der gefangene französische General stieg vom Pferde, küßte es zum Abschied, und zeigte sich dann dem Kaiser gegenüber, roh und trotzig wie er sein ganzes Leben über gewesen war. Alexander richtete höflich einige Worte des Trostes an ihn, und versprach ihm gute Behandlung; trotzig und kurz antwortete Vandamme ohne nur den Hut zu lüften. — Manche der Anwesenden waren durch dies Betragen empört; die Deutschen erinnerten sich seiner Unthaten in Schlesien, und vor Kurzem in Oldenburg. Wir gestehn daß uns bei alle dem diese Haltung doch immer noch besser gefällt, als die geschmeidige Anspruchslosigkeit, in die Leute dieses Schlages, deren roher Uebermuth im Glück keine Grenzen kennt, im Unglück wohl zu verfallen pflegen. — Gleich darauf befahl der Kaiser ihn zunächst nach Teplitz zu führen — wo ihm dann der Großfürst Constantin die bekannte Scene bereitete, welche Wolzogen beschreibt. *)

Eine freudige, jubelnde Stimmung wehte nach langen Tagen trüber Niedergeschlagenheit durch das verbündete Heer, und sie wurde noch gesteigert, als auf dem Schlachtfelde die Nachricht von dem Siege bei Groß-Beeren eintraf, den man dem Kronprinzen von Schweden beimaß, als die noch wichtigere Siegesbotschaft aus Schlesien allgemeiner bekannt wurde, deren Bedeutung man jetzt erst erkannte, die jetzt ihren vollen Eindruck machte. In dieser Freude wachsender Zuversicht legte man keinen Werth mehr darauf daß immer mehr von den

---

*) Wolzogen, Memoiren S. 204.

Truppen, deren Rettung es noch den Abend vorher zu gelten schien, vom Gebirge herab in das Thal kamen: Wittgenstein's Heertheil (die 5. russische Division und die preußische Brigade Klür) von Zinnwald her bei Eichwald — die preußischen Garden in derselben Gegend, doch sagen die vorliegenden Berichte nicht genau wo.

Daneben herrschte viel wilde Unordnung, der nicht sogleich ge= steuert werden konnte. Das Dorf Kulm ging, und zwar erst nach der Schlacht, in Flammen auf; viele Verwundete verunglückten in den Flammen; — hier und in Karbitz plünderten russische Küraffiere; — am seltsamsten aber nimmt es sich aus, daß zur selben Zeit das Kulmer Schloß durch Oesterreicher ausgeplündert wurde.

Die flüchtenden Franzosen waren nicht jeder Gefahr entgangen nachdem sie den Kamm des Gebirges erreicht hatten. Die Nachrichten die bis jetzt von Seiten der Franzosen bekannt gemacht worden sind, lassen noch manches ungewiß, so namentlich auf welchem Wege eigent= lich Corbineau's Reiterei vom Gebirge hinab nach Sachsen entkommen ist. Die Spitze hatte auf der Nollendorfer Höhe ein verwirrtes Ge= fecht mit einer preußischen Küraffier=Schwadron die hier zurückgelassen war — im Gefecht etwa hundert Gefangene machte, darunter den Ge= neral Dumonceau (der aber in der folgenden Nacht wieder entkam) und endlich nach Fürstenwalde ausweichen mußte. Wahrscheinlich wendete sich ein Theil der französischen Reiter von hier links über Schönwalde auf die alte Straße, auf der sie keinem Feinde mehr be= gegnete. Aus dem Bericht einer preußischen Patrouille aber geht her= vor daß ein großer Theil, mit dem General Corbineau selbst, rechts ausbog, in das sehr unwegsame Gebirge zwischen der Heerstraße und Elbe; hier auf Pfaden wo die Reiter absteigen mußten um ihre Pferde die steilen Abhänge hinunter zu führen, bei Tetschen in den Elbgrund, und durch diesen nach Königstein gelangte. *)

Weniger glücklich war das Fußvolk, das von Arbesau her um den linken Flügel der Preußen auf die Nollendorfer Höhe gelangt war, denn General Zieten war, da bei Peterswalde alles ruhig blieb,

---

*) Monteton, Geschichte des Königl. Preußischen sechsten Küraffier=Regiments S. 203, 204.

von Pirna her kein Feind nahte, auf erhaltene Weisung von dort um=
gekehrt, und hatte seine Truppen am Rande des sogenannten Jungfern=
holzes, quer über die Chaussee, die Stirn nach Nollendorf gewendet auf=
gestellt. — Kleist, der auf der Chaussee leicht unter die französischen
Reiter gerathen wäre, wenn nicht ein Adjutant sein Pferd am Zügel
ergriff, und seitwärts mit sich fort in den Wald riß, war auf Umwegen
hierher gelangt, und wie er überhaupt die Ereignisse des Tages im
schwärzesten Licht sah, dachte er nur an einen letzten Versuch sich an
der Spitze dieser Truppen durchzuschlagen — bis Zieten und General
Diebitsch, der sich auch hier eingefunden hatte, von einem Erkundungs=
ritt gegen Nollendorf zurückkehrten, und ihn einigermaaßen über die
eigentliche Lage der Dinge aufklärten. — Die französische Infanterie,
die von Nollendorf herab kam, war kein sehr gefährlicher Feind mehr;
General Dunesme wurde an ihrer Spitze erschossen, und die Preußen
machten hier noch an tausend Gefangene.

Die Hauptmasse des geretteten französischen Fußvolks wurde auf
der Hochfläche bei Streckenwalde wieder einigermaaßen geordnet; man
sah sich da von Kosacken umschwärmt, und wenn diese auch keinen ernst=
haften Angriff wagten, war es doch sehr natürlich, daß man die Preußen
auf der Hauptstraße vermied, und so schnell als möglich wieder in Wäl=
der und durchschnittenes Gelände zu kommen suchte. Der eilige Marsch
ging über Fürstenwalde nach Liebenau —: und hier hatte die Schaar
das ungehoffte Glück, dem Marschall Gouvion St. Cyr und seinem
Heertheil zu begegnen. — War die Freude der Geretteten groß, so
konnte doch der Anblick dieser geschlagenen Heerestrümmer auf St. Cyr's
Truppen nicht gerade einen erhebenden Eindruck machen.

Die französische Abtheilung die unter dem General Creutzer Aussig
besetzt hatte, verließ diesen Ort erst spät am Nachmittag und gelangte
glücklich und ohne Verlust, auf wenig beachteten Wegen, durch die
Berge nach dem Königstein. Graf Merveldt, der mit seiner neugebil=
deten österreichischen Abtheilung von Theresienstadt her nahte, erreichte
Aussig erst als es der Feind verlassen hatte. —

Als der Abend hereinbrach suchte man überall im Heere der Ver=
bündeten die Schaaren neu zu ordnen, und sich auf den gewählten
Lagerplätzen einzurichten. — General Zieten blieb als Vortrab gegen

Peterswalde stehen, die Hauptmasse der Preußen biwachtete bei Vorder-
Tellnitz und Arbesau am Fuße der Berge. Doch irrten noch viele
Mannschaften der ganz oder theilweise gesprengten und zerstreuten
Bataillone in den Wäldern umher, und wußten so wenig als die
Franzosen die sich unter ihnen herumbewegten, welche Partei Sieger
geblieben war. — Die russisch-preußischen Garden und Reserven, deren
Reiterei dem Feinde zum Theil bis an den Fuß der Rollendorfer Höhe
gefolgt war, wurden zwischen Kulm und Teplitz versammelt, in wel-
chem letzteren Ort sich die sämmtlichen großen Hauptquartiere nieder-
ließen. — Die österreichischen Divisionen Colloredo und Bianchi zogen
nach Dur zurück, und fanden dort Chasteler's Grenadiere, und die
österreichische Reiterei vor. — Wittgenstein lagerte bei Eichwald, sein
Nachtrab unter General Wlasow, der an die Stelle des verwundeten
Roth getreten war, hatte auch bis nahe an diesen Ort weichen müssen.
— Fürst Moritz Liechtenstein kam nach Grab, diesseits der Berge —
und von den entfernteren Truppentheilen kam Civalart auch schon an
diesem Tage über das Gebirge herab nach Unter-Georgenthal; Crenneville stand vor ihm noch jenseits der Berge, bei Neuhausen an der
Flöhe (eine Meile von Saida) — Klenau erreichte erst heute bei Marien-
berg die Straße, die ihn über Sebastiansberg und Kommotau nach
Böhmen führen sollte.

Auf Seiten der Franzosen kam Mortier erst spät am Tage nach
Gießhübel, erfuhr hier durch Fliehende, die ihm entgegenkamen, Vandamme's Niederlage und kehrte in seine frühere Stellung zurück. —
Gouvion St. Cyr erhielt, wie er berichtet, auch erst spät die nöthigen
Befehle, — zog sich von Reinhartsgrimma links, um zwischen Marmont und Vandamme vorzugehen, kam nur langsam vorwärts, erreichte, über Glashütte, Liebenau auch erst gegen Abend, und stieß
hier zu seiner Ueberraschung auf die Trümmer des geschlagenen Heers.
Er blieb für die Nacht hier stehen. — Marmont hatte bei Altenberg
ein lebhaftes Gefecht gegen Wittgenstein's Nachtrab, den er über Zinnwald hinaus drängte, und stand am Abend mit seiner Hauptmacht bei
Altenberg. — Murat der sich ziemlich rathlos und unsicher bewegte,
hatte sich, Klenau folgend, rechts gewendet, nach Zetha, in der Richtung auf Marienberg, doch drei Meilen davon entfernt. —

Damit ganz verständlich werde wie sich zu Ende August, zwei Wochen nach der Eröffnung des Feldzugs, die allgemeine Lage gestaltet hatte, müssen wir nun hier noch in der Kürze nachholen was sich unterdessen bei der schlesischen Armee zugetragen hatte.

Schon vorhin haben wir angedeutet was für Verhaltungsbefehle Napoleon dem Marschall Macdonald in Schlesien zurückgelassen hatte. Sie besagten im Wesentlichen dieser Feldherr solle Blücher über Jauer zurückwerfen, und dann am Bober eine abwartende Stellung nehmen.

Die Einzelnheiten dieser Instruction fanden keine Anwendung, da die Dinge weit anders kamen als Napoleon gerechnet hatte, aber sie sind von Interesse, denn sie verbreiten auch von dieser Seite Licht über die Ansichten des französischen Heeresfürsten, und über seine Plane im Großen. So sehen wir das was in dieser Beziehung auch aus anderen Briefen und Befehlen hervorgeht, hier bestätigt durch die Worte: „Die Hauptbestimmung dieser Armee (Macdonald's) ist die feindliche Armee im Schach zu halten, und zu verhindern daß sie auf Zittau vorgehe, um meine Verbindungen zu unterbrechen, oder auf Berlin, gegen den Herzog von Reggio (Oudinot)."

Von den 11 Infanterie-Divisionen die zu Macdonald's Verfügung bleiben, sollen 9 in drei verschanzten Stellungen bei Bunzlau, Löwenberg und Hirschberg, zu dreien in jeder, am Bober aufgestellt werden; eine als Rückhalt bei Lauban am Queis, eine auf dem linken Flügel zwischen Bober und Queis. — Bei Löwenberg sollen Brücken geschlagen werden, unter dem Schutz der jenseits verschanzten Höhen. — Die Reiterei soll vorzugsweise auf dem linken Flügel vereinigt werden, um hier das Land und alle Bewegungen des Feindes genau zu erkunden. — Weder zwischen dem rechten Flügel dieser Stellung und dem Riesengebirge kann, heißt es in den Verhaltungsbefehlen, der Feind vorgehen, ohne Gefahr abgeschnitten zu werden, noch zwischen ihrem linken Flügel und der Oder, auf Berlin. — Sollte der Feind, ohne namhaft verstärkt zu sein, von Neuem zum Angriff gegen den Bober vorrücken, so muß ihm Macdonald über Löwenberg entgegenrücken, und ihn schlagen.

Seine nächste Aufgabe durfte Macdonald nicht für eine allzuschwierige halten, da er seinem Gegner um einige tausend Mann über-

legen war — : aber er verlor gleich zu Anfang zwei Tage, wie es
scheint in Folge eines seltsamen Mißverständnisses. Napoleon wollte
den Marschall Ney mit sich nach Sachsen nehmen, wo er jetzt entscheidende Schläge erwartete; der Marschall aber, anstatt für seine
Person allein dem Ruf zu folgen, führte am 24. auch seinen Heertheil
nach Bunzlau zurück. Erst am folgenden Tag rückten diese Truppen,
jetzt unter die Befehle des General Souham gestellt, wieder bis in die
Gegend von Liegnitz vor, wo die Spitze Rothkirch erreichte, während
die letzte Division des Heertheils nicht über Haynau hinaus kam. —
Mit seinem eigenen Heertheil (von welchem jedoch eine Division,
Ledru-des-Essarts, am Bober zurückgeblieben war), dem 5. den Lauriston befehligte und Sebastiani's Reitern, verweilte Macdonald diese
beiden Tage vollkommen unthätig in der Gegend von Goldberg.

Blücher war unterdessen (am 24.) nach Kohlhöhe bei Striegau
zurückgegangen — : aber kaum hatte er hier erfahren, daß Napoleon
an die Elbe zurückgekehrt sei; daß ein Theil des französischen Heers
sich rückwärts bewege, von Liegnitz nach dem Bober, als er auch schon
wieder vorwärts strebte, dem Feinde nach! — Noch an demselben
Abend wurde der Befehl dazu, und die Disposition erlassen. Man
wußte Macdonald bei Goldberg; dorthin sollte Langeron marschiren,
um ihn zu beschäftigen und festzuhalten, während York und Sacken
bei Dohnau und Kroitsch über die Katzbach gingen, und dann links gewendet den Feind in der Flanke angriffen. — Für den Fall, daß der
Gegner den Angriff an der Katzbach nicht abwartete, war auch der
weitere Marsch bis an den Bober schon bestimmt, und früh am 25.
brach Alles auf.

Auf diesem Marsch aber lief nun wieder von den Vortruppen
mehrfach die Meldung ein, daß der Feind umkehre und Liegnitz wieder
besetzt habe; vielleicht wurde es nöthig abermals auszuweichen;
Blücher befahl mitten im Marsch zu halten: Sacken mußte bei Mah-
litsch, York bei Jauer, Langeron auf dem linken Ufer der wüthenden
Neiße, in der festen Stellung bei Hennersdorf, stehn bleiben — und
diese Anordnungen riefen böse Zeichen eines nahenden, vollständigen
Bruchs aller Verhältnisse im Innern des Heers hervor. Schon früher
ist angedeutet worden in welcher Spannung hier Alles schwebte; in

den letzten Tagen hatten sich Mißbehagen und Unzufriedenheit auf das höchste gesteigert. Den Unterfeldherren schien Blücher's Verfahren immer entschiedener unzweckmäßig und widersinnig; das Heer, meinte man, gehe bei dieser Art der Kriegführung unwiederbringlich zu Grunde; die Anstrengungen, die den Truppen zugemuthet wurden, indem man sie, wie man meinte, ohne festen Plan und Methode, dem leisesten Wechsel der Nachrichten folgend, bald rückwärts bald vorwärts führte, schienen jedes Maaß zu übersteigen. Schon dreimal hatte das Heer in der kurzen Zeit, marschiren müssen ohne abkochen zu können, — schon dreimal Nächte durch; wie lange ließ sich dergleichen durchführen und ertragen! — Schon waren die Verluste bedeutend; es war bereits vorgekommen, daß aus den Resten dreier Landwehr-Bataillone ein einziges gebildet werden mußte.

Bald nach der Eröffnung des Feldzugs (20.) hatte York Vorstellungen gemacht gegen diese Art dem Feinde mit dem gesammten Heer stets auf der Spur zu folgen, um dann wieder mit der ganzen Masse eilig auszuweichen. Nur ein starker Vortrab mußte sich, nach seiner Meinung, ganz nahe am Feinde halten; das Heer selbst sich eilige und unnütze Märsche ersparen, indem es sich abwartend in größerer Entfernung hielt. Jetzt schien die Ansicht dieses Generals durchaus gerechtfertigt, und es kam zwischen ihm und Blücher in Jauer zu einer sehr heftigen Scene, die um so schlimmer war da sie in Gegenwart mehrerer russischer Generale vorfiel, die ohnehin, Langeron an ihrer Spitze, nahe daran waren sich dem Gehorsam ganz zu entziehen, und in dem Hauptquartier ihres Kaisers an dem „Sturz" des preußischen Feldherren zu arbeiten.

Kein Wunder, daß Mißbehagen auch den Feldherren selbst ergriff, daß die Sorge auch ihm nahte, denn er fühlte wie die Zügel fast schon seiner Hand entglitten —: aber bezeichnend ist es für sein und Gneisenau's Wesen, daß beide den Ausweg aus diesem unseligen Labyrinth nicht in einem schwachen Nachgeben, der herrschenden Stimmung gegenüber, suchten, sondern — vorwärts! und in einem Sieg. Mehr als je war Blücher jetzt zu einer Schlacht entschlossen. Ein Sieg heilte alle inneren Schäden; und selbst eine verlorene Schlacht konnte die Lage kaum schlimmer machen, als sie auf diesem Wege ohnehin werden mußte.

Am 26. August, während der schwere Landregen begann der zu Macdonald's Unheil mehrere Tage anhalten sollte, befahl Blücher, nachdem man so viel als möglich Nachrichten eingezogen hatte, um 11 Uhr den Marsch vorwärts, den Feind anzugreifen den man bei Liegnitz vermuthete. — Sacken sollte auf der großen Straße von Jauer nach Liegnitz gegen diesen letzteren Ort vorrücken; York der auch auf dem rechten Ufer der wüthenden Neiße vorwärts ging, sollte bei Kroitsch über die Katzbach gehen um den Feind in seiner Rechten zu umgehen; Langeron einen starken Vortrab vor Goldberg stehen lassen, und mit der Hauptmasse das nördliche Ufer der Katzbach bei Niemberg gewinnen, um diese Umgehung zu unterstützen.

Als Graf Langeron diese Disposition erhielt, sprach er gegen den preußischen Offizier der sie ihm brachte (Lieutenant v. Gerlach) ziemlich unumwunden aus, daß er sie nicht befolgen werde, und deutete an daß geheime Instructionen ihm zur Pflicht machten sein Corps nicht auf das Spiel zu setzen. Auch sprach er in einer schriftlichen Meldung von feindlichen Colonnen die sich bereiteten ihn zu umgehen, und ließ errathen daß er sich wohl genöthigt sehen werde wieder nach Jauer zurück zu gehen.

So war es denn wohl ein Glück zu nennen daß die Ereignisse Blücher's Anordnungen von selbst aufhoben, denn der Feind kam den Verbündeten entgegen, und Alles war verändert. Schon wurde bei den Vortruppen das Feuer heftig.

Macdonald glaubte seinen Gegner erst bei Jauer zu treffen, und ließ deshalb den General Puthod mit seiner Division aus der Gegend von Goldberg eine umgehende Bewegung durch das Gebirge über Schönau auf Jauer ausführen. Mit den beiden anderen Divisionen des 5. Armee-Corps (Lauriston) ging Macdonald selbst von Goldberg auf dem linken Ufer der wüthenden Neiße vorwärts, wo er auf Langeron treffen mußte. — Die Generale Gérard und Charpentier (das 11. Armee-Corps) sowie Sebastiani's Reiter waren angewiesen die Katzbach bei Kroitsch zu überschreiten, um dann in mehreren Colonnen bei Nieder-Crayn und Weinberg auf das rechte Ufer der wüthenden

Reiße und die Hochfläche bei Eichholz zu gelangen; dort sollten diese Truppen mit Souham's Heertheil zusammentreffen, der von Liegnitz der großen Straße nach Jauer folgte.

So trafen beide Heere im Marsch auf einander; doch mit dem folgenschweren Unterschied daß Blücher von Anfang an auf eine Schlacht gerechnet hatte, und Macdonald nicht; daß jener auch jetzt von dem Nahen des Feindes bei Zeiten unterrichtet, sich bereitete ihn zu empfangen, während Macdonald, schon im Gefecht mit den Vortruppen der Verbündeten, den Nachtrab eines weichenden Feindes vor sich her zu treiben glaubte, und sorglos vorwärts ging.

Durch York's Heertheil und Sacken's Reiterei überraschend angegriffen, zum Theil in ihrer Entfaltung gehemmt, erlitten Gérard's, und Sebastiani's Schaaren, und Truppentheile Souham's die sich ihnen über Kroitsch angeschlossen hatten, ohne obere Leitung ziemlich sich selbst überlassen, auf der Hochfläche bei Eichholz eine vollständige Niederlage, und wurden in gränzenloser Verwirrung die steilen Abhänge hinunter in die wüthende Reiße geworfen, die jetzt vom Regen angeschwellt schon über ihre Ufer hinaus tobte; in der gar mancher französische Krieger sein Grab fand. Nur Charpentier's Division, die nicht auf die Hochebene gekommen war, ging ziemlich geschlossen zurück. — Zwei Divisionen (Albert und Ricard) von Souham's Heertheil, die zu spät aus der Liegnitzer Gegend her vor Dohnau erschienen, wurden leicht durch Sacken zurückgeworfen.

Unterdessen handelte Langeron auf dem linken Ufer der wüthenden Reiße, ganz so wie seine Worte angekündigt hatten. Kaum daß er den Feind ansichtig wurde, so sendete er, als Einleitung zum Rückzug, den größten Theil seiner Artillerie, namentlich alle schweren Batterieen, nach Jauer zurück; und bald darauf entsendete er auch den General Kapzéwitsch mit 17 Bat. rückwärts nach Peterwitz bei Jauer, um den Rückzug gegen eine etwanige Umgehung zu decken. Nach wenigen Kanonenschüssen verließ sein Vortrab die ungemein feste Stellung hinter dem Plinsen-Grunde, um in die ebenfalls sehr feste Hauptstellung hinter Hennersdorf zurückzugehen, und auch diese wollte Langeron räumen — vor einem Feinde, dem er eigentlich bedeutend überlegen war! — Schon war Hennersdorf verloren gegangen und zwei beherrschende Anhöhen, welche die Russen unbesetzt gelassen hatten, von den Feinden eingenommen, als Langeron erfuhr welchen glänzenden Sieg die Verbündeten auf dem anderen Ufer der Neiße erfochten hatten. Er war natürlich sehr betroffen; die Lage in der man ihn fand mußte ihm um so verdrießlicher fallen, da die preußischen Offiziere, die ihm die Kunde brachten, vor allen der Oberst Müffling, ihn mit Absicht fühlen ließen was ihr an Glanz fehlte, und dagegen Sacken's wackeres Benehmen erhoben. Zugleich ging die preußische Brigade Steinmetz bei Schlaupe über die Neiße, um den Feind der ihn drängte in Seite und Rücken zu fassen: da kehrte denn auch Langeron zum Angriff um, den er jetzt mit ungemeinem Eifer betrieb; die Höhen wurden wieder genommen, Hennersdorf dagegen konnte dem Feinde vor einbrechender Dunkelheit nicht wieder entrissen werden.

Dennoch wurden die verspäteten Bemühungen Langeron's das Versäumte, wenigstens was den Effect betrifft, wieder einzubringen, in hohem Grade vom Glück begünstigt; denn wie das Glück eben seltsam spielt, fiel gerade ihm das Loos vorzugsweise die Trophäen dieses Sieges aufzulesen, zu dem er so wenig beigetragen hatte.

Mit seltener Bestimmtheit brachte Gneisenau immer den Grundsatz zur Geltung daß der Werth eines Sieges großentheils in der Verfolgung liegt; und mochten Mann und Roß noch so sehr erschöpft und ermattet sein, mochten die dürftig gekleideten Landwehrmänner ohne Schuh und ohne Mäntel, ohne Brod, ohne Stroh, ohne Feuer, unter freiem Himmel, die kalten Regennächte hindurch noch so furchtbar leiden —: unaufhaltsam, unerbittlich sollte die Verfolgung vorwärts gehen! — Aber Zeit und Wetter griffen diesmal lähmend ein; das mächtige Anschwellen der raschen Gebirgswasser, dem Feind verderblich, setzte doch auch theilweise der Verfolgung Grenzen; denn bald waren die meisten Brücken von den Fluten fortgerissen oder überschwemmt.

Der Feind eilte in arger Verwirrung dem Bober zu; Souham und das 11. Armee-Corps von Liegnitz und Kroitsch nach Haynau und Bunzlau; geschlossene Heertheile und die ohne taktische Ordnung, einzeln und in Massen weiter eilenden Mannschaften aufgelöster Schaaren, zogen in bunter Reihe dahin, und überall blieben Ermattete und Entmuthigte liegen, blieben Gepäck und Munitionswagen stehn. Viel zerstreute Mannschaft, und Lauriston's Heertheil, hatten sich nach Goldberg gewendet, um von dort den Weg nach Bunzlau zu suchen, wo das gesammte französische Heer (vom 27. bis 29.) über den Bober zurück ging.

Die Verfolgung hemmend wirkte nun daß am Tage nach der Schlacht (27.) Liegnitz bis in die Nachmittagsstunden vom Feinde besetzt blieb, die dortige Brücke also nicht benutzt werden konnte. York's Vortrab unter dem General Horn kam zwar noch in den Morgenstunden bei Kroitsch über die Katzbach, als aber später York selbst mit seinem ganzen Heertheil folgen sollte, stand die Brücke bei Kroitsch schon mitten im Wasser und war nicht mehr zugänglich. Auf diese Weise von jeder Unterstützung abgeschnitten, wagte sich auch der unerschrockene Horn nicht weit vor. Nur Langeron fand bis Goldberg kein Hinderniß, und dort einen sicheren Uebergang. Schon an diesem ersten Tage holte sein Vortrab dort die letzten Truppen Lauriston's ein, und nahm sie nach einem unbedeutenden Gefecht gefangen — und zwei Tage später (29.) gewährte ihm die Gunst des Glück's einen noch reicheren Gewinn.

Puthod suchte von Schönau durch die Berge seinen Rückweg und konnte nirgends über die Hochwasser des Bobers kommen; nicht bei Hirschberg, nicht bei Löwenberg wohin er zog. Hier ereilten ihn Truppen Langeron's, die natürlich einen Vorsprung gewonnen hatten, und nach mannhaftem Widerstand war Puthod's Division vernichtet, der General selbst mit einem großen Theil der Mannschaft gefangen.

Am 28. waren Sacken bei Liegnitz, York bei Goldberg; — wohin an diesem Tag auch Langeron mit der Hauptmasse seines Heertheils gelangte — über die Katzbach gegangen; ein Ruhetag mußte nun dem Heer gestattet werden — dann folgte man dem Feind, wie die Hochwasser sich verliefen, bei Bunzlau und Löwenberg auch über den Bober.

Am letzten Tage des August standen sich beide Heere am Queis gegenüber; Macdonald auf dem linken Ufer zwischen Siegersdorf und Naumburg — Blücher auf dem rechten, bei Birkenbrück (Sacken) — Naumburg (York) — und Lauban (Langeron).

Hier ließen sich nun die Ergebnisse des Sieges übersehen. Der eigene Verlust war in der Schlacht selbst gering, seit dem Beginn des Feldzugs aber bedeutend. Das Heer zählte noch 80,000 Mann, St. Priest's Abtheilung mitgerechnet. Zwei Drittheile des Verlustes (über 13,000 Mann) fielen auf die Preußen. — Aber die Einbußen des Feindes waren um so viel größer, das Machtverhältniß so günstig verändert, wie man von einem vollständigen Siege erwarten kann; 18,000 Gefangene, 103 eroberte Geschütze, waren als Siegeszeichen in den Händen der Verbündeten, und die Verluste der Franzosen lassen sich ermessen wenn man erwägt daß Lauriston's Heertheil am 1. September nur noch 12,263 Mann zählte. Er betrug im Ganzen ohne Zweifel mehr als 30,000 Mann.

Nicht minder hoch ist dann auch anzuschlagen was in Beziehung auf die inneren Zustände der schlesischen Armee gewonnen war, ja, es muß unschätzbar genannt werden. — Daß auch ferner noch manche schwere Aufgabe zu lösen blieb, ließ sich leicht berechnen, aber was auch kommen mochte, dies Heer konnte jetzt den Ereignissen mit einer Zuversicht entgegensehen, die noch vor wenig Tagen Niemand hegen durfte, denn Blücher's Feldherrn-Ansehen war nunmehr fest begründet. Die Schlacht an der Katzbach hatte in dieser Beziehung wie in anderen eine große Veränderung bewirkt, wenn sich die Verhältnisse auch nicht zu der idealen Schönheit erhoben die ihnen Müffling in seinen früheren Schriften beimißt.

Viertes Kapitel.

Veränderte Lage. — Napoleon's erneuerter Versuch auf Berlin. — Schlacht bei Dennewitz. — Strategische Manoeuvre und wechselnde Plane beider Parteien. — Bennigsen's Ankunft in Böhmen.

Der Umschwung der Verhältnisse im Großen, der allgemeinen Sachlage, den so viele fast gleichzeitige Siege bewirkten, war ein durch=

greifender und entscheidender, und unter den gewonnenen Schlachten
die ihn hervorriefen, muß in gewissem Sinn die bei Kulm die wich=
tigste genannt werden.

Sie hatte von der Hauptmacht der Verbündeten ein Unheil abge=
wendet das, wenn es erfolgte, unbedingt entscheidend blieb, und durch
die günstigen Erfolge bei Großbeeren, bei Hagelberg und an der Katz=
bach nicht aufgewogen wurde. —

Besonders aber hatte sie auf die Hauptmacht der Verbündeten, und
zumal auf die höchsten Leiter des Krieges, auf die Kriegsherren selbst und
ihre vertrauten Räthe, den mächtigen Eindruck des unmittelbar selbst
erlebten gemacht, — und so wichtig alle anderen gewonnenen Vor=
theile auch waren —: der Umschwung der Ansichten und der Stim=
mung der sich in diesen Kreisen ergab, blieb dennoch der wichtigste Ge=
winn!

Wer die plötzliche Veränderung mit erlebt hat, dem mußte sein
wie im Traum. So ängstlich man noch vor wenigen Stunden ge=
wesen war, in Mitten wankender Verhältnisse, die nach allen Seiten
auseinander zu fallen drohten —: jetzt zweifelte Niemand mehr an dem
günstigen Erfolg des Krieges im Allgemeinen, und es handelte sich
nur noch um ein mehr oder weniger.

Alles trug das Gepräge dieser neu gewonnenen, freudigen Zuver=
sicht. Der Kaiser Franz kehrte sofort nach beseitigter Gefahr, schon am
Tage nach der Schlacht, aus Laun nach Teplitz zurück. Niemand
dachte daran den Rückzug, allen früheren Entwürfen gemäß, noch
weiter fortzusetzen. Eben wie es sich, noch am Tage der Schlacht,
ganz von selbst verstand daß man wenigstens bis hinter die Eger zu=
rückgehen müsse, so verstand sich jetzt, schon seit dem Abend desselben
Tages, ganz von selbst daß man am Fuß des Erzgebirges im Teplitzer
Thal stehen blieb; es bedurfte das keiner Berathung, keines förmlichen
Beschlusses weiter. Blücher's ablehnende Antwort auf die Botschaft
die ihm der Fürst Wenzel Liechtenstein überbracht hatte, machte gar
nicht mehr Epoche, als sie, einige Tage später eintraf. Daß er nicht
kam gehörte auch zu den Dingen die sich jetzt von selbst verstanden, ja
man suchte in Vergessenheit zu bringen daß man je dergleichen ver=
langt habe.

Vor Allem aber gewann der Graf Metternich jetzt den Muth die
noch immer ſchwebenden Unterhandlungen mit Frankreich, endlich einmal, für die Zeit des Feldzugs, abzubrechen, und das noch immer
ſchwankende Bündniß Oeſterreichs mit England, Rußland und Preußen,
feſt zu ſchließen. Die neueſten diplomatiſchen Verpflichtungen abzu-
ſtreifen, die er erſt in den allerletzten Tagen übernommen hatte, fiel
ihm dabei nicht ſchwer. — Er machte die Eröffnung des neuen Con-
greſſes zu Prag, auf dem unterhandelt werden ſollte während der Krieg
ſeinen Gang ging, davon abhängig daß Napoleon's Abgeordnete
ſpäteſtens am 3. September dort eintrafen, — und dann ferner davon, daß Napoleon vorweg die Bedingungen die Metternich jetzt ſtellte,
als Grundlage der Unterhandlungen annahm. Dieſe waren: der
Kaiſer der Franzoſen ſolle Illyrien und Tirol an Oeſterreich abtreten,
— Ferdinand VII. von Spanien auf den Thron ſeiner Väter zurückkehren laſſen, — Holland einem, zwar von ihm ernannten, aber un-
abhängigen König überlaſſen, — und die Fürſten Deutſchlands unabhängig erklären, d. h. den Rheinbund auflöſen. Wer Napoleon kannte,
mußte einigermaaßen vorher wiſſen daß ſein Stolz ſich nicht dazu be-
quemen würde dergleichen — nicht etwa als Bedingungen des Friedens, — ſondern als Vorbedingungen jeder Unterhandlung, anzunehmen, und noch dazu innerhalb einer vom Feinde geſtellten, ſehr
kurzen Friſt. Es hieß das ſich vollſtändig beſiegt bekennen —: wer
konnte erwarten daß Napoleon es thun würde.

Da der 3. September verſtrich ohne daß franzöſiſche Abgeordnete
in Prag erſchienen, war die Sache für jetzt beſeitigt, und wenige Tage
darauf (9. September) wurde nun endlich der Reichenbacher Traktat
ratificirt; es wurden nun endlich die Bündniſſe feſt geſchloſſen, vermöge
welcher ſich alle gegen Frankreich in Waffen vereinigte Staaten zu ge-
meinſamem Kampf und Frieden verpflichteten. In den geheimen Artikeln war die neue Ordnung Europa's feſtgeſtellt, wie ſie der Kampf
bewirken, der künftige Friede feſtſtellen ſollte. Oeſterreich ſollte hergeſtellt werden wie es vor 1805, Preußen wie es vor 1806 war; der
Rheinbund aufgelöſt, alle zwiſchen Oeſterreich, Preußen und Frankreich liegenden Staaten unabhängig ſein. Ferner ſollte das Haus der
Welfen ſeine Beſitzungen — Hannover und Braunſchweig — wieder

erhalten; und Napoleon sowohl allen den Gebieten im nördlichen Deutschland entsagen, die er unter dem Namen der 32. Militair=Division mit Frankreich vereinigt hatte — als den Ländern die, wie das Königreich Westphalen und das Großherzogthum Berg, Gliedern seiner Familie eingeräumt waren. — Ueber das Schicksal des Herzog=thums Warschau wollten die Verbündeten unter sich entscheiden, ohne Frankreichs Einmischung.

Der Muth war sehr gestiegen seit den Reichenbacher Verabredun=gen, und dem Congreß zu Prag! — Doch aber auch jetzt bei Weitem noch nicht bis zu der großartigen Kühnheit der Forderungen, die Fain dem Grafen Metternich schon bei der Zusammenkunft in Dresden in den Mund legt! —

Der steigenden Zuversicht im Hauptquartier der Verbündeten stand eine entsprechende Entmuthigung im französischen Heer gegenüber.

Durch einen Boten des sächsischen Kommandanten auf dem Kö=nigstein erhielt der Gen.=Lieut. Gersdorf, in der Nacht vom 30. zum 31. August, die erste Kunde von Vandamme's Niederlage, und es ist sehr charakteristisch wie er in seinem Tagebuche den Eindruck schildert welchen diese Nachricht machte.

Der sächsische General eilte sogleich, noch in der Nacht, in Napo=leon's Hauptquartier, und fand dort Alles sehr betroffen; man hatte auch dort schon Nachrichten, aber nichts Näheres, und es zeigte sich daß Gersdorf noch am Besten unterrichtet war. „Berthier ließ mich rufen," erzählt dieser General, „er war ziemlich verstört und natürlich schlechter Laune. Gegen 2 Uhr (Morgens) befahl der Kaiser daß ich eintreten sollte. Ich mußte meinen Unglücksspruch von vorne anfan=gen, wobei ich schließlich bemerkte: daß ich drei Offiziere auf verschie=denen Wegen abgesendet hätte, um sich von dem Stande der Dinge zu unterrichten, sie müßten in den Frühstunden wiederkehren. „„Das ist recht,"" erwiderte der Kaiser: „„kommen Sie gleich zu mir wenn die Offiziere zurückkommen, und bringen Sie jene mit.""

„Der Kaiser gab gleich den Befehl an Lobau seine Truppen nicht weiter gehen zu lassen. Das ganze Hauptquartier ist auf den Beinen und alle Welt natürlich voll Besorgniß. Die Ereignisse vom 23. und 26. (Groß=Beeren und Katzbach) sind keine Geheimnisse mehr, jetzt

kommt noch dieſes Unglück dazu. Darf ich ein Urtheil wagen, ſo
war Vandamme gewiß wie wir überzeugt, er werde
von der großen Armee unterſtützt werden."

„„Ich habe ihm befohlen,"" ſagte der Kaiſer, „„er ſolle ſich in
nichts Ernſtliches einlaſſen; dies hat der .... nicht beachtet; er iſt
ein Schläger ohne Kopf. Durch dieſen Unfall ſind Murat's Vorſchritte
auch gehemmt. Ich höre daß ein Ordonnanz-Offizier an ihn abge-
ſendet iſt.""

So ſuchte Napoleon, dem jedes Gefühl für Wahrheit fremd
war, den Schein der eigenen Unfehlbarkeit zu retten, und zu gleichem
Zweck ließ er in gleichem Sinn über Vandamme's Unfall an ſeine
Generale ſchreiben; — ohne ſich Rechenſchaft davon zu geben was
dieſe, namentlich die ehrenhaften unter ihnen, wohl dabei denken
mußten! Hatten ſie doch den Tag zuvor, auch in kaiſerlichen
Schreiben geleſen: „l'ennemi, tourné par Vandamme qui marche
sur Toeplitz" — Gersdorf's Worte liefern den Beweis daß ſelbſt
Napoleon's aller ergebenſte Werkzeuge ſeiner dreiſten Behauptung
nicht glaubten!

Zum 1. September bemerkt dann General Gersdorf: „Alles
Traurige beſtätigt ſich. Die Verſprengten kommen einzeln zurück. Der
Verluſt iſt ſehr groß da Vandamme ſtark war. Ich glaube man kann
zwiſchen ³/₅ und ⁴/₅ annehmen, an Kanonen fielen aber 70 beim Feinde
in die Hände."

„Drei ungeheure Schläge, bei Groß-Beeren, an der Katzbach,
und bei Kulm, haben uns hart betroffen und unſere Lage ſehr ver-
ſchlimmert."

„Der Eindruck, den die Schlacht bei Dresden, den Moreau's
Tod machte, iſt verwiſcht, alle Folgen, die ſie haben konnten, ſind rein
vernichtet; der Glaube ſteigt übrigens dort, wie er hier ſinkt.
Ich hatte heute mit Z. (General Zezſchwitz?) die Verhältniſſe von allen
Seiten betrachtet; uns bleibt kein Reſultat denkbar, als daß der Kaiſer
die Elbe verlaſſen muß. Die Verluſte ſind bedeutend: ein Freund im
franzöſiſchen Hauptquartier verſicherte mir, daß in den drei Gefechten
gewiß über 150 Kanonen verloren gingen; der Verluſt an Menſchen
iſt auch ſehr bedeutend." — —

„Der Kaiser ist sehr still, ich mag nicht sagen niedergeschlagen, aber sehr nachdenkend; doch es ist sonderbar, geradehin nicht mürrisch."

„Das Hauptquartier und seine Stimmung, trägt das Gepräge der Zeit."

— — „Heute sprach der Kaiser lange mit mir über den Kronprinzen von Schweden. Das alte Lied. Es that ihm zweifach wehe von diesem geschlagen zu sein." — Der Gedanke Berlin zu erobern, beschäftigte eben den Heerführer der Franzosen mehr als billig!

Konnte nun Napoleon selbst sich dem niederschlagenden Eindruck der Ereignisse nicht ganz entziehen, sah es in seiner nächsten Umgebung sehr trübe aus, so stand es natürlich bei den geschlagenen Truppen noch schlimmer. Führte dort Kenntniß der gesammten Lage und Nachdenken immer tiefer in Besorgnisse, die zu hoffnungslosen werden mußten, so wirkte hier mächtig der Eindruck des Gegenwärtigen, Erlebten.

So waren die Trümmer die sich von Vandamme's Heertheil retteten, natürlich sehr erschüttert. Der Marschall St. Cyr, der mit den Generalen Philippon und Duvernet bemüht war die ersten Anstalten zu treffen, sie zu ordnen und mit Schießbedarf und Geschütz zu versehen, meldet (am 31. August), es seien ihrer wohl noch 10,000 M., und sie könnten immer noch einen ansehnlichen Heerkörper bilden, wenn es ihnen nämlich gelinge wieder etwas Zuversicht und Selbst-Vertrauen zu gewinnen (s'ils parviennent à se rassurer un peu).

Viel bedenklicher noch sah es natürlich bei Macdonald's Heer aus, das einen längeren und unheilvolleren Rückzug zu machen hatte, und sich nicht sobald wieder mit noch unbesiegten Truppen vereinigen konnte. Schon am Tage nach der Schlacht an der Katzbach erfuhren Blücher's Vortruppen zu Goldberg von den Einwohnern über den Zustand des französischen Heeres: „Nässe, Kälte und Hunger hatten die Mannschaften völlig abgestumpft, so daß die Offiziere sie kaum mit Gewalt aus den Häusern der Stadt zum Rückzug bewegen konnten."
— Und eine aufgefangene Meldung des Generals Puthod an Macdonald, klagte unter anderem: „Es ist schmerzlich für mich, gnädigster Herr, Ihnen anzeigen zu müssen daß drei Viertheile der Soldaten, ungeachtet meiner Bemühungen und Anstrengungen und der der Chefs und Offiziere, sich in die Wälder und Häuser geworfen haben, daß Güte,

Drohungen und Schläge nichts über sie vermocht haben, und daß sie
antworteten es sei besser gefangen zu werden als vor Elend umzu-
kommen*)."

Gleich zu Anfang September, als Macdonald mit allem was
noch zusammenhielt, am Queis und in der Gegend von Görlitz war,
„schlichen die muthlosen Versprengten des Macdonald'schen Corps
verhungert, entwaffnet, zerlumpt und verwundet auf Seitenwegen an
Dresden vorüber" erzählt Odeleben; die Versprengten sammelten
sich auch nicht hier; sie suchten weiter rückwärts und nach dem Rhein
zu entkommen.

Macdonald selbst schrieb dem Marschall Berthier — (aus Nostitz
am 2. Sept.) — „Der Kaiser muß diese Armee näher an sich heranziehen, um ihr mehr Haltung zu geben, und alle Geister neu zu
stählen." — Er selbst verwende alle Energie, alle Entschiedenheit des
Charakters darauf deren er fähig sei, aber er werde weder unterstützt
noch nachgeahmt. Den Schluß der Darstellung bilden die vielsagenden
Worte Macdonald's: „Wenn sich dieses Heer in diesem Augenblick
einem neuen Unfall aussetzt, erfolgt eine gänzliche Auflösung." (Si dans ce moment cette armée s'expose à un échec,
il y aura dissolution totale.)

Um dem Unheil vorläufig wenigstens einigermaaßen zu steuern,
mußte Napoleon den Befehl ertheilen Generalstabs-Offiziere, von zahlreichen Abtheilungen Gensdarmen begleitet, auf alle Straßen und Wege
der Lausitz zu entsenden um die Flüchtlinge aufzusammeln, und sie
— nicht etwa bloß nach Bautzen als den Vereinigungs-Punkt zu
weisen — sondern dorthin zu bringen. (Envoyez plusieurs colonnes
de gendarmerie, avec des officiers d'état-major, pour rallier les
fuyards des 3e, 5e et 11e corps, et les réunir à Bautzen. Befehl
vom 3. September.)

Auch das Machtverhältniß an sich war für Napoleon schon sehr
bedeutend ungünstiger geworden. Zwar, die böhmische Hauptarmee
der Verbündeten hatte seit dem Beginn der Feindseligkeiten größere
Verluste erlitten als der Feind, den sie unmittelbar bekämpfte, denn es

---

*) Beiheft zum Militair-Wochenblatt 1844, S. 144.

laffen fich nicht weniger als 45,000 Mann nachrechnen, die fie auf dem Zuge nach Dresden und zurück verloren hatte — (10,000 Todte und Verwundete bei Dresden, 20,000 Gefangene; der Verluft des zweiten Infanterie-Corps unter dem Herzog Eugen von Württemberg betrug 7500 M. — Dazu kommen dann der Verluft der 1. Garde-Division und der Reiterei in dem Treffen bei Priesten = 3500 M.; endlich etwa 4000 M. welche der zweite Tag bei Kulm gekoftet hatte) — Napoleon's Verluft dagegen kann auf diesem Theil des Kriegs-fchauplatzes, selbft Vandamme's Niederlage, wie natürlich, mitgerech-net, nicht viel über 35 oder 36,000 Mann betragen haben. — Aber die Verlufte der Desterreicher wurden sofort durch Ersatzmannschaften und neu heranrückende Bataillone ersetzt, die Napoleon's nicht — und die zerschmetternden Einbußen Macdonald's und Girard's wurden vollends gar nicht durch entsprechende Verlufte der Gegner aufgewogen. Die Ueberlegenheit der Verbündeten wuchs —: und schon rückte Ben-nigfen näher heran.

Beim Beginn des Feldzugs waren Napoleon's Plane nicht zu groß für seine Mittel. Er nahm jetzt, nach dreifachem Mißgeschick, dieselben Plane wieder auf; ob jetzt die Kräfte dazu ausreichten, mußte jedem Unbefangenen sehr zweifelhaft erscheinen, besonders wenn man erwägt daß die Truppen des französischen Heers nicht bloß an Zahl, sondern in Folge der einreißenden Entmuthigung an innerem Werth gar sehr verloren hatten. —

Der Antheil den jeder Einzelne der Führer und Leiter der verbün-deten Heere an den Siegen hatte, deren Ergebniß diese gewaltige und glückliche Veränderung der allgemeinen Verhältniffe war, geht, wie wir glauben, ohne Commentar aus der Darstellung selbft hervor —: nur auf einen Punkt erlauben wir uns zurückzukommen.

Wenn man erwägt in welcher Weise sich die Ereigniffe entwickel-ten, die in dem schönen Sieg bei Kulm ihren Abschluß fanden, muß man wohl geftehen, daß selten ein Feldherr der in der Hierarchie des Heeres in zweiter, ja in dritter Linie fteht, Gelegenheit gefunden hat selbftftändig so bedeutsam in den Gang der großen Weltbegebenheiten einzugreifen, wie hier der Herzog Eugen von Württemberg —: und die Gerechtigkeit gebietet hinzuzufügen, daß eine solche Gelegenheit auch

wohl selten so, mit sicherer Einsicht und ausdauernder Energie, benützt worden ist, wie hier geschah. Dennoch war in den amtlichen
Berichten von ihm, ja von dem zweiten Infanterie-Corps, das unter
seiner Führung die schwersten Kämpfe gekämpft, die blutigsten Opfer
gebracht hatte, gar nicht, oder so gut wie gar nicht die Rede. Andere
wurden an seiner Stelle genannt.

In neuester Zeit, nachdem sich manche Nebel zertheilt haben, ist
das vielfach mit Verwunderung bemerkt worden, und man hat die seltsame Erscheinung zu erklären gesucht; wie uns scheint nicht mit Glück.
So meint der Oberst Helldorf der General Barclay habe nicht gern
reden hören von Thaten, deren Verdienst nicht erhoben werden konnte,
ohne der Gefahr zu gedenken in welche er selbst das Heer gebracht
hatte, und deshalb habe er wohl in den Berichten unterdrückt was den
Herzog betraf.

Daß dem General Barclay manches an der Sache peinlich war,
mag wahr genug sein, und es verrieth sich auch wohl hin und wieder —: aber daß gerade diese peinlichen Punkte berührt, daß der Sieg
bei Kulm und die Thaten der Garden verherrlicht wurden, was Alles
auf seine Fehler zurückwies, das konnte er nicht vermeiden. Ob dabei
der Herzog Eugen genannt wurde oder ein Anderer, mußte ihm sehr
gleichgültig sein. Zudem, und das müssen wir auch hier mit Nachdruck wiederholen, war Barclay ein Mann von durchaus redlichem
Charakter, allen Winkelzügen, jeder Intrigue fremd.

Wir glauben daher daß die Erklärung der allerdings eigenthümlichen Erscheinung nicht in der einfachen und durchsichtigen Region gesucht werden muß, in der sich Barclay's Leben und Denken bewegte,
und wie uns der Oberst Helldorf erzählt wurde ja auch, noch ehe
Barclay irgend einen Einfluß auf die Darstellung der Ereignisse üben
konnte, schon auf dem Schlachtfelde, dem Herzog selbst angedeutet daß
die Berichte seiner, und seiner Truppen nicht viel erwähnen würden.

Barclay erhielt als Sieger bei Kulm das höchste militairische
Ehrenzeichen Rußlands —: das Großkreuz des St. Georgen-Ordens;
— Schwarzenberg, wahrscheinlich weil der Sieg im Sinn der römi-
schen Imperatoren-Zeit „unter seinen Auspicien" erfochten war, das
blaue Band — den Andreas-Orden — und so waren die Häupter

des Heeres zufrieden gestellt. Toll's Dienste während dieser Zeit wurden so wichtig geachtet, daß der Kaiser Alexander sie mit dem Wladimir-Orden zweiter Klasse, der Kaiser von Oesterreich mit dem Commandeur-Kreuz des Leopold-Ordens belohnte.

Zum officiellen Helden des schwierigen Rückzugs, und des mannhaften Widerstandes bei Priesten, wurde der Graf Ostermann gestempelt —: merkwürdiger Weise aber, hat ihn die öffentliche Meinung in Rußland nie als solchen anerkennen wollen. Diese öffentliche Meinung, von der Partei der Alt-Russen ausgehend, schuf sich einen Helden der ihr durchaus genehm war; sie erklärte Yermolow dafür, der in der That noch weniger Ansprüche darauf machen durfte als Ostermann. Hatte dieser die Ehre die man ihm that doch wenigstens mit seinem Blut, mit dem Verlust eines Arms bezahlt.

Was die militärischen Anordnungen der nächsten Zeit betrifft, so fehlte es in der Umgebung des Kaisers Alexander nicht an Stimmen die laut aussprachen man müsse den Sieg auf der Stelle benützen, und dem fliehenden Feinde sogleich mit dem ganzen Heere nach Sachsen folgen. Toll erklärte sich sehr bestimmt dagegen, und äußerte man würde damit denselben Fehler begehen den Vandamme eben gebüßt habe. So blieb es denn dabei daß am 1. September nur Graf Wittgenstein die vereinzelte Lage des Marschalls Marmont bei Altenberg zu einem Angriff auf ihn zu nützen suchte; — aber Marmont wich ihm bei Zeiten aus. Im Uebrigen beschränkte man sich darauf die Heertheile die noch jenseits der Berge waren, nach Böhmen herbeizuziehen, das österreichische Heer insbesondere neu zu ordnen, und der gesammten Macht eine Stellung im Teplitzer Thal anzuweisen, in der man das Weitere abwarten wollte.

Das österreichische Heer bildete nun zwei leichte Divisionen, Moriz Liechtenstein (4 Bat. und 12 Schwadronen) — und Bubna (3 Bataillone und 18 Schwadronen); vier Armee-Abtheilungen unter den Generalen Graf Colloredo (20 Bat., 12 Schwadr.) — Graf Merveldt (13 Bat., 12 Schwadr.) — Graf Ignatz Gyulai (18 Bat., 12 Schwadr.) — und Graf Klenau (24 Bat., 18 Schwadr.) und endlich eine „Reserve" (20 Bat., 36 Schwadronen) die der Erbprinz von Hessen-Homburg befehligte. Das Ganze zählte jetzt 102 Batail-

lone und 120 Schwadronen (danach) müſſen es 8 Bataillone und ein
Reiter-Regiment geweſen ſein, die Graf Merveldt aus Thereſienſtadt
neu herangeführt hatte).

In der Stellung die nun dem Heere angewieſen wurde, bildeten
die ruſſiſch-preußiſchen Truppen wieder den rechten Flügel des Ganzen,
und als Vortruppen ſtanden auf dieſer Seite, auf dem Kamm des
Gebirges oder nahe demſelben, Zieten mit ſeiner Brigade bei Peterswalde, und Wittgenſtein mit ſeinem ruſſiſchen Heertheil, zu ſeiner
Unterſtützung bei Nollendorf; Fürſt Moritz Liechtenſtein, dieſem Flügel
des Heeres überwieſen, bei Altenberg, und vor ihm bei Falkenhayn,
Graf Peter Pahlen mit dem bisherigen Nachtrab Wittgenſtein's. —
Kleiſt, die Grenadiere, die Garden und die ſchwere Reiterei, lagerten
unten im Thal in der Nähe von Teplitz. Auf dem linken Flügel ging
die Linie der öſterreichiſchen Vortruppen von Zinnwald, über Kloſter
Grab und Johnsdorf nach Sebaſtiansberg; und hinter dieſer Kette
lagerten, am Fuß der Berge, H. Colloredo bei Hundorf unter Zinnwald, Merveldt, Gyulai und die öſterreichiſche Reſerve bei Dur, Klenau bei Kommotau.

Alle Nebenwege über das Gebirge wurden durch Verhaue ge-
ſperrt, und da es nöthig werden konnte dem ſchleſiſchen Heer zu Hülfe
zu eilen, wurden vorſorglich bei Auſſig Brücken über die Elbe geſchlagen.

Da man nun zunächſt keine größeren Operationen im Auge hatte,
ſchlug Toll vor (am 1. September) mehrere Parteigänger-Schaaren
nach Sachſen, auf die Verbindungen des Feindes zwiſchen Dresden,
Leipzig, Altenburg und Chemnitz vorzuſenden, und den kleinen Krieg
mit Nachdruck und Thätigkeit zu führen. Er erinnerte daran welche
Bedeutung ſolcher Parteigänger-Krieg im Jahre 1812 gewonnen hatte,
und welche Vortheile es auch jetzt gewähren müſſe, wenn die Verbindungen des Feindes unterbrochen, die Zufuhren aus den entfernteren
Gegenden gehemmt, Napoleon's Heer auf die Hülfsquellen der Land-
ſtriche beſchränkt würden, die ſie unmittelbar beſetzt hielten. Indem er
der Offiziere namentlich gedachte die ſich ſchon in ſolchen Unternehmungen ausgezeichnet hatten, rieth Toll zugleich noch 12 Regimenter Koſacken von der ſchleſiſchen Armee kommen zu laſſen, um größere Mittel

zu diesen Unternehmungen verwenden zu können, und deutete an daß man sogar durch die Parteigänger schon vorläufig, z. B. zu seiner Zeit namentlich bei Zwickau, könne Lebensmittel zusammen bringen lassen, „da die Armee die strategische Bewegung über Zwickau und Chemnitz auf Leipzig, um dort dem Kronprinzen von Schweden die Hand zu bieten, doch jedenfalls bald wieder aufnehmen werde*).‟

Sein Vorschlag wurde angenommen, Graf Mensdorf noch an demselben Tage mit einer Streifschaar entsendet, und am folgenden Tage General Thielmann, der vor allen in Sachsen Bescheid wußte, an der Spitze von 1500 Reitern — Oesterreichern, Preußen und Kosacken. — Später wurde dann dem Ganzen dieser Unternehmungen eine immer steigende Ausdehnung gegeben.

Am 4. September waren endlich alle Truppen in die angewiesenen Stellungen eingerückt, und wahrscheinlich an demselben Tage wurde zu Teplitz, wo alle großen Hauptquartiere ohnehin vereinigt waren, ein engerer Rath versammelt, die allgemeinen Verhältnisse von Neuem zu erwägen, und neue Entschlüsse zu fassen. Außer dem österreichischen Hauptquartier scheint Niemand gegenwärtig gewesen zu sein, als die Offiziere welche die militairischen Cabinette der Monarchen bildeten, und selbst diese nicht alle. Barclay wurde seltsamer Weise namentlich nicht zugezogen. — Die Beschlüsse die gefaßt wurden, waren diesmal ohne Zweifel vom österreichischen Generalstab vorbereitet. Zu Barclay's Kenntniß gelangten sie erst später, als sie bereits gefaßt waren.

Vier Fälle wurden hier als möglich angenommen — oder eigentlich nur drei, da der vierte, daß nämlich Napoleon die Elbe verlasse um sein Heer bei Leipzig zu versammeln — die Voraussetzung von der man bei der Eröffnung des Feldzugs ausgegangen war — jetzt sehr unwahrscheinlich gefunden wurde.

Napoleon konnte dem siegreichen Heere Blücher's entgegen gehen — seine Hauptmacht zum Angriff auf den Kronprinzen von Schweden nach Norden wenden — oder, nach einigen errungenen Vortheilen, schnell umkehren um sich auf die Hauptarmee in Böhmen zu werfen.

---

*) Vergl. Beilage 11.

Zog er mit Heeresmacht der siegreichen schlesischen Armee entgegen, dann sollten 50 oder 60,000 Mann der böhmischen Hauptarmee bei Aussig über die Elbe, und durch die Pässe bei Zittau und
Rumburg auf die Verbindungen des Feindes mit der Elbe gehen, während Blücher sich auf Bennigsen's Heer zurückzog, um dann vereint mit
diesem, und gleichzeitig mit der Hauptarmee, entschlossen wieder zum
Angriff zu schreiten.

Galt Napoleon's Angriff dem Kronprinzen von Schweden und
der Nordarmee, dann war Blücher's Aufgabe dem feindlichen Heer
das von Dresden nach Berlin zog in die Flanke zu fallen, während
Bennigsen von Görlitz aus die Verbindung mit der Hauptarmee ver-
mittelte, und diese das verschanzte Lager bei Pirna zu nehmen „versuchte", und gegen Dresden „operirte" — Worte die, besonders das
Letztere, etwas unklar gedachte Absichten verrathen.

Für den dritten Fall, wenn ein nachdrücklicher und entscheidender
Angriff Napoleon's auf Böhmen erfolgte, wurde beschlossen die Hauptarmee hinter die Eger zurückzuführen, in die längst vorbereiteten Stellungen, und man verlangte daß Blücher alsdann in Gewaltmärschen
herbei eile, um sich über Aussig und Leitmeritz dem Feinde in die Flanke
zu werfen.

Als vorbereitende Maaßregel wurde nothwendig erachtet die Heertheile die vorkommenden Falls der schlesischen Armee zu Hülfe nach der
Oberlausitz ziehen sollten, schon jetzt zwischen Karbitz und Thürmitz —
bei Aussig — zu vereinigen — und in dem Schreiben des Fürsten
Schwarzenberg durch welches diese Plane und Entschlüsse dem General
Blücher mitgetheilt wurden, heißt es dann am Schluß: „Der Kaiser
Napoleon scheint die Linie der Elbe mit der größten Ausharrung behaupten zu wollen" — es sei daher von der größten Wichtigkeit zahlreiche leichte Truppen auf seine Verbindungen zu werfen, die Hauptarmee habe indessen solche Truppen nicht in genügender Anzahl, und
so wird denn Blücher gebeten sie durch alle bei seiner Armee „dispo-
niblen" Kosacken zu unterstützen. Graf Klenau werde sich in einigen
Tagen „in Bewegung setzen" (wohin?) — um diese Streifschaaren zu
unterstützen.

Was der Vollständigkeit wegen für den unwahrscheinlichen vierten Fall hinzugefügt war, denkt man sich leicht. Vereinigte Napoleon sein Heer bei Leipzig, dann ging die böhmische Hauptarmee über das Gebirge nach Chemnitz und Zwickau vor, — was das Ziel vorläufig etwas nahe stecken hieß, und auch nicht die Aussicht auf ein recht bestimmt gedachtes Unternehmen eröffnet. Blücher sollte dann sich „durch eine Bewegung auf seinem linken Flügel" — also oberhalb Dresden — „auf das linke Elbufer begeben" — Bennigsen mit seiner Armee gerade auf Dresden losgehen — „Se. k. H. der Kronprinz von Schweden würde, nach der Lage der Umstände, zu dieser allgemeinen Bewegung mitwirken." —

Auch Napoleon hatte sein Heer neu zu ordnen, und er entwickelte große Thätigkeit darin — aber es war ein trauriges Geschäft! — Hier waren keine Verstärkungen einzureihen, nur Trümmer zusammenzustellen, und Lücken auszufüllen durch Truppen, die man den am wenigsten zerrütteten Heertheilen entnahm.

So wurde das erste Armee-Corps, jetzt unter den Befehlen des Grafen Lobau, aus den Trümmern wieder zu drei Divisionen und einer Reiter-Brigade hergestellt; aber, wiewohl die 8 Bataillone der Division Teste dazu stießen, die zu Victor entsendet, den verhängnißvollen Zug nach Böhmen nicht mitgemacht hatten, wurde es nur wenig über 12,000 Mann stark, — und da alle Geschütze des Heertheils ohne Ausnahme verloren waren, mußten die anderen Truppenkörper Theile ihrer Artillerie abtreten, um es neu auszurüsten.

Bei Macdonald's Armee mußte Souham's Armee-Corps (das 3.) bisher das stärkste von Allen, aus fünf Infanterie-Divisionen bestehend, zwei davon abgeben; die Eine (Albert) an Lauriston's Heertheil um die verlorenen Bataillone unter Puthod zu ersetzen, die andere (Marchand) um dem sehr erschütterten 11. Corps mehr Haltung zu geben.

Napoleon nahm sogar zu sehr ungewöhnlichen Mitteln seine Zuflucht: er ließ aus österreichisch-polnischen Kriegsgefangenen neue Bataillone bilden*). Ja er ging noch weiter. Die Polen mögen zum Theil wenigstens ganz oder halb freiwillig in seine Dienste ge-

---

*) Odeleben, dritte Auflage, S. 182.

treten sein — : aber Gefangene denen es gelang aus Dresden oder
vom Marsch zu entkommen, und in das Lager der Verbündeten zurück=
zukehren, sagten einstimmig aus daß auch Deutsch=Oesterreicher, Un=
garn und Böhmen, — selbst Russen und Preußen, sofern man deren
hatte, durch Einkerkerung, Hunger und Drohungen gezwungen wür=
den unter Napoleon's Fahnen Dienste zu nehmen. Diese Leute, die
man allerdings in Sachsen nicht verwenden konnte, würden nach Spa=
nien in Marsch gesetzt! *) So seltsam die Sache klingt, gewinnt sie
doch an Wahrscheinlichkeit, wenn wir uns erinnern daß Napoleon's
Generale sich, gleich in den ersten Tagen des Feldzugs bemühten, mit
Gewalt Rekruten in Böhmen auszuheben — und jedenfalls beweist
schon die Bildung jener galizischen Bataillone, daß der französische
Kaiser den Druck der Verhältnisse gar sehr zu empfinden begann.

Napoleon's erster Gedanke, als er Vandamme's Niederlage er=
fuhr, war alle gegen das Erzgebirge entsendete Heertheile, Murat und
Victor, Marmont und St. Cyr, bis in die unmittelbare Nähe von
Dresden zurückzuziehen. Die Befehle dazu müssen sofort in der Nacht
ertheilt worden sein, denn St. Cyr's Antwort ist von Dittersdorf (bei
Glashütte, 4 Meilen von Dresden) — den 31. um 10 Uhr früh da=
tirt, — und so war denn dieser Gedanke eine Ausgeburt des ersten
Schreckens, und beweist daß Napoleon den eben auch mächtig genug
empfunden hat! — St. Cyr zögerte diesen Anordnungen nachzukom=
men, er machte Vorstellungen, bemerkte daß der Feind von Böhmen
her keineswegs folge, vielmehr sich rückwärts zu bewegen scheine —
und theilte auch dem Marschall Marmont mit daß er für's erste nicht
zurückgehen werde. Der etwas übereilte Befehl wurde denn auch zurück=
genommen, sobald man die Lage der Dinge etwas genauer übersah,
und ein neues Schreiben Berthier's belehrte nun (am 1. September)
denselben Marschall daß die Absicht des Kaisers für jetzt nicht sei in
Böhmen einzudringen; St. Cyr und Victor sollten gegen das Gebirge
und die Hauptarmee der Verbündeten ein erstes Treffen bilden, der
Erstere sein Hauptquartier in Pirna, der Letztere das Seinige in Frei=
berg haben; Marmont, Latour=Maubourg und die Garden, würden

---

*) Oesterr. milit. Zeitschrift 1838, III, S. 128.

um Dresden eine Reserve bilden, bereit überall hin zu eilen, wo es die Umstände nöthig machten.

Aber natürlich konnte ein leidendes, abwartendes Verhalten, wie es die Ereignisse zu gebieten schienen, Napoleon's ungewöhnliche Lage nicht verbessern — besonders da die Verbündeten darauf rechnen durften in Kurzem durch ein ganzes Heer verstärkt zu werden. Gelang es jetzt nicht eine günstige Wendung herbeizuführen, so war es in einigen Wochen, nach Bennigsen's Ankunft vollends unmöglich, und die Stellung an der Elbe mußte unhaltbar werden.

In den letzten Tagen des August hatte Napoleon, wie schon erwähnt, einen neuen Angriff auf Berlin eingeleitet; er wollte bedeutende Verstärkungen gegen die Nordarmee entsenden, und da er seine Garden, namentlich die alte Garde dazu bestimmte, scheint es als sei seine Absicht gewesen sich selbst an die Spitze des neuen Zuges zu stellen. Auch glaubte das seine verwunderte Umgebung, wie aus Gersdorf's Tagebüchern hervorgeht.

Dies Unternehmen blieb einen Augenblick in der Schwebe. In der damaligen Lage konnte die Armee, der es ein erstes Mal mißglückt war, in der That nicht mehr verstärkt werden. Denn mochte auch das Unheil welches Macdonald betroffen hatte, im ersten Augenblick noch nicht in seinem ganzen Umfang zu ermessen sein —: Napoleon wußte jedenfalls genug um sich, als erfahrener Krieger, zu sagen, daß es nothwendig werden könnte sich mit allen Truppen, die noch zu seiner Verfügung standen, dem kühn vordringenden Blücher entgegen zu werfen; daß Macdonald's Heer möglicher Weise nur dadurch vor gänzlicher Zerrüttung zu bewahren sei. — Dann aber auch befestigte er sich, wie wir aus seinen Briefen ersehen, stufenweise in der Hoffnung, Blücher werde sich in gesteigertem Selbstvertrauen, gehoben durch das Bewußtsein eines glänzenden Sieges, verleiten lassen auch gegen Napoleon's überlegene Macht eine zweite Schlacht zu wagen. So geboten ihm Besorgniß und Hoffnung in gleicher Weise die Garden sowohl als die Reiterschaaren, die sich um Dresden sammelten, nicht aus der Hand zu geben, nicht anderweitig zu verwenden.

In diesem Sinn ließ Napoleon dem Marschall Macdonald (am 1. Sept.) schreiben: „daß es von großer Wichtigkeit sei Görlitz zu be-

haupten; daß er, der Kaiser selbst, bereit stehe ihn zu unterstützen und
ihm als Reserve zu dienen; daß Poniatowski Zittau halten, und dadurch den rechten Flügel decken werde." — Ja Napoleon war an diesem Tage wohl eigentlich schon ganz zu dem Zug gegen Blücher entschlossen, denn er schreibt — eben auch am 1. Sept. — in eigenem
Namen dem Marschall Gouvion St. Cyr: „Der Herzog von Tarent
(Macdonald) hat sich auf Görlitz zurückwerfen lassen. Es ist möglich
daß ich mich morgen oder übermorgen genöthigt sehe auf Bautzen zu
marschiren. Nehmen Sie demnach unverzüglich die Defensiv-Stellun-
gen ein, damit der Herzog von Ragusa und meine Garden verfügbar
seien um mit mir nach jener Seite marschiren zu können." (Le duc
de Tarente s'est laissé pousser sur Goerlitz. Il sera possible que
je sois obligé de marcher sur Bautzen demain ou après demain.
Occupez donc promptement les positions défensives, afin que le
duc de Raguse et ma garde soient disponibles pour marcher avec
moi de ce coté.)

   Dennoch aber wurde, und zwar gleichzeitig, auch der Plan, die
verbündete Nordarmee bis jenseits Berlin zurückzuwerfen, und sich dieser Hauptstadt zu bemächtigen, von Neuem aufgenommen. Ohne daß
irgend welche Verstärkungen bestimmt in Aussicht gestanden hätten,
sollte ihn das Heer ausführen, das bisher unter Oudinot gestanden
hatte —: nach einer verlorenen Schlacht, jetzt, wo Davoust nicht zugleich von Dresden aus zu rechtzeitiger Thätigkeit und größerer Energie
angespornt werden konnte, auf ihn also weniger zu rechnen war als
das erste Mal — und Girard's vernichteter Heertheil ganz fehlte in
der Reihe!

   Man kann sich das nur dadurch erklären daß Napoleon dieses
Heer eben gar nicht für geschlagen halten wollte. Nach seiner Meinung hatte es nur einen theilweisen, an sich unbedeutenden Unfall erlitten, und Oudinot, mit dem er deshalb sehr unzufrieden war, sich
ziemlich ohne Noth in die Gegend von Wittenberg zurückgezogen. Er
nennt diesen Rückzug ausdrücklich „eine unzeitige Bewegung" (un
mouvement intempestif) die Oudinot „angemessen gefunden habe"
(a jugé convenable) auszuführen. Und was damit auf das engste
zusammenhängt: er blieb, durch die Erfahrung nicht belehrt, auch bei

21*

der seltsamen Geringschätzung mit der er auf alle neugebildeten Schaaren des preußischen Heers, namentlich auf die Landwehren herabsah.
Er schrieb jetzt dem Marschall Ney gerade wie früher dem Marschall
Oudinot: „dieser Schwarm von Kosacken und schlechter Landwehr-
Infanterie werde sich von allen Seiten auf Berlin zurückziehn, wenn er
nur entschlossen vorwärts gehe". — Gegen einen solchen Schwarm der
vor jedem ernsten Angriff auseinanderstäubt, konnten dann freilich die
alten, ja, wie man doch nicht verkennen konnte, die bedeutend vermin-
derten Mittel ausreichen, wenn nur ein entschlossener Führer an der
Spitze stand, der sich nicht durch dies Blendwerk von Kosacken und
Landwehren aufhalten ließ!

Diesen entschlossenen Führer sandte nun Napoleon in der Person
des Marschalls Ney zu der Armee bei Wittenberg, und in den Befehlen die er ihm (am 2. Sept.) nachsandte, machte er ihm zur Pflicht am
4. aufzubrechen, und durch einen Flankenmarsch am 6. Baruth zu
erreichen. Denn Napoleon tadelte auch die Richtung die Oudinot
genommen hatte; Macdonald's Flanke schien dadurch Preis gegeben,
und Kosacken von der Nordarmee streiften bis in die Lausitz. — Weiter
setzt dann Napoleon voraus daß Ney Berlin von Baruth aus am 9.
oder 10. erreichen und angreifen könne.

Im Zusammenhang mit diesem Plane, beschäftigte sich Napoleon
mit dem Gedanken an eine Bewegung, die wir uns früher nicht zu erklären wußten, zu deren Verständniß uns aber nun der eigene Aufsatz
Napoleon's vom 29. oder 30. August den Schlüssel giebt. Napoleon
kündigt nämlich in dem eben angeführten Befehlschreiben an daß er
mit allen bei Dresden verfügbaren Truppen nach Hoyerswerda ziehen,
dort am 4. sein Hauptquartier haben, und demnächst einen Heertheil
auf Luckau entsenden werde, um auf diese Weise die Verbindung zwischen
Ney und den unter Napoleon selbst bei Hoyerswerda versammelten
Truppen herzustellen. — Dabei ist keineswegs gesagt daß er sich etwa
Ney zu dem Angriff auf Berlin anschließen oder ihn irgend thatsächlich
unterstützen werde. Von einer weiter greifenden Unternehmung nach
dem Norden ist vollends gar nicht die Rede, denn Napoleon selbst der
gar wohl erkannte daß die Schlacht bei Kulm in dieser Beziehung eine
wesentlich veränderte Lage herbeigeführt hatte, deutet in dem nämlichen

Schreiben an, daß die Hauptarmee der Verbündeten ihm wohl nur
wenige Zeit zu diesem Ausflug freilassen werde. Pelet sagt freilich
in rhetorisch-hochtrabender Manier, den Zug in die Niederlausitz zu
erklären: zwischen Blücher und den Kronprinzen von Schweden gestellt, stand Napoleon im Begriff die Niederlage des Einen vorzubereiten, und die Fortschritte des Anderen aufzuhalten —: das ist aber
eine Redensart ohne allen Inhalt. Ganz gewiß mußte Napoleon in
Gegentheil sowohl bei Berlin als bei Görlitz am Tage der Entscheidung fehlen wenn er nach Hoyerswerda ging, und das Alles wäre
gar nicht in Napoleon's Geist und Kriegsweise. Durch dergleichen
war demnach eben gar nichts erklärt, und nur der Beweis geliefert
daß auch Pelet sich das Räthsel nicht zu lösen wußte; daß er nur in
der Verlegenheit nach den ersten besten tönenden Worten griff. Doch
jetzt wissen wir uns, wie gesagt, in zuverlässiger Weise Rechenschaft
davon zu geben, durch welche Vorstellungen Napoleon zu dieser beabsichtigten Bewegung bestimmt wurde. Wir haben gesehen daß er
glaubte Blücher könne Macdonald's geschlagene Armee bei Görlitz
„maskiren" und sich mit seinem Heer rechts wenden, durch die Nieder-
Lausitz in die Churmark, in Ney's Flanke und Rücken. Darum wollte
er nach Hoyerswerda vorrücken; dort mußte Blücher in erreichbarer
Nähe vorüberziehen, wenn er den vorausgesetzten Flankenmarsch unternahm, und ohne Frage ging Napoleon's Absicht dahin, den Heereszug der verbündeten schlesischen Armee in diesem Fall von dort aus in
der Seite anzufallen.

Doch verweilte er nur wenige Stunden bei dem Gedanken.
Schon am folgenden Tage (3.) war nicht mehr die Rede davon.
Napoleon wurde gewahr daß Blücher, für jetzt nicht gesonnen sich
nordwärts zu wenden, nicht abließ Macdonald's Armee unmittelbar
in gefährlicher Weise zu drängen, und entschloß sich darauf sofort der
schlesischen Armee unmittelbar entgegen zu gehen; jetzt ganz entschieden
mehr noch durch die Hoffnung auf eine Schlacht und einen wahrscheinlichen Sieg dazu bestimmt, als durch die Gewißheit daß Macdonald, sich selbst überlassen, Görlitz und die Neiße nicht halten
könne. Das tritt in den erlassenen Befehlen deutlich hervor. So
mußte Berthier an diesem Tage dem Marschall St. Cyr schreiben:

„Der Kaiser wird morgen bei Tagesanbruch dort sein (in Bautzen). Seine Majestät denkt die feindliche Armee morgen oder spätestens übermorgen anzugreifen, und in solcher Weise in die Flucht zu schlagen daß dadurch ein Gegenstück zu der Schlacht bei Dresden geliefert wird." — Dem Marschall Marmont, der an dem Zuge Theil nehmen sollte, kündigte Berthier eben so bestimmt an: „Wir werden morgen Abend bei Bautzen eine Schlacht haben, oder spätestens den 5. früh." — Dem Marschall Ney endlich ließ Napoleon nunmehr schreiben: „daß er am 4. den Feind (Blücher) angreifen werde, der sehr er- muthigt scheint (qui parait fort encouragé) — und daß er nach der Schlacht in großer Eile auf Berlin zu marschiren gedenke." — Aber auffallender Weise ist daran nicht der Befehl geknüpft den entscheidenden Angriff auf die Nordarmee um einige Tage zu ver- schieben; der soll vielmehr gleich jetzt ohne alle Unterstützung vorge- nommen werden. —

Inzwischen war zur Ausführung jenes früheren Plans nicht eben viel geschehen. Pelet erzählt zwar Napoleon habe seine Truppen am 2. und 3. nach Hoyerswerda in Bewegung gesetzt, und es wäre diesem Geschichtschreiber nicht unlieb wenn der Leser damit die Vor- stellung verbinden wollte, daß von einer wirklichen Vereinigung mit Ney die Rede gewesen sei. Sein Bericht ist aber, selbst in Beziehung auf die Thatsachen, wenigstens nicht buchstäblich genau. Nur zwei Divisionen junger Garde unter Curial, und die Garde-Reiterei unter Nansouty brachen am 2. auf nach Königsbrück; am 3. wurden keine Truppen mehr in dieser Richtung in Bewegung gesetzt. Was dann Pelet weiter erzählt, daß nämlich Napoleon erst am Nachmittag des 3. Sept., als neue Berichte Macdonald's eingelaufen waren, die eine gänzliche Auflösung seines Heers befürchten ließen, die veränderte Richtung auf Bautzen angeordnet habe, ist ebenfalls nicht haltbar. Schon früh Morgens am 3. zog Mortier ganz einfach von Pirna nach Bischofswerda, und Latour-Maubourg nahm gleichfalls schon zur selben Zeit von Dresden aus die grade Richtung auf Bautzen. Auch das Schreiben an Marmont in welchem Napoleon eine Schlacht auf diesem Punkt in nahe Aussicht stellt, ist bereits in den Morgen- stunden des Tages ausgefertigt.

Napoleon rechnete darauf daß die böhmische Armee der Verbün=
deten wenn auch nur wenige, doch noch einige Tage bedürfen werde
ehe sie, neu geordnet, zu neuen Unternehmungen schreiten könne. In
den Verhaltungsbefehlen die er für St. Cyr, Victor und den Grafen
Lobau zurückließ, schätzt er deren Truppen auf 50 bis 60,000 Mann,
und schreibt ihnen vor sich bis in das nun etwas stärker verschanzte
Dresden zurückzuziehen, im Fall der Feind von Neuem auf dem linken
Ufer der Elbe vorrückte; der Kaiser werde ihnen zu rechter Zeit zu
Hülfe kommen und eine Wiederholung der früheren Ereignisse herbei=
führen. — Gehe der Feind auf das rechte Ufer hinüber, dann könne
er entweder über Zittau die Vereinigung mit Blücher suchen — was
gar keinen Einfluß auf Dresden habe, — oder sich über Neustadt und
Stolpen gegen Dresden wenden. Wie Napoleon von den Verbündeten
eine solche, wohl etwas abenteuerlich zu nennende, Operation erwarten
konnte, wissen wir uns nicht zu erklären, aber er gebot für diesen Fall
dem Marschall St. Cyr das verschanzte Lager am Lilienstein zu be=
setzen, den Heertheilen Victor's und Lobau's bei Weissig — 1½ Meilen
vor Dresden auf der Straße nach Bautzen — Stellung zu nehmen. —
Natürlich will Napoleon ihnen auch in diesem Fall zu Hülfe kommen
um, nachdem er die schlesische Armee besiegt, mit ihnen vereint auch
die böhmische zu schlagen. — Das an demselben Tage dem Marschall
Ney in ganz unbedingter Form gegebene Versprechen nach dem Sieg
über Blücher, auf Berlin zu eilen, ist also nur sehr bedingt zu verstehen,
und gilt nur für den von Napoleon selbst als unwahrscheinlich be=
zeichneten Fall, daß die Hauptarmee der Verbündeten unterdessen voll=
kommen unthätig blieb.

Wir entnehmen, beiläufig bemerkt, diesen Befehlen Napoleon's
daß die unter seiner persönlichen Führung bei Dresden und im Erz=
gebirge verwendeten Heertheile, von Dresden bis Kulm einen Verlust
von etwa 36,000 Mann erlitten haben mußten. Denn die drei Heer=
theile die Napoleon jetzt auf 50 bis 60,000 Mann schätzt, hatten
deren bei der Eröffnung des Feldzugs 84,000 gezählt. Sie hatten
also 30,000 Mann verloren; und dazu kam dann noch der Verlust
der Garden und der Reiterei.

So sehen wir also daß Napoleon, der jetzt schon bedeutend

schwächere, nach zwei Seiten zugleich zum Angriff übergeht. Er that jetzt wieder genau dasselbe was er bei der Eröffnung des Feldzugs vorgenommen hatte; er fing wieder von vorne an, wie wir es mit schlichten Worten nennen könnten. — Bei so verringerten Mitteln!

Im Norden freilich hatte der Kronprinz von Schweden alles mögliche gethan Ney's Unternehmungen zu erleichtern; es lag nicht an ihm daß sie dennoch scheiterten.

Vergebens hatte Bülow den Kronprinzen zu einem Angriff auf die Stellungen des Marschalls Oudinot, im Halbkreis um Wittenberg, zu bewegen gesucht, und da der Feldherr Bernadotte davon nicht hören wollte, zu dem Uebergang über die Elbe, den der Trachenberger Operationsplan vorschrieb —: jetzt war Tauenzien in das Hauptquartier dieses Prinzen geeilt, um wenigstens gegen die Zerstückelung und allzu weitläuftige Aufstellung des Heeres Vorstellungen zu machen, erlangte aber eben auch nichts weiter als leere Verheißungen. Der weiter entsendeten Heertheile nicht zu gedenken, standen aber selbst die Truppen die als vereinigt gegen Oudinot's Armee gedacht werden, auf einem vier Meilen langen Bogen um diese herum.

Tauenzien bildete mit 14 Bataillonen und 19 Reiterschwadronen seines Heertheils — mit geringen Ausnahmen lauter Landwehren — bei Seyda und Zahne den äußersten linken Flügel. An ihn reihten sich Bülow, dessen Truppen in einzelnen Abtheilungen bei Marzahne, Werkzahne, Kropstädt und Köbenig aufgestellt waren; die Russen bei Hohen-Werbig, mit ihrem Vortrab unter Worontzow bei Mochow und Schmilkendorf — die Schweden endlich zur Rechten, bei Rabenstein, auf der Straße die von Wittenberg nach Belzig, und von dort nach Potsdam und Brandenburg führt. — Hirschfeldt war zur Rechten gegen Roßlau und die Elbe entsendet. — Freilich bewahrte diese Aufstellung vor jeder That, denn sie machte sie unmöglich — und obgleich die genannten Punkte nur etwa 11 Meilen von Ruhlsdorf und Groß-Beeren entfernt sind, hatte man doch 11 Tage gebraucht um sie zu erreichen!

Ney musterte sein Heer, zu dem jetzt auch die polnische Division Dombrowski gehörte, und brach dann (am 5. Sept.) rechtshin auf, um, wie ihm vorgeschrieben war, zunächst die Gegend von Baruth

zu erreichen.   Seine gewaltige Ueberlegenheit machte es ihm leicht
Tauentzien's schwache Abtheilung bis Jüterbogk vor sich her zu treiben,
doch bewährten sich hier die von Napoleon in so thörichter Weise ge=
ring geachteten märkischen Landwehren, wie man billiger Weise von
so neuen Truppen eigentlich nicht erwarten durfte, ja den Umständen
nach selbst glänzend, in einer der schwierigsten Aufgaben des Krieges:
in Gefechten gegen einen sehr überlegenen Feind, die ihrer Natur nach
mit einem Rückzug enden müssen, und eben deßhalb leicht unheilvoll
werden, namentlich gar leicht einen ungünstigen Einfluß auf den Geist
der Truppen üben. — Nicht, daß die Mängel einer ungenügenden
Organisation und Ausbildung sich etwa gar nicht geltend gemacht
hätten.   Diese Mängel übten vielmehr allerdings ihren Einfluß bei
dem Fußvolk wie bei der Artillerie, und es gab mitunter verhältniß=
mäßig viel Versprengte.   Aber das Ganze hielt denn doch zusammen
in einer Weise wie bei Truppen solcher Formation gewiß nur äußerst
selten vorgekommen ist, und konnte am folgenden Tage von Neuem
mit Erfolg in Gefecht verwendet werden. — Ney erreichte mit seinen
verschiedenen Heertheilen Seyda, Naundorf und Leetza.

Die Entrüstung der preußischen Generale stieg auf das Höchste
als sie sahen daß auf diese Weise dem Feinde wieder der Angriff über=
lassen wurde, und weder die Anstalten noch selbst die Reden des Kron=
prinzen irgend eine Bürgschaft dafür gewährten, auch nur diesen
entschlossen abgewehrt zu sehen.   Schon war es unter ihnen zu der
förmlichen Verabredung gekommen im Nothfall nicht auf die Befehle
des Kronprinzen zu warten, und ohne ihn zu handeln, so bedenklich
das auch in gar mancher Beziehung sein mochte.   Schon jetzt faßte
Bülow seinen Entschluß in diesem Sinn; sobald ihm kein Zweifel
blieb daß die Bewegung des Gegners eine entschiedene sei, und
Tauentzien schleuniger Hülfe bedürfen werde, brach er noch am Abend
nach Kurz=Lipsdorf auf, um dem Feinde am folgenden Tage in die
linke Seite zu fallen.

Er meldete dies dem Kronprinzen Bernadotte, und dieser billigte
nun zwar was er nicht wohl mehr verhindern konnte, nicht aber daß
Bülow auch die Brigade Borstell mitnahm, welche den vierten Theil
seiner Streitkräfte bildete.   Auf ausdrücklichen Befehl des Oberfeld=

herrn mußte diese Schaar stehen bleiben um den Engpaß bei Köbenig vor Wittenberg zu beobachten, und Bülow kam um so viel schwächer auf das Schlachtfeld.

Der Kronprinz von Schweden gab nämlich vor, auch diesmal zu glauben daß Napoleon selbst mit seiner Hauptmacht gegen die Nord-armee im Anzug sei. Die Sache selbst sollte für ausgemacht gelten; nur das konnte noch zweifelhaft scheinen, ob die feindliche erdrückende Uebermacht unter dem großen Feldherren selbst, von Großenhayn und Torgau her kommen, oder aus Wittenberg vorbrechen werde, um die verbündete Nordarmee von allen Seiten zu umfassen und ganz zu umwickeln, wenn der Kronprinz sich verleiten lasse dem Marschall Ney zu folgen, und ein Gefecht mit ihm zu beginnen. „Le Prince Royal est indécis, si l'Empereur Napoléon viendrait par Wittenberg, ou s'il déboucherait par Torgau et Grossenhayn pour l'enve-lopper, tandis qu'il livrerait bataille à Ney," schrieb der Chef des schwedischen Generalstabs, Adlerkreuz, dem General Winzingerode. Nach den getroffenen Anstalten zu schließen, wollte man sogar die Umgehung von Wittenberg aus, für den wahrscheinlicheren Fall halten. So war der Vorwand beschaffen unter dem Bernadotte den größeren Theil seines Heeres vor dieser Stadt sammeln wollte, während man den Feind in langen Zügen nach Osten, um den linken Flügel der Verbündeten herum, in der Richtung auf Jüterbogk und Baruth abrücken sah. Nur den Preußen, die er nicht halten konnte, gestattete er auf ihre eigene Gefahr dem französischen Heer zu folgen.

Er hielt es sogar für angemessen ihnen nachträglich zu befehlen was sie bereits gethan hatten, und so enthielt die Disposition auf den folgenden Tag, die am 5. Abends aus dem schwedischen Haupt-quartier erlassen wurde, für Bülow die Weisung, „vor Allem die Defileen bei Kropstädt und Köbenig zu beobachten, — den Rest seiner Truppen aber, je nach den Umständen, bei Wergzahne, Schönfeld oder Kurz-Lipsdorf zu vereinigen, um dem Feinde in die linke Flanke fallen zu können, im Fall er nach Jüterbogk vorrücken sollte." —

Trat nun auf diese Weise hier schon die Beobachtung der Gegend von Wittenberg als die Hauptsache hervor, so war den Russen und

Schweden vollends befohlen sich bei Lobeßen auf der Straße von Wittenberg über Treuenbrietzen nach Berlin zu vereinigen — 2½ Meile von Jüterbogk. — Die Vortruppen unter Worontzow sollten sich Wittenberg nähern und diesen Ort „wo möglich" mit Haubitzgranaten bewerfen „um das Hervorbrechen feindlicher Kolonnen zu verhindern."

Nur wenn Worontzow gar keinen Feind vor sich hatte, und in der Gegend von Zahne Geschützfeuer hörte, sollte er versuchen längs der Elbe dem Feinde bei diesem Dorfe in den Rücken zu gehen. — Da die Franzosen schon ein Paar Meilen über Zahne hinaus waren, konnte dort das Getöse einer Schlacht nicht so leicht vernommen werden.

Mit einer unglaublichen Sorglosigkeit, die aber bei den französischen Heeren jener Zeit öfter vorkam, trat Ney am Morgen des 6. Septembers den weiteren Marsch an. Er rechnete auf keine Schlacht, kaum auf unbedeutende Gefechte; seine Absicht war, wie er wenigstens später vorgab, Jüterbogk zu umgehen, um in die Richtung auf Baruth, und rückwärts in Verbindung mit Dahme und Luckau zu kommen. Nicht eine Streifschaar wurde ausgesendet, zu sehen was zur Seite der marschirenden Truppen in der Gegend vorging, und Bülow blieb unbemerkt; er hatte die Nacht keine Feuer anzünden lassen, um nicht bemerkt zu werden.

Um 9 Uhr ungefähr stieß Ney bei Jüterbogk auf Tauentzien, es entspann sich ein Gefecht in welchem der französische Marschall eine sehr überlegene Macht, zuletzt den ganzen Heertheil Bertrand's verwendete, ohne die mäßige Schaar Landwehren überwältigen zu können. Als Bülow die rechte Zeit gekommen glaubte, rückte er gegen die linke Seite des Feindes vor; Reynier wurde ihm bei Niedergöhrsdorf, Dennewitz und Göhlsdorf entgegen gestellt; und lange Stunden wogte der heiße Kampf unentschieden hin und her.

Als gar kein Feind von Wittenberg her erschien, der Kanonendonner dagegen schon ein Paar Stunden lang von Jüterbogk und Dennewitz her zu hören war, konnte Bernadotte nicht umhin sich mit den Russen und Schweden von Lobeßen dem Schlachtfelde zu nähern. Aber er zog nicht, wie entschlossene Führer in solchen Fällen wohl zu thun pflegen, dahin, von woher diese Donner herüber schallten —: er ging vielmehr auch jetzt noch der Schlacht geflissentlich aus dem Wege, nach Eckmannsdorf, fast eine Meile vom Kampfplatz. Dort aufgestellt wartete er ruhig den Erfolg des Treffens ab, das er so leicht zu Gunsten der Verbündeten entscheiden konnte, und alle Meldungen Bülow's, der wirkliche Unterstützung verlangte, blieben mehrere Stunden über vergeblich.

Borstell, von Bülow dazu aufgefordert, und von eigenem Eifer getrieben, hatte sich von Kropstädt und Köbenig her mit eiligen Schritten nach dem Schlachtfeld in Marsch gesetzt, und dies dem Kronprinzen gemeldet —: Bernadotte, der diese Bewegung zunächst gestattete, da er zur Zeit wohl kaum mehr anders konnte, suchte den preußischen Generalen bei Dennewitz dann doch wieder auch diese Unterstützung zu entziehen; General Borstell erhielt den Befehl sich ihm bei Eckmannsdorf anzuschließen. Doch Borstell achtete darauf nicht, gab zur Antwort seine Pflicht rufe ihn in das Gefecht, und brachte bei Dennewitz den Sieg. —

Endlich, nach langem Ringen, neigte sich der Sieg in den Abendstunden entschieden auf die Seite der Preußen. Als das nicht mehr zweifelhaft, oder wie der Kronprinz von Schweden die Sache auffaßte, nicht mehr zu vermeiden war —: da änderte dieser Fürst plötzlich sein Benehmen, indem er nun als der thätige und entschlossene Leiter des Ganzen, aus dem Hintergrund hervor trat, und dafür sorgte daß der Vorwand nicht fehle wenigstens den Ruhm dieses unwillkommenen Sieges für sich in Anspruch zu nehmen.

Er sendete nun mehrere Kosaken-Regimenter, etwa 800 russische Dragoner und Husaren, zwei schwache Jägerbataillone, und eine schwedische nebst drei russischen Batterien vor auf das Schlachtfeld. Dem General Bülow, der auf das äußerste erzürnt, noch einmal zu ihm gesendet hatte, ihn zum Vorrücken aufzufordern — die Schlacht sei noch nicht zu Ende — ließ er jetzt als frohe Botschaft verkünden: die Schlacht sei gewonnen, denn — Er, der Kronprinz, nahe an der Spitze von 46 Bataillonen, 40 Reiterschwadronen und 118 Stücken Geschütz.

Zu gleicher Zeit aber ließ er dem General durch den preußischen Major v. Reiche sagen, er solle sich in das zweite Treffen zurückziehen.

Das heißt, anstatt dem preußischen General die Hülfe zu gewähren, deren dieser bedürfen konnte um die bereits blutig erkämpften Vortheile zu einem entscheidenden Siege zu steigern, ließ der Prinz ihm aus= drücklich und buchstäblich befehlen er solle diese Vortheile, das gewon= nene Schlachtfeld wieder aufgeben, und sich vor einem theils wankenden, theils wirklich schon weichenden Feind zurückziehen, ja die Schlacht, insoweit Er und seine preußischen Schaaren betheiligt waren, verloren geben. Ein Fall der schwerlich zweimal vorgekommen ist.

Daß die Absicht des Kronprinzen dahin ging, die preußischen Heertheile in den Berichten als geschlagen darzustellen, sich selbst aber als den Helden der das Schicksal des Tags gewendet, und den Sieg dennoch an die Fahnen der Verbündeten gefesselt hatte: das ist eine Vermuthung die sehr nahe liegt. Es fragt sich nur ob der Prinz nicht noch bei Weitem mehr bezweckte; ob er nicht die französische Armee auch jetzt noch vor einer gänzlichen Niederlage und energischen Verfolgung bewahren wollte. Sein ferneres Benehmen zwingt uns beinahe das anzunehmen.

Reiche, selbst entrüstet, hielt es nicht gerathen dem General Bülow diesen bedenklichen Befehl zu hinterbringen; er verschwieg ihn. Bülow blieb im Vordringen und gegen fünf Uhr endlich, war der Tag vollständig entschieden. Der Feind stürzte von allen Seiten in gänzlicher Auflösung und Verwirrung, in wilder Flucht, rückwärts, und siegreich schwebten ihm die preußischen Fahnen nach. Jenen russischen Reitern gelang es noch den linken Flügel der Weichenden einzuholen, zu umgehen, und einen glücklichen Angriff zu machen. Auch die russischen und schwedischen Batterieen fuhren auf, und sendeten dem Feind ihre Geschosse nach, wobei aber die Schweden aus Versehen sehr lebhaft unter die Preußen schossen. Die rus= sischen Jäger dagegen konnten natürlich gar nicht mehr in das Gefecht kommen.

Inzwischen war der Kronprinz von Schweden an der Spitze jener glänzenden schwedischen und russischen Schaaren, nach Jüterbogk marschirt. Das heißt auch jetzt wieder vom Feinde weg, in eine der Verfolgung entgegengesetzte Richtung. Die Führer der russischen Rei= terei sollen sich von freien Stücken erboten haben die Verfolgung zu übernehmen, und bei der großen Ermüdung der Preußen wäre das ganz zweckmäßig gewesen. Ob der Kronprinz Bernadotte auch hier wieder hemmend eingriff, ist nicht bekannt geworden, doch ist es sehr wahrscheinlich — denn es geschah eben von dieser Seite sehr wenig. Offenbar erst aus der Gegend von Jüterbogk, folglich zu spät, vorgesendet — oder entlassen — gingen die russischen Reiterbrigaden unter den Generalen Baron Pahlen und Sagrätzky über Rohrbeck vor, erreichten aber, nachdem sie unterwegs einzelne feindliche Reiterschaaren geworfen hatten, erst mit einbrechender Dunkelheit die Gegend von Dehna; hier machten sie keinen ernstlichen Versuch in einige sächsische, baierische und polnische Bataillone einzubrechen, die allein noch zusammenhielten in der fliehenden Masse, und damit war die unmittelbare Verfolgung von dieser Seite beendet. Preußische Reiter-Abtheilungen folgten den Weichenden in erneuerten Angriffen noch etwas weiter, bis Langen-Lipsdorf. *)

Die Preußen hatten den Sieg theuer erkauft; theurer als nöthig war wenn der Kronprinz wollte; er hatte ihnen 8000 Todte und Verwundete gekostet. Dafür waren über 10,000 Gefangene und 53 eroberte Kanonen in ihren Händen, und im Ganzen betrug der Verlust des Feindes, schon auf dem Schlachtfelde selbst wohl 20,000 Mann.

Ueberhaupt war die Niederlage der Franzosen vollständig; sie flohen in zwei getrennten wirren Massen nach Dahme und nach Torgau. Die erstere erlitt am folgenden Tage noch, durch einen Angriff des General Wobeser, der beobachtend bei Luckau stand, namhaften Verlust (2813 Gefangene), und eilte dann auch nach Torgau, wo (am 8.) alles über die Elbe, und zum Theil weiter bis an die Mulde ging.

Hier suchten nun der Marschall Ney und seine Generale in der entmuthigten, ganz haltungslosen Masse, wieder einige Ordnung herzustellen. Die Aufgabe war nicht leicht. „Ich bin vollständig geschlagen," meldete Ney seinem Kaiser den Tag nach der Schlacht: „ich weiß noch nicht ob meine ganze Armee sich wieder zusammengefunden hat." (J'ai été battu complètement, je ne sais point encore si toute

---

*) Geschichte der Nordarmee III, 75—84; Reiche, Memoiren 1, 312.

mon armée est ralliée.) — „Ihre linke Flanke ist offen, wahren Sie sich" fügt er warnend hinzu, ja der Eindruck der gewaltigen Nieder= lage bringt ihn dahin seinem Herren zu sagen was dieser gewiß nicht gern, und schwerlich mit Ruhe anhörte: „Ich glaube es ist Zeit die Elbe zu verlassen und sich auf die Saale zurückzuziehen." — Dem Kommandanten von Wittenberg kündigte er an: „Ich bin nicht mehr Herr der Armee; sie versagt mir den Gehorsam und hat sich selbst aufgelöst." — Oudinot meldet daß bei dem ersten Appel nach der Schlacht, von seinem ganzen Heertheil nur etwa 4000 Mann ermittelt werden konnten, und bemerkt dazu: „Niemand weiß der Infanterie Herr zu werden" (personne ne sait être maître de l'infanterie). — In einem etwas späteren Bericht klagt Ney dann auch darüber, daß Selbstvertrauen und Zuversicht auch der Generale und Offiziere in einem hohen Grade erschüttert seien (Le moral des généraux, et en général des officiers est singulièrement ébranlé) — in den Truppen des Rheinbunds aber, und selbst unter den übrigen Verbündeten Frankreichs, rege sich ein gar böser Geist.

Viele Truppentheile mußten aufgelöst werden; so bildeten die beiden sächsischen Divisionen fortan nur eine; die württembergische Infanterie nur vier Bataillone, anstatt der früheren zwölf; die Regi= menter des Reiter = Corps Arrighi wurden auf eine Schwadron jedes gesetzt. Ja einer der drei Heertheile mußte aufgelöst werden um die beiden anderen wieder einigermaaßen schlagfertig zu machen, und man wählte dazu das 12. Armee=Corps, wahrscheinlich weil Ney über Oudinot Klage führte, und sich mit ihm nicht zu vertragen wußte. Zwei Divisionen dieses Heertheils wurden unter Guilleminot auch zu Einer vereinigt und Reynier's Corps überwiesen; vier Bataillone Baiern die unter Raglovich übrig blieben, sollten die Besatzung von Dresden verstärken — Oudinot selbst fortan den Befehl über zwei Divisionen der jungen Garde führen.

Es mußten einige Wochen vergehen ehe man dies sehr geschwächte Heer dem Feinde wieder entgegen führen konnte, und während dieser Zeit der Ruhe sogar verminderte sich die Zahl der Streiter um ein Beträchtliches, denn wie bei Macdonald's Armee, riß nun auch hier, mit der Entmuthigung, die Desertion in sehr bedenklicher Weise ein. Schon seit den ersten Tagen des Septembers sah man Flüchtlinge, die von Groß-Beeren kamen, durch Leipzig gehen, nach dem Rhein, nach der Heimath unterwegs. Bald kamen Fliehende aus Schlesien dazu, und jetzt, nach der Schlacht bei Dennewitz, vermehrte sich die Zahl dieser Entweichenden in dem Maaße, daß oft über tausend, ja wie Augenzeugen berichten *), bis zwei und drei tausend Mann an einem Tage durch die Stadt zogen. Es waren meist junge Conscribirte die ihre Fahnen verließen, oder Leute die dem „ersten Aufgebot des National-Banns" angehörten, deren Cohorten man in Linien-Bataillone verwandelt hatte. Sie waren zum Theil noch bewaffnet, manche verwundet, alle stumm und mißmüthig, und selbst Offiziere fanden sich in der Zahl.

Nicht mehr als ungefähr 46,000 Preußen hatten bei Dennewitz gegen mindestens 65,000 Krieger von Napoleon's Heer gekämpft. Der Fall daß eine solche Minderzahl nicht nur den Sieg erkämpft, sondern auch den Feind in eine vollständige Flucht und Niederlage wirft, ist im Lauf des neunzehnten Jahrhunderts nur dies eine Mal vorgekommen. Fragt man aber wie dieser Sieg benützt wurde, so ist darauf eben nichts zu antworten, als daß Bernadotte dem Feinde die Wochen der Ruhe ließ und gönnte, deren er bedurfte um sein zerrüttetes Heer einigermaßen wieder herzustellen.

Daß Ney's Schaaren für den Augenblick gar keinen Widerstand leisten konnten, und wahrscheinlich ganz auseinander liefen wenn man ihnen raschen Schrittes folgte, das mußte jedem einleuchten, und so drang denn auch Bülow darauf, man solle Wittenberg und Torgau durch kleinere Abtheilungen beobachten lassen, mit der Hauptmacht aber unverzüglich über die Elbe und auf Leipzig gehen, wie der trachenberger Operationsplan gebot. Der Kronprinz konnte diese Vorschläge nur billigen, aber er führte sie nicht aus, und der große Reichthum seines Geistes zeigte sich in der Fülle von Vorwänden, die er zu ersinnen wußte um nichts zu thun.

Für seine Person verweilte der Kronprinz bis zum 10. in Jüter-

---

*) Kriegsbibliothek III. S. 372.

bogk; dann begab er sich, in kleinen Tagereisen, in eine ruhige Ge=
gend, nach Zerbst — und das Heer unter seinen Befehlen wurde noch
bei Weitem mehr zersplittert und auseinander gezerrt wie vor der
Schlacht bei Dennewitz, so daß wir es am 14. September auf einer
Linie von vierzehn Meilen Länge vertheilt finden. Als äußerster linker
Flügel stand Wobeser bei Uebigau an der Elster; dann folgten Tauentzien
bei Herzberg und Schlieben; die Brigade Borstell von Bülow's Heer=
theil bei Annaburg und Jessen; Bülow's übrige Truppen und Hirschfeldt
vor Wittenberg; die Schweden bei Roßlau, und endlich die Russen
unter Winzingerode und Worontzow bei Zerbst.

Zu gleicher Zeit (13.) erklärte Bernadotte dem General Bülow
daß man nicht daran denken könne über die Elbe zu gehen, so lange
nicht Wittenberg erobert sei. Die Eroberung dieser Festung sei eine
unerläßliche Vorbedingung jedes Unternehmens jenseits des Stroms.
(Le Prince Royal me charge — den General Adlerkreutz nämlich —
en même temps de vous informer, mon général, qu'il regarde là
possession de Wittenberg comme condition nécessaire à toute
opération sur la rive gauche de l'Elbe.) Tauentzien sollte, während
an mehreren Orten, bei Elster, Roßlau und Aken Vorbereitungen ge=
troffen wurden, dereinst Brücken über die Elbe zu schlagen, den feind=
lichen Brückenkopf bei Torgau beobachten, und sich desselben wo möglich
zu bemächtigen suchen; Bülow erfuhr daß seine Bestimmung sei Wit=
tenberg zu belagern.

Man hätte dem Kronprinzen ganz gut antworten können, die
nothwendige Vorbedingung einer Belagerung Wittenbergs sei der Ueber=
gang über die Elbe, da der Platz sonst nicht eingeschlossen werden
könne —: und überhaupt, wer konnte wohl im Ernst daran denken
mitten im Lauf eines Feldzugs wie dieser, wo alle Verhältnisse auf
die rasche, blutige Entscheidung hindrängten, auf dem unmittelbaren
Kriegsschauplatz eine Belagerung umständlich und regelmäßig vorzun=
nehmen? Auch fehlten für jetzt die Mittel dazu. Bülow ließ nichts
unversucht den Oberfeldherren von diesem Plan abzubringen, und er=
klärte mit Bitterkeit daß er die Regeln nicht kenne, nach welchen eine
Festung, die ihre Verbindung mit dem feindlichen Heere frei behalte,
bloß mit Feldgeschütz zu belagern sei. Was er dadurch erlangte, hatte

er sich aber gewiß nicht gewünscht —: es war die Weisung daß der
regelmäßige Angriff bis zur Ankunft einiges schweren Geschützes aus
Spandau verschoben bleiben solle.

So mußten Torgau und Wittenberg dem Kronprinzen von Schweden dienen die unruhigen Geister in seinem Heer — Tauentzien und
Bülow — zu bannen und zu fesseln. Was sonst noch zur Nordarmee
gehörte, gehorchte ohne Widerstreben, ließ sich diese Art den Krieg zu
führen, ohne Klage gefallen, und verfiel gewiß nicht darauf selbstständig zu handeln.

Dieselbe Kunst die sich in allen diesen Anordnungen zeigt, leuchtet
auch aus dem Bericht hervor in welchem Bernadotte der Welt über die
Schlacht bei Dennewitz Auskunft gab. Das preußische Heer wird
darin, mit Absicht, um mehr als die Hälfte schwächer angegeben
als es wirklich war; das preußische Heer habe, heißt es da, kaum
20,000 Mann stark, seine Stellung mannhaft behauptet, — da sei
dann der Kronprinz mit 70 Bataillonen und 10,000 Reitern, Schweden und Russen (also mit ungefähr doppelt so vielen Truppen als er
wirklich hatte) auf dem Schlachtfelde erschienen, und „da war das
Schicksal der Schlacht auf der Stelle entschieden!“ — Der Kronprinz
nennt dann fast alle untergeordneten preußischen Generale, den Prinzen von Homburg, Thümen, Borstell, Krafft, Oppen u. s. w. als
solche die sich in der Schlacht ausgezeichnet hätten, aber in bunter
Reihe mit Schweden wie Stedingk, Adlerkreutz, Tawast, und Russen
wie Winzingerode und Worontzow, die sämmtlich an der Schlacht gar
nicht Theil genommen hatten, von denen manche sogar mehrere Meilen
weit vom Schlachtfelde entfernt blieben. Bülow dagegen, wird kaum
im Vorbeigehen genannt, damit man ja nicht den Sieger von Dennewitz erkenne. — Es gelang wirklich die Welt eine Zeit lang zu
täuschen.

Von französischer Seite erschien ebenfalls in den öffentlichen
Blättern ein angeblicher Bericht Ney's, der aber natürlich ohne dessen
Zuthun, in Napoleon's Kanzellei nach des Kaisers eigenen Weisungen
angefertiget war, und er ist ebenfalls der Beachtung werth, wenn auch
aus anderen Gründen. Man kann nämlich nicht sagen daß er gut
berechnet war, und der Eindruck den er machte, entsprach denn auch

keineswegs der Absicht. Mit großer Dreistigkeit wird darin behauptet die Schlacht sei bereits gewonnen gewesen — da hätten die Sachsen ohne alle Veranlassung die Flucht ergriffen. Gerade die Sachsen, die, gegen ihr Vaterland, gegen ihr eigenes Interesse, doch mit Muth und Ausdauer gekämpft und allein die Flucht einigermaaßen gedeckt hatten! — Herkömmlich war es allerdings unter Napoleon's Herrschaft auf diese Weise mit den Bundesgenossen umzugehen, aber es war in dem Augenblick nichts weniger als klug, und empörte die Sachsen auf das Aeußerste. —

Während dieser Zeit mühte sich Napoleon selbst vergeblich ab, gegen die schlesische und Haupt-Armee, in unfruchtbarer Rastlosigkeit. Als er am 4. September nach Bautzen reiste, „strömten ihm unbewaffnete Infanteristen in buntem Gemisch haufenweise mit bleichem Angesicht entgegen." Sie wurden angehalten und gesammelt; Wagen mit verschlossenen Kisten bepackt fuhren dem Kaiser nach, und hielten; Flinten wurden aus den geöffneten Kisten genommen, nicht Brod wie die Fliehenden gehofft hatten, die nun neubewaffnet zu dem Heer zurückkehren mußten. Napoleon hatte auf eine Schlacht bei Bautzen gerechnet, und fand auch wirklich Macdonald's Heer sowohl als Blücher's Vortrab unweit dieser Stadt.

Nur einen Tag nämlich hatte Blücher am Queis geruht. Schon hier erreichten ihn ungünstige Nachrichten über Schwarzenberg's Heer. Am letzten August schon erfuhr man im Hauptquartier der schlesischen Armee, zuerst durch einen gefangenen westphälischen Offizier, dann durch eine Mittheilung Neipperg's, daß die Hauptarmee vor Dresden geschlagen, und nach Böhmen zurückgeworfen sei. Ein Brief Barclay's, der am 29. August früh aus Altenberg abgefertigt, am 1. September eintraf, bestätigte diese Nachrichten. Blücher aber, konnte natürlich in den gemeldeten Ereignissen, in der Ansicht von der allgemeinen Lage die sich aus Allem ergab, zunächst nur eine Aufforderung sehen, seinen Vortheil durch rasch und entschieden fortgesetzten Angriff auf das Aeußerste zu verfolgen.

Schon am 2. war er wieder in Bewegung gegen die Neiße und Görlitz, in der Hoffnung auf einen neuen und leichteren Sieg wenn Macdonald bei diesem Ort Stand halten wollte.

22*

Hier, auf dem Marsch, war es nun, wo der Fürst Wenzel Liechtenstein mit seinem langen Bericht von Angst, Noth und Gefahr bei ihm eintraf; mit der Aufforderung dem Fürsten Schwarzenberg unmittelbar in Böhmen schleunigen Beistand zu leisten, und dem weiteren Auftrag auch zu dem Kronprinzen von Schweden zu eilen, und von ihm mittelbare Hülfe zu verlangen.

Das klang ohne Zweifel viel bedenklicher als man sich die Sache irgend gedacht hatte. So zwar, daß selbst Blücher und Gneisenau, wie es scheint, eines kurzen Besinnens bedurften, um sich in diese, dem Anschein nach, durchaus veränderte Lage zu finden, denn die Truppen erhielten den Befehl mitten im Marsch, auf halbem Wege stehn zu bleiben; bei Hohkirch (Sacken), Kieslingswalde (York) und Pfaffendorf (Langeron).

Bald aber war der neue Entschluß gefaßt. Man mußte voraussetzen daß Napoleon sich nun, nachdem er die Hauptarmee geschlagen, mit dem ganzen Gewicht seiner Macht auf Blücher's Heer werfen werde, und lehnte es auch darum ab, Truppen nach Böhmen zu entsenden. Blücher machte dann in seiner Antwort an Schwarzenberg aufmerksam darauf, daß selbst wenn der Feind nicht im Sinn dieser Voraussetzung handelte, selbst wenn Napoleon den Spuren der Hauptarmee tiefer nach Böhmen hinein folgte, der mittelbare Beistand der in einer fortgesetzten Offensive der schlesischen Armee gegen die Elbe lag, sich wirksamer erweisen könnte als eine Verstärkung der böhmischen Armee durch Truppen der schlesischen. — Auch den Kronprinzen von Schweden hatte man in Blücher's Hauptquartier bereits besser durchschaut als in der Umgebung des Kaisers Alexander und des Fürsten Schwarzenberg, und man fand in seinem Benehmen gewichtige Gründe den Wünschen des österreichischen Feldmarschalls nicht zu entsprechen. Blücher macht in diesem Sinn bemerklich, daß eine Bewegung der schlesischen Armee an die Elbe zur Vereinigung mit dem Kronprinzen von Schweden führen könne, „der, sofern die Existenz einer schlesischen Armee, und somit die Möglichkeit einer Offensiv-Bewegung nach der Elbe hin aufhören sollte, schwerlich zu bewegen sein wird gegen die Elbe vorzurücken.“

Und mit einer Feinheit die nur von Gneisenau, nicht von Blücher,

herrühren konnte, war am Schluß hinzugefügt: „Von Ihren Maje=
stäten dem Kaiser Alexander und dem König meinem Herrn bin ich
ohne alle Nachrichten gelassen" — das hieß daß man nicht unbeding=
ten Gehorsam schuldig zu sein glaube, denn allerdings hatte die schle=
sische Armee bisher nicht unmittelbar aus Schwarzenberg's Haupt=
quartier Befehle erhalten.

Indessen wurde der österreichische Feldherr doch auf die Ankunft
Bennigsen's und der sogenannten polnischen Armee vertröstet; sobald
sie von dieser Verstärkungen erhielt, konnte die schlesische Armee ihrer=
seits russische Truppen an die böhmische abgeben.

Eben hatte man nämlich erfahren daß Bennigsen am 31. August
sein Hauptquartier nach Breslau verlegen, und seine Armee zunächst
bei Liegnitz vereinigen wollte; daß ein Theil seiner Truppen unter
General Markow über Steinau dorthin unterwegs sei. Es erging so=
gleich an ihn die Bitte diesen Theil zu der schlesischen Armee stoßen zu
lassen. Daß die Ueberschwemmungen auch Bennigsen verhindern wür=
den das Alles so auszuführen, konnte man noch nicht wissen.

Um ganz auf den Sturm vorbereitet zu sein der möglicher Weise
nahen konnte, wurde sogleich rückwärts nach Schlesien der Befehl
gesendet die starke Stellung auf den Buchbergen bei Frankenstein zu
verschanzen, und mit Geschütz von schwerem Caliber zu bewaffnen.
Bis dahin wollte man nöthigen Falls zurückgehen.

Nachdem man sich so im Großen entschieden und befestigt hatte,
konnte auch in Beziehung auf das Nächste der Entschluß nicht zweifel=
haft bleiben. Schon hatte man erfahren daß Görlitz vom Feinde ver=
lassen sei; Langeron's Vortrab hatte den Ort besetzt. Der Feind wich,
noch also mußte die Bewegung des eigenen Heers vorwärts gehn; es
erfolgte der Befehl zum erneuten Vorrücken.

Noch sei es ungewiß, sagt die Disposition, ob der Feind mit
ganzer Macht der Hauptarmee nach Böhmen folgen, oder sich gegen
die schlesische wenden werde. Da müsse man mit Vorsicht verfahren,
dennoch aber dem Feinde glauben machen daß man ihm mit Energie
folgen und überall zum Angriff schreiten werde. Dadurch werde man
ihn zwingen von der Hauptarmee abzulassen, und einen Theil seiner
Streitkräfte nach der Lausitz zu entsenden.

So ging das Heer am folgenden Tag durch Görlitz und über die Neisse, und lagerte zwischen der Landskrone und Eberbach — die Vortruppen näher am Feinde, während die französische Bober-Armee unter Macdonald in die Nähe von Bautzen zurückwich, und Poniatowski, der schon die Gegend von Zittau verlassen hatte, sich von Rumburg nach Schluckenau zurückzog.

Am 4. dachte Blücher die Aufstellung zwischen dem, aus dem siebenjährigen Kriege her berühmten Hochkirch, und Würschen zu erreichen; St. Priest, der sich mit seinem entsendeten Heertheil das schlesische Gebirge entlang in gleicher Höhe mit Blücher's Hauptmacht vorwärts bewegt hatte, sollte zur Linken noch etwas weiter vorwärts gehen, bis an die Ufer der Spree; Bubna mit dem man jetzt in Verbindung kam, der an Blücher's Befehle gewiesen war, wurde aufgefordert mit seinen Oesterreichern auf Poniatowski's Spuren gegen Neustadt und Stolpen vorzudringen.

Die Vortruppen unter Wassültschikow und dem preußischen Obersten Katzeler, waren voraus um dem weichenden Feinde in den Engpässen von Bautzen Abbruch zu thun —: aber schon bei Hochkirch begegneten sie der Spitze des französischen Heers das wieder vorwärts ging —: die ganze Bober-Armee, und hinter ihr Napoleon's Garden, auf der Straße von Bautzen über Hochkirch nach Görlitz — und Latour-Maubourg's Reiter links, auf der Weißenburger Straße.

„In stummes Nachdenken versunken" ritt Napoleon selbst, von Macdonald geführt, gegen Hochkirch vor; schon hatte er mit Bedenken die Trümmer eines Wagenzuges gesehen, den Streifschaaren der Verbündeten im Rücken des französischen Heers zerstört hatten, — und Alles was ihm entgegen trat, konnte dem Feldherren, in dessen Briefen an seinen Bruder Joseph wir die höchst merkwürdigen Worte finden: „à la guerre c'est le moral qui décide", nur einen sehr peinlichen Eindruck machen. Auch zeigte sich Napoleon auf das tiefste verstimmt, und empfing besonders hier, bei Steindörfel, den General Sebastiani sehr ungnädig, rechnete ihm vor was Latour-Maubourg's Reiter alles gethan hätten, um dann mit dem schmutzigsten der französischen Flüche hinzuzufügen: „faites autant qu'eux! — vous commandez des canailles, et non pas des soldats." Sebastiani hatte den Muth etwas trocken zu antworten: „Sire, je ne commande pas des canailles“ und sich zu rechtfertigen indem er die Schwierigkeit der Lage schilderte; Macdonald stimmte ihm bei, und beide brachten den Kaiser zum Schweigen, während Caulaincourt die unbetheiligten Zeugen dieser unerquicklichen Scene zu entfernen suchte.

Unterdessen wurde das Gefecht heftiger; aber Blücher, schon auf seiner Hut, und nicht gesonnen eine unnöthige Schlacht gegen große Ueberlegenheit anzunehmen, erfuhr durch Kundschafter, wie durch die Aussagen der ersten Gefangenen, daß Napoleon selbst mit seinen Garden ihm gegenüber stehe. Er nahm sofort alle seine Truppen über das Löbauer Wasser zurück, und dorthin wichen auch die Vortruppen fechtend vor dem Feind.

In der Dunkelheit führte der preußische Feldherr alsdann seine Hauptmacht in die Stellung am Fuß der Landskrone zurück. — Eine Meldung an den König sprach seine Ansichten und Plane in folgenden kurzen Worten aus: „Ich weiche einem ernsthaften Gefecht aus. Sollte der Feind über Zittau nach Böhmen gehen, so werde ich, im Fall er nicht eine zu große Macht gegen mich stehen läßt, diese angreifen und nach Böhmen folgen.“

Er wollte also wirklich ganz so handeln wie Napoleon für diesen Fall vorausgesetzt hatte, und insofern irrte der französische Kaiser nicht, wenn er, in seinen ersten Planen, den Zug aus der Lausitz über Zittau auf Prag, nur nach einem Sieg über Blücher ausführbar achtete.

Planmäßig wich demnach Blücher in den beiden folgenden Tagen (5. und 6.) hinter den Queis zurück, in die früheren Stellungen bei Siegersdorf, Naumburg und Lauban, wo sich St. Priest mit Langeron vereinigte, während Bubna nach Gabel zurück ging, Zittau aber besetzt hielt.

Napoleon blieb am 5. im Vorrücken, und ließ nun auch Poniatowski von Schluckenau nach Löbau vorgehen. Der französische Vortrab kam mit den Truppen Wassiltschikow's und Katzeler's in ein Gefecht das auf den Höhen bei Reichenbach begann, und bis an die Ufer der Neisse fortgesetzt wurde —: aber es gewährte keine Vortheile — entsprach noch weniger den Absichten und Hoffnungen Napoleon's, ja die französische Reiterei erlitt zum Schluß einen namhaften Verlust, durch Murat's Thorheit, der zwei Divisionen schwerer Reiter (Borde-soult und Doumerc) Küraffiere und Dragoner, in dichtgedrängter Maſſe bis an das Ufer der Reiſſe führte, unter das Feuer der feindlichen Batterien, an einer Stelle wo kein Uebergang war.

Napoleon's Umgebung glaubte zu bemerken daß der franzöſiſche Kaiſer jetzt in Blücher's Verfahren einen wohldurchdachten Plan zu ahnen beginne. Trübe geſtimmt, in ſich gekehrt, von innerem Ver-druß gequält ritt Napoleon von Hochkirch noch eine Strecke vorwärts, an brennenden Bauernhöfen, an den Wachfeuern vorüber, die ſeine Soldaten mit den hölzernen Kreuzen des Kirchhofs genährt hatten. Wenig kümmerte ihn der Gang des unbedeutenden Gefechts! Er hatte die geſtrige Stellung der Verbündeten betrachtet, ſeine eigenen Truppen an ſich vorüber ziehen laſſen — querfeldein zu einem verlaſſenen Meier-hof gelangt, ſtieg er vom Pferde, und ſetzte ſich ermüdet auf Stroh. Ueber eine Stunde verweilte er hier in düſterem Sinnen; ſein Vor-dringen blieb zwecklos, der Feind und mit ihm der gehoffte Sieg, wichen vor ihm, unerreichbar wie ein Schatten, und dem beglückenden Wahn daß den Gegner, den Sieger an der Katzbach, bei ſeiner bloßen Nähe, bleiches Entſetzen ergriffen habe, konnte er ſich jetzt nicht mehr hingeben. *)

Dringend meldete zugleich Gouvion St. Cyr daß die verbündete Hauptarmee von Neuem gegen Dresden vordringe —: Napoleon kehrte noch am Abend deſſelben Tages von Reichenbach um nach Bautzen, dann im Lauf der nächſten Tage nach Dresden zurück, und ließ auch Marmont's Heertheil, Latour-Maubourg und die Garden, ſchon am 6. wieder dorthin aufbrechen. — Nur Macdonald blieb mit ſeinem früheren Heer bei Görlitz, und war nichts weniger als erfreut durch die Lage in der er gelaſſen wurde, und die Ausſicht die ſich vor ihm öffnete. Er klagte vielmehr über die ſchwere Laſt die ihm aufgebürdet war, und ſagte vorher Blücher werde von Neuem unaufhaltſam vordringen, ſo-bald Napoleon nicht mehr anweſend ſei. Wie ſollte er auch ſeinem Gegner gewachſen ſein ohne irgend eine Verſtärkung durch noch unbe-

---

*) Odeleben S. 183—185.

siegte Truppen, die wenigstens einen festeren Kern seines Heers gebildet hätten.

Dachte Napoleon nun daran seinem Versprechen nachzukommen,
und Ney von hier aus zu unterstützen? — Es scheint nicht; und in der
That waren auch die Voraussetzungen nicht eingetroffen durch welche
dies Versprechen bedingt war; die böhmische Armee der Verbündeten
blieb nicht unthätig, und bei Bautzen war kein Sieg erfochten, der
Blücher's Heer unschädlich gemacht hätte.

Zwar ließ Napoleon Marmont's Heertheil zunächst von Bautzen
nach Kamenz zurückgehen; da dieser aber am folgenden Tag (7.) nicht
weiter in die Niederlausitz vorrückte, sondern im Gegentheil in der Richtung auf Dresden nach Pülsnitz marschirte, scheint es wohl als habe
man ihn diesen Weg nehmen lassen, bloß um nicht mit der ganzen
Masse auf einer einzigen verwüsteten Heerstraße zurück zu gehen. Am
8. freilich mußte Marmont wieder gegen Hoyerswerda vorgehen —
aber jetzt gewiß nicht mehr um an der Eroberung Berlins Theil zu
nehmen, denn schon hatte Napoleon eine vorläufige Kunde von Ney's
Niederlage erhalten. Wahrscheinlich sollte Marmont jetzt sowohl Macdonald's Flanke als Dresden gegen die Gefahren decken die von der
Mark her drohen konnten. — Darauf deutet auch der Inhalt der Verhaltungsbefehle die ihm ertheilt wurden. Sie schrieben ihm vor einen
feindlichen Heertheil von 7—8000 Mann (Wobeser's Abtheilung
ohne Zweifel) den man bei Sonnenwalde aufgestellt glaubte, anzugreifen und zu „vernichten". Marmont sollte dazu die leichte Reiter-
brigade Piré von Latour = Maubourg's Reiter = Corps an sich ziehen,
und L'Héritier's Dragoner, die sich in St. Cyr's ersten Gefechten vor
Dresden sehr untauglich erwiesen hatten, und seitdem ohnehin beobachtend bei Großenhayn standen.*) — Doch bald mochte sich Napoleon überzeugt haben daß der Kronprinz von Schweden auch nach
dem Sieg bei Dennewitz nur „piaffiren" werde; er zog — am 10. —
Marmont wieder an sich nach Dresden, und dieser mußte selbst die
zwei Bataillone mitbringen, die er im August nach Hoyerswerda entsendet hatte.

---

*) Marmont, mémoires V, 234.

Ueberhaupt aber hatte Napoleon fortan gar keinen Operationsplan mehr; der Plan, den Schauplatz des Krieges, sein Kriegsgebiet wenn wir so sagen dürfen, nach Norden mächtig zu erweitern, war unwiederbringlich gescheitert; mit dem verringerten und erschütterten Heer konnte niemand auch nur den Gedanken eines dritten Versuchs ernstlich wagen. Vollkommen durch die Verhältnisse und die Ereignisse beherrscht, mußte sich Napoleon auf das beschränken was er selbst, treffend genug, im Gespräch mit Gouvion St. Cyr ein „va et vient" nennt. Auf ein rastloses, ermüdendes und entmuthigendes hin und her ziehen; immer dem Feinde entgegen der eben in gefahrdrohendem Vorschreiten war — immer in der Einen Hoffnung, dieser oder jener Gegner werde endlich eine Blöße geben, und dadurch die Gelegenheit zu der ersehnten entscheidenden Schlacht unter günstigen Bedingungen. Doch mußte er sich eigentlich wohl sagen daß die bei Kulm versäumte Gelegenheit nicht wiederkehren werde, ja daß Eine siegreiche Schlacht der wachsenden Uebermacht seiner Feinde gegenüber, wohl nicht mehr hinreichte die Verhältnisse wieder ins Gleiche zu bringen; so war seine Lage durch den verhängnißvollen Tag bei Dennewitz verschlimmert. —

Im Hauptquartier der Verbündeten zu Teplitz war man am 4. September inne geworden daß der Feind sich hier durchaus zurückgezogen habe; man schloß daraus daß er sich gegen eine der beiden anderen Armeen wende, und zwar, wie man mit großer Bestimmtheit annahm, gegen den Kronprinzen von Schweden. Schon in dem früher erwähnten allgemeinen Entwurf zu den Operationen, welche in den vier als möglich gedachten Fällen vorgenommen werden könnten, sagt Schwarzenberg — oder lassen ihn die Offiziere seines Hauptquartiers sagen —: „In der zweiten Voraussetzung" — daß sich nämlich Napoleon gegen die Nordarmee wende — „welche ich für desto wahrscheinlicher halte, da nach den letzten Nachrichten die Armee des Kronprinzen von Schweden auf verschiedenen Punkten bedroht ist, muß sich nothwendiger Weise die schlesische Armee auf die Flanke der Armee, welche sich von Dresden gegen Berlin wenden würde, werfen u. s. w."

An Berichten die seine Lage als schwierig und gefährdet darstell-

ten, hatte es, wie man ſieht, der Kronprinz unmittelbar nach Bülow's
erſtem Sieg bei Groß-Beeren nicht fehlen laſſen!

Im Sinn dieſer Vorausſetzungen wurde beſchloſſen „ernſtliche
Demonſtrationen" gegen Dresden vorzunehmen; Barclay mußte zu
dieſem Ende (am 5.) mit den ruſſiſch-preußiſchen Reſerven auf die
Nollendorfer Höhe vorrücken, und Kleiſt nach Altenberg, was aber
erſt im Lauf der folgenden Tage ausgeführt werden konnte. Wittgenſtein, verſtärkt durch die preußiſche Brigade Klür, rückte ſchon heute
weiter vor, nach Peterswalde; Zieten mit dem preußiſchen Vortrab,
und der Herzog Eugen von Württemberg, gelangten, im Gefecht mit
den Vortruppen St. Cyr's, bis nach Hellendorf und Oelſe.

Am Morgen dieſes Tages eröffnet Feldmarſchall Schwarzenberg
dem General Blücher in einem Schreiben, daß er „bei den dermalen
ſich entwickelnden Bewegungen" mit Blücher's ablehnender Antwort
in Beziehung auf den Marſch nach Böhmen einverſtanden ſei; —
und daß er hoffe den Feind durch „ernſtliche Demonſtrationen" vom
rechten Ufer der Elbe abzuziehen. Er ſchloß mit den Worten: „Vor
der Hand erhält der Feldmarſchall-Lieutenant Graf Bubna den Befehl,
in Verbindung mit C. E. und im Einklang mit ihren Bewegungen ſo
weit möglich vorzupouſſiren" — und darin war die an Blücher gerich-
tete Aufforderung gleichfalls gegen die Elbe vorzugehen, ſehr deutlich
ausgeſprochen.

Aber im Lauf weniger Stunden änderte ſich die herrſchende Anſicht. Man erfuhr mit Beſtimmtheit daß Napoleon mit ſeinen Garden
auf Bautzen marſchirt ſei, und ſogleich beſchloß nun Schwarzenberg
50 bis 60,000 Mann nach der Lauſitz zu entſenden, zu einer Diverſion
in Napoleon's Flanke, und wie wir durch einen Vertrauten des öſterreichiſchen Hauptquartiers erfahren, verbanden der Feldmarſchall und
ſein Rath, — und ſicher nicht ohne der Zuſtimmung auch des Grafen
Metternich gewiß zu ſein — damit eine Nebenabſicht, deren Tragweite
wohl über die militairiſche Bedeutung des Manoeuvres weit hinaus
ging.

In wie ritterlicher Weiſe verſöhnlich und anſpruchslos der Fürſt
Schwarzenberg auch ſein mochte, er mußte es jedenfalls ſchmerz-
lich empfinden daß die ihm anvertraute Feldherrn-Würde und Macht,

schon vor Dresden sehr unsicher geworden, auf dem Rückzug und bei Kulm aber, beinahe in nichts aufgegangen war. Es waren dann aber in den Augen der Oesterreicher auch noch wichtigere Bedenken dabei, die selbst durch den glänzenden Erfolg bei Kulm nicht beschwichtigt werden konnten. Sie hatten das unheimliche Bewußtsein unter solchen Bedingungen nicht vollständig Herren des eigenen Heers, nicht Herren im eigenen Lande zu sein, und verlangten natürlich nach einer Veränderung dieser unberechenbaren Zustände. Jetzt schien sich ein Ausweg zu bieten. Schwarzenberg wollte die russischen Truppen zu dieser Diversion nach der Lausitz verwenden, um sie bei dieser Gelegenheit aus Böhmen zu entfernen, und von dem beständigen Eingreifen des Kaisers Alexander und seiner militairischen Umgebung befreit zu werden. Denn selbst wenn der Kaiser, wie das allerdings wahrscheinlich geachtet werden mußte, seine Truppen nicht begleitete, wenn er bei der böhmischen Armee blieb, fehlten ihm doch die Mittel seine militairische Autorität in der bisherigen Weise geltend zu machen, sobald Schwarzenberg's Heer nicht mehr zur Hälfte aus Russen und Preußen bestand. Sir Robert Wilson berichtet in seinem Tagebuche, er habe an diesem Tage die Oesterreicher durch die Aussicht auf Trennung von den Russen, in eine gehobene, jubilirende Stimmung versetzt gefunden. Schwarzenberg und Radetzky seien durch diese Aussicht erfreut gewesen, als hätten sie einen Sieg erfochten.

Zunächst mußte nun die Zustimmung der Souveraine gewonnen werden. Der Engländer Sir Robert Wilson ließ sich in Schwarzenberg's Auftrag zu dem König von Preußen senden, um ihn von der Zweckmäßigkeit des neuen Plans zu überzeugen; mit dem Kaiser Alexander darüber zu sprechen, übernahm Schwarzenberg selbst, aber er stieß da auf einen Widerstand, den er vielleicht so entschieden nicht erwartet hatte, und wenigstens nicht ganz zu überwältigen vermochte. Der Kaiser wollte die unmittelbar vorher beschlossenen Unternehmungen in der Richtung auf Dresden ausgeführt wissen — und ließ den Fürsten Schwarzenberg zuletzt nur unter der Bedingung gewähren daß Oesterreicher, nicht seine Russen, nach der Lausitz entsendet würden. Er selbst wollte sich für seine Person auf dem Theil des Kriegsschauplatzes behaupten, der für den entscheidend wichtigen gehalten wurde,

und die Heeresmacht die seinen Einfluß auf den Gang der Ereignisse
an dieser Stelle sicher stellte, auch an dieser Stelle beisammen halten — : vielleicht ein Beweis daß er die Nebenabsicht der Oesterreicher,
wenn nicht bestimmt durchschaute, doch mißtrauisch ahnte. *)

Schwarzenberg fügte sich der Weigerung des Kaisers wie er eben
mußte, aber ohne deshalb etwa den Plan ganz aufzugeben, wie man
vielleicht erwarten konnte, da die wichtige Nebenabsicht auf diese Weise
nicht erreicht wurde. Die Ausführung wurde vielmehr sofort im Sinn
der Bedingungen verfügt, denen sie nunmehr angepaßt werden mußte.
Schwarzenberg erließ noch an demselben Tage die nöthigen Befehle
zum Aufbruch der Oesterreicher, zum Marsch in zwei Colonnen, deren
erste aus der 1., 2. und 3. Armee-Abtheilung (Colloredo, Merveldt
und Gyulai) bestehend, über Aussig und Kamnitz nach Rumburg —
die zweite, welche die österreichischen Reserven unter dem Erbprinzen
von Homburg bildeten, und zu welcher sich der Fürst Schwarzenberg
in Person begeben wollte, über Leitmeritz, Böhmisch-Leipa nach
Gabel gehen sollte, so daß also die beiden Massen ziemlich weit auseinander kamen.   Am 11. sollten sie dort an den Grenzen der Lausitz
eintreffen.   Blücher wurde natürlich von dem Vorhaben in Kenntniß
gesetzt.

Auf dem linken Ufer der Elbe blieben, von österreichischen Truppen, nur der auf die äußerste Linke entsendete Heertheil Klenau's bei
Sebastiansberg, und die Division Moritz Liechtenstein, noch bei Altenberg, aber bestimmt weiter links die wichtige Straße von Freiberg auf
Brix zu decken.

Es war ein gar seltsames Beginnen, und schwer zu rechtfertigen!
— Folgerichtiger Weise konnte man selbst den zu Trachenberg aufgestellten leitenden Grundsätzen gemäß nur zweierlei thun.   Man mußte
entweder mit dem ganzen Heer gegen Dresden und Leipzig vorgehen,
oder das ganze Heer auf dem eingeschlagenen Wege nach der Lausitz
führen. — Sollte man sich gar nicht die Frage vorgelegt haben wo
Napoleon wohl ungefähr am 11. September sein mußte, wenn er im
Vorrücken gegen die schlesische Armee blieb? — Jedenfalls mußte man

*) Sir Robert Wilson, private Journal II, 113.

ihn alsdann so weit jenseits des Bobers vermuthen, daß für Schwarzenberg jede Möglichkeit einer unmittelbaren Verbindung mit der schlesischen Armee, und eines gemeinsamen Handelns aufhörte. — War
die ernsthafte Absicht den Feind in der Lausitz zwischen zwei Feuer zu
bringen — was freilich kaum zu glauben ist, da Schwarzenberg's
Hauptquartier sich im Ganzen nicht durch Kühnheit auszeichnete —
dann konnte der Versuch sehr übel ausschlagen.

Da Schwarzenberg nur ungefähr ein Drittheil der Armee auf
das rechte Ufer der Elbe mitnahm, dachte man nicht daran daß der
andere, bei Weitem größere Theil des Heeres unterdessen ganz müßig
bleiben könnte, und die „ernstlichen Demonstrationen" gegen Dresden,
in ganz anderer Voraussetzung unternommen, wurden lebhaft fortgesetzt. Das Ganze wurde dadurch, wie man wohl gestehen muß, noch
eigenthümlicher. Diese Demonstrationen konnten keinen anderen Zweck
haben, als Napoleon wieder herbeizuziehen an die Ufer der Elbe.
Vermochten und sollten sie das, wozu ging dann Schwarzenberg außerdem noch nach der Lausitz und wagte es auf alle Verwickelungen und
Gefahren die daraus hervorgehen konnten? — Wir sehen hier zu
Einem und demselben Zweck zu gleicher Zeit zwei Mittel angewendet,
die mit einander nicht in Einklang stehen; deren jedes vielmehr nur
insofern einen Sinn hat, als das Andere weg gedacht wird — und so
deutet das Ganze auf eine Unklarheit, von der man sich kaum Rechenschaft zu geben weiß.

Die Ausführung begann am 6. September, also gerade in dem
Augenblick in welchem Napoleon seine Truppen von der Neiße nach
der Elbe umkehren ließ. Colloredo, Merveldt und Gyulai marschirten
nach Aussig wo der erstere sogleich über die Elbe ging. Die Reserven
rückwärts, auf dem Wege nach Leitmeritz bis Welmina. Schwarzenberg blieb jedoch für seine Person noch in Teplitz, und das war natürlich, da jene entsendeten Oesterreicher die er nach der Lausitz führen
wollte, allerdings für die nächsten Tage ganz außer Zusammenhang
mit den entscheidenden Ereignissen kamen.

Barclay, unter dessen Befehle nun auch die österreichischen Heertheile gestellt wurden, die unter Klenau und Moritz Liechtenstein auf

dem linken Elbe=Ufer blieben, wurde darauf an diesem Tage von dem beschlossenen Zug Schwarzenberg's in Kenntniß gesetzt.

Die Art wie er sich, in einem Schreiben an den Kaiser Alexander ausspricht, ist bemerkenswerth schon als Beweis wie fremd er den Berathungen des großen Hauptquartiers war und dem politischen Treiben. Er findet den Plan an sich vortrefflich, und meint wenn man zu Anfang des Feldzugs diese „Diversion" ausgeführt hätte, würde sie glücklichere Erfolge herbeigeführt haben, als die Expedition nach Dresden. Dann spricht er seine Verwunderung aus daß öster= reichische, nicht vorzugsweise russische Truppen dazu verwendet werden (die freilich bisher den rechten Flügel des Heeres gebildet hatten) — diese wären hier in unmittelbare Berührung mit Blücher und Benning= sen gekommen — mit den übrigen russischen Truppen, — jetzt seien sie ganz von denselben getrennt. — Ueberhaupt sei zu befürchten daß Fürst Schwarzenberg in der Ausführung dem sogenannten Cordon= System huldigen, und die ganze Armee in einzelne Abtheilungen ohne Reserven auflösen werde, so daß es im Fall eines Unglücks unmöglich sein werde das Heer irgendwo zu sammeln. Man brauche sich nur eine Linie von Mecklenburg bis Marienberg zu denken, um über eine solche Aufstellung zu erschrecken. — Der Kaiser möge ja nicht gestatten daß die russische Armee auseinander gerissen und getheilt werde. — Was die augenblickliche Lage betrifft, meinte Barclay, Napoleon könne sich nicht gegen den Kronprinzen von Schweden gewendet haben ohne sein Heer Blücher gegenüber zu schwächen; Blücher also müsse Alles angreifen was vor ihm stehe, und dem nach Norden ziehenden Feind in die Seite fallen.

Die Autorität die ihm nun auch in Beziehung auf österreichische Heertheile überlassen war, benützte Barclay sogleich um auch diesen den Befehl zum Vorrücken zu geben, und überhaupt die Demonstration nach Sachsen in einem größeren Umfang auszuführen, als Schwarzen= berg vielleicht beabsichtigte. Klenau mußte am 6. über Sebastians= berg — wo auf Befehl des Fürsten Schwarzenberg bedeutende Ver= schanzungen aufgeworfen wurden — nach Marienberg vorgehen, und sollte seinen Vortrab gegen Freiberg vorsenden, wo man bedeutende feindliche Streitkräfte (Victor) wußte. — Moritz Liechtenstein besetzte

Saida, und Kleist traf erst an diesem Abend auf dem Gebirge bei
Altenberg ein. — Die Vortruppen unter dem Herzog Eugen von
Württemberg, Pahlen und Zieten, kamen in leichten Gefechten bis über
Gießhübel hinaus, in eine Stellung zwischen Nentmansdorf und der
rothen Schenke; Wittgenstein folgte ihnen bis Gießhübel, die russischen
Reserven blieben bei Nollendorf — während auf Seiten des Feindes
Gouvion St. Cyr seinen Heertheil am Abend auf beiden Seiten der
Müglitz zwischen Pirna und Dohna gesammelt hatte, — Lobau in
Dresden, Victor bei Freiberg verweilte.

In dem gewissermaaßen permanenten Kriegsrath zu Teplitz war
beschlossen worden dem Unternehmen nach Sachsen, dadurch daß man
den Königstein blokirte, und die Nachricht verbreitete, man erwarte
Belagerungs = Geschütz um Dresden sehr ernstlich anzugreifen, wenn
nicht mehr Nachdruck, doch eine größere Scheinbedeutung zu geben.
Deshalb mußte nun (am 7.) das I. Infanterie = Corps unter dem
Fürsten Gortschakew gegen jene Bergfeste, auf die Hochebene, nach
Struppen entsendet werden.

Im Uebrigen beabsichtigte Barclay einen ernsten Angriff des
Feindes an der Müglitz, und ließ deshalb eine russische Grenadier=
Division (die 2.) vom Gebirge herab, nach Groß=Cotta rücken, wo sie
sich mit den russischen Truppen unter Wittgenstein — d. h. der Infan=
terie des Herzogs Eugen von Württemberg, und Pahlen's Reiterei —
vereinigte. Auch dem General Kleist war dabei eine Hauptrolle zu=
gedacht, er wurde von Peterswalde her, wo ihn Barclay vermuthete,
bei Pirna erwartet. Aber der veränderte Befehl, die Gegend von
Peterswalde zu gewinnen, war dem preußischen General zu spät be=
kannt geworden, seine Truppen waren in mühsamem Heraufsteigen
von Eichwald nach Altenberg. Der Angriff mußte deshalb auf den
folgenden Tag verschoben werden — und in der Zwischenzeit bereiteten
sich bei dem Feinde Dinge, die eine veränderte Lage herbeiführen
konnten.

Napoleon, schon von dem Unglück bei Dennewitz unterrichtet,
traf in den späteren Stunden des Tages bei den französischen Truppen
an der Müglitz ein, und zeigte sich, eben wie nach dem verhängniß=
vollen Tage bei Kulm, weder leidenschaftlich noch gereizt; im Gegen=

theil, eher mild gestimmt; wohlwollend und vertrauensvoll auch gegen den Marschall St. Cyr, den er sonst eigentlich nicht liebte, da er ihn nicht zu seinen unbedingten, ganz persönlichen, Anhängern rechnen durfte. In einem langen, erschöpfenden Gespräch mit diesem General, gab er jetzt den Fehler zu den er beging, als er mit seinen Garden bei Pirna anhielt, anstatt, Vandamme's Spuren folgend, den Verbündeten in Böhmen zuvor zu kommen. Er erwähnte dabei, was uns wohl zu beachten scheint, keiner Krankheit als Veranlassung dieser Versäumniß*). Bestimmte Plane, Operationen die er schon im Sinn habe, kündigte er aber jetzt nicht an; nur das Verlangen zu einer ent= scheidenden Schlacht zu gelangen, um die ihn vor Dresden das böse Wetter, und der eilige Rückzug der Verbündeten gebracht habe. — St. Cyr stimmte ihm bei, eine Hauptschlacht sei jetzt noch nothwen= diger geworden als zu Anfang des Feldzugs, und troß der Minderzahl zu wünschen, in der man jetzt, nach so vielen Verlusten, dem Feinde gegenüber stehe. — Da Napoleon noch immer geneigt schien solchen entscheidenden Kampf in anderer Richtung, gegen Blücher, oder den Kronprinzen von Schweden aufzusuchen, bemühte sich der Marschall ihn davon abzubringen, ihn zu überzeugen daß ein Sieg über die böh= mische Armee der entscheidendste sein werde, schon weil hier die drei Souveraine der Verbündeten vereinigt seien, auf deren Geist und Ge= müth es Eindruck zu machen gelte (dont il fallait frapper le moral). — Denn auch St. Cyr kannte den Eindruck des unmittelbar Erlebten und seine Macht, und beschränkte sich in seinen Vorstellungen vom Krieg nicht auf strategische Linien und Winkel, auf diesen wissenschaft= lichen Schematismus, den er vielmehr sehr gering achtete. — Napo= leon zweifelte daß sich hier die Gelegenheit bieten, daß der Feind noch weiter gegen Dresden vordringen werde, und kehrte am Abend nach dieser Hauptstadt zurück, ohne einen Entschluß gefaßt zu haben. Alles blieb in der Schwebe.

Die mancherlei persönlichen Verhältnisse, die im Heer der Ver= bündeten eigenthümliche Rücksichten geboten, und die im Lauf des Feldzugs um vieles schwieriger geworden waren, bewirkten daß auch

---

*) St. Cyr, Mémoires IV, 137—138.

Toll, Denkwürdigkeiten. III.	23

aus Schwarzenberg's Hauptquartier zu Teplitz, anstatt bestimmter Befehle, nur höfliche Andeutungen und Winke erfolgten. In dem Augenblick wo er seinen Truppen nach Leitmeritz und auf das rechte Ufer der Elbe nachreisen wollte, erhielt der österreichische Feldherr vom Grafen Bubna die bestimmte Meldung daß Napoleon sich mit seiner Hauptmacht nach Dresden zurück gewendet habe. Schwarzenberg stellte nun seine Reise ein und blieb in Teplitz; sogleich wurde den entsendeten Oesterreichern der Befehl nachgeschickt umzukehren —: aber als ob man Napoleon's rasches Handeln nicht kenne, wurde ihnen gestattet erst noch jenseits der Elbe einen Rasttag zu machen. — Dem General Barclay, der sein Hauptquartier in Peterswalde hatte, ließ Schwarzenberg nur die eingelaufenen Nachrichten mittheilen, und ihn darauf aufmerksam machen, daß sich Wittgenstein's Heertheil nicht durch weiteres Vorrücken in Gefahr bringen möge, daß auch wohl Kleist von Altenberg zurückgezogen werden müsse. — Den Oesterreichern Klenau und Moritz Liechtenstein, gab dann Schwarzenberg wieder den wirklichen Befehl nach Sebastiansberg und Johnsdorf zurück zu gehen — und trotz aller anderweitigen Rücksichten empfand es Barclay sehr übel, daß er dabei umgangen wurde, daß er nur zufällig erfuhr wie über diese Truppen verfügt wurde. Er hatte sie vorgehn heißen um seine linke Flanke zu decken, und sah diese gefährdet sobald sie zurückgezogen wurden.

Natürlich veranlaßten diese wichtigen Nachrichten dann auch weiter die Besprechung neuer Plane in dem vielköpfigen Rath, der die Monarchen und den Fürsten Schwarzenberg umgab, und wiewohl man von dem Siege bei Dennewitz noch nicht wußte, glaubte man jetzt nicht mehr daß Napoleon seine Hauptmacht zu einem Angriff auf den Kronprinzen von Schweden verwenden könne. Aus den Nachrichten die man erhielt glaubte man vielmehr folgern zu müssen, daß die französische Armee sich zu einem Rückzug nach Leipzig bereite. Dennoch aber blieb daneben vielfach die Ansicht herrschend Napoleon werde sich so lange als möglich an der Elbe zu behaupten suchen, und sie nur im äußersten Nothfall verlassen.

Eigentlich waren es zwei verschiedene Ansichten die nebeneinander eine gewisse Geltung behielten; es waren zwei verschiedene Fälle die

möglich geachtet wurden, und die Frage welcher von beiden der wahr=
scheinlichere sei, blieb in der Schwebe. Vielleicht brachte man sie schon
deshalb nicht zur Entscheidung, weil man dieselben Operationen in
beiden Fällen zweckmäßig glaubte, ein genaueres Abwägen des Einen
gegen den Anderen also nicht geboten schien. Mochte Napoleon schon
jetzt den Rückzug nach Leipzig antreten, mochte er sich auch jetzt noch
an der Elbe zu halten suchen —: in diesem wie in jenem Fall sollte
eine offensive Bewegung vom linken Flügel des Heeres aus, zunächst
auf Chemnitz, ausgeführt werden; so bestimmt die vom Fürsten Wol=
konsky unterzeichnete Denkschrift, in der die Ergebnisse der Berathungen
zusammengefaßt sind. Um dies Manoeuvre durchaus sicher zu stellen,
wollte man auch jetzt wieder, wie früher aus ganz anderen Gründen,
die schlesische Armee und Blücher an ihrer Spitze, nach Böhmen herbei=
ziehen. Sie sollte sich auf dem linken Ufer der Elbe dem rechten Flügel
der Hauptarmee anschließen, um während des Zugs über Chemnitz
nach Sachsen, deren Verbindungen zu decken, und wie sich der Brief
ausdrückt den Zug selbst „zu begünstigen und selbst zu unterstützen."
(Dans les deux hypothèses on a néanmoins reconnu que le
moyen le plus sûr d'opérer contre lui, était de rapprocher l'ar=
mée de Blücher de notre droite, pour couvrir nos communica=
tions et protéger et même seconder un mouvement offensif par
notre gauche sur Chemnitz.)

Es handelte sich nur noch darum festzustellen auf welchem Wege
Blücher herankommen sollte, und der erwähnten Denkschrift zu Folge
konnten deren zwei in Erwägung kommen, je nach den Umständen.
Blücher konnte über Bautzen auf Neustadt vorgehen, und sich von dort
nach Pirna oder gegen den Königstein wenden, um auf einem
dieser Punkte über die Elbe zu gehen. Das wäre der kürzeste
und beste Weg, und Blücher thue wohl ihn zu wählen, wenn
man nämlich die Gewißheit habe daß der Feind das rechte Ufer
des Stroms gänzlich verlassen, — oder sich gegen den Kron=
prinzen von Schweden gewendet habe — eine Voraussetzung die
hier plötzlich und ohne allen Zusammenhang mit dem Uebrigen er=
scheint, aber auch, wie man wohl sieht, nur gleichsam zufällig
ausgesprochen wird, ohne wirklich mit erwogen zu sein. — Unter

23*

anderen Umständen als den angedeuteten sei diese Bewegung unaus-
führbar.

Der zweite Weg sei daß Blücher seine Vortruppen so weit als
möglich gegen Dresden vorbringen lasse, und unter dem Schutz dieser
Vortruppen und der Division Bubna, entweder über Rumburg und
Kamnitz — oder über Zittau und Böhmisch=Leipa auf Leitmeritz marschire. — Auf diesen sicheren Weg wird denn auch Blücher der Sache
nach gewiesen, wenn ihm auch zum Schluß in höflicher Wendung die
Wahl überlassen, ja sogar freigestellt ist den Zug nach Böhmen ganz
aufzugeben — nämlich wenn er durchaus nicht anders könne (s'il ne
pouvait absolument pas faire autrement). — In dem Begleitschreiben welches der Kaiser Alexander — am 9. September — unmittelbar in eigener Person an Blücher richtet, ist denn auch von
einer solchen Freiheit weiter nicht die Rede, sondern nur von den Bewegungen welche hiermit der schlesischen Armee vorgeschrieben seien;
der Kaiser deutet an daß er Blücher bestimmt über Leitmeritz erwartet, da Napoleon gewiß noch bei Dresden stehe; ein überge-
gangener sächsischer Offizier sage aus noch gestern sei er mit hunderttausend Mann dort gewesen; der Marsch auf Pirna würde also
gewagt sein (ainsi le mouvement sur Pirna serait toujours un
peu hazardeux). Bennigsen und die polnische Armee sollten Blücher
und die schlesische bei Görlitz ersetzen, und von dort aus Dresden
beobachten.

So wie die Voraussetzungen in Beziehung auf Napoleon's Verhalten — so muß auch, und mehr noch, in diesem Entwurf befremden, daß der gesammten verbündeten Nordarmee, und eines Einflusses den ihre Unternehmungen und Schicksale auf den Gang des
Krieges üben könnten, so wenig gedacht ist, als irgend einer Beziehung
in welcher die Operationen der Hauptarmee zu denen des Kronprinzen
etwa stehen sollten. — Bei alle dem blieb dieser Entwurf fortan für
die Hauptarmee maaßgebend, und man kam immer wieder auf die
Ideen zurück die ihm zu Grunde lagen, so oft auch noch Zwischen-
fälle für den Augenblick störend und hemmend eingriffen.

Toll nahm natürlich Theil an den Berathungen aus welchen
diese Beschlüsse hervorgingen, und man legte bedeutendes Gewicht auf

seine Meinung; doch wissen wir nicht näher anzugeben was für An=
sichten er hier aufstellte, und mit welchen Gründen er sie vertheidigte;
nicht einmal inwiefern die gefaßten Beschlüsse ihn befriedigten.

An störenden Zwischenfällen konnte es natürlich nicht fehlen; es
ergaben sich deren sogar schon in den nächsten Tagen, und zwar in
einer Weise daß sie die Hauptquartiere der Monarchen in nicht geringe
Aufregung versetzten.

Zunächst gingen Schwarzenberg's warnende Winke zu spät bei
Barclay in Peterswalde ein, um zu rechter Zeit an die Truppen in der
Gegend von Pirna gelangen zu können. Diese gingen daher — am
8. früh — zum entschlossenen Angriff auf Gouvion St. Cyr's Vor=
trab vor, der aus einer Infanterie=Division und der Reiterei des Heer=
theils bestehend, noch diesseits der Müglitz die Anhöhen, die kleine
Hochfläche, hielt, auf der Groß=Sedlitz liegt. Graf Pahlen ging zur
Linken, mit Wittgenstein's Vortruppen (den Jäger=Regimentern unter
Wlasow und der Reiterei) welche später durch die Grenadier=Division
verstärkt werden sollten, auf Dohna, Zieten zur Rechten auf Heidenau.
— Beunruhigende Gerüchte gaben Veranlassung den Herzog Eugen
von Württemberg eine Bewegung gegen den Königstein machen zu
lassen, wo schon der Fürst Gortschakow zur Beobachtung stand — und
wo die Brigade Klür den Tag über war, geht aus den vorhandenen
Nachrichten nicht hervor.

Der Vortrab des Feindes wich ohne großen Widerstand zu leisten
über die Müglitz zurück, wo Gouvion St. Cyr zwei andere Divisionen
seines Heertheils aufgestellt hatte (die vierte stand am Königstein und
Lilienstein). Weiter aber wollte der Marschall nicht weichen; es schien
ihm nothwendig, die beiden Uebergänge über die Müglitz, das Dorf
Heidenau nämlich im Thal an der Elbe, und das Städtchen Dohna
auf den nächsten Anhöhen, um jeden Preis zu behaupten, damit
für Napoleon die Möglichkeit gewahrt werde, zum Angriff vorzu=
brechen. Heftig wurde hier gekämpft, und ein Theil des Städtchens
stand in Flammen. Da erschien — um 2 Uhr nach Mittag — Na=
poleon zu Pferde mit seinem Gefolge — ihm nach zogen die Garden
(bis auf eine Division die in Dresden blieb) und Victor's Heertheil,
doch sind die Nachrichten über diesen viel besprochenen Feldzug noch

immer so lückenhaft, daß wir nicht anzugeben wissen wie und wenn dieser letztere aus der Gegend von Freiberg wieder bei Dresden eingetroffen war.

Napoleon hatte sich aber so spät zum Marsch hierher entschlossen, seine Anordnungen so spät getroffen, daß seine Truppen erst zwei Stunden nach ihm selbst anlangen konnten; ja, eigentlich hatte er auch jetzt noch einen bestimmten Entschluß nicht gefaßt. Er unterhielt sich zuerst mit ein Paar gefangenen russischen Offizieren die ihm vorgeführt wurden, dann wendete er sich an den Marschall St. Cyr um zu fragen, welche Wege seinen Truppen offen seien um vorwärts zu gehen? St. Cyr wies auf die beiden Pässe an der Müglitz um die noch gekämpft wurde — auf Heidenau an der neuen Straße nach Pirna und Nollendorf, auf Dohna durch welches die alte Straße auf den Höhen zum Geiersberg hinauf führt. Napoleon mochte nun bereuen daß er seine Maaßregeln so spät genommen hatte; er machte die Bemerkung daß die erwähnten Heertheile erst in zwei Stunden da sein könnten, schien unentschlossen zu schwanken, und äußerte es sei wohl besser den Angriff auf den folgenden Tag zu verschieben —: doch ging er davon auch gleich wieder ab, obgleich St. Cyr ihm beistimmte. Die Vorstellung daß am folgenden Tag die Hochfläche bei Groß-Sedlitz vom Feinde stark, namentlich mit zahlreichem Geschütz besetzt, und gar nicht mehr zu nehmen sein könnte, trat nun in den Vordergrund, und da der Marschall der Bitte um einen endlichen Bescheid die Versicherung hinzufügte, er hafte für den Erfolg eines Angriffs im Fall er jetzt befohlen würde, willigte Napoleon mehr darein als daß er ihn befahl.

Sogleich ließ St. Cyr seine gesammte Macht, in Regiments-Colonnen die sich näher am Feinde in Bataillons-Colonnen theilten, über die Müglitz vor und die Berglehnen gegen Groß-Sedlitz hinan rücken. Aber auf Seiten der Verbündeten dachte man nicht mehr daran den Angriff ernsthaft zu empfangen; denn wie man durch Fernröhre die Stellung der Franzosen musterte, ihre Bewegungen beobachtete, hatte man schon auf den Höhen bei Gamig den feindlichen Heeresfürsten in Mitten seines Gefolges entdeckt und erkannt; man gewahrte zugleich an den entfernteren Höhen und im Thal der Elbe, die langen Heerzüge die ihm folgten, und daß man dem Stoß ausweichen müsse konnte nicht der Gegenstand eines Zweifels sein.

Der Rückzug war um so leichter anzutreten da die nachrückende Grenadier-Division erst jetzt, weiter rückwärts, das Dorf Zehista erreichte. Dort, in der Stellung am Kohlberg, gebot ihr Graf Wittgenstein zu halten, bereit die Truppen unter Pahlen und Zieten aufzunehmen, die unter Schützengefechten und Reiterangriffen dorthin zurückwichen, während der Feind unter St. Cyr sich für die Nacht auf den Höhen bei Groß-Sedlitz einrichtete.

Aus St. Cyr's Memoiren ist die Scene bekannt, die sich an diesem Abend zu Dohna in Napoleon's Hauptquartier begab, oder vielmehr an seiner Abendtafel, an der außer ihm selbst nur Murat und St. Cyr Platz genommen hatten. Ein Adjutant Ney's, Sohn des Generals Arrighi, traf ein, mit den näheren Berichten von Dennewitz, und mußte das Unheil bis in alle Einzelnheiten erzählen. Napoleon fragte nach allen Umständen, und erörterte dann die Ursachen der Niederlage, die seinen Thron dem Fall um so viel näher brachte, mit einer Umsicht und Ruhe, als berührten ihn persönlich weder das Ereigniß noch dessen Folgen. Er legte sogar weder Ney noch den anderen Generalen etwas zur Last, und wollte Alles nur auf die Schwierigkeiten der Kriegskunst beziehen, die bei Weitem nicht vollständig erkannt würden. Von hier führte er das Gespräch auf die Theorie des Krieges überhaupt, und gedachte eines umfassenden und erschöpfenden Werkes darüber, das er in Zeiten der Ruhe zu schreiben vorhabe, in dem er die Grundsätze mit solcher Bestimmtheit zu entwickeln hoffe, daß man daraus den Krieg wie jede andere Wissenschaft lernen könne. — Von dem nächsten und nothwendigsten, von dem was am folgenden Tage geschehen solle, war mit keinem Wort die Rede. Es scheint fast als habe es zu den Eigenthümlichkeiten dieses außerordentlichen Mannes gehört das Gespräch auf ganz entfernt liegende Gegenstände zu lenken, wenn er in Beziehung auf das Nächste keinen bestimmten Entschluß ankündigen konnte. Nur beim Abschied sagte er dem Marschall St. Cyr daß er ihn mit Tagesanbruch vor seinen Truppen treffen werde.

Und hier erschien er denn auch noch vor Sonnenaufgang — (am 9.) — aber halb und halb geneigt nach Dresden zurückzukehren —;

denn er glaubte bei den Verbündeten Anstalten zu einem Rückzug wahrzunehmen, und fürchtete seine Zeit vergeblich zu verlieren wenn er
ihnen folge. St. Cyr dagegen glaubte das nicht, und meinte daß man
ihnen jedenfalls in Böhmen zuvorkommen könne. Die gesammte russisch-preußische Heeresmacht sei, getrennt von den rechts und links weit
entsendeten Oesterreichern, in verschiedenen Staffeln auf der neuen
Straße nach Teplitz aufgestellt — Napoleon aber Herr der alten, kür-
zeren, über den Geiersberg. Die französische Infanterie marschire
ohnehin leichter und schneller als Deutsche oder Russen; bis zum
Geiersberg werde man gar keinen Widerstand finden, bis dahin sei der
Weg auch hinlänglich fahrbar, und den Engpaß nach Böhmen in das
Thal hinab könnten französische Sappeure in wenig Stunden auch für
Artillerie brauchbar machen. Auf dem Kamm des Gebirges angelangt habe es dann Napoleon in seiner Macht, entweder in das Thal
hinunter zu steigen nach Teplitz, und eher dort einzutreffen als die
Russen und Preußen über Peterswalde und Nollendorf dahin gelangen
könnten, oder sich links hin nach Nollendorf zu wenden, und dort einzelne, vorüber ziehende Heertheile der Verbündeten anzugreifen. Gewiß
werde sich in einer oder anderer Weise die Gelegenheit bieten, einen
entscheidenden Schlag zu führen.

Wirklich gelang dem Marschall seinen Kaiser für diesen Plan zu
gewinnen, und die Ausführung wurde begonnen. St. Cyr ging rasch
auf der alten Straße vorwärts, nachdem er die wenigen Truppen der
Verbündeten, die sich bis dorthin ausdehnten, leicht aus dem Wege geworfen hatte; Victor und Lobau folgten ihm. Die Absicht dieses Zugs
mußte aber natürlich auf Seiten der Verbündeten im Augenblick erkannt
werden; Barclay trat sogleich den Rückzug auf der neuen Straße an,
um früher als der Feind das Teplitzer Thal zu erreichen, und so zogen
beide Armeen auf parallelen Linien neben einander her. Barclay erreichte seinen Zweck; er selbst für seine Person kam noch an diesem Tage
mit den Garden, den Grenadieren und dem Kürassier-Corps nach Kulm
— und Wittgenstein ging bis auf die Höhe bei Nollendorf zurück, wo
er sich mit Kleist vereinigte, der von Altenberg her auf dem Kamm des
Gebirges, — zum Theil auf den Wegen die ihn vor wenigen Tagen
zum Siege geführt hatten, dorthin marschirte. — Nicht geringeren Werth

mußte man gewiß darauf legen, daß von den über die Elbe entsendeten Oesterreichern, Gyulai's Heertheil schon an diesem Tage bei Aussig auf das linke Ufer des Stromes zurückkehren konnte.

St. Cyr dagegen, an der Spitze des französischen Heerzugs, erreichte nur Fürstenwalde, an dem Kamm des Gebirges, und die Garde-Reiter-Division Lefebvre-Desnouettes gesellte sich dort zu ihm; Lobau, Victor blieben bedeutend weiter zurück; Mortier war, mit den Garden, den Verbündeten auf der neuen Straße nicht über Pirna und Gießhübel hinaus gefolgt, und Marmont, unnöthiger Weise gegen Hoyerswerda entsendet, konnte erst an diesem Tage Dresden wieder erreichen.

Manches traf zusammen das Napoleon bestimmen konnte dies begonnene Unternehmen mit Nachdruck durchzuführen. So bestätigten zu Liebstadt, wohin er sein Hauptquartier verlegt hatte, neue Meldungen daß die Armee der Verbündeten sich getheilt, von Marienberg bis gegen die Lausitz hin, zu gleicher Zeit nach verschiedenen Richtungen bewege. — Und doch geht aus Allem hervor daß er den Plan, der nicht eigentlich der seinige war, nur mit halbem Willen und schwankendem Entschluß befolgte. Selbst der Befehl den er — am 10. — früh am Morgen (7 Uhr) an den Marschall St. Cyr erließ, besagt nichts weiter, als daß dieser General bis auf den eigentlichen Kamm des Gebirges vorgehen, Nachrichten vom Feinde einziehen, und zusehen solle, ob man wohl nach Teplitz hinabsteigen könne. Und zu gleicher Zeit befahl Napoleon dem Marschall Marmont in Dresden stehen zu bleiben, was wohl andeutet daß er nichts weniger als entschieden auf ein größeres Unternehmen nach Böhmen rechnete. Er ließ sogar diesem Marschall schreiben, möglicher Weise werde er, Napoleon, schon am folgenden Tage wieder in Dresden eintreffen, um dort die Garden, Marmont's Heertheil und Latour-Maubourg's Reiter zu vereinigen. — Fände sich indessen eine Gelegenheit den Feinden Abbruch zu thun, so bleibe er vielleicht auch noch mehrere Tage von Dresden abwesend. Auch der sächsische Begleiter Napoleon's gesteht daß dessen Benehmen an diesem Tage das Gepräge „einer seltsamen Unbestimmtheit" an sich trug, „die ihm sonst nicht eigen war."

Zwar erschien Napoleon auf den Höhen des Kammes bei Ebersdorf, etwa eine Stunde nachdem St. Cyr's Truppen diese Gegend erreicht hatten, „sein ganzes Verhalten drückte jedoch sehr große Vorsicht aus" — und als er nun von der Höhe hinab den tiefen Kessel zwischen dem Erzgebirge und dem böhmischen Mittelgebirge, das weite Thal von Teplitz übersah, soll ihn der Anblick dieser eigenthümlichen, ihm bisher unbekannten Gegend, in Verwunderung gesetzt haben. Er beobachtete viel, seine Umgebung war auf das Höchste gespannt. Unten im Thal gewahrte man feindliche Truppen in einer Stellung zwischen Teplitz und Kulm, die Barclay, oder eigentlich wohl Diebitsch gewählt hatte; aber aus den vorliegenden Quellen ist nicht zu ermitteln wie viel ihrer dort schon in den Morgenstunden vereinigt waren. Gouvion St. Cyr behauptet es seien nur die Garden und das Grenadier-Corps gewesen, und das ist auch sonst sehr wahrscheinlich. Andere Heertheile sah man aus der Gegend von Nollendorf herbeieilen. „In diesen Ebenen sah man Truppenzüge der russisch-preußischen Armee, die in den verschiedensten Richtungen marschirten, indem ein Jeder Stellung zu nehmen suchte um dem unerwarteten und nahen Angriff zu begegnen der sie bedrohte; die Einen suchten so gut sie konnten ein Dorf oder ein Kloster zu besetzen, die Anderen eilten herbei sie abzulösen; einen Augenblick später zogen dann die Ersteren weiter um eine andere Stellung einzunehmen, und so fort nach dem Maaß wie neue Truppen auf der Straße von Nollendorf und Peterswalde anlangten. Die Reserven unter dem Großfürsten Constantin waren zuerst in Stellung; die Heertheile von Kleist und Wittgenstein langten später an; man sah keinen österreichischen Heertheil." So zeichnet St. Cyr das Bild das sich hier vor dem Auge entfaltete, und der Umstand daß nirgends österreichische Fahnen zu sehen waren, daß man es also nur mit einem Theil des verbündeten Heeres zu thun hatte, schien ihm Bürge für den Erfolg; Bürge dafür daß hier ein entscheidender Schlag zu führen sei. —

Schon war die Division Bonnet den waldigen Abhang weit hinabgestiegen — man sendete ihr die russischen Grenadiere entgegen — ein Beweis daß noch keine anderen Truppen zur Hand waren, — und am Fuß der Berge entspann sich ein lebhaftes Flintenfeuer. Französische Artillerie wagte sich den Hohlweg hinab noch ehe er durch die Pioniere in Stand gesetzt war, und konnte bald nicht mehr von der Stelle. —

Jetzt aber eilten Pioniere herbei, und an den schlimmsten Stellen des Wegs wurde mit Eifer gearbeitet.

Napoleon sprach lange keinen Entschluß aus; der Artillerie= General Drouot den er den Berg hinab gesendet hatte, kam mit der Nachricht zurück daß die Straße nicht fahrbar sei — und endlich ent= fernte sich Napoleon von seinem Gefolge um dem Marschall St. Cyr allein zu sagen: „Ich will den Feind in dieser Stellung nicht angrei= fen; ich werde mich zurückziehen. Aber lassen Sie alle Welt glauben daß meine Absicht immer noch ist eine Schlacht zu liefern." Dazu sollte an den getroffenen Anordnungen nichts geändert, an den Wegen fortwährend gebessert werden, und um den Feind desto sicherer zu täu= schen, wollte Napoleon sogar den Marschall unterstützen im Fall er angegriffen würde.

St. Cyr war sehr betroffen; als eigentlicher Urheber des Unter= nehmens sah er es natürlich durchaus im günstigsten Licht. Seither sind die damaligen Verhältnisse sehr verschieden beurtheilt worden. Mehr als ein Kriegsmann theilt die Ansicht St. Cyr's, daß Napoleon hier die letzte Möglichkeit aus der Hand gab, den Lauf der Dinge gün= stiger zu wenden. — Andere Stimmen haben dann die Schwierigkeiten des Unternehmens hervorgehoben — die allerdings sehr bedeutend geachtet werden mußten.

Man könnte sogar noch hinzufügen, was weniger zur Sprache gekommen ist, daß nämlich Napoleon hier eigentlich nicht Truppen genug zur Hand hatte um mit entschiedenem Nachdruck handeln zu können, da Marmont und Latour=Maubourg bei Dresden zurückge= blieben waren. Selbst jener andere Heerzug der Franzosen, der unter Mortier auf der neuen Straße von Gießhübel gegen Nollendorf vorrückte, konnte erst spät wirksam eingreifen. — (Er bestand aus drei Divisio= nen der jungen Garde, einer des 14. Corps vom Königstein her, einer des 1., und 18 Reiter=Schwadronen unter Ornano.) — Mortier rückte in der That sogar mit seiner Spitze nicht über Peterswalde hinaus, die Garden nicht über Pirna.

Aber seltsam! — wenn Napoleon auch diesmal seinen Sternen traute, wie bei Krasnoi, und entschlossen auf die Gefahr zuschritt, ver= schwand sie möglicher Weise vor ihm. Denn man sah seinem Angriff

auf Seiten der Verbündeten keinesweges mit unbedingter Ruhe und
Zuversicht entgegen; vielmehr zeigt sich in einem Schreiben Barclay's
an den Kaiser Alexander eine gewisse Neigung dem Stoß auszuweichen.
Selbst als für diesen Tag nichts mehr zu besorgen war, schrieb dieser
General dem Monarchen: „Ich halte es für meine Pflicht E. K. M.
vorzustellen, daß man hier wohl morgen (11.) eine Schlacht annehmen
kann, wenn es den Oesterreichern möglich ist heran zu kommen; sollte
dies aber nicht sicher sein, so wäre es besser sich zurückzuziehen, da alle
Nachrichten bestätigen daß Napoleon mit dem 6. und 14. Corps und
den Garden auf der großen Straße anrückt, und außerdem eine Menge
Truppen über die Berge heranziehen. Ein Rückzug kann schlimme
Folgen nicht haben, denn je weiter der Feind sich von Sachsen entfernt, desto größeren Gefahren setzt er sich aus."

Gegen Abend wurde selbst der Nachtrab der Verbündeten unter
dem Grafen Pahlen von der Nollendorfer Höhe in das Thal bis Kulm
und Tellnitz herabgezogen, so daß auf dem Kamm nur zwei Uhlanen-
Regimenter blieben; und als nun Colloredo und Merveldt mit ihren
österreichischen Heertheilen auf den Höhen bei Striesowitz und Neudorf
erschienen — Gyulai am folgenden Tage sogar Dur zur Linken erreichte
— und die österreichischen Reserven unter dem Erbprinzen von Homburg, von Leitmeritz her, in der Stellung der Verbündeten eintrafen,
da konnte man den Feind mit einer gewaltigen Uebermacht empfangen,
deren man sich bewußt sein mußte. Auch waren der Fürst Schwarzenberg und alle Häupter des Heeres jetzt entschlossen die Schlacht, der
man mit Gewißheit entgegen sah, am Fuß der Berge anzunehmen.
Bei alle dem aber fragte der österreichische Feldherr, indem er den General Blücher davon in Kenntniß setzte, bedeutsam, welchen Entschluß
dieser in Beziehung auf seine Vereinigung mit der Hauptarmee gefaßt
habe. Der Kaiser Alexander spricht dann in einem wenige Stunden
später geschriebenen Brief bestimmter aus was eigentlich gemeint war.
Er kündigt dem General Blücher an daß Napoleon sich mit seiner
Hauptmacht auf der Straße nach Teplitz, gegen die Hauptarmee gewendet habe. Wahrscheinlich würden nun auch die Heertheile unter
Ney, Lauriston, Poniatiowski und Sebastiani, sich über die Elbe zurückziehen, und ihre Vereinigung mit Napoleon suchen. Unter diesen

Umſtänden ſei der Marſch auf Pirna für Blücher nicht auszuführen, „Sie werden über Rumburg auf Leitmeritz marſchiren" (Vous marcherez par Roumbourg sur Leitmeritz).

Napoleon ließ an dem Wege den Geiersberg hinab fortwährend arbeiten, und Mortier's Colonne, zu der er ſich ſelbſt (am 11.) begab, bis auf die Höhe bei Nollendorf vorgehn. Er ſendete ſogar Truppen auf der neuen Straße hinab nach Böhmen, zwiſchen denen und der Infanterie des Fürſten Schachowskoy ſich bei Tellnitz ein hartnäckiges und ſehr unnützes Gefecht entſpann.

Das Alles war Schein, und hatte keinen eigentlichen Zweck. Napoleon's thätiger Geiſt ſuchte ſchon in einer ganz anderen Region anderen Möglichkeiten zu begegnen, und ſich in ihnen neue Hoffnungen zu ſchaffen. Eben an dieſem Tage nämlich mußte Berthier dem Marſchall Ney ſchreiben: er ſolle einen wichtigen Mehltransport ſicher ſtellen, der nach Torgau beſtimmt war — und zugleich ſich darauf vorbereiten bei Torgau wieder auf das rechte Ufer der Elbe überzugehen, wenn etwa die verbündete Nord-Armee ſich gegen Dresden vorbewege, um ſich dieſer Hauptſtadt in demſelben Maaße wie Blücher zu nähern. — Denn gerade in dieſen Tagen (11. und 12.) wichen alle franzöſiſchen Heertheile aus der Lauſitz bis auf wenige Meilen vor Dresden zurück: Macdonald bis in die Gegend von Biſchofswerda und Harta, Poniatowski nach Stolpen — Blücher ſtand am Löbauer Waſſer. — Einen Tag ſpäter, als Napoleon ſein Hauptquartier ſchon wieder nach Pirna zurück verlegt hatte, wurde von dort aus Marmont angewieſen von Dresden nach Großenhain zu ziehen, wo L'Héritier mit ſeinen Dragonern noch immer ſtand, und wohin Latour-Maubourg mit ſeinen Reitern ihm folgte. Er ſollte zunächſt die Verbindung zwiſchen Dresden und Torgau auf dem rechten Ufer ſichern — ohne Zweifel gleich Ney einer möglichen, drohenden Bewegung der verbündeten Nordarmee begegnen — und ſogar noch weiter gehenden Unternehmungen dienen, deren Möglichkeit ſich Napoleon wenigſtens einen Augenblick vorſpiegelte. Denn dem Marſchall Ney wurde, auch von Pirna aus, an demſelben Tage eröffnet: daß der Kaiſer eine offenſive Bewegung gegen die Nordarmee vorbereite, und daß er dieſer Bewegung folgen ſolle; er wurde aufgefordert zu berichten mit was für

Streitkräften er sich dem Unternehmen anschließen könne. So sehen wir Napoleon noch einmal zu seinem Lieblings-Gedanken zurückkehren — unter Bedingungen sogar, wo die Ausführung nur ein Wahn sein konnte.

Kaum nach Dresden zurückgekehrt sollte er auch manches erfahren was die Hohlheit dieser Hoffnungen enthüllte; denn Ney, dessen Heer jetzt kaum noch mehr als 36,000 theils entmuthigte, theils im Stillen feindselig gestimmte Krieger zählte, antwortete daß der Feind sich an der Elster zu vereinigen scheine, und mit einem Uebergange über die Elbe drohe — und fügte hinzu, was viel bedeutender war, daß man nicht auf Berlin vordringen könne ohne einer Schlacht gewärtig zu sein, er aber mit seinen Truppen jedes Zusammentreffen mit dem Feinde meiden müsse. Sollten diese Truppen an dem neuen Zuge Theil nehmen, so müsse Napoleon sie auf dem linken Elbufer und auf dem kürzesten Wege, über Meißen zu denen heranziehen, die unter seiner persönlichen Führung stünden (d. h. sie mit anderen, noch unbesiegten und unerschütterten Truppen vereinigen, ehe sie wieder dem Feinde entgegen geführt würden). Die allgemeine Entmuthigung sei der Art daß man neue Unfälle erwarten müsse, wenn man jetzt den Uebergang über die Elster mit den Waffen erzwingen wollte. (L'abattement de ses troupes est tel qu'un nouvel échec est à craindre.)

Die Geschichte dieser letzten Periode des Feldzugs ist von den Anhängern Napoleon's in gewissem Sinne mehr noch mit Absicht entstellt worden, als die früheren, und zwar aus leicht begreiflichen Gründen. Wer den Gang der Ereignisse mit ungetrübtem Blick übersieht, muß wohl gestehen daß Napoleon vom Schicksal verwöhnt, in einer neuen Lage an die sich sein Geist nicht gewöhnen konnte, in seltsamen Täuschungen befangen blieb. — Er hatte den Feldzug an der Elbe in der Absicht begonnen seine schon halb verlorene Weltstellung wieder zu gewinnen. Um diese kämpfte er in Sachsen, und offenbar verkannte er den Augenblick wo dies Ziel aufhörte erreichbar zu sein. Obgleich der Druck der Verhältnisse ihm durchaus keine Initiative mehr gestattete, ihm nicht erlaubte nach einem umfassenden Plane zu verfahren, auf ein bloßes va et vient beschränkt, hoffte er doch immer noch auf irgend eine, ganz unbestimmt gedachte, Gelegenheit, die sich bieten

werbe, einen entscheidenden Sieg zu erfechten —: und in dieser Ver=
blendung versäumte er zu rechter Zeit aufzuopfern, was doch nicht
mehr zu retten war, um sich die Mittel zu einer wirksamen Vertheidi=
gung zu bewahren. Seine Generale sahen diesmal zum Theil richtiger
als er selbst; vielleicht eben weil sie tüchtige Männer gewöhnlicheren
Schlages waren, die sich zwar mancher schwierigen Aufgabe gewachsen,
aber nicht jedem Verhältniß, nicht dem Geschick eines Welttheils über=
legen glauben konnten.

Napoleon's Anhänger wollen natürlich nicht zugeben daß auch
er, gleich anderen Sterblichen in Irrthum und Wahn befangen, irgend
einer Aufgabe nicht gewachsen sein konnte. Sie bemühen sich daher
uns die Verhältnisse so darzustellen als sei die entscheidend günstige
Wendung, die Napoleon zuletzt in der That vom blinden Glück erwar=
tete, bis an das Ende gar wohl herbeizuführen gewesen, und deshalb,
um die Abhängigkeit von den Verhältnissen zu verkleiden, der Napo=
leon ziemlich rathlos verfallen war, benützen die Schriftsteller aus
dieser Schule manche geringfügige Anordnung um ihrem Helden mehr=
fach großartige — oder abenteuerliche — Plane anzudichten, die mit
Sicherheit und klarster Einsicht in alle bedingenden Momente ent=
worfen, ganz unfehlbar zu einer gebietenden Höhe des Erfolgs führen
mußten. Nur die Unfähigkeit der Untergebenen, Verrath der Verbün=
deten, oder auch ein ganz unerhörtes störendes Ereigniß, wie ein Blitz
aus blauem Himmel, macht sie, dicht am Ziele, scheitern. — Da aber
doch der erste beste, ein Cabinets=Secretair Fain, oder selbst ein Gene=
ral wie Pelet, nicht ohne weiteres Verhältnissen gewachsen ist, denen
Napoleon unterlag, sind diese angeblichen Plane meist so schwach er=
sonnen, daß sie dem ersten Feldherrn des Jahrhunderts wenig Ehre
machen würden.

Während manche dieser Entwürfe ganz in das abenteuerliche aus=
schweifen, sind die harmloseren wenigstens sehr hohl. Einem solchen
begegnen wir namentlich eben hier. Napoleon befahl am 12. September
alle Depots nach Torgau zu verlegen, was ganz zweckmäßig sein mochte.
Der Gen. Pelet möchte gern seine Leser glauben machen, Napoleon
habe dadurch seinen Kriegsschauplatz zu einem wesentlich anderen
machen, er habe „sein Schachbrett verändern" wollen, wie die Herren

mit der unwahrsten aller conventionellen Redensarten zu sagen lieben. Er fügt eine wundersame Erörterung hinzu um zu beweisen wie das bisherige „Schachbrett", mit Dresden als Mittelpunkt, unter den bisherigen Umständen vortrefflich gewesen sei, aber nun nicht mehr dem Zweck entsprechen konnte, seitdem Oesterreich ein festes Bündniß mit den übrigen Gegnern Napoleon's geschlossen habe. Bis dahin konnte man hoffen daß es leicht sein werde diesen Staat einem unnatürlichen Verhältniß zu entziehen, in das er nur durch eine Intrigue geführt war, gegen den Rath seiner weiseren Staatsmänner; daß der kleinste Unfall eine solche Umkehr bewirken werde —: jetzt war diese Hoffnung geschwunden — und darum sei es nöthig geworden den Raum für die Operationen zu erweitern, die Radien zu verlängern auf denen man sich bewegte. Dresden lag unter diesen Umständen dem Gebirge zu nahe, von Berlin zu entfernt.

Wie und warum gerade Das aus seinen Vordersätzen folgt, hat uns General Pelet nicht weiter erklärt.

In Napoleon's Befehlen und Briefen findet sich natürlich nicht die leiseste Spur daß er mit jenen einfachen Anordnungen solche Dinge beabsichtigt hätte, und in dem Gang der Ereignisse wird diese angebliche „Veränderung des Schachbretts" auch durchaus nicht fühlbar. Dem einfachen gesunden Menschenverstand erscheint das auch als etwas das sich ganz von selbst versteht. Dresden, den sicheren Weg zur unmittelbaren Vereinigung auf der sächsischen Seite des Gebirges, durfte Napoleon nicht in Feindes Hand fallen lassen so lange er sich an der Elbe behaupten wollte, das ist einleuchtend; — es durfte auch, nur leicht befestigt, nicht auf längere Zeit sich selbst überlassen bleiben, und deshalb blieb der Ort nach wie vor, Angelpunkt der Bewegungen Napoleon's, mochten dessen Depots nun dort sein oder wo anders.

Pelet freilich sieht sich genöthigt die Erscheinung, daß eben Alles in dem alten Geleise blieb, in einer künstlicheren Weise zu erklären. Napoleon hatte ihm zu Folge erwartet, Macdonald werde Blücher entfernt halten, und ihm dadurch Zeit und Raum verschaffen den Angriff auf Berlin auszuführen. Aber Macdonald geht, wie man glauben soll ganz ohne Noth, bis Bischofswerda zurück — St. Cyr meldet erschreckt von Angriffen die ihm drohen — Margaron aus Leipzig

von dem Unheil das die Parteigänger der Verbündeten im Rücken des
Heers anrichten — die Generale der französischen Armee verlieren
sämmtlich bei jeder geringfügigen Veranlassung die Fassung, und in
dieser vielseitigen Bedrängniß scheint die Umwandlung des Kriegsschauplatzes in Sachsen in etwas ganz anderes als er bisher gewesen
war, für jetzt nicht recht zu Stande gekommen zu sein!!

In welcher Weise Napoleon wirklich neuen Angriffen aus Böhmen her, auf unverändertem Schachbrett und unverlängerten Radien
zu begegnen dachte, das geht sehr deutlich aus den wirklichen Anordnungen hervor die er in diesen Tagen traf. Im ersten Augenblick
hatte er die drei Heertheile, die jetzt gleichsam bleibend, wie Macdonald
in der Lausitz und die drei Heertheile unter Ney gegen die Mark, auf
diesem Theil des Kriegsschauplatzes verwendet waren, auf dem Kamm
des Gebirges zurückgelassen, um dort in drohender Stellung die Verbündeten so lange als möglich zu täuschen: Lobau bei Nollendorf,
St. Cyr am Geiersberg, Victor in der Gegend von Altenberg. Sie
durften nun (13.) etwas zurückgehen; Lobau mit einem Theil seiner
Truppen in die Stellung am Königstein, mit einem anderen nur bis
Hellendorf; — St. Cyr auf der alten Straße, in mehreren Staffeln,
bis in die Gegend zwischen Fürstenwalde und Borna — Victor, wie
es scheint, in die Gegend von Dippoldiswalde. Die junge Garde
stand wieder bei Pirna und hatte eine Division bei Gießhübel. —
Mehr als früher wollte Napoleon jetzt die Kunst zu Hülfe nehmen,
um die Stellungen zu verstärken, die den Feind aufhalten sollten. Zu
dem Ende wurde bei Pirna auf dem rechten Ufer der Elbe ein pallisa-
dirter Brückenkopf gebaut, und das alte Schloß der Stadt, der Son-
nenstein, auf beherrschender Höhe gelegen — seit lange schon Irren-
anstalt — zur Vertheidigung eingerichtet, und mit Geschütz versehen.
In der Stellung bei Gießhübel sollten mehrere Schanzen gebaut werden, und um diese Stellung gegen eine Umgehung auf ihrer Linken zu
sichern, eine Schanze auf den Höhen von Langhennersdorf. — Auch
die Stellung bei Borna auf der alten Straße sollte durch einige Re-
douten und Verhaue zur Vertheidigung besser eingerichtet werden. —
Dem Marschall St. Cyr schreibt dann Napoleon (am 13.) die Oesterreicher würden wahrscheinlich einen Heertheil über Marienberg vor-

senden, die Russen und Preußen mit dem Angriff auf der alten und neuen
Straße beauftragt sein. Er beabsichtige nun den Angriff des Feindes
in diesen Stellungen abzuwarten, und dann unmittelbar selbst zum
Angriff überzugehen und den Feind auf Peterswalde zurück zu werfen.
Es bleibe nur noch näher zu bestimmen welche Rolle das 2. Corps
(Victor) dabei auf dem rechten Flügel spielen solle. — (Reste actuelle-
ment à bien déterminer le rôle que doit jouer sur votre droite le
2me corps.)

Napoleon hatte nun aber auch noch manche andere Sorge abzuwehren. Denn jene von Toll zuerst vorgeschlagene Maaßregel, die
Entsendung zahlreicher Parteigänger auf die Verbindungen des Feindes, begann jetzt reiche Früchte zu tragen. Der Oberst Mensdorf,
und besonders der General Thielmann, bewegten sich mit Verwegenheit und Glück in dem Raume zwischen dem Erzgebirge und der oberen
Saale, und führten manche gelungene That aus. Schon erforderte
die Sicherung der Wagenzüge, die Lebensmittel aus entfernteren
Gegenden bringen sollten, große Aufmerksamkeit, und ihre Ankunft
wurde ein Gegenstand ängstlicher Sorge. Der Mangel, den ein noch
immer zahlreiches Heer, seit so langer Zeit auf das enge meißener
Land beschränkt, ohnehin immer drückender empfand, da in den Dörfern und auf den schon zehnmal und öfter umgewühlten Kartoffel-
Aeckern an den Heerstraßen, nichts mehr zu finden war — : der Mangel wurde in Folge dieser neuen Schwierigkeiten immer bedenklicher.
Wo Mangel und Entmuthigung herrschen, bleiben auch Krankheiten
nicht aus; die jungen französischen Soldaten waren wenig geeignet
solchen Prüfungen zu widerstehen; sie verfielen zu tausenden den ganz
hoffnungslosen Lazareten. St. Cyr berichtet daß der Mangel seinem
Heertheil um diese Zeit täglich „hunderte" von Menschen und Pferden
raubte. Noch dazu lockerte die Nothwendigkeit nach Lebensmitteln
umherzuschweifen, immer von Neuem die Bande der Kriegszucht, und
beförderte die Desertion, die nicht aufhörte. So schmolz Napoleon's
Heer von Stunde zu Stunde.

Napoleon entsendete eine Reiter-Division der Garde, unter Lefebvre-Desnouettes gleich vom Gebirge aus westwärts, diesem Unheil
im Rücken des Heeres zu steuern. Sie war am 15. bei Freiberg und

brach von dort nach den Saalgegenden auf. Doch blieb dieſe Maaß⸗
regel unzureichend.

Die Vorkehrungen gegen Böhmen hin ſollten auf die Probe ge⸗
ſtellt werden noch ehe ſie ganz vollendet daſtanden.

Im Lager der Verbündeten, wo man ſich des Gefühls erfreute
einer großen Gefahr entgangen zu ſein, hatte man nämlich, am 12.,
die Nachricht von dem glänzenden Siege bei Dennewitz erhalten, und die
Beſchlüſſe die nun ſofort gefaßt wurden, verrathen in welche gehobene
Stimmung das geſammte Hauptquartier durch die erwünſchte Bot⸗
ſchaft verſetzt wurde.

Man zweifelte nicht entfernt daß Napoleon nach dieſem Schlage
den Rückzug nach Leipzig ohne Zögern antreten müſſe, wahrſcheinlich
ſchon angetreten habe; in den feindlichen Heertheilen die noch auf dem
Kamm des Gebirges verweilten, ſah man nun keine Drohung mehr,
ſondern Truppen die Napoleon dort aufgeſtellt hatte um ſeinen Rück⸗
zug durch ſie gedeckt ausführen zu können. Blücher und die ſchleſiſche
Armee glaubte man nun ſchon der Elbe nahe, und zwar in der Rich⸗
tung auf Pirna — und unter dieſen Bedingungen wollte Schwarzen⸗
berg jene feindlichen Abtheilungen auf den Bergen ſchon am 13. „an⸗
greifen und vertreiben“ um mit Blücher in Verbindung zu kommen
indem er ſie nach Sachſen verfolgen ließ. Die Colonne die zunächſt
der Elbe marſchirte, ſollte einen Brückenzug mitführen, um ſogleich die
Verbindung herſtellen zu können.

Das Alles ſchrieb Schwarzenberg ſchon am 12., in der erſten
Freude, während der Sieg bei Dennewitz durch ein Te deum und die
üblichen Gewehrſalven gefeiert wurde, dem Grafen Bubna.

Zu dem Angriff kam es nun freilich an dem folgenden Tage noch
nicht, er mußte um vierundzwanzig Stunden aufgeſchoben werden. —
Dagegen erweiterten ſich die Plane in einem großen zu Teplitz (am 13.)
um die Monarchen verſammelten Kriegsrath, in dem man beſchloß ſo⸗
fort, ſo wie die feindlichen Truppen von den Höhen vertrieben ſeien,
nur einen Theil des Heers zur Deckung der Päſſe die nach Böhmen
führen zurückzulaſſen — und auch dieſen wohl nur bis zu ſeiner Ab⸗
löſung durch Blücher, — den anderen Theil aber ſogleich über Marien⸗
berg nach Sachſen vorgehen zu laſſen, in die Richtung auf Chemnitz

und Leipzig. — Die Schwierigkeiten der Verpflegung die man auch in Böhmen zu fühlen begann, sollen das Ihrige zu der strategischen Hast und Eile beigetragen haben die hier hervortritt, und das muß Wunder nehmen. Hatte man doch ein weites, fruchtbares Land, — dessen Herr man war — in friedlicher Ruhe und Ordnung hinter sich, und alle Zeit Transporte und Lieferungen einzurichten.

An demselben Tage ging dann aber im großen Hauptquartier auch eine Denkschrift ein, vermöge welcher Blücher — oder vielmehr Gneisenau in seinem Namen — (aus Herrnhut vom 11. Sept.) — die Aufforderung nach Böhmen zu kommen beantwortete. Ob diese Denkschrift vor oder nach dem Kriegsrath eintraf, in welchem die eben erwähnten Beschlüsse gefaßt wurden, ist nicht zu ermitteln, doch scheint das Letztere wahrscheinlicher. Das Schreiben selbst, in französischer Sprache an den Kaiser Alexander gerichtet, ist schon deshalb sehr merkwürdig weil es zeigt daß man in Blücher's Hauptquartier manches Verhältniß, und den wahrscheinlichen Gang der Ereignisse richtiger beurtheilte als in der Umgebung der Monarchen — und zugleich mit Recht großen Werth darauf legte sich die selbstständige Unabhängigkeit des Handelns zu bewahren.

Der Verfasser des Schreibens stellt die Alternative die dem General Blücher der Form nach gestellt war, während man ihm in der That sehr nahe legte wie er wählen solle, mit Absicht anders als sie der Kaiser Alexander verstanden hatte, indem er sagt: es handle sich darum ob Blücher mit seinem Heer zur Vereinigung mit der Hauptarmee nach Böhmen ziehen, oder die Verbindung mit derselben i n S a c h s e n — nicht ganz bestimmt bei Pirna — herstellen solle; — und findet dann in dem Siege bei Dennewitz, und seinen wahrscheinlichen Folgen, Gründe sich entschieden für die letztere Alternative auszusprechen. Die siegreiche Schlacht habe, seitdem der Kaiser Alexander seinen Brief (vom 9.) an Blücher abgefertigt, die Lage der Dinge wesentlich verändert, und werde in seinen Folgen den Krieg auf einen anderen Schauplatz führen. Schon habe Blücher den Kronprinzen von Schweden aufgefordert über die Elbe zu gehen. Wenn dieser Feldherr jetzt zwischen Wittenberg und Magdeburg über diesen Strom, und

auf Leipzig vordringen wolle, sei Napoleon höchst wahrscheinlich ge=
nöthigt sofort seine Stellungen bei Dresden zu verlassen, um sich die=
sem Gegner in den Weg zu stellen. Die schlesische Armee würde dann
suchen unverzüglich zwischen Dresden und Torgau über die Elbe zu
gehen, um sich mit der Hauptarmee zu vereinigen, die ihrerseits ohne
Zweifel in die Ebenen von Altenburg und Leipzig vorrücken werde.
Dagegen werde der Kronprinz allem Anschein nach in eine gänzliche
Unthätigkeit verfallen, wenn sich die schlesische Armee um sechs Märsche
weiter von ihm entfernte, wodurch sie zugleich auf zehn Tage außer
aller Berührung mit dem Feinde komme. — Habe Napoleon einen
Einfall in Böhmen beabsichtigt, so werde er wohl jetzt, durch die Fol=
gen der Schlacht bei Dennewitz veranlaßt sein darauf zu verzichten —
und, wie zu verstehen gegeben wird, die Hauptarmee bedürfe des un=
mittelbaren Beistands der schlesischen nicht ihn abzuwehren. Zum
Schluß kündigt Blücher an daß er für jetzt eine centrale Stellung zwi=
schen Bautzen und Schluckenau nehmen wolle. Bennigsen's Eintreffen
an der Reisse werde ihn dann in den Stand setzen wieder die Offensive
zu ergreifen, indem er entweder rechts abmarschire um sich dem Kron=
prinzen von Schweden anzuschließen, oder, falls Napoleon nach Böh=
men gehen wolle, über die Elbe in dessen Rücken vorzubringen. —
Sollte Napoleon sich noch einmal mit seiner Hauptmacht gegen die
schlesische Armee wenden, so könne man, dem Stoß auszuweichen, ent=
weder über die Reisse zurückgehen, oder auf Zittau und Rumburg.
Das Letztere werde man vorziehen falls dann bereits Bennigsen an den
Ufern der Reisse eingetroffen sei — denn es könne zu einer Theilung
der feindlichen Macht führen, und gewähre den Vortheil daß eine der
beiden verbündeten Armeen in der Lausitz, in die Flanke des Feindes
operiren könne.

Der Kaiser Alexander war, wie sich ergiebt, von diesen Ausein=
andersetzungen nicht ganz befriedigt, und auch den Strategen des großen
Hauptquartiers, den leitenden Rathgebern, wollten sie nicht durchaus
gefallen. Man hätte sich gar zu gern durch die schlesische Armee un=
mittelbar verstärkt gesehen. Blücher's Schreiben führte daher zu einer
neuen Besprechung zwischen dem Kaiser Alexander, dem König von
Preußen, und Schwarzenberg, deren Ergebniß dann General Knese=

beck noch) an demselben Tage (13.) in einer ebenfalls sehr charakteristi-
schen Denkschrift dem General Blücher mittheilte.

Die Frage ist jetzt nach der Schlacht bei Dennewitz, sagt dieser
Aufsatz, ob es vortheilhafter ist daß die schlesische Armee sich rechtshin
wende um mit dem Kronprinzen von Schweden vereint über die Elbe
zu gehen, als daß sie die Richtung auf Leitmeritz und Theresienstadt in
Böhmen nimmt? — Und diese Frage wird eigentlich verneint, denn
die Vortheile dieses letzteren Beginnens werden mit großer Vorliebe
hervorgehoben.

Für den Marsch zur Vereinigung mit der Nordarmee scheint so
gut wie nichts zu sprechen, denn daß er sogleich angetreten werden
kann ohne Bennigsen abzuwarten — daß die schlesische Armee dabei
mehr „in der Nähe und Direction ihrer Resourcen" bleibt — und daß
sie dem Heer des Kronprinzen unmittelbar die Hand reicht — will so
hingestellt noch gar nichts sagen.

Dagegen aber findet Knesebeck folgende Gründe anzuführen, die
sorgfältig ausgeführt und sehr wichtig genannt werden.

1) Eine Verstärkung der verbündeten Streitkräfte an der Mittel-
Elbe oder in der Gegend von Torgau treibt den Feind seinen Hülfsquellen, seinem Mutterlande zu, und stärkt ihn somit; Vermehrung
der verbündeten Macht in Böhmen kehrt ihn von seinen Hülfsquellen
ab, und wirkt also in einem günstigeren Sinn.

2) Rückt Blücher mit seinem Heer nicht nach Böhmen, so ist die
Hauptarmee nicht stark genug sich nach Chemnitz auf die Verbindungen
des Feindes zu wagen; denn sie kann alsdann, wenn sie dem Feinde
jenseits des Erzgebirges gewachsen bleiben will, nicht 50,000 Mann
zur Deckung ihres „point d'appui" an der Elbe zurücklassen. Da
Napoleon nur drei Märsche braucht um von Dresden nach Teplitz vorzudringen, darf sich unter diesen Bedingungen auch die Hauptarmee
nicht weiter als auf drei Märsche, — höchstens bis Sebastiansberg —
von Teplitz entfernen, um nöthigen Falls zu rechter Zeit zum Schutz
dieses Punktes zurück sein zu können. Sie kann dann nicht mit ganzen
Heertheilen, nur unzureichend mit Streifschaaren, auf die Verbindungen
Napoleon's wirken.

Uebernimmt dagegen Blücher die Wache an der Elbe, dann kann Schwarzenberg's Heer getrost nach Sachsen ziehen.

3) Die schlesische Armee wird bei dem Uebergang über die Elbe in der Gegend von Torgau große Schwierigkeit finden; kann sie ihn nicht bewirken, so ist sie außer Wirksamkeit, und da sich die Nordarmee in dem gleichen Fall befindet, fällt die Macht des Feindes auf die Haupt=Armee allein.

4) Gelingt es auch der schlesischen Armee über die Elbe zu kommen, so wird sie sich bald zu einer Schlacht gezwungen sehen, denn mit dem Strom im Rücken kann sie dem Stoß nicht ausweichen wie bisher. Eine Schlacht vor ihrer Vereinigung mit der Nordarmee ist aber sehr gewagt.

5) Vereinigt mit dem Kronprinzen von Schweden verliert aber die schlesische Armee ihre Selbstständigkeit „welches ihrem ersten Grund= zweck ganz entgegen sein würde."

Der Marsch nach Böhmen kann erst angetreten werden wenn Bennigsen so in der Nähe ist daß er Blücher's Heer in seiner gegen= wärtigen Stellung abzulösen vermag, — und da anerkannt wird daß viel davon abhängen muß wie sich die Umstände an Ort und Stelle im Augenblick der Entscheidung gerade gestaltet hätten, wird, glücklicher Weise, zum Schluß die Wahl denn doch dem General Blücher über= lassen. —

Vieles ist in dieser Denkschrift merkwürdig, in der General Kne= sebeck seine früheren Ueberzeugungen von Neuem ausspricht, ohne daß die gewichtigen Erfahrungen der letzten Wochen, Napoleon's ihm ganz unerwartetes Verfahren, daran irgend etwas geändert hätten. Auch hier wieder begegnet ihm, wenn wir nicht irren, was Theoretikern wohl zu geschehen pflegt: er wendet ein Theorem auf die Wirklichkeit an, als ob dessen Gültigkeit eine ganz unbedingte wäre, und versäumt darüber sich von dem wirklichen Wesen des wirklich vorliegenden concreten Falls durchgreifend Rechenschaft zu geben. Es tritt uns auch hier wieder die Gewohnheit entgegen überwiegend nur die räumlichen und überhaupt die mathematisch=meßbaren Verhältnisse zu berücksichtigen, weniger die Mächte geistiger Natur die in ihnen walten.

Gneisenau's Wink, daß der Kronprinz von Schweden, sich selbst

überlaſſen, gar wohl in gänzliche Unthätigkeit verfallen könne, wird
ganz überſehen, und ſomit ein entſcheidend wichtiger Moment der Rechnung außer Acht gelaſſen.

Seltſam iſt es denn auch zu nennen daß man für jetzt noch nicht
auf den Gedanken verfällt, von den beiden Armeen die — unter
Blücher und Bennigſen — zur Verfügung ſtehen, könne die Eine an
die Mittel-Elbe zur Vereinigung mit der Nordarmee rücken, die Andere
nach Böhmen. Man blieb eben in der Vorſtellung befangen, es
müſſe unter allen Bedingungen, — wenigſtens für jetzt noch und ſo
lange Napoleon Truppen dort hatte — ein Heer auf dem rechten Elb-
Ufer Dresden gegenüber ſtehen bleiben. Wozu? — etwa um die Lauſitz und Schleſien zu decken? -- Es mußte doch Jedem einleuchten daß
Napoleon wohl noch in jene Gegenden vordringen konnte, um dort
einen Theil der verbündeten Streitkräfte, die ihn zu erdrücken drohten,
zu erreichen, und wo möglich in ſeiner Vereinzelung zu ſchlagen — :
aber jetzt gewiß nicht mehr wenn er keinen Feind dort traf, bloß um
etwa „Terrain zu gewinnen" — oder einen Stoß in das Leere zu thun.

Bringt man die hier waltende Vorſtellung mit dem zweiten Punkt
in Kneſebeck's Denkſchrift in Verbindung, der ohne Zweifel für den
wichtigſten und entſcheidenden galt — ſo möchte ſich wohl ergeben daß
man trotz der gehobenen, freudigen Stimmung die jetzt herrſchend war,
im großen Hauptquartier doch nicht folgerichtig das Bewußtſein der
gewonnenen Lage feſthielt. Daß man die Macht der Initiative gewonnen hatte, daß Napoleon in ſeinem Thun und Laſſen von den
Unternehmungen der Verbündeten abhängig geworden war, deſſen
blieb man ſich nicht folgerichtig und durchgehend bewußt — : und
darüber gerieth man theilweiſe mit ſich ſelbſt in Widerſpruch, indem
man einerſeits Napoleon's Rückzug nach Leipzig täglich mit Zuverſicht
erwartete, und zugleich Befürchtungen hegte die zu dieſer Vorſtellung
durchaus nicht paßten.

In wiefern auch Toll's Meinung über dieſe Fragen vernommen
war, wiſſen wir nicht mit Beſtimmtheit zu ſagen, und können über
ſeine Thätigkeit in dieſer Zeit überhaupt nur mittheilen daß er wenig
im Hauptquartier verweilte, und faſt immer bald hier, bald dort, im
Gebirge bei den Vortruppen war, um die Bewegungen des Feindes

von dort aus zu beobachten und darüber dem Kaiser Alexander zu berichten. In solcher Verwendung hatte er namentlich auch dem Gefecht bei Nollendorf am 11. September beigewohnt und Antheil an der
Leitung desselben genommen. Bei den Berathungen welche die Führer
des Heeres zu Teplitz pflogen, war er gerade in dieser Zeit weniger betheiligt als sonst. —

Alle Bedenken aber welche Blücher's Schreiben erweckte, hinderten
nicht daß am folgenden Tage — 14. — der beschlossene Angriff auf
die vorgeschobenen Heertheile Napoleon's ausgeführt wurde. Schon
am Vorabend standen die unmittelbar dazu bestimmten Truppen unter
Pahlen und dem Herzog Eugen von Württemberg (21 Bataillone und
18 Schwadronen) am Fuß der Nollendorfer Höhe, bei Königswalde,
Zuckmantel, und Hinter=Tellnitz in Bereitschaft. Bei diesem letzteren
Ort Wittgenstein selbst mit dem Rest seines Heertheils (d. h. mit dem
ersten Infanterie=Corps unter Gortschakow) — wenig weiter rückwärts,
bei Kulm, Graf Colloredo, und schon hatte auch der Prinz August
von Preußen mit seiner Brigade auf der alten Straße Ebersdorf, über
dem Geiersberg, wieder besetzt um von dort aus mitzuwirken.

Man war so glücklich die französische Division Dumonceau bei
Nollendorf früh am Tage fast zu überfallen; wenigstens wich sie dem
Angriff nicht schnell genug aus, sah ihren Rückzug gefährdet, verlor
bedeutend, namentlich über 700 Gefangene, und kam in schlechter Ord-
nung auf die Stellung von Gießhübel zurück, wo sie von den übrigen
Truppen Lobau's aufgenommen wurde. — Pahlen folgte bis in den
Wald vor Gießhübel; der Herzog Eugen bis Oelse. Ihnen nach rückte
Wittgenstein bis Hellendorf, Colloredo auch über den Kamm nach
Schönwalde, der alten Straße sich nähernd. — Weiter zurück, stand
der Rest des Heers am Fuß der Berge in Böhmen (Merveldt bei
Aussig; Barclay mit den russisch=preußischen Reserven vor Kulm, sein
Vortrab bei Ebersdorf — das übrige österreichische Heer bei Dux, seine
Vortruppen unter Crenneville, der zu Gyulai's Armee = Abtheilung
gehörte, bei Zinnwald, und unter dem Fürsten Moritz Liechtenstein bei
Sayda).

Unmittelbar nach diesem leichtgewonnenen Erfolg wurde — wenn auch, wie es scheint, nicht ohne einiges Widerstreben Schwarzenberg's *) — der Entschluß gefaßt unverzüglich, und ohne auf Verstärkungen zu warten, zur Ausführung der weiteren, bereits entworfenen Plane zu schreiten — alle österreichischen Heertheile unverweilt über Marienberg nach Sachsen abrücken zu lassen — die Hut der Pässe bei Nollendorf, am Geiersberg und bei Zinnwald, vorläufig und bis zur Ablösung durch die neu heranrückenden Truppen, dem russisch-preußischen Theil der Hauptarmee unter Barclay anzuvertrauen.

Die besonderen Verhaltungsbefehle welche Schwarzenberg diesem Theil des Heeres ertheilte, verfügten daß Kleist mit seinen Preußen die Russen auf dem rechten Flügel der gesammten Aufstellung ablöste, und die wichtige Nollendorfer Höhe hielt. Wittgenstein, bei Dur aufgestellt, sollte einen doppelten Vortrab bei Zinnwald und Johnsdorf, Beobachtungsposten an den Pässen auf dem Kamm des Gebirges haben; — Barclay mit den Garden und Grenadieren als Rückhalt, nicht hinter ihnen, sondern noch weiter nach Westen, bei Brix, Stellung nehmen — und zwar um von dort aus auch die Oesterreicher zu seiner Linken unterstützen zu können.

Unternahm Napoleon noch einen Einfall in Böhmen, dann gingen diesen Befehlen zu Folge, Kleist nach Aussig, Wittgenstein und Barclay nach Bilin hinter die Bila zurück, und suchten die Engpässe des Mittelgebirges zu behaupten, bis Schwarzenberg mit seinen Oesterreichern aus Marienberg zurück sein konnte. War kein solcher Angriff abzuwehren, dann folgte Barclay, zu seiner Zeit, abgelöst, den Oesterreichern nach Chemnitz und an die Mulde.

Zur Ablösung wurde aber jetzt nicht Blücher herbeigerufen sondern Bennigsen. Der Major Rühle von Lilienstern, als Bote mit mündlichen Aufträgen aus dem Hauptquartier der schlesischen Armee zu den Monarchen gesendet, hatte diese glückliche Aenderung der Plane bewirkt. Blücher sollte vor Dresden bleiben — : dem Fürsten Schwarzenberg wurde dafür so weit man sehen kann, kein anderer Grund angeführt, als der daß die schlesische Armee schon zu weit gegen die Elbe vorgerückt, zu nahe am Feinde sei, um diesen wieder aus dem Auge

---

*) Sir Robert Wilson, private journal II, 132.

zu lassen. Alexander und Friedrich Wilhelm aber wußten jetzt freilich bessere Gründe dafür —: denn waren Gneisenau's schriftliche Winke in Beziehung auf den nordischen Kronprinzen unbeachtet geblieben, so hatte natürlich Rühle den Auftrag ausführlich und deutlich zu sprechen, und es eröffneten sich dem großen Hauptquartier somit neue strategische Anschauungen, die da bisher nicht einheimisch waren. Den eigentlichen Inhalt der Botschaft scheint unter allen preußischen Generalen nur Knesebeck, von den russischen vielleicht Diebitsch erfahren zu haben. Die Oesterreicher wurden nicht in das Vertrauen gezogen; selbst Schwarzenberg nicht; Rühle aber mit einer inhaltsschweren Antwort entlassen.

Bennigsen war es also, der nun nicht mehr Blücher ersetzen, sondern in zwei Colonnen über Rumburg und über Gabel nach Leitmeritz, und von dort in das teplitzer Thal heranrücken sollte, Barclay abzulösen.

Aber Bennigsen hatte Breslau erst den 8. September erreicht, und sollte mit seinem Heer erst am 14. in der Gegend von Haynau eintreffen —: nicht früher als Ende des Monats konnte er am Fuß des Erzgebirges zur Stelle sein. Der Umstand daß man so viel früher aufbrach ohne auf ihn zu warten, verbunden mit dem, daß Barclay gleich von Anfang so weit links geschoben wurde, deuten darauf daß man einen neuen Angriff Napoleon's auf Böhmen eigentlich nicht erwartete, und so möchte der geringe Widerstand den man bei den ersten Schritten in Sachsen fand, für den Augenblick die Ansicht zur herrschenden gemacht haben, daß es nur noch eines geringen Drucks bedürfe um Napoleon zum Rückzug in die Ebenen von Leipzig zu bewegen. —

Die Plane sollten durchkreuzt, diese Ansicht wieder wankend werden, denn kaum war Napoleon von dem Vorgefallenen unterrichtet, als er auch schon — am 15. — mit zwei Garde-Divisionen aufbrach, den Verbündeten entgegen. Ob er diesmal die böhmische Armee zu einer Schlacht zu bringen hoffte oder nicht, ist schwer zu sagen; mit Bestimmtheit aber rechnete er gewiß nicht darauf; er mochte sich wohl sagen daß Alles von Zeit und Umständen abhängen mußte, kurz er fühlte, trotz alles inneren Widerstrebens, seine Abhängigkeit —: und

vom Gebirge nach Böhmen hinabſtiegen, ſich mit den Preußen unter
Kleiſt kreuzten, die jetzt heran kamen ſie auf dem rechten Flügel abzu-
löſen. Kleiſt konnte unter dieſen Umſtänden nicht daran denken die
Höhen zu halten; er ließ ſie nur ſo lange durch den Prinzen Auguſt
und ſeine Brigade beſetzt, bis der Knäuel ſich entwirrt hatte — unten
im Thal aber traten überall Vorbereitungen zur Schlacht die man mit
Beſtimmtheit erwartete, an die Stelle der Anſtalten zum Aufbruch nach
Sachſen. Zieten und der Herzog Eugen von Württemberg bildeten bei
Vorder-Tellnitz die Vorhut; Wittgenſtein und Colloredo wurden in die
Stellung auf den Strieſowitzer Bergen gewieſen, Merveldt mußte von
Auſſig her ſich ihrem rechten Flügel anſchließen — Barclay mit den
Reſerven bei Torn vor Teplitz Stellung nehmen, und was von öſter-
reichiſchen Truppen bei Dur und Brir ſtand (Heſſen-Homburg und
Gyulai) eilte herbei auf den Kampfplatz.

Aber dieſer entſcheidende Kampf auf den man ſich gefaßt machte,
erfolgte auch diesmal nicht. Napoleon erſchien früh Morgens (17.) auf
der oft genannten Höhe von Nollendorf und ſpähte, durch ſein Fern-
rohr, hinab in das Thal; dann ließ er zuerſt nur einige Bataillone den
Abhang nach Böhmen hinab ziehen; ſie waren bald bei Vorder-Tellnitz
in ein Geſecht mit dem Herzog Eugen von Württemberg und Zieten
verwickelt; — es wurde hartnäckig — Napoleon ſendete Brigaden,
und ſo allmälig den größten Theil von Lobau's Heertheil zur Unterſtützung nach; er begab ſich ſogar ſelbſt auf eine Zeit lang hinab. Das
Geſecht lief nicht glücklich für die Franzoſen ab, die Kanonen und Gefangene, darunter den General Kreutzer verloren — und dennoch blieb
Lobau für die Nacht am Fuß der Berge ſtehen.

Vergebens ſpäht man in Napoleon's Beginnen nach der Spur
eines leitenden Gedankens. In den Briefen an St. Cyr äußert der
Kaiſer der Franzoſen, am folgenden Tag, er habe nur eine „Recognoscirung" vorgehabt, nur wiſſen wollen ob das böhmiſche Heer der
Verbündeten noch da ſei. Aber was weiter? — mochten die Umſtände
auch ſo günſtig ſein als die allgemeinen Verhältniſſe jetzt noch geſtatteten, Napoleon hatte nicht Truppen genug zur Hand ſie zu nützen.
Selbſt an St. Cyr hatte er anfangs gar nicht gedacht; erſt ſpät am
Tage, als er ſich ſelbſt im Thal vor Kulm befand, ſendete er ihm den

Befehl von Fürstenwalde her den Geiersberg anzugreifen, was in dem
Augenblick wohl nur den Zweck hatte die Lage der bedrängten Truppen
Lobau's durch eine Diversion zu erleichtern, an demselben Tage aber
nicht mehr ausgeführt werden konnte.

Doch rief das Alles im Lager der Verbündeten wieder eine nicht
geringe Spannung hervor, besonders da der gefangene General Kreutzer
aussagte Napoleon werde am folgenden Tage „diesen Punkt mit
aller Anstrengung angreifen, und ihn für jeden Preis forciren." —
Die Umgebung des Fürsten Schwarzenberg war vorzugsweise beunruhigt, und indem dieser Feldherr noch spät am Abend dem General
Bubna schrieb was vorgefallen war, fügte er hinzu: „Ich erwarte mit
Zuversicht daß General Blücher, falls es dem Feinde gelingt in Böhmen einzudringen, keinen Augenblick versäumen wird schnell auf seine
Kommunikazionen zu marschiren, und sogar in seinem Rücken zu
wirken."

Etwas anders wurde die Lage der Dinge in der Umgebung der
Monarchen beurtheilt; Knesebeck, der dem General Blücher die nöthigen
Mittheilungen macht, schließt mit den Worten: „So stehen die Sachen
hier. Wir wissen nicht recht was wir von diesem Allem halten sollen,
indessen ist Klenau wieder in Marienberg eingerückt, und ich hoffe er
wird noch weiter in Sachsen vordringen. Es scheint aus Allem jedoch
so viel hervorzugehen daß der Feind mit sehr beträchtlicher Macht gegen
uns steht."

Offenbar schimmert hier auch die Besorgniß durch die Oesterreicher
könnten die Sache zu wichtig nehmen, und sich dadurch in dem Zug
nach Sachsen stören lassen. Vor Allem aber ist beachtenswerth daß
Knesebeck nicht wie bei früheren Gelegenheiten — und wie Schwarzenberg noch jetzt — einer unmittelbaren Hülfe gedenkt, die man von der
schlesischen Armee erwarte. Er wußte was fortan Blücher's selbstge-
wählte Hauptaufgabe sein sollte — Schwarzenberg nicht.

Lobau mußte noch einen ganzen Tag (18.) über am Fuß der
Berge stehen bleiben, St. Cyr den Geiersberg angreifen, was wieder
zu Gefechten ohne eigentliches Ergebniß führte. Dann ließ Napoleon
sie in die früheren Stellungen bei Gießhübel und Borna zurückgehen.

Fragen wir aber zu welchem Entschluß, zu welchen weiteren Planen

Napoleon nun gelangt war? — So giebt uns ein Schreiben desselben an St. Cyr darüber hinreichende Auskunft: „Die Stellung des Feindes erlaubt nicht ihn anzugreifen, schreibt er: ich bin daher bei dem Entschluß stehn geblieben, bei meinem va et vient zu bleiben, und eine Gelegenheit abzuwarten." (La position de l'ennemi ne permet pas de l'attaquer. Je me suis donc arrêté au parti de m'en tenir au va et vient, et d'attendre l'occasion.) Besseres, weiter greifendes, bestimmter gestaltetes, wußte er nicht! —

Doch suchte er dem va et vient etwas mehr Haltung zu geben, indem er befahl die Stellungen bei Gießhübel und Borna stärker zu verschanzen „es muß dahin gebracht werden, sagt der Befehl, daß der Feind uns aus diesen beiden Stellungen nur durch eine allgemeine Bewegung seiner Armee vertreiben könnte, welche die Gegenbewegungen rechtfertigte die ich dann gegen ihn ausführen würde" (das soll wohl heißen: welche diesen Gegenbewegungen ein bestimmtes Ziel böte). — „Aber er muß mich nicht schon durch leichte Heertheile zu Gegenbewegungen zwingen können, wie eben geschehen ist." (Il faut que l'ennemi ne puisse nous débusquer de ces deux positions, que par un mouvement général de son armée, qui justifierait alors le mouvement que je ferai contre lui; mais il ne faut pas qu'il m'oblige à ce mouvement avec de simples divisions légères, comme cela vient d'avoir lieu.)

So viel sich absehen läßt, wollte er also den Stellungen am Fuß des Gebirges eine solche Haltbarkeit geben, daß sich die Hauptmacht der Verbündeten vor ihnen sammeln mußte, wenn es einen Angriff galt —: solche massenhafte Anhäufungen sollten dann wohl seinen Gegnern das schnelle Ausweichen rückwärts erschweren, und die Gelegenheit zu glücklichen Gefechten mit ihnen leichter bieten. Aber es hieß auch das auf Voraussetzungen bauen die schwerlich eintrafen; darauf nämlich daß die Verbündeten neue Angriffe auf Dresden immer in derselben Form wiederholten, ohne je an weitergreifende Bewegungen zu denken. Und konnten etwa noch so glückliche Nachtrabs-Gefechte das Geschick des Feldzugs wenden? —

Augereau, der nun nach und nach einen neuen Heertheil bei Würzburg gebildet, und eine alte, tüchtige und erfahrene Dragoner-

darauf daß neue vermehrte Streifschaaren über die Berge an die Mulde und Saale entsendet wurden, denn man lernte den Werth dieser Unternehmungen schätzen. Der Major Colomb und Rittmeister Graf Pückler zogen an der Spitze kleinerer Abtheilungen aus, und der Ataman Platow der seit Kurzem wieder der Armee in Person zur Last fiel, folgte ihnen an der Spitze von 1800 Kosacken, wozu man vier Kosacken-Regimenter von der schlesischen Armee herbeigezogen hatte.

Wie Toll während dieser Tage verwendet war, wissen wir nicht näher nachzuweisen. Die letzten Gefechte im Gebirge und am Fuß der Höhen hatte er nicht mitgemacht. —

Unablässig arbeitend, auch mit der Befestigung des Sonnensteins bis in das Einzelnste beschäftigt, verlebte Napoleon unterdessen zu Pirna trübe Tage. Ohne Unterbrechung liefen schlimme Botschaften ein; Oesterreicher von Moritz Liechtenstein's Division hatten Freiberg überfallen, und dort eine Abtheilung von Victor's Heertheil gefangen genommen; selbst Davoust, der bei dem fernen Hamburg einen thatenlosen Krieg führte, hatte eine seiner Divisionen am Göhrder Wald durch Wallmoden vernichtet gesehen — und der Kronprinz von Schweden sollte bei Dessau über die Elbe gegangen sein. „Die Nachricht schien einige Bestürzung zu verursachen," berichtet Odeleben: „Es herrschte ein dumpfes Stillschweigen im kaiserlichen Hauptquartiere. Die Meisten waren des fruchtlosen Hin- und Herziehens überdrüssig."
— Und durch den Marschall St. Cyr wissen wir daß niemand dem französischen Kaiser von den Verstärkungen sprechen durfte, welche die Oesterreicher aus dem Innern erhielten, oder von dem neuen Heer das unter Bennigsen heranrückte. Er wollte davon nicht wissen — wenigstens nicht hören!

Bald wendete sich seine Aufmerksamkeit wieder auf die schlesische Armee, die sein Gebiet auf dem rechten Ufer der Elbe immer mehr beschränkte.

Wir haben sie am 6. September am Queis verlassen, in Stellungen in denen sie jedoch nur einen Tag verweilte. Denn kaum war Blücher inne geworden daß Napoleon für seine Person nach Dresden zurückgegangen sei, so rückte er (am 8.) auch schon wieder vorwärts. Der Versuch seinen Gegner Macdonald, bei Görlitz zu umgehen und

im Rücken anzugreifen, mißlang, weil Macdonald seinen Truppen
jetzt so wenig zutraute daß er nicht entfernt daran dachte irgend Stand
zu halten; er wich schon deshalb aus — und nach der Niederlage bei
Dennewitz erhielt er noch dazu den bestimmten Befehl näher an Dres=
den heranzukommen, da Napoleon wohl seine linke Flanke durch die
siegreiche Nordarmee gefährdet glaubte.

Unter diesen Umständen setzte Blücher seinen Angriff eigentlich
nicht fort, denn es schien ihm kein Gewinn Macdonald's Heer unge=
schlagen über die Elbe zurückzutreiben, wo es Napoleon gegen die
Hauptarmee verstärken konnte. Schon entschlossen sich rechts dem
Kronprinzen von Schweden anzuschließen, um ihn mit sich fort auf
das Feld der Entscheidung zu ziehen, folgte er nur bis an die Spree,
wo er (am 15.) die Heertheile von York und Langeron bei Bautzen
vereinigte; Sacken wurde zu seiner Rechten bis zu dem Kloster Marien=
stern an der weißen Elster vorgesendet; Bubna, jetzt in unmittelbarer
Verbindung mit der schlesischen Armee, hielt an der Grenze von Böh=
men die Gegend von Neustadt. — Ihnen gegenüber standen Mac=
donald bei Hartha und Bischofswerda, und Poniatowski bei Stolpen;
in der Nähe Murat bei Großenhayn mit Marmont's Heertheil, Latour=
Maubourg's Reitern und L'Héritier's Dragonern.

In dieser Stellung verweilte Blücher um zunächst Bennigsen's
Marsch zu decken. Die wiederholten Zumuthungen nach Böhmen zu
ziehen, hatte man glücklich abgewendet, jetzt vollends kehrte Rühle
(am 18.) aus dem großen Hauptquartier zurück, mit einem Schreiben
von Knesebeck, nach welchem der Kaiser Alexander und der König von
Preußen alle Vorschläge Blücher's in Beziehung auf die künftigen
Operationen genehmigten — also auch, und zwar vor Allen, den
Zug nordwärts den Blücher vorhatte. Da das Schreiben — wahr=
scheinlich auf ausdrücklichen Befehl — bald nach dem Empfang ver=
nichtet wurde, ist dessen Wortlaut für die Nachwelt verloren und das
ist Schade; es wäre interessant zu wissen was für eigenthümliche Fälle
darin wohl als mögliche vorgesehen waren! — Aber wie mögen sich
Blücher und Gneisenau erfreut und beruhigt gefühlt haben! — Eine
künftige, vollständige Geschichte des Jahrs 1813 wird es rühmen
müssen daß man im Hauptquartier der schlesischen Armee die Lage,

die Mittel, die möglichen und wahrscheinlichen Unternehmungen des Feindes, und die Gesinnung des Kronprinzen von Schweden, sehr richtig beurtheilte —: jetzt war die Freiheit gewährt auch dieser Einsicht gemäß zu handeln — und einem Unheil vorzubeugen, das sonst nur zu leicht den Erfolg verkümmern konnte.

Einen Angriff Napoleon's durfte man eigentlich in der Zwischenzeit kaum erwarten, denn es liefen am 19. aus dem Hauptquartier der böhmischen Armee Mittheilungen über die letzten Gefechte bei Nollendorf ein, und Schwarzenberg's Verlangen ihm Hülfe zu bringen — und zu gleicher Zeit zog sich Macdonald, durch Sacken's Marsch an die weiße Elster und manches Unternehmen preußischer Parteigänger für seine linke Flanke besorgt gemacht, weiter zurück, nach Fischbach. — Da man nun aus Knesebeck's Schreiben entnahm daß die Hauptarmee weder in einer bedrängten Lage sei, noch der Hülfe bedürfe, ging Blücher ohne Bedenken auf Tauentzien's Vorschlag ein, mit ihm vereint, durch einen entsendeten Heertheil etwas gegen den Feind bei Großenhain zu unternehmen.

Dennoch hatte Napoleon, wie gesagt, noch einen Zug nach der Lausitz im Sinn — und wenn wir Pelet glauben dürften, handelte es sich wieder um ein riesenhaftes Unternehmen, das sogar vermöge sehr feiner strategischer Fäden mit der „Veränderung des Schachbrets" zusammenhing. — Napoleon glaubt den großen Plan ausführen zu können noch ehe Baiern gezwungen ist sein politisches System zu ändern. Den 19. fängt er an, die junge Garde geht bei Pirna über die Elbe nach Sturza und Lohmen — da ist sie in naher Verbindung mit Poniatowski; der Kaiser wird auf Blücher's linken Flügel fallen, er wird dessen ganze Linie aufrollen — dann wird er sich bei Kamenz mit Joachim (Murat) und Marmont vereinigen, mit Ney der wieder auf das rechte Ufer der Elbe kömmt; er wirft sich auf Carl Johann und auf Berlin. — Schwarzenberg, seit zehn Tagen bedroht, wird sich gewiß nicht so bald wieder rühren. St. Cyr, Lobau, Victor sind angewiesen starke Stellungen zu nehmen und ihn aufzuhalten. Dresden ist zur Vertheidigung eingerichtet und mit Lebensmitteln versorgt. — Alles ist vorbereitet für die Transporte nach Torgau, die mit der Armee zugleich die Elbe hinabgehen sollen. Die Plane das Torgauer Schach=

25*

bret betreffend, stehen auf dem Punkt ausgeführt zu werden. Dieses schöne Manoeuvre wird die Operationen des Feld- zugs beendigen; vielleicht sogar den Krieg (!) — Alles verkündigt den glänzendsten Erfolg — aber! — da fing es an zu regnen, und die Sache hatte ein Ende!

So erzählt General Pelet. Es regnete am 20., darum mußte der große Schlag auf den 22. verschoben werden — und am 22. stand Alles anders! — Den Tag vorher war die, freilich falsche, Nachricht von Ney eingetroffen: der Kronprinz von Schweden sei mit 80,000 Mann bei Dessau über die Elbe gegangen. Nun? — und klärte sich das Mißver- ständniß gar nicht auf? — Oder wenn es nicht aufgeklärt wurde, wie konnte dann Napoleon noch mehrere Tage mit einer vollkommen zweck- losen „Recognoscirung" der schlesischen Armee vergeuden?

Uebrigens sind auch die Thatsachen falsch die Pelet anführt. Die junge Garde ging höchst wahrscheinlich am 19. nicht über die Brücke bei Pirna; vielmehr besagt ein Rapport Bubna's an Blücher, vom 20., ausdrücklich daß nichts von Bedeutung über die Brücke gegangen, und Lohmen nur von einigen hundert Mann besetzt sei — ja daß österreichische Patrouillen bis an die Brücke streiften. Sacken erfuhr durch Gefangene und Spione daß „Macdonald einen Angriff erwarte, sein Geschütz großentheils nach Dresden zurücksende — daß unter den Truppen, besonders unter den Deutschen, großer Mißmuth herrsche, die Infanterie zum Theil ohne Schuhe und ganz entkräftet sei, und sehr geringe Brodportionen erhalte." — Ein polnischer Offizier, der zu den Verbündeten überging, erzählte von großem Mißmuth auch unter den Polen, und davon „daß von der französischen Armee bereits viel Gepäck nach Dresden zurückgesendet werde."

Dann sind Pelet's Behauptungen ohne den Schatten eines Be- weises hingestellt, denn er hütet sich, wahrscheinlich aus guten Gründen, irgend ein Befehlschreiben aus diesen Tagen mitzutheilen —: und endlich, was wohl ohne Weiteres entscheidend ist: Napoleon's eigenes Zeugniß widerspricht diesen phantastischen Angaben gradezu. Sagt doch Napo- leon selbst ausdrücklich daß er keinen andern Plan habe als sein va et vient und Abwarten einer günstigen Gelegenheit. Später werden wir eben so in Napoleon's eigenen ausdrücklichen Worten vernehmen daß er

nie daran gedacht hat Torgau zum Mittelpunkt seines „Schachbrets"
zu machen. So steht es um die Redlichkeit der buonapartistischen
Geschichtschreiber!

Am 22. aber unternimmt Napoleon wirklich, den Tag vorher
nach Dresden zurückgekehrt, einen Ausflug gegen Blücher. Einen
Ausflug; anders wissen wir das haltungslose Unternehmen nicht zu
nennen. — Napoleon brachte keine Verstärkungen dazu mit; auch die
Heertheile unter Murat ließ er ruhig bei Großenhayn stehen, in den
Befehlen an Macdonald ist auch von weiter nichts die Rede als von
einem Vorrücken um sich Gewißheit über den Feind zu verschaffen —
nur für den folgenden Tag scheint ein Angriff in Aussicht zu stehen,
wenn man den Feind in Stellung — en position d'armée — findet;
aber womit sollte er ausgeführt werden? — Doch nicht mit Macdonald's durch Niederlagen erschütterten Truppen allein? — Das kann
nicht Ernst gewesen sein!

Vielleicht war das Unternehmen durch Macdonald's Meldung
veranlaßt, daß er sich werde bis Weissig zurückziehen müssen. Vielleicht hatte Napoleon schon den Entschluß gefaßt das rechte Ufer der
Elbe ganz zu verlassen, und wollte, ehe er die letzten Befehle dazu
gab, sich noch einmal durch persönliche Anschauung über die Lage der
Dinge dort orientiren. Wenigstens scheint es fast, nach dem was die
Ueberläufer berichteten von schwerem Geschütz und Gepäck das zurückgesendet werde, als sei der gänzliche Rückzug über die Elbe schon vor
dieser letzten, kurzen Bewegung vorwärts, eingeleitet gewesen, den
Napoleon persönlich führte, und diesem schwebte bei dem Vorrücken
jedenfalls nicht ein sehr bestimmt gedachter Zweck vor.

Gleichzeitig befahl er dem Marschall Ney die Heertheile Bertrand's
und Reynier's die ihm geblieben waren, bei Wittenberg zu vereinigen;
dann werde der Feind einen Angriff auf seine Brücke bei Roßlau besorgen, und nicht von dort gegen Leipzig vorzugehen wagen, so lange er ihn
nicht von der Elbe vertrieben habe. — Hier führte Napoleon das 3. und
11. Corps selbst auf der Straße nach Bautzen vor, während Lauriston
mit seinem Heertheil gegen Neustadt und Bubna entsendet wurde. Es
kam bei Bischofswerda, am folgenden Tag bei Roth = Nauslitz zu heftigen Gefechten mit den preußischen Vortruppen unter dem Obersten

Kaßeler, die zwar vor den anrückenden Colonnen des feindlichen Heers auf das eigene zurückwichen, eigentlich aber doch im Vortheil blieben, und namentlich am zweiten Tage, ohne bedeutende Verluste zu erleiden, einige hunderte Gefangene machten. — Blücher vereinigte die Heertheile York's und Langeron's aus den engen Cantonirungen die sie um Baußen bezogen hatten, in der sehr festen Stellung bei dieser Stadt, hinter der Spree. — Bubna wurde angewiesen in der Richtung auf Rumburg zurückzugehen, im Fall er vom Feinde gedrängt würde; St. Priest, die Verbindung mit ihm zu erhalten bestimmt, in der Richtung auf Löbau. Auch Sacken sollte ebenfalls von Mariastern hinter die Spree zurückgehen im Fall der Feind am 23. „ernsthaft vordringen würde" was aber nicht geschah.

Das 3. und 11. Corps waren (am 23.) unter Macdonald's Führung bis Gödau, eine Meile vor Baußen, gekommen. Blücher's Heer stand nun „en position d'armée" vor ihnen, aber Napoleon suchte es dort nicht auf. Schon die Gefechte dieses Tages hatte er nicht mit angesehen. Den Tag vorher hatte er viele Stunden auf dem Kapellen=Berg bei Schmiedefeld, an einem wärmenden Feuer zugebracht, die Nacht in Hartha, wo er auch, an diesem 23. September den größten Theil des Tages „in großer Unentschlossenheit" verweilte. Erst spät, um 4 Uhr begab er sich zu Lauriston, der jetzt erst etwas gegen Bubna zu unternehmen begann. Unter ganz unbedeutenden Gefechten wichen nun die Oesterreicher in der Richtung die ihnen vorgeschrieben war. Einen Augenblick erheitert ließ Napoleon nach Dresden melden: „que nous sommes à Bautzen (was nicht der Fall war) que l'ennemi se retire en Bohème par Neustadt et l'autre route — qu'il va au diable!" — Lauter Dinge die er ohne Zweifel wünschte, aber gewiß nicht glaubte *).

Blücher, der Bennigsen's Marsch zu decken hatte, und keine überlegene Macht vor sich sah, war diesmal nicht gesonnen dem Angriff auszuweichen; er glaubte vielmehr nicht daß Napoleon ernsthaft eine Schlacht suche, und wollte ihn eben deshalb am folgenden Tag selbst angreifen. Sacken sollte von Mariastern her in des Feindes linke

---

*) Odeleben, S. 193.

Flanke fallen, was durch eine Verspätung mißlang, welche dieser Ge=
neral sich zu Schulden kommen ließ.

So erhielt denn Napoleon am 24. früh zu Hartha von der einen
Seite die Meldung Macdonald's daß Blücher kampfbereit bei Bautzen
stehe, Sacken sich in der linken Flanke der Franzosen bewege — von
der anderen Seite einen Bericht Ney's, zwei Tage vorher aus Düben
abgefertigt, und darin die Nachricht, daß nun die Verbündeten auch
bei Wartenburg, wo sich die Elster in die Elbe ergießt, zwischen Witten=
berg und Torgau, eine Brücke über den Strom geschlagen hätten. Der
Marschall fürchtete jeden Augenblick einen Theil der feindlichen Nord=
armee übergehen, und sich dadurch von Torgau und Dresden abge=
schnitten zu sehn.

Unter solchen Bedingungen nahm Napoleon gegen Abend alle
seine Truppen in die Gegend von Fischbach zurück — reiste selbst
nach Dresden, und befahl das rechte Ufer der Elbe ganz zu verlassen.
Schon in den allernächsten Tagen (am 26. und 27.) gingen Mar=
mont, Latour=Maubourg und L'Héritier bei Meißen über den
Strom zurück; Poniatowski und Lauriston bei Dresden; Souham
und Macdonald blieben noch vor dieser Stadt aufgestellt. — Daß
Napoleon zugleich gebot das Land das er für immer verließ, zu ver=
wüsten, alle Lebensmittel daraus mitzunehmen, die Heerden über
den Strom zu treiben, kann für eine militairische Maaßregel gelten:
aber er fügte hinzu man solle die Wälder anzünden und alle Obst=
bäume fällen —: darin, wie in der Verwüstung des Kremls ein
Jahr zuvor, ist schwerlich etwas anderes zu erkennen als das sinnlose
Wüthen einer rohen Erbitterung. Noch dazu war es das Land eines
Verbündeten in dem Napoleon so zu hausen befahl — und fran=
zösische Schriftsteller nennen es höchst ruhmvoll daß Sachsen einem
solchen Bündniß gegen das gemeinsame Vaterland treu blieb. —
Glücklicher Weise waren unter den Führern des französischen Heeres
Männer die zu dergleichen nicht die Hand boten, und mancher rohe
Condotiere der so etwas in den glücklichen Tagen frechen Ueber=
muths wohl gethan hätte, war jetzt zahm und besonnen geworden;
— wenn daher auch niemand einem Frevel sonderlich wehrte, machte
man doch nicht ausdrücklich Anstrengungen um deren ganz unnütze

zu verüben, und Napoleon's Befehle wurden nur sehr unvollständig
erfüllt. —

Unterdessen verlebte die Nordarmee der Verbündeten Tage tiefer
Ruhe, da man drei Wochen lang gar keinen Feind vor sich hatte, selbst
aber gar nichts unternahm. Der Kronprinz mußte es sich endlich sogar versagen Berichte in die öffentlichen Blätter einrücken zu lassen,
weil der Stoff dazu gänzlich fehlte. — Als die Brücken über die Elbe,
die man in aller Ruhe schlagen konnte und langsam baute, bei Aken,
Roslau und Elster (Wartenburg) wenn nicht ganz doch ziemlich vollendet waren, besetzten russische Vortruppen auf dem linken Ufer das
Städtchen Aken, schwedische Roslau. Jetzt konnte Ney nicht länger
säumen seine Truppen wieder dem Feinde entgegen zu führen. Er
nahm (25.) mit dem 7. Corps Stellung im Angesicht des Brücken-
kopfs bei Roslau — und stellte bei Wartenburg erst nur eine kleinere
Abtheilung, dann Bertrand's Heertheil auf. Größeres vorbereitend
gewann gegen Ende des Monats, unter Führern wie Czernyschew,
Löwenstern u. s. w. wenigstens der kleine Krieg neues Leben, und
Czernyschew namentlich, bemächtigte sich vorübergehend der Hauptstadt
des eilig flüchtenden Königs von Westphalen. —

So hatten sich die Verhältnisse gestaltet, als, vom 26. September
an, die Armee von Polen unter dem General Bennigsen 57,329 Mann
stark, mit 198 Stücken Geschütz in dem Thal bei Teplitz eintraf, und die
Truppen der Hauptarmee ablöste, die in demselben Maaß weiter links
geschoben wurden, was eigentlich schon der Anfang des Zuges nach
Sachsen und auf Leipzig war.

Ein Theil dieses neu heranrückenden Heers, der unter Dochturow's
Führung anlangte (die Divisionen Fürst Chowansky und Paskiewitsch,
nebst der Brigade Lindfors von der 13. Division) wurden sehr gelobt;
man fand sie sehr schön; und in der That zählten die Bataillone über
siebenhundert Mann jedes in Reihe und Glied. „Die Reiterei und die
Artillerie dieser Armee sind ganz ausgezeichnet" (Кавалерія и артилле-
рія сей арміи превосходны) sagt das öfter angeführte Tagebuch. —
Nicht so befriedigend war der Anblick der Milizen, die den Heertheil
des Grafen Tolstoy bildeten und in 30 Bataillonen 27 Schwadronen
nur 18,000 Mann zählten. Ihre Bataillone waren im Durchschnitt

nicht stärker als 350 Mann, und man sah noch Leute die nur mit Piken bewaffnet waren. Das muß Wunder nehmen da man nun schon seit dreizehn Monaten mit der Ausrüstung und Ausbildung dieser Truppen beschäftigt war. —

Ehe man entschieden aufbrach, erhielt das österreichische Heer (29. September) jetzt bis auf 121 Bataillone 128 Schwadronen vermehrt, eine etwas veränderte Eintheilung, der zu Folge indessen das Ganze wie bisher in zwei leichte Divisionen, vier Armee=Abtheilungen und die Reserve vertheilt blieb — (leichte Division Moritz Liechtenstein 4 Bat., 16 Schwadr.; — Bubna 7 Bat., 18 Schw.; — erste Armee= Abtheilung, Colloredo 24 Bat., 9 Schw.; — zweite, Merveldt 21 Bat., 10 Schw.; — dritte Gyulai 21 Bat., 9 Schw.; — vierte Klenau 24 Bat., 14 Schw.; — Reserve: Erbprinz von Homburg 20 Bat., 40 Schw.; bei den Streifcorps 12 Schw.). — Sie zählte zur Zeit ungefähr 98,000 Mann, die sehr bedeutenden Verluste waren also bis auf eine verhältnißmäßig geringe Zahl ersetzt. Die Russen und Preußen dagegen hatten keine Ersatzmannschaften erhalten, und so zählten denn auch jene — ohne Kosacken — kaum noch 40,000 — diese wenig über 30,000 Mann. Solche Opfer fordert ein energisch geführter Krieg!

Schon hatte der Kaiser Alexander in weitläuftigen Briefen dem Kronprinzen von Schweden (am 24.) und Blücher (am 25.) mitgetheilt was zu Teplitz in Gemeinschaft mit Schwarzenberg beschlossen war; dem preußischen General Befehle ertheilt, und gegen den Kronprinzen Bitten und Wünsche ausgesprochen. In keinem dieser Briefe, deren Inhalt der Feldherr Oesterreichs, der angebliche Lenker des Ganzen, natürlich kennen mußte, war aber von Blücher's eigentlichen Planen und deren Gründen die Rede. Darum wußte Schwarzenberg auch jetzt noch nicht. Man hielt es also auch jetzt nicht für rathsam Oesterreich einen Blick in das Wesen dieser bedenklichen Verhältnisse thun zu lassen.

Dem General Blücher schrieb der Kaiser im Wesentlichen: die Hauptarmee wird sofort, entweder über Chemnitz, oder nach den Umständen, noch näher an der Elbe, nach Sachsen vor=

bringen. — Bennigsen bewacht die Pässe nach Böhmen, den Weg nach Prag.

Zweierlei kann Napoleon dagegen thun; er kann sich mit aller Macht nach Böhmen werfen, oder sich auf Freiberg wenden, um die Bewegung der Verbündeten zu hemmen.

Geschieht das Erste, dann wird sich Bennigsen langsam in die Stellung bei Laun an der Eger zurückziehen, Bubna über Leitmeritz sich mit ihm vereinigen; Blücher soll bei Pirna, oder wo er sonst zweckmäßig findet, über die Elbe, und dem Feind in den Rücken gehen. — So ist es gemeinschaftlich mit Schwarzenberg verabredet. (Telles sont les mesures arretées de concert avec le Maréchal Prince de Schwarzenberg.)

Im zweiten Fall soll Blücher eben auch über die Elbe gehen, und mit Bennigsen vereint den Feind im Rücken angreifen und Dresden blokiren. — Vielleicht könnte Blücher dann auch zu seiner Rechten sich über Wurzen auf Leipzig wenden — doch nur wenn zur Zeit auch die Nordarmee über die Elbe gegangen sein sollte — und das Beste scheint doch immer unmittelbar dem Feinde zu folgen.

Dem Kronprinzen von Schweden aber stellte der Kaiser Alexander sehr beweglich vor, daß der Zug nach Sachsen unfehlbar den Feind veranlassen werde seine gesammte Macht gegen die Hauptarmee der Verbündeten zu wenden — oder gegen Bennigsen. Wie wünschenswerth wenn der Kronprinz diesen Umstand benützen wollte um auch über die Elbe zu gehen — wenn er seinen Vortrab auf Leipzig gehen ließe, dessen Verlust dem Feinde großen Schaden thun würde; — wenn der Prinz den günstigen Augenblick dazu mit dem sicheren coup d'oeil wählen wollte, von dem er bereits so viele Beweise gegeben habe! — Blücher könnte ihn dann unterstützen. — Man müsse alle Anstrengungen machen den Feind von der Elbe zu verdrängen — der Trennung der verbündeten Heere durch den Strom ein Ende zu machen. Gelinge dies, dann sei ein glänzendes Ergebniß des Feldzugs gewiß, denn dann könne man die Operationen so ineinander greifen lassen, ihnen die Energie verleihen, wie das zu ihrem Gelingen unerläßlich sei.

Wie leicht wäre mancher Gewinn, und ſelbſt der ganze Feldzug geworden, wenn ſo zarte, und zugleich ſo unbeſtimmte Andeutungen etwas über den Kronprinzen von Schweden vermocht hätten!

Fünftes Kapitel.

Vorrücken nach Leipzig. — Reiter-Treffen bei Liebertwolkwitz.

Wir übergehen die ermüdenden Einzelnheiten der Märſche; es genügt zu wiſſen daß am 2. October bereits ein bedeutender Theil des öſterreichiſchen Heers nach Sachſen vorgegangen war.

Moritz Liechtenſtein, zu Unternehmungen auf dem äußerſten linken Flügel der Verbündeten beſtimmt, hatte Annaberg erreicht; Klenau und Gyulai waren bei Marienberg vereinigt; weiter zurück ſtanden in verſchiedenen Staffeln: Wittgenſtein und Kleiſt, einer dem anderen nahe, bei Reitzenhain und Sebaſtiansberg; die öſterreichiſchen Reſerven bei Kommotau; die ruſſiſch-preußiſchen unter Barclay bei Brix; Merveldt noch bei Teplitz. — Colloredo blieb für jetzt noch auf Bennigſen's linkem Flügel, und unter deſſen Befehlen.

Napoleon weilte in Dresden, mit der beſſeren Befeſtigung der Stadt emſig beſchäftigt. Von den Bewegungen der verbündeten Heere war er ſchlecht unterrichtet — oder vielmehr für jetzt ſo gut wie gar nicht, denn noch am 29. September ließ er dem Marſchall St. Cyr ſchreiben: „der Feind ſcheine nun für immer (définitivement) auf ſeine Verſuche gegen Dresden vorzudringen, verzichtet zu haben, und überhaupt auf jede offenſive Operation, um ſich lediglich auf den kleinen Krieg zu beſchränken." — (Nach ſo vielen Siegen! bei ſolcher Ueberlegenheit! — welch' ein Wahn!) — Als Beweis führt er an: daß alle Heertheile der Verbündeten die ſich das Anſehen gaben über Kommotau und in anderen Richtungen vorzudringen (qui avaient l'air de déboucher par Kommotau) wieder nach Böhmen zurückgegangen feien — und daß der Feind im Norden ſich ohne Mühe habe bewegen laſſen alle ſeine Brücken über die Elbe wieder abzutragen.

Bald aber erregte ein ſehr unglückliches Gefecht, das Lefebvre-Desnouettes am 28. zwiſchen Altenburg und Zeiß hatte, ſeine Aufmerkſamkeit. Dieſer General wurde nämlich durch die vereinigten Streifſchaaren von Thielmann, Mensdorf und Platow angegriffen — und obgleich mit Geſchütz verſehen, und aus Leipzig her von Margaron's Obſervations-Corps durch Infanterie und Reiterei verſtärkt, ſeinen Gegnern, die weder Fußvolk noch Artillerie hatten, auch wohl an Zahl überlegen, erlitt er eine vollſtändige Niederlage, indem er 1400 Gefangene und 5 Kanonen verlor.

Napoleon ſcheint geglaubt zu haben daß der Vortrab der im Vorrücken begriffenen verbündeten Hauptarmee dieſen bedeutenden Schlag geführt habe. Wenigſtens ſchreibt er jetzt (1. Octbr.) demſelben Marſchall St. Cyr daß Alles zu dem Glauben berechtige der Feind ſei nunmehr abgeſchreckt davon ſich in die Engpäſſe von Gießhübel, Borna und Pirna zu wagen — (qu'il est — der Feind nämlich — dégoûté de s'engager dans les défilés etc.) — und operire deßhalb von ſeinem linken Flügel aus.

Selbſt eine dunkle Kunde von Blücher's Zug an die Elbe war, wenn auch ſpät, bis zu ihm gelangt. Er ſchreibt (am 2.) demſelben General: es ſcheine die Heertheile von Langeron, Sacken und Blücher hätten die Gegend von Stolpen verlaſſen, und ſich gänzlich nach Großenhain und Elſterwerda gewendet. Ob St. Cyr davon etwas wiſſe?

Die verächtlichen Wendungen in denen von dieſen Dingen die Rede iſt, ſind mit Abſicht gewählt; denn im Sinn des Satzes daß im Krieg die Stimmung entſcheidet, dachte er durch dergleichen die Stimmung zu ſteigern, oder in Lagen wie die gegenwärtige wenigſtens zu halten. Dies Syſtem trägt er uns ſelber vor in einem Brief an ſeinen Bruder Joſeph, dem er es in ſehr bitteren Worten zum Vorwurf macht, daß er ſeiner Umgebung einmal die Wahrheit geſagt habe.

Uebrigens ſehen wir ihn wirklich ſeine Maaßregeln dieſen Anſichten gemäß nehmen. — Auch der Umſtand daß die verbündete Nordarmee ihre Brücken wieder abtrug, beruhigte ihn nicht ganz; der Kronprinz von Schweden konnte doch aus dem „piaffiren" endlich in wirkliche Bewegungen übergehen, und Ney bedurfte eines Rückhalts. Deshalb war schon den 28. September Marmont mit seinem Heertheil und Latour-Maubourg's Reitern nach Leipzig entsendet. Die Vorstellung, daß die schlesische Armee sich nach Großenhain gewendet habe, veranlaßte den Befehl den Souham (am 3.) erhielt mit seinem Heertheil in die Gegend von Meißen zu rücken. Er soll eine starke Vorhut aussenden um zu erfahren ob sich der Feind wirklich auf Großenhain zurückgezogen (!) hat. — Da die Klagen der Sachsen um diese Zeit natürlich sehr laut wurden, so daß selbst die sächsischen Minister Vorstellungen machen mußten, soll dem General Souham vorgehalten werden daß sich seine Truppen schlecht aufführten (que ses troupes se comportent mal), es sei angemessen (convenable) gute Mannszucht herzustellen, denn die Bauern entflöhen und das führe Mangel herbei (et cela nous affame). — Bei alle dem aber sollten Souham's Divisionen von dem leben was sie an Ort und Stelle fänden (que ses troupes, soumises à une bonne discipline, surveillent l'Elbe, et vivent dans le pays).

Gegen die böhmische Armee mußten, am 2., Poniatowski und Kellermann nach Frohburg rücken — Lauriston nach Mitweida — Victor von Freiberg nach Dederan. L'Héritier's Dragoner, und die leichte Reiter-Division Berkheim (früher Corbineau; von Latour-Maubourg's Heertheil) wurden diesen, unter Murat's Oberbefehl gestellten Schaaren zugesellt, und so waren es etwa 50,000 Mann die, im Bogen aufgestellt, Schwarzenberg's dreimal so starkes Heer in seinem Vorrücken aufhalten sollten.

St. Cyr war angewiesen, wie bisher, mit dem 1. und 14. Corps die Gegenden von Borna, Gießhübel und Pirna zu halten. — Bei Dresden behielt Napoleon seine Garden, Macdonald's Heertheil und die Reiter Sebastiani's, um mit ihnen dorthin zu eilen, wohin es Noth that — oder die Gunst des Glücks ihn rief.

Der erste und wichtigste Schlag wurde von dem regsamsten seiner Feinde an einer Stelle geführt wo er gerade diesen Gegner wohl kaum erwartete.

Blücher ließ nur die Abtheilung des Fürsten Stscherbatow (von Langeron's Heertheil) sieben bis achttausend Mann stark bei Bautzen zurück, Dresden und die dortige Gegend zu beobachten; mit Allem was ihm sonst noch an Streitkräften zu Gebote stand, 3800 Kosacken mitgerechnet etwas über 67,000 Mann, brach er auf rechtshin, zum Uebergang über die Elbe. Major Rühle wurde vorausgesendet die passende Oertlichkeit zu wählen, und mit Tauenzien und Bülow das Nöthige zu besprechen.

Blücher bewährte hier die großen Feldherrn-Eigenschaften die ihn auszeichneten: den richtigen Blick für die Verhältnisse im Großen, die unwandelbare Festigkeit des Charakters, die kühne und großartige Gleichgültigkeit in Beziehung auf Alles was persönliche Verantwortung und überhaupt seine persönlichen Verhältnisse betraf. — Der Zug nach Norden war ihm nicht befohlen, nur unter gewissen, wir wissen nicht eigentlich unter welchen, Bedingungen gestattet — und die schlesische Armee wartete, um ihn anzutreten, keineswegs darauf daß der Feind erst das rechte Ufer der Elbe verlassen habe. Seines Rückzugs hielten sich Blücher und Gneisenau gewiß; sie hatten das Bewußtsein daß es jetzt an den Verbündeten sei, die Initiative zu ergreifen, und das Gesetz auf dem Kriegsschauplatz zu geben. Den 26. September gingen die letzten Truppen Bennigsen's durch Zittau; es bedurfte also keines Schutzes weiter —: da wurden für denselben Tag die ersten Bewegungen der schlesischen Armee in der neuen Richtung angeordnet.

Das Geheimniß war so gut bewahrt worden, daß außer den beiden Häuptern des Heers nur General Müffling und Major Rühle um das Vorhaben wußten. So war man denn im Heere gar sehr überrascht als der Zug angetreten wurde; sehr viele höhere Offiziere zeigten sich sogar betroffen und äußerten Bedenken. General Rauch erörterte in einer eigenen Denkschrift alle Gefahren des Unternehmens und alle nachtheiligen Folgen die es herbeiführen könnte; der russische Oberst Graf Thuyl, ein Holländer von Geburt, Flügel-Adjutant des Kaisers Alexander und russischer Commissair im Hauptquartier der schlesischen Armee, glaubte sogar noch weiter gehen zu müssen: er protestirte in aller Form dagegen, und verlangte der Plan solle erst den

versammelten Generalen vorgelegt werden, um darüber einen Beschluß
zu fassen. Blücher wies beide sehr entschieden ab, und selbst der zuletzt
erwähnte Brief des Kaisers Alexander den er nun erhielt, machte ihn
und seine vertrauten Gehülfen nicht irre.

Der Kronprinz von Schweden hatte eigentlich Blücher's Unternehmen zum Voraus gar sehr erschwert. Nichts wäre leichter gewesen
als während der Zeit wo Ney's Heer ganz außer Stande war in den
Gang der Ereignisse einzugreifen, zwischen Elster und Wartenburg eine
Brücke zu schlagen, und sie auf der Halbinsel, welche die Elbe bei
Wartenburg bildet, in sehr fester Stellung durch einen Brückenkopf zu
decken: der Kronprinz hatte, spät und lässig, nur eben genug gethan,
die Aufmerksamkeit des Feindes auf diesen Punkt zu lenken, wo nun
Bertrand in sehr fester Stellung bereit war einen Uebergang abzuweh-
ren. Die Brückenkähne hatte der Kronprinz versenken lassen als der
Feind erschien.

Unter diesen Umständen sollte die schlesische Armee bei Mühlberg
über die Elbe geführt werden, wo noch der alte Brückenkopf aus dem
Frühjahrsfeldzug her stand —: manches andere Verhältniß konnte
dagegen, scheint es, bei einem Uebergang gerade auf diesem Punkt Bedenken erregen, denn er brachte dieses Heer vereinzelt dem Mittelpunkt
der feindlichen Macht sehr nahe.

Blücher marschirte zunächst (den 27. bis 29. September) mit den
Heertheilen von York und Langeron über Königsbrück nach Elster-
werda und in die dortige Gegend. — Sacken, von Pißschwitz bei
Mariastern aufgebrochen, ließ (27.) durch seinen Vortrab L'Héritier's
Dragoner in der Gegend von Großenhain überfallen, wo sie noch verweilten, erreichte den folgenden Tag das genannte Städtchen mit seinem
Heertheil — und da der Feind bei Meißen noch einen Brückenkopf auf
dem rechten Ufer besetzt hielt, bemühte sich Sacken die beiden nächsten
Tage Blücher's Befehl gemäß, durch Vorposten-Gefechte und Geschützfeuer zu bewirken, daß die Brücke aufgehoben, die Verschanzungen verlassen
würden. Nur das Erstere geschah und auch nur zum Theil.

Während das Heer einen Tag — den letzten September — in der
Gegend von Elsterwerda ruhte, kehrte Major Rühle von seiner Sendung in Blücher's Hauptquartier zurück — und das wurde um so

wichtiger, da er Veranlassung genommen hatte sich nach Zerbst, zu dem Kronprinzen von Schweden selbst zu begeben. Dieser hatte zwar das bereits erwähnte Schreiben des Kaisers Alexander (vom 25.) erhalten —: aber nicht zweckmäßig gefunden es zu beantworten, und über die unbequemen Wünsche des Kaisers etwas zu sagen. Ja er hatte es sorgfältig vermieden gegen seine Umgebung oder die Bevollmächtigten der verbündeten Mächte, irgend einen Entschluß auszusprechen, so groß auch die allgemeine Spannung sein mochte. Wenn aber die schlesische Armee in seiner Nähe über die Elbe ging, das änderte die Verhältnisse gar sehr; es wurde dadurch geradezu unmöglich ein längeres unthätiges Verweilen auf dem rechten Elbufer irgend durch Scheingründe zu rechtfertigen. Das sah der Kronprinz natürlich sehr wohl ein. Durch Rühle von Blücher's Planen in Kenntniß gesetzt, zeigte er sich daher auch entschlossen die Nordarmee über die Elbe zu führen, und sprach sogar von „lebhaften Demonstrationen", die er von Roslau und Aken aus machen wolle, um die Aufmerksamkeit des Feindes von Blücher's Unternehmen abzulenken. Weiter bezeichnete er den Punkt bei Elster als den passendsten zum Uebergang, und es wurde verabredet daß die schlesische Armee sich auf dem linken Ufer der Elbe zunächst in der sehr festen Stellung bei Wartenburg verschanzen solle, um nöthigenfalls dort eine Schlacht anzunehmen —: denn man mußte voraussetzen daß Napoleon sich sogleich mit ganzer Macht auf die übergegangene Armee werfen werde. Wurde sie angegriffen, so wollte der Kronprinz alsbald mit allen Streitkräften über die er verfügte, zur Hülfe herbei eilen. Er schrieb sogar dem General Blücher unter vielem anderen Schönen, es sei sehr wünschenswerth daß beide Heere auf dem linken Ufer des Stroms gemeinschaftlich operiren, und auf Leipzig vorgehen könnten.

Aber der Major Rühle brachte außerdem auch noch einen anderen Brief von dem General Krusemark mit, der als preußischer Bevollmächtigter im Hauptquartier des Kronprinzen angestellt war, und dieser meldete zwar ebenfalls es sei sehr zu wünschen daß auch die Nordarmee jenseits der Elbe thätig werde, aber mit dem Nachsatz: „Dieses zu erhalten sehe ich indessen bei der Stimmung und den Ansichten des Kronprinzen kein anderes Mittel, als daß die Bewegungen von E. Exc.

Armee es ihm nicht länger gestatten zurückzubleiben." — Auch den schönsten Worten durfte man nicht trauen; ja alle die den Kronprinzen kannten, hielten sich überzeugt daß er nur beswegen so freigebig damit sei, weil er nicht glaubte daß Blücher wagen werde isolirt über die Elbe zu gehen.

Unterdessen hatte sich auch ergeben daß bei Mühlberg das Material zum Bau einer Brücke nur sehr mühsam zusammen zu bringen war; nur Sacken erschien (am 1. October) dort um den Feind zu täuschen; mit dem Rest seines Heeres marschirte Blücher nach Elster, in dessen Nähe er am 2. October sein Hauptquartier nach Jessen verlegte. Aber noch ehe er diesen Punkt erreichte, ehe er für seine Person Elsterwerda verlassen hatte, sollte er erfahren mit welcher Gewandtheit der Kronprinz sich immer wieder seinem gegebenen Wort zu entziehen wußte. Noch in Elsterwerda erhielt Blücher neue Briefe von ihm. Der Kronprinz wollte nun erfahren haben daß der Feind seine Macht (ses forces) auf Wittenberg richte, daß Bülow vor diesem Ort schon angegriffen sei. Dem war nicht so, und natürlich glaubte auch der Kronprinz nicht daran und konnte nicht daran glauben, da er von Bülow selbst keinen Bericht solchen Inhalts hatte; es war eben nur ein Vorwand dem General Blücher jeden Beistand der Nordarmee zu entziehen. Denn Tauenzien, der bei Herzberg stand und mit Blücher vereint über die Elbe gehen wollte, erhielt jetzt den Befehl zu Bülow's Unterstützung nach Wittenberg zu eilen, — es zeigt sich daß selbst Blücher wo möglich irre gemacht werden sollte. Carl Johann von Schweden schreibt nämlich dem preußischen Feldherrn zwar, er glaube selbst nicht an eine fortgesetzte Offensive des Feindes auf dem rechten Ufer der Elbe; es wäre aber doch sehr nützlich wenn Blücher der Bewegung Tauenzien's folgen wolle — um bei Elster über den Strom zu gehen, oder den Feind zu bekämpfen der aus Wittenberg vorbräche — oder den Uebergang bei Mühlberg zu wagen, wenn das Blücher's Absicht sei. — Das fest Verabredete wurde so wieder ganz in das Unbestimmte entrückt, und zugleich mußte man erfahren daß bei Elster so gut wie gar keine Vorbereitungen getroffen seien.

Blücher und Gneisenau waren aber so leicht nicht aus dem Geleise zu bringen. Sie setzten ihren Zug fort, und legten eine solche

Energie in alle Anstalten daß in der Nacht vom 2. zum 3., zum Theil unter dem Feuer des Feindes zwei Brücken vollendet wurden.

Vor der schlesischen Armee stand nun Bertrand's Heertheil bei Wartenburg, beide Flügel an den Strom gelehnt, hinter hohen, festen Dämmen, vor sich ein feuchtes, buschiges, durch Wasserarme und Lachen zerrissenes, unwegsames Gelände, in welchem Artillerie sich nur an einzelnen Stellen, und selbst da nur mit Schwierigkeit bewegen konnte. Bertrand glaubte sich so sicher jeden Angriff abzuweisen, daß er seinem Kaiser über diese Stellung meldete: „Le 4e corps suffit pour la garder, et ôter à l'ennemi l'envie de déboucher par là." — Diese Stellung erstürmte York (3.) mit seinem Heertheil, an Fußvolk wenig stärker als sein Gegner, an Geschütz bedeutend schwächer, in einem Treffen das zu den glänzendsten dieser Kriege gehört. — Bertrand's Truppen, die 11 Kanonen verloren, flohen in großer Unordnung nach der Mulde hin — und bei Blücher's Heer schritt man nun sofort dazu die Stellung bei Wartenburg so zu verschanzen daß man in ihr dem Angriff jeder möglichen Ueberlegenheit mit Ruhe entgegen sehen konnte.

Zugleich ließ Blücher sein Heer, mit dem sich nun auch Sacken wieder vereinigt hatte, — am 4. und 5. — bis Gräfenhainichen, Söllichau und Reipnitz vorrücken; hier aber mußte er zwei Tage ruhen um die Nordarmee abzuwarten, denn der Kronprinz kam nun zwar über die Elbe — aber langsam und mit zögernden Schritten! — Einen Feind hatte er an der Elbe nicht mehr vor sich, da Ney (mit dem 7. Corps) nach Delitzsch zurückging, so wie er von Bertrand's Niederlage bei Wartenburg hörte, und sich unterwegs, bei Raguhn, mit dem geschlagenen 4. Corps vereinigte —: dennoch aber stießen Winzingerode und die schwedische Armee, — am 4. bei Aken und Roßlau über die Elbe gegangen — erst nach drei Tagen — am 6., bei dem Städtchen Radegast zusammen, das genau drei Meilen von der Elbe liegt. — Bülow, der den vierten Theil seines Heertheils unter Thümen vor Wittenberg zurücklassen mußte, war an diesem Tage noch eine Meile weiter zurück, bei Hinsdorf — und Tauentzien noch weiter, unmittelbar vor Dessau; fast mit dem Rücken an der Elbe. Auf Befehl des Kronprinzen mußte er Hirschfeldt mit dessen Abtheilung nach

Aken entsenden, um die dortige Brücke gegen einen Angriff zu decken den man von Magdeburg her befürchtete.

Schon am 5. wurde dem Kronprinzen aus dem Hauptquartier der schlesischen Armee eine Denkschrift über die weiteren Operationen zugesendet. Für den Fall daß Napoleon die schlesische oder die Nord= armee angriff, waren darin die früheren Verabredungen in Erinnerung gebracht. Stand der Feind bei Leipzig und erwartete dort den Angriff, dann mußte man zunächst von seiner Stellung und seinen Streitkräften nähere Kenntniß zu erlangen suchen. Für den dritten Fall endlich, daß der Feind sich mit seiner Hauptmacht gegen Schwarzenberg ge= wendet habe, deutete die Denkschrift auf ein rasches Vorgehen der Nordarmee gegen Halle und Merseburg, der schlesischen auf Leipzig als zweckmäßig. Der Kronprinz antwortete ausweichend und meinte die höchste Vorsicht sei jetzt besonders nöthig. —

Unterdessen rückte die Hauptarmee der Verbündeten weder viel schneller noch viel entschlossener vorwärts.

Man hatte schon mehr als einmal im Lauf des Feldzugs Napo= leon's Rückzug nach Leipzig theils vorausgesetzt, theils durch kühnere Schritte herbeiführen wollen — : nach wiederholten Täuschungen aber, waren in Beziehung auf Napoleon's Ausdauer an der Elbe andere Ansichten herrschend, oder man war wenigstens unsicher geworden; da= gegen hatte man im österreichischen Hauptquartier die Erfolge des klei= nen Kriegs kennen gelernt, und bei der Scheu vor einem entscheiden= den Zusammentreffen mit dem furchtbaren Gegner in offener Feld= schlacht, die sich in Schwarzenberg's Umgebung unstreitig auch geltend machte, war man sehr geneigt zu dem Versuch, Napoleon bloß durch eine gesteigerte Thätigkeit des kleinen Kriegs zum Rückzug zu bewegen, indem man sie durch sogenannte strategische Manoeuvre unterstützte. Solche Ideen, solche Absichten verband man in diesem Kreise mit dem Zug über das Gebirge, und für jetzt keine anderen. Selbst die Dis= position welche der Fürst Schwarzenberg am 29. September erließ, besagt es ausdrücklich.

Sie schreibt dem Fürsten Moritz Liechtenstein vor von Annaberg westwärts über Zwickau nach Gera zu ziehen, wo er am 7. October eintreffen sollte: „in der Absicht von dort gegen Jena, Naumburg

26*

und Zeitz zu streifen, und wenn es möglich, vielleicht etwas gegen die feindlichen Magazine in Erfurt zu unternehmen (!)."

Gyulai sollte ihm bis Zwickau folgen, und den 6. dort sein, um ihn zu unterstützen; Wittgenstein war angewiesen sich bei Marienberg mit Klenau zu vereinigen, Kleist bei Sebastiansberg stehen zu bleiben. Alle diese Heertheile hatten keine andere Bestimmung als — die Verbindung jener nach Gera und Zwickau vorgeschobenen Abtheilungen mit Böhmen zu decken, und man meinte so lange der Feind nicht mit seiner Hauptmacht gegen sie heranrückte, würden sie hinreichen jede Entsendung gegen Liechtenstein und Gyulai zu verwehren. Dabei sollten sie aber nie den defensiven „Urzweck" der Marienberger, oder vielmehr der verschanzten Sebastiansberger Stellung aus den Augen verlieren. — „Der Zweck dieser ganzen Aufstellung," sagt die Disposition weiter — „ist übrigens, die Hauptarmee des Feindes zu beobachten, kleine Detachements mit Ueberlegenheit zu zerstreuen, und die Haupteingänge Böhmens auf der Kommotauer und Kaabner Straße zu sichern, daher es auch stets die Hauptaufgabe bleibt, die über Saida nach Altenberg, und die über Frauenstein und Freiberg ziehenden Straßen zu beobachten."

Nun erfuhr man (am 1. October) daß ein bedeutender Theil des feindlichen Heeres — Marmont und Latour-Maubourg — von Dresden nach Leipzig zogen — und glaubte sich weiter nach Sachsen hinab wagen zu können, während auch die Armee von Polen unter Bennigsen über die Berge vorgehen sollte sobald sie ganz versammelt war, und zwar geradeaus auf Dresden. — In Schwarzenberg's Hauptquartier aber handelte es sich dabei keineswegs um eine wesentlich veränderte Ansicht. Diese hatte sich vielmehr für das Ganze des Feldzugs festgestellt. Weit entfernt den Zweck aller Bestrebungen in der Vernichtung der feindlichen Streitkräfte zu suchen, trachtete man auch nicht nach der blutigen Entscheidung auf dem Schlachtfelde. Man wollte nur den Feind, zunächst aus Sachsen, und dann weiter gegen den Rhein zurückdrängen, und dieser Zweck sollte, ohne Wagniß, durch bloße Manoeuvre erreicht werden.

Fürst Schwarzenberg wollte jetzt den größten Theil des österreichischen Heeres auf seinem rechten Flügel, bei Chemnitz versammeln —

weshalb Gyulai nicht nach Zwickau marschirte, sondern nach Marienberg zu Klenau. Wittgenstein und Kleist mußten nun von Sebastiansberg westwärts nach Zwickau ziehen, um den 7. dort einzutreffen.
Ihre Aufgabe war auch nur den kleinen Krieg zu unterstützen, — und
was besonders bezeichnend ist, aber in keiner der bisherigen Erzählungen dieses Feldzugs erwähnt wird — : die russisch-preußischen Garden
und Reserven unter Barclay sollten in den Schanzen bei Sebastiansberg
stehen bleiben um die Eingänge nach Böhmen zu wahren.

Die Aufgabe des Fürsten M. Liechtenstein wurde später (5.)
etwas bestimmter gestellt; man erfuhr nun mit größerer Gewißheit,
was man im Allgemeinen schon seit einiger Zeit wußte, nämlich daß
Augereau aus Franken durch Thüringen, in die Ebenen an der Elster
und Pleiße heranrückte. Fürst M. Liechtenstein, der deshalb bis in
die Gegend von Jena vorgehen mußte, sollte ihm, durch Thielmann
und Mensdorf mit ihren Streifschaaren unterstützt, den Weg verlegen — : man hätte sich wohl sagen können daß so geringe Streitkräfte solcher Aufgabe nicht gewachsen seien.

Klenau und Gyulai erreichten denselben Tag (5.) Chemnitz, und
schoben ihre Vortruppen, der Erstere bis Penig, der Letztere bis Schellenberg jenseits der Flöhe vor. Penig war noch vom Feinde besetzt,
dessen man nicht sogleich Herr werden konnte. Bei Schellenberg wurden die Oesterreicher unter General Murray (am 6.) von Murat, mit
Truppen Victor's und Reiterei angegriffen und geworfen. Officiell
ist über dies nicht glückliche Gefecht, nichts weiter bekannt gemacht worden, als daß die Infanterie, von überlegener Reiterei angegriffen,
darin große Standhaftigkeit bewiesen habe. In dem Tagebuch eines
Adjutanten Toll's lesen wir darüber: „der Posten bei Schellenberg war
schwach besetzt, und zwei Meilen von jeder Unterstützung entfernt.
Der Feind griff ihn an, und ein ganzes Bataillon das sich dort befand, wurde vernichtet. Eine Schwadron Reiterei gerieth ebenfalls in
Gefangenschaft. Wie man sagt ist auch eine Fahne verloren." —
Es war ein Bataillon des Regiments Würzburg das hier verloren ging.

Wittgenstein, mit Kleist bei Zwickau vereinigt, wollte von hier
aus (am 7.) Altenburg angreifen — : aber nicht bloß aus eigenem

Antrieb, wie in mehreren der besten Geschichten dieses Feldzugs berichtet oder vermuthet wird. Vielmehr hatte er dazu den ausdrücklichen Befehl aus Schwarzenberg's Hauptquartier erhalten. — Als er aber in zwei Colonnen gegen die Stadt anrückte, fand sich daß Poniatowski's Vortruppen, sie schon in der Nacht verlassen hatten. Die Polen hatten sich sogar nach Geithayn zurückgezogen, Pahlen, der den russischen Vortrab führte, konnte ohne Widerstand Altenburg, und durch leichte Reiterei selbst Frohburg besetzen.

So war man denn im Besitz der graden Straße nach Leipzig, nur fünf Meilen von diesem wichtigen Punkt entfernt; der Feind, der seitwärts auswich, hatte sie bis an die Thore der Stadt frei gelassen. Aber die Verbündeten dachten für jetzt so wenig daran diese Umstände zu benutzen, daß Wittgenstein die Hauptmasse seines Heertheils, und zwei Divisionen Kleist's bei Gößnitz Halt machen ließ; Kleist selbst blieb sogar, mit dem Rest seiner Preußen vor Zwickau stehen. — Eben so wenig sah sich Murat gehindert oder verfolgt als er, Napoleon's Weisungen gemäß, am folgenden Tage alle seinen Befehlen anvertraute Heertheile bei Rochlitz sammelte. Der General Sokolnicki bemächtigte sich sogar wieder des schon verlassenen Städtchens Penig.

Nicht weniger als der linke Flügel unter Wittgenstein, war auch der rechte weitläufig auseinandergezogen; denn am Abend des 7. standen Klenau bei Chemnitz, Ghulai 2½ Meilen weiter rückwärts, bei Waldkirchen, wo er seinen geschlagenen Vortrab aufgenommen hatte. — Merveldt, und die österreichischen Reserven unter dem Erbprinzen von Homburg wieder zwei Meilen weiter zurück auf dem Wege nach Böhmen, bei Marienberg — die russischen Reserven unter Barclay vollends noch jenseits der Berge bei Kommotau.

Toll, der natürlich, so wie die Hauptquartiere sich trennten, den Fürsten Schwarzenberg begleitete, mit ihm den 4. in Kommotau, den 5. in Marienberg eintraf, und den Briefwechsel mit dem Fürsten Wolkonsky — d. h. mit dem Kaiser Alexander — zu führen hatte, war sehr wenig erbaut von der kriechenden Langsamkeit, wie von der Zerstreuung des Heers, hatte manche Regung der Ungeduld zu bekämpfen, und wurde oft bitter in der Art wie er sich darüber äußerte. —

Wiewohl nun die Führer der verbündeten Armeen theils freiwillig oder selbst mit geheimer Absicht, theils gezwungen, zauderten, mehr als der Gegner erwarten durfte, erschwerte doch schon der Umstand, daß alle drei Heere der Verbündeten nun auf dem linken Ufer standen, Napoleon's ohnehin sehr schwierige Lage. Napoleon selbst schätzt um diese Zeit, in seinen Briefen das Heer das er bei Leipzig vereinigen konnte, — also die gesammte französische Armee — ohne Davoust, St. Cyr's und Lobau's Heertheile — dagegen aber die Truppen mitgerechnet die unter Augereau aus Franken kamen, auf ungefähr zweimal hunderttausend Mann — und überschätzte sie vielleicht um etwas, denn durch Krankheiten und Desertion, dadurch daß fortwährend Nachzügler und Gefangene den leichten Truppen der Verbündeten in die Hände fielen, und sich meist ohne Widerstand aufgreifen ließen, nahm die Zahl von Tag zu Tage sehr bedeutend ab. Die Verbündeten dagegen zählten jetzt, wie sich leicht nachrechnen läßt, nahe an viermal hunderttausend Mann unter den Waffen, wenn man die leichten Truppen mit zählt. Sie waren jetzt ihrem Gegner nahezu doppelt überlegen!

Napoleon selbst steigerte dann die Gefahr dieser Lage dadurch, daß er sich nicht auf das Mögliche und Erreichbare beschränken, noch immer nicht der stolzen Hoffnung entsagen wollte, durch einen kühnen und gelungenen Schlag das Schicksal der Welt zu wenden, und zum Erstaunen aller Völker auch aus diesem Kampf als Sieger, ohne Opfer, ja mit Gewinn hervorzugehen. Er vergaß daß in den früheren Feldzügen die Uebermacht auf seiner Seite gewesen war, und daß seiner Macht in Deutschland jede sittliche Grundlage fehlte.

Doch waren die Verhältnisse von der Art daß selbst ein starker Geist wie der Napoleon's sich nicht ohne Schwanken darin bewegen konnte, und so sehen wir ihn denn auch einen Augenblick geneigt in die Bahnen einzulenken, in denen der abwägende Verstand die richtigeren erkennen muß.

Zwar, sein erster Gedanke, als er Blücher und Carl Johann auf dem linken Ufer der Elbe wußte, war sich ihnen mit aller Macht entgegenzuwerfen, während Murat den Marsch der Hauptarmee aufhielt, und er setzte dazu alle Truppen in Bewegung über die er verfügen konnte. Ney und Marmont hatten sich unterdessen ziemlich rathlos in dem Gelände zwischen der Mulde und Elster herumbewegt. Ihre Bewegungen wurden unzusammenhängend, theils weil Ney, sehr tüchtig auf dem Schlachtfelde, in einem Raum den er mit Augen übersah, einen Heertheil im Sinn einer bestimmten Aufgabe zu führen, doch weder die umfassende Einsicht noch die Art von Bildung besaß die ihn befähigen konnten einen Feldzug zu leiten, theils weil er und Marmont sich sehr schlecht vertrugen, wie das unter Napoleon's Marschällen fast herkömmlich war. Die Einzelnheiten ihrer Bewegungen sind nicht ganz bestimmt zu ermitteln. Ney war am 4. Oktober aus der Gegend von Dessau (Pötnitz) nach Delitzsch zurückgegangen, und hatte seinen Vortrab (Dombrowski) bei Bitterfeld, so wie zwei Divisionen Bertrand's, die unterwegs zu ihm gestoßen waren bei Holzweißig, stehen lassen. Marmont dagegen war an demselben Tage aus der Gegend von Leipzig (Taucha) gegen Düben vorgegangen, um die fliehenden Truppen Bertrand's aufzunehmen; welche Stellungen er einnahm, geht selbst aus seinen eigenen Memoiren nicht mit Bestimmtheit hervor. Nur eine seiner Divisionen nebst zwei Reiter-Divisionen Latour-Maubourg's kamen bis Wöllaune, und nahmen dort die Württemberger auf, die sich vom wartenburger Schlachtfeld über Düben zurückgezogen hatten, und sofort weiter zur Vereinigung mit Bertrand marschirten. Marmont's übrige Truppen waren weiter zurück, sein Hauptquartier war in Eilenburg.

Am 5. nahm Ney seine vorgeschobenen Truppen mehr gegen Delitzsch zurück — Marmont nahm die Stellung bei Hohen-Priesnitz an der Mulde. Wie aus dem Briefwechsel der beiden Marschälle hervorgeht, war nun Marmont der Meinung man müsse sich auf Eilenburg concentriren, wahrscheinlich um der Verbindung mit Napoleon, mit Dresden und mit den Heertheilen die von dort zur Verstärkung heranrücken konnten, auf dem kürzesten Wege gewiß zu bleiben. Ney dagegen verlangte Marmont solle sich ihm bei Delitzsch nähern, da könne man denn, je nach den Umständen, vereinigt eine Schlacht annehmen, oder sich vereinigt auf Leipzig zurückziehen.

Napoleon aber hatte bereits dem General Souham Befehl gegeben, eben an diesem Tage (5.) von Meißen in die Gegend von Torgau zu marschiren, also in gleiche Höhe mit den Stellungen der beiden Marschälle. Alle diese Truppen (die Heertheile Souham, Bertrand, Marmont und Reynier, so wie die Reiter unter Latour-Maubourg und Arrighi) waren unter Ney's Befehle gestellt und so wie sie beisammen waren sollte entschlossen manoeuvrirt werden, um den Feind über die Elbe zurückzuwerfen. Gleich darauf aber beschloß Napoleon sich persönlich nach jenem Theil des Kriegsschauplatzes zu begeben, wozu er auch von Marmont dringend aufgefordert wurde. Am 6. mußten Macdonald und Sebastiani nach Meißen abrücken, und St. Cyr erhielt den Befehl die Garden in Dresden durch zwei seiner Divisionen abzulösen, damit sie nach Oschatz und Dahlen aufbrechen konnten.

St. Cyr kam bei dieser Gelegenheit selbst nach Dresden, Napoleon zog ihn zur Tafel, und sprach ihm von seinen Planen. Sie waren einfach. St. Cyr sollte mit dem 14. und 1. Corps Dresden halten. Er selbst hoffte Blücher oder den Kronprinzen von Schweden zu schlagen ehe Schwarzenberg Leipzig erreicht haben konnte; dann wollte er nach Leipzig umkehren, sich dort mit Augereau vereinigen, der ihm außer seinem Heertheil auch einen großen Wagenzug, Lebensmittel und Schießbedarf, brachte — und eine siegreiche, entscheidende Schlacht gegen die verbündete Hauptarmee sollte seine Angelegenheiten wieder herstellen. — Die Anwesenheit des Kaisers von Rußland bei der Nordarmee sei von guter Vorbedeutung, fügte er hinzu, denn Alexander habe kein Glück im Kriege. — Er glaubte ihn nämlich unterwegs in das Hauptquartier des Kronprinzen von Schweden, und wirklich hatte sich der Kaiser Alexander mit dem Gedanken beschäftigt dorthin zu eilen, und diesen Theil der verbündeten Streitkräfte in größere und redlichere Thätigkeit zu bringen. Aber die Ueberzeugung daß seine Gegenwart in der Nähe Schwarzenberg's und der Oesterreicher kaum weniger nöthig sei, hielt ihn zurück.

Plötzlich aber, um Mitternacht, ließ Napoleon den Marschall St. Cyr wieder rufen, und eröffnete ihm daß alle seine Plane verändert seien, daß er Dresden verlassen, und das 1. und 14. Corps mitnehmen wollte, um sie im freien Felde gegen den Feind zu verwenden. „Denn ich werde ohne Zweifel eine Schlacht liefern," fügte Napoleon hinzu: „wenn ich sie gewinne werde ich bedauern nicht alle

meine Truppen zur Hand zu haben; sollte ich im Gegentheil ein Mißgeschick erfahren, dann dienen Sie mir nicht in der Schlacht wenn ich
Sie hier gelassen habe, und sind ohne Rettung verloren. — Zudem,
was ist Dresden jetzt? der Ort kann nicht mehr der Stützpunkt der
Operationen des Heers sein, das hier, in Folge der gänzlichen Er-
schöpfung der Gegend umher, nicht mehr leben könnte. Diese Stadt
kann nicht einmal mehr als ein großes Depot angesehen werden, denn
Sie würden nur für einige Tage Lebensmittel darin finden, da ich diese
zusammt fast allem Schießbedarf habe fortschaffen lassen. — — Es
sind in Dresden 12,000 Kranke, die werden sterben, denn sie sind der
Bodensatz der 60,000 die im Lauf des Feldzugs in die Hospitäler gekommen sind. Fügen Sie noch hinzu daß die Jahreszeit vorrückt,
und daß die Elbe, einmal gefroren, keine Stellung mehr bildet. Ich
will eine andere nehmen um den Winter darin zuzubringen, meine
Rechte versagen indem ich sie an Erfurt stütze, und die Mitte längs
der Saale ausdehne, die in allen Jahreszeiten eine gute Stellung
bildet, da die Höhen des linken Ufers immer gut zu vertheidigen sind.
Meinen linken Flügel werde ich an Magdeburg stützen, und dieser Ort
wird eine ganz andere Wichtigkeit für mich gewinnen als Dresden;
es ist eine große, schöne, starke Festung die man sich selbst überlassen
kann so oft und so lange es nöthig ist, ohne zu befürchten daß der
Feind sie durch einen Handstreich nehmen könnte." — Er ging dann
auf die Schwierigkeiten ein die es habe Dresden bis zu selbstständiger
Haltbarkeit zu befestigen, und kam endlich von Neuem darauf zurück
daß er auch aus anderen, allgemeineren Gründen seine Stellung verändern wolle: „Dresden liegt Böhmen (dem Gebirge) zu nahe; so wie
ich von der Umgegend dieser Stadt aus die kleinste Bewegung dorthin
mache, ist das feindliche Heer wieder geborgen, da es nur eine kurze
Strecke zurückzulegen hat, und ich habe kein Mittel es abzuschneiden,
indem ich mich in seinen Rücken werfe."

Doch hatte ihm das Glück die Gelegenheit dazu geboten — aber
vergebens! — wie schmerzlich mußte die Erinnerung daran sein! —
Jetzt wollte er diesseits der Berge ein längeres Feld zur Verfolgung des
besiegten, zurückgeschlagenen Feindes vor sich haben — und drückte das
in dem Wachtstubenton aus, den er nicht verschmähte. (Je veux leur

donner un cul, vous m'entendez?) Er wünſchte alſo wohl ſich auf
längeren Radien zu bewegen, wußte aber ſehr gut daß dies nicht möglich war ſo lange der Krieg an der Elbe geführt wurde, wo Dresden
der Gegenſtand des Angriffs und der Vertheidigung ſein mußte.

Gouvion St. Cyr war hoch erfreut, beſonders da nun wirklich
Befehle im Sinn dieſer neuen Plane gegeben wurden, er ſelbſt namentlich den Auftrag erhielt ſeine Truppen in die Stellungen bei Pirna
und Dohna zurückzuführen; die Verſchanzungen am Lilienſtein zu verlaſſen, und die Geſchütze aus den dortigen Schanzen nach dem Königſtein bringen zu laſſen; die Schiffbrücke endlich, die unter dem Königſtein über die Elbe geſchlagen war, den Strom hinab nach Dresden
zu ſchaffen. Auch die Verwundeten und Kranken ſollten, ſo weit
irgend möglich, in der Nacht vom 7. zum 8. auf Kähnen von Dresden nach Torgau abgefertigt, höchſtens 6000 der hoffnungsloſeſten
zurückgelaſſen werden. Und hatte er darauf die Blockhäuſer geſprengt,
alle zurückbleibenden Geſchütze vernageln, alles Fuhrwerk verbrennen
laſſen, dann ſollte Gouvion St. Cyr mit ſeinen Truppen in der Nacht
vom 8. zum 9. bereit ſein aufzubrechen.

Man ging mit großem Eifer an die Ausführung ſo erwünſchter
Befehle; eilig wurde das franzöſiſche Bataillon aus der Feſte Königſtein gezogen, wo fortan nur eine ſächſiſche Beſatzung blieb; die
Schanzen am Lilienſtein, bei Gießhübel und Borna, waren ſchon verlaſſen — als ganz unerwartet der Marſchall St. Cyr, noch an demſelben Tage (7.) in kaiſerlichen Befehlſchreiben die Nachricht erhielt
daß Napoleon ſeine letzten Plane, eine neue Aufſtellung an der Saale
zu ſuchen, wieder aufgegeben habe, und zu den früheren Ideen und
Hoffnungen auf eine ſiegreiche Wendung des Feldzugs zurückgekehrt ſei.

Napoleon war nämlich früh um 6 Uhr von Dresden abgereiſt
nach Meißen; die Nachrichten die er hier vorfand gewährten ihm die
Ueberzeugung daß Blücher und der Kronprinz von Schweden bereit
ſeien eine Schlacht anzunehmen, und wie neu belebt durch dieſe Ausſicht ſchrieb er ſogleich dem Marſchall St. Cyr:

„Ich komme ſo eben in Meißen an; ich gebe Befehl daß die
Mehl-Transporte ihren Weg nach Dresden fortſetzen. Ich habe die

Hoffnung den Feind zu einer Schlacht zu bewegen. (J'ai l'espérance d'attirer l'ennemi à une bataille.) Halten Sie den 8. den ganzen Tag über alle Stellungen vor Pirna. Meine Pläne werden morgen ganz festgestellt sein, und ich habe die Hoffnung den Feind zu einer Schlacht zu bewegen. (Mes idées seront entièrement assises demain et j'ai l'espérance d'attirer l'ennemi à une bataille noch einmal ganz genau mit denselben Worten.) Meine Absicht ist Dresden zu behaupten, um so mehr da ich über Torgau operiren werde, und da unsere Verbindungen auf beiden Ufern gesichert sein werden" — dann folgen Verhaltungsbefehle die sich auf Einzelnheiten beziehen.

Gleichzeitig schrieb Berthier demselben Marschall: „Der Kaiser ist in Meißen eingetroffen; Alles läßt glauben daß der Feind den Angriff abwarten will (que l'ennemi veut tenir) — — Seine Majestät hoft auf eine Schlacht, und wird ohne Zweifel Dresden behaupten. Wahrscheinlich wird man auf Torgau vorgehen; auf diese Weise werden die Verbindungen auf beiden Ufern eingerichtet sein."

Wie das „operiren über Torgau" zu verstehen sei, darüber giebt ein Brief Auskunft, den Napoleon auch am 6. und zwar noch von Dresden aus in eigenem Namen an Marmont richtete. Der französische Kaiser sagt darin daß die Berichte die er in Meißen zu erhalten hoffe, darüber entscheiden würden, ob sein Marsch von dort in der Richtung auf Leipzig, oder nach Torgau weiter gehen solle. Wenn nach Torgau, dann werde er von diesem Punkt aus auf dem rechten Ufer der Elbe weiter stromabwärts ziehen, um die Verbindungen des Feindes zu durchschneiden und ihm seine Brücken zu nehmen, ohne daß man nöthig hätte Brückenköpfe anzugreifen. — Wie sich aus dem Zusammenhang ergiebt, soll das heißen: um den Feind zur Rückkehr auf das rechte Ufer zu zwingen, und zu einer Schlacht im freien Felde. Denn erklärend fügt Napoleon hinzu, bei einem Vorrücken seinerseits auf dem linken Ufer, bleibe dem Feinde immer die Möglichkeit sich einer Schlacht durch den Rückzug über die Elbe zu entziehen. Mit der raschen Beweglichkeit seines Geistes beschränkt er dann diesen Satz sofort wieder durch die Bemerkung, daß ihm freilich auch in diesem Fall die Möglichkeit bleibe bei Wittenberg über den Strom zu gehen — und er schließt mit den Worten: da der Feind die Initiative habe, müsse er ſelbſt ſich durch die Lage der Dinge, wie ſie am Abend ſein werde, für den einen oder den anderen Plan beſtimmen laſſen. (Je serai ce soir à Meissen avec quatre-vingt-mille hommes, ayant mon avant-garde à l'embranchement de la route de Leipzig et de celle de Torgau. J'y recevrai vos lettres qui me décideront à prendre l'une ou l'autre de ces routes. — — Je me propose de me porter sur Torgau, et de là de marcher sur la rive droite pour couper l'ennemi et lui enlever tous ses ponts sans être obligé de lutter contre ses têtes de pont. En marchant par la rive gauche, il y a l'inconvenient que l'ennemi peut repasser la rivière et éviter la bataille; mais dans cette seconde hypothèse nous pouvons déboucher par Wittenberg. — — Au reste, comme l'ennemi a l'initiative du mouvement, je ne pourrai me décider sur le plan à adopter définitivement que lorsque je connaîtrai l'état de la question le 6. au soir.) — In dieſer Geſtalt erſcheint hier zuerſt der Gedanke auf das rechte Ufer der Elbe hinüber zu gehen, mit dem ſich Napoleon mehrere Tage beſchäftigte. *)

Vorzugsweiſe bezeichnend aber, für ſeine Plane und Hoffnungen im Allgemeinen, ſind einige Zeilen die er an dieſem ſelben Tage ſeinem Vertrauten Daru in die Feder dictirte: „Der Kaiſer wird eine Schlacht liefern. Dresden wird mit dreißigtauſend Mann beſetzt ſein. Wenn der Kaiſer die Schlacht verliert, wird er den Ort räumen laſſen. Die Artillerie wird alsdann die Laffeten zertrümmern, die Stücke vernageln; Ingenieur-Truppen werden die Blockhäuſer verbrennen u. ſ. w. — da aber Seine Majeſtät die Schlacht gewinnen werden, bleibt Dresden der Mittelpunkt ſeiner Operationen. — — — Da der Kaiſer von hundert Möglichkeiten achtzig für ſich zu haben glaubt, muß man das Gelingen vorausſetzen und dem gemäß handeln." (L'empereur va livrer bataille. La place (Dresde) sera occupée par trente mille hommes. Si S. M. perd la bataille, elle fera évacuer la place. Dans ce cas l'artillerie détruira les affûts et enclouera les pièces, le génie brûlera les blockhaus etc. — mais comme S. M. gagnera la bataille, Dresde restera toujours son

---

*) Marmont, Mémoires V. 351.

centre d'opérations. — — Comme sur cent chances S. M. croit
en avoir quatre-vingts pour elle, il faut agir comme si elle devait
réussir.)*)

Solche Bewandtniß hatte es, beiläufig bemerkt, mit dem „verän=
derten Schachbret" das, wenn wir Pelet trauen dürften, gerade jetzt
in Form eines länglichen Sechsecks mit Torgau als Mittelpunkt, voll=
ständig eingerichtet wurde!

Die Schlacht gegen die Hauptarmee der Verbündeten mußte jetzt
vielleicht bei Leipzig geschlagen werden. Wahrscheinlich achtete Na=
poleon das Feld von Leipzig bis an das Gebirge weit genug für die
Verfolgung.

Die nächste Folge dieser Schwankungen aber war, daß die Lage
St. Cyr's in und bei Dresden sich sehr verschlimmert fand; — denn
manche der vorgeschobenen Stellungen waren unwiederbringlich aufge=
geben, und die Stimmung war eine gedrückte, wie sie es nach getäusch=
ten Hoffnungen unfehlbar immer ist.

Darin aber hatte sich Napoleon nicht getäuscht daß Blücher zu
einer Schlacht entschlossen war. Er wollte sie sogar aufsuchen wenn
er nicht angegriffen wurde — denn das galt ihm als Zeichen daß der
Feind sich gegen die Hauptarmee gewendet habe. — Der Feind un=
mittelbar vor ihm war gewichen. Ney, der erfahren hatte welche Ver=
stärkungen ihm Napoleon sendete, war (6.) mit Bertrand's, Reynier's
und Dombrowski's Heertheilen, zu Marmont's großem Mißfallen,
hinter diesem weg in die Nähe von Wurzen zurückgegangen um die
Vereinigung mit Souham aufzusuchen. — Marmont hatte sich darauf
am 6. nach Eilenburg, am 7. nach Taucha zurückgezogen. Da=
gegen mehrten sich die Meldungen daß bedeutende Streitkräfte von
Dresden her gegen den linken Flügel der schlesischen Armee heran
rückten.

Blücher sendete dem Fürsten Stscherbatow, der noch vor Dresden
stand, den Befehl, der schlesischen Armee über Wartenburg an die
Mulde nachzurücken, sobald er inne werde daß Napoleon die sächsische
Hauptstadt verlassen, und nur eine Besatzung dort zurückgelassen habe.

---

*) Bignon histoire de France sous Napoléon, XII, 341.

— Und in einer perſönlichen Beſprechung die er an demſelben Tage (7.) in Gegenwart des Prinzen Wilhelm von Preußen und des Oberſten Müffling zu Mühlbeck an der Mulde mit dem Kronprinzen von Schweden hatte, verlangte Blücher, im Sinn der früher eingeſendeten Denkſchrift, ein raſches Vorrücken beider Heere auf Leipzig. Der Kronprinz empfing ſeinen „lieben Waffenbruder“ auf das allerherzlichſte, zeigte den allerbeſten Willen, und ſagte zu allen Vorſchlägen des preußiſchen Feldherrn ja! — wußte dann aber, als er ſeinerſeits die gefaßten Beſchlüſſe zuſammen zu ſtellen ſchien, mit großer Gewandtheit Alles zu verſchieben und anders zu wenden, ſchloß dann mit den Worten: „ainsi nous sommes d’accord!“ — und ſuchte auch alle erwachenden Bedenken mit dem immer wiederholten: „mais nous sommes d’accord!“ zu beſchwichtigen.

In Blücher’s Hauptquartier wurde nun ſogleich die Diſpoſition für den Marſch vorwärts, — den 8. an die Mulde, den 9. nach Liemehna, kaum zwei Meilen von Leipzig — entworfen, und den Generalen zugeſendet. Die erſte Hälfte wurde auch ausgeführt. Während die Nordarmee, aller ſchönen Worte ungeachtet, unbeweglich ſtehen blieb, rückten (am 8.) Dork und Langeron nach Mühlbeck und Düben an die Mulde vor, Sacken nach Mockrehne (zwiſchen Eilenburg und Torgau). — Die Vortruppen, auf das jenſeitige Ufer der Mulde vorgeſchoben, berichteten aber gegen Abend daß der Feind das ſchon verlaſſene Eilenburg wieder beſetzt habe — und was ſehr viel wichtiger war, man erfuhr mit Beſtimmtheit daß Napoleon von Dresden auf der Straße nach Leipzig abgereiſt ſei. Das änderte die Lage der Dinge, und neue Verabredungen wurden nöthig. Man wünſchte Napoleon’s Angriff möge der Nordarmee gelten, und dieſe ihn in dem feſten Brückenkopf bei Roßlau erwarten, damit die ſchleſiſche Armee ſich im freien Felde in Flanke und Rücken des Feindes werfen könne. Rückte der Feind gegen Blücher vor, ſo mußte, dem gemäß, was verabredet war, die ſchleſiſche Armee in die Verſchanzungen bei Wartenburg weichen und ihn dort empfangen. Gneiſenau verſprach ſich viel davon — aber Blücher hatte keine Luſt dazu; eine Schlacht die Elbe nahe im Rücken, in Verſchanzungen, und wo die Umſtände die ſchöne und zahlreiche Reiterei zu gebrauchen nicht geſtatteten, hatte keinen Reiz

für ihn, — besonders aber wurde im Hauptquartier gar sehr bezweifelt
ob auch auf den versprochenen Beistand der Nordarmee irgend zu rech=
nen sei? — Der Major Rühle, mehrfach zu wichtigen Sendungen
verwendet, wurde demnach mit neuen Aufträgen zu dem Kronprinzen
von Schweden abgefertigt.

Allerdings führte Napoleon sein Heer schon an diesem Tage vor=
wärts und zwar auf dem linken Ufer der Elbe, zunächst gegen Blücher
— (am Abend des 8. standen: Marmont mit seinem Heertheil und
der Reiter=Division Lorge bei Taucha; — Reynier nebst vier Divi=
sionen der Reiter=Corps von Latour=Maubourg und Kellermann, zwi=
schen Machern und Eilenburg; — Dombrowski mit seiner polnischen
Division in und vor dieser letzteren Stadt; — Bertrand bei Schilda;
— die leichte Reiter=Division Chastel von Latour=Maubourg's Corps
auf dem äußersten rechten Flügel. In zweiter Linie diesen Massen
folgend: Souham eine Meile hinter Eilenburg; — das Hauptquartier
mit den Garden und der bairischen Division Raglovich bei Wurzen;
— Macdonald und Sebastiani's Reiter bei Dahlen). — Es waren
zwei und zwanzig Divisionen Fußvolk und zwölf Reiter=Divisionen,
die Napoleon hier auf engem Raum vereinigt, unmittelbar zu seiner
Verfügung hatte; wie sich mit hinreichender Sicherheit nachrechnen
läßt, etwas über 130,000 Mann. — Leipzig blieb außerdem durch
etwa 15,000 Mann besetzt, da sich hier in diesem Augenblick unter
dem Gouverneur Arrighi, Herzog von Padua, die Dragoner=Brigade
Quinette (Division Defrance, 3. Reitercorps) — und die letzte der
von Mainz herangezogenen Ersatz=Divisionen, unter dem General
Lefol, mit Margaron's Abtheilung vereinigten. Die Division Lefol
zählte allein, nach Napoleon's eigener Angabe, in provisorischen Marsch=
regimentern, 7000 Mann Infanterie und 3000 Reiter.

Für den nächsten Tag hoffte nun Napoleon auf eine Schlacht in
der Gegend von Düben; und da er die schlesische Armee ziemlich rich=
tig auf 60,000 Mann anschlug, die Nordarmee aber viel zu niedrig
auf nur 40,000, sah er sich wieder in gewohnter Weise an der Spitze
einer überlegenen Macht, und zählte mit Bestimmtheit auf den Sieg.
Um so mehr da er offenbar darauf rechnete zunächst auf die schlesische
Armee allein zu stoßen. Aber man muß gestehen daß er für die Plane

und Conceptionen der Verbündeten, besonders für die Blücher's und Gneisenau's, einen etwas kleinlichen Maaßstab hatte, und seine Gegner nicht richtig zu schätzen wußte.

Was ihn eine Schlacht hoffen ließ war der Bericht Ney's (vom 6.) daß Blücher's Heer dem Zug auf Leipzig zu entsagen scheine, und sich längs der Mulde ausdehne um den Fall von Wittenberg herbei-zuführen. Napoleon meinte die schlesische Armee werde Stand halten um die Belagerung dieses Orts zu decken. Zugleich aber hegte er die Hoffnung, die Hauptarmee unter Schwarzenberg werde jetzt wie im August, aus der Richtung auf Leipzig in die auf Dresden einlenken —: und er dachte, nachdem er die schlesische Armee geschlagen und über die Elbe zurück getrieben, in unerwarteter Weise in den Rücken der rechts, gegen die Elbe gewendeten Hauptarmee zu fallen.

In diesem Sinn schrieb er dem König Murat (am 9.): „Ich breche in der Richtung nach Wittenberg auf. Ich denke den General Blücher" — nur von diesem ist die Rede — „bei Düben anzugreifen, wo, wie man mir versichert, die schlesische Armee Stellung genommen hat. Ich hoffe morgen in Wittenberg zu sein, den Platz zu entsetzen, auf das rechte Ufer der Elbe überzugehen, und die beiden Brücken des Feindes (bei Roslau und Wartenburg) zu nehmen. (Je pars pour Wittenberg, que l'ennemi assiège. Je compte attaquer le géné-ral Blücher à Düben, où on m'assure que l'armée de Silésie est en position. J'espére être demain à Wittenberg, et faire lever le siège, passer sur la rive droite de l'Elbe, et enlever les deux ponts de l'ennemi.) — Und dann am Schluß des Schreibens: „tragen Sie Sorge die Brückenköpfe herzustellen" — welche? — da der Brief bestimmt war auch dem Marschall St. Cyr mitgetheilt zu werden, können nur die bei Pirna und am Königstein gemeint sein: „und Alles vorzubereiten um im Rücken des Feindes vorzubrechen im Fall er sich auf Dresden wenden sollte." (Ayez soin de raccom-moder les têtes de pont, et de tout préparer pour déboucher sur les derrières de l'ennemi s'il se portait sur Dresde.)

Nach diesem Schluß müssen wir glauben daß er schon jetzt den Gedanken gefaßt hatte, der später weiter ausgesponnen wurde, einmal bei Wittenberg auf das rechte Ufer der Elbe hinüber gegangen, auch auf dem rechten Ufer in die Gegend von Dresden zum Entsatz zu eilen.

Berthier scheint dann auch, wie aus dem Begleitschreiben an St. Cyr hervorgeht, die Verhältnisse überhaupt mit einer gewissen Beschränktheit, die augenblickliche Lage der Dinge im hoffnungsvollsten Licht zu sehen; er schreibt: „L'ennemi est dans cette alternative, ou de recevoir bataille, ou de lever le siège de Wittenberg, de repasser l'Elbe, et de nous livrer tous ses ponts, ce qui seul vaudrait une victoire."

Der Gedanke daß die Verbündeten, im Geist seiner eigenen früheren Feldzüge, ihrer Ueberlegenheit sich bewußt, den entscheidenden Kampf, um des Kampfes selbst, um des Sieges willen, mit gesammter Macht aufsuchen könnten, und daß sie dazu alle ihre Heere auf dem linken Ufer der Elbe zu vereinigen strebten: der erwachte nicht in Napoleon's Geist. Nach seiner Vorstellung waren und blieben alle ihre Unternehmungen nicht auf sein Heer, sondern auf geographische Punkte gerichtet, und bezweckten nur deren Gewinn. Daß er jede andere Vorstellung ausschloß darf um so mehr befremden, als der zu Trachenberg bestätigte Operationsplan ihm sehr bald bekannt geworden sein soll, und Toll darin doch gerade umgekehrt die feindliche Armee als das strategische Object hingestellt hatte, dem der Angriff gelten sollte.

In diesem Augenblick nahm also Napoleon eigentlich an, der kühne Zug der schlesischen Armee an und über die Mittel-Elbe, das Vorrücken der Nordarmee, habe weiter keinen Zweck als ihn von Dresden zu entfernen, und der Hauptarmee die Eroberung dieser Stadt zu erleichtern! — Noch dazu paßte die zweite Hälfte seiner Voraussetzungen, nämlich daß Blücher Stand halten werde, zur Schlacht, um die Belagerung von Wittenberg zu decken, streng genommen nicht zu der ersten.

Zur Schlacht ließ demnach Napoleon, am 9., sein Heer in drei großen Colonnen gegen Düben vorrücken. Zur Rechten schlugen Bertrand und Macdonald nebst den Reitern unter Sebastiani und Chastel, die Richtung auf Mockrena ein; in der Mitte führte Ney die Division Dombrowski, die Reiterdivisionen Defrance und Fournier, die Heer-

theile unter Reynier und Souham, auf dem rechten Ufer der Mulde
nach Düben, und wie es scheint sollte ihm auch Latour = Maubourg
mit seinen beiden schweren Reiterdivisionen folgen; — zur Linken mar=
schirte Marmont nebst der Reiterdivision Lorge, die ihm beigegeben
war, auf dem linken Ufer des Flusses eben dorthin. — Die Garden
sollten dem Heerzuge Ney's folgen.

Aber es war dafür gesorgt daß er hier keinen Feind mehr traf,
denn Rühle's Sendung hatte zu wichtigen Veränderungen geführt. —
Dieser Offizier fand am 8. spät Abends den Kronprinzen von Schwe=
den in seinem Hauptquartier zu Zehbiß bereits zu Bett — wurde aber
dennoch sogleich vorgelassen, und erfuhr nun daß der Feldherr des
Nordheers keineswegs gesonnen sei den Angriff Napoleon's in den
Verschanzungen bei Roßlau abzuwarten, oder der schlesischen Armee
bei Wartenburg zu Hülfe zu kommen.   Man müsse dem Stoß aus=
weichen und Berlin decken, meinte Bernadotte; darum wollte er bei
Roßlau und Aken über die Elbe zurückgehen, seine Brücken abbrechen
und „das Weitere abwarten.‟ — Blücher mußte nach seiner Ansicht
unbedingt dasselbe thun.

Sehr bestimmt erklärte Rühle daß Blücher nimmermehr und
unter keiner Bedingung über die Elbe zurückgehen werde — und beant=
wortete des Kronprinzen verwunderte Frage woher er das wisse? —
sehr glücklich durch die Bemerkung Blücher's Charakter bürge dafür;
— so wie die zweite, was denn Blücher auf sich selbst allein ange=
wiesen, von der Nordarmee verlassen, wohl thun werde? — durch
die Behauptung, die ihm der Augenblick eingab: „er weicht über die
Saale aus!‟

Der Kronprinz war sehr überrascht; doch faßte er am Ende den
Gedanken auf, und sagte: „Gut, ich gehe auch über die Saale, der
General Blücher setzt sich auf meinen linken Flügel, und wenn uns
Napoleon folgt, gehen wir bei Ferchland — (unterhalb Magdeburg)
— über die Elbe, und decken wiederum Berlin!‟ — Unwiderstehlich
zog es ihn unter allen Bedingungen über die Elbe zurück! und wie
erwünscht wenn es gelang den strebenden Blücher an seine Schritte zu
fesseln, und mit sich rückwärts zu zerren!

Rühle versicherte von Neuem, über die Elbe weiche Blücher nun

27*

und nimmer; auch nicht wenn ihn die Nordarmee an der Saale verlasse
um wieder auf das rechte Ufer hinüber zu gehn. — Nun! was könnte
er denn anderes thun? fragte der Prinz. — Er zieht die Saale aufwärts zur Vereinigung mit der Hauptarmee; der Zug führt in reiche,
noch unverwüstete Gegenden, wo das Heer leicht zu leben findet, und
das starke Fronthinderniß welches die Saale überall bietet, gestattet
die Zeit der Vereinigung ohne Gefahr zu erwarten.

Das erklärte der Prinz für eine Operation wider alle Regeln des
Kriegs, da man auf diese Weise seine Verbindungen ganz aufgebe,
sich von seinen Munitionstransporten, seinen Geldmitteln — von
allem durchaus nöthigen trenne. „Und was soll aus Berlin werden?"
fragte zuletzt derselbe Kronprinz von Schweden der diese selbe Hauptstadt den Tag vor der Schlacht bei Großbeeren dem Feinde ohne
Schwertstreich überlassen wollte, und mit wegwerfender Geringschätzung
von diesem Opfer sprach! — Wieder sehr glücklich antwortete Rühle:
„ist Moskau verbrannt, kann man auch wohl Berlin Preis geben."

Wahrscheinlich überzeugt daß dies Alles nur Phantasieen des
Major Rühle seien, — der in der That keinen Auftrag hatte solche
Unternehmungen vorzuschlagen, und ganz aus eigener Eingebung
sprach —: überzeugt daß Blücher auf diese Wagniß nicht eingehen
werde, willigte der Prinz nicht allein in den Uebergang über die
Saale —: er machte sogar die Idee zu der seinigen, und verlangte
den kühnen Marsch dorthin, als die Bedingung unter der allein auch
er auf dem linken Ufer der Elbe bleiben könne. Rühle, der ihn hinlänglich durchschaute, verlangte etwas Schriftliches, und daß ein
Offizier aus der Umgebung des Kronprinzen ihn in das Hauptquartier der schlesischen Armee begleite. Sehr bereitwillig sendete Karl
Johann einen seiner Offiziere dorthin, Alexis de Noailles, der einem
der größten Häuser Frankreichs angehörend, mit Lafayette nahe ver-
wandt, den Verbindungen die der Kronprinz in Frankreich unterhielt,
wohl nicht fremd sein mochte.

Der Brief des Prinzen an Blücher war ungemein kunstreich abgefaßt. Der preußische Feldherr wurde darin keineswegs geradezu aufgefordert zur Vereinigung an der Saale, — nein! — Es war ihm
die Alternative gestellt entweder an die Saale, — oder über die Elbe

zurück zu gehen — und dieſer letztere Ausweg wurde mit einer gewiſſen
Vorliebe voran geſtellt. So ſetzte Bernadotte in dieſem Schreiben
voraus als ob es ſich von ſelbſt verſtehe, daß ſeine und Blücher's
Unternehmungen gar keinen anderen Zweck haben könnten als Napoleon zu beſchäftigen, damit unterdeſſen die Hauptarmee ungehindert in
die ſächſiſche Ebene vordringen könne. (N'ayant d'autre but que de
paraliser les forces de ce souverain, afin de donner le temps à
l'armée de Bohème de déboucher sur ses derrières et sur ses
flancs —) Da müſſe man denn durchaus nichts wagen, Blücher beſonders nichts (vous particulièrement) — denn wenn dieſer weiter
gegen Leipzig vorgehen wolle, gewinne Napoleon die Möglichkeit ſich
zwiſchen ihn und ſeine Brücken zu werfen. „Ich denke alſo, wenn
der Kaiſer Napoleon gegen uns heran kömmt, in der Abſicht uns von
vorn und in der Seite anzugreifen, müſſen wir uns entweder über
die Elbe zurückziehen, oder auf das linke Ufer der Saale begeben.“ —
In dieſem letzteren Fall müſſe die Brücke bei Wartenburg abgebrochen,
und ſo ſchnell als möglich nach Ferchland gebracht werden: der Kronprinz werde dann auch die Brücke bei Roßlau abbrechen, ja nöthigen
Falls verbrennen laſſen, und bei Aken nur zehn Bataillone aufſtellen
um dieſen Poſten zu halten. „Dann ſteht es bei uns entweder dem
Feinde den Uebergang über die Saale ſtreitig zu machen, oder bei
Ferchland über die Elbe zu gehen“ (nous sérions maîtres de disputer
le passage de la Saale, ou d'aller passer l'Elbe à Ferchland) —
„in beiden Fällen verurſachen wir dem Kaiſer Napoleon viel Zeitver-
luſt“ — und das iſt worauf es ankömmt! — „Iſt aber die Bewegung (Napoleon's) gegen Sie entſchieden, dann iſt kein Augenblick
zu verlieren, um — auf das rechte Ufer der Elbe zurück zu gehen,
oder die Stellung an der Saale zu nehmen“ (mais si le mouvement est décidé contre vous, il n'y a pas un instant à perdre
pour repasser sur la rive droite de l'Elbe, ou de prendre la
ligne de la Saale). Noailles war natürlich beauftragt die Zweckmäßigkeit eines Rückzugs über den Strom, mündlich recht überzeugend
darzuſtellen.

Gegen den Zug an die Saale konnte allerdings, in Beziehung
auf die ſchleſiſche Armee, gar manches wichtige Bedenken erhoben

werben.   Man verlor dadurch für den Augenblick alle Verbindungen
rückwärts, mit den Vorräthen und Hülfsquellen des Heeres.   Selbst
das Gepäck konnte dorthin nicht folgen, denn es war nicht mehr heran
zu bringen, ehe diese Verbindungen aufgegeben werden mußten.   Offi=
ziere und Mannschaften gingen also der Nothwendigkeit entgegen, sich
in später Jahreszeit auf das allerdürftigste zu behelfen.   Dennoch ent=
schieden sich Blücher und Gneisenau (am 9. früh) augenblicklich dafür,
und selbst Müffling, der sonst kühnen Vorschlägen wohl widersprach,
insoweit er das wagen durfte.   Es gab kein anderes Mittel die
Nordarmee diesseits der Elbe festzuhalten, und auf das Feld der
Entscheidung zu bringen, — und dagegen verschwanden alle anderen
Rücksichten.

Durch Rühle vorbereitet ging Blücher, dem es an List und Ver=
schlagenheit nicht fehlte, wo sie nöthig waren, mit großer Sicherheit
auf die Rolle ein die er dem Sendboten des Kronprinzen gegenüber zu
spielen hatte, und spielte sie vortrefflich.   Er ließ sich eine Karte reichen
und sprach, nachdem Noailles gerufen eingetreten war, als hätte er
längst die Idee des Ausweichens über die Saale gehabt, und gar
nicht anders erwartet als daß der Kronprinz darauf eingehen werde.
Noailles kam nicht viel zu Wort, und wurde entlassen ohne vortragen
zu können was er an seinen Bedenken vorbereitet haben mochte.

Zeit war freilich nicht mehr zu verlieren, aber sie wurde auch
nicht verloren.   Schon um 1 Uhr nach Mittag desselben Tages waren
York und Langeron im Marsch stromabwärts an der Mulde um sie
weiter vom Feinde, bei Jeßnitz zu überschreiten.   Sacken sollte bei
Düben über den Fluß gehen — und zugleich erhielt General Rauch
zu Wartenburg den Befehl die Brücke abbrechen zu lassen. —

Und doch, obgleich es an Eile und Thätigkeit nicht gefehlt hatte,
war der Feind schon so nahe daß der Nachtrab wenigstens gar leicht
Verlust und Schaden leiden konnte.   Glücklicher Weise verlor Napoleon
auf dem Zuge einige Zeit damit daß er Truppen halten ließ, Reden
an sie hielt, Beförderungen und Ehrenkreuze austheilte.   Er that das
gerne, und fast immer vor der Schlacht; diesmal mochte es ihm be=
sonders nothwendig scheinen die sehr gedrückten Gemüther etwas auf=
zurichten.   Auch an die Sachsen richtete er eine längere Rede, die

Caulaincourt ihm zur Seite in solchem wunderlichen Deutsch wieder=
holte, wie man von einem Franzosen der damaligen Zeit erwarten
mußte. Sie machte wenig Eindruck, und wog natürlich die sächsischen
Dörfer nicht auf, welche diese Truppen täglich durch die Franzosen ge=
plündert und verwüstet sahen.

So langten die ersten französischen Truppen erst nach 3 Uhr bei
Düben an, als eben Langeron's Nachtrab abzog. Sacken konnte
Düben nicht mehr vor dem Feind durchschreiten. Schnell entschlossen
erreichte er im weiten Bogen durch die Wälder zu seiner Rechten, ver=
möge eines Nachtmarsches, früh am anderen Tage (10.) die Mulde
bei Raguhn.

Napoleon's Truppen waren am Abend in großer Menge bei
Düben versammelt, seine Garden und sein Hauptquartier in Eilen=
burg, Marmont zu seiner Linken in gleicher Höhe mit ihm, aber die
Aussicht auf eine Schlacht unter erwünschten Verhältnissen, war von
Neuem verschwunden!

Die schlesische Armee stand am 10. früh bei Jeßnitz in enger
Verbindung mit der Nordarmee; der Zug über die Saale mußte aber
an diesem und dem folgenden Tag fortgesetzt werden; denn der Kron=
prinz verkündete, in einer Unterredung die er zu Zehbitz mit dem General
Blücher hatte: Augereau's Heertheil ziehe von Erfurt nach Leipzig;
dort vereinige Napoleon seine Streitkräfte, und dann werde er suchen
die schlesische und Nordarmee mit Ueberlegenheit anzugreifen; dem
müsse man sich aber nicht aussetzen, und deshalb bei Bernburg eine
feste Stellung nehmen. Dahin wollte Blücher nicht sondern so weit
als möglich die Saale hinauf. Müffling schlug für die beiden ver=
einigten Armeen eine feste Stellung bei Halle vor, aber der Kronprinz
verwarf sie. Schon früher hatte er verlangt die schlesische Armee, die
bisher in der Aufstellung der verbündeten Heere die Mitte gebildet
hatte, solle jetzt den rechten Flügel bilden, und dazu bei Wettin über
die Saale gehen. Dabei blieb es jetzt. Der Kronprinz hatte ver=
sprochen bei Wettin eine Brücke schlagen zu lassen — that es aber
nicht! — Welche geheime Absicht dabei gewaltet haben mag, ist nicht
mit Bestimmtheit zu enträthseln. Wollte er dadurch Blücher zwingen
nach Bernburg einzulenken, ihn von der Hauptarmee, von dem Punkt

der Entscheidung fern halten, so sah er sich getäuscht; denn als Blücher (am 11.) bei Wettin keine Brücke fand, entschloß er sich kurz seine Truppen durch einen Gewaltmarsch, noch höher die Saale hinauf zu führen — und ging bei Halle über den Fluß.

Dort stand nun die schlesische Armee vereinigt. Die Nordarmee bei Rothenburg und Alsleben an der Saale — bis auf Hirschfeldt und Tauentzien, die sich bei Aken und Dessau befanden, die Brücken hütend. —

Napoleon folgte den Verbündeten nicht. Ihn beschäftigten zu Düben, wohin er sich sehr verstimmt wendete, neue Plane die, aus den schon am 6. als möglich angekündigten hervorgegangen, etwas weiter ausholten, und in denen er neue Hoffnungen zu finden glaubte. Sie gehen aus den erlassenen Befehlen, aus seinem Briefwechsel an diesem und den folgenden Tagen, mit hinreichender Klarheit hervor, und lassen sich vollständig übersehen.

Napoleon wollte zunächst nach Wittenberg vorrücken, diese Festung entsetzen, und dann von Wittenberg aus, auf dem rechten Ufer der Elbe gegen die Brücken bei Roslau und Aken vordringen. Er erwartete daß diese drohende Bewegung die Nordarmee und die schlesische auch auf das rechte Ufer der Elbe zurückführen — sie von der Hauptarmee unter Schwarzenberg trennen, und diese vereinzelt lassen werde. Er hoffte sogar der Kronprinz von Schweden werde eine Schlacht wagen um seine Brücken zu decken, und da er sich der Nordarmee und der schlesischen selbst in ihrer Vereinigung bedeutend überlegen glaubte, zweifelte er um so weniger an dem Sieg. Hatte er so diese Heere geschlagen und zurückgeworfen, dann ging, nach seiner Rechnung, die verbündete Hauptarmee, die jetzt im Vorrücken auf Leipzig begriffen war, höchst wahrscheinlich nach Böhmen zurück, ohne daß es dazu eines unmittelbaren Angriffs auf sie bedurfte. Jedenfalls wollte dann Napoleon auf dem rechten Ufer der Elbe nach Dresden zurückeilen, um diesen Platz zu befreien — denn er wußte daß Bennigsen seit dem 6. October gegen ihn heranrückte, und St. Cyr's klagende Berichte kündigten an, daß man dort bald in großer Bedrängniß sein werde. —

Aus dem Zusammenhang geht hervor was in den bekannt gewordenen Actenstücken nicht ausdrücklich gesagt ist —: nämlich daß Napoleon

darauf rechnete diese Bewegung auf Dresden, der Uebergang dort auf
das linke Ufer des Stroms, und glückliche Gefechte gegen den Feind
der die Stadt einschloß, würden das verbündete Heer welches in der
Richtung auf Leipzig vordrang, zum Rückzug nach Böhmen bestimmen,
selbst wenn es diesen nicht schon früher angetreten hatte. Auf diese
Weise wieder Herr in Sachsen, wollte dann Napoleon von Neuem
stromabwärts ziehen, und „einen Besuch in Berlin machen" — so
kehrt der Lieblingsgedanke dieses Feldzugs auch hier wieder! — Dachte
er sich die Nordarmee nach Stralsund weichend — die Preußen und
Russen auf Umwegen im Rückzug über die Oder? — Das ist nirgends
ausgesprochen, Anderes aber kaum anzunehmen — und gewiß ist daß
er dann einen gänzlichen Umschwung seiner Lage bewirkt zu haben hoffte.
Ueber die Frage ob seine tief erschütterte Heeresmacht zu dergleichen
Unternehmungen noch ausreiche, scheint er etwas leicht hinweg gegangen zu sein.

Aber die nächsten Unternehmungen eröffneten die Aussicht auch
auf eine zweite Reihe von Möglichkeiten. Während Napoleon auf
dem rechten Ufer der Elbe die Brücken der Nordarmee bedrohte, konnte
Leipzig verloren gehen; selbst Dresden; denn obgleich Napoleon dem
Marschall St. Cyr immer von Neuem einschärft diesen Ort auf das
Aeußerste zu halten, und wiederholt die Hoffnung ausspricht daß dies
auch gelingen werde, ist doch auch die Möglichkeit des entgegengesetzten
Falls eingeräumt, und dem Marschall vorgeschrieben sich alsdann nach
Torgau zurück zu ziehen. Es war endlich möglich — und das war
ohne Zweifel das entscheidendste — daß die schlesische und Nordarmee
sich nicht über die Elbe zurück manoeuvriren ließen, und trotz aller
drohenden Bewegungen an der Saale blieben.

In diesem Fall wollte Napoleon die feindlichen Brücken bei Roslau
und Afen zerstören — und dann nach Magdeburg marschiren, wäh-
rend Murat sich nach dem Verlust von Leipzig auf Wittenberg und
Torgau zurückziehen sollte. Er wollte dann seine Verbindungen mit
Frankreich, die bisher über Erfurt auf Mainz gingen, auf die Straße
von Magdeburg nach Wesel leiten, und Magdeburg, wo er reiche
Vorräthe an Schießbedarf fand, zum Ausgangspunkt seiner weiteren
Operationen machen. Von dort aus wollte er dann Potsdam und

Berlin bedrohen, von dort aus an der Elbe aufwärts vordringen, um seinen Generalen bei Wittenberg, Torgau und Dresden zu Hülfe zu kommen — und zwar auf dem rechten Ufer, weil er hier die Operationslinien der schlesischen und Nordarmee durchschnitt — ihre Verbindungen rückwärts störte, wohl manchen Wagenzug aufhielt oder nahm, und so dem Feinde unberechenbare Schwierigkeiten bereitete. Die vier festen Plätze Magdeburg, Wittenberg, Torgau und Dresden, gewährten dabei die größte Leichtigkeit über den Strom zu gehen um nach den Umständen den Feind auch auf dem linken Ufer anzufallen.

Es würde zu weit führen hier die ganze Sammlung der Actenstücke einzurücken, aus denen diese Plane hervorleuchten. Man findet sie großen Theils in der Spectateur militaire benannten Sammelschrift abgedruckt — und einzelne, ergänzende wichtige Schreiben in Gouvion St. Cyr's und Marmont's Memoiren. Auf diese müssen wir verweisen. Da aber besonders der Spectateur in Deutschland wohl nicht jedem zur Hand ist, sei es vergönnt die schlagendsten Stellen aus Napoleon's und Berthier's Briefen auch hier mitzutheilen, auf daß sie als Anhaltspunkte dienen.

So läßt Napoleon am 10. dem Marschall St. Cyr durch Berthier schreiben: „L'empereur est à Wittenberg que S. M. a débloqué." (Hier ist wohl gemeint daß Napoleon mit der Spitze seines Heeres bei Wittenberg sei — ? — Auch das war eigentlich zur Zeit noch nicht der Fall.) — „L'armée de Silésie est en retraite de tous côtés sur la rive gauche. Demain S. M. obligera l'ennemi à recevoir bataille, ou à se laisser enlever ses ponts de Dessau et de Wartenbourg. Peut-être se décidera-t-elle alors à passer sur la rive droite avec toute son armée; c'est par la rive droite que l'empereur se portera sur Dresde."

Hier scheint noch die etwas unbestimmte Vorstellung zu herrschen, daß die Schlacht auf dem linken Ufer stattfinden könnte — und dann wohl vor der Roßlauer Brücke bei Dessau? — Eine bestimmtere Form nimmt der Doppelplan in den Briefen an, die Napoleon, gewiß später, da sie von drei und vier Uhr nach Mittag datirt sind, durch Maret demselben Marschall St. Cyr, und dem König Murat schreiben läßt. Da heißt es:

„Mandez-lui (dem Marschall) que ma tête sera aujourdhui
à Wittenberg; qu'il est possible que demain ou après-demain il
y ait bataille; que cet événement passé je retournerai sur lui —
qu'à tout événement je compte qu'il gardera Dresde — que, si
des événements quelconques arrivaient et qu'il ne pût pas tenir
à Dresde, ce qui, j'espére, n'aura pas lieu, le maréchal St. Cyr
peut se retirer sur Torgau par l'une ou l'autre rive; que s'il y a
bataille et que je batte l'ennemi ici, les Autrichiens rentreront
dans leurs frontières, et je me rapprocherai de Torgau par la
rive droite pour me mettre en communication avec lui, et aller
ensuite faire une visite à Berlin, mais après l'avoir dégagé. Si,
au contraire, il n'y a pas de bataille, il est très-possible que je
manoeuvre sur la rive droite de l'Elbe, parce que tous les projets de l'ennemi ayant été fondés sur des mouvements sur la
rive gauche, je veux aussi tomber sur sa ligne d'opérations, et
que la suite des événements d'aujourdhui et de demain peut être
incalculable."

Seinem Schwager Murat läßt Napoleon schreiben:

„Mon intention est, si le roi de Naples était obligé d'évacuer
Leipsic, de repasser l'Elbe avec toute mon armée, en jetant
l'armée de Silésie et de Berlin sur la rive droite, et prenant tout
le temps de la détruire; ou, si elle préfère abandonner les ponts
(also nur in diesem Falle; das ist gar sehr zu beachten) de la laisser
sur la rive gauche, et de prendre ma ligne d'opérations sur la
rive droite depuis Dresde jusqu'à Magdebourg."

Und ergänzend tritt dann noch ein Brief hinzu den Napoleon an
demselben Tage dem König Murat durch Berthier schreiben ließ:

„Vous écrirez au roi de Naples — — qu'une des deux
choses suivantes arrivera: ou que j'attaquerai demain l'ennemi
et je le battrai; ou, s'il se retire, je brûlerai ses ponts en me
portant sur la rive droite. Il doit manoeuvrer pour conserver
Leipzig et me donner le temps de battre l'armée de Silésie;
mais qu'obligé de quitter Leipzig, il doit tout diriger sur la
Mulde; que les ponts d'Eilenbourg et de Duben sont gardés;
que mon intention dans ce cas est de passer sur la rive droite

de l'Elbe et de manoeuvrer entre Magdebourg et Dresde, débouchant par une de mes quatre places pour surprendre l'ennemi."

Unerhörter Weise sagt Napoleon diesmal sogar in einem seiner bulletins etwas Wahres, denn folgende Worte aus dem bulletin das von den October-Ereignissen Rechenschaft gibt, stimmen in der That zu den erlassenen Befehlen:

„Après s'être ainsi emparé de tous les ponts de l'ennemi, le projet de l'empereur était de passer l'Elbe, de manoeuvrer sur la rive droite depuis Hambourg jusqu'à Dresde, de menacer Potsdam et Berlin, et de prendre pour centre d'opérations Magdebourg, qui dans ce dessein avait été approvisionné en munition de guerre et de bouche —."

Daß Napoleon die Verbindung mit Erfurt, und weiter mit Mainz, nöthigenfalls für eine Zeit lang aufgeben wollte, das läßt sich begreifen, da eben jetzt die letzten Verstärkungen, und die letzten Ersatzmannschaften die er von dorther erwartete, unter Augereau und Lefol in der Gegend von Leipzig eingetroffen waren. Wir dürfen sogar annehmen daß er wenig Gewicht darauf legte wenn auch die Verbindungen über Wesel zeitweise von den leichten Truppen, oder selbst einzelnen Heertheilen der Verbündeten, unterbrochen wurden; denn zur Zeit als der Feldzug begann hatte er selbst erklärt ihm liege nur daran nicht von der Elbe abgeschnitten zu werden.

Bei alle dem aber erscheint hier doch immer als der eigentliche Plan vorangestellt in erster Linie, derjenige, die schlesische und Nordarmee über die Elbe zurück zu manoeuvriren — zu schlagen — dann gegen die Hauptarmee unter Schwarzenberg umzukehren, sie nach Böhmen zurück zu werfen, und so wieder Herr des bisherigen Kriegsschauplatzes und der Verbindung mit Erfurt und Mainz zu werden. — Nur für den unglücklichen Fall daß dieser erste Plan mißlingt, an mancherlei durchaus nicht erwünschte Bedingungen geknüpft, erscheint der zweite daneben, Magdeburg zum Ausgangspunkt der künftigen Operationen zu machen.

So klar das Alles aber auch aus allen Briefen und Anordnungen hervorleuchtet, ist doch von Seiten der buonapartistischen Schriftsteller

der Versuch gemacht worden gerade an dieser Stelle einem der wunder=
barsten Phantasiegebilde Geltung in der Geschichte zu verschaffen. Und
zwar aus sehr nahe liegenden Gründen. Napoleon ist wegen seiner
Operationen in diesen Tagen viel getadelt worden. Man hat sein
Benehmen schwankend und unsicher genannt. Diesen Tadel siegreich
zu widerlegen muß er auch jetzt wieder auf dem Punkt stehen einen ge=
nialen, riesenhaften Plan auszuführen, der abermals unfehlbar den
glücklichsten Umschwung der Dinge bewirken und die Verbündeten dem
Untergang weihen mußte — wenn nicht auch diesmal wieder im Augen=
blick des Gelingens, ein seltsames Wunder von zufälligem Unheil
störend eingriff.

Napoleon selbst, in seinen sogenannten Memoiren, giebt vor er
wollte, nach dem Uebergang über die Elbe, auf Torgau, Wittenberg,
Magdeburg und Hamburg gestützt, den Krieg zwischen der Elbe und
der Oder führen; die Plätze an der Oder, nach den Umständen sogar
Danzig, Thorn (!) und Modlin entsetzen — (Le plan de Napoléon,
qu'il méditait depuis deux mois, était de repasser l'Elbe à Wittenberg et de marcher sur Berlin. Ce plan était de jeter les
alliés entre l'Elbe et la Saale : was er unmöglich seit zwei Monaten
meditirt haben konnte, da die Verbündeten erst seit sieben Tagen, sehr
gegen seinen Willen, diesseits der Elbe waren — nebenher vergißt er
auch daß er noch den Tag vorher auf eine Schlacht bei Düben ausge=
gangen war, um die schlesische Armee über die Elbe zurück zu werfen
— et manoeuvrant sous la protection des places et des magasins de Torgau, Wittenberg, Magdebourg et Hambourg, d'établir la guerre entre l'Elbe et l'Oder, — l'armée française pos-
sédait sur l'Oder les places de Glogau, Custrin, Stettin — et
selon les circonstances de débloquer les places de la Vistule,
Danzig, Thorn, Modlin).

Schon das geht über Alles was sich aus den vorliegenden Do=
kumenten wirklich entnehmen läßt, mit solcher Vermessenheit so weit
hinaus, daß das Ganze dadurch unwahr wird.

Vielen Anhängern Napoleon's aber — dem General Pelet z. B.
— genügt dies Vorgeben nicht einmal; sie gehen noch sehr viel weiter,
und schieben ihrem Helden Plane unter, von denen — der Actenstücke

ſtimmt, den ſicherſten Sieg aus den Händen zu geben. Wir ſtehen hier an einem Punkt wo die Zuverläſſigkeit der Memoiren aus St. He= lena ganz beſonders anſchaulich wird. Da wird berichtet: Schon waren die Brücken der Verbündeten bei Deſſau zerſtört, da — am 13. October alſo — bringt, nicht ein münchener Billet an Berthier, ſondern ein Brief des Königs von Württemberg, die Kunde daß Baiern untreu geworden iſt, und noch viele andere intereſſante Neuigkeiten; als zum Beiſpiel die, daß die bairiſche Armee unter Wrede mit einem öſterreichiſchen Heertheil vereinigt, bereits im vollen Marſch iſt nach dem Rhein, daß Württemberg durch ſolche Heeresmacht ſich ge= zwungen ſehe auch ſein Contingent dazu ſtoßen zu laſſen; daß man alſo darauf gefaßt ſein müſſe Mainz nächſter Tage von hunderttauſend Mann eingeſchloſſen zu ſehen. Das Alles meldet der König von Württemberg, und Napoleon erfährt es am 13. October auf dem Schloſſe zu Düben.

Nun wurde der zu Ried geſchloſſene Vertrag in Wahrheit aber erſt am 8. October unterzeichnet, erſt am 14. ratificirt; erſt am 17. October ſetzte ſich das vereinigte Heer unter Wrede vom Inn aus in Bewegung, und was den König von Württemberg anbetrifft, ſo iſt bekannt genug daß er erſt am 22. October in ſeinem Miniſter=Rath zu Stuttgart den Entſchluß faßte ſich vom Rheinbund los zu ſagen, und daß er ſich vollends erſt am 2. November dem Bündniß gegen Napoleon anſchloß.

Und dennoch verſchmäht es ein Mann wie Pelet nicht ſich dieſer überſchwenglichen Kühnheit der Behauptungen anzuſchließen; mit der einzigen Einſchränkung daß Baierns Untreue wahrſcheinlich auch den „Abfall‟ von Württemberg und Baden nach ſich ziehen werde.

Wir können aber keineswegs zugeben daß die ganz unerwartete Nachricht von Baierns „Untreue‟ — ein Ereigniß das Pelet ſelbſt, naiv genug, einen „entſetzlichen Theater=Coup‟ nennt (un terrible coup de théatre) — den herrlichen Ausſichten jenſeits der Elbe ein beklagenswerthes Ende machte. Daß Baiern unterhandle, das wußte Napoleon ſeit lange, daß der Abſchluß eines Vertrags ſehr ſchnell er= folgen könne, befürchtete man auch ſchon ſeit ein Paar Wochen, und es hatte ſich deshalb eine gewiſſe Beſorgniß in Napoleon's nächſter

Umgebung gezeigt. Besonders Murat, der mancherlei Nachrichten aus München erhielt, äußerte sich deßhalb ängstlich in seinen Briefen an Napoleon, und wir sehen daher den letzteren schon am 3. October, und dann später wiederholt bemüht diese Befürchtungen als unge= gründet abzuweisen. Die sichere Kunde aber daß der Vertrag zu Ried wirklich abgeschlossen sei, die erhielt Napoleon auch zu Düben nicht. Schon der Umstand daß er sie durch den König von Württemberg er= halten haben will, liefert den Beweis daß dem nicht so ist. Denn dieser König erhielt selbst die wichtige Nachricht erwiesener Maaßen erst verhältnißmäßig spät, und der Eilbote den er darauf unverzüglich an seine Truppen bei Napoleon's Heer sendete, traf erst am 19. Octo= ber bei denselben ein! — Dann aber auch hat Napoleon selbst — was wohl allein schon unbedingt entscheidend wäre — durch sein eigenes, gleichzeitiges Zeugniß die späteren, von St. Helena aus noch erweiterten Angaben im Moniteur widerlegt. Es war nämlich ein russischer, dem General Pozzo=di=Borgo beigegebener Beamter Namens Grafft, in diesen Tagen, wahrscheinlich am 12. in die Hände der Franzosen gefallen. Von Napoleon persönlich befragt, sagte er aus: die Verbündeten glaubten das französische Heer im Rückzug über die Saale; sie setzten große Hoffnungen auf Baiern, seien aber dieses Bündnisses noch nicht gewiß —: ein Nachsatz den Pelet, der dieses Gespräch und dessen Inhalt für seine Zwecke benützen will, natürlich unterdrückt. Dieses Gespräch theilt Napoleon am 13. seinem Minister Maret schriftlich mit, ohne dabei anderer Nachrichten zu gedenken die er etwa erhalten hätte*).

Ueberhaupt ist jetzt mit genügender Sicherheit festgestellt daß Na= poleon die sichere Kunde von dem wirklich geschlossenen Bündniß Baierns mit seinen Gegnern erst nach der Schlacht bei Wachau, am 17. October, und zwar durch den gefangenen Grafen Merveldt er= hielt. Wir haben dafür Merveldt's eigene Aussage**). Auch wissen wir weshalb Napoleon diese Nachricht erst so spät und nicht auf un=

---

*) Thiers, Histoire du Consulat et de l'Empire XVI. 340. — Spectateur militaire 1826, II, 25—26.

**) Sir Robert Wilson II, 172, amtliche Depesche an Lord Aberdeen.

mittelbarem Wege erhielt. Sein Gesandter in München Graf Mercy-
b'Argenteau hatte allerdings schon am 9. erfahren daß der Tractat
zu Ried den Tag vorher unterzeichnet worden sei, und sofort einen
Courier mit dieser wichtigen Nachricht an Napoleon abgefertigt, aber
dieser Eilbote war unterwegs von einer Streifschaar der Verbündeten
aufgehoben worden.

Uebrigens verwickeln sich die buonapartistischen Schriftsteller in
neue, unlösbare Schwierigkeiten, indem sie behaupten dieser Abfall
Baierns und die Gefahr eines Angriffs auf Frankreich die daraus hervorging, habe Napoleon gezwungen vom 13. October an auf Siege,
auf einen positiven Erfolg, zu verzichten, und nur noch an die Sicherung des Heeres und Frankreichs zu denken (il ne s'agit plus de
victoire et d'offensive, il s'agit du salut de l'armée et même
de l'Empire, wie Pelet sagt) — denn Napoleon war auch nach jenem
angeblich verhängnißvollen Tage immer noch sehr weit davon entfernt,
der Hoffnung auf einen positiven Erfolg, auf eine entschieden günstige Wendung der Dinge zu entsagen. So wenig daß er z. B. gar
nicht daran dachte St. Cyr aus Dresden abzurufen. Gerade die Aussicht auf einen solchen Erfolg war vielmehr, wie wir sehen werden,
das was ihn nach Leipzig zurückführte.

Was Napoleon wirklich that während seines Aufenthalts in
Düben, hatte natürlich nur zu dem eine Beziehung worum es ihm
wirklich unmittelbar zu thun war. Es hatte eben nur zum Zweck die
Verbündeten über die Elbe zurück zu manoeuvriren. Am ersten Tage
(10.) geschah sogar auffallend wenig. Nur ein sehr kleiner Theil der
Armee, nur Reynier mit seinem Heertheil und der Division Dombrowski
rückte in der Richtung auf Wittenberg bis Kemberg vor. Eine viel
größere Masse näherte sich der Brücke bei Wartenburg (nämlich die
Reiterei unter Sebastiani und Chastel die nach Trebitz kam; Bertrand
bei Schmiedeberg und Macdonald bei Pretsch) weil man in Napoleon's
Hauptquartier vermuthete Sacken könnte sich von Mockrena dorthin
zurückgezogen haben. In einer dritten Richtung ging Ney mit Souham's Heertheil und einem Theil der Reiter Arrighi's nach Gräfenhainchen vor, um den Feind bei Dessau zu beobachten. Die Garden

28*

und alle übrige Reiterei blieben unbeweglich um Düben, wo sich Mar=
mont mit ihnen vereinigte.

Die Befehle welche Napoleon am 11. erließ, beziehen sich nur
auf das Nächste, von weiter greifenden Unternehmungen jenseits der
Elbe ist nicht mehr die Rede; auch nicht mehr von einer Schlacht gegen
die schlesische und Nord=Armee, und das scheint uns beachtenswerth.
Reynier, Sebastiani, Chastel, trafen bei Wittenberg ein, gingen aber
erst gegen Abend durch diese Festung auf das jenseitige Ufer vor.
Thümen der mit 5000 Mann den Ort mehr beobachtete als einschloß,
konnte sich ohne sonderlichen Verlust nach Gribau in der Richtung auf
Koßwig zurückziehen. — Latour=Maubourg folgte Reynier's Zug bis
Kemberg, die Hälfte der jungen Garde unter Oudinot mußte zwischen
diesem Ort und Gräfenhainchen halten; — zur Rechten kam Bertrand
der abgetragenen Brücke bei Wartenburg bei Trebitz noch näher; Ney,
Macdonald, Marmont und die übrigen Garden blieben in ihrer frühe=
ren Stellung.

Hier wurde das kleine, von Wasser umgebene Schloß, keines=
wegs der Schauplatz leidenschaftlicher Scenen; es ging dort vielmehr
sehr still zu, und sogar ein wenig langweilig. Ein wirklicher Zeuge,
Major Odeleben, berichtet daß die Umgebung des Kaisers in Verlegen=
heit gerieth und nicht recht wußte womit sie der Langeweile dieser Tage
steuern sollte. „Ich sah den Kaiser damals," berichtet dieser Offizier,
„auf Nachrichten von der Elbe harrend, auf einem Sopha seines Zim=
mers ganz geschäftlos vor einem großen Tisch sitzen auf dem ein Bogen
weißes Papier lag, das er mit großen Fractur=Zügen, wie man sie
auf Geburtbriefen findet, erfüllte. Sein Geograph, Bacler d'Albe,
und noch ein anderer Mitarbeiter saßen eben so unthätig in den Ecken
des Zimmers, seiner Befehle wartend."

Uebrigens erwartete er Nachrichten aus der Leipziger Gegend mit
eben so vieler Spannung als die von der Elbe her. Schon am 10.
schrieb er an Maret die seltsamen Worte: es verlange ihn sehr zu wissen
ob die Hauptarmee der Verbündeten vorwärts gehe oder rückwärts —
und am 11. wieder: „Je n'ai pas de nouvelles de Leipzig depuis
celles que m'a apporté l'auditeur Maussion, et c'est pour en attendre que je reste ici."

Es mag zum Theil diese Geschäftslosigkeit gewesen sein die dahin führte daß Napoleon seine Lage und die möglichen Operationen — zwar nicht mit den abwesenden Marschällen, wohl aber mit einigen Generalen seines Hauptquartiers besprach, was am 11. oder am 12. früh gewesen sein muß. Was da zur Sprache kam und in welchem Sinn, darüber liegt das ganz unverdächtige Zeugniß eines unmittelbaren Theilnehmers an diesen Berathungen vor, des General-Lieutenants Rogniat nämlich, der als Chef der Ingenieure dem Hauptquartiere angehörte. Rogniat berichtet: „Wir waren nur einen Marsch von Leipzig entfernt; wir hatten gerade noch Zeit vor den Feinden dort einzutreffen, und ihre Vereinigung zu verhindern indem wir zwischen ihnen Stellung nahmen; oder wir konnten auch noch ein anderes Verfahren wählen; nämlich einer Schlacht ausweichen, indem wir bei Wittenberg auf das rechte Ufer der Elbe übergingen um bei Magdeburg wieder auf das linke Ufer zurück zu kehren. Napoleon schien zwischen diesen beiden Planen zu schwanken; gegen seine Gewohnheit fragte er einige Generale um ihre Meinung, und ich war von der Zahl. Wenn wir auf Leipzig marschirten waren wir in die Nothwendigkeit versetzt den beiden feindlichen Armeen, die sich einander schon sehr genähert hatten, eine Doppelschlacht zu liefern; wir handelten den Planen des Feindes gemäß; wir waren von allen unseren Vorräthen an Schießbedarf entfernt, und im Fall eines Rückzugs wurde der Uebergang über die Elster und Saale, der nicht durch Brückenköpfe gedeckt war, sehr bedenklich. Die zweite Operation ersparte uns den Uebergang über jene beiden Flüsse; wir näherten uns Magdeburg; einem großen Depot das uns reichlich mit aller nöthigen Munition versorgen konnte; wir gewannen eine neue Operationslinie, die Straße nach Wesel, besser gesichert und leichter zu decken als die nach Mainz; es hing von uns ab eine Schlacht anzunehmen oder zu vermeiden; unser Rückzug, wenn sich ein Unfall ergab, war gesichert; wir verstärkten uns durch das Corps bei Hamburg; wir verschafften uns die nöthige Zeit, die so verkehrter Weise in Dresden zurückgelassenen Truppen abzurufen; und endlich wir störten durch eine unerwartete Operation die Plane deren Ausführung der Feind seit einiger Zeit betrieb. Ueberwiegende Gründe schienen diesen zweiten Plan zu empfehlen;

der französische Feldherr (Napoleon) wählte den ersten."*)

Ein nächtliches Gespräch mit Marmont der am 10. spät Abends, wie öfter geschah, zu Napoleon beschieden wurde, hatte zu demselben Ergebniß geführt. Marmont will zunächst eine energische Offensive über die untere Saale empfohlen haben, oder, als zweiten Vorschlag, den Uebergang über die Elbe, um jedenfalls Magdeburg zum Ausgangspunkt aller weiteren Operationen zu machen, und auch ihm gegenüber blieb Napoleon bei dem Gedanken stehen, die Entscheidung bei Leipzig zu suchen. **)

Der Inhalt dieser Aussagen gewinnt schon dadurch eine entschiedene Glaubwürdigkeit, daß er vollkommen zu dem stimmt was wir aus den gleichzeitigen Aktenstücken entnehmen. — So also verhält es sich mit jener Empörung der Marschälle die ihrem Kaiser nicht mehr über die Elbe folgen wollten — einem Ereigniß von dem auch der Marschall St. Cyr nichts berichtet! — Daß Rogniat so wenig als St. Cyr oder Marmont von jenen riesenhaften Planen ein Wort weiß, oder von Nachrichten aus Baiern die zu Düben eine plötzliche Umwälzung bewirkten, das versteht sich von selbst!

Man kann es nur bedauern wenn selbst ernste Männer immer wieder die echten, zuverlässigen Quellen der Geschichte vernachlässigen, um einem Fain zu folgen — einem Pelet, der den nicht beneidenswerthen Muth hat zu behaupten die Wahrheit über die Kriege jener Zeit finde sich vorzugsweise in den Bülletins der französischen Armee; — oder nun vollends gar den Souvenirs du duc de Vicence recueillis et publiés par Agnes de Sor — einem Buch das notorisch in die Reihe der Pariser Fabrik-Memoiren gehört, wie sie dort von Literaten einer bekannten Kategorie, als Brodarbeit, auf Bestellung, für speculirende Buchhändler angefertigt werden!

Napoleon selbst entschied sich, gegen den Rath seiner schlachtenmüden Generale für den Zug nach Leipzig, unmittelbar zur entschei-

---

*) Rogniat, Considérations sur l'art de la guerre, S. 393. — Man vergleiche damit: Gouvion St. Cyr, mémoires IV, 229—232.
**) Marmont V, 270—273, 363.

benden Schlacht! — Wir können uns das sehr wohl erklären; was konnte erwünschter sein als, wenn der Kronprinz von Schweden über die Elbe zurückgegangen war, Schwarzenberg's Heer allein in den Ebenen von Leipzig zu treffen und zu schlagen; dazu schien die Gelegenheit sich jetzt zu bieten, denn war man von der Stellung der Verbündeten auch nicht genau unterrichtet, so war doch schon — selbst nach Pelet — ein Gerücht in das kaiserliche Hauptquartier gedrungen daß Blücher bei Halle über die Saale, der Kronprinz von Schweden über die Elbe zurückgegangen sei.

Und so sehen wir denn auch bereits am 12. October — zu einer Zeit wo selbst nach den Berichten der Buonapartisten keine verhängnißvollen Nachrichten aus Baiern eingetroffen waren — nicht nur jeden Gedanken an weitere Unternehmungen jenseits der Elbe ganz entschieden beseitigt, sondern auch den die Operationen gegen die Nordarmee mit Nachdruck noch etwas weiter zu verfolgen, und etwa irgend einen namhaften Vortheil über sie zu erkämpfen ehe man gegen Schwarzenberg umwendete. Der Zug gegen diesen wurde nun unmittelbar beabsichtigt und eingeleitet.

Zwar ließ natürlich Napoleon an diesem Tage die Unternehmungen an der Elbe durch einen Theil seiner Truppen noch fortsetzen —: aber sie hatten nur den beschränkten Zweck sich des Rückzugs der Nordarmee zu vergewissern oder ihn zu beschleunigen, und besonders die feindlichen Elb-Brücken zu zerstören, um die Verbindungen des Kronprinzen von Schweden mit den anderen Heeren der Verbündeten zu unterbrechen, und seine unmittelbare Rückkehr auf das linke Ufer des Stroms unmöglich zu machen. Das schien die nöthige Vorbedingung des Zugs gegen Schwarzenberg.

So erhielt Ney an diesem Morgen den Befehl, mit mehreren Heertheilen die an seine Befehle gewiesen sind, auf beiden Ufern der Elbe zugleich gegen Roßlau und die dortige Brücke vorzubringen. Reynier nämlich, Dombrowski und Sebastiani, sollen von Wittenberg auf dem rechten Ufer ihre Richtung dorthin nehmen, Ney mit den Truppen die er bei Gräfenhainchen hatte, über Dessau auf dem linken. Der Brückenkopf soll erobert und eingeebnet, die Brücke zerstört werden. Den General Bertrand mit seinem Heertheil, den

Napoleon in der Nähe von Wittenberg vermuthet, kann Ney, je nach
den Umständen auf dem linken Ufer verwenden, oder durch Wittenberg
den Truppen Reynier's nachsenden.   Napoleon verspricht sich zwar
„die allerglücklichsten Ergebnisse" von diesem Unternehmen, aber er
will dazu durchaus nicht mehr Truppen auf das rechte Ufer der Elbe
entsenden, als eben unerläßlich sind.   Macdonald erhält zwar den
Befehl bis an die Wittenberger Brücke zu marschiren, aber nur in
dem Fall hinüberzugehen daß Reynier sich nicht stark
genug glaubte des Feindes bei Roßlau Herr zu werden
(Macdonald — reçoit l'ordre de marcher jusqu'au pont, mais de
ne pas passer, qu'autant que le général Reynier le lui manderait
et ne se croirait pas assez fort).

Das ganze übrige Heer, bis auf Marmont, blieb unbeweglich
stehen; die unter Oudinot und Latour-Maubourg von Düben aus
gegen die Elbe vorgesendeten Abtheilungen erhielten sogar schon am
frühen Morgen die Weisung sich zum Rückmarsch bereit zu halten
(Toutes ces troupes doivent se tenir prêtes à revenir si elles en
reçoivent l'ordre) — Marmont aber mußte sich wirklich schon an diesem Tage den Feldern von Leipzig wieder um etwas nähern; er wurde
nach Hohenleina (zwischen Eilenburg und Delitzsch) in Bewegung gesetzt, wohin er jedoch erst am 13. früh gelangte.   Er sollte dort die
Stellung des französischen Heeres ergänzen, die von Dessau, über
Jeßnitz bis Borna, südlich von Leipzig (Stellung Murat's) reiche,
und hatte den Auftrag, einer feindlichen Heersäule die etwa von Halle
zum Angriff auf Leipzig vorgehen wollte, von Hohenleina aus in die
Flanke zu fallen; die Garden würden ihn nöthigen Falls von Düben
und Eilenburg aus unterstützen. — Also schon am 12. „um vier
Uhr früh" dachte Napoleon die Stirnseite seines Heers nicht mehr
gegen die Elbe gewendet, sondern gegen die Saale und die böhmische
Armee der Verbündeten. — Schon zu der Zeit glaubte er Blücher's
Heer bei Halle, oder in Bewegung dorthin, und hielt einen Angriff
von dort her auf Leipzig, in nächster Zeit für möglich.

Die Unternehmungen an der Elbe entsprachen ihrem unmittelbaren Zweck.   Tauentzien war schon über die Elbe zurückgegangen;
Ney warf jetzt seinen, auf dem rechten Ufer der Mulde aufgestellten

Nachtrab mit ansehnlichem Verlust auf Dessau zurück; Tauenzien ließ nun auch den Brückenkopf bei Roslau räumen, nachdem die Elb-Brücke theils aufgenommen, theils zerstört worden war. — Reynier konnte an diesem Tage auf dem rechten Ufer Roslau nicht erreichen, aber er zwang den General Thümen, nach sehr hartnäckigen Gefechten bei Griebau und Koswig, zum Rückzug bis Klieken. Bertrand und Macdonald gingen nicht über die Elbe. — Man glaubte bestimmter daß der Kronprinz von Schweden sich auf das jenseitige Ufer zurück-gezogen habe.

Da nun auch die erwarteten Berichte aus der Gegend von Leip-zig eingetroffen waren, und das Vorrücken Schwarzenberg's meldeten, erließ Napoleon in den Nachmittagsstunden (um 4 Uhr) wichtige Be-fehle, in denen seine damaligen Ansichten und Plane wieder sehr be-stimmt hervortreten.

Er meldet nämlich dem Minister Maret: seine entsendeten Gene-rale haben sich Roslau's bemächtigt; „der Feind hat also keine Brücke mehr über die Elbe. Man versichert mir daß der Kronprinz und die ganze Armee von Berlin (die Nordarmee) auf das rechte Ufer überge-gangen ist. Ich werde noch vor Mitternacht die Bestätigung dieser Nachricht erhalten, und dann, da ich mich auf diese Weise von 40 bis 50,000 Feinden befreit habe, werde ich mit meiner ganzen Armee gegen Leipzig hin Stellung nehmen, und dem Feinde eine Schlacht liefern." (On m'assure que le prince-royal et toute l'armée de Berlin ont passé sur la rive droite. Je recevrai avant minuit la confirmation de cette nouvelle; et alors, m'étant debarassé ainsi de 40 à 50,000 ennemis, je me placerai avec toute mon armée sur Leipzig, et livrerai bataille à l'ennemi.) — Das Nähere der Anordnungen ist jedoch von Bedingungen abhängig. Es frägt sich ob Murat Leipzig und die Gegend den 13. über halten kann gegen die verbündete Hauptarmee unter Schwarzenberg. Ist das möglich, dann will Napoleon noch in der Nacht Verstärkungen dahin senden (Mar-mont) und den Tag darauf mit dem gesammten Heere folgen. Im Fall aber Leipzig so lange nicht behauptet werden kann, soll Murat sich von dort an die Mulde zurückziehen; „ich werde dann meine Armee an der Mulde vereinigen; der König (Murat) wird bei Grimma und

Wurzen den linken Flügel bilden, die übrige Armee von Wurzen an bis Eilenburg und Düben. Ich werde dann in der Absicht manoeuvriren dem Feinde eine Schlacht zu liefern." (Je réunirai mon armée sur la Mulde, le roi formera la gauche à Grimma et Wurzen, et le reste de l'armée depuis Wurzen jusqu'à Eilenbourg et Düben. Je manoeuvrerai alors pour livrer bataille à l'ennemi.)

Es handelte sich also am 12. October nur noch darum ob die Schlacht gegen Schwarzenberg jenseits Leipzig geliefert werden sollte oder an der Mulde; ob noch Zeit genug blieb das Heer dort zu vereinigen, oder ob das hier geschehen mußte.

Genau dasselbe enthält der Brief den Napoleon gleichzeitig dem König Murat schreiben ließ. Nur geht noch daraus hervor daß es Murat war der zuerst von einem Rückzug an die Mulde gesprochen hatte, der für ihn nöthig werden könnte; — und bemerkenswerth ist ferner daß Napoleon die Armee die er bei Leipzig vereinigen wird, durch Augereau und die schon erwähnten Ersatz-Mannschaften verstärkt, in diesem Brief auf 200,000 Mann in Reihe und Glied (combattans) schätzt.

Uebrigens blieben diese Unternehmungen an der Elbe keineswegs ohne Folgen. Tauenzien ging in der Nacht (zum 13.) bis Zerbst zurück und das war ganz in der Ordnung. Nun aber ließ er sich verleiten an eine Gefahr zu glauben, deren Anschein sogar mit jedem Augenblick mehr und mehr verschwand, und in Gewaltmärschen auf denen er Thümen mit sich nahm, über Görzke und Potsdam nach Berlin zu eilen, um die Hauptstadt zu schützen. Er blieb eigentlich immerfort in Marsch von Roslau an, kaum Stunden wurde hin und wieder geruht — schlimme Wege, böses Wetter, kalte Herbstregen und dunkle Nächte, erschwerten das Unternehmen, und man muß gestehen daß diese Anstrengungen noch dazu gar nichts gefruchtet hätten, wenn wirklich Gefahr drohte, denn ein großer Theil der Mannschaft blieb übermüdet unterwegs liegen, und konnte erst viel später folgen — und was noch bei den Fahnen war als man am 15. Berlin erreichte, war in dem Grade erschöpft daß der Widerstand nur ein sehr geringer sein konnte, wenn ein ernster Angriff bevorstand. — Der Fürst Stscherba=

tow der unterdessen aus der Gegend von Bautzen nach Elster herangerückt, und als er dort keine Brücke und keine weiteren Befehle fand, nach Jüterbogk gegangen war, konnte dort ganz unangefochten stehen bleiben — und das war sehr natürlich, denn eben zur Zeit als Tauentzien seinen übereilten Zug begann, hatte auch Napoleon den Rückmarsch nach Leipzig bereits angetreten.

Ein preußischer Stabsoffizier, Major von Brebow, bei Dessau gefangen und in das große Hauptquartier gesendet, wurde noch in der Nacht von Napoleon selbst vernommen, und da dieser große Feldherr doch auch zuweilen, gleich anderen Sterblichen, etwas leicht hin glaubte was er sehnlich, vielleicht leidenschaftlich wünschte, entnahm er den Aussagen dieses Gefangenen, wie Ney's Berichten, die Ueberzeugung daß die gesammte Nordarmee den Rückzug über den Strom entschieden angetreten habe. — Gleich nach Mitternacht schrieb er denn auch dem Minister Maret: „Ney meldet mir daß man auf dem rechten Ufer ungeheure Colonnen von Gepäck und Artillerie-Parks gewahr wird, die stromaufwärts ziehen. Es ist also kein Zweifel mehr daß die ganze preußische Armee auf das rechte Ufer zurückgegangen ist." (Il n'y a donc plus de doute que toute l'armée des Prussiens a repassé sur la rive droite.) — Da von der anderen Seite her Murat inzwischen gemeldet hatte, daß er die Stellung bei Kröbern, südlich von Leipzig, den 13. über behaupten werde — (Le roi de Naples occupe la position de Grosbern — d. h. Kröbern — où il me mande qu'il tiendra la journée de demain 13.) — da rechnete Napoleon schon am Abend des 12. auf alle diese Nachrichten hin, mit Bestimmtheit darauf, daß die Schlacht die er suchte, bei Leipzig stattfinden würde. In diesem Sinn erließ er an den Marschall Marmont (den 12. um eilf Uhr Abends) den bestimmten Befehl auf Leipzig zu marschiren, um die Stadt nöthigen Falls decken zu können — wie sich ergiebt, gegen einen möglichen Angriff von Halle her; im Uebrigen soll er sich unter Murat's Befehle stellen. *)

Napoleon's Zweck schien erreicht, er konnte sich getrost gegen die verbündete Hauptarmee wenden. Doch aber war er noch nicht eigent-

---

*) Marmont, Mémoires V, 365—366.

lich im Besitz der Brücke bei Roslau, und auch die bei Aken hätte er
gern zerstört; darum mußte ein kleiner Theil seines Heeres auch am
13. noch bis dorthin vorgehen, während die Garden, Marmont, Bertrand und Latour-Maubourg schon früh um 5 Uhr den Befehl erhielten nach Leipzig aufzubrechen.

Reynier war es der mit seinem Heertheil gegen Aken vorgehen
sollte, und Macdonald der ihm von allen Generalen zunächst stand,
nämlich bei Pratau dicht an der Elb-Brücke bei Wittenberg, mußte sich
fürs Erste noch bereit halten ihm, falls es nöthig werden sollte, zu
folgen um ihn zu unterstützen. Ney erhielt den Befehl sich auf dem
linken Ufer des Brückenkopfes bei Roslau zu bemächtigen.

Schon um 1 Uhr in der Nacht hatte Napoleon den Generalen in
diesem Sinn schreiben lassen: „Wenn es nöthig ist muß der
Herzog von Tarent (Macdonald) heute, 13., mit Tagesanbruch über
die Elbe gehen, um den Befehl über die Generale Reynier, Dombrowski
und Sebastiani zu übernehmen, und den Feind lebhaft zu drängen, so
daß man sich der Brücken bei Roslau und der bei Aken bemächtigen
kann." (S'il est nécessaire aujourdhui, 13, le duc de Tarente doit
passer l'Elbe à la pointe du jour, pour prendre le commandement
du général Reynier, du général Dombrowski, et du général Sé-
bastiani, et pousser l'ennemi rigoureusement, de manière à s'em-
parer des ponts de Roslau, et de ceux d'Aken.)

Weitere Befehle wurden in diesem Schreiben vorbehalten, und sie
erfolgten dann auch, in einem zweiten Brief Napoleon's der „Düben,
13. October, 6 Uhr früh" datirt ist; da heißt es: „Ich setze voraus
daß der General Reynier mit Tagesanbruch Herr der Brücke (bei Roslau) sein, und Nachrichten von dem haben wird, was bei Aken vorgeht.
— Wenn Sie (Macdonald) voraussehen daß Sie dem General Reynier
nicht unentbehrlich sind (si vous prévoyez ne pas être indispensable
au général Reynier) müssen Sie sich, mit dem General Sebastiani,
auf Düben zurückwenden." — Reynier soll ebenfalls, und zwar über
Wittenberg zurückkehren, sobald seine Operation beendigt ist, um an
der Hauptschlacht Theil zu nehmen, die wahrscheinlich bei Leipzig
stattfinden wird.

Pelet behauptet nur Murat der keine Nachrichten sandte, sei

Schuld daß der große Plan nicht schon den Tag vorher ausgeführt wurde, aber nun endlich, da man über Alles gehörig orientirt war, am 13. früh, sollte der entscheidende Schlag fallen; um 1 Uhr in der Nacht werden die Befehle über die Elbe zu gehen dem Marschall Macdonald gesendet! — Aber, da kommt der entsetzliche Theater-Coup — il ne s'agit plus d'offensive et de victoires — il ne s'agit plus que de sauver l'armée et même l'empire — alle Befehle werden vier Stunden später zurückgenommen, Alles in schleunige Bewegung nach Leipzig gesetzt!

Um aber das Thema, daß der angebliche große Plan erst an diesem Morgen aufgegeben wurde, irgend wie durchführen zu können, muß General Pelet diesen Plan unvermerkt, und ohne den Leser ausdrücklich darauf aufmerksam zu machen, in einen ganz anderen verwandeln. Es ist jetzt nicht mehr Napoleon's gesammtes Heer das über die Elbe gehen soll um jenseits, die Stirn nach Frankreich gewendet Stellung zu nehmen —: Napoleon bleibt an der Mulde stehen; Macdonald allein soll über die Elbe gehen — Berlin erobern — die Festungen an der Oder und an der Weichsel befreien — Polen in Aufstand bringen, alle Wunder bewirken! — Das Alles mit seinem eigenen und Reynier's Heertheil, Sebastiani's Reitern, den Divisionen Dombrowski und Chastel, also mit ungefähr 40,000 Mann —: einer Heeresmacht der schon Tauenzien im Verein mit Thümen, Estscherbatow und den Ersatzmannschaften und Genesenen, die von Berlin aus sogleich an die Nuthe und Notte vorgesendet wurden, so ziemlich gewachsen war. Konnte sie vollends, wie Napoleon zuversichtlich glaubte, dort auf die gesammte Nordarmee treffen, dann war sie jenseits des Stroms auf eine sehr bescheidene Rolle angewiesen, und durfte sich schwerlich sehr weit über den Bereich der schützenden Kanonen von Wittenberg hinaus wagen.

Aber Pelet muß sich auch mit den Actenstücken kühne Freiheiten nehmen, die in der That wohl nicht gestatten ihn selbst für getäuscht zu halten. Er übersieht geflissentlich daß Reynier's Unternehmungen nach den ausdrücklichen Worten Napoleon's nur auf die Brücken bei Roßlau und Aken gerichtet sind; daß Macdonald's Uebergang an sehr bestimmte Bedingungen geknüpft ist, und nur stattfinden soll wenn es durchaus nöthig — wenn es unerläßlich ist; wenn Reynier dieser Hülfe durchaus bedarf um der Brücken Herr zu werden —: und er verschweigt daß dieser Befehl noch um 6 Uhr früh — eine Stunde nachdem alle übrigen Heertheile die Weisung erhalten hatten, nach Leipzig aufzubrechen, — ganz in derselben Weise wiederholt wird. Freilich durfte Pelet das nicht verrathen, denn schon aus diesem Umstand allein geht sehr entschieden hervor daß nicht von Einem Plan die Rede ist der aufgegeben wurde, und von einem Anderen der an dessen Stelle trat, sondern von verschiedenen Elementen eines und desselben Plans, in den Reynier's Marsch auf Aken, und dessen mögliche Unterstützung durch Macdonald so gut gehörte wie der Zug nach Leipzig.

Während Ney erst gegen Abend den verlassenen Brückenkopf besetzte, rückte Reynier denn auch wirklich schon früher am Tage nach Roßlau, und sendete von dort eine Abtheilung, größtentheils Reiterei, gegen Aken, wo sich jetzt, außer der Division Hirschfeldt, auch der General Rauch befand, der mit einigen preußischen Landwehr-Bataillonen den Brückenzug und die Reserve-Munition der schlesischen Armee von Wartenburg hierher gebracht hatte. Hirschfeldt, der auf dem linken Ufer in dem Brückenkopf stand, ließ die Brücke abbrechen als der Feind jenseits des Stroms erschien; es kam nur zu einer unbedeutenden Kanonade. — Erst als diese Operation somit für beendet gelten konnte, erhielten Reynier, Ney und Macdonald (der nicht über die Elbe gegangen war) den Befehl der übrigen Armee nach Leipzig zu folgen.

Seltsamer Weise trug gerade diese vorübergehende Erscheinung des Feindes vor der Brücke bei Aken auch etwas dazu bei daß die Wünsche und Hoffnungen, welche Napoleon mit den Demonstrationen an der Elbe verband, nicht vollständiger in Erfüllung gingen — woran eigentlich so sehr viel nicht fehlte!

In Blücher's Hauptquartier freilich ließ man sich nicht irre machen, und glaubte nicht daß Napoleon's drohende Bewegungen zur That werden könnten. Aber während man hier vorzugsweise damit beschäftigt war die wirkliche Lage des Feindes bei Düben und Leipzig zu erkunden, und die Verbindung mit der böhmischen Armee aufzusuchen, sah es zu Rothenburg, bei dem Kronprinzen von Schweden

weit anders aus! — Hier war Alles in großer Aufregung; Einige
glaubten Napoleon im Marsch nach Magdeburg, Andere sahen ihn
schon im Geist mit Davoust vereinigt, oder vor den Thoren von Berlin, ja vor denen von Stralsund; selbst der Entsetzung der Oder-
festungen wurde gedacht, und eines möglichen Zugs nach Polen. Vor
allen aber zeigte der Kronprinz selbst die größten Besorgnisse; so daß
der preußische Commissair in seinem Hauptquartier, General Krusemark, sich veranlaßt sah dem General Blücher zu schreiben: „Es wäre
ein sehr verdienstliches Werk, den gesunkenen Muth des gnädigen Herrn
zu heben, denn schon glaubt er Alles verloren."

In der That führte Bernadotte sein Heer (am 13.) nach Köthen; er
wollte bei Aken über die Elbe zurück — aber nicht allein! Blücher sollte
ihm folgen. Zweimal schrieb er deshalb an einem Tage; vier französische
Armee-Corps seien schon, unter Napoleon's persönlicher Führung jenseits der Elbe; diese außerordentliche Begebenheit zwingt auch ihn
über den Strom zurückzugehen; über Aken, den einzigen Punkt der
ihm bleibt, da Roslau schon verloren ist; „Ich habe keinen Augenblick
zu verlieren; ich beschleunige den Marsch meiner Truppen, um zu versuchen den Uebergang ohne Unfall auszuführen." (Je n'ai pas un
moment à perdre; je fais accélérer le mouvement de mes troupes
pour tâcher d'effectuer mon passage sans accident.) Und dann
wieder, in einem zweiten Brief die französischen Garden seien in
Dessau: „Sie sehen die Minuten sind kostbar, wir haben nicht einen
Augenblick zu verlieren, um uns zu vereinigen; ich mache die Bewegung auf Köthen; ich weiß nicht ob ich Zeit haben werde sie zu beendigen." (Vous voyez que les momens sont précieux et que nous
n'avons pas un instant à perdre pour nous réunir; je fais mon
mouvement sur Coethen, je ne sais si j'aurai le temps de le ter-
miner.) — Blücher soll sich ihm anschließen zu diesem ruhmvollen
Zug, und da man allerdings voraussetzen mußte daß der preußische
Feldherr das aus freier Wahl nicht thun werde, machte ihm der Kronprinz bekannt, der Kaiser Alexander habe versichert auch die schlesische
Armee werde vorkommenden Falls unter den Befehlen des schwedischen
Prinzen stehen; Blücher möge daher diese „invitation" als einen Befehl ansehen.

Bernadotte sagte damit nicht eigentlich die Unwahrheit. Er hatte sich nämlich in Trachenberg nicht durchaus zufrieden mit der Rolle gezeigt, die ihm zugewiesen war, mit dem Oberbefehl über die Nordarmee; er hatte mehr erwartet; vielleicht daß die Leitung aller verbündeten Heere in seine Hand gelegt werde. Um Bemerkungen und Winken dieser Art ein Ende zu machen, hatte der Kaiser Alexander zuletzt höflich geäußert, es verstehe sich von selbst daß auch andere Truppen, sobald sie in unmittelbarer Gemeinschaft mit der Nordarmee handeln sollten, unter den Befehlen des Kronprinzen stehen würden. — Aber Blücher wußte darum nicht, und war durchaus nicht geneigt sich unter einen so bedenklichen Oberbefehl zu stellen.

In der Antwort Blücher's, die Müffling nicht ohne Gewandtheit entwarf, wurde dieser schlimme Punkt ganz mit Stillschweigen übergangen, dagegen dem Kronprinzen vorgehalten daß man auf sein Verlangen schon manches Schwierige übernommen, manches Opfer gebracht habe; daß man nämlich auf sein Verlangen an die Saale gerückt sei, und eingewilligt habe die Stellung auf dem rechten Flügel einzunehmen. Durch des Kronprinzen Rückzug werde sich nun die schlesische Armee ganz von der Elbe abgeschnitten sehen, und in dieser Lage bleibe für sie nichts anderes übrig als — sich der böhmischen Armee unter Schwarzenberg anzuschließen. Schon habe Blücher seinen ersten Adjutanten an den Kaiser Alexander gesendet, und erwarte dessen Befehle. — Zweierlei wurde dann hinzugefügt um dem Kronprinzen selbst Bedenken zu erregen —: die eben eingelaufene Nachricht von dem geschlossenen (noch) nicht ratificirten) Bündniß mit Baiern, und die Bemerkung: man sehe nicht wie der Kronprinz von Schweden jenseits des Stroms, zwischen die Elbe, Magdeburg, die Havel und den Feind eingeklemmt verfahren könne.

Wirklich sendete Blücher den Grafen Golz in das Hauptquartier des Kaisers Alexander um die Nachricht dorthin zu bringen, daß Napoleon aller Wahrscheinlichkeit nach sein Heer bei Leipzig vereinigen werde, da er, nach der Aussage eines gefangenen höheren Offiziers, die Nordarmee und die schlesische über die Elbe zurückgegangen glaube — und Marmont schon von Delitzsch nach Taucha in Bewegung sei. Die Hauptarmee müsse sich also auf einen Angriff gefaßt machen.

Der Kronprinz von Schweden aber betrieb den Rückzug über die Elbe mit Leidenschaft. Eigenmächtig hielt er den General Rauch, der dem schlesischen Heer folgen wollte, bei Köthen an, und verlangte er solle an die Elbe, nach Aken zurückkehren, um dort mit seinen preußischen Pontons eine zweite Brücke, und zu deren Schutz auf dem rechten Ufer einen Brückenkopf zu bauen. Das ließ sich so schnell nicht machen — und glücklicher Weise hatte Hirschfeldt die frühere Brücke so eben abbrechen lassen. — Einer Andeutung Sir Robert Wilson's zufolge, der sich auf Aeußerungen des Grafen Golz beruft, könnte man glauben daß dies im äußersten Fall möglicher Weise geschehen wäre, selbst wenn sich kein Feind in unmittelbarer Nähe gezeigt hätte, und zwar um auf diese Weise den Rückzug der Nordarmee unmöglich zu machen. Wie dem auch sei, der Kronprinz konnte nicht sofort über den Strom — und sprach sich sehr leidenschaftlich über alle die aus, die ihn veranlaßt hatten „alle Regeln der Kriegskunst zu vernachläſſigen" und an der Elbe zu verweilen [*]).

Dazwischen kam nun ein Augenblick des Schwankens. Blücher's Wink scheint einen gewiſſen Eindruck gemacht zu haben, und in dem Geiste des Kronprinzen erwachte die Vorstellung, es könne sich wohl am Ende wirklich eine bedeutende feindliche Heeresmacht jenseits der Elbe befinden; der zu begegnen, vollends allein, trug er natürlich kein Verlangen — und da ließ er in der Nacht (zum 14.) dem General Rauch schreiben, sobald die Brücke fertig sei — die dennoch geschlagen werden sollte — wolle er — nach Halle marschiren! — um sich dort hinter der schlesischen Armee, fern vom Feinde aufzustellen.

Aber die Täuschung konnte nicht lange währen; die Nachrichten, die einliefen, ließen deutlich erkennen daß alle Unternehmungen des Feindes jenseits der Elbe bloße Demonstration und leerer Schein seien —: da kehrte der Kronprinz entschiedener als je zu dem Entschluß zurück nun dennoch über den Fluß zurückzugehen. Alle Botschaften aus Blücher's Hauptquartier, und die Beredsamkeit des englischen Commiſſairs, Sir Charles Stewart, der in Auftrag und Namen aller Militair-Gesandten sämmtlicher Verbündeten sprach, blieben lange Zeit

---

[*]) Sir Robert Wilson II, 161, 450.

vollkommen fruchtlos, so sehr auch immer neue Meldungen von den Vortruppen, welche die wahre Lage der Dinge immer klarer enthüllten, und die er zum Theil in Gegenwart dieser Herren empfing, den Kronprinzen in sichtbare, nicht zu verbergende Verlegenheit versetzten. Erst als auch die Stimmen eines zusammenberufenen Kriegsraths ihm den Rückzug unmöglich machten, kündigte er den Entschluß an — nicht etwa nach Leipzig — sondern nach Halle zu marschiren. Aber er verschob auch jetzt noch die Ausführung auf den folgenden Tag — den 15. October.

So war denn endlich einige Aussicht da, daß man sich auch von dieser Seite dem Felde der Entscheidung bei Leipzig nähern werde, das die böhmische Hauptarmee von der anderen Seite, wenn auch langsam, in immer engeren Kreisen umschloß. —

Wir haben diese am 7. October in Stellungen verlassen deren zahlreiche Staffeln sich von Altenburg über Chemnitz bis Kommotau ausdehnten. Was das österreichische Hauptquartier sich bei dem Zug nach Sachsen dachte und weiter vorhatte, war dem englischen General Wilson unter dem Siegel der Verschwiegenheit anvertraut worden, und er theilte das Geheimniß — als solches — (am 5.) dem englischen Botschafter, Lord Aberdeen, amtlich in folgenden schriftlichen Worten mit:

„Es ist noch nicht gewiß ob wir vorwärts gehen oder uns zurückziehen werden. Man wird Bewegungen machen um zu ermitteln ob Blücher und der Kronprinz über die Elbe gegangen sind oder nicht, und was für Gründe eine Aenderung ihrer Plane herbeigeführt haben könnten. Wenn der Feind die Offensive ergreift, werden Wittgenstein, Moritz Liechtenstein, Kleist und Klenau sich linkshin auf Hof zurückziehen, um in der Absicht gegen rechte Flanke und Rücken des Feindes zu wirken, auf diesem Weg nach Böhmen zurück zu kehren, während Gyulai und Merveldt auf Kommotau zurückgehen, um sich mit den russischen Reserven und Bennigsen's Armee zu vereinigen. Sollte der Feind bei Dresden weichen" (d. h. Dresden aufgeben) „dann würde ein beträchtlicher Heertheil (a large corps) nach Bayreuth entsendet werden, während in der Mitte eine Bewegung (a central movement) auf Leipzig ausgeführt würde, und Bennigsen seinen rechten Flügel auf der Straße von Dresden her heranbrächte."

„Sie müssen sich erinnern daß wir eine offensive Demonstration gemacht haben, um Blücher und den Kronprinzen zu unterstützen. Ohne jene helfende Bewegung" (d. h. beider Uebergang über die Elbe) „ist diese Armee nicht stark genug in Sachsen eine Schlacht gegen die Gesammtmacht des Feindes zu wagen. Unser Vorschreiten muß daher durch das Thun und Lassen derer geregelt werden, zu deren Gunsten wir drohen, und deren Mitwirkung wir bedürfen um zu handeln."

Den Kaiser Alexander, der sein Hauptquartier nach Marienberg verlegen wollte, ließ der Fürst Schwarzenberg schriftlich ersuchen noch ein Paar Tage weiter rückwärts in Böhmen zu verweilen. Die Gründe waren: daß es den Verbündeten in der allgemeinen Meinung schaden würde, wenn der Kaiser sich etwa unmittelbar nach seiner Ankunft wieder auf den Rückweg begeben müßte. Der Feind würde dann vorgeben er habe einen wirklichen Versuch nach Sachsen vorzudringen vereitelt, während die Operationen, wenn die Monarchen zu Kommotau blieben, das Ansehen eines bloßen Manoeuvres behielten *).

So schwankend und zweifelhaft standen die Sachen. Toll's Ad=jutant bemerkt zum 7. October in seinen Aufzeichnungen: „In dieser Stellung würden wir ohne Zweifel einige Zeit zugebracht haben, bei der Unschlüssigkeit des Fürsten Schwarzenberg — aber die Nachricht von Blücher's glänzendem Erfolg weckte ihn aus dem Schlummer." — Es war die Botschaft von dem Treffen bei Wartenburg die hier eintraf.

Indessen reichte die neu erwachte Thätigkeit doch nicht weiter, als daß man am folgenden Tag den Feind bei Schellenberg angreifen wollte, der den General Murray geworfen hatte, wobei man denn durch die Entdeckung überrascht wurde daß dort kein Feind mehr sei. Im Uebrigen vereinigte sich die gesammte österreichische Armee des rechten Flügels (Klenau, Gyulai, Merveldt und der Prinz von Homburg) an diesem Tage bei Chemnitz, die Reserven unter Barclay rückten nach Sebastiansberg. Der Fürst Schwarzenberg verweilte erst einige Zeit

---

*) Sir Robert Wilson II, 438, 440.

auf dem Schloß Augustusburg und verlegte dann sein Hauptquartier nach Chemnitz.

Aus diesem Ort schrieb Toll dem Fürsten Wolkonsky: „Um die Verpflegung und die Requisitionen der verschiedenen Gegenstände welche die verbündete Armee bedarf, zweckmäßig zu ordnen, halte ich es für unerläßlich hier (in Sachsen) eben so wie im Herzogthum Warschau geschehen ist, eine provisorische Militair-Verwaltung einzurichten. Die Beamten welche diese Verwaltung bildeten, müßten dem Hauptquartier des Fürsten Schwarzenberg folgen, und sich in dem Maaße wie man in was immer für einen neuen Landstrich einrückt, mit der Einrichtung provisorischer Hospitäler und Magazine — so wie mit den Requisitionen von Mänteln, Stiefeln und anderen Erfordernissen, beschäftigen. — Der General-Major Cancrin*) scheint mir ein vorzugsweise dazu geeigneter Mann. Zur Hülfe müßte man ihm zwei oder drei Beamte beigeben, und diese würden wohl die Oesterreicher von ihrer Seite ihm überweisen. Das Hauptquartier des Fürsten Schwarzenberg ist heute hier eingetroffen, und wird auch morgen — den 9. — hier bleiben. Die Truppen aber setzen ihre Bewegungen fort wie ich schon in meinem letzten Rapport gemeldet habe."

Es ist fast seltsam zu nennen daß man an solche Verwaltungs-Einrichtungen noch nicht gedacht hatte; daß Toll der Erste sein mußte der daran erinnerte! — Jedenfalls beweist dies Schreiben daß nach Toll's Ueberzeugung jede Möglichkeit, daß man noch einmal nach Böhmen zurückgedrängt werden konnte, ganz ausgeschlossen war.

Auch der Kaiser Alexander war nicht zufrieden mit der schüchternen Langsamkeit aller Bewegungen, und besonders damit nicht daß seine Garden und Grenadiere auf dem Kamm des Gebirges zurückbleiben sollten. Das untersagte er geradezu. Er ließ darüber dem General Toll durch Wolkonsky schreiben (am 8.) —:

„In Antwort auf Ihren heutigen Rapport aus Augustusburg, benachrichtige ich Sie daß das Grenadier-Corps und die 3. Kürassier-Division morgen bei Zschopau eintreffen, die Garden aber bei Marienberg. Bennigsen greift heute an, wovon ich den Fürsten Schwar-

---

*) Der nachherige Finanz-Minister.

zenberg schon benachrichtigt habe; in Folge Ihres Berichts ist ihm
befohlen worden sobald der Feind, der vor ihm steht, zurückgetrieben
ist, den General Colloredo über Dippoldiswalde nach Freiberg mar=
schiren zu laffen; dessen Vortrab bildet der Gen.=M. Knorring. —
Schreiben Sie wo sich der Feldmarschall befindet, denn der Kaiser
wünscht ihn zu sehen und will sich morgen zu ihm nach Chemnitz be=
geben. — Sagen Sie dem Feldmarschall es sei dem Kaiser nicht ge=
nehm daß die Garden das österreichische Fußvolk bei Baßberg (Se=
bastiansberg) ablösen, das Grenadier=Corps aber sei an Baßberg schon
vorüber marschirt, weshalb Seine Majestät glauben daß die dortigen
Verschanzungen durch österreichische Landwehren besetzt werden könnten,
da sie jetzt schon hinter der Armee liegen."

Es fehlte auch sonst nicht an Veranlassungen rascher vorwärts
zu schreiten. Als Schwarzenberg eben in Augustusburg eingetroffen
war, erhielt er die Nachricht daß Napoleon sich von Dresden die Elbe
abwärts mit seiner Hauptmacht gegen Blücher gewendet habe. Man
glaubte sogar zu wissen daß auch Victor und Lauriston gegen die
schlesische Armee in Bewegung seien; daß somit in der Richtung auf
Leipzig, nur Poniatowski mit sehr geringer Macht der Hauptarmee
gegenüberstehe. In einer Berathung, die auf dem genanuten Schlosse
gehalten wurde, war man, unter diesen Bedingungen, darüber einver=
standen daß nun die Zeit zu entscheidenden Operationen gekommen sei,
und es wurde beschlossen in Eilmärschen auf Leipzig
vorzubringen — wo man sehr bald sein konnte, wenn das ausge=
führt wurde. — Fürst Schwarzenberg verlegte in Folge dessen sogleich
sein Hauptquartier nach Chemnitz. — Dieser Entschluß aber, wie wir
sehen, gar sehr erleichtert durch die im Augenblick geltenden Voraus=
setzungen, erforderte eben deßhalb keinen sehr hohen Grad von Energie,
und verbürgte ihn auch nicht. — Vielmehr ließ sich schon aus der Art
wie er veranlaßt war, so ziemlich folgern, daß er sehr leicht wieder
wankend werden konnte, sobald die wirkliche Lage der Dinge sich auf=
klärte.

Zunächst freilich, war auch die Instruction welche Toll am fol=
genden Tag (9.) in Schwarzenberg's Namen und mit dessen Unter=
schrift, dem Grafen Platow ertheilte, im Sinn dieser Beschlüsse gehalten.

Eben durch drei Kosacken=Regimenter von Bennigsen's Heer verstärkt, wurde Platow angewiesen zwei Schwadronen österreichischer (Palatinal) Husaren, die ihm bisher gefolgt waren, wieder an Klenau's Heertheil zurückzugeben. Blücher's Sieg bei Wartenburg und Napoleon's Marsch stromabwärts wurden dem Ataman bekannt gemacht; Napoleon's Absicht die schlesische Armee mit Uebermacht anzugreifen, gehe auch daraus hervor daß Victor's und Lauriston's Heertheile sich von Oederan und Freiberg nach Mitweyda und Waldheim gezogen hätten. (Dort also, auch im Marsch gegen Blücher, vermuthete man sie.) — Die Armee stehe bei Altenburg und Chemnitz, ihr Marsch gehe auf Leipzig. Unter diesen Umständen soll nun Platow mit seinen Kosacken, von Pegau aus nach Koldiß, Grimma oder Wurzen eilen; an diesen Punkten hat der Feind (Victor und Lauriston natürlich) durch schwierige Defiléen zu gehen, und Platow wird ihn da mit Vortheil angreifen können. — Nebenher soll er durch einen gewandten Offizier mit einer wenig zahlreichen Streifschaar dem Kronprinzen von Schweden den mündlichen Bericht senden daß die Hauptarmee auf Leipzig ziehe; Schriftliches aber nichts mitgeben, damit dem Feinde nichts in die Hände fallen könne [*]).

Hat der Kronprinz diese Botschaft erhalten? — Wir wissen es nicht; wohl aber daß in diesen Tagen, wahrscheinlich am 10. (spät am Tage), ein schwedischer Rittmeister Flemming, von ihm gesendet, bei dem Fürsten Schwarzenberg eintraf. Es versteht sich übrigens von selbst daß Platow jenen Befehlen nicht nachkommen konnte, da die Umstände sich bald ganz anders erwiesen.

Selbst unter dem Einfluß jener ermuthigenden Voraussetzungen, denen zu Folge man bis Leipzig gleichsam einen fast leeren Raum vor sich zu haben glaubte, ging die böhmische Armee in der That doch nur zaudernd vorwärts. Die Thätigkeit erstreckte sich am 9. nicht weiter als daß Wittgenstein und Kleist sich hinter Borna vereinigten, und dies Städtchen durch ihren Vortrab besetzten, (was sie auf ihre eigene Hand thaten, ohne dazu den Befehl von Schwarzenberg zu haben) — daß ferner die russischen Grenadiere und die 3. Kürassier=Division bis

---

[*]) Beilage 10.

Zschopau, die Garden bis Marienberg vorrückten, und Klenau's Vortrab unter dem F.=M.=L. Mohr, die Stadt Penig angriff, die noch
von dem Nachtrab der Polen gehalten wurde.

Es gelang Penig durch eine Umgehung mit 2 Bat., 2 Schwadr.
über Lunzenau, zu nehmen; die Stadt wurde besetzt, der Feind noch
gegen Rochlitz verfolgt. — Toll, der sich zu Mohr begeben hatte um
dem Unternehmen auf Penig beizuwohnen, und Nachrichten einzuziehen, ritt in das Städtchen ein sobald der Feind es verlassen
hatte, und dann, von seinen Offizieren begleitet, zu den Vorposten
die jenseits ausgestellt wurden. Auf der Straße nach Frohburg bemerkte man einen großen Wagen, der von mehreren Leuten zu Fuß
begleitet heranfuhr. Als man ihm näher kam, gewahrte man mit
großer Verwunderung daß es die Feld=Apotheke des Poniatowski'schen
Corps war, die von drei Aerzten geleitet, nach Penig fuhr; die Herren
waren so überzeugt diese Stadt noch von den Ihrigen besetzt zu finden,
daß sie, französisch angeredet, die russischen Uniformen Toll's und
seiner Umgebung gar nicht beachteten, und mit Offizieren ihrer eigenen Armee zu sprechen glaubten, bis sie, zu ihrer sehr unangenehmen
Ueberraschung, als Gefangene österreichischen Husaren überwiesen
wurden.

Toll war aber in anderer Beziehung nicht sehr befriedigt von
diesem Ritt. „Wir hatten hier wieder Gelegenheit die Saumseligkeit
der Oesterreicher wahrzunehmen, bemerkt sein Adjutant: anstatt den
weichenden Feind lebhaft zu verfolgen, begnügen sie sich damit die
Vorposten weiter vorzuschieben.“

Der Kaiser Alexander kam an diesem Tage wirklich nach Chemnitz,
sich mit Schwarzenberg zu besprechen — und beiläufig erfuhr man auch
daß Czernyschew in Cassel eingerückt sei. Die Nachricht scheint keinen
großen Eindruck gemacht zu haben. Toll's Adjutant bemerkt dazu:
„eine nichtige Expedition“ (пустая акспедиція).

Der Marsch auf Leipzig aber, kam schon am Abend dieses Tages
(9.) wieder ins Stocken. Sir Robert Wilson sah sich veranlaßt dem
Grafen von Aberdeen zu melden: „Wir bleiben in échellons von
Marienberg bis Penig stehen“ (abgesehen natürlich von Wittgenstein
und Kleist bei Altenburg, die als links entsendet betrachtet wurden)

„und der Feldmarschall will keine entscheidende Schlacht liefern." (We remain in échellons from Marienberg to Penig, and the Marshall will not fight a decisive battle.)

Wahrscheinlich hatte ein aufgefangener Brief Murat's an seine Gemalin dazu beigetragen, daß man sich entschloß anzuhalten. Er war vom 8. datirt und Murat sagte darin: die Verbündeten schienen ihre festen Stellungen in Böhmen zu verlassen und in die Ebene herabzusteigen; das sei was Napoleon seit lange wünsche.

Wir müssen glauben daß dieser Brief in dem angedeuteten Sinn Einfluß geübt hat, da Gen. Wilson in seinem Schreiben an Aberdeen hinzufügt: die Bewegungen des Feindes seien kein Rückzug sondern eine Concentration seiner Streitkräfte: „er sucht die Schlacht; das ist Plan von seiner Seite" (he seeks battle; it is his plan, im Original unterstrichen) — im Interesse der Verbündeten aber sei es unter diesen Bedingungen nicht auf den Entscheidungskampf einzugehen. — Der Kaiser Alexander soll zunächst mit dieser neuen Wendung einverstanden gewesen sein*).

Murat, der sich von Wittgenstein und Kleist immer weiter umgangen sah, suchte die kürzeste Verbindung mit Leipzig wieder zu gewinnen, sammelte den größten Theil seines Heers (am 10.) bei Frohburg, und marschirte über Priesnitz und Flößberg auf das rechte Ufer des Jordan-Baches, wo er auf den Höhen bei Gestewitz Stellung nahm. Lauriston scheint sich dort von Rochlitz her mit ihm vereinigt zu haben. Die Polen, bestimmt Murat's Flankenmarsch auf der Heerstraße zu decken, geriethen darüber bei Borna in ein für sie sehr nachtheiliges Gefecht mit Pahlen, das ihnen bedeutenden Verlust zuzog.

In Schwarzenberg's Hauptquartier erfuhr man an diesem Tage daß Blücher bei Düben stehe, der Kronprinz von Schweden bei Radegast — und daß Bennigsen, der nun mit Macht von Teplitz auf Dresden vordrang, nur 15 bis 20,000 Mann vom Feinde vor sich habe. Man schloß nun aus allen vorliegenden Meldungen daß der Feind „eine bedeutende Macht bei Leipzig concentrire" und ohnehin durch den Kaiser Alexander persönlich wie durch die Macht der Umstände zu

---

*) Sir Robert Wilson II, 438, 440.

größerer Thätigkeit getrieben, kam der österreichische Generalstab zu dem Beschluß daß man auch die eigenen Streitkräfte sammeln müsse — aber in eigenthümlicher Weise!

Der zwei Tage vorher gefaßte Beschluß, grade auf Leipzig vorzugehen, konnte natürlich unter diesen Bedingungen nicht wieder aufgenommen werden. So wie man erwarten mußte dort auf eine bedeutende Heeresmacht des Feindes, oder gar auf seine Hauptmacht zu stoßen, erwachte vielmehr in Schwarzenberg's Hauptquartier wieder der frühere Gedanke, daß man ihn nicht angreifen, sondern von dort „wegmanoeuvriren" müsse. Man wollte seinen rechten Flügel umgehen, oder mit einer Umgehung bedrohen; anstatt die Armee vorwärts in der Richtung auf Leipzig zu vereinigen, begann man sie links zu schieben, in die Richtung nach der Saale, und in dem Bewußtsein daß solche Plane von dieser Seite keinen Beifall zu erwarten hatten, suchte man dem Kaiser Alexander — und natürlich auch dem General Toll — die wahre Absicht so lange als möglich zu verbergen.

Jetzt — am 10. October — befahl Schwarzenberg den Generalen Wittgenstein und Kleist, in zwei Märschen, an diesem und dem folgenden Tag, nach Borna vorzurücken —: er wußte also noch nicht daß sie bereits dort standen. — Klenau mußte nach Rochlitz vorgehen, und unter dem Schutz dieser vorgeschobenen Abtheilungen, sollte sowohl die Hauptmasse des österreichischen Heers (Gyulai, Merveldt, Prinz von Homburg) in zwei Märschen über Penig nach Altenburg gehen, als Barclay mit den Grenadieren über Chemnitz und Penig ebenfalls am 11. bei Altenburg eintreffen, und die Garden bis auf den halben Weg von Penig nach Altenburg folgen lassen. —

Um uns ganz zu vergegenwärtigen wie verwickelt die damaligen Verhältnisse waren, müssen wir im Vorbeigehen auch der Einreden gedenken, die Schwarzenberg bei dieser wie bei mancher anderen Gelegenheit selbst von österreichischer Seite erfuhr.

Dem General Dufa — und also auch wohl dem Kaiser Franz — war nicht allein der Marsch nach Leipzig, wie man ihn vorgehabt hatte, viel zu kühn, sondern auch die Bewegung links nach Altenburg. Dufa belehrte den Fürsten Schwarzenberg darüber in einem an Ra-

detzky gerichteten Schreiben, das auch des hofmeisternden Tons wegen
merkwürdig ist, den der General darin annahm.   Er spricht wie der
Höhergestellte zu Untergebenen mit denen er nicht ganz zufrieden ist.
Er fürchtet Napoleon's Heeresmacht könne sich — (wohl an der Mulde
herauf, über Rochlitz) — zwischen die Hauptarmee der Verbündeten
bei Altenburg und Bennigsen werfen; man hätte eine solche Bewegung
links nur machen dürfen, wenn sich „die feindlichen Corps (Lauriston)
von Rochlitz zurückgezogen hatten, und man der Vereinigung mit
Bennigsen's Armee gewiß war: ich würde vorgezogen haben letztere
in Chemnitz abzuwarten und erst dann über die Corps bei Rochlitz
hergefallen sein.   Auf jeden Fall hätte ich geglaubt daß die Straße
von Marienberg über Penig nach Leipzig der Pivot unserer Bewegung
(sein müsse?) daher unsere Hauptmacht sich von derselben nicht hätte
entfernen sollen, ob ich gleich wohl einsehe, daß es für den Feind sehr
gewagt sein würde, sich zwischen die Hauptarmee und Bennigsen zu
werfen.   Dem Kaiser Napoleon ist aber Alles möglich, und gerade
dies ist sein Lieblingsmanoeuvre, zu welchem ich ihm, ich gestehe es
Ihnen, keine Veranlassung gegeben haben würde."*)

In Schwarzenberg's Hauptquartier war man bereits seit dem
9. von Augereau's Marsch an der Saale herab unterrichtet, ja man
glaubte ihn bereits am Abend des 9. bei Leipzig eingetroffen; die
Nachricht daß Fürst Moritz Liechtenstein und Thielmann von ihm geschlagen worden seien, da sie ihn mit sehr ungenügenden Mitteln angriffen, machte wenig Aufsehen.   Dagegen beunruhigte es den Fürsten
Schwarzenberg sehr daß H. Colloredo, den er schon seit mehreren Tagen
zurückverlangt hatte, nicht schneller herankam, und er ließ deshalb von
Neuem schreiben.   Das unbehagliche Gefühl österreichische Truppen für
längere Zeit unter fremdem (Bennigsen's) Oberbefehl zu wissen, mag
dazu das seinige beigetragen haben.

Da man aber nach der jetzt erlangten Einsicht eine geringe Macht
vor Dresden genügend achtete, erging — nicht von Schwarzenberg
sondern aus dem Hauptquartier des Kaisers Alexander — an Bennigsen der Befehl, nicht nur Colloredo von Dippoldiswalde über Frei-

---

*) Hellwald, Erinnerungen aus den Freiheitskriegen, 86.

berg der Hauptarmee nachrücken zu laſſen, ſondern auch ſelbſt mit dem
größten Theil ſeiner Linientruppen in der Richtung auf Leipzig aufzubrechen, und vor Dreßden nur den Grafen Tolſtoy mit ſeinen Milizen ſtehen zu laſſen.

Schwarzenberg's Verfügungen für den 10. und 11. kamen nur
mit dem Unterſchied zur Ausführung, daß die ruſſiſchen Grenadiere
am letzteren Tage nur bis Langen-Leuba, die Garden nur nach
Penig kamen.

Der Fürſt Schwarzenberg war unzufrieden mit Wittgenſtein,
weil dieſer nicht, wie ihm zwar nicht befohlen war, wie er aber ſelber
in Ausſicht geſtellt hatte, ſchon am 11. bis in die Gegend von Rötha
und Eſpenhain vorgedrungen war, und in Folge deſſen auch nicht ſo
beſtimmte Nachrichten vom Feinde eingeſendet hatte als man wünſchte.
Schwarzenberg ſchrieb dem ruſſiſchen General deßhalb (12.) einen
empfindlichen, verweiſenden Brief, und bemerkte darin zum Schluß
daß die Augenblicke koſtbar ſeien: „ob ich gleich in der vollen Ueberzeugung lebe, daß uns der Feind an der Saale nicht zuvorkommen
kann, wenn ihn die Vorpoſten ſcharf im Auge behalten und deſſen
Bewegungen alſogleich melden."

Dieſer Schluß iſt merkwürdig, weil darin angedeutet iſt, was
man in Schwarzenberg's Hauptquartier zur Zeit wünſchte, hoffte und
fürchtete, und wie man ſich den möglichen Verlauf der Dinge dachte.
Inſofern in dieſem Kreis überhaupt von einer zuverſichtlichen Ueberzeugung die Rede ſein kann, hielt man ſich überzeugt daß die ſtrate-
giſche Umgehung die man eben auszuführen bemüht war, den Feind
zwingen werde Leipzig zu verlaſſen; — aber, wenn er über die Saale
zurückging, wenn es ihm gelang der verbündeten Armee dort zuvor
zu kommen, dann ſtanden, wie man meinte, unerwünſchte Folgen zu
befürchten, und die Dinge konnten wieder eine ungünſtige Wendung
nehmen. Man glaubte nämlich in dem Augenblick — wenn auch vielleicht nicht ganz unbedingt — daß Blücher wieder über die Elbe zurückgegangen ſei. Das alſo, den ſehnlichen Wunſch des Kronprinzen
Bernadotte, muß wohl der ſchwediſche Rittmeiſter Flemming (10.—11.)
wenn nicht als vollendete Thatſache, doch als ein Ereigniß berichtet haben,
das bei ſeiner Abreiſe aus dem Hauptquartier der Nordarmee unmit-

telbar bevorstand. Nun aber ging von den Vortruppen — wahrscheinlich von dem Fürsten Moritz Liechtenstein — die Meldung ein,
der Kronprinz von Schweden „solle" bei Halle stehen, und weiter an
der Saale herauf, nach Merseburg marschiren wollen. In Schwarzenberg's Hauptquartier glaubte man annehmen zu müssen, daß der
Kronprinz, wenn dem so war, sich wohl nicht aus freier Wahl zu dem
Zug an der Saale aufwärts entschlossen habe, sondern gezwungener
Weise, nachdem er seine Verbindungen mit der Mark verloren habe.
Man wollte nun, von Seiten der Hauptarmee Naumburg und Weißenfels gewinnen, auch um dem Kronprinzen einen Ausweg zur Vereini-
gung zu eröffnen und ihn aufnehmen zu können, falls er wirklich die
Verbindungen mit der Elbe hatte aufgeben müssen — und es war
unter diesen Bedingungen von großer Wichtigkeit daß der Feind den
Verbündeten an der Saale nicht zuvorkam *).

Doch muß man das nicht für wahrscheinlich, die Gefahr nicht
für dringend gehalten haben, denn auch die Märsche des nächsten
Tages (12.) waren nicht sehr angestrengt. Natürlich gingen sie, der
herrschenden Ansicht entsprechend, seitwärts, nicht vorwärts. Um das
Gelände zur Linken zwischen der Pleiße und Elster, und über diese
hinaus bis zur Saale gegen Leipzig hin zu decken, wurde ein Vortrab
von Merveldt's Heertheil (Brigade Sorbenburg) zwischen Pleiße und
Elster nach Lucka vorgeschoben, und sollte sich rechts mit Wittgenstein,
links mit Pegau in Verbindung setzen, wo Moritz Liechtenstein und
Thielmann bereits standen, während Platow, der sich mit Thielmann
nicht vertrug, und ihm aus dem Wege ging, schon seit mehreren Tagen
in der Gegend von Pegau und Lützen herumirrte, wo er weder einen
Feind zu finden, noch sonst irgend etwas nachweisbares auszuführen
wußte. — Was die größeren Abtheilungen des Heers betrifft, marschirte Gyulai nach Zeitz, wogegen Barclay mit den Grenadieren und
Garden nach Altenburg kam, wo auch die Hauptquartiere des Kaisers
Alexander und des Fürsten Schwarzenberg waren, während der Kaiser
von Oesterreich noch in Marienberg verweilte, der König von Preußen
bei Bennigsen's Heer.

---

*) Sir Robert Wilson II, 442.

Auch die Nachricht daß der neue Bund mit Baiern nun geſchloſſen ſei, brachte die kriegeriſche Thätigkeit weder in einen raſcheren Gang noch in eine andere Richtung. Schritt vor Schritt, methodiſch, wurde die langſame Bewegung nach der Saale auch am 13. fortgeſetzt; Gyulai marſchirte nach Mölſen jenſeits der Elſter, und entſendete von dort die Diviſion Murray nach Weißenfels, eine kleine Abtheilung nach Naumburg. — Merveldt zog nach Zeitz.

Die Heertheile von Wittgenſtein, Kleiſt und Klenau kamen dagegen, gewiſſermaaßen zufällig, etwas vorwärts gegen Leipzig. Man beabſichtigte eine jener Unternehmungen von denen Suworow nie hören wollte, welche aber der Fürſt Schwarzenberg ſehr liebte: „eine große Recognoscirung" gegen Leipzig hin. Murat, der ſeine Stellung am Jordansbach dem Feinde zu nahe achtete, hatte in der Nacht vom 11. zum 12. eine andere, hinter dem Göſelbach, bei Croſtewitz, Goſſa und Störmthal bezogen. Er ſollte nun etwas weiter „zurückgedrückt" werden. Wittgenſtein und Kleiſt rückten zu dem Ende gegen die Stirnſeite ſeiner Stellung vor, welche indeſſen für „beinahe unangreifbar" gehalten wurde, ſo daß man auf Klenau warten mußte, der über Pombſen und Thräna ihren linken Flügel umgehen ſollte. Aber Klenau hatte einen ziemlich weiten Weg zurückzulegen, und mag zu ſpät aufgebrochen ſein. Er verſpätete ſich und als er endlich bei Pombſen eintraf, brach die Dunkelheit herein; die Recognoscirung mußte auf den folgenden Tag verſchoben werden, und die Truppen blieben ſtehen wo ſie eben der Abend betroffen hatte: Klenau bei Pombſen, ſein Vortrab unter Mohr bei Thräna; — Gortſchakow mit dem erſten Infanterie-Corps bei Otterwiſch, — der Herzog Eugen von Württemberg mit dem zweiten Infanterie-Corps, und Wittgenſtein's Vortrab unter Pahlen, bei Groß-Pötzſcha; — Kleiſt hinter ihnen bei Eſpenhain; — und das ruſſiſche Grenadier-Corps, nebſt der Küraſſier-Diviſion Duca, die zur Unterſtützung vorgeſendet waren, bei Borna. —

Das ganze übrige Heer raſtete bei Altenburg. Hier aber ſollte nun die in Schwarzenberg's Umgebung herrſchende Anſicht in mancher Beziehung eine weſentliche Aenderung erfahren. Graf Golz, Blücher's Adjutant, traf ein und überbrachte ein Schreiben ſeines Generals vom 11. Er berichtete daß die ſchleſiſche Armee keineswegs über die Elbe

verbündeten Heere zu werfen — oder auf einen nach dem anderen — und zwar nicht bloß um sich durchzuschlagen.

In dem Begleitschreiben an Blücher sagt Schwarzenberg ausdrücklich, dieser Entwurf zu den nächsten Operationen sei von dem Kaiser Alexander gutgeheißen worden. Der Kaiser selbst schreibt denn auch dem preußischen Feldherren: „Le Maréchal prince de Schwarzenberg vous envoyant le plan qu'il compte suivre, il ne me reste qu'à m'y référer."

Es bleibt also kein Zweifel; im persönlichen Verkehr zu Altenburg war dem Fürsten Schwarzenberg gelungen die Zustimmung des Kaisers zu diesen Planen zu gewinnen, — wenn auch die wenigen Worte Alexanders wohl verrathen daß er kein großes Gefallen an ihnen fand, und nicht mit voller Ueberzeugung darauf einging. Auch zweifelt er an Napoleon's Rückzug nach Wittenberg und Magdeburg, und spricht seine Zweifel gegen Blücher aus.

Unter diesen Bedingungen blieb es natürlich ganz ohne Einfluß daß Wittgenstein meldete: Murat's Heer sei höchstens 50,000 Mann stark, und ein ernster Angriff auf dasselbe verspreche um so größere Vortheile da Klenau ihm schon fast im Rücken stehe. — Damit jedes Gefecht glücklich vermieden werde wurde nun selbst die Recognoscirung aufgegeben; das ganze Heer sollte sich, außer aller Berührung mit dem Feinde, am 14. einfach links ziehen; Gyulai nach Weißenfels, sein Vortrab nach Lützen; — Merveldt blieb der Disposition zu Folge bei Zeitz stehen — Wittgenstein kam mit seinem eigenen und dem Kleist'schen Corps nach Pegau an der Elster — Klenau nach Borna. — „Es ist sehr zu wünschen daß die Bewegung dieser drei Corps dem Feinde so viel als möglich verborgen bleibe, und daher der Marsch größtentheils in der Nacht vom 13. zum 14. dieses vollzogen werde." — Sehen sich Wittgenstein, Kleist und Klenau mit Ueberlegenheit angegriffen, so geht ihr Rückzug auf Zeitz — dorthin marschiren auch die österreichische Reserve, die russisch-preußischen Garden, — nur die russischen Grenadiere bleiben fürs Erste bei Altenburg, und vor ihnen, bei Lucka, steht Moritz Liechtenstein der von Pegau, in einer der allgemeinen Bewegung entgegengesetzten Richtung, dorthin marschiren soll,

sobald ihn Wittgenstein abgelöst hat; — Colloredo bleibt bei Chemniß — sein Vortrab bei Penig.

Jetzt, da Schwarzenberg und seine Umgebung den Kaiser Alexander für ihre Ansichten gewonnen glaubten, erfuhr natürlich auch Toll
ohne weiteren Rückhalt was beabsichtigt wurde — und ließ sich glücklicher Weise n i c h t für diese Plane gewinnen. Er gewahrte daß die
Oesterreicher eine Schlacht unter jeder Bedingung vermeiden wollten,
und das schien ihm höchst unzweckmäßig. — Sein erstes Geschäft war
den Kaiser Alexander von diesen Ideen zurückzubringen, und es gelang
ihm auch ihn von Neuem zu überzeugen, daß jetzt mehr als je die günstige Zeit gekommen sei, mit gesammter Macht entschlossen auf Leipzig
vorzuschreiten, und den Feind zur Entscheidungsschlacht herauszufordern.
Es gelang. Aber Toll erhielt nun, wie uns jenes schon mehrfach angeführte kurze, aber inhaltsreiche russische Tagebuch belehrt, von seinem
Kaiser eine sehr schwierige Aufgabe. Alexander wollte hier wieder
nicht mit Bestimmtheit auftreten, obgleich es sich um die Entscheidung
des Feldzugs, um einen Entschluß der höchsten Ordnung handelte; —
und so wurde denn Toll beauftragt die leitenden österreichischen Generale im Namen des Kaisers zu überreden und umzustimmen; — sie
auf diese Weise, durch Gründe, zum Marsch nach Leipzig und zur
Schlacht zu bewegen. (Намѣреніе Австрійцевъ было избегать
сраженія. — Г. М. Толь, свѣдавъ о семъ намѣреніи ихъ,
открылъ оное Государю, и тогда отъ имяни его уговарилъ
Австрійцевъ приближиться къ Лейпцигу, и дать непріятелю
генеральное сраженіе.) Natürlich mußten nun Verhandlungen mit
Schwarzenberg, und mehr noch mit Radetzky und Langenau, folgen.
Der Umstand daß Toll den Namen des Kaisers Alexander brauchen
durfte, war dabei ohne Zweifel von bedeutendem Gewicht —: doch
ließen die österreichischen Generale gewiß einen lange gehegten
Lieblingsgedanken nicht leicht fallen, entschlossen sich nicht leicht zu
dem lange vermiedenen, unmittelbaren Kampf mit dem gefürchteten
Gegner. Aber Toll war nicht der Mann der leicht etwas aufgab;
— oder vollends aus weltmännischen Nebenrücksichten nachzugeben,
war ihm vollkommen fremd. Wie er sich im Einzelnen benommen
hat, wissen wir nicht zu berichten — aber er drang durch — und

gewiß ist es kein kleiner Dienst den er hier der Sache der Verbündeten
leistete!

Die schon an alle Generale versendete Disposition Schwarzen=
berg's für den 14. October, wurde zurückgenommen, und eine andere,
welche den Marsch auf Leipzig verfügte, trat an ihre Stelle.

Nur Gyulai, Moritz Liechtenstein, Thielmann, Mensdorf, blie=
ben auf dem linken Ufer der Elster; doch gingen auch sie gegen Leipzig
vor: Gyulai bis Muschwitz, die drei letzteren Generale nach Lützen.

Zwischen der Elster und Pleiße zogen Merveldt von Zeitz nach
Groitsch; die österreichischen Reserven von Altenburg in die Nähe die=
ses Orts (nach Alten=Groitsch) — die russisch=preußischen Garden nach
Meuselwitz. — Auf dem rechten Ufer der Pleiße, als äußerster rechter
Flügel, die russischen Grenadiere nach Borna.

Den vorgeschobenen Heertheilen unter Wittgenstein, Kleist und
Klenau blieb nun doch aufgetragen die „große Recognoscirung" aus=
zuführen, welche Diebitsch mit besonderem Eifer betrieb, wie denn auch
die besondere Disposition dazu von ihm entworfen ist.   Sie wurde
jetzt vorzugsweise dadurch veranlaßt daß Murat von den Höhen bei
Kröbern verschwunden war. — Obgleich bedeutend verstärkt, da
Augereau am 13. bei Leipzig eingetroffen war, hatte dieser Feldherr
doch einen Augenblick die Absicht Leipzig aufzugeben, und sich bis über
die Parthe zurückzuziehen. Nur die bestimmte Nachricht, daß Napoleon
nahe, hielt ihn davon ab. Indessen wich er doch in der Nacht bis auf
die sanften Höhen die sich von Markkleeberg nach Wachau und Liebert=
wolkwitz ziehen.

Hier wurde er nun aufgesucht. Diebitsch glaubte nur einen Nach=
trab aufgestellt zu sehen, und veranlaßte den Grafen Pahlen mit un=
zureichenden Mitteln eine Reitermasse anzugreifen die man bei Liebert=
wolkwitz gewahrte — bloß um zu sehen ob sie Widerstand leisten werde
— und dadurch wurde ein immer wachsendes, großes Reitergefecht
herbeigeführt, das eine gewisse Berühmtheit erlangt hat. Unverdienter
Weise! — denn es war eigentlich eine vollkommen planlose Rauferei,
die gar keinen Zweck hatte.

Verlängert wurde dies seltsame Gefecht in der That nur durch
die gedankenlose Rauflust des Königs Murat. Wir dürfen hier wohl

die Bemerkung einschalten, daß der Ruf dieses theatralischen Poten=
taten, ein ausgezeichneter Reiter=General zu sein — der Seydlitz des
napoleonischen Heers — ein durchaus unverdienter war — und sich
nur erhalten konnte, weil niemand über Napoleon's Schwager die
einfache Wahrheit sagen durfte.

Murat war vollkommen unfähig größere Massen Reiterei zu füh=
ren. Generale welche Heertheile befehligten, suchten die Reiterbrigaden
die dazu gehörten, seinen Blicken zu entziehen, wenn er in der Nähe
war. Denn wurde er sie gewahr, so geschah es wohl daß er sich ihrer
bemächtigte, um zu ihrem Verderben irgend eine ganz sinnlose Rau=
ferei anzufangen. — Hatte er größere Reiterschaaren zu führen, so
entglitten die Zügel sehr leicht seinen Händen, da er immer nur auf
das achtete was in seiner unmittelbaren Nähe vorging; die Generale
unter seinen Befehlen, Männer wie Latour=Maubourg, Nansouty,
und vor allen der sehr tüchtige Montbrun, mußten sich selbst zu helfen
— und um so besser je weniger er sich in ihrer unmittelbaren Nähe
herum tummelte, und störend eingriff.

Diesmal fand er Vergnügen daran die alten, mit Augereau aus
Spanien angelangten Dragoner=Regimenter in das Gefecht zu führen,
und diese bewährten Krieger machten auch durch ausdauernde Tapfer=
keit ihrem Ruf alle Ehre. Doch wurde das Treffen den Franzosen
sehr nachtheilig, denn die russische und preußische Reiterei blieb darin
allerdings einigermaaßen im Vortheil; wie deutsche Offiziere berichten,
vorzugsweise dadurch daß ihre Pferde in besserem Zustande waren, und
selbst die späteren Angriffe noch mit einigem Nachdruck ausführen
konnten, während den Pferden der französischen Dragoner die Kräfte
ganz versagten. So verloren diese Dragoner, die in einer Schlacht
wichtiges leisten konnten, und nicht zu ersetzen waren, ganz unnützer
Weise, wohl fast ein Drittheil ihrer Mannschaft und Pferde; darunter
500 Gefangene. — Am Ende zog Murat sie unter den Schutz der
französischen Batterien zurück; dorthin konnte ihnen Pahlen nicht
folgen, der das Gefecht ohnehin gerne schon früher abgebrochen hätte.

Oesterreichisches Fußvolk von Klenau's Heertheil versuchte noch
das vom Feinde besetzte Dorf Liebertwolkwitz zu erobern; wurde aber
mit bedeutendem Verlust zurückgeschlagen. Der Versuch wurde weder

erneuert noch selbst unterstützt, weil Schwarzenberg inzwischen — zu Wittgenstein's großem Mißfallen — durch den Grafen Latour und Sir Robert Wilson den Befehl gesendet hatte das Gefecht abzubrechen.

Auch Toll wohnte diesem Gefecht bei, um sich über Stärke und Stellung des Feindes zu belehren. Daß auch Schwarzenberg anwesend gewesen wäre, wie Aster berichtet, erweist sich nach Gen. Wilson's Aufzeichnungen entschieden als ein Irrthum.

Am Abend lagerten Kleist's und Wittgenstein's Truppen bei Kröbern, Gossa, — und etwas weiter zurück bei Magdeborn, Störmthal und Espenhain — Klenau zwischen Pombsen und Thräna. — Die Riesenkämpfe in den Ebenen bei Leipzig waren eröffnet.

Sechstes Kapitel.

Die Schlachten bei Leipzig. — Toll's Antheil an den Dispositionen — seine Verwendung bei dem General Klenau — Gefecht am Kolmberge und bei Seifertshain — der 18. October — Toll's Sendung an den König von Sachsen. — Weitere Plane. — Marsch nach Frankfurt am Main.

Mit raschen Schritten eilte Napoleon herbei auf das verhängnißvolle Feld. Auch den König von Sachsen, den er aus Dresden mitgenommen hatte — anders wissen wir das Verhältniß nicht auszudrücken — ließ er jetzt von Eilenburg nach Leipzig bringen — und am Abend des 15. Octobers waren außer den Truppen unter Murat, die schon auf den Höhen bei Liebertwolkwitz standen (Heertheile Victor, Lauriston, Poniatowski, Augereau und die neu angelangte Reiterei unter Milhaud, nebst den Divisionen L'héritier und Berkheim) — auch Marmont, Macdonald, Bertrand, Latour-Maubourg und Sebastiani mit ihren Truppen, so wie die Garden, in der Gegend von Leipzig eingetroffen. — Marmont, zuerst angelangt, wurde schon am 14. wieder auf der Straße nach Halle, bis Lindenthal vorgesendet, um diese Gegend zu beobachten, wo man denn doch die schlesische Armee vermuthete. — Das 3. Armee-Corps (Souham) jetzt wieder von Ney geführt, sollte nebst der Division Dombrowski am 15. bei Mockau vereinigt sein, brachte aber nur zwei seiner Divisionen dorthin; die dritte — Delmas, nebst Fournier's Reiterei, war noch zurück auf dem Wege nach Düben — Reynier vollends noch auf dem Marsch von Wittenberg nach Düben.

Auch für die Verbündeten war der 15. October ein Tag der Vorbereitung. Die verschiedenen Abtheilungen der böhmischen Armee rückten bis in die Stellungen, von denen aus sie am folgenden Tag zum Angriff schreiten sollten. Gyulai vereinigte sich bei Lützen mit Moritz Liechtenstein und Thielmann, und sendete den Obersten Mensdorf bis Markranstädt vor. — Merveldt, dessen Vortrab bis Zwenkau ging, die österreichischen Reserven, die russischen und preußischen Garden, standen bei Aubigast, wo Barclay's Hauptquartier war. — Auf dem rechten Ufer der Pleiße blieben Wittgenstein, Kleist, Klenau und die russischen Grenadiere in ihren gestrigen Stellungen. — Colloredo, zu weit zurück um an der bevorstehenden Schlacht Antheil zu nehmen, kam nur bis Penig. — Der Kaiser von Oesterreich, der König von Preußen kamen nach Altenburg, der großen Entscheidung nahe zu sein.

Es galt nun auch die anderen Heere der Verbündeten, von der Saale und von Köthen her, näher heran zu ziehen, — was in Beziehung auf die schlesische Armee auch gar keine Schwierigkeiten hatte. — Zwar, die erste Disposition Schwarzenberg's fand in Blücher's Hauptquartier wenig Beifall — in dem Grade sogar daß man die Ausführung ablehnte, —: aber nur um den Kampf näher und in einer entscheidenderen Form aufzusuchen. — Der Disposition zufolge sollte nämlich die schlesische Armee zu ihrer Rechten, auf die Straße von Merseburg nach Leipzig übergehen, und dort in unmittelbarer Verbindung mit Gyulai zum Angriff auf Lindenau schreiten, was nicht ohne großen Zeitverlust geschehen konnte, und in ein sehr schwieriges Gelände führte. — Blücher sendete den viel verwendeten Major Rühle in das große Hauptquartier, um zu melden daß die schlesische Armee,

in Folge des Marsches der Nordarmee nach Halle, auf dem rechten
Ufer der Elster, auf der Straße von Halle nach Leipzig bleiben, und
demnach über Schkeuditz vordringen werde. — Er hatte nur mündliche
Aufträge, nach allem früheren zu schließen, wahrscheinlich auch den
darauf aufmerksam zu machen daß man den Kronprinzen von Schweden
auch jetzt bei Halle so wenig als früher sich selbst überlassen dürfe.
Und auch sonst sollte er manches Bedenken geltend machen, das man
außerdem noch hatte. — Zugleich aber brach die schlesische Armee nach
Schkeuditz auf.

Im Hauptquartier der Nordarmee dagegen blieb der Widerwille
des Kronprinzen von Schweden, sich der Gegend wo nun der ent=
scheidende Kampf bevorstand, zu nähern, wirklich unbesiegbar.   Der
Kronprinz brach zwar am 15. auf von Köthen — aber nach Halle! —
Die Aufforderungen Blücher's nach Bitterfeld zu marschiren, wurden
so wenig beachtet, als Sir Charles Stewart's Vorschlag, die Rich=
tung auf Landsberg zu nehmen — denn alle diese Wege führten nach
Leipzig! — Am Ende ergab sich daß selbst der Marsch nach Halle nur
ein Vorgeben war.   Der Kronprinz ließ die Militair=Gesandten aller
Verbündeten dorthin vorausgehen — um sie und ihre Rathschläge,
und dringenden Aufforderungen los zu werden! — Dann aber blieb
er selbst in Sylbitz, und hielt das ganze Heer am Petersberge an, un=
ter dem Vorwand: die Truppen seien so ermattet daß sie nicht weiter
könnten! — Nachdem sie zwei Tage bei Köthen gerastet hatten, waren
sie durch einen Marsch von $2^1/_2$ Meilen in solchem Grade erschöpft.

Da mithin die gesammte Nordarmee an der Schlacht nicht An=
theil nehmen konnte, gestalteten sich die Verhältnisse nach den Um=
ständen ungemein günstig für Napoleon.

Er selbst berechnet sein hier vereinigtes Heer zu 200,000 Mann,
was uns nicht befremden kann wenn wir erwägen daß er die Verstär=
kungen, die ihn hier unter Augereau und an Ersatzmannschaften erwar=
teten, auf 30,000 Mann anschlägt.   Sollte er nun auch seine Streit=
kräfte um einige tausend Mann überschätzt haben, was darin seine Er=
klärung finden könnte daß er sich die täglichen Verluste, durch Krank=
heiten und Desertion, vielleicht geringer dachte als sie waren — so
gewinnen doch die Berechnungen welche die Verfasser des bekannten

Werks: „Geschichte der Kriege in Europa" angestellt haben, und deren Ergebniß, durch solche Angaben Napoleon's einen hohen Grad von Wahrscheinlichkeit.

Nach diesen Berechnungen wäre nämlich Napoleon's Heer am 16. October

190,755 Mann

stark gewesen; gewiß war es nicht schwächer, eher um ein unbedeutendes stärker — und da es, mit alleiniger Ausnahme der 13,800 Mann unter Reynier, ganz auf dem Schlachtfelde anwesend war, hatte Napoleon hier zu seiner Verfügung:

176,955 Mann.

Darunter ungefähr 33,500 Reiter.

(Thiers berechnet zuerst — XVI, 519 — nach den authentischen Berichten die ihm vorlagen, die französische Armee — allerdings vor dem Treffen bei Liebertwolkwitz am 14. — auf 199,000 Mann, und läßt dann zwar diese Zahl — XVI, 539 — unvermerkt auf 190,000 Mann zusammenschwinden, unter diese Zahl aber geht auch er nicht herab.)

Was die Streitkräfte der Verbündeten anbetrifft, so konnten sie am 16. in das Gefecht bringen: von der Hauptarmee:

1) Oesterreicher; die 2., 3., 4. Armee-Abtheilung (Merveldt, Gyulai, Klenau), die Reserven (Prinz v. Homburg), Division Moritz Liechtenstein, Streif-Corps von Thielmann und Mensdorf, im Ganzen	65,457 M.
2) Russen; Wittgenstein's Heertheil und die Reserven unter dem Großfürsten Constantin	37,870 "
3) Preußen; Kleist's Heertheil und die Garden .	29,751 "
Zusammen	133,078 M.

Von der schlesischen Armee:

1) Russen unter Langeron und Sacken	38,970 M.
2) Preußen unter York	21,461 "
Zusammen	60,431 M.

Im Ganzen also:

193,509 Mann

worunter in runder Zahl 38,000 Reiter.

Auch eine bedeutende Mehrzahl von Geſchützen brachten die Verbündeten nicht auf das Schlachtfeld.   Napoleon's hier verſammeltes
Heer hatte, wie aus Berthier's amtlichen Berichten hervorgeht, nach
allen erlittenen Verluſten, noch 700 Stücke Geſchütz — und wer einen
Blick auf die Verfaſſung der verbündeten Heere wirft, wie ſie in den
Beilagen vollſtändig mitgetheilt iſt, kann ſich durch eine leichte Rechnung überzeugen daß die zur Schlacht am 16. vereinigten ruſſiſchen,
öſterreichiſchen und preußiſchen Heertheile nur ungefähr 800 Stücke
Geſchütz haben konnten.

Daß der Koſacken-Schwarm unter Platow bei dieſer Berechnung
ganz außer Acht gelaſſen iſt, will wenig bedeuten, da Brauchbarkeit
und Werth dieſer Truppen nicht auf dem Felde der Entſcheidung liegen.

**Eine entſcheidende, oder auch nur eine bedeutende Ueberlegenheit hatten alſo die Verbündeten am
16. October nicht!** — Das war das Werk des Kronprinzen von
Schweden.   Sein zweideutiges Verfahren hatte bewirkt daß die Verhältniſſe, in der Wahrheit, weit anders geſtaltet waren, als man ſie
im Allgemeinen, ziemlich unbeſtimmt, vorausſetzt —: anders namentlich, als franzöſiſche Schriftſteller ſie mit vieler Kunſt und entſchiedener
Abſicht zu ſchildern bemüht ſind.

Napoleon achtete ſogar ſeine Lage noch viel günſtiger als ſie in
der That war.   Wie der Menſch eben nur all zu leicht glaubt was er
mit ſehnlichem Verlangen wünſcht, war dabei ſelbſt eine vorgefaßte
Meinung mit im Spiel.   Der Wahn daß die Nordarmee ganz über
die Elbe zurückgegangen ſei, ſchwand freilich nach und nach; aber nun
glaubte Napoleon, wir wiſſen nicht genauer auf was für Nachrichten
und Meldungen geſtützt, der Kronprinz von Schweden ſei mit ſeiner
eigenen und der ſchleſiſchen Armee, auf dem linken Ufer der Saale,
aufwärts nach Merſeburg gezogen.

Schon um 8 Uhr früh (15.) ſchrieb er in dieſem Sinn dem Mar
ſchall Macdonald: „Alle Nachrichten gehen dahin, daß das Corps des
Prinzen von Schweden, vermöge eines Manoeuvres, welches ich nicht
begreife, über die Saale gegangen iſt, und ſeine Richtung auf Merſeburg nimmt, ſo daß Marmont nichts als Reiterei vor ſich hat.   Iſt
der Zweck dieſes Manoeuvres uns alle zu fangen (de nous prendre

tous) so sehe ich darin einen neuen Beweis von Thorheit die der Prinz
von Schweden in diesem Augenblick zeigt, da er in der Zwischenzeit
die österreichische Armee und die Wittgenstein's ihren eigenen Kräften
allein überläßt" (puisqu'en attendant il abandonne l'armée autrichienne et celle de Wittgenstein à leurs seules forces).

Mancherlei hat, scheint es, im Laufe des Tages dazu beigetragen,
diese Vorstellung mehr und mehr zu befestigen, und selbst um 8 Uhr
am Abend meldete Marmont wiederholt daß er nur Reiterei und Artillerie vor sich habe. War dem so, befanden sich der Kronprinz und
Blücher bei Merseburg jenseits der Saale, dann konnten sie den Tag
darauf an der Schlacht sehr gewiß nicht Theil nehmen. Die Besatzung
von Leipzig (unter Margaron) und 4½ Marschbataillone (unter dem
General Lefol) genügten dann vollkommen die Pässe über die Pleiße
und Elster, bei Leipzig und Lindenau, gegen Platow's Kosacken zu
schützen. Napoleon konnte dann auch die Heertheile die jetzt noch unter
Ney das Gelände nordwärts von Leipzig beobachteten und hüteten, die
Truppen unter Bertrand, Marmont, Souham und Dombrowski, die
Reiter-Divisionen Lorge, Fournier, Defrance, gleichfalls gegen die
Hauptarmee unter Schwarzenberg verwenden; mit anderen Worten,
diese, „die auf ihre eigenen Kräfte allein angewiesen war" mit einer
erdrückenden Uebermacht angreifen.

Warum sollte Napoleon in solcher Lage, der Feldherren-Ueber-
legenheit sich bewußt die er mitbrachte, nicht das Größte, nicht einen
entscheidenden Sieg hoffen? — Und daß sich die Vorstellung daran
knüpfte es könne ihm gelingen auch jetzt noch einen gänzlichen Umschwung der europäischen Verhältnisse herbeizuführen, war natürlich
genug.

So sah Napoleon die Dinge wirklich an; mit solchen Hoffnungen
und Planen war er nach Leipzig gekommen. Auch der buonapartistische
Schriftsteller der uns erzählen will daß Napoleon seinen riesenhaften
Planen jenseits der Elbe entsagte, und nach Leipzig eilte, weil Baierns
Untreue ihn zwang den Kampf um die Herrschaft in Europa aufzugeben, und nur noch an die Sicherheit des eigenen Heers und Frankreichs zu denken — : der General Pelet, hat dies seltsamer Weise wenige Seiten weiter schon wieder vollständig vergessen, setzt nun bei seinem

Helden gerade entgegengesetzte Ansichten und Plane voraus, und sagt eben auch: „Jusqu' à ce moment les dispositions de l'Empereur sont toutes offensives. S'il obtient une victoire complète, la face de l'Europe peut encore changer."

Napoleon's Anordnungen für den folgenden Tag gingen denn auch dahin alle vorhandenen Streitkräfte gegen Schwarzenberg's Armee zu verwenden. — Schon standen die Heertheile Poniatowski, Victor und Lauriston, den rechten Flügel an die Pleiße gelehnt, auf den sanften Höhen hinter Markkleeberg, Wachau, bis über Liebertwolkwitz hinaus; — Augereau, die Garden, die Reiterei unter Latour-Maubourg, Kellermann und Milhaud als Rückhalt hinter ihnen; — Macdonald und Sebastiani in der Gegend von Holzhausen, bestimmt den rechten Flügel des Feindes zu umgehen. — In der Nacht vom 15. zum 16. erhielten denn auch die im Norden von Leipzig verwendeten Heertheile den Befehl sich diesem Schlachtfelde südlich der Stadt zu nähern, und zur Verwendung auf demselben bereit zu halten. — Die Truppen unter dem Marschall Ney, nämlich Souham's Corps, die Reiter-Division Fournier, und wie es scheint auch die polnische Division Dombrowski sollten freilich den Marschall Marmont in der Stellung bei Lindenthal ablösen, und das Gelände gegen Halle hin bewachen —: aber wohl nur vorläufig, und bis man sich auch für den folgenden Tag überzeugt hatte, daß von dieser Seite nichts zu befürchten sei. — Auch Bertrand sollte vorläufig bei Wideritzsch stehen bleiben, wo er eben war, Marmont dagegen sich sogleich in drei Staffeln zwischen Leipzig und Liebertwolkwitz aufstellen.

Aus Napoleon's Anordnungen läßt sich übrigens schließen daß er die Hauptmacht der Verbündeten in der Richtung der Straße zu finden glaubte, die von Leipzig nach Grimma führt; hier wollte er, über Holzhausen und Seifertshain, ihren rechten Flügel umgehen und gegen die Pleiße drängen.

Die wirklichen Anordnungen des Fürsten Schwarzenberg entsprachen freilich diesem Bilde nicht. Indem wir diese nun mittheilen, müssen wir voraussetzen daß der Leser eine der vielen Karten der Gegend um Leipzig zur Hand hat, die seit den Tagen der Völkerschlacht

erschienen sind, und uns darauf beschränken die Natur des Geländes
umher, nur mit wenigen Worten in Erinnerung zu bringen.

Eine weite, wellenförmige, fruchtbare Ebene dehnt sich auf dem
rechten Ufer der Pleiße, ostwärts von Leipzig aus. Ein höchstgelege-
ner, wenn auch wenig erhabener Landstrich, zieht sich durch dies Flach-
land in der Richtung der Straße von Grimma her, von Thräna, zwischen den Quellen der Parthe und denen des Göselbachs hindurch,
über Liebertwolkwitz und Probsthaida, auf Leipzig selbst herab. Von
diesem Landstrich senkt sich das Gelände auf der einen Seite dem
Lauf der Parthe folgend nach Taucha, auf der anderen zur Pleiße
hinab, der mehrere Gewässer zufließen. In diesen Gefilden nun, die
dem ungeübten Auge leicht als eine gleichgültige Fläche erscheinen,
finden sich doch mehrere vortheilhafte Stellungen, auf den kleinen
Landrücken welche die Gewässer scheiden, und deren sanfte Abhänge die
Wirkung der Artillerie begünstigen, während die Rinnsale der Gewässer, sumpfige Wiesen an deren Ufern, und kleine Teiche zu denen sie
aufgestauet sind, am Fuß der Abhänge den Zugang erschweren.

Im Westen ist dies Gelände durch die Pleiße begrenzt die dicht
an Leipzig dahin fließt. Etwas weiter gegen Westen, fast der Pleiße
gleichlaufend, fließt die Elster nordwärts, bis sich beide Flüsse unterhalb Leipzig, bei Gohlis, vereinigen. — Der Zwickel zwischen diesen
beiden Flüssen bildet, wie der Uferstreifen zu beiden Seiten, ein ungemein durchschnittenes, schwieriges Gelände. Die sumpfigen, oft über-
schwemmten Wiesen, die feuchten Gehölze, sind von einem labyrinthisch
wirren Netz kleiner Wasserarme durchkreuzt, die Elster und Pleiße schon
vor ihrer endlichen Vereinigung vielfach in Verbindung setzen. Die
Pfade und Wege welche durch diese tiefliegenden Wälder und Wiesen
führen, sind natürlich nicht zu allen Jahreszeiten und bei jedem Wetter
brauchbar — Reiterei und Geschütze können sich kaum irgendwo außerhalb dieser Pfade bewegen.

Als einziger in jeder Jahreszeit und unter allen Bedingungen für
alle Truppengattungen gangbarer Weg zieht eigentlich im Bereich des
Schlachtfeldes, nur der hohe Steindamm durch dies Gelände, der
$^{1}/_{2}$ Meile lang, durch mehrere Brücken unterbrochen, von Leipzig nach
Lindenau führt. Als eigenthümlich ist dann noch zu bemerken, daß

das trockene Gelände, welches jenſeits Lindenau gegen Markranſtädt
anſteigt, ſich nur nach und nach erweitert, da die Elſter ſich gleich unterhalb des genannten Orts im Bogen nach Weſten wendet. Die
Straße welche von Leipzig in ſüdweſtlicher Richtung nach Pegau führt,
geht bei Connewitz über die Pleiße, durch einen Theil des Tieflandes,
und dann ſpäter in Gegenden wo der Landſtrich zwiſchen dieſem Fluß
und der Elſter, breiter, trockner und wegſamer wird.

Die Diſpoſition zur Schlacht, die ſchon in der Nacht vom 14.
zum 15. October in Schwarzenberg's Hauptquartier ausgearbeitet
wurde, iſt Langenau's Werk. Ihm fiel dieſe Aufgabe zu, theils weil
er ſich dazu drängte und überhaupt großen Einfluß übte, theils weil
man ihm eine genaue Kenntniß der Gegend zutraute. Das ſcheint
jedenfalls ein Irrthum geweſen zu ſein, denn ſein Werk iſt ſo eigenthümlicher Art, daß ſelbſt eine ganz oberflächliche Kenntniß der Gegend
ſchon genügt — ja ſogar ein Blick auf die Karte — um ſich von der
Unzweckmäßigkeit ſeiner Vorſchläge zu überzeugen.

Wir theilen dieſe erſte Diſpoſition zur Schlacht bei Wachau voll-
ſtändig mit, weil ſie wen|ger allgemein bekannt geworden iſt, und wir
ihren Inhalt jedenfalls umſchreibend wieder geben müßten.

„Die Armee des General Blücher concentrirt ſich mit Anbruch
des Tages bei Günthersdorf auf der Straße von Merſeburg nach
Leipzig. Von da aus pouſſirt ſie präcis 7 Uhr mit dem Gros auf
Leipzig. Das Detachement von Schkeuditz ſucht ſich der Brücke über
die Parthe zu bemächtigen, muß ſich aber wohl vorſehen, daß es nicht
zugleich ſeine Communication und ſeinen Rückzug auf Halle verliere.“

„Das Corps des Grafen Gyulai concentrirt ſich mit dem Fürſt
Moritz Liechtenſtein, General Thielmann und Oberſt Mensdorf vereinigt, mit Anbruch des Tages bei Markranſtädt, bricht von da Morgens 7 Uhr auf, und marſchirt auf Leipzig. Es iſt für dieſen Tag
an die Befehle des General Blücher gewieſen.“

„Das Corps des Grafen Merveldt, die öſterreichiſchen Reſerven,
die ruſſiſchen Garden, concentriren ſich zu derſelben Zeit bei Zwenkau,
brechen früh um 7 Uhr von da auf, und marſchiren auf Leipzig.“

„General Graf Wittgenſtein greift um 7 Uhr präcis den Feind
an und drängt ihn zurück bis nach Leipzig. General Klenau beginnt

diesen Angriff zu derselben Zeit nach der Disposition des Grafen Wittgenstein."

„Ist Leipzig genommen, so stellt sich die Armee des General Blücher links zur Beobachtung der Straßen von Düben und Jörbig. — Das Corps des Grafen Gyulai vereinigt sich mit der österreichischen Hauptarmee, welche sich auf den Straßen, so von Eilenburg und Wurzen kommen, aufstellt. — Das Corps des Grafen Wittgenstein stellt sich auf der Straße von Grimma auf."

„Das Corps des Grafen Colloredo marschirt dergestalt von Penig nach Borna, daß es am 16. daselbst um 10 Uhr Vormittags eintreffe" (das war nicht möglich).

„Diejenige Armee-Abtheilung, welche zuerst nach Leipzig bringt, besetzt die Stadt mit 2 Brigaden und 2 Kavalerie-Regimentern, welche für die Ordnung sorgen und von einem Divisions-General kommandirt werden."

„Im Fall eines Rückzugs dirigirt sich die Armee des General Blücher auf Merseburg. Das Corps des Grafen Gyulai, Liechtenstein, Thielmann und Mensdorf auf Weißenfels und Naumburg. Die Hauptarmee über Pegau auf Zeiz. General Wittgenstein und Kleist auf Altenburg. Klenau und Colloredo nach Penig."

„Im Falle jedoch, daß die Armee des Kronprinzen nicht über die Elbe gegangen wäre, — (auf das rechte Ufer zurück nämlich) — so wird S. K. H. der Kronprinz gebeten, am 16. d. mit anbrechendem Morgen an der Mulde durch Demonstrationen die Aufmerksamkeit des Feindes dahin zu ziehen, und den linken Flügel des General Blücher kräftig zu unterstützen. Die Armee des General Blücher wird in diesem Falle am 15. so weit vorrücken, um am 16. den Angriff von Schkeudiz mit dem Schlage 7 Uhr gegen Leipzig oder in der Richtung vornehmen zu können, in welcher der Feind aufgestellt sein kann. General St. Priest verfolgt jedoch von Merseburg diejenige Disposition, welche im entgegengesetzten Fall für die Armee des General Blücher im Antrage ist."

„Sollte endlich der zwar unglaubliche, aber doch mögliche Fall eintreten daß der Feind noch eher der Elbe zueilt, und Leipzig und die Gegend nur mit einem Corps deckt, dann führt die Hauptarmee den

bereits vorgesetzten Angriff am 16. mit allem Nachdruck aus, verfolgt
die Vortheile nach Umständen mit der hiernach bemessenen Kraft, wäh=
rend General Blücher mit der Armee gleich links abmarschirt, und die
Hauptarmee deren Bewegungen schleunigst folgt.“

Vorwaltend ist, wie man sieht, in dem ganzen Entwurf der
Gedanke Napoleon werde seinen Rückzug, wenn er nöthig werde, auf
Wittenberg und Magdeburg nehmen. Um so weniger weiß man sich
zu erklären daß der Hauptangriff nicht auf die feindliche Stellung bei
Wachau und Liebertwolkwitz gerichtet werden sollte — denn ein An=
griff hier war es der alsdann auf die Rückzugslinie des Feindes führte,
und diese aufzusuchen, diese zu bedrohen, liegt so sehr in der Natur der
Sache daß es so ziemlich in jedem Gefecht vorkommt. Der kriegerische
Instinkt führt ohne alles Studium, auch die Tscherkessen und die Araber
der Wüste darauf. — Man wollte Leipzig von Lindenau her erobern!
wie das je für möglich hat gelten können bleibt vollkommen unbegreif=
lich. — Noch dazu hatte Fürst Schwarzenberg die Gegend zwischen
Pleiße und Elster am 15. selbst besichtigt, und blieb bei diesen Pla=
nen! — Ein Beweis wie gänzlich er von dem Urtheil anderer abhän=
gig war; Langenau's Behauptungen gegenüber lehrte ihn der Anblick
der Gegend selbst gar nichts!

Als Toll mit diesen Planen bekannt wurde, hatte er nicht allein
sehr viel daran auszusetzen, sondern er verwarf sie gänzlich, und suchte
in langen Erörterungen den Fürsten Schwarzenberg und seine strategi=
schen Mentore davon zurück zu bringen. Die Hauptmacht der Ver=
bündeten in jenes sumpfige unwegsame Dreieck zwischen den beiden
Flüssen zu führen, wo es keine Möglichkeit gab sie zu entfalten, und
aus dem kein Weg hinausführte, schien ihm ganz widersinnig. Die
Oesterreicher hatten vor von diesen Sümpfen aus den Uebergang über
die Pleiße bei Connewitz zu erzwingen, auf diese Weise die hier ver=
sammelte Hauptmacht zwischen Leipzig und der feindlichen Stellung
bei Wachau auf das rechte Ufer des Flusses zu bringen, und das feind=
liche Heer so entscheidend in Flanke und Rücken zu fassen. Toll
behauptete der Uebergang bei Connewitz, unter dem nahen Feuer der
feindlichen Geschütze und der feindlichen Schützen, werde nimmermehr
gelingen; aber auch vorausgesetzt er sei an sich möglich, der Feind

lasse ihn geschehen, bemühte sich Toll den österreichischen Herren vor=
zurechnen, wie dieser Uebergang, die allmälige Entfaltung jenseits,
schon der örtlichen Schwierigkeiten wegen, eine so unabsehbar lange
Zeit erfordern würden, daß an ein ernstliches Eingreifen in den Gang
der Schlacht von hier aus gar nicht zu denken sei. Konnten doch die
Truppen nur auf einem schmalen Wege, also nur mit sehr schmaler
Fronte an den Fluß gelangen. Er verlangte die Hauptmacht sollte
auf das rechte Ufer der Pleiße versetzt, und zum Angriff auf die Stel=
lung bei Wachau verwendet werden, deren linker Flügel vorzugsweise
umgangen werden müsse. Vergebens! Schwarzenberg und Langenau
blieben taub für alle Gründe. Es war eben ein Lieblingsgedanke von
dem sie sich so leicht nicht lossagen konnten. Wenn man die Märsche
der vorhergehenden Tage beachtet, sieht man wohl daß die Verwen=
dung der Hauptmacht zwischen den beiden Flüssen schon früher be=
schlossen und strategisch eingeleitet war.

Da Toll hier nicht durchdrang, bat er den Fürsten Schwarzen=
berg die Disposition nicht eher an die Führer der einzelnen Heertheile
zu versenden, als bis er mit dem Kaiser Alexander gesprochen habe —
und kündigte an daß er selbst sich sofort zu diesem begeben werde.
Glücklicher Weise befand sich das Hauptquartier des Kaisers, gleich
dem Schwarzenberg's in Pegau, ganz in der Nähe. Ohne große
Mühe überzeugte Toll den Kaiser von der unheilvollen Verkehrtheit
dieser Plane — vielleicht um so leichter weil überhaupt das Feldherrn=
ansehen des Fürsten Schwarzenberg und seiner Umgebung in Alexan=
der's Augen gar sehr gesunken war, — und Toll's Bitte der Dispo=
sition seine Zustimmung zu versagen, wurde erhört. — Auch Diebitsch,
den übrigens sein Amt nie mit dem österreichischen Generalstab in Be=
rührung brachte, soll sich, vom Kaiser um seine Meinung befragt, in
demselben Sinn geäußert haben — und selbst Jomini schreibt sich bei
dieser Gelegenheit ein gewisses Verdienst zu. Es mag sein daß auch
er Diebitsch und Toll beistimmte; das ist sogar wahrscheinlich, wir
müssen aber bemerken daß er zu dieser Zeit schon längst keinen Ein=
fluß mehr übte, da seine Unbrauchbarkeit im Felde offenkundig gewor=
den war.

Der Kaiser Alexander ließ nun den Fürsten Schwarzenberg zu

sich entbieten, und fügte die Bitte hinzu, die Versendung der Dispo=
sition noch aufzuschieben.. Der österreichische Feldherr erschien von
Radetzky und Langenau begleitet — und seltsam! so leicht er sonst als
geschmeidiger Hofmann sich fügte — namentlich vor Dresden sehr zu
unrechter Zeit — so unbeugsam zeigte er sich jetzt! — Er hatte sich
gestählt. Nicht Gründen nur blieb er unzugänglich — auch die Stimme
eines Kaisers vermochte nichts über ihn. — Sollte die Vorstellung
Langenau's dazu beigetragen haben, daß auf dem gewählten Wege der
entscheidende Schlag durch Oesterreicher geführt, vorzugsweise sie zu
den eigentlichen Siegern in der Völkerschlacht, und ruhmgekrönt zu der
ersten Stelle unter den Verbündeten erhoben werde? — Es ist kaum
zu glauben; doch hat man es behauptet. — Aber wie dem auch sei,
Schwarzenberg brängte den Kaiser Alexander zu einem Schritt der die=
sem gewiß unendlich schwer fiel, da er seiner Natur, seinem Wesen
durchaus widersprach — : er zwang ihn ein entscheidendes Wort in
bestimmter Weise auszusprechen.

Der Kaiser scheint wirklich zuletzt die Geduld verloren zu haben;
wenigstens sagte er mit einiger Bitterkeit: „Nun, mein Herr Feld=
marschall, da Sie darauf bestehen, so können Sie mit der österreichi=
schen Armee machen was Sie wollen; was aber die russischen Trup=
pen des Großfürsten Constantin und Barclay's anbetrifft, so werden
diese auf das rechte Ufer der Pleiße übergehen, wo sie sein sollen, und
nirgends sonst!“

Natürlich machten diese Worte der Conferenz ein Ende, und ver=
setzten das österreichische Hauptquartier, oder vielmehr den General
Langenau, in die Nothwendigkeit eine neue Disposition zu entwerfen.
Mußte man doch ohnehin die schlesische Armee gewähren lassen, die
bereits nach Schkeuditz vorgerückt, nicht vor Lindenau erschien, und
selbst den Beistand des Heertheils unter St. Priest auf diesem Punkt
versagte. Sie sollte nun auf der Straße von Halle gegen Leipzig
vordringen.

Vor Lindenau erschien demnach nur Gyulai im Verein mit Mo=
ritz Liechtenstein, Thielmann und Mensdorf, um das Dorf und den
Ausgang des dortigen Engpasses anzugreifen. Da nun nicht eine so
gewaltige Heeresmacht diese Straße versperrte, nahm man, im Wider=

spruch mit den früheren Voraussetzungen an, daß Napoleon wohl versuchen könnte sich den Weg zum Rückzug nach Weißenfels und an die
Saale zu bahnen, und so wurde denn Graf Gyulai jetzt schon angewiesen — diesen Weg im Nothfall frei zu geben! — Wurde er gedrängt, so sollte sein Rückzug auf Mölsen und Zeitz gehen, und die
Disposition machte ihm zur Pflicht in diesem Fall seine nach Weißenfels und Naumburg entsendeten Truppen von dort abzurufen.

Dem Hauptgedanken aber, den man natürlich für einen genialen
hielt, blieb man seltsamer Weise auch unter so veränderten Umständen
getreu. Mit der Hauptmasse der Oesterreicher unter Meerveldt und
dem Erbprinzen von Homburg, wollte man auch jetzt das Unmögliche
beginnen, sie durch das unwegsame Tiefland — durch den schwierigen
Engpaß bei Connewitz, dicht am Feinde der die Gebüsche am Ufer und
den beherrschenden Thalrand besetzt hielt, über den Fluß führen und
siegreich jenseits entfalten. Man hoffte auf diese Weise dem Feinde,
der aus der Stellung bei Wachau nach Leipzig zurückging, eine schwere
Niederlage beizubringen, und wollte für diesen Schlag selbst die russischen Garden nicht ganz aus der Hand geben. Zwar ließ man sie,
um dem Kaiser Alexander den Willen zu thun, auf das rechte Ufer
der Pleiße übergehen, aber nur bis Rötha, wo sie dem eigentlichen
Schlachtfelde bei Wachau noch sehr fern waren. Dort sollten sie hart
am Fluß stehen bleiben „so daß sie in gleichem Maaße die Reserve des
Grafen Wittgenstein und des Erbprinzen von Hessen-Homburg bilden." — Leicht waren sie von hier nach Connewitz zu ziehen, wenn
da Alles ging wie man hoffte.

Auf dem rechten Ufer der Pleiße standen alle Truppen unter
Barclay, und hatten zur Aufgabe den Feind in der Stellung bei Wachau anzugreifen. Als Rückzugspunkte wurden Zeitz und Altenburg,
und für Klenau's Corps Penig genannt.

Der Kaiser Alexander seinerseits, sah sich nach anderer Hülfe um.
Er glaubte Bennigsen werde schon an diesem Tage (15.) Kolditz erreichen, und forderte ihn dringend auf wenn irgend möglich, am folgenden auf dem Schlachtfelde zu erscheinen, und den rechten Flügel der
verbündeten Heeresmacht zu bilden. — Das war auch nicht möglich;
Bennigsen hatte erst am 13. October die Franzosen unter St. Cyr

gänzlich nach Dresden zurückgeworfen, und erreichte am 15. erst die Ufer der Zschopau in der Gegend von Waldheim.

So eingeleitet brach der 16. October an, und es ist belehrend sich Rechenschaft davon zu geben, welche Machtvertheilung durch die Anordnungen Langenau's herbeigeführt war.

Napoleon hatte nach Abzug der 42,000 Mann, die unter Ney und Marmont — Dombrowski und das 3. Reiter-Corps eingerechnet — durch Blücher's Angriffe im Norden von Leipzig festgehalten wurden, ungefähr 135,000 Mann gegen die Hauptarmee zu verwenden, war ihr also an Zahl vollkommen gewachsen. Im Besonderen stellten sich dann die Verhältnisse noch ungleich günstiger für ihn.

Die Verbündeten verwendeten auf dem linken Ufer der Pleiße und Elster, vor Lindenau, unter Gyulai's Befehlen in runder Zahl 20,000 Mann; Napoleon zur Vertheidigung des Passes (unter Bertrand, Margaron, Lefol) 15,500.

Die österreichische Heeresmacht in der Niederung zwischen den Flüssen betrug 29,000 Mann; ihre Versuche über die Pleiße zu kommen wurden durch einen Theil der Polen unter Poniatowski, durch die Division Sémélé von Augereau's Heertheil und ein Paar Bataillone Garden, im Ganzen durch etwa 10,000 Mann, siegreich abgewiesen.

Zur Vertheidigung des eigentlichen Schlachtfeldes von Markkleeberg bis zum Kolmberg, behielt also der französische Kaiser nicht weniger als 109,000 Mann; die Verbündeten dagegen führten hier, wo die Entscheidung lag, nur 84,000 Mann zum Angriff vor!

Noch dazu standen zunächst 19,000 Mann russischer und preußischer Garden bei Rötha anderthalb Meilen vom Schlachtfeld, das sie erst in mehreren Stunden erreichen konnten — selbst wenn sie den Befehl dazu erhielten. — Es waren also am Morgen, und für den größeren Theil des Tages, kaum 65,000 Mann, die zu dem Angriff eines überlegenen und tapferen Feindes in vortheilhafter Stellung schritten.

Die Gefechtsverhältnisse konnten sogar dem Auge noch ungünstiger erscheinen als sie wirklich waren, denn ungefähr 22,500 Mann (Klenau und die preußische Brigade Zieten) — rückten auf der Straße

von Grimma, jenseits des Universitätswaldes heran; — 10,000 russische Grenadiere und Kürassiere waren als entfernter Rückhalt bedeutend zurück — was von der Pleiße bis an das genannte Gehölz, Liebertwolkwitz gegenüber, auf einer Linie von acht bis neuntausend
Schritt, unter Kleist, dem Herzog Eugen von Württemberg, und dem
Fürsten Gortschakow zum Angriff vorging, betrug, sammt der Reiterei
unter Pahlen, welche die Verbindung zwischen den beiden letzteren erhalten sollte, nur wenig über dreißigtausend Mann.

Es war also natürlich genug daß der Kaiser Alexander erschrack
— daß ihm bänglich zu Muthe wurde, als er am Morgen eine beherrschende Anhöhe erstieg — und von da aus die wenig zahlreichen
Colonnen der Verbündeten gewahrte, die sich in den weiten Gefilden
fast verloren —: und gegenüber, auf den sanften Anhöhen die gewaltigen französischen Batterien, die dicht gedrängten, tiefen Schaaren
des Feindes. — Besorgt fragte er seinen Flügel-Adjutanten Wolzogen
ob dieser Angriff wohl gelingen könne? — Die Antwort lautete, wie
wir aus Wolzogen's Memoiren wissen, nicht ermuthigend. Der Kaiser sendete nach Rötha, an die russischen Garden den Befehl vorzurücken — was nicht in Langenau's Planen lag — und dann auch an
den Feldmarschall Schwarzenberg, eben diesen Wolzogen als Boten,
mit der dringenden Aufforderung die österreichischen Reserven auf das
rechte Ufer der Pleiße herüber zu senden.

Der Angriff auf die Stellung der Franzosen von Markkleeberg
bis Liebertwolkwitz war in der That mit so ungenügenden Mitteln
unternommen, daß das Feuer der französischen Artillerie im Wesentlichen allein genügte ihn zum Stillstand zu bringen und abzuhalten,
und das ist einer der eigenthümlichen Züge dieser merkwürdigen
Schlacht.

· Bei Markkleeberg, wohin Kleist vordrang, entspann sich zwar
auch ein heftiges Infanterie-Gefecht, aber nur dadurch daß Poniatowski selbst zum Angriff überging um das anfänglich ohne Widerstand aufgegebene Dorf wieder zu nehmen, welches die Preußen entschlossen behaupteten. Der Herzog Eugen von Württemberg mußte
sich bald darauf beschränken Wachau gegenüber im furchtbarsten Feuer
der feindlichen Batterien, in der schlimmsten Lage, auszuharren bis

die Reserven heran sein konnten. Die Standhaftigkeit mit der Kleist und der Herzog und die russischen und preußischen Truppen unter ihren Befehlen lange, blutige Stunden über, unter ungeheueren Verlusten in solcher Lage ausdauerten, ist gewiß der höchsten Anerkennung werth. Man konnte hier wohl besorgen daß der Tag ein sehr schlimmer wurde, denn der Gedanke daß Napoleon selbst an der Spitze seiner zahlreichen Schaaren zum Angriff übergehen werde, sobald er diese schwachen Heertheile der Verbündeten durch das Feuer seiner Geschütze hinreichend zertrümmert glaubte, lag sehr nahe; die Reserven aber, die man unmittelbar hinter sich hatte, waren weit entfernt und nicht sehr zahlreich.

Auch der Fürst Gortschakow machte keine Fortschritte gegen Liebertwolkwitz, und versuchte das nicht einmal ernstlich, da er darauf angewiesen war die vierte Colonne unter Klenau abzuwarten, die jenseits des Universitätswaldes, auf der Straße von Grimma her angreifen sollte und, weiter zurück, etwas später erschien als die übrigen.

Doch wir können uns hier nicht die Aufgabe stellen den Hergang der ganzen, riesenhaften Völkerschlacht zu erzählen; das würde viel zu weit führen; hat doch selbst eine Geschichte dieser wenigen Tage in zwei starken Bänden, bei Weitem nicht alle Zweifel gelöst. So müssen wir uns denn darauf beschränken, die Hauptergebnisse in Erinnerung zu bringen, — auf einige weniger beachtete Umstände von Wichtigkeit aufmerksam zu machen — und etwas näher nur auf Toll's persönliche Erlebnisse einzugehen.

Der Kaiser Alexander war dahin gekommen daß er den österreichischen Generalen wenig zutraute —: ob mit Recht oder Unrecht haben wir hier nicht zu untersuchen. Genug, er sendete den General Toll am frühen Morgen, mit sehr unbestimmten Aufträgen zu Klenau —: im Wesentlichen um bei dessen Heertheil denselben Einfluß zu üben, den der Kaiser sich selbst auf dem Schlachtfelde von Liebertwolkwitz bis zur Pleiße, unmittelbar zu üben versprach. — Toll konnte leicht bemerken, daß er dem General Klenau nicht willkommen sei; weniger Weltmann als Graf Colloredo, suchte der österreichische General auch nicht wie dieser bei Kulm, sein Mißbehagen unter den Formen einer gewählten, ritterlichen Höflichkeit zu verbergen, und so tra-

ten die Schwierigkeiten des gegenseitigen Verhältnisses gleich zu Anfang sehr deutlich hervor.   Nebenher glaubten die russischen Offiziere
die Toll's Begleitung bildeten, zu bemerken daß Klenau weder sehr
selbstständig, noch ganz unabhängig sei; es schien vielmehr als stehe
ihm, in der Person seines Chefs des Generalstabs, des Obersten Baron Rothkirch, schon Ein leitender und überwachender Mentor zur
Seite.   Das Benehmen dieses letzteren leitete auf die Vermuthung
daß er wohl besondere Verhaltungsbefehle und Vollmachten, unmittelbar vom Höchst=Kommandirenden, haben könnte.   Wenigstens kam
es vor daß Graf Klenau, auf Fragen und Bemerkungen Toll's, schweigend einen fragenden Blick auf Rothkirch richtete; dieser antwortete
dann statt seiner, und ging nöthigenfalls — in etwas gereiztem Tone
— auf die Erörterung ein.

Eine genaue, in das Einzelne gehende Darstellung der Ereignisse
auf diesem Theil des Schlachtfeldes, vermögen wir übrigens auch nicht
zu geben; es liegt hier noch Manches im Dunkeln.   Die Gefechte in
welche Klenau's Heertheil verwickelt wurde, waren nicht glücklich; —
das können nicht alle Gefechte sein, und es war unter den obwaltenden
Verhältnissen natürlich genug —: aber sie waren in ihren Einzelnheiten zum Theil auch nicht glänzend, und das mag wohl mit ein Grund
sein, warum man sich weniger bemüht hier Alles in das hellste Licht
zu setzen.

Klenau's Auftrag war Liebertwolkwitz in der Flanke anzugreifen,
dorthin richtete er auch seinen Marsch; sein Vortrab unter F. M. L.
Mohr, der den Angriff unmittelbar ausführen sollte, aus drei Grenzer=
Bataillonen und Reiterei bestehend, war durch 4 Bataillone (Regimenter Erzherzog Carl und Kerpen) der Division Mayer verstärkt, welche
den linken Flügel des Heertheils bildete, während die Division Hohen-
lohe=Bartenstein als rechter Flügel, in Massen, etwas weiter zurück
folgte.

Das Niederholz war von Oesterreichern besetzt, Liebertwolkwitz
wurde angegriffen von Grenzern und dem Regiment Erzherzog Karl. —
Schon aber hatte man bemerkt daß der Kolmberg, eine Anhöhe von
stumpfer, abgerundeter Kegelform, die ungefähr zweitausend Schritt
östlich von Liebertwolkwitz gelegen, die Gegend weit umher beherrscht,

vom Feinde nicht besetzt sei; — daß aber große feindliche Massen in
der Gegend von Holzhausen in Bewegung, die rechte Flanke der Ver=
bündeten zu umgehen drohten. Klenau ließ sogleich den Kolmberg
durch die zwei Bataillone Kerpen und zwei Batterien (12 Geschütze)
besetzen, die Hauptmasse seines Heertheils aber sich rechts ziehen, und
zwischen Groß=Pößnau und Fuchshain Stellung nehmen.

Toll traf zugleich mit Klenau selbst auf dem Kolmberg ein. Das
eine Bataillon und die Geschütze stellten sich oben in den Resten einer
alten Schweden=Schanze auf; — das andere hatte seitwärts und
etwas zurück am Fuß der Höhe Stellung genommen; österreichische
Reiterei hielt zwischen dem Hügel und dem Niederholz; Schützen wur=
den bis an den Pösgraben vorgesendet, der sich am nördlichen Fuß
des Kolmbergs unter dichtem Weidengebüsch dahin zog. — Als aber
Toll jene tiefen Massen unter Macdonald näher rücken sah, und mit
dem Auge maß daß die zwei Bataillone auf dem Kolmberg um mehr
als 2000 Schritt von den Truppen in der Stellung bei Groß=Pößnau
entfernt seien, äußerte er gegen Klenau: „Ihr zweites Treffen ist zu
weit zurück!" — Klenau erwiderte ablehnend: „Der Tag ist noch
lang, ich werde meine Reserven noch brauchen!" — Was wahrschein=
lich sagen sollte, daß man in solcher Lage seine Reserven sparen, und
nicht zu früh in das Gefecht verwickeln müsse. Toll forderte nun ihn
sowohl als Rothkirch ausdrücklich auf die rückwärtigen Truppen heran=
zuziehen, man ging aber nicht darauf ein. — Dagegen war die preu=
ßische Brigade Zieten bei Groß=Pößnau eingetroffen; auch hatte Klenau
— wahrscheinlich weil er Sebastiani's Reiterei gewahr wurde, die auf
Macdonald's linkem Flügel gegen ihn anrückte — den Grafen Pahlen
um eine Verstärkung durch Reiterei ersucht.

Die Empfindlichkeit der österreichischen Generale wurde natürlich
dadurch nicht vermindert, daß Toll's Bemerkungen sehr bald durch den
Erfolg gerechtfertigt wurden. Nach der neuesten Darstellung dieser
Schlacht, die wir dem Obersten Aster verdanken, hatte Klenau denn
doch im letzten Augenblick noch einige Bataillone der Division Hohen=
lohe nach dem Kolmberg vorzugehen befehligt, und dasselbe geht auch
aus einem Aufsatz hervor der offenbar von dem Obersten Rothkirch

ift *). Aber es war jetzt zu spät. Schon hatte Macdonald seine Truppen an dem Pösgraben zum Angriff geordnet — die österreichischen
Schützen wurden nun schnell aus den Weidenbüschen vertrieben —
und im Sturmschritt mit fliegenden Fahnen und klingendem Spiel
eilte die ganze Division Charpentier, an 4000 Mann stark, in vier
Colonnen, den Abhang hinan. Diesen gewaltigen Stoß wartete das
Bataillon Kerpen nicht ab; es wendete um und wich trotz aller Bemühungen Klenau's und der Offiziere, in Verwirrung und schnell den
entgegengesetzten Abhang hinunter. Die beiden Batterien waren schon
etwas früher bedacht gewesen davon zu fahren, nachdem sie noch eine
letzte Kartätschlage abgegeben hatten; 8 Stücke kamen glücklich davon,
eines wurde auf der Höhe vom Feinde genommen, drei andere, wie es
scheint am Fuß der Höhe eingeholt, fielen gleichfalls in seine Hände.
Auch das andere Bataillon Kerpen scheint sehr schnell zurückgegangen
zu sein. Der Rückzug wurde, nach unseren Nachrichten die von unmittelbaren Zeugen herrühren, nicht „mit der größten Ordnung ausgeführt" wie die Regimentsgeschichte besagt; noch weniger kam es
hier zu einem hartnäckigen Kampf Mann gegen Mann „mit Kolben
und Bayonnet" wie der Oberst Aster berichtet, was aber in Wahrheit
die Verhältnisse kaum gestattet hätten.

Klenau, sein Stab, Toll, seine Offiziere, mußten sich eben auch
im letzten Augenblick in schneller Gangart ihrer Pferde davon machen.
Nicht allzuweit vom Fuß der Höhe begegnete ihnen ein Bataillon das
im Vorrücken war. Nach Aster's Bericht müßte es vom Regiment
Joseph Colloredo gewesen sein (Division Hohenlohe). — Klenau
ein sehr unerschrockener Mann — setzte sich persönlich an die Spitze
dieses Bataillons und führte es gegen den Feind; Toll, mit einem
Adjutanten, that das Gleiche. Mit so geringer Macht den Kolmberg
wieder zu gewinnen, war kaum denkbar; die Absicht mag also wohl
nur gewesen sein der verlorenen Geschütze wieder habhaft zu werden,
und Zeit zu gewinnen für weitere Anstalten. „Wir brachten das
Bataillon bis auf fünfzig Schritt an den Feind, schreibt Toll's Adjutant; wir sahen wie er bemüht war zwei österreichische Kanonen

---

*) Hormayer's Taschenbuch 1841, S. 42.

zurückzubringen, und wir hofften dieſer Anblick werde unſere Colonne zu einem raſchen Bayonnetangriff bewegen" — : aber fünfzig Schritt vom Feinde kehrte das Bataillon plötzlich um, und wich ſehr eilig rückwärts. Klenau ſelbſt wäre bei dieſer Gelegenheit faſt in Gefangen-ſchaft gerathen.

In größerer Entfernung vom Kolmberg gelang es eines der weichenden Bataillone wieder zum Stehen zu bringen, und dadurch den ferneren Rückzug der 8 geretteten Geſchütze zu decken. Unter den Bataillonen der Diviſion Hohenlohe, die noch aus der Gegend von Fuchshain im Vorrücken nach dem Kolmberg begriffen waren, ent-ſtand, wie Aſter berichtet „ein Stutzen und Wanken" — ſie wendeten um, und traten den Rückweg in ihre frühere Stellung an.

Schon während dieſes Gefechts am Kolmberge war Sebaſtiani's Reiterei auf dem linken Flügel der Diviſion Charpentier erſchienen; Angriffe der öſterreichiſchen Kavalerie-Regimenter Hohenzollern Che-vaurlegers, Erzherzog Ferdinand und Palatinal-Huſaren, an denen auch Zieten's preußiſche Brigade-Reiterei Antheil nahm, verhinderten ſie auf das weichende Fußvolk einzuhauen. Dieſe Angriffe müſſen im Anfang theilweiſe glücklich geweſen ſein; ſie erfüllten eine Zeit lang ihren Zweck, und ſelbſt jene drei Kanonen wurden wieder genommen und gerettet. Endlich aber mußte die öſterreichiſche und Zieten's Reiterei der Uebermacht weichen, und ging in ſolcher Auflöſung zurück, wie ſie nach wiederholten mißglückten Reiter-Angriffen ſtattzufinden pflegt. — Glücklicher Weiſe waren jetzt, von Pahlen geſendet, 16 Schwadronen preußiſcher Reiterei eingetroffen (8 Schw. Küraſſiere, 8 Schw. Landwehr) und mußten ihre durch den Strom der Fliehenden gefährdete Ordnung zu erhalten; ſie waren in Einem Treffen, mit großen Intervallen zwiſchen dem Niederholz und Seifertshain auf-marſchirt, Stirnſeite gegen den Kolmberg gewendet. Das oſtpreußiſche Küraſſier-Regiment ging, auf dem rechten Flügel, nicht ohne Erfolg zum Angriff vor; da aber doch fortgeſetzte Angriffe auf die dreifach überlegene, von Fußvolk und Geſchütz in der Nähe unterſtützte Reiter-maſſe Sebaſtiani's unmöglich zum Zweck führen konnten, ſuchte der Führer des brandenburgiſchen Küraſſier-Regiments (ein Curländer, v. Löbell) dem Feinde dadurch zu imponiren, daß er den feindlichen

Maſſen gegenüber in großer Nähe mit ſeinen in Linie entfalteten Schwadronen ruhig halten blieb. Der Verſuch gelang.

Zur großen Ueberraſchung beider Theile erſchienen plötzlich „wie vom Himmel geſchneit" Platow's Koſacken, und umſchwärmten mit vielem Geräuſch die linke Flanke der franzöſiſchen Reiterei. Platow war nämlich von den Ufern der Elſter und Pleiße abgerufen, und auf die Straße nach Grimma geſendet worden, um dort die Verbindung mit dem ſehnlich erwarteten Bennigſen aufzuſuchen. Durch ein glück= liches Zuſammentreffen zog er grade jetzt nicht weit von dem Schau= platz dieſer Geſechte vorüber. Toll, der ihn gewahrte, bewog dieſen Mann, der nie aus eigenem Antrieb zu handeln wußte, ſeinen Auf= trag für jetzt auf ſich beruhen zu laſſen, mit der Hauptmaſſe ſeiner Koſacken umzukehren, und in die Flanke der franzöſiſchen Reiterei zu fallen. Da Platow wußte daß Toll eine ſehr gewichtige Stimme im großen Hauptquartier hatte, fügte er ſich ſeinen Anordnungen.

Sebaſtiani, der die Erfolge der Franzoſen auf dieſem Theil des Schlachtfeldes gar leicht in das Große erweitern konnte, wenn ihm der Entſchluß dazu nicht verſagte, ließ ſich imponiren; er unternahm nichts weiter, und ging bald ſogar hinter den Kolmberg zurück. Unterdeſſen hatten die Oeſterreicher die Stellung zwiſchen Groß=Pöſnau und Fuchshain wieder erreicht, und es war gelungen die wankenden Bataillone wieder zu ordnen. Jetzt erſt führten die preußiſchen Reiter, die unterdeſſen durch das nahe Feuer der feindlichen Geſchütze bedeu= tend gelitten hatten, ihren ſchwierigen Rückzug bis in die öſterreichiſche Stellung mit Glück aus.

In der Zwiſchenzeit waren auch die öſterreichiſchen Bataillone die Liebertwolkwitz angriffen, wieder ganz aus dem Dorf heraus= geſchlagen worden, und der Feind folgte ihnen in das Niederholz, wo ſich ein lebhaftes Schützengeſecht entſpann.

Macdonald, der nun ſeinen geſammten Heertheil auf dem Kolm= berg und zu beiden Seiten deſſelben geordnet hatte, blieb einige Zeit unthätig; als er endlich begann wieder vorwärts zu gehen, trachtete die Diviſion Lebru=des=Eſſarts auf ſeinem linken Flügel das Dorf Seifertshain zu beſetzen.

Vielleicht etwas herabgeſtimmt durch den nicht günſtigen Erfolg

der bisherigen Gefechte, durch die niederschlagende Nachricht daß die
Schlacht bei Wachau und auf dem linken Flügel bedenklich stehe, —
möglicher Weise selbst durch die nicht ganz befriedigende Haltung ein-
zelner Bataillone — waren die österreichischen Generale geneigt sich
auf die Vertheidigung der vortheilhaften Stellung zwischen Groß-
Pösnau und Fuchshain zu beschränken, Seifertshain dagegen, dessen
Behauptung für diesen Zweck nicht unerläßlich schien, dem Feinde zu
überlassen. Toll aber hatte die Fortsetzung der Schlacht am folgenden
Tage im Auge; er war überzeugt daß man erneuert zum Angriff vorgehen werde, — daß dann zuerst der Kolmberg wieder genommen werden müsse, und daß dazu der Besitz von Seifertshain nothwendig sei.
Fiel dies Dorf jetzt in Feindeshand so mußte es am folgenden Tage
mit großem Aufwand von Zeit und Blut wieder erobert werden. Toll
verlangte entschieden daß Seifertshain besetzt und um jeden Preis auf
das Aeußerste gehalten werde; es entstand darüber ein Wortwechsel
zwischen Klenau, Rothkirch und ihm — und da man nicht auf die
Sache eingehen wollte, fuhr Toll zuletzt heftig, und etwas unvorsichtig
mit den Worten heraus: „Damit wird aber der Kaiser Alexander
nicht zufrieden sein!" — Daß ein österreichischer General sich durch
eine solche Bemerkung in hohem Grade verletzt fühlte, liegt in der
Natur der Sache. Nach kurzem Schweigen erwiderte Klenau: „Ja,
wenn dem so ist, dann commandire ich hier nicht mehr!" — und zu
seiner Umgebung gewendet fügte er mit lauter Stimme hinzu: „meine
Herren, ich commandire hier nicht mehr! Hier commandirt jetzt der
kaiserlich-russische General-Major von Toll! an den verweise ich Sie!"
damit wendete er sein Pferd und entfernte sich. Sehr betroffen, ver-
legene Blicke wechselnd, blieben die österreichischen Offiziere seiner Umgebung zurück.

Von Allem aber was unter solchen Umständen geschehen konnte,
geschah gerade das was Klenau gewiß am allerwenigsten erwartet,
oder auch nur für möglich gehalten hatte: Toll nahm ihn ganz einfach beim Wort, und gab wirklich unmittelbar die nöthigen Befehle,
als gehörte sich das so und könne gar nicht anders sein. Er sendete sie
durch seine russischen Offiziere — die mit einer einzigen Ausnahme
sämmtlich deutsch sprachen — an den Fürsten Hohenlohe und die be-

treffenden Truppentheile des rechten Flügels — und Alles war durch
diese unerwartete Wendung der Scene in dem Grade überrascht, daß
niemand Einwendungen machte.

Nach einiger Zeit kehrte indessen auch Klenau zurück, und wie er
auch gestimmt sein mochte: er ordnete jetzt selbst die Vertheidigung
von Seifertshain, und leitete sie sogar persönlich, als die wiederholten
Angriffe der Franzosen dort einen wechselvollen Kampf hervorriefen —
in welchem das Dorf zuletzt glücklich behauptet wurde. —

Es könnte befremden daß Napoleon's ursprünglicher Plan, den
rechten Flügel der Verbündeten zu umgehen, nicht mit größerem Nachdruck ausgeführt wurde.   Blücher's Angriffe im Norden von Leipzig
hielten eben nicht allein Ney's und Marmont's Heertheile dort fest, sie
scheinen einen lähmenden Einfluß auch hier bei Liebertwolkwitz und
Wachau geübt zu haben.   Dann konnte auch die augenscheinliche
Schwäche der Verbündeten vor Wachau allerdings zu einem unmittelbaren Angriff auf ihre schon erschütterten, und mehr noch gelichteten,
Schaaren auffordern.

Einen solchen ordnete Napoleon in den Nachmittagstunden, und
ließ ihn durch mehrfache Reiter-Angriffe einleiten. — Die polnischen
Lanzenreiter die das vierte Reiter-Corps unter Kellermann bildeten
(an diesem Tage jedoch nur 8 Schwadronen stark) gingen zuerst, zwischen Markkleeberg und Wachau vor, zu Angriffen auf die wenige
russische Reiterei, die der Colonne unter Kleist beigegeben war (1 Hu-
saren- und 2 Kürassier-Regimenter 12 Schwadronen).   Da sie ihr
nicht gewachsen schienen, wurden sie durch die Division Berkheim (von
Latour-Maubourg's Reiter-Corps) verstärkt, und es gelang ihnen zuletzt, nach wiederholten Angriffen hin und her, diese russische Reiterei
ganz aus dem Felde zu schlagen, und bis in die Nähe von Kröbern
zurückzuwerfen.   Bemerkenswerth ist es daß Kleist, zu seiner Rechten
so weit überflügelt, und lebhaft angegriffen, sich dennoch mit seinem
Fußvolk in und bei Markkleeberg zu behaupten wußte.

Glücklicher Weise war jetzt die dringend nöthige Hülfe nicht fern.
Schon früh hatte, wie bereits erwähnt, der Kaiser Alexander seinen
Flügel-Adjutanten Wolzogen zu dem Fürsten Schwarzenberg gesendet,

um wenigstens jetzt noch die österreichischen Reserven auf das entscheidende Schlachtfeld zu bringen.

Wolzogen traf den Fürsten Schwarzenberg bei Gautsch, am Saume
jenes sumpfigen Tieflands in welchem er den Hauptschlag zu führen
gedachte; den Tag vorher fest in Langenau's Ansichten befangen, war
der Feldmarschall jetzt, da die Sache eben gar nicht ging, wie es scheint
in einen Gemüthszustand verfallen, den man wohl als schwankende
Verlegenheit bezeichnen könnte. Er antwortete auf Wolzogen's Botschaft: „Ich muß selbst befürchten daß wir über Connewitz nicht durch-
bringen; Merveldt hat dort schon 4000 Mann und zwei Generale
verloren, und es ist wenig Aussicht vorhanden daß es besser gehen
werde!" — Nun erhob auch Radetzky, der sich eben nicht immer Geltung zu verschaffen wußte, seine Stimme, um zu erklären daß Langenau's Hauptgedanke ihm von Anfang an nicht gefallen habe; daß jetzt
vollends niemand mehr diese Idee festhalte, als eben nur Langenau
selbst. Er forderte den Fürsten dringend auf keinen Augenblick mehr
zu verlieren, und die Reserven sofort in Marsch zu setzen; der Uebergang über die Pleiße, der Marsch, würde ohnehin an drei Stunden
dauern; es sei zu fürchten daß Kleist's Kolonne bei Markkleeberg auf-
gerieben sei ehe die Hülfe komme.

Da gab denn Schwarzenberg die Befehle die ihm so abgefordert
wurden, und eilte für seine Person voraus auf den bekannten Hügel
bei Gossa von welchem aus, neben dem Kaiser Alexander, und dem
Kaiser Franz auch der König von Preußen, der Bennigsen's Heer
vorangeeilt war, den Gang der Schlacht beobachtete.

Die österreichischen Kürassiere gingen bei Klein-Städteln, die Infanterie-Divisionen Bianchi und Weißenwolf bei Groß-Deuben auf
das rechte Ufer der Pleiße hinüber, und jene erschienen — um 2 Uhr
Nachmittag — eben als Kleist's Reiterei endlich besiegt war. Sie
nahmen das Gefecht auf; und obgleich den französischen Reitern noch
ein Dragoner-Regiment der Garde und ein sächsisches Kürassier-Regi-
ment (von Latour-Maubourg's Heertheil) zu Hülfe gesendet wurden,
erlitten sie nun doch, nach mehrfachen Kämpfen, ihrerseits eine vollständige Niederlage. Später traf denn auch die österreichische Infanterie der Reserven ein; Bianchi löste die gänzlich erschöpften Truppen

Kleist's ab, und vertrieb die Polen, die das endlich verlassene Mark-kleeberg besetzt hatten, wieder aus dem Dorf.

Etwas später als diese einzelnen Reiter-Kämpfe auf dem rechten Flügel Napoleon's fand in dessen Mitte, zwischen Wachau und Liebert-wolkwitz, der sogenannte große Reiterangriff statt: ein Unternehmen das wir uns aber keineswegs so riesenhaft oder so romantisch denken dürfen, als es von französischen Schriftstellern in besingender Weise geschildert worden ist.

Die russischen und preußischen Bataillone des Herzogs Eugen von Württemberg, die noch immer auf dem freien Felde vor Wachau mit ungeschwächter Standhaftigkeit den feindlichen Geschossen trotzten, waren zu winzigen, durch weite Zwischenräume getrennten Schaaren geworden, ihre Geschütze, die man vermehrt hatte um den feindlichen Batterien einigermaßen begegnen zu können, zum Theil zerschossen und unbrauchbar gemacht. — Der Gedanke sie durch einen Reiter-Angriff zu werfen, die Geschütze zu erobern, war sehr natürlich — und diesem Zweck entsprechend waren die aufgewendeten Mittel. Fünf und vierzig Reiter-Regimenter, wie Pelet erzählt — oder singt — waren es wohl nicht, die zu diesem Unternehmen gesammelt wurden; denn aus einem Brief des Generals Bordesoult im Spectateur mili-taire geht hervor daß der Kürassier-Division dieses Generals, welche den Angriff in drei Treffen begann, nur die Division Doumerc als Rückhalt folgte. Im Ganzen waren es also nicht ganz 4000 Reiter die vorgesendet wurden. Zuerst warf sich diese Masse auf den rechten Flügel des Herzogs Eugen, wo ein Bataillon, Rest des Regiments Krementschug, überritten und gesprengt wurde, und eine Batterie von 26 Stücken, die eilig verlassen werden mußten, für den Augenblick in Feindes Gewalt blieb — jedoch ohne Pferde und Mannschaften. Bordesoult's Kürassiere stürmten grade aus, Doumerc's Dragoner umschwärmten die Bataillone im Rücken und von den Seiten, und versuchten einzelne Angriffe die nicht gelangen. Das Einzelne ist nicht zu ermitteln; um so weniger da über dem Unternehmen ein doppelter Unstern waltete: Latour-Maubourg wurde mit zerschmettertem Bein vom Schlachtfelde zurückgebracht — und Murat tummelte sich bei dem Angriff herum und setzte Alles vor der Zeit in rasche Gangarten —

Plan und vernünftige Leitung hörten sehr bald auf bemerkbar zu sein.

Zwar warfen diese französischen Kürassiere mit Tapferkeit Alles was von Reiterei gegen sie gesendet wurde — die leichte Reiterei der russischen Garde und zwei Kürassier=Regimenter der 3. Division — und sie jagten bis in die Nähe von Güldengossa, fast bis an den Monarchenhügel heran, wo das Ereigniß Besorgnisse erregte, und wichtiger genommen wurde als es wohl eigentlich verdiente. Der Kaiser Alexander sendete die Garde=Kosacken vor die seine persönliche Bedeckung bildeten — sie gingen über einen Damm zwischen zwei Teichen unmittelbar am Fuß des Monarchenhügels, neben Gossa, dem Feinde entgegen und griffen herzhaft an. Die Pferde der feindlichen Reiter waren jetzt außer Athem, ihre Reihen gelockert — die geschlagene russische Reiterei schloß sich zum Theil in ungeordneten Schwärmen dem Angriff der Kosacken an, fiel zum Theil in gleicher Weise auf die Flanke der französischen Reitermasse — zwei preußische Regimenter die Pahlen sendete, thaten geschlossen und in Ordnung dasselbe — die halbaufgelösten Treffen der Franzosen wurden bald Eines auf das Andere geworfen — und das Ganze zuletzt so vollständig überwältigt, daß diese Reiter die so ernste Besorgnisse erregt hatten, fliehend in einzelnen Schwärmen wieder den Höhen hinter Wachau zueilten.

Der Herzog Eugen hatte sich unterdessen mit seiner Heldenschaar in ungestörter Ordnung bis Gossa zurückgezogen, und stand neben dem Dorf, seinen rechten Flügel an dasselbe gelehnt; 5400 Mann hatten seine russischen Bataillone am Morgen gezählt — kaum 1400 waren davon übrig.

Auf der ganzen Linie rückte französische Infanterie nach — Victor, Lauriston und die beiden Divisionen der jungen Garde unter Mortier — auch Gortschakow mußte vor ihnen weichen bis in eine Aufstellung zwischen Gossa und dem Universitätswald —: aber auch die russisch=preußischen Reserven waren nun neben den österreichischen auf den sanften Abhängen hinter Auenhayn und Gossa entfaltet, das Feuer ihrer zahlreichen Artillerie empfing den vordringenden Feind und die letzten Unternehmungen der Franzosen waren nicht vom Glück begünstigt. — Victor's Kampf um die Schäferei Auenhayn endete damit

Sieg über Marmont, den er bis an die Vorstädte von Leipzig zurück-
warf, daß er am Abend dieses Tages 53 eroberte Kanonen aufweisen
konnte.

So endigte der 16. October; die Franzosen rühmen sich der verbündeten Hauptarmee gegenüber des Sieges, und es läßt sich nicht
leugnen, für sich betrachtet war die Schlacht bei Wachau wohl ein
Sieg Napoleon's zu nennen, denn die Verbündeten hatten seine Stellungen angegriffen, und waren zurückgeschlagen. Aber dennoch war
das Schicksal der napoleonischen Herrschaft in Deutschland an diesem
Tage schon vollständig entschieden, und zwar gegen Napoleon; es war
entschieden, selbst wenn man gar nicht beachtet daß die Schlacht bei
Möckern den Gewinn bei Wachau reichlich aufwog; — denn selbst
abgesehen davon waren die errungenen Vortheile weit aus nicht bedeutend genug um das Geschick des Feldzugs zu wenden — sie waren
bei Weitem zu gering um einen entmuthigenden Eindruck zu machen,
Zuversicht und Willen der Verbündeten zu erschüttern, bange Zweifel
zu erwecken. Diese unzureichenden Erfolge aber in den nächsten Tagen
zu steigern — dazu war nicht die mindeste Aussicht, die Unmöglichkeit
vielmehr sehr einleuchtend. Ueber hunderttausend Mann Verstärkungen zogen den Verbündeten zu —: Napoleon dagegen hatte sein
Höchstes und Aeußerstes schon aufgeboten; nichts blieb ihm das er
noch hätte einsetzen können in dem Kampf! — Auch war der Kreis
enger um ihn her gezogen; Blücher stand in wirksamer Nähe; man
konnte ihn nicht mehr jenseits der Saale wähnen, und durfte nicht
hoffen daß er in der Schlacht auch nur auf Stunden fehlen werde. So
war denn, nach diesem halben Siege, die Aussicht in die nächste Zukunft in der That eine hoffnungslose.

Napoleon fühlte das, und griff deshalb, wenn auch erst spät
und nach langem Schwanken, zu dem Mittel das allein, im glücklichen Fall, aus dieser Lage führen konnte —: er versuchte zu unterhandeln. Merveldt, der gefangene österreichische General, schien wie
dazu in seine Hände geliefert. Er sendete ihn, auf sein Ehrenwort
entlassen, und mit Aufträgen, in das Hauptquartier der verbündeten
Monarchen.

Von dieser Sendung entwirft Fain auch wieder in seiner bekannten Manier ein phantastisches Bild. Die Scene fällt noch an demselben Abend, noch am 16., nach aufgehobener frugaler Abendtafel vor, und zwar, wie uns anschaulich gemacht wird, ohne daß es
ausdrücklich gesagt wäre, im Kreise der vertrauten Offiziere des Napoleonischen Hauptquartiers, damit man glauben soll auch Fain sei dabei gewesen, und könne wissen was da vorgegangen ist.   Napoleon,
der Sieger, bietet noch einmal die Hand zur Versöhnung, und zeigt
sich zu allen Opfern bereit die sich irgend mit Frankreichs Ehre vertragen; er verzichtet auf Polen, den Rheinbund, Illyrien, Holland,
Spanien — für das Königreich Italien verlangt er nur die Integrität
und Unabhängigkeit dieses Königreichs — wahrscheinlich bloß in un-
eigennützigem Antheil an der italienischen Nationalität; — er verpflichtet sich auf der Stelle Deutschland zu räumen und hinter den
Rhein zurück zu gehen! — In der That er geht wieder beinahe zu
weit in Großmuth und Friedensliebe! — Es ist ein Friede den die
Verbündeten unbedingt annehmen müssen, wenn ihnen das Wohl
Europa's am Herzen liegt, wenn sie nicht etwa bloß von einem beschränkten und boshaften Haß gegen den französischen Kaiser persönlich
beseelt sind.   Aber das freilich muß Napoleon besorgen; er weiß man
fürchtet ihn, den Friedfertigen, der nur gezwungen das Schwert zieht,
der sich nur danach sehnt „im Schatten des Friedens das Glück Frankreichs zu träumen" (je ne demande pas mieux que de me reposer
à l'ombre de la paix, et de rêver le bonheur de la France) —;
indessen Napoleon glaubt an die Heiligkeit der Bande der Natur; ein
herzloser Schwiegervater ist etwas das seine arglose Seele nicht begreift; er glaubt nicht an das Dasein eines solchen Phänomens. Und
in wohlwollender Weisheit erhebt sich seine warnende Stimme; weshalb will man Frankreich über die Gebühr schwächen? — Nicht von
ihm, von Osten her droht der Unabhängigkeit und Gesittung Europa's
die größte Gefahr; Frankreich, Oesterreich und Preußen im Bunde
werden kaum vermögend sein, das „Halb-Nomaden-Volk" (!) die
Russen, den Staat der seinem innersten Wesen nach ein erobernder ist,
an der Weichsel aufzuhalten. So wird Merveldt entlassen.

Die Unwahrheit dieses ganzen Berichtes liegt offen genug zu

Tage. Napoleon wußte mit welchem sehr entschiedenen Mißtrauen das
Wiener Cabinet Rußlands wachsende Macht betrachtete, und schlug
natürlich nebenher auch diese Saite an, wenn er zu der österreichischen
Regierung allein zu sprechen glaubte; grade wie er auch das Mißtrauen Alexander's in Beziehung auf Oesterreich zu erwecken suchte, wo
sich die Gelegenheit bot. Es war das ein Mittel wie ein Anderes seine
Gegner zu entzweien. Aber die Warnungen bezogen sich dann höchstens auf bestimmte Vortheile welche Rußland dem österreichischen
Staat rauben werde. Zu so hohen, so umfassenden Anschauungen
erhoben sich Napoleon's Winke nicht. Rußlands wegen für die europäische Gesittung zu zittern, war damals überhaupt noch nicht an der
Tagesordnung, und dem Kaiser Napoleon vollends, für den diese Gesittung selbst eigentlich in das Gebiet der „Ideologie" gehörte, war es
vollkommen fremd. Die Anschauung der Weltlage zu der er sich wirklich zu jener Zeit bekannte, die er wirklich aussprach — abgesehen von
solchen in bestimmter Absicht geflüsterten, einander gelegentlich, wie es
eben die Umstände erforderten, gradezu widersprechenden Winken —:
die war eine ganz andere! — Immer und immer wieder sprach es Napoleon aus das wahre Interesse aller europäischen Staaten — Rußland nicht ausgenommen — gebiete ihnen sich unbedingt seiner Leitung
anzuvertrauen, und sich mit ihm gegen das perfide Albion zu verbinden. Nur durch England zu ihrem eigenen Schaden bethört, erhöben
sie sich gegen ihn. — Rußland war zu einem Werkzeug Albions herab-
gesunken; England hatte Moskau angezündet um einen Frieden zu
verhindern, der in Rußlands Interesse lag wie in dem Napoleon's! —
Man schlage nur Bignon nach, der die Geschichte jener Zeiten in Napoleon's Auftrag und in seinem Sinn geschrieben hat; da finden wir diese
Ideen wieder. „L'Angleterre triomphante prenait à sa solde l'Europe entière conjurée contre la France" — das war nach Bignon Charakter und Inhalt des Herbstfeldzugs 1813. Und was Merveldt's Sendung anbetrifft, so belehrt uns dieser Schriftsteller daß Napoleon an ihrem
Gelingen nicht zweifelte, denn er konnte nicht glauben daß blinde Erbitterung die Verbündeten so ganz und gar dem Haß Englands dienstbar machen werde. (Mais Napoléon ne pouvait croire que l'animosité
des puissances du continent servit si bien la haine de l'Angleterre.)

32*

Solche unwahre Berichte zeigen aber nicht bloß Napoleon in einem falschen Licht, sondern auch die Verbündeten, denen dadurch eine Entschlossenheit angedichtet wird, eine Großartigkeit der Ansichten und Plane, die ihnen keineswegs ohne Ausnahme eigen war. — Dennoch wird Fain immer wieder von Neuem ausgeschrieben — neuerdings wieder von Aster und Beitzke — vielleicht weil jene prophetischen War-nungen vor dem Slavenreich des Ostens zu den heutigen Ansichten der heutigen Schriftsteller passen — und unverzeihlicher Weise bleibt dar-über der einzige echte und zuverlässige Bericht über Merveldt's Sendung ganz unbeachtet. Merveldt's eigener Bericht nämlich, der den englischen Diplomaten nicht unbekannt blieb, und der in Lord Burgersh's trefflichem Werk — freilich nur in der zweiten Ausgabe — abgedruckt ist.

Aus diesem Bericht ergiebt sich daß in Fain's Darstellung selbst jeder Nebenumstand unwahr und willkürlich erdichtet ist. Wie Ode-leben erzählt wurde Merveldt schon am Abend ein erstes Mal zu dem Wachtfeuer geführt, das vor Napoleon's fünf Zelten loderte, und der französische Kaiser unterhielt sich da sehr lange auf das Gefälligste mit ihm. Merveldt selbst erwähnt einer solchen ersten Zusammenkunft nicht. Jedenfalls dachte Napoleon zunächst nicht weiter an den öster-reichischen General.

Wahrscheinlich konnte er an diesem Abend seine eigene Lage noch nicht vollständig übersehen, nicht beurtheilen wie wenig Raum sie irgend einer Hoffnung ließ; denn noch fehlten die Berichte Marmont's und Ney's. Doch soll er die Nacht nicht ruhig zugebracht haben; Nansouty und mehrere andere Generale wurden an sein Bett gerufen — und als der Tag angebrochen war, als die Berichte von allen Sei-ten, namentlich von Marmont's Niederlage und Blücher's drohender Nähe im Rücken eingelaufen waren, blieb sehr bald keine Möglichkeit mehr sich über die Hülflosigkeit der Lage zu täuschen in die man ge-rathen war, und der Druck dieser Lage wurde in Napoleon's Umgebung schwer genug empfunden. Früh schon kam der König Murat zu Na-poleon, und suchte ihn durch die Behauptung, daß die Verbündeten ungeheure Verluste erlitten hätten, in eine frohere Stimmung zu ver-setzen. „Beide waren gar ernst und nachdenkend, und gingen miteinander, der Kaiser sehr tiefsinnig, auf den Dämmen der alten Teiche eine halbe Stunde lang spazieren. Der Kaiser verkroch sich wieder in sein Zelt; der König ritt vor zu den Truppen. Gegen Abend vermehrten sich im Hauptquartier die finsteren Gesichter." (Odeleben.)

So vergingen die Stunden und Napoleon gab keinerlei Befehle von Bedeutung. Er brachte den größten Theil des Tages in rathloser Unschlüssigkeit zu. — Er ist vielfach deshalb getadelt worden; am bittersten wohl von einigen seiner eigenen Generale, wie Marmont — aber die Erscheinung läßt sich doch erklären. Seine Unschlüssigkeit war gewiß nicht die der Schwäche, die in schwieriger Lage ungewiß hin und her schwankt. Der mächtige, stolze, durch das Glück verwöhnte Geist vermochte nicht sogleich über sich selbst den einzigen Entschluß zu gewinnen, der hier möglich blieb, wo von einer Wahl in der That nicht die Rede sein konnte. Die Entsagung, die eine entscheidende Wendung seines Geschicks von ihm verlangte, war hier wie zu Moskau eine gewaltig große. Noch den Tag zuvor hatte er um den höchsten Preis, um die Herrschaft in Deutschland und Europa gekämpft, und den Sieg gehofft, — und nun sollte er auf den Sieg diesseits des Rheins verzichten, auf seinen Besitz an der Elbe, um den Kampf unter sehr viel ungünstigeren Bedingungen fortzusetzen.

Endlich um zwei Uhr Nachmittags ließ er den Grafen Merveldt zu sich rufen — (Nicht um zwei Uhr Morgens, wie wir früher vermutheten; das après midi des Berichts ist nicht Druck- oder Schreibfehler anstatt après minuit; denn wir wissen nun aus Gen. Wilson's amtlichem Bericht an Lord Aberdeen vom 18. früh, daß Merveldt in dem Augenblick erst, als bereits Alles zu Pferde saß zur erneuerten Schlacht, bei Schwarzenberg's Stab eintraf. Er war also nicht vor den Abendstunden am 17. aus Napoleon's Hauptquartier entlassen worden.) — Um zwei Uhr Nachmittags; erst als Napoleon sich bestimmt zum Rückzug entschlossen hatte. Für den Rückzug, der nach einem verhängnißvoll versäumten Tage doppelt schwierig geworden war, sollte die Botschaft die er dem österreichischen General anvertraute, wo möglich Raum und Sicherheit verschaffen. — Napoleon sagte dem Grafen Merveldt einiges Schmeichelhafte über seine, vom Glück so wenig begünstigte Thätigkeit in der Schlacht; kündigte ihm an daß er ihn auf sein Ehrenwort entlassen wolle; fragte wie stark die Verbündeten sein Heer schätzten? — wie stark sie selbst seien? — ob sie ihn am folgenden Tage anzugreifen dächten? — und ging dann sehr bald auf Friedensvorschläge über. Der Beherrscher Frankreichs deutete an daß Oesterreich zu Prag die Gelegenheit versäumt habe sich an die Spitze Europa's zu stellen; solche erhabene Stellung hätte ihm ein Bund mit Frankreich gewährt; — England sei es übrigens das auch jetzt den Frieden nicht wolle, darauf kam er immer wieder von Neuem zurück; — wobei wohl die Absicht zu Grunde liegen mochte zu erfahren, ob etwa ein Continental-Friede zu erhalten sein werde, an dem England nicht Theil habe. Auf Merveldt's Andeutungen und Fragen, ergab sich aber alsdann daß Napoleon zwar ohne alles Bedenken bereit war Polen aufzugeben — das Vaterland der Polen die verblendet und bethört noch unter seinen Fahnen kämpften; — daß er auch Spanien schon als verloren betrachtete, so gut wie die illyrischen Provinzen; daß er selbst Hannover und die Hansestädte herausgeben wollte, vorausgesetzt daß England die verlorenen französischen Colonien zurückgab —: daß er aber noch keineswegs unbedingt gesonnen war auf den Rheinbund zu verzichten, oder auf Holland. Seine Ehre mache es ihm zur Pflicht den Verbündeten die treu blieben seinen Schutz nicht zu entziehen, und Holland werde, sich selbst überlassen, nicht unabhängig sondern von England beherrscht sein. — Kurz Napoleon's Streben ging dahin sich so wenig als möglich zu binden; nur auf ganz unbestimmt gedachte Unterhandlungen drang er — und ganz zuletzt trat dann hervor was ihm eigentlich und zunächst am Herzen lag: er schlug einen Waffenstillstand vor! — Er wollte über die Saale zurückgehen, die Russen und Preußen sollten sich auf dem rechten Ufer der Elbe aufstellen — die Oesterreicher in Böhmen, und Sachsen sollte neutral bleiben. (On m'accuse de proposer toujours des armistices; je n'en proposerai donc pas; mais vous conviendrez que l'humanité y gagnerait beaucoup: si l'on veut je me placerai derrière la Saale; les Russes et les Prussiens derrière l'Elbe; vous en Bohème, et la pauvre Saxe qui a tant souffert restera neutre.) — Die Verbündeten mußten sehr übel berathen sein wenn sie in diese Schlinge gingen! — Auf Merveldt's Bemerkung, daß man ihn noch in diesem Herbst über den Rhein zu drängen hoffe — antwortete Napoleon: „dazu müßte ich eine Schlacht verlieren; das kann geschehen — aber es ist noch nicht geschehen" (Pour cela il faudrait que je perde une bataille; cela peut arriver — mais cela n'est pas). — So weit war er davon entfernt sich zu solchem Rückzug zu erbieten! — Außer diesen mündlichen Aufträgen gab aber Napoleon dem Grafen Merveldt auch noch einen eigenhändigen Brief an den Kaiser Franz mit, dessen Inhalt ohne Zweifel von Bedeutung — aber nur für ihn allein, nicht für die Verbündeten bestimmt war — und nicht bekannt geworden ist *). —

Unter den Führern der Verbündeten erregte es theilweise Verwunderung daß man Napoleon am 17. früh noch in seiner Stellung wieder fand, und eine größere daß er unthätig darin verblieb. In seiner Lage mußte Napoleon entweder seine Angriffe erneuern, oder den Rückzug antreten; unthätig warten bis die Verbündeten ihre überlegne Macht vereinigt hatten, schien das Schlimmste was er thun konnte. So urtheilten Krieger. So lange man glauben konnte daß Merveldt schon in der Nacht vom 16. zum 17. abgefertigt worden sei, schien diese abwartende Haltung dadurch erklärt, daß Napoleon irgend einen Erfolg dieser Sendung eben nur dann hoffen konnte, wenn er in solcher Haltung ausharrte. Denn vorausgesetzt daß sich die Sache so verhielt, hätte ein Angriff, von seiner Seite unternommen, jeden Erfolg der Waffenstillstands - Botschaft unmöglich gemacht — weil er höchst wahrscheinlich mißlang! — Ein Rückzug aber mußte vollends einen sehr ungünstigen Einfluß üben. — Doch jetzt, da wir wissen wie spät Napoleon sich in seiner Bedrängniß entschloß Unterhandlungen zu versuchen, bleibt nur die Erklärung übrig, daß er einfach deshalb stehen blieb, weil er sich dem Geschick nicht zu beugen wußte; daß er selbst die einleitenden Anordnungen zum Rückzug, die ohne alles Bedenken bei hellem Tageslicht getroffen werden konnten, selbst wenn man den Rückzug bis zur Dunkelheit verschieben wollte, nur deshalb nicht verfügte.

Gegen Abend jedoch, zweifelte in Napoleon's Umgebung niemand

*) Beilage 11.

mehr daran daß der Rückzug beschlossen sei. — „Man sprach schon davon daß der Armee ein Rückzug nicht übel gedeutet werden könne, weil
das üble Wetter und so viele ungünstige Umstände den Operationen
hinderlich wären. Der Regen floß auf die armen Lagernden herab;
am kaiserlichen Wachtfeuer herrschte ein dumpfes Stillschweigen. Der
Oberstallmeister Caulaincourt fragte wann der Mond aufgehe, um die
folgende Nachtpartie an zu ordnen. Anderen von des Kaisers nächster
Umgebung sah man die Bestürzung an." (Odeleben.)

Bei den Verbündeten dagegen, herrschte schon am Abend unmittelbar nach der Schlacht bei Wachau, selbst ehe die Nachricht von
Blücher's Sieg eintraf, eine so zuversichtliche Stimmung, daß Schwarzenberg schon am Abend dieses Tages eine vorläufige Disposition zum
Angriff für den folgenden Tag (17.) früh um 6 Uhr erließ. Es war
dabei auf Colloredo und Bennigsen gerechnet. Sie sollten beide den
rechten Flügel verstärken, und dieser schien jetzt bestimmt den Hauptschlag zu führen. — Doch bald überzeugte man sich daß die erwarteten
Verstärkungen so früh noch nicht da sein könnten; der Angriff wurde
auf 2 Uhr nach Mittag verschoben, nebenher wurde Colloredo nun auf
den linken Flügel zu rücken befehligt.

Von früh 7 Uhr an waren der Kaiser Alexander, der König von
Preußen, der Fürst Schwarzenberg im Felde — und warteten der Ereignisse. — Schwarzenberg nahm nun auch die Division Aloys Liechtenstein, von Merveldt's Heertheil, auf das rechte Ufer der Pleiße herüber; in jener Sumpfgegend die den Tag zuvor der Weg zum Siege
werden sollte, blieb jetzt nichts als die leichte Division Lederer.

H. Colloredo traf um 10 Uhr ein, aber mit ermüdeten Truppen.
Auf dem rechten Flügel langte Bennigsen für seine Person bald nach
2 Uhr an und übernahm an Klenau's Stelle die Führung des Ganzen.
Obgleich seine Truppen, sehr erschöpft, erst später einzutreffen begann-
nen, setzte man sich doch bei kaltem Regenwetter über Seifertshain
zum Angriff auf den Kolmberg in Bewegung; schon waren ein paar
Kanonen jenseits des Dorfs aufgefahren — als die Nachricht eintraf,
daß der Angriff, nach dem Vorschlage des Fürsten Schwarzenberg,
auf den folgenden Tag verschoben sei.

In seiner liebenswürdigen Weise ließ der Kaiser Alexander dem

Grafen Bennigsen durch Orlow-Denisow sagen: Ihm, dem General Bennigsen zu Ehren, werde der Angriff auf den folgenden Tag verschoben —
auf den Jahrestag des glücklichen Treffens bei Tarutino. Der Kaiser
danke dem General noch einmal für die Erfolge dieses Tages, und erwarte
morgen von seinen Talenten nicht weniger als im verflossenen Jahr!

Außer der späten Stunde und dem schlechten Wetter, war ein
Hauptgrund die Schlacht zu verschieben, daß man noch immer des
Kronprinzen von Schweden nichts weniger als gewiß war.

Und wahrlich, es bedurfte noch mancher Anstrengung ihn in den
Bereich des Schlachtfeldes zu bringen. Ein bewegliches Schreiben
das die sämmtlichen Bevollmächtigten der Verbündeten: — Sir Charles Stewart, Pozzo-di-Borgo, Thornton, Krusemark, Vincent — schon
am 15. gemeinschaftlich an ihn richteten, blieb ganz ohne Erfolg. Erst
in den Nachmittagsstunden des 16. als es gar keine Möglichkeit mehr
gab anzunehmen daß rückwärts, an der Elbe, noch Feinde seien, ließ
er sich bewegen vom Petersberge aufzubrechen — aber der Marsch ging
nicht weiter als nach dem nahen Landsberg.

Am 17. endlich, als in seinem Hauptquartier die Nachricht von
den Schlachten einlief, die schon um Leipzig gefochten waren, wurde
ihm keine Wahl gelassen. Gneisenau nämlich hatte sich längst überzeugt
daß man bei ihm mit Gründen nichts, nur mit Drohungen etwas aus-
richtete, eben weil man es nicht mit mangelnder Einsicht, sondern mit
bösem Willen zu thun hatte. Von Gneisenau dazu veranlaßt, drohte
Sir Charles Stewart daß die Subsidien welche England der Krone
Schweden bewilligt hatte, wohl ausbleiben könnten, wenn der Kronprinz gar nichts thun wolle, und diese Drohung allein war es die den
Prinzen endlich auf das Feld der Entscheidung brachte! — In einem
wunderlichen Tagesbefehl sprach er nun den Generalen unter seinen
Befehlen von diesen Schlachten und von „Erfolgen" — aber ganz so
wie man wohl von Erfolgen spricht wenn man eigentlich geschlagen
ist; die schlesische Armee bedürfe der Unterstützung, fügte er gleich hinzu,
da sie ohne Zweifel am folgenden Tage einen Angriff von Düben her,
also in Flanke und Rücken, zu erwarten habe*). Glaubte der Kronprinz

---

*) Beilage 12.

das? — Gewiß nicht! er suchte einen Vorwand auch jetzt noch einen Lufthieb gegen Düben hin zu thun, während man sich bei Leipzig schlug. Auch handelte er sogleich, und mit gutem Bedacht, als sei es eine ausgemachte Sache daß Napoleon sich über Taucha und Eilenburg auf Torgau zurückziehen werde. Er sendete Winzingerode selbst mit leichter Reiterei in Aufträgen die sich darauf bezogen, nach Taucha — und selbst endlich bei Breitenfeld eingetroffen, wo seine Schweden ruhmvolle Erinnerungen empfingen, verlangte er nichts Geringeres als nun wieder mit Blücher Stellungen zu tauschen — wieder den rechten Flügel einzunehmen. Dieser Tausch hätte ihn auf einen Theil des Schlachtfeldes gebracht wo er nicht zu fechten brauchte, wenn er nicht wollte.

Selbst am 18., am entscheidenden Tage, als er früh zu Breitenfeld eine persönliche Zusammenkunft mit Blücher und dem Prinzen Wilhelm von Preußen hatte, suchte der Kronprinz auseinander zu setzen daß er nach den Regeln der Kriegskunst „en échelon" hinter der schlesischen Armee stehen müsse um — Berlin zu schützen, und dem Feind in die Flanke zu fallen wenn dieser sich den Weg nach der Elbe bahnen wolle. Es gehörte nicht weniger als der zürnende Ernst Blücher's dazu diesem elenden Gerede ein Ende zu machen. Diesem Ernst gegenüber erklärte Bernadotte endlich, wie von neuen Gedanken plötzlich erleuchtet, er wolle sich über alle strategischen Bedenken hinwegsetzen — er wolle sich dem Heldentode weihen, wenn — Blücher einwillige ihm für den Tag die Hälfte seines Heeres abzutreten! — Ohne Zweifel hoffte er dies Verlangen abgelehnt zu sehen, und welche reiche Auswahl von Ausflüchten stand ihm dann wieder zu Gebote! — Doch Blücher versprach ihm die verlangten 30,000 Mann (Langeron's Heertheil) — sich selbst aber ihnen zu folgen, damit sie nicht dem Kampf entzogen würden, überzeugt daß auch Bülow und Winzingerode nöthigen Falls bereit seien seinem Ruf zur Schlacht zu folgen. Blücher stellte aber dabei die Bedingung daß Langeron's Heertheil nicht, wie der Kronprinz verlangte, fast zwei Meilen rückwärts nach Taucha ziehen solle, um von dort her anzugreifen, sondern durch die nächsten Fuhrten über die Parthe unmittelbar an den Feind; er verlangte das schriftlich, denn er kannte seinen Mann. Mündlich versprach es der

Kronprinz — um dann doch in die schriftliche Abmachung, die dem preußischen Feldherrn nachgesendet wurde, da er ihre Ausfertigung nicht persönlich abwarten konnte — das gerade Gegentheil aufnehmen zu lassen! — Da heißt es man sei übereingekommen daß Langeron dem Heereszuge des Kronprinzen nach Taucha folgen solle! Preußische Offiziere haben sich die Mühe gegeben nachzurechnen daß auf diese Weise Langeron erst spät in der Nacht auf das Schlachtfeld gekommen wäre. Auch diese Berechnung setzt noch zu viel einfache Redlichkeit voraus. Er wäre eben gar nicht auf das Schlachtfeld gekommen; ließ man den Kronprinzen nur einigermaaßen gewähren, so nahm er bei Taucha Stellung und wartete dort auf einen Angriff Napoleon's, seine schriftliche Disposition beweist es zur Genüge; er behauptete nämlich zu wissen daß Napoleon mit aller Macht über Eilenburg an die Elbe ziehen werde. — Blücher zerriß das künstliche Gewebe, indem er dem Kronprinzen sagen ließ: jenseits der Parthe werde Langeron seine Befehle erwarten.

Napoleon hatte inzwischen, spät Abends am 17., man darf sagen im letzten Augenblick, die ersten Anordnungen zum unvermeidlichen Rückzug getroffen. Um 9 Uhr (Abends) erhielt Bertrand den Befehl mit dem Tage von Lindenau nach Weißenfels aufzubrechen — und so war denn die Völkerschlacht bei Leipzig, die riesenhafteste und blutigste der neueren Zeiten, doch in Wahrheit nichts anderes als ein Arrieregarden-Gefecht! — Sie hatte keinen anderen Zweck als einen schon begonnenen Rückzug zu decken.

Zu dieser Abwehr nahm der französische Kaiser sein Heer in den letzten Stunden der Nacht in eine weniger ausgedehnte Stellung näher an Leipzig zurück, die sich von Lößnig über Probstheida bis Zuckelhausen und Holzhausen ausdehnte, während die Truppen nördlich von Leipzig, zu denen am 17. auch Reynier mit 9,000 Franzosen und 4,500 Sachsen gestoßen war, unter Ney die Parthe halten sollten. Unverkennbar ging die Absicht dahin die Verbündeten in zeitraubende Dorfgefechte zu verwickeln.

Schwarzenberg's Anordnungen waren sehr einfach; die Oesterreicher auf dem linken Flügel vereinigt, griffen längs der Pleiße den rechten Flügel des Feindes an; Barclay mit den russisch-preußischen

Truppen der Hauptarmee die Mitte; Bennigsen mit den 28,000 Mann
der Armee von Polen die er herbeigeführt hatte, Klenau's Heertheil
und der eben eingetroffenen Division Bubna, wo möglich umfassend
dessen linken Flügel.

Mit Siegeszuversicht rückte Alles vor wie der Tag (18.) anbrach;
allgemein war das Gefühl daß der Erfolg des Tages nicht zweifelhaft
sei. Er konnte es auch nicht sein, denn die Verstärkungen die der Kronprinz von Schweden, Bennigsen, Colloredo und Bubna herbeigeführt
hatten, betrugen nicht weniger als 103,000 Mann, und die Ueberlegenheit der Verbündeten war, auch im engsten Bereich des Schlachtfeldes, eine erdrückende geworden.

Als Toll mit Klenau von Thräna, wo sie die Nacht zugebracht
hatten, mit dem frühesten Tage hinaus ritt zur Wahlstatt, bemerkten
sie zu ihrer Ueberraschung daß der Kolmberg vom Feinde verlassen sei
— wie man denn überhaupt auf der ganzen Linie überrascht war den
Feind nicht mehr in der früheren Stellung zu finden. — Toll jagte mit
seinen Offizieren Allen voraus den Kolmberg hinan — und sah nun
von hier den Feind im Rückzug, den er durch Reiterei zu decken suchte.
Es setzte sich hier die ermuthigende Vorstellung fest der Feind wolle
überhaupt nicht mehr schlagen; nur weil er nicht Zeit gefunden habe
seinen Rückzug zu vollführen, weil man ihm unmittelbar folge und ihn
zwinge umzukehren, nehme er das Gefecht wieder auf. — Eilig wurden zwei Stücke reitende Artillerie auf die Höhe geschafft, und Toll's
Adjutant bemerkt: „Am Jahrestage des Treffens bei Tarutino war es
wieder, in dieser Schlacht ohne Gleichen in den Annalen der Geschichte,
unserem General vergönnt das Zeichen zum Beginn des Kampfes zu
geben."

Auch sendete Toll sogleich den Lieutenant Stscherbinin mit der
Meldung an den Kaiser Alexander daß der Kolmberg verlassen sei, und
der Kaiser ertheilte darauf den Bescheid: Bennigsen solle im Sinn der
Disposition verfahren — d. h. den linken Flügel des Feindes umfassen.

Nach hartnäckigen Kämpfen eroberten Bennigsen und Klenau die
Dörfer Zuckelhausen und Holzhausen. Zu ihrer Linken focht die Hauptarmee der Verbündeten nicht mit dem gewünschten Erfolg; die Oester-

reicher vermochten den Feind in der Stellung bei Lößnig nicht zu über=
wältigen, und wurden eine Zeit lang sogar selber hart gedrängt, so
daß Schwarzenberg nöthig achtete selbst Gyulai aus seiner Stellung
vor Lindenau über Elster und Pleiße zurück, hierher zu rufen. Barclay
wollte den bedenklichen Angriff auf Probsthaida lange nicht unter=
nehmen; als er es endlich auf den wiederholten Befehl des Kai=
sers Alexander thun mußte, führte dieser Angriff nur zu blutigem
Verlust.

Bennigsen konnte die Stellung der Franzosen von Probsthaida
bis zur Pleiße in der linken Flanke fassen, und sollte das eigentlich —:
aber schon hatte er den größten Theil seiner Truppen rechtshin verwen=
det, die Verbindung mit der Nordarmee aufzusuchen. Ein allerdings
nahe liegender Irrthum verleitete ihn dazu. Wie Langeron, wie viele
Generale des verbündeten Heers glaubte auch Bennigsen Napoleon
dürfe den Rückzug an die Saale nicht hoffen; der Weg dorthin sei
durch die Oesterreicher unbesiegbar gesperrt. Nothgedrungen werde
Napoleon den Weg zur Elbe einschlagen, und es gelte nun auch diesen
zu verschließen. Dieses Streben sich, indem man sehr weit, in der
That viel zu weit rechts ausholte, einer irriger Weise vorausgesetzten
Rückzugslinie des Feindes zu bemächtigen, und dadurch seinen Rück=
zug zu einem im höchsten Grade verderblichen zu machen, hat großen=
theils den Gang der Schlacht bestimmt.

Man täuschte sich in Beziehung auf die Lage der Dinge bei Lin=
denau und auf Napoleon's Plane; die Entscheidung aber ergab sich
allerdings in der Richtung nach welcher Bennigsen seine Truppen ent=
sendete. Wie Langeron's Heertheil diesseits der Parthe stand, wie
Bülow von Taucha herbeieilte, sahen sich die Franzosen genöthigt ihre
Stellung von Schönfeld an der Parthe rückwärts zu biegen, auf Pauns=
dorf, und in die Richtung auf Holzhausen, so daß sie nun im Ganzen
einen unregelmäßigen Halbkreis um Leipzig bildete. Aber die Stütz=
punkte dieses Bogens, Schönfeld, Paunsdorf, Zwei=Naundorf, gingen
nach und nach verloren, und weiter sogar, durch Bülow erobert, die
Dörfer am Reudnitz=Bach, hinter welchen Napoleon's Heeresmacht
von dieser Seite zurückgeworfen war.

Die Franzosen möchten gern den Verlust der Schlacht, — sofern sie ihn überhaupt zugeben — dem Umstand beimessen daß etwa 3,000 Sachsen zu den Verbündeten übergingen. Es war dies aber, militairisch, ein sehr geringfügiges Ereigniß, das wenig bedeuten wollte, wo solche Massen mit einander rangen, und kein wichtiger Punkt dadurch Preis gegeben wurde. Dann heißt es auch, beschönigend: Napoleon habe das Schlachtfeld aufgeben müssen, weil es bald an Munition fehlen konnte. Die Thatsache mag wahr sein; aber ganz unabhängig davon war Napoleon's Stellung durch den Verlust der genannten Punkte eine solche geworden, daß er sie nicht länger halten konnte, und wenn ihm aller Schießbedarf der reichsten Arsenale zu Gebote stand. — Als das Abenddunkel sich auf das blutgetränkte Schlachtfeld herabsenkte mußten sich wohl beide Parteien sagen, daß Napoleon's schon begonnener Rückzug nur ein sehr unheilvoller werden konnte.

Toll hatte an den Kämpfen dieses Tages weniger thätigen Antheil genommen als sonst, weil eine schmerzhafte Contusion am rechten Bein ihn am raschen Reiten verhinderte. Er benützte das schwindende Licht des sinkenden Tages um die letzten Stellungen des Feindes zu beobachten — und ritt dann langsam in das Hauptquartier des Kaisers Alexander; denn die Schlacht war geschlagen — sein Auftrag war erledigt — die Verfolgung mußte beginnen. —

Napoleon verbrachte diese Nacht nicht im Zelt unter seinen Truppen; spät am Abend war er nach Leipzig hinein geritten, und in der Vorstadt, am Roßmarkt, im Hôtel de Prusse abgestiegen, um von dort den Rückzug weiter zu betreiben, der schon glücklich eingeleitet war.

Bertrand, verstärkt durch die Division Guilleminot von Reynier's Heertheil, war früh am Tage von Lindenau aufgebrochen. Er hatte seinen Marsch durch starke Seitencolonnen gedeckt, die bei Klein-Zschocher ein glückliches Gefecht gegen Truppen Gyulai's bestanden, und den Oesterreichern dort sogar 696 Gefangene abnahmen. Abends 7 Uhr hatte Bertrand Lützen erreicht, seine Vortruppen sogar schon das wichtige Weißenfels und die Saalbrücke besetzt, nachdem eine schwache Abtheilung Oesterreicher, ohne Gefecht, von dort nach Zeitz ausgewichen war. — Viel Gepäck und Fuhrwesen aller Art war schon nach Lützen gefolgt.

Jetzt erhielt Bertrand den Befehl sich auf dem linken Ufer der Saale von Merseburg bis Kösen auszudehnen, im Uebrigen aber enthalten Napoleon's Anordnungen sehr viel Eigenthümliches, dessen Erklärung man in dem Besondersten seiner Lage suchen muß. War sein Heer aus einem Guß, dann lag es als das Zweckmäßigste nahe, die Heertheile, die zunächst an Leipzig standen zuerst in die Stadt und die Vorstädte zurückzuziehen und dort zur Vertheidigung aufzustellen; die entfernteren aber unter ihrem Schutz ohne Aufenthalt durch die Stadt nach Lindenau marschiren zu lassen, wo dann ein Theil wieder zum Schutz und zur Aufnahme derer die Leipzig vertheidigten, Stellung nehmen konnte.

Napoleon verfügte das gerade Entgegengesetzte; er ließ die Truppen die zunächst standen, Victor, Augereau, die Garden, unaufhaltsam durch die Stadt und auf Lützen ziehen, Marmont, Souham, Lauriston sollten ihnen folgen, und gerade die entfernteren Heertheile unter Poniatowski, Macdonald und Reynier, der jetzt nur die schwache Division Durutte unter seinen Befehlen hatte, sollten dann Leipzig noch, wo möglich bis zum Abend des 19., ja noch ganze vierundzwanzig Stunden behaupten.

Daß diese letzteren dabei sehr übel fahren würden, das ließ sich sehr leicht vorhersehen, denn gewiß folgte ihnen der Feind an der Ferse, und es konnte ihnen kaum die nöthige Zeit bleiben sich zur Vertheidigung der Vorstädte gehörig aufzustellen und einzurichten. Selbst wenn Alles nach Wunsch gelang konnte eine bis zum Abend verlängerte Vertheidigung, da Napoleon bei Lindenau keine Anstalten zur Erleichterung ihres Rückzugs traf, schwerlich anders enden als mit einer Capitulation und Gefangenschaft dieser Heertheile.

Diese Anordnungen, die vom „rein militairischen Standpunkte" aus betrachtet, so manchen gegründeten Tadel zuließen, finden aber ihre sehr natürliche Erklärung darin, daß jene Heertheile, die Napoleon voranziehen ließ, die er um jeden Preis zu retten bemüht war, aus Franzosen bestanden, die ihm bei der Vertheidigung von Frankreich noch sehr gute Dienste leisten konnten, während Poniatowski's Schaaren aus Polen bestanden, und Macdonald's Heertheil vollends zum größten Theil aus Rheinbundstruppen — Westphalen, Badenern,

Heſſen=Darmſtädtern und Neapolitanern — aus Truppen, die doch auf jeden Fall für Napoleon verloren waren, da der Rheinbund un= rettbar auseinander fiel. Daß er gerade dieſe Heertheile aufopferte, um jene zu retten, kann nur zweckmäßig genannt werden, wenn man ſich nicht durch „Ritterlichkeit" oder derlei romantiſches Weſen irre machen läßt.

Napoleon ſagt in ſeinem Bulletin, es habe in ſeiner Macht ge= ſtanden den Verbündeten die Verfolgung ganz unmöglich zu machen; er brauchte zu dem Ende nur die Vorſtädte von Leipzig anzuzünden — die buonapartiſchen Schriftſteller legen großes Gewicht darauf —: aber die Vorſtädte von Leipzig anzünden! — einer der ſchönſten und blühendſten Städte Deutſchlands! — dazu konnte ſich der weichherzige Gefühlsmenſch nicht entſchließen, der drei Wochen früher die metho= diſche und vollſtändige Verwüſtung des ſächſiſchen Landes auf dem rechten Elbufer angeordnet hatte!

Die Sache dürfte aber auch wohl noch eine andere Erklärung zu= laſſen. Unmöglich konnte Napoleon die Vorſtädte anzünden laſſen ſo lange noch viele Tauſende ſeiner eigenen Truppen darin ſteckten; die Stadt Leipzig aber iſt viel zu enge um alle vom Schlachtfelde zu= rückſtrömenden Truppen zugleich aufzunehmen; ſo war es denn auch nicht möglich, die Vorſtädte ſofort zu verlaſſen; und daß die Verbün= deten gewiß vor den äußeren Thoren ſtanden, daß der Angriff begin= nen werde lange ehe ſie geräumt werden durften — mit anderen Wor= ten ehe hunderttauſend Mann Fußvolk und Reiter und unabſehbare Züge von Geſchütz und Wagen ſich durch einen einzigen ſchmalen Eng= paß, über einen einzigen ſchmalen Damm nach Lindenau hinausgewun= den hatten —: das brauchte gewiß Niemand einem ſo erfahrenen Krieger vorzurechnen, wie Napoleon war.

Noch dazu ging der Rückzug, ſehr fahrläſſig geordnet, in großer Unordnung vor ſich. Wege durch die Niederung brauchbar für Infan= terie, leichte Brücken über Pleiße und Elſter, wären gerade in der Nähe der Stadt ſehr leicht herzuſtellen geweſen —: es war nicht geſchehen. Nicht einmal der Weg, den der Heereszug durch die Stadt nehmen ſollte, war genau beſtimmt, und es wurde nicht durch aufgeſtellte Poſten dafür geſorgt daß er auch inne gehalten werde. Aus mehreren Straßen zugleich strömten die Truppen dem Ranstädter Thore zu, kreuzten und hemmten sich, und es entstand bald eine rathlose Verwirrung sonder Gleichen.

Unter diesen Umständen griff Napoleon, seinen Rückzug sicher zu stellen und Zeit zu gewinnen, zu einem Mittel das allerdings viel zweckmäßiger war, als Feuer in den Vorstädten — wenn es gelang! — Er b e f a h l in der Nacht dem Leipziger Magistrat eine Deputation an den Fürsten Schwarzenberg und die verbündeten Monarchen zu senden, und um Schonung der Stadt zu bitten; sogar ausdrücklich darum, d a ß m a n s i e n i c h t z u m S c h a u p l a t z e i n e s G e f e c h t e s m a c h e *). Aber natürlich durfte Napoleon's Bedrängniß nicht verrathen werden; der Magistrat mußte also vorgeben aus eigenem Antrieb zu handeln. Seine Deputirten mußten erzählen, sie hätten den Gouverneur, Herzog von Padua, — (der längst nicht mehr Gouverneur war) — um die Erlaubniß zu dem Schritt gebeten, ihn dringend ersucht das Schicksal der Stadt durch eine Capitulation zu erleichtern, und dieser mildgesinnte Herr sei wirklich nicht abgeneigt durch ein solches Abkommen für ihre Sicherung zu sorgen. Waren die Verbündeten sentimental — und naiv — genug darauf einzugehen, ließ sich abmachen daß ihre Truppen erst nach einer schönen Anzahl Stunden, wenn Alles was dem französischen Heer angehörte, das Weite gesucht haben konnte, Leipzig ohne Gefecht besetzten — wer zweifelt wohl daß dann sehr viel gewonnen war?

Auch der Truppen, die er in Dresden gelassen hatte, der Besatzungen von Torgau und Wittenberg mußte Napoleon jetzt gedenken, wo diese minder haltbaren Plätze, die in keinem Fall bis zum Friedensschluß vertheidigt werden konnten, jeden Werth für ihn verloren. Es galt die Truppen zu retten, die darin steckten. Der sächsische Minister Einsiedel übernahm die in Chiffren geschriebenen Briefe dem Marschall St. Cyr, den Generalen Narbonne und Lapoype zustellen zu lassen, — und sie sind sehr merkwürdig diese Briefe; sie erinnern lebhaft an diejenigen die Napoleon in der letzten Periode des Feldzugs 1812 an seine entfernteren Generale richtete. Jetzt wie damals in schlimmer

---

*) Aster, Schlacht bei Leipzig, II, 244.

Lage hält es Napoleon auch jetzt wie damals für nöthig, die unerfreuliche Wahrheit in der Dichtung Schleier zu hüllen. Es ist am 16. und dann wieder am 18. gekämpft worden, belehrt Napoleon den Marschall, und der Kaiser hat die feindlichen Heertheile vertrieben welche die Verbindung mit der Saale erschwerten; der Feind hat mit drei Heeren angegriffen und viel Truppen gezeigt, aber Infanterie — so schlechte wie immer (mais de l'infanterie mauvaise comme à l'ordinaire. — Rien n'est mauvais comme l'infanterie autrichienne hatte Napoleon wenige Tage zuvor dem Marschall Augereau geschrieben). — Der Feind hat Leipzig angreifen wollen, ist aber geschlagen worden. — Mangel an Schießbedarf macht es indessen nöthig einem nochmaligen Angriff des Feindes aus dem Wege zu gehen; Napoleon begiebt sich nach Erfurt um die Vorräthe zu ergänzen. — Das Wesentliche ist daß St. Cyr suchen soll zu capituliren — und zwar nicht blos für Dresden, sondern auch für Torgau und Wittenberg; er soll sich freien Abzug der Besatzungen — selbst der Kranken die dazu gehören, ausbedingen. (Vous êtes autorisé à toute espèce de transaction pour vous tirer d'affaire. Vous pourrez comprendre la reddition de Torgau et de Wittenberg, à la condition de faire rentrer en France toutes les troupes françaises de la garnison, les malades compris.)

In den beiden gleichlautenden Briefen an Narbonne und Lapoype wird diesen Generalen zur Pflicht gemacht Nachrichten von St. Cyr einzuziehen; sie dürfen capituliren, auf die Bedingung daß die Festungen Sachsen übergeben, und von sächsischen Truppen besetzt werden, die französischen Besatzungen aber mit Waffen und Schießbedarf, frei und ohne alle Verpflichtungen nach Frankreich zurückkehren können. Wird ihnen dagegen zugemuthet sich gefangen zu geben, dann sollen sie sich auf das Aeußerste vertheidigen *).

Durfte man irgend hoffen daß die Verbündeten auf solche Vorschläge eingingen, so waren diese Anordnungen gewiß die einzig zweckmäßigen die Napoleon treffen konnte.

Gar eigenthümlich hatte sich denn auch in diesen letzten Tagen

---

*) Gouvion St. Cyr, mémoires, IV, 461 u. folg.

das Verhältniß zu dem König von Sachsen gestaltet. Die buonapartistischen Schriftsteller wissen es nicht genug zu rühmen, mit welcher
unerschütterlichen persönlichen Freundschaft und Hingebung, mit welcher tief im Herzen wurzelnden Anhänglichkeit und Treue, dieser ehr-
würdige Herr, dieser Nestor der deutschen Fürsten, ihrem Kaiser ergeben
war. Sächsischen Schriftstellern einer späteren Zeit ist das aus nahe
liegenden Gründen nicht recht, sie suchen diese unbequemen Lobeser-
hebungen etwas verdrießlich abzulehnen, und behaupten dem sei nicht
so gewesen. Auch liegt in den Worten der Buonapartisten unstreitig eine
starke Uebertreibung, wie sie eben für ihre Zwecke nöthig war. Indessen, die älteren unter unseren Zeitgenossen, die den damaligen sächsischen
Hof gekannt haben, müssen denn doch bekennen daß Friedrich August
wirklich dem Kaiser der Franzosen gar sehr ergeben war, eine sehr hohe
Vorstellung von ihm hatte, und in ihm den unüberwindlichen Mann
des Schicksals anstaunte. Seine Umgebung, von der er großentheils
abhing, war natürlich eben auch französisch gesinnt — und mochten
auch die dynastischen Interessen über alle Sympathien gestellt werden,
so war doch jeder vaterländische Gedanke diesem Kreise fremd.

Am 16. October hatte Napoleon dem König von Sachsen vom
Schlachtfelde glänzende Siegesbotschaften gesendet, und sogar noch ehe
der Kampf beendigt war, befohlen alle Glocken zu läuten zur Feier des
Sieges. Da blieben denn die Hoffnungen der sächsischen Krieger daß
ihr König jetzt endlich die Sache Deutschlands zu der seinigen machen
— oder wenigstens die unfehlbar unterliegende Partei verlassen werde,
eben so vergeblich wie früher, und Reynier's Versicherung daß er die
Sachsen nicht hindern werde sich nach Torgau zurückzuziehen, konnte
auch zu nichts helfen, weil der sächsische General Zeschau nicht der
Mann dazu war, den wohlgemeinten und verständigen Wink zu benützen.

Natürlich gaben sich die sächsischen Krieger gern dem Glauben
hin daß Friedrich August unfrei, den Sternen Napoleon's nur gezwungen folge, und sich selbst überlassen eine vaterländische Gesinnung be-
urkunden werde; in der großen Mehrzahl entschlossen sich von Napoleon's Fahnen loszusagen, überzeugt daß selbst die dynastischen Interessen des sächsischen Hauses nur durch einen solchen Schritt zu retten

seien, versuchten sie sich unter der Hand die Genehmigung des Königs zu verschaffen —: Friedrich August aber beschied sie abschlägig, indem er sie aufforderte ihrer Pflicht treu zu bleiben — und als die Sachsen übergegangen waren, mißbilligte der König was geschehen war, sehr bestimmt, gegen seine vertraute sächsische Umgebung.

Noch am Abend des 18. Octobers, um 8 Uhr, als längst der Rückzug angetreten, der ganze Zustand ein durchaus hoffnungsloser geworden war, sendete Maret einen Offizier an den König von Sachsen und ließ ihm melden: „daß der Gewinn der Schlacht außer Zweifel sei, sowie, daß die Verbündeten den Rückzug in der Nacht unfehlbar antreten würden." — Ja Napoleon hatte nicht übel Lust den König noch weiter mitzunehmen, was möglicher Weise dienen konnte Rüstungen die etwa in Sachsen gegen Frankreich vorgenommen wurden, einigermaaßen zu lähmen. Noch in der Nacht kam Maret zu dem sächsischen Minister Einsiedel, und eröffnete ihm: er werde für die Sicherheit des Königs sorgen sofern dieser dem Kaiser nach Erfurt folgen wolle. — Gerade jetzt aber war Friedrich August unsicher und zweifelhaft geworden, denn sein General-Adjutant v. Bose hatte den Gang der Schlacht von der Sternwarte aus beobachtet, und berichtete sehr Bedenkliches als er von dort spät Abends zurückkehrte. Der König ließ also durch Einsiedel antworten: er wolle, im Vertrauen auf die Gesinnung der Verbündeten, den Verlauf der Dinge in Leipzig abwarten. — Es scheint als habe er, in der Erinnerung daß Oesterreich ihm auch im Frühjahr den Anschluß an die Verbündeten widerrathen hatte, jetzt auf Oesterreichs Schutz seine Hoffnungen gesetzt.

Wirklich versuchte Friedrich August, wie es scheint, in der Person des Obersten von Ryssel einen Unterhändler an die verbündeten Monarchen zu senden. — Der Oberst Aster freilich äußert dieser Offizier habe sich blos aus eigenem Antrieb und ohne Auftrag des Königs vor die Stadt hinaus begeben —: dann aber erzählt er doch selbst daß Ryssel sich gegen den Minister Einsiedel zu dem Versuch erbot*), und es liegen Gründe vor zu glauben daß der Minister ihn allerdings im

---

*) Aster, Schlacht bei Leipzig, II, 262.

Namen und mit Wissen des Königs beauftragt habe, wo möglich Un=
terhandlungen anzuknüpfen.

So brach der Morgen des 19. an, und man sollte glauben daß
bei dem Anblick des vollständigen Schiffbruchs der sich offenbarte, nun
vollends jede Täuschung schwinden mußte — : aber dem war nicht so!
— Napoleon besuchte den König von Sachsen ehe er Leipzig verließ,
die buonapartistischen Schriftsteller, die schon vorher zwischen dem Kö=
nig und Maret, der bekanntlich kein Romantiker war, eine höchst un=
gereimte Scene antiker Großartigkeit und sich überbietender Aufopfe=
rung spielen lassen, machen nun diesen Besuch vollends zu einem wahr=
haft herzzerreißenden Familien=Gemälde; — Napoleon räth dem ehr=
würdigen König von Sachsen seinen Frieden mit den Verbündeten zu
schließen, und entläßt ihn aller Verpflichtungen; — der Nestor der
deutschen Fürsten will davon nicht hören u. s. w. — Dabei gewesen ist
natürlich Niemand, aber die Folgen beweisen daß es sich da um ganz
andere Dinge handelte; daß vielmehr Napoleon die Macht des über=
legenen Geistes und die Gewandtheit des Italieners mißbrauchte, um
den König von Sachsen auf das vollkommenste zu täuschen, und jeden
Zweifel zu verwischen. Nach diesem Besuch glaubte der König offen=
bar nicht daß die Verbündeten Leipzig nehmen könnten, oder daß der
Sache Napoleon's überhaupt eine überwältigende Gefahr nahe sei.

Das zeigte sich unmittelbar darauf. Auch die Polen suchten
nämlich jetzt zum großen Theil sich von Napoleon loszusagen — was
französische Schriftsteller natürlich nicht erwähnen. Sie suchten nach
einem Vorwand, und besannen sich darauf daß der König von Sachsen
ihr nominaler Landesherr sei; General Dombrowski sendete den General
Uminski zu dem Könige, mit der Meldung daß er und alle polnischen
Truppen um Verhaltungsbefehle bäten — und j e d e n Befehl des Kö=
nigs pünktlich befolgen würden. Der Wink war deutlich genug! Frie=
drich August aber, um den diese Generale und Truppen sich bis dahin
nie bekümmert hatten, antwortete, daß er den polnischen Truppen noch
nie Befehle ertheilt, sie vielmehr ganz dem Kaiser Napoleon überlassen
habe; dessen Befehle möchten sie daher auch jetzt vollziehen. —

Den Verbündeten konnte schon am Abend des 18. kein Zweifel
mehr darüber bleiben daß Napoleon's Heer den schwierigen Rückzug

schon in der Nacht antreten müsse, und es war auch in der That, kaum
mit einzelnen Ausnahmen, Jedermann davon überzeugt. Im Laufe
der Nacht bestätigten wiederholte Meldungen der Vortruppen daß wirklich geschah was vorauszusehen war. — Nur die Erstürmung der
Stadt konnte am folgenden Morgen noch bevorstehen; dazu, und zur
Ueberwältigung einer französischen Nachhut bedurfte man nicht der
Gesammtheit der verbündeten Heere; ja es war sogar geradezu nicht
möglich diese zahlreichen Schaaren alle dabei zu verwenden, denn wie
der um Leipzig gezogene Kreis in größerer Nähe enger und enger
wurde, mußte es zuletzt, am Fuß der Mauern, an Raum fehlen zu
ihrer Aufstellung.

Man war also in mehr als einer Weise darauf geführt die Verfolgung sogleich, schon am Abend des 18. kräftig einzuleiten, was
weitreichende Folgen haben konnte. Doch geschah eigentlich nur bei
dem schlesischen Heer etwas in diesem Sinn. Hier ließ Blücher York's
Heertheil schon um 8 Uhr Abends nach Schkeubitz und Halle aufbrechen. Aber die schlesische Armee war nicht in vortheilhafter örtlicher
Lage zur Verfolgung; die Elster und Luppe zu ihrer Rechten, das
sumpfige Gelände zwischen diesen Flüssen zwang die dem Feinde nach-
gesendeten Heertheile, zunächst eine Richtung zu verfolgen, die sie von
ihm entfernte; und gerade in der weiten Ebene zwischen der Elster und
Saale, wo die Reiterei der Verbündeten große Erfolge erfechten konnte,
blieb der Feind für sie großentheils unzugänglich.

Die Hauptarmee war dagegen durch Oertlichkeit, Stellung und
alle sonstigen Verhältnisse vorzugsweise darauf angewiesen die Verfolgung mit aller Macht in die Hand zu nehmen. Auch wollte der Kaiser Alexander, von richtigen Ansichten geleitet, die Grenadiere, Garden und Kürassiere noch am Abend des 18. nach Pegau marschiren
lassen. Man wendete ein diese Truppen seien zu ermüdet, und hätten
auch Mangel an Lebensmitteln. Was das Letztere betrifft, war doch
höchst wahrscheinlich für die Garden gerade am besten gesorgt, und
wodurch diese Truppen, die seit zwei Tagen weder marschirt noch gefochten hatten, vorzugsweise ermüdet sein konnten, ist auch schwer zu
begreifen. Es wäre interessant zu wissen wer eigentlich diese Bedenken erhob. Der Kaiser Alexander gab nach, die Bewegung, die er im

Sinn hatte, wurde auf den folgenden Tag verschoben, indeſſen doch in Folge dieſer Anregung von Seiten des öſterreichiſchen Hauptquartiers einiges ſogleich verfügt.

Der Ataman Platow, der ſich zur Zeit mit ſeinen Koſacken auf dem äußerſten rechten Flügel des Heeres, bei der Nordarmee befand, der ſollte von dort in weitem Bogen an die Pleiße eilen, und bei Gaſchwitz und Zwenkau über dieſen Fluß und die Elſter gehen, um die Spitze der Verfolgung zu bilden. Auch dem Grafen Bubna, der die Spitze des rechten Flügel bildete, und den der Abend bei dem er= oberten Melkau traf, auf den Wegen die er nehmen mußte, wohl 1½ Meilen von dem Uebergangspunkt entfernt, wurde eröffnet daß er vorzugsweiſe zur unmittelbaren Verfolgung beſtimmt, den Vortrab der böhmiſchen Armee bilden, und deshalb nach Pegau marſchiren ſolle; er habe dieſen Marſch „nach Maaßgabe als die bisherigen Fa= tiguen ſeiner Truppen ſolches erlauben“ anzutreten. Zur Eile wurde er, wie man ſieht, nicht ermahnt! Noch dazu wurde dieſer Befehl ſo abgefertigt daß Bubna ihn erſt am 19. nach 8 Uhr Morgens erhielt, und den Marſch nach Pegau erſt um 10 Uhr antreten konnte.

Eigenthümlich ſind dann auch die Befehle zu nennen, die dem F. Z. M. Gyulai ertheilt wurden, der ſchon auf dem linken Ufer der Elſter ſtand, bei Knauthain, der Rückzugslinie des Feindes nahe. — Am 16., als man in dem öſterreichiſchen Hauptquartier des Glaubens war Napoleon werde ſich zunächſt an die Elbe zurückziehen, ſollte Gyulai nicht allein Lindenau, ſondern von dort aus auch Leipzig er= obern —: am 18., als man wußte daß auf dem rechten Ufer der Pleiße der Kreis um des Feindes Heer bald durch das Eintreffen der Nordarmee geſchloſſen ſein werde, daß Napoleon wohl auf den einzigen Rückweg nach der Saale beſchränkt ſein könnte, dachte man nicht daran Gyulai zu verſtärken, wie die eigene große Uebermacht geſtattete; man dachte nicht daran dieſen einzigen Rückzugsweg ſo zu verſperren wie Bennigſen, Langeron und mancher andere General vorausſetzte —: ſo daß der Feind, wenn überhaupt, doch nur um den Preis der größten Opfer durchbrechen konnte. Man nahm dem Grafen Gyulai ſogar noch einen Theil ſeiner Truppen, die der Fürſt Schwarzenberg auf dem Schlachtfelde zwiſchen Lößnig und Probſthaida nöthig zu haben glaubte. In dieser Lage hatte Gyulai dem beginnenden Rückzug ruhig zugesehen, und sogar noch „Unfälle" und Verluste erlebt.

Jetzt, am Abend des 18., wurde ihm geboten nach Pegau zu marschiren — also zunächst ein Paar Meilen vom Feinde weg, der unmittelbar ganz unbehelligt blieb. Dort sollte er sich mit der zweiten Armee-Abtheilung vereinigen, die seit Merveldt's Gefangenschaft einstweilen der F. M. L. Lederer führte, wie auch mit der Reiterei unter dem Grafen Nostiz, um dann in Eilmärschen Naumburg und den Paß bei Kösen wo möglich vor dem Feinde zu erreichen. Es war wohl schon ein eigenthümliches Beginnen dem Heer Napoleon's den engen Rückzugsweg bei Lindenau frei zu geben um ihn dann bei Naumburg wieder zu verlegen, wo man unmöglich alle Straßen und Pässe sperren konnte! — Aber selbst diese Verfügungen wurden noch spät Abends wieder zurückgenommen. Graf Nostiz erhielt aus dem Hauptquartier Rötha von dem Fürsten Schwarzenberg ein Schreiben, in welchem gesagt war: „Nach der an den F. Z. M. Gyulai und F. M. L. Lederer ausgefertigten Disposition sollten zwar die zweite Armee-Abtheilung und die Kavalerie-Reserven sich den 19. früh in Pegau versammeln; da aber die eigentlichen Bewegungen des Feindes sich noch nicht mit Bestimmtheit entwickelt hätten, so finde man es für nöthig hiervon abzukommen, worüber er sich mit dem F. M. L. Lederer zu verständigen habe."

Die eigentlichen Bewegungen des Feindes ließen sich noch nicht beurtheilen! — Als ob es für Napoleon noch eine Wahl geben konnte! als ob ihm für den Rückzug noch ein zweiter Weg zu Gebote gestanden hätte! — Davon gar nicht zu reden daß der Rückzug nach der Saale seit dem 18. früh in vollem Gange war! — In der Ungewißheit in der man zu sein beliebte, wurde die Disposition zur Verfolgung zurückgenommen —: und es trat vorläufig gar nichts an ihre Stelle!

F. M. L. Lederer kehrte auf das rechte Ufer der Pleiße, zur Hauptarmee zurück — was gebilligt wurde, so wenig man dort seiner bedurfte — Graf Gyulai blieb bis um vier Uhr Nachmittags (19.) ganz ohne Verhaltungsbefehle. Um diese Zeit setzte ihn General Langenau, der sich für seine Person nach Pegau begeben hatte, wie er selbst berichtet

„auf seine eigene Verantwortung" in Bewegung nach Teuchern, von wo er am folgenden Tage nach Naumburg marschiren sollte — und noch später am Tage erst, traf dann hier ein Befehl Schwarzenberg's ein, der dasselbe verfügt zu haben scheint. *)

Es ist kaum zu glauben daß irgend ein Hauptquartier dergleichen Anordnungen blos aus Mangel an militairischer Einsicht treffen könnte; und deshalb ist denn auch in sehr bestimmter Weise die Vermuthung ausgesprochen worden, daß sich hier schon die Folgen der Sendung Merveldt's geltend machten. Sie hatte zwar — so wird gefolgert — eigentlich nur bei dem österreichischen Cabinet Anklang gefunden, bei diesem aber ganz entschieden. Oesterreich wollte in der That nur sehr wenig mehr als Napoleon durch Merveldt zu bieten schien; vielleicht erwartete man daß er dies Wenige nach einer inzwischen verlorenen Schlacht gern noch hinzufügen werde — und bei den mancherlei Gründen welche das Wiener Cabinet hatte, einen ganz vollständigen Sieg, Napoleon's Verderben, nicht zu wollen; sah man es gerne, so wird behauptet, wenn der französische Kaiser hier wenigstens der gänzlichen Vernichtung seines Heeres entging. Ohne gerade ausdrücklich anzukündigen, was den Verbündeten nicht genehm sein konnte, that man was möglich war Napoleon's Rückzug zu erleichtern. **) Ob dem so war, ob nicht, darüber wird wohl erst eine spätere Zeit Gewißheit erhalten. Wie nahe das was geschah uns auch die Vermuthung zu legen scheint, daß hier die französische Armee absichtlich geschont worden sein könne, bleibt doch auf der anderen Seite der gewichtige Umstand zu erwägen, daß die Ansicht der augenblicklichen Lage, die durch eine solche Vermuthung vorausgesetzt wird, keineswegs herrschend war in Schwarzenberg's Hauptquartier; daß man da keineswegs das Schicksal des Feindes unbedingt in Händen zu haben glaubte; man dachte nicht daß er etwa der Schonung bedürfe um der Vernichtung zu entgehen.

Ungehindert, aber in großer Verwirrung und Zerrüttung, in tief gesunkener Stimmung, eilte Napoleon's Heer am 19. über den Damm

---

*) Hellwald, Erinnerungen ꝛc. S. 99.
**) Aster, Schlacht bei Leipzig, II, 217, 348.

(Ranstädter Steinweg) durch Lindenau unaufhaltsam weiter nach Lützen. Die Verbündeten erschienen zum Angriff der Stadt sobald die herbstlichen Frühnebel sich zertheilt hatten; das äußere Grimmaische Thor wurde zuerst durch die Königsberger Landwehr, geführt vom Major Friccius, unter schwierigen Umständen erstürmt; später drangen andere Truppen von Bülow's Heertheil weiter nordwärts in die Vorstadt ein, und Sacken's russische Jäger gewannen im hartnäckigen Gefecht in der Hallischen Vorstadt Boden; noch später drang von Bennigsen's Heer die 26. Division unter Paskiewitsch in die Peters-Vorstadt — wie es scheint als diese schon verlassen war. Man fand dort keinen, oder höchstens nur sehr vereinzelten und unbedeutenden Widerstand mehr. Colloredo's und Wittgenstein's Angriffs-Colonnen mußten angehalten werden, weil für sie kein Platz mehr war im Kreise der Kämpfenden. Dem Feinde gelang nicht mehr Lauriston's Heertheil aus der Stadt zu ziehen. Russische Jäger drangen von Norden her durch das soge- nannte Rosenthal vor, und ihre Kugeln erreichten den Ranstädter Steinweg. Da wurde die sogenannte hohe Brücke, die in diesen Damm eingefügt über die Elster führt, in die Luft gesprengt, — und für Alles was von französischen und Rheinbundstruppen noch in Leipzig war, gab es keinen Rückzug mehr.

Französische Berichte sagen daß ein Sapeur-Unteroffizier an dem Unheil schuld sei; der hat die Mine zu früh gezündet! — Und dabei sucht man denn die Sache so darzustellen als hätte Napoleon's Heer ganz ohne Verlust aus Leipzig kommen können, wenn die Brücke nicht zu früh gesprengt wurde. Die Wahrheit ist daß es keinen wesentlichen Unterschied mehr machte ob dies etwas früher oder etwas später ge- schah. Hatte doch Napoleon nicht am Ende des Engpasses Stellung nehmen lassen um den Nachtrab aufzunehmen! bei der grenzenlosen Verwirrung die eingerissen war, wo Truppen in vollkommener Auf- lösung und in einander gefahrenes Fuhrwesen sich gegenseitig hemm- ten, konnten sich wohl, wenn auch die Brücke stehen blieb, kaum noch ein Paar tausend Mann mehr retten, ehe die Verbündeten, von der Nordseite vordringend, Herren des Passes wurden.

Mehrere Stunden vor der Entscheidung, um 7 Uhr früh, als die vorrückenden Colonnen der Verbündeten noch einzelne feindliche Truppentheile durch die dünner werdenden Nebel vor sich her nach Leipzig trieben, trafen der Kaiser Alexander und der König von Preußen nebst dem Fürsten Schwarzenberg und einem fast unabsehbaren Gefolge auf dem Thonberge bei den Straßenhäusern ein, neben einer zerschossenen Windmühle — auf dem Punkte von welchem aus Napoleon den Tag zuvor die Schlacht geleitet hatte. Die Nebel fielen — ein sonnenheller Herbsttag beleuchtete den Kampf am Saum der Vorstädte —: da erschien, von den Vortruppen an mit verbundenen Augen herbeigeführt, um 10 Uhr, vor den Monarchen ein Mann, der für einen Abgesandten der Stadt Leipzig galt. Es war ein Steuer=Einnehmer Wichmann, der die eigentliche Deputation nur ankündigen sollte. Aber die Deputation erschien nicht. Während eine andere, die gleichzeitig den Kronprinzen von Schweden aufsuchen sollte, (Senator D. Groß und Handlungs=Deputirter Dufour) am Thore von französischen Offizieren, die natürlich den Zusammenhang nicht ahnten, zurückgewiesen wurde, weil man bereits in heftigem Gefecht stehe, und den kommandirenden feindlichen General zu finden, unter diesen Umständen unmöglich sei — fanden die Herren welche diese Deputation bildeten selbst unthunlich sich in das Gefecht vor dem Grimmaischen Thor hinaus zu wagen. Sie kehrten um, und ließen sich auch durch den Obersten Ryssel nicht zu einem zweiten Versuch bewegen. So wurde der unscheinbare Wichmann zur Hauptperson und empfahl die Stadt der Großmuth der Sieger. Bald nach ihm erschien der Oberst Ryssel der im Namen des Königs von Sachsen sprach, und Unterhandlungen anzuknüpfen suchte.

Der Kaiser Alexander gab seine Bereitwilligkeit zu erkennen, die Stadt so viel als möglich zu schonen, und nach kurzem Bedenken wurden aus dem Gefolge der General Toll, und der Flügel=Adjutant des Königs von Preußen, Obrist=Lieutenant v. Ratzmer an den König von Sachsen abgefertigt.

Ihr Auftrag war zu erklären:

„Von Unterhandlungen mit dem König von Sachsen könne nicht mehr die Rede sein, nachdem er alle früheren Anträge der Verbündeten zurückgewiesen habe. Die Stadt Leipzig würde man gern so viel als möglich schonen, wenn nämlich der Feind sie unverzüglich räume;

auch die sächsischen Truppen wolle man nicht feindlich behandeln,
wenn nämlich der König sie sofort aus dem Gefecht zurückziehe; wenn
man nicht im Gefecht auf sie stoße, und sie in einer rückwärtigen Stellung mit in Pyramiden zusammengestellten Gewehren fände."

Dem General Toll insbesondere sagte der Kaiser Alexander dann
noch: er gebe dem König von Sachsen eine halbe Stunde Zeit sich
zu entschließen.

Nach einem ungedruckten Tagebuch des sächsischen Generals
Zeschau wäre auch ein Adjutant des Fürsten Schwarzenberg (Graf
Schulenburg) mitgeritten. Das ist ein Irrthum wie wir auf das
bestimmteste versichern können. Es war kein österreichischer Offizier
dabei; und wer hätte denn auch einen solchen absertigen sollen? —
Der Kaiser Franz war nicht gegenwärtig, und Fürst Schwarzenberg
konnte sich nicht ermächtigt halten in Unterhandlungen mit dem König
von Sachsen einzugehen; oder sie entschieden abzulehnen; er war viel
zu vorsichtig um seinen Hof auf diese Weise zu „compromittiren."
Man bedenke nur daß Oesterreich in der sächsischen Frage auf dem
Wiener Congreß einen ganz anderen Standpunkt einnehmen mußte,
wenn es bei dieser Gesandtschaft betheiligt war*).

Mehr als die halbe Stunde verging ehe die Gesandten nur zu
dem König von Sachsen gelangten, denn der Ritt war schwierig, und
nicht ohne Gefahr; er konnte nur auf mancherlei Umwegen ausgeführt
werden. Im Innern der Stadt war die Verwirrung grenzenlos. —
Vom äußeren Thore an führte sie ein bergischer Offizier — seltsamer
Weise auch ein Herr von Toll, wie der General mit Verwunderung vernahm. Während in den Vorstädten das Gefecht tobte, und Fliehende
sich in den Straßen der inneren Stadt drängten, begrüßten hier die
Bewohner — auch Frauen — aus den Fenstern den russischen und
den preußischen Offizier mit lautem freudigem Zuruf. Toll und Raß-
mer kamen nach einander zu mehreren französischen Feldherren — erst
zu Poniatowski dann zu Augereau, der sie fragte was sie wollten? —

_____

*) After II, 307. After's Mittheilungen über diese Sendung sind treu, aber
nicht vollständig. — Dem Verfasser liegen zwei unter sich vollkommen übereinstim-
mende Berichte unmittelbarer Zeugen vor.

Auf Toll's kurzen Bescheid daß man nicht zu ihm sondern zu dem König von Sachsen gesendet sei, ließ er sie durch einen Adjutanten erst zum Marschall Victor, und endlich auf den Markt zu dem Hause führen das Friedrich August bewohnte, und vor welchem die rothe sächsische Grenadier-Garde stand. Badensche Infanterie und geringe Reste einiger anderen sächsischen Bataillone standen auf dem Markt.

Als die beiden Gesandten sich hier meldeten, und im Auftrag ihrer Landesherren den König von Sachsen zu sehen verlangten, wurde unter dessen Umgebung einige Verwirrung sichtbar. Es hieß „Seine Majestät seien jetzt nicht zu sprechen!" — „Seine Majestät seien an Ihrem Schreibtisch beschäftigt!" — Dergleichen in solchem Augenblick, und solcher Lage! — Es hätte mehr Takt gezeigt die sehr einfache Wahrheit zu sagen, daß nämlich der hochbetagte König, der kein Kriegsmann war und sich nicht dafür gab, mit seiner Familie in den gewölbten Kellern des Hauses Schutz gesucht hatte; um so mehr da einige weitere Ungeschicklichkeiten der Umgebung dies große Geheimniß denn doch zu Tage förderten.

Toll äußerte gegen einen der Herren — wahrscheinlich den Minister v. Einsiedel — die Frist innerhalb welcher er, auf Befehl seines Kaisers Bescheid verlangen müsse, sei so beschränkt, daß er selbst und Herr v. Natzmer den König sogleich sehen müßten, wenn weiteres Unglück verhütet werden solle. — Darauf wurden die beiden Gesandten in ein Zimmer gewiesen — und wenige Augenblicke später erschien Friedrich August — bleich; aber dem Anschein nach ruhig — und in Gala! — In der weißen Uniform seines Heers, mit Stern und Band seines Ordens, in Escarpins, seidenen Strümpfen und Schuhen. — Die Gesandten glaubten einen Augenblick diese Vorbereitungen seien in der Erwartung eines Zusammentreffens mit den verbündeten Monarchen getroffen, bald jedoch ergab sich daß sie dem Kaiser Napoleon galten, den Friedrich August kurz vorher empfangen hatte, und vor dem er nie anders erschien.

Toll führte das Wort, und sagte was ihm aufgetragen war. Auf den Theil der Botschaft der sich auf etwanige Unterhandlungen bezog, ging der König in seiner Antwort gar nicht ein. Was die Schonung der Stadt Leipzig betraf, und die Maaßregeln die deshalb zu treffen wären, verwies er die Herren an den Herzog von Padua (Arrighi) den der Kaiser Napoleon sein — des Königs — „hoher Alliirter" zum Gouverneur der Stadt ernannt habe. Er selbst habe hier keine militairischen Verfügungen zu treffen. Seine sächsischen Truppen könne er nicht aus dem Gefecht zurückziehen, denn er habe sie dem Kaiser Napoleon, seinem hohen Alliirten, überwiesen; von dem und dessen Marschällen, nicht von ihm, hätten sie Befehle zu erhalten.

Indem Gen. Toll und Obristlieutenant Natzmer die Worte des Königs mit ihrem Auftrag und dessen Veranlassung zusammenhielten, mußte es ihnen als etwas ganz Unerwartetes, beinahe Seltsames, gar sehr auffallen daß der König den Kaiser Napoleon niemals nannte, ohne die Worte: „mein hoher Alliirter" hinzuzufügen! — Wie vollständig mußte der bedauernswerthe Greis über die Lage der Dinge getäuscht sein, da er es angemessen achten konnte sein Bündniß mit Napoleon auch jetzt noch in solcher Weise ausdrücklich, und mit so vielem Nachdruck, geltend zu machen! — Bei dieser Ansicht seiner Verhältnisse konnte er allerdings auf die Forderung der Verbündeten, daß die sächsischen Krieger, von Napoleon's Heer getrennt, am Kampf keinen Antheil weiter nähmen, nur abschlägig antworten.

Es zeigte sich denn auch bald noch deutlicher, daß er durchaus betrogen war, und von wem. Sehr verwundert äußerte nämlich Toll in seiner Grabheit: Das seien ganz andere Dinge als die Deputation, draußen vor der Stadt, im Namen des Königs dem Kaiser Alexander und dem König von Preußen vorgetragen habe. — Dies schien der König zuzugeben — er wußte also um Ryssel's Sendung und deren Inhalt —; er erklärte sogar gewissermaßen woher der Widerspruch rühre — oder, wie man wohl sagen dürfte, warum er persönlich zurücknahm was Ryssel in seinem Namen gesagt haben mochte, indem er erwiderte: Er habe geglaubt der Kaiser Napoleon „habe die Sache aufgegeben" (eigene Worte des Königs) — vor einer halben Stunde aber sei sein hoher Verbündeter, der Kaiser Napoleon, bei ihm gewesen und habe ihm versichert daß er Leipzig nur verlasse um im freien Felde zu manoeuvriren, daß er aber die Stadt in zwei oder drei Tagen entsetzen werde.

Es läßt sich danach wohl einigermaßen übersehen welchen Gang hier Alles genommen hatte, und daß der König jetzt wohl kaum an eine Eroberung Leipzigs durch die Verbündeten glaubte.

Da nun hier offenbar nichts weiter zu thun war, entschloß sich der Obristlieutenant v. Natzmer — während Toll bei dem König verweilte — von dem Minister Einsiedel und General Zeschau geleitet, den Herzog von Padua aufzusuchen. Dieser aber hatte sich bereits entfernt — das Haus das ihm zur Wohnung angewiesen war, schien überhaupt verlassen, niemand war darin zu finden als im Keller eine alte Frau, die aber nicht viel Auskunft zu geben wußte. — Schon drangen von dem inneren grimmaischen Thor preußische Füseliere unter Hörnerklang gegen den Markt vor, empfangen von dem lauten Jubelruf der Einwohner an den Fenstern. Obristlieut. v. Natzmer, der eben von seinem vergeblichen Gang über den Markt zurückkehrte, eilte den Preußen entgegen, und nahm eine Compagnie derselben die er vor dem Hause des Königs von Sachsen, zu dessen Schutz aufstellte. — Toll, der die Schützenhörner und einzelne Schüsse hörte, sprang an das Fenster und rief den Preußen zu nicht auf die sächsischen Grenadiere zu schießen. Er eilte dann — ohne zu warten bis er entlassen wurde — die Treppen hinab auf den Markt, und redete dort die Badener in deutscher Sprache an: „Das sind Eure Freunde die für Deutschlands Befreiung kämpfen," rief er ihnen zu, indem er auf die anrückenden Preußen wies, „vereinigt Euch mit ihnen zum Kampf gegen die Franzosen unsere gemeinschaftlichen Feinde; es lebe der Kaiser Alexander und die verbündeten Monarchen!" — Obristlieut. v. Natzmer wendete sich insbesondere an die Sachsen und forderte sie auf eine deutsche Gesinnung zu zeigen und ihre Waffen gegen die Franzosen zu wenden, an allen Fenstern wehten Damen mit den Tüchern und riefen den Sachsen zu „nun für die gute Sache zu kämpfen." — Die Offiziere traten aus, und verloren sich stillschweigend während Natzmer sprach, die Mannschaft aber folgte willig seinem Ruf, und er führte sie ganz ohne Offiziere zum Ranstädter Thor, wo sie hinter dem Thor und in Theilen der alten Wälle und Mauern aufgestellt, bald in ein Feuergefecht mit den Franzosen verwickelt wurde, die sich noch vor dem Thor, auf dem sogenannten

Fleischerplatz in einen wirren Haufen zusammengedrängt befanden. —
Erst als die Leute hier bereits im Gefecht standen, fanden sich auch,
nach und nach und einzeln, die Offiziere wieder bei denselben ein.
Oberst v. Ryssel war der erste der erschien. — (Nach Aster's Bericht
war es das Grenadier-Bataillon Anger das Natzmer's Ruf folgte, es
war aber auch ein Theil des sächsischen Garbebataillons dabei.)

Der Kaiser Alexander und der König von Preußen, die sich früh
in die Stadt wagten, als noch hin und wieder Schüsse fielen, auf dem
Fleischerplatz noch Gewehrfeuer knatterte, trafen nun auf dem Markt-
platz ein, mitten in der wogenden Menge Siegender und Besiegter —
unter Freudengeschrei und Schmerzenslauten — die Feldherren fanden
sich ein — Bernadotte, der sich auch zu den Siegern zählte, und Bennigsen hatten den Platz schon vor den Monarchen erreicht — Schwarzenberg, Blücher, unzählige Generale ritten heran — es begaben sich
jene großartigen und bunten Scenen bewegter Freude, die Allen die sie
mit erlebten unvergeßlich geblieben sind. — Hier sprach es Gneisenau
unter Allen zuerst laut und entschieden aus, daß der Krieg nicht anders
als mit Napoleon's Sturz enden dürfe.

Reich wurden Feldherren und Generale belohnt. Der Fürst
Schwarzenberg erhielt von seinem Kaiser das Großkreuz des Marien-
Theresien-Ordens, und die Erlaubniß das Wappen Oesterreichs in das
Seinige zu setzen — von dem Kaiser Alexander das Großkreuz des
St. Georgen-Ordens. — Blücher wurde zum Feldmarschall befördert,
nachdem ihn das Heer längst als den „Feldmarschall Vorwärts" be-
grüßt hatte. Barclay und Bennigsen sahen sich zu Grafen erhoben —
und unter den russischen General-Majoren die an diesem Tage zu
General-Lieutenants vorrückten, waren drei junge Männer die weit
außer der Reihe befördert wurden: Diebitsch, Paskiewitsch und Toll.

Der Letztere war erst seit zehn Monaten General-Major. — Dagegen hatten die Zerwürfnisse mit dem Grafen Klenau zur Folge daß
weder Toll noch einer der Offiziere seiner Begleitung mit einem österreichischen Ehrenzeichen bedacht wurden.

Die unmittelbare Verfolgung des Feindes war in solcher Weise
eingeleitet, wie wir gesehen haben, daß sie selbst mäßigen Ansprüchen
kaum genügen konnte. Gyulai kam am 19. nicht weiter als nach

Dobergaft. Platow konnte den Feind nicht erreichen, und sonst kam kein Heertheil der böhmischen Hauptarmee an diesem Tage auf das linke Ufer der Elster. Selbst Bubna, der die Spiße des verfolgenden Vortrabs bilden sollte, blieb bei Zwenkau auf dem rechten Ufer stehen.

Die Verfolgung im Großen aber, die man nun bis zum Rhein vor sich sah, wurde in allgemeinen Zügen, schon vor dem Einzug der Monarchen, in einem Kriegsrath geregelt, der sich auf freiem Felde um den Kaiser Alexander, den König von Preußen und den Fürsten Schwarzenberg versammelte, und dem natürlich auch Toll beiwohnte. Es wurde festgesetzt daß die böhmische Hauptarmee dem weichenden Feinde links zur Seite bleiben sollte, die schlesische Armee zur Rechten. Bennigsen's Heer sollte dem Feind unmittelbar folgen, den man auf diese Weise dem österreichisch-baierischen Heer unter Wrede entgegen zu treiben hoffte. Es schien also auf eine gänzliche Vernichtung der napoleonischen Kriegsmacht abgesehen; das mag auch wohl der Gedanke gewesen sein den der Kaiser Alexander damit verband, und natürlich widersprach Niemand. Schon in dem Augenblick aber, wären sehr große Anstrengungen nöthig gewesen um der Ausführung nahe zu kommen, und in den nächsten Tagen war die Hauptarmee schon so weit zurück, daß nicht mehr die Rede davon sein konnte dem Feind zur Seite zu folgen. Ohnehin waren die Bestimmungen in Beziehung auf die Nordarmee in der Schwebe geblieben da man dem Kronprinzen von Schweden nicht gut Befehle geben konnte; und eben so wenig wußte man genau was er eigentlich im Sinn habe.

So gestaltete sich schon in den nächsten Tagen, ja Stunden, alles anders als man vor den Thoren von Leipzig gedacht hatte. Es erwachte der Gedanke Napoleon könne versuchen bei Erfurt noch einmal Stand zu halten, und so wenig man dies wahrscheinlich fand, wollte man doch auch für diesen Fall seine Maaßregeln treffen. Der Kronprinz von Schweden wurde veranlaßt über Merseburg, Querfurt und Artern nach Sondershausen vorzurücken um die mögliche Aufstellung des Feindes bei Erfurt in ihrer linken Flanke zu umgehen. Auch die Armee von Polen unter Bennigsen, wurde schon am 20. October unter den Oberbefehl des Kronprinzen gestellt.

Dagegen erhielt jetzt Tauentzien die Bestimmung die Festungen an der Elbe zu erobern, und da die Nachricht einlief daß der Marschall Gouvion St. Cyr einen Ausfall aus Dresden gemacht und einen sehr leichten und vollständigen Sieg über die russischen Milizen unter Tolstoy erfochten hatte, die nur geringen Widerstand leisteten, wurde beschlossen Klenau's Heertheil aus den Gefilden von Leipzig gegen Dresden zurück zu senden, um den Platz von Neuem einzuschließen, und seine Uebergabe herbeizuführen.

Am 20. Abends, als Napoleon's Heer, nach solchen ungeheueren Verlusten und entmuthigenden Erlebnissen, mit der Spitze bei Freiburg an der Unstrut, mit dem Nachtrab bei Weißenfels an der Saale stand, hatte zwar Gyulai Naumburg erreicht, das übrige Heer Schwarzenberg's aber war in mehreren Staffeln weiter zurück, Wittgenstein und Kleist mit ihren Truppen erst bei Pegau an der Elster. Der Kronprinz hatte nur seinen Vortrab bis Lützen gebracht, Blücher hatte die Heertheile von Sacken und Langeron von Schkeuditz nach Lützen geführt — und so war denn nur York über Halle und Merseburg in der Nähe der Unstrut eingetroffen.

Napoleon hatte den Verbündeten viel energischere Vorkehrungen zugetraut, wollte einen Flankenmarsch auf dem rechten Ufer der Saale vermeiden, und glaubte ohne Zweifel den wichtigen und schwierigen Paß bei Kösen, den er in der That sehr leicht in seine Gewalt bringen konnte, von den Verbündeten stark besetzt. — Er wählte deshalb zu seinem Rückzug die Linie von Weißenfels über Freiburg an der Unstrut auf Erfurt, und hatte bei dem Uebergang über die Unstrut (21. Octbr.) ein Gefecht mit York zu bestehen, das für die französische Armee verderblich werden konnte, wenn York einer größeren Macht gebot.

Sonst hatte er aber nur mit schlimmen Wegen zu kämpfen, und als er (am 23. Octbr.) bei Erfurt eingetroffen war, sollten die Reste seines Heers mit Schießbedarf und allem Nöthigen neu versehen, auch neu geordnet, und wieder in eine bessere Verfassung gebracht werden. Das gelang jedoch nur sehr mittelmäßig, denn so wenig diese Armee auch verfolgt wurde, trug sie doch in tiefer Entmuthigung, in Folge des drückenden Mangels, des vielen Elends das sie erduldet, der großen Anstrengungen die sie gemacht hatte, den Keim des Verderbens in sich.

Man schätzte sie zwar noch auf etwa hunderttausend Mann, aber der Typhus wüthete in ihren Reihen — sie ließ auch in den Gegenden die sie durchzog, unter der Bevölkerung Nervenfieber zurück, die zahlreiche Opfer forderten. Tausende — von den etwas derben Generalen der napoleonischen Armee la sacrée canaille genannt — hatten auch hier wieder die Gewehre weggeworfen und eilten unbewaffnet der fernen Heimath zu. Es half nichts sie zu sammeln, und von Neuem mit Flinten zu versehen; sie warfen auch diese weg, und liefen bei nächster Gelegenheit doch wieder auseinander. Napoleon schimpfte in sehr wenig gewählter Weise über das Gesindel, und meinte auf diese Weise werde er bis zum Rhein 80,000 Mann verlieren. — Seine Anhänger begannen mehr und mehr an seinem Glück zu zweifeln —: der kopflose und charakterschwache Murat war der Erste der ihn, schon in diesen Tagen verließ, und nach Neapel eilte, um wie er meinte für sich selbst zu sorgen — als ob er je an sich etwas gewesen wäre.

Unter Anderem äußerte Napoleon hier er habe verkleidete Offiziere an die Marschälle Davoust und St. Cyr und die Commandanten der Elbfestungen gesendet, und sie aufgefordert, die Festungen zu verlassen, und sich im Rücken des Feindes im freien Felde zu vereinigen. „S'ils s'entendent, s'ils sortent de leurs murailles, s'ils se réunissent, ils sont sauvés; 80,000 français passent partout." — So sagte Napoleon. Es war also gar manches gewichtige „Wenn!" dabei, manche Voraussetzung der sehr schwer zu entsprechen war! — „Wenn sie sich verständigen" — auf welche Weise sollte auch nur das in der Geschwindigkeit geschehen? — Zu einem Kriegsrath konnten sie sich nicht wohl versammeln, wie Jedermann zugeben wird, und viel Zeit zu Botschaften hin und her war eben auch nicht. — Napoleon's Worte gehen auf ein Durchschlagen nach Frankreich. Davoust und die Besatzung von Magdeburg konnten allerdings noch dorthin entkommen, wenn sie zu rechter Zeit benachrichtigt wurden; ein solcher Zuwachs von Streitkräften am Rhein mußte höchst erwünscht sein. Daß Napoleon namentlich dem Marschall Davoust solche Befehle ertheilen wollte, das klingt glaublich genug. Ob er aber auch die verständigen Befehle zurücknehmen wollte die er vier Tage früher dem Marschall St. Cyr gesendet hatte, um anstatt dessen etwas abenteuerliche Dinge

34 *

vorzuschreiben, die er selbst wohl kaum für ausführbar halten konnte —: das dürfte eher ein Gegenstand des Zweifels sein.   Wir haben dafür — insofern wir nicht aus Quellen der unlautersten Art schöpfen wollen — nur sehr schwankende, unsichere Angaben —: der Befehl unter vortheilhaften Bedingungen zu capituliren dagegen ist uns schriftlich in den Acten des napoleonischen Hauptquartiers erhalten.

Der Kaiser Alexander, höchst unzufrieden mit der Art und Weise in welcher die Verfolgung betrieben wurde, bildete unter Czarowski und Pahlen einen Vortrab aus russischen Truppen, der am 23. an Gyulai vorbei über Eckartsberga nach Buttelstädt rückte. — Fürst Schwarzenberg dagegen glaubte jetzt wirklich daß Napoleon das Glück der Waffen bei Erfurt noch einmal versuchen werde, und suchte deshalb sein Heer, am 24. bei Weimar zu sammeln. — Seine Truppen waren in zwei Heersäulen herangerückt, von denen die Eine am 23. über Naumburg und Eckartsberga die Gegend von Buttelstädt, die Andere, bei der sich beide Hauptquartiere — Alexander's und Schwarzenberg's — befanden, über Zeitz und Eisenberg die Gegend von Jena erreicht hatte.   Von hieraus wurden sie am folgenden Tag bei Weimar vereinigt, wohin das Hauptquartier verlegt wurde, während Gyulai und Bubna, dem sich Pahlen anschloß, mit ihren Heertheilen, auf zwei Straßen — nach Ollendorf und Mönchenholz — näher gegen Erfurt vorrücken mußten.

Der Widerstand, den man bei Erfurt zu finden erwartete, wurde in Schwarzenberg's Umgebung sehr hoch angeschlagen; denn während die französischen Generale dort über die sacrée canaille schimpften, glaubte man im österreichischen Hauptquartier zu wissen, daß die französische Armee Erfurt in sehr guter Verfassung (in very good order) erreicht habe, und dort durch fünfzehntausend Mann neuer Truppen, die der Marschall Kellermann von Mainz her gesendet haben sollte, verstärkt worden sei.   Schießbedarf und was er sonst nöthig hatte, mußte Napoleon in Erfurt vorgefunden haben, und seine Stellung, unter dem Schutz der festen Stadt wurde für sehr fest gehalten; es konnte bedenklich sein ihn dort anzugreifen.   Vielleicht bewogen ihn die Operationen der Baiern unter Wrede, die zunächst auf Würzburg und auf seine Verbindungen gerichtet waren, zu weichen, und man beschäftigte sich auch mit dem Gedanken seine Stellung in der Richtung auf Meiningen zu umgehen. — Und während man hier so ernste Schwierigkeiten vor sich sah, lief von rückwärts her die (falsche) Nachricht ein, Gouvion St. Cyr habe, nach seinem Siege über Tolstoy Dresden verlassen und sei im Marsch nach Torgau; da war man denn auch nach jener Seite hin nicht ohne Sorgen. Eine feindliche Macht die sich, vielleicht mit Davoust vereinigt an der Elbe bildete, konnte gefährlich werden, obgleich der Kronprinz von Schweden und Bennigsen bereits gegen die Elbe in Bewegung waren. *)

Jedenfalls schien die Lage eine solche, daß man sich nicht blindlings weiter wagen durfte. Schwarzenberg verfügte daher daß Bubna und Pahlen zuvörderst am folgenden Tage (25.) eine Recognoscirung gegen Erfurt ausführen sollten, und zugleich wurde Klenau, schon seit dem 22. im Marsch auf Dresden, wieder zurückgerufen. Man glaubte seiner hier noch mehr zu bedürfen als dort.

Besonders aber war man, von Seiten des Wiener Hofs, während dieser Tage vorsichtigen Bedenkens, darauf bedacht Unterhandlungen anzuknüpfen. Die politische Lage schien so verwickelt und so schwierig zu werden, daß eine baldige Beendigung des Kriegs, eine Verständigung mit dem Feinde auf leidliche Bedingungen, nicht nur wünschenswerth in hohem Grade, sondern in der That dringend geboten erachtet wurde.

Um uns Rechenschaft davon geben zu können auf welchem Wege man troß aller Siege dahin gekommen war die obwaltenden Verhältnisse so zu beurtheilen, müssen wir in der Kürze nachholen wie sich die politischen Beziehungen gestaltet hatten, seitdem die Prager Unterhandlungen abgebrochen waren.

Napoleon hatte seither wiederholte Versuche gemacht wenigstens einen brieflichen Verkehr mit dem Kaiser Franz persönlich in ununterbrochenem Gang zu erhalten. So hatte der Kaiser von Oesterreich am 4. oder am 5. September einen Brief von ihm erhalten — denjenigen wahrscheinlich den der Adjutant=Commandant Galbois zu überbringen hatte. Napoleon theilte darin seinem Schwiegervater die

---

*) Sir Robert Wilson II, 191—192, 469.

frohe Botschaft mit daß er sich nach einem zweimaligen Kampf „mit
den Russen" der besten Gesundheit erfreue.   Weiter wurde außerhalb
des österreichischen Cabinets von dem Inhalt nichts bekannt.   Doch
nach der Art zu schließen, wie Napoleon selbst sich über diesen Brief
ausspricht, muß er wohl auch noch Anderes enthalten haben.   Es
scheint aber als habe ihn der Kaiser Franz wenigstens nicht sogleich
beantwortet.

      Anders erging es mit einem Schreiben daß er am 29. September
durch Bubna's Vermittelung erhielt.   Es wurde den Verbündeten
mitgetheilt.   Napoleon bot darin die Uebergabe der Festung Zamosc
in Polen an — natürlich gegen freien Abzug der Besatzung.   Das
war der angebliche Zweck des Briefs, nebenher aber erbot sich der französische Kaiser zu Unterhandlungen und sprach vom Frieden; er habe
Bubna wissen lassen, daß er sehr friedlich gestimmt (dans des senti-
ments très-pacifiques) sei.   Dabei erwähnte er aber gar nichts von
den Bedingungen unter denen der Friede möglich sein sollte, und nebenher verrieth er deutlich genug daß er nicht eigentlich den Frieden suchte,
sondern in einer besonderen Verständigung mit Oesterreich ein Mittel
die Coalition zu sprengen.   Es wäre ihm lieb, sagt er, wenn der
Kaiser Franz den Grafen Bubna ermächtigen wollte eine fortgesetzte
Correspondenz zu vermitteln.   Er könne nicht glauben daß der Kaiser
von Oesterreich es seinem Interesse gemäß achten könne, einen Krieg
fortzusetzen, dessen Ergebniß, wenn er sich verlängerte, das Unglück
Frankreichs, Deutschlands und Oesterreichs sein würde, der nur England und Rußland Gewinn bringen könne.   (Je ne saurais me per-
suader que V. M. puisse trouver de l'intérêt à la continuation
d'une guerre, dont le résultat, si elle se prolongeait, serait le
malheur de la France, de l'Allemagne et de l'Autriche, et qui ne
peut tourner qu'au profit de l'Angleterre et de la Russie.)   In
der sehr bestimmt gehaltenen Antwort, die zwei Tage darauf abging,
äußerte der Kaiser Franz, die Unterhandlungen, die Uebergabe der
kleinen polnischen Festung betreffend, müßten den kommandirenden
Generalen überlassen bleiben; der Friede sei auch für ihn Gegenstand
aller Wünsche, doch könne jetzt nur noch über einen allgemeinen, nicht
mehr über einen partiellen Frieden unterhandelt werden — und des-

halb müsse alles Weitere aufgeschoben bleiben, bis eine zustimmende Antwort Englands eingetroffen sei. *)

Bei dieser Gelegenheit aber verrieth Lord Aberdeen, ohne ein Arg dabei zu haben — wahrscheinlich blos um dar zu thun daß man an Englands Bereitwilligkeit auch zum Voraus nicht zu zweifeln brauche — dem Grafen Metternich daß England wenige Wochen früher schon einmal eingewilligt habe unter gewissen Bedingungen an den Unter-handlungen des Prager Congresses Theil zu nehmen, und daß dies verheimlicht worden sei. Metternich, der doch auch seine Neben-Unterhandlungen mit Frankreich den Blicken der Verbündeten sorg-fältig entzogen hatte, war darum nicht weniger entrüstet über dieses Verfahren; das Mißtrauen, mit dem er den Kaiser Alexander betrach-tete, wurde dadurch natürlich gesteigert, und die Abneigung welche ihm die „Enragirten" die „Jakobiner" des preußischen Hofs und Heers und ihre Maaßregeln einflößten nicht minder. — Unmittelbar darauf verweilte Metternich vom 4. bis 7. Oktober in Prag, und der bekannte Gentz sieht sich veranlaßt in Beziehung auf diese Tage in seinem Tage-buch zu bemerken: „ich hatte viele und wichtige Gespräche mit ihm, be-sonders über die deutschen Angelegenheiten, deren künftiges Schicksal ein schwieriges Problem war. Der Geist der durch den allgemeinen Widerstand gegen die französische Herrschaft in Deutschland erwacht, durch die Stein'sche Proklamation mächtig gesteigert, besonders von Preußen aus dergestalt gewachsen war, daß der Befreiungs-Krieg einem Freiheits-Kriege nicht unähnlich sah — gab zu ernsten Betrachtungen und Besorgnissen über die Zukunft Anlaß; und die Idee, daß der Sturz eines auf die Revolution gegründeten Despotis-mus, wohl, anstatt einer wirklichen Restauration, abermals zur Revo-lution zurückführen könnte, wurde in jenen Gesprächen von mir besonders lebhaft angeregt."**) — Der Graf Metternich war sehr zugänglich für diese Anschauungen, und der Kaiser Franz nicht weniger. Daß die Gefahr wachsen mußte, in dem Maaß wie der Kampf verlängert und mit steigender Energie geführt wurde, das war einleuchtend. Nun

---

*) Sir Robert Wilson II, 115, 149, 153. — Burghersh 357.

**) Gentz, Tagebücher 277.

kamen die Reibungen hinzu die sich im großen Hauptquartier täglich und stündlich wiederholten; sie machten das Bündniß für den Augenblick sehr unbequem, und ließen befürchten daß es auf die Länge kaum zu erhalten sein werde. Außerdem hatte man auch nicht einmal zu den eigenen Kräften, zu der Macht der die Coalition gebot, ein so unbedingtes Vertrauen, daß dadurch die Sorge um den endlichen Erfolg ganz beseitigt worden wäre — und so glaubte man sich denn vielfach aufgefordert zu zu greifen, so wie sich eine Gelegenheit zeigte den Abschluß schnell herbei zu führen.

Da kamen die Eröffnungen die Merveldt brachte. Sie kamen im höchsten Grade erwünscht und wurden hoffnungsvoll aufgenommen. Man hielt sie zum allermindesten für eine annehmbare Grundlage zu Unterhandlungen, und wenn Napoleon nur in Beziehung auf Italien noch etwas mehr bewilligt hätte, wäre Oesterreich in der That durchaus befriedigt gewesen. Denn seltsamer Weise hielt man diese Anerbietungen für ernstlich gemeint; man übersah daß Napoleon geflissentlich vermieden hatte in Beziehung auf die wichtigsten Verhältnisse irgend ein wirklich bindendes Wort zu sprechen — und niemand scheint im österreichischen Lager darauf verfallen zu sein daß Napoleon seine Vorschläge etwa nur zum Schein gemacht haben könnte, blos um sich unter dem Schutz hoffnungsvoller Friedens-Aussichten einer sehr gefährlichen Lage zu entziehen. Man glaubte ihn wirklich zum Frieden bereit.

Seinerseits aber hatte Napoleon mit wohlberechneter Absicht und großer Gewandtheit eine Warnung eingeflochten, die gar sehr geeignet war, die Staatsmänner Oesterreichs einer sehr nahen Zukunft wegen besorgt zu machen und sie friedlich zu stimmen. Merveldt hatte dieser Warnung in seinem schriftlichen Bericht, der den Verbündeten bekannt werden mußte, nicht gedacht — mündlich aber theilte er sie natürlich seinem Kaiser und dessen Räthen als wichtig und beachtenswerth mit.

Bemüht seine eigene Lage so günstig als möglich darzustellen, hatte Napoleon wie beiläufig bemerkt: „Im Frühjahr werde ich es nur mit Oesterreich zu thun haben. Nur auf den Krieg mit diesem Staat werde ich mich vor zu bereiten haben. Rußland wird keine

Armee mehr haben, und Preußen wird eben so erschöpft sein an mili=
tairischen Mitteln."*)

Das traf; das wirkte, weil man sich im österreichischen Lager
selbst schon mehrfach mit denselben Vorstellungen beschäftigt hatte. —
In einer Denkschrift die Radetzky schon um die Mitte Septembers bei
dem Fürsten Schwarzenberg eingereicht hatte, sagt dieser General —
dessen Ansichten Langenau seine Feder geliehen haben soll — nament=
lich: selbst im glücklichsten Fall werde Napoleon den Verbündeten jeden
Fußbreit Landes streitig machen, und ihnen Deutschland nur nach
großen Opfern überlassen.

„Wenn dieser große Zweck erreicht ist, kann vielleicht der Kaiser
Napoleon Frieden machen, vielleicht aber auch nicht. Die Fortsetzung
des Krieges wird und muß dann größtentheils auf Oesterreich fallen.
Für Rußland verliert er mit jedem Augenblick von seinem Interesse,
und Preußen kann die ungeheueren Anstrengungen des ersten Feldzugs
in gleichem Maaß nicht wiederholen."

Auch hörte General Wilson, der selbst diesen Ansichten zustimmte,
in Schwarzenberg's Umgebung wiederholt besprechen, daß Preußen
keine weiteren Anstrengungen werde machen können, Rußland sie nicht
werde machen wollen, weil die Fortsetzung des Krieges in Rußland
unpopulär sei.

Wie aber war nun Oesterreich gerüstet, die Last des Krieges im
nächsten Frühjahr allein, oder fast allein zu tragen? — Mit welchem
Grad von Zuversicht glaubten die Staatsmänner und Feldherren
Oesterreichs den eigenen Waffen vertrauen zu können?

Darüber giebt Radetzky in seiner Denkschrift mit schonungsloser
Redlichkeit Auskunft. Um zu ermitteln ob die österreichische Armee in
der Verfassung sei ihrer Aufgabe zu genügen, vergleicht er sie mit der
französischen, mit dem Heer der Verbündeten, mit Oesterreichs eigener
Kriegsmacht wie sie 1809 war.

Napoleon's Heer hat den großen Vortheil der einheitlichen Leitung
und ist „trotz ihrer großen Zahl neuer Soldaten, mit Allem was eigent=

---

*) Sir Robert Wilson II, 173.

lich zum Kriegführen gehört, namentlich mit Artillerie auf das vollkommenste versehen. "

„Das Material der russischen und preußischen Armee ist vortrefflich. Obgleich diese Staaten, im Verhältniß zu Oesterreich, fast dreimal weniger Mittel haben, sind ihre Soldaten dennoch auf das beste
und vortheilhafteste gekleidet und bewaffnet, und, was die preußische
Armee betrifft, auf eine im Verhältniß der Bevölkerung, trotz aller erlittenen Verluste unglaubliche Weise completirt. Die Artillerie beider
Armeen ist in hohem Grade vortrefflich und durchaus geeignet, wo nicht
die feindliche zu übertreffen, doch wenigstens mit ihr gleichen Schritt
zu halten. "

Der Rückblick auf das Jahr 1809, wo auch in Oesterreich „keinem
einfiel für die Zukunft zu zittern" — wo Jeder bereit war „Gut und
Leben für den geliebten Kaiser, für den eigenen Heerd zu opfern" —
ist mehr ein schmerzlicher als ein stolzer, denn jetzt steht es eben anders.

„Ein nicht geringer Theil der Generäle und Offiziere ist verstimmt
und sieht mit nichts weniger als frohem Muth der Zukunft entgegen.
Ernst und Strenge, so wie ein gewisses thätiges Zusammenhalten,
fehlen fast gänzlich. Unsere Soldaten sind schlechter benn je bekleidet;
die Mäntel, ihr einziger Schutz für den Winter, in der traurigsten Verfassung; unsere Verpflegung in einem der blühendsten Länder von
Europa, höchst unordentlich. Unsere Artillerie — die einzige in der
Welt, so von der Ueberzeugung ausgeht, daß Alles, was im siebenjährigen Kriege gut war, auch jetzt noch anwendbar sein müsse — ist
durchaus nicht im Stand, sich mit der feindlichen zu messen. Unsere
Armee in Italien sieht sich durch einen erbärmlichen Feind gedrängt;
die Armee im Donauthal steht unthätig; die Reserve-Armee, welche
im unglücklichsten Fall unsere einzige Hoffnung ist, existirt nicht. "

„Dies ist die Lage, in der sich unverkennbar eine Armee befindet, auf der allein die Sicherheit der Monarchie beruht. Ich berufe
mich auf alle Generäle der Armee. Fragen Euer Durchlaucht wen
Sie wollen, er kann und wird dies Gemälde nicht übertrieben finden " — — —*)

---

*) Ratezky, eine Lebensskizze ꝛc. 212—221.

Den gerügten Mängeln war aber nicht sofort ab zu helfen, und am wenigsten dann, wenn man vor Allem unter jeder Bedingung gewiß bleiben wollte den Weg zur „wirklichen Restauration" nicht zu verfehlen.

Da so vieles Bestimmende zusammentraf, wird es erklärlich daß Metternich kaum in Leipzig eingetroffen, vor allen Dingen eine vertrauliche Unterredung mit dem gefangenen General Lauriston suchte. Das geschah schon am 20. Oktober nicht volle vierundzwanzig Stunden nach der endlichen Entscheidung der langen Kämpfe unter den Mauern der Stadt. Die Absicht war natürlich ihn gegen Merveldt aus zu wechseln, und sofort mit einer Friedensbotschaft in Napoleon's Hauptquartier zu entlassen.*)

Schon den folgenden Tag (21.) „sondirte" dann Metternich den Kaiser Alexander in Beziehung auf Unterhandlungen, und war sehr verstimmt als er eine ausweichende Antwort erhielt. Er sondirte auch den Grafen Nesselrode, und da dieser ihm sagte, daß man erst wenn der Feind an den Rhein zurückgedrängt sei, auf Unterhandlungen eingehen dürfe, fand man diese Vorbedingung im österreichischen Lager sehr hoch, ja zu hoch gespannt.

Doch war es nicht zu ändern und alle öffentlichen und eingestandenen Unterhandlungen, mußten bei so bewandten Dingen aufgeschoben bleiben bis man an den Rhein gelangt wäre — aber natürlich, sie jetzt schon unter der Hand und insgeheim ein zu leiten und vor zu bereiten, das wollte sich Metternich darum nicht versagen. Er glaubte das vielmehr um so dringender nothwendig, da zu gleicher Zeit manches Bedenkliche neu, und zum Theil unerwartet zu Tage kam. So trat der Kaiser Alexander — eben auch am 21. October — trotz aller Erfolge sehr wenig erbaut von der Führung des Feldzugs, und insbesondere wie gesagt von der Verfolgung des Feindes, mit der Forderung hervor, der Fürst Schwarzenberg möge des Oberbefehls enthoben werden! — Dem zu Folge was die Vertrauten des österreichischen Hauptquartiers vernahmen, hätte er zu verstehen gegeben, daß er bereit sei sich

---

*) Sir Robert Wilson II, 184.

selbst an die Spitze zu stellen — freilich, da er kein Feldherr sei, umgeben von einem militairischen Rath.

Der Entschluß seine Person in solcher Weise voran zu stellen,
was er bis dahin stets vermieden hatte, mag ihm auch jetzt nicht ganz
leicht geworden sein, und wohl auch nicht besonders fest gestanden haben.
Er beweist jedenfalls sowohl wie sehr ihm Schwarzenberg's Kriegs-
führung mißfiel, als auch wie fest er Oesterreich jetzt, im Vergleich mit
einer früheren Periode, an die Coalition gebunden glaubte. Doch, der
Augenblick das an sich so gut wie Unmögliche zu verlangen, konnte
kaum übler gewählt sein.

Metternich erklärte ihm sofort ganz unumwunden daß Oesterreich
darein niemals willigen werde; er benützte sogar das eigene Geständniß des Kaisers, daß er kein Feldherr sei, gegen ihn, indem er hinzufügte daß eine Rathsversammlung auf dem Schlachtfelde nicht zum
Guten führen könne.

Besonders aber sahen die Oesterreicher mit großem Mißtrauen
und Mißfallen was in diesen Tagen schon in Sachsen geschah und sich
für die Zukunft an zu kündigen schien. Der Kaiser Franz wünschte
den König von Sachsen unter österreichische Obhut gestellt zu sehen,
und verlangte außerdem daß auch die Reste der sächsischen Armee öster-
reichischem Oberbefehl überwiesen würden. Er äußerte, wie Sir Robert
Wilson als unmittelbarer Zeuge berichtet, gegen die Herzogin von
Weimar: er sei entschlossen die sächsischen Truppen zu haben; sie
seien zu ihm übergegangen, und er sei ihr Beschützer so gut wie der
Freund der Verbündeten; die Sache Preußens sei die seinige, und seine
Sache auch die Preußens; sonst aber habe niemand ein (berechtigtes)
Interesse in dieser Frage. So entschlossen und bestimmt aber auch diese
Worte lauteten, war doch wenig Aussicht mit solchen Forderungen
durchzubringen.

Da nun Lauriston's Sendung, wir wissen nicht genauer wie, hin-
tertrieben wurde, suchte Metternich unter diesen Bedingungen andere
Wege zu vorläufigen, einleitenden Verabredungen mit der französischen
Regierung zu gelangen. Da traf wieder sehr erwünscht ein Brief
Berthier's ein, der eine Auswechselung der Gefangenen vorschlug. Im
Interesse der Verbündeten lag es nun wohl eigentlich nicht, darauf ein

zu gehen und dem französischen Heer kriegsgewohnte Soldaten zurück zu schicken, die neuen Bataillonen eine festere Haltung geben konnten — aber man war dennoch sofort entschlossen darüber zu unterhandeln — natürlich nur um überhaupt in Verbindung zu kommen. Der Hauptmann Heß vom österreichischen Generalstab, wurde ohne Aufenthalt in das französische Hauptquartier abgefertigt. Er war in jeder Beziehung der passende Mann für diesen Auftrag, da er den Grafen Bubna auf dessen früheren Sendungen begleitet hatte, und mithin der Umgebung Napoleon's persönlich bekannt war.

„Ein Hauptmann Heß der mit Bubna in Dresden war" so berichtete Sir Robert Wilson am 25., wie sich aus dem Wortlaut ergiebt, nicht ohne Metternich's Wunsch und Willen dem Grafen von Aberdeen —: „soll morgen mit der Antwort an Berthier abgehen, der eine Auswechslung Gefangener vorgeschlagen hat. Oesterreich williget ein fünftausend aus zu wechseln, und Reynier und einen anderen General gegen Merveldt. Das ist der ostensible Auftrag; der wirkliche aber ist Besprechungen über das Gespräch mit Merveldt anzuknüpfen. (This is the ostensible mission; but the real one is *to commence an intercourse upon the conversation with Merveldt.* Diese Worte von Wilson unterstrichen.) Metternich wird Ihnen das Alles sagen, denn er will ganz offen mit Ihnen sein, und Sie von Allem unterrichten, wenn Sie sich ihm nahe anschließen."

Uebereinstimmend bemerkt Sir Robert in seinem gleichzeitigen Tagebuch daß diese Sendung die Einleitung sein solle, zu wichtigeren Mittheilungen, in Folge der Unterredung Merveldt's mit „Buonaparte". Friede sei der sehnliche Wunsch aller verständigen Leute. *)

Fast in demselben Augenblick führte der Zufall dem neuen Fürsten Metternich noch einen anderen Unterhändler zu. Das war ein Herr Rousseau, von Napoleon zum Baron von St. Aignan ernannt, Geschäftsträger Frankreichs an dem Hof zu Weimar, den die Kosaken am 24. October in Gotha, im Rücken der französischen Armee aufgehoben hatten. Schon am 26. hatte Metternich ein erstes Gespräch mit

---

*) Wilson II, 196, 464.

ihm, und deutete an daß man von Seiten der Verbündeten den Frieden
aufrichtig wünsche, und daß er auch gewiß geschloffen werden könne,
wenn man von allen Seiten mit wirklich gutem Willen an die Unterhandlungen gehe. Versuche Napoleon's dagegen, auf Umwegen zum
Frieden zu gelangen, könnten jetzt nicht mehr von Erfolg sein; die
Verbündeten würden einig bleiben, und fest zusammen halten. — So
suchte Metternich den Gedanken zu beseitigen daß die Coalition getrennt
werden könne, daß Oesterreich etwa auch jetzt noch, wie zu Prag,
durch mäßige Vortheile die ihm insbesondere geboten wurden, bewogen
werden könnte von dem Bündniß gegen Napoleon zurück zu treten. —
St. Aignan wurde dann veranlaßt nach Teplitz zu gehen, wo er jedes
Winkes gewärtig war. —

Daß sich die militairische Lage bei Erfurt und Weimar inzwischen
vollständig aufgeklärt hatte, das änderte natürlich nichts an diesen
Versuchen der Diplomatie. Das Heer aber kam wieder in Bewegung,
da die Schwierigkeiten auf die man bei Erfurt zu stoßen fürchtete —
so müssen wir es wohl nennen — sich in nichts aufgelöst hatten.
Bubna und Pahlen hatten (25.) dort in der Nähe nur noch den Nachtrab eines weichenden Feindes gefunden. Napoleon durfte selbst an
einen Versuch Stand zu halten nicht denken; er durfte seiner Armee
selbst die allernöthigste Ruhe nicht gönnen, und hatte dem gemäß schon
an demselben Tage, an welchem er bei Gotha eintraf, Sebastiani mit
seinen Reitern nach Gotha vorausgesendet; unaufhaltsam ging sein
Zug über Eisenach, durch das Fuldaische, nach Hanau, Frankfurt
und Mainz.

Wir können hier nicht alle verwickelten Einzelnheiten des Marsches
bis an den Rhein wiederholen, die ohnehin in mehr als einem allgemein
bekannten Buch zu finden sind — und müssen uns darauf beschränken
zu bemerken, daß, — während Klenau nun wieder auf Dresden zurückgesendet wurde, — die Hauptarmee unter Schwarzenberg, die Erfurt
durch Kleist einschließen ließ, Wittgenstein dem Feinde über Eisenach
nachsendete, und mit den übrigen Truppen vom 26. bis 30. October
in zwei Colonnen über den Thüringer Wald nach Schmalkalden und
Suhl ging, immer weiter vom Feinde abblieb.

Unterdessen war in Schwarzenberg's Hauptquartier die Vorstel-

lung herrſchend geworden, Napoleon werde, um nicht auf das öſterrei=
chiſch=bairiſche Heer unter Wrede zu ſtoßen, das ihm den Weg ver=
legte, die Straße nach Mainz verlaſſen und nach Coblenz ausweichen.
Deshalb mußte, auf Schwarzenberg's Verlangen, Blücher mit der
ſchleſiſchen Armee von Fulda aus die Richtung auf Gießen, und von
dort auf Cöln — (Mühlheim) nehmen. — Auch Wittgenſtein mußte
dieſer Vorausſetzung wegen, von Eiſenach an, ſich rechts wenden, um
über Berka, Hersfeld, Alsfeld, Friedeberg, die Wege zu durchſchneiden
die aus dem Fuldiſchen nach Coblenz und dem Unterrhein führen. —
Auf die unmittelbare Spur des Feindes ſollte jetzt, anſtatt dieſer rhein=
abwärts entſendeten Schaaren, die aus den öſterreichiſchen Truppen
beſtehende Hälfte der Hauptarmee von Schmalkalden her nach Hün=
feld einlenken —: die natürliche Folge dieſer Anordnungen war daß
nun vollends gar nicht mehr die Rede davon ſein konnte den Feind ein=
zuholen — daß die Verfolgung in der That ganz aufhörte.

Der Kronprinz von Schweden und die Nordarmee verſchwanden
bald gänzlich von dieſem Kriegsſchauplatz. Er war am 30.October in
Heiligenſtadt eingetroffen, und ſollte nach den allgemeinen Verabre=
dungen von dort nach Caſſel vorrücken —: um dann mit dem größten
Theil ſeines Heeres weiter nach Düſſeldorf an den Rhein zu ziehen.
Anſtatt deſſen wendete er ſich, o h n e d i e Z u ſ t i m m u n g d e r V e r =
b ü n d e t e n a b z u w a r t e n, von Heiligenſtadt nordwärts durch das
Hannöverſche, gegen Hamburg und Davouſt. Der Vorwand, der
dieſen unerwarteten Zug den verbündeten Monarchen gegenüber recht=
fertigen ſollte, war daß der Kronprinz dem Marſchall Davouſt den
Rückzug nach Frankreich abſchneiden wolle (The reason assigned
for the adoption of this movement, in lieu of the apparently
more natural one of conveying the greater part of his army in
conjunction with the reste of the allied forces at once upon the
Rhine, was the desire of operating against Marshal Davoust,
and of preventing his retreat into Holland) *). — Sehr einleuch=
tend iſt daß er auf dieſe Weiſe dem beſonderen Feinde Schwedens —
Dänemark — näher kam — und nicht allein ſich ſelbſt, ſondern auch

---

*) Lord Burghersh memoir 44.

die russischen und preußischen Truppen unter seinen Befehlen, vom Rhein und den Grenzen Frankreichs entfernt hielt. — Wollte er doch selbst daß die Truppen die in Sachsen neu gebildet wurden, nur zu Diensten bis an den Rhein verpflichtet werden sollten. —

Die Hauptarmee zog, in den ersten Tagen des Novembers, in zwei Heerzügen nach Frankfurt und an die Ufer des Rheins. Die Oesterreicher, bei denen sich der Fürst Schwarzenberg befand, marschirten durch das Fuldische, über Gelnhausen; die russisch-preußischen Truppen unter Barclay waren auf den Umweg über Meiningen, Schweinfurt und Aschaffenburg gewiesen. — Der Kaiser Alexander begleitete sie. — Der König von Preußen war nach Berlin gereist.

Toll begleitete, wie sich versteht, das Hauptquartier des Fürsten Schwarzenberg (den 20. October nach Zeitz — 21. Eisenberg — 22. Jena — 23. Weimar — 26. Elleben — 27. Mühlberg — 28. Tambach — 29. Schmalkalden — 30. Dernbach — 31. Hünfeld). Er war natürlich in beständigem Briefwechsel mit dem Fürsten Wolkonsky, d. h. mit dem Kaiser Alexander — und wir entnehmen seinen Briefen folgende Nachrichten, theils wörtlich, theils im Auszug.

Schon am 28. October, zu Tambach, erhielt Fürst Schwarzenberg einen Bericht des österreichischen Parteigängers, Obersten Scheibler, aus Brückenau vom 27., und darin die Nachricht daß die Stadt Würzburg capitulirt habe, und Wrede mit seinem Heer an demselben Tage (27.) in Aschaffenburg eintreffen werde. Scheibler hatte das französische Heer am 24. und 25. im Rückzug von Vach nach Fulda gesehen, und erfahren daß Napoleon selbst am 26. in diesem letzteren Ort eintreffen sollte.

„Hünfeld 31. October. — Aus dem letzten Bericht des General Wrede ist ersichtlich daß er den Feind in Hanau angegriffen, aus dem Ort verdrängt und den General St. André, mehrere Offiziere, und eine bedeutende Anzahl Gemeiner zu Gefangenen gemacht hat. — In Frankfurt stehen 6000 Mann vom Feinde; General Wrede hat eine Division Infanterie und einen Theil seiner Reiterei dorthin entsandt um diese Stadt zu nehmen, mit seiner Hauptmacht aber ist er gesonnen nach Wetzlar zu marschiren. Er setzt voraus daß Napoleon mit seiner ganzen Armee die Richtung auf diesen Punkt genommen hat, und will ihm dort zuvorkommen."

Ein merkwürdiger Brief, der über diesen Theil des Feldzugs Licht verbreitet. Wrede glaubte, so gut wie Schwarzenberg und dessen militairischer Areopag, daß Napoleon nach Coblenz ausweiche; daraus läßt sich sein Verfahren einigermaaßen erklären; daß er unter diesen Bedingungen nicht daran dachte die schwierigen Engpässe von Gelnhausen bei Zeiten zu sperren, wird begreiflich; er kam nicht eher zu der Einsicht daß die ganze französische Macht auf der Straße von Fulda heranrücke, als bis es dazu zu spät war.

Toll theilte übrigens die im Hauptquartier herrschende Ansicht nicht. Er schreibt am 1. November früh aus Hünfeld: „Wie es scheint will Napoleon durchaus über Hanau und Frankfurt nach Mainz durchdringen."

Bei der Besetzung von Hanau war den Baiern ein Courier in die Hände gefallen, der mit wichtigen Papieren aus Paris zu Napoleon eilte. Seine Briefe wurden dem Fürsten Schwarzenberg, und von diesem an Metternich gesendet. Toll meldet:

„Fulda 1. November (Abends). Die Papiere des aus Paris kommenden aufgehobenen Couriers sind dem Grafen Metternich zugesendet worden, der wahrscheinlich nicht säumen wird sie dem Grafen Nesselrode mitzutheilen. — Der Hauptinhalt ist folgender:

„1) Daß die neue Conscription von 120,000 Mann ihren Anfang schon Mitte October genommen hat;"

„2) daß die — französischen — Festungen im Allgemeinen mit Lebensmitteln nicht versehen sind; zu ihrer Versorgung wird Geld verlangt."

„3) Daß man in Italien im Allgemeinen, besonders aber in dem venetianischen Gebiet, Volksaufstände befürchtet."

„4) Daß Lord Wellington nach zwei kleinen, aber glücklichen Treffen, sein Wort gegeben hat, seine Winterquartiere in Frankreich zu nehmen. Marschall Soult glaubt daß Wellington sein Wort lösen wird."

„5) Marschall Soult bittet Napoleon den Befehl über die Armee einem anderen, geschickteren General zu übergeben, denn er sehe die

Unmöglichkeit mit den Mitteln die ihm zur Verfügung gestellt sind, dem Lord Wellington zu widerstehen."

Schon an diesem Tage erfuhr man in Schwarzenberg's Haupt= quartier, durch den Grafen Clamm=Gallas der dort eintraf, was sich am 30. bei Hanau zugetragen hatte; am folgenden, 2. Nov., erhielt der Feldmarschall zu Schlüchtern einen schriftlichen Bericht des F.M.L. Fresnel, der an Stelle des verwundeten Wrede den Befehl übernom= men hatte, über die Ereignisse des 31. Octobers. Fresnel malt ein wenig ins Schöne, und stellt das Treffen in dem man so schlimm ge= fahren war, als eine Art von Sieg dar, weil man zum Schluß die vom Feinde verlassene Stadt erstürmt hatte; er schließt mit der selt= samen Versicherung man werde die Stellung an der Kinzig behaupten — woran gar nichts gelegen war, wenn man weiter nichts konnte — die Stadt Hanau „nach Möglichkeit vertheidigen" — zu einer Zeit wo Napoleon keine Veranlassung mehr hatte sie anzugreifen — end= lich: man werde die günstige Gelegenheit dem Feinde Abbruch zu thun — wenn sie sich bot — benützen. Ferner schrieb Toll:

„Schlüchtern 2. Nov. Der polnische Divisions=General (Fürst) Sulkowski und 6 Offiziere haben sich gestern dem Fürsten Schwarzen= berg vorgestellt. Sie begeben sich zu dem österreichischen Kaiser, und von dort werden sie sich dann auch unserem Kaiser vorstellen, um die Erlaubniß zu erbitten sich nach Warschau zu begeben."

(Unter den polnischen Offizieren die übergingen befand sich auch der Brigade=General Sabielo. Sie gaben Napoleon's Heer etwa 80,000 Mann stark an.)

„Schlüchtern 3 Nov. Der General Fresnel berichtet vom 2. November, daß die feindliche Arrièregarde, aus 10,000 Mann beste= hend, am 31. in der Nacht Frankfurt erreicht hat. Bei der Erstür= mung der Stadt Hanau sind die Brigade=Generale Martin und Mo= roni gefangen genommen worden. Am 31. war Napoleon in Frank= furt. Als die feindliche Heeresmacht sich Frankfurt näherte, verließ die baierische Division unter dem General Rechberg diese Stadt, um sie zu schonen, und zog sich nach Sachsenhausen zurück. Der Feind hat sich nicht lange in Frankfurt aufgehalten; Napoleon selbst zog mit 40,000 Mann weiter nach Mainz. — Am 1. Nov. gingen un=

gefähr 30,000 M. durch Frankfurt und die Umgegend, auf welche
dann die 20,000 M. starke Arrièregarde folgte; diese ließ 10,000 M.
mit Artillerie zurück ihren Rückzug zu decken. Die Avantgarde des
baierischen Corps hat die Nacht im Angesicht des Feindes bei Lehrhof
zugebracht. Die Zahl der Gefangenen die in den verschiedenen Ge=
fechten bei Hanau und in der Gegend dieser Stadt gemacht worden
sind, beläuft sich auf 10,000, und vermehrt sich stündlich; alle Ge=
fangenen werden nach Ulm gesendet. — Am 2. um 9 Uhr früh hat
General Volkmann Frankfurt besetzt, und General Fresnel war geson=
nen heute mit seinem ganzen Corps nach Frankfurt zu folgen. Unter
den Gefangenen befinden sich fünf Generale und 150 Stabs= und
Ober=Offiziere, auch sind 9 Kanonen genommen und eine große An=
zahl Munitionswagen. — Aus dem mündlichen Bericht des Ritt=
meisters Geismar habe ich entnommen daß Graf Platow gesonnen ist
mit den Kosacken über den Rhein zu gehen. Mir scheint der Wille
S. M. des Kaisers ist, daß man ohne einen besonderen Befehl dazu,
nicht über diesen Strom gehen soll." —

Am 4. November verlegte der Fürst Schwarzenberg sein Haupt=
quartier nach Frankfurt a. M. und in den folgenden Tagen langten
auch die Heertheile der Hauptarmee in der Gegend an. Hier aber,
am vorläufigen Ziel des Marsches, erwartete den Feldmarschall eine
sehr große Ueberraschung.

Nach den ursprünglichen Einleitungen hatte die Schlacht bei Leip=
zig vorzugsweise ein Sieg der österreichischen Armee werden sollen.
Das war mißlungen, und zwar in dem Grade daß die Oesterreicher in
dieser siegreichen Schlacht, was ihren besonderen Antheil an ihr be=
trifft, vielmehr überwiegend unglücklich gefochten hatten. Namentlich
auch waren nur Preußen und Russen siegreich stürmend in den Straßen
Leipzigs gesehen worden. Man war darüber etwas verdrießlich, be=
sonders da der Kaiser Franz dann auch noch den Einzug in die Stadt
Leipzig versäumt hatte, so daß der Kaiser Alexander und der König
von Preußen dort als die eigentlichen Sieger durchaus in den Vorder=
grund traten.

Um dies wieder auszugleichen sollte nun der Kaiser Franz allein,
vor den anderen verbündeten Monarchen, und nur von Oesterreichern

35 *

umgeben, seinen feierlichen Einzug in die alte Krönungsstadt des deut=
schen Reichs, in Frankfurt a. M. halten.　Es mag dabei auch wohl
die Absicht vorgewaltet haben, Oesterreich im südwestlichen Deutsch=
land, gleich in der äußeren Erscheinung, als die leitende Hauptmacht
in dem Bündniß gegen Napoleon hervortreten zu lassen.

Deshalb hatte das russisch=preußische Heer unter Barclay, das
den ganzen Feldzug über den rechten Flügel der böhmischen Armee ge=
bildet hatte, zum linken Flügel werden müssen; darum war die öster=
reichische Armee auf den geraden Weg durch das Fuldische gewiesen
worden, die Heertheile unter Barclay auf den Umweg an den Main.
Der Kaiser Franz war schon in Fulda bei dem Heere eingetroffen —
am 6. November sollte sein feierlicher Einzug in Frankfurt stattfinden,
der Kaiser Alexander dagegen, erst am 9. dort eintreffen.

(Nach dem Marschplan nämlich, welchen das österreichische
Hauptquartier ausgearbeitet hatte, sollte der Kaiser Alexander mit sei=
nem persönlichen Stabe sein: am 31. October in Melrichstadt; —
1. November in Münnerstadt; — 2. in Geltersheim; — 3. und 4.
in Veits=Hochheim; — 5. in Remling; — 6. in Esselbach; — 7.
in Aschaffenburg; — 8. in Seligenstadt; — 9. in Frankfurt a. M.)

Der Kaiser Alexander war das zuerst nicht gewahr geworden;
als es ihm auffiel, als er die Absicht durchschaute, wollte er sie nicht
gelingen lassen; es war nunmehr zu spät mit russischer Infanterie
Frankfurt noch vor dem Kaiser Franz zu erreichen — aber der Marsch=
plan für die russische Reserve=Reiterei mußte sofort geändert werden —
diese Reiterschaaren machten nun Gewaltmärsche von 7 Meilen; vor
dem Fürsten Schwarzenberg wurde das natürlich geheim gehalten, da=
mit er nicht auch den Einzug des Kaisers von Oesterreich beschleunige,
und so traf denn der Kaiser Alexander ganz unerwartet schon am 5.
November als der Erste unter den verbündeten Monarchen, an der
Spitze der russischen Garde=Reiter=Division, der zwölf russischen Küras=
sier=Regimenter und der preußischen Garde=Reiterei, um 1 Uhr Mittag
in Parade in Frankfurt ein — von Jubelrufen der Bevölkerung em=
pfangen.　Es waren über 7500 Reiter, die in glänzendem kriegeri=
schen Schmuck ihm folgten.

Den Tag darauf hielt auch der Kaiser Franz seinen sehr feier=

lichen Einzug —: aber das Spalier durch welches er vom Thor an bis zur Domkirche ritt, war nicht blos von Oesterreichern gebildet, sondern großentheils von russischen Kürassieren, und der Kaiser von Rußland machte ihm gewissermaaßen als Wirth die Honneurs von Frankfurt, indem er ihm vor die Stadt entgegen ritt, ihn feierlich einholte, ihn zum Hochamt in den Dom geleitete. —

Bald wurden nun die Franzosen auch aus Hochheim vertrieben — dem letzten Posten den sie diesseits des Rheins behaupteten. — Napoleon hatte die 70,000 Mann, die er noch über den Rhein zurück-brachte, auf dem linken Ufer des Stroms zu einer Scheinvertheidigung vertheilt; die zahlreichen Heere der Verbündeten bezogen auf dem rech-ten Ufer weitläuftige Erholungsquartiere — es trat eine Zeit der Ruhe ein, und es schien zweifelhaft ob die mit einander ringenden Mächte den Kampf erneuern würden. Geschah es, so wurde nun die-ser Kampf unter ganz veränderten Bedingungen, auf einem anderen Schauplatz geführt, um ein neues, weiter gestecktes Ziel zu erstreben, das bis jetzt nur wenige der Staatsmänner und Krieger im Lager der Verbündeten, in das Auge gefaßt hatten.

Beilagen.

Beilage I.

Mémoire sur les opérations militaires, présenté à Sa Majesté L'Empereur Alexandre à Reichenbach (en Silésie) le 28 Mai/9 Juin 1813.

L'armistice conclu entre les puissances belligérantes offre l'avantage de renforcer leurs armées, pour recommencer les hostilités avec plus d'énergie; et si même on prévoyait une paix à conclure, ce n'est que dans une attitude menaçante qu'on peut bien négocier.

Cette maxime devant servir de base, j'ose proposer les idées suivantes pour le cas que l'armistice serait rompu.

La conduite de l'Autriche jusqu'à présent n'est pas décidée, ce qui donne lieu à deux suppositions:

l'Autriche neutre, ou
l'Autriche alliée à la Russie et à la Prusse.

L'Autriche neutre. En prenant pour base le premier de ces deux cas, la position de l'armée combinée entre Schweidnitz, Brieg, Glatz et Neisse ne devient que trop vicieuse, parceque l'ennemi, ayant une position centrale entre les corps de Bülow, Wintzingerode, et la grande armée combinée, a l'avantage de manoeuvrer contre chacune de ces parties isolées, et de l'accabler par la supériorité de ses forces, sans que les autres s'aperçoivent de son mouvement offensif. Je crois donc qu'il faut tacher de réunir autant de forces que possible, pour avoir l'avantage de la supériorité, et puis marcher à l'ennemi et le combattre.

Il s'agit pour cet effet donc de mettre en mouvement la grande armée combinée sur deux colonnes par des marches de flanc sur Brieg et Ohlau; se diriger de là: celle de droite, de Brieg, par Oels, Trebnitz, Trachenberg, Ober-Tschirnau, Schwetzkau, Priment, Koepnitz, Schwiebus, sur Crossen. Celle de la gauche se portera d'Ohlau par Hundsfeldt, Heizendorf, Winzig, Gubrau, Fraustadt, Karge, Züllichau sur Crossen. Le corps de Wintzingerode par sa position actuelle restera à Lissa jusqu'à ce que l'armée combinée arrive à cette hauteur, et puis faisant l'avantgarde, ce corps continuera par Schwetzkau, Karge, Züllichau, sur Crossen, où il faudra construire, outre le pont existant, encore plusieurs autres.

A mesure que la grande armée s'approchera du point de Crossen, le corps de Bülow se concentrera dans les environs de Beskow et de Mühlrose, en laissant ses partisans à Zinna, Teupitz et Buchholz. Les partisans de la grande armée, quelques jours avant la dénonciation de l'armistice, releveront toute la chaine des postes avancés, ce qui s'exécutera pendant la nuit. Le comte de St. Priest, commandant l'avantgarde sur l'extrème gauche de notre ligne actuelle, trois jours avant que les hostilités recommenceront, se portera par une marche de flanc sur Kanth, afin d'être à portée d'occuper Breslau avant l'ennemi; s'il était cependant obligé d'abandonner cette ville il se retirera avec son corps, qui ne doit pas surpasser les 3000 hommes, sur la rive droite de l'Oder. Le point de Breslau est d'une grande importance pour l'armée combinée; il serait donc à désirer que le comte de St. Priest fût renforcé de 4—5000 de milice prussienne pour pouvoir s'opposer aux tentatives de l'ennemi.

Les autres milices prussiennes de la Silésie renforceront en partie les garnisons de Kosel, Neisse, Glatz, Silberberg et Schweidnitz. Le surplus de cette milice pourrait être joint aux partisans Kaissarow, Emanuel et Orlow. Chacun de ces partisans agissant indépendamment de l'armée, doit avoir tout au moins 5 à 600 chevaux avec quelques pièces d'artillerie volante. Les partisans de Bülow se dirigeront par Spremberg et Luckau sur Bunzlau et Bautzen. Ceux de la grande armée seront continuellement aux trousses de l'ennemi, qui certainement se portera de la Katzbach sur Neustaedel et Sagan. Par la direction énoncée des partisans on verra que la ligne ennemie de Dresde sera nonseulement menacée, mais entièrement coupée. Revenons à la réunion de l'armée combinée.

La grande armée, forte de 140,000 hommes, aura donc passé l'Oder à Crossen, et se campera sur les routes de Grüneberg et de Naumbourg. Le corps de Bülow, fort de 25,000 h., à Mühlrose et Beskow.

Au moment de la rupture de l'armistice ce dernier se dirigera sur Guben pour se rapprocher de la grande armée. La marche ultérieure de l'armée combinée se fera conformément aux mouvements de l'ennemi, cependant toujours dans le sens offensif. Le directeur des ponts et chaussées établira trois ou quatre ponts entre Sabor et Crossen, en y construisant à la hâte de petites têtes de pont.

Les troupes sous les ordres du général Dochturow, hormis le corps de Ratt, se mettront incessamment en marche pour se porter par Kalisch à Glogau. Elles seront relevées par les troupes de l'armée du prince Labanow-Rostowsky. Le corps de Dochturow aura soin de couvrir la route de Posen.

Si l'armée combinée était obligée de passer l'Oder sur les ponts construits entre Sabor et Crossen, le corps de Bülow se repliera sur la route de Berlin pour couvrir cette ville, et la grande armée conservera sa ligne d'opération par Posen sur Thorn et Plock. L'ennemi quoique maître de Glogau, ne pourra jamais prévenir la grande armée sur la ligne mentionnée, étant obligé de construire des ponts plus bas de Glogau, ou de passer l'Oder à ce dernier endroit.

Si le Prince Royal de Suède voulait soutenir sincèrement la bonne cause, se diriger sur Berlin et se joindre au corps de Bülow — (ce qui formerait un total de 40 à 50,000 h.) — marcher droit sur les communications de l'ennemi dans le temps que celui-ci aurait passé l'Oder, Napoléon serait obligé de détacher des forces au moins égales à celles du Prince Royal, et se mettre dans le cas d'être attaqué par les forces supérieures de l'armée combinée.

L'occupation de Hambourg par les Danois paralyse les incursions de nos partisans sur la rive gauche de la basse Elbe. En conséquence les généraux Tettenborn et Dörnberg, soutenus par la milice de la Marche, observeront tous les mouvements des Danois du côté de Hambourg. Le général Czernischew fera des incursions sur la rive gauche de l'Elbe dans la direction d'Erfurth. Le général Cte. Worontzow observera Magdebourg et Wittenberg et enverra aussi ses partisans sur la rive gauche de l'Elbe dans la direction de Leipzig.

Les principaux magasins devront être établis à Landsberg et à Posen sur la Wartha, d'autres moins grands à Francfort et Méséritz.

Thorn et Graudentz doivent devenir les grands dépôts militaires. Les transports se feront par la Vistule, le canal de Bromberg, la Netze et la Wartha.

L'Autriche alliée de la Russie et de la Prusse. Pour que les armées combinées agissent avec plus de sûreté et d'avantage il faut absolument que l'Autriche se prononce clairement sur ses intentions dans l'espace de dix jours, c. à. d. vers le 9/21 de Juin. En la supposant donc comme alliée fidèle, ses corps rassemblés entre Königingrätz et l'Elbe pourront déboucher par deux routes. La colonne de la droite se dirigera par Gabel, Ostritz sur Görlitz; celle de la gauche par Hayda, Löbau sur Reichenbach où elles se trouveront en liaison assez intime par Marklissa et Hirschberg avec la grande armée combinée, et entièrement sur les communications de l'ennemi, cantonné entre Bautzen, Löwenberg, Goldberg, Liegnitz, Glogau et Kottbus.

Ce mouvement de l'armée autrichienne sur Görlitz et Reichenbach ne pourra avoir lieu, d'après les différentes données, qu'avant[*]) le 16/28 Juin, et malgré que le terme de l'armistice conclu entre l'armée combinée et l'armée française ne peut expirer que le 8/20 de Juillet n'y comptant pas les 6 jours de dénonciation, ce qui serait le 14/26 Juillet, l'armée combinée se rassemblera dans le camp de Schweidnitz, pour être à portée, après avoir rompu l'armistice, de marcher droit à l'ennemi si celui-ci voulait se porter sur les Autrichiens. Le général Bülow se dirigera dans le même temps, par des marches forcées, de Beskow par Kottbus, Spremberg, sur Görlitz, et se mettra en jonction avec les Autrichiens. Si ce général trouvait quelque corps ennemi, et même supérieur à lui, il faut qu'il en attaque sans hésiter, afin d'atteindre le but de sa réunion avec les Autrichiens.

L'armée combinée, en se concentrant à Schweidnitz, attirera à elle le corps de Dochturow, qui marche de Varsovie par Kalisch vers l'Oder. Le général Wintzingerode ne manquera pas de laisser un détachement sur la rive droite de l'Oder pour observer Glogau. Les généraux Worontzow et Czernischew pousseront de forts détachements sur Leipzig et sur la route de Dresde à Altenbourg.

On pourrait facilement me faire une objection en disant: que l'armée ennemie ayant une position centrale entre les armées alliées, pourra tomber sur une d'elle et la battre sans que l'autre en puisse venir au secour. Le théâtre sur lequel les opérations doivent avoir lieu étant assez resseré et chacune des armées alliées presque aussi forte que celle de l'ennemi, il faut s'attendre à des résultats plus heureux.

Je suppose donc l'armée ennemie de 160,000 hommes. L'armée combinée avec le corps de Dochturow de 150,000 h.

    L'armée autrichienne - 120,000 -
    Le corps de Bülow - 25,000 -
Le corps de Wintzingerode - 12,000 -

---

[*]) Qu'avant wohl Schreibfehler für avant.

De là il s'en suit: que si l'ennemi dans cet état de choses se tourne vers l'armée combinée, l'armée autrichienne, par des marches forcées, viendra en dos de l'armée ennemie; et en supposant qu'après deux jours de combats l'armée combinée fût obligée de se retirer, l'ennemi ne pourra pas poursuivre les avantages d'une bataille gagnée, et se verra menacé par l'armée autrichienne jointe au corps de Bülow, forte de 145,000 h. à laquelle il devra livrer une seconde bataille étant affaibli et désorganisé. L'armée combinée, revenant à la charge, pourra beaucoup contribuer à la destruction totale de l'armée ennemie.

Si les mouvements de l'armée ennemie se dirigeaient de la Katzbach vers l'armée autrichienne, l'armée combinée fera la même manoeuvre que je viens de proposer pour l'armée autrichienne.

Ce n'est que les partisans qui pourront nous avertir à temps et avec justesse du moindre mouvement de l'ennemi. A cet effet il faudra les diriger sur Jauer, Goldberg et Bunzlau. Le corps de Sacken avec celui de Schüler marchera d'Ohlau sur Breslau et fera un corps d'observation.

Il y a un troisième cas à supposer qui dérive de l'armistice conclu.

Napoléon prévoyant la rupture prochaine avec l'Autriche, pour se tirer du pas dangereux dans lequel il peut se trouver en restant sur la Katzbach, et profitant de l'armistice, tâchera de regagner la rive gauche de l'Elbe 1° pour s'assurer de sa ligne d'opération; 2° pour se rapprocher de tous ses renforts et subsistances. Aussitôt que le mouvement retrograde de l'armée ennemie vers l'Elbe serait découvert, il faudra tout de suite rompre l'armistice, faire marcher l'armée prussienne de la Silésie à la poursuite de l'ennemi en y joignant le corps de Sacken, et donner au corps de Bülow une direction concentrique vers Dresde, de sorte que l'armée prussienne avec le corps de Sacken formerait un total de 70,000 h. vis-à-vis de cette ville.

Le corps de Wintzingerode fera le blocus de Glogau et de Küstrin.

L'armée autrichienne dans ce cas se portera par des marches de flanc sur Eger, et l'armée russe, forte de 100,000 h. la suivra de Schweidnitz par la Bohême vers le même point, d'où les deux armées se dirigeront par Hof sur Saalfeldt. De cette manière l'ennemi, se voyant menacé sur ses communications par l'armée Austro-Russe forte de 220,000 h. sera obligé d'abandonner aussi vite que possible la rive gauche de l'Elbe pour gagner la ligne de Wesel, la seule qui lui reste. Si l'ennemi, voyant la marche de l'armée Austro-Russe sur ses communications, s'opiniâtrera de défendre la rive gauche de l'Elbe contre l'armée prussienne, ne voulant pas perdre la Saxe, alors l'armée Austro-Russe, ayant passé l'Elbe à Leutmeritz, se dirigera par Töplitz sur le flanc droit et les derrières de l'ennemi.

Par ces marches stratégiques l'ennemi sera coupé de tous ses renforts qui pourraient lui arriver de Mayence, de la Bavière et de l'Italie.

Préparatifs nécessaires à faire.

1° Préparer dans tous les corps d'armée le biscuit pour 20 jours de temps.

2° Envoyer des officiers d'état-major pour faire les reconnaissances nécessaires sur les routes sur lesquelles l'armée — (en supposant le premier cas) — ferait son mouvement de flanc sur Crossen, en y fixant le nombre et les endroits des étappes.

3° Envoyer des officiers du génie pour faire la reconnaissance des points propres à construire des ponts et des têtes de pont entre Sorau *) et Crossen.

---

*) Schreibfehler; ohne Zweifel ist Sabor gemeint.

4º Envoyer des officiers généraux pour faire la revue la plus détaillée — (инспекторскій смотръ) — dans les différents corps d'armée.

5º Exercer les milices prussiennes.

6º Rendre la place de Schweidnitz en état d'être assurée d'un coup de main, et s'il est possible, de soutenir un long siège.

Beilage II.

Papiere welche sich auf die Sendung des G. M. v. Toll nach Gitschin beziehen.

a) Instruction für den Gen. Major v. Toll (unterzeichnet von dem Höchstkommandirenden, General Barclay de Tolly, ausgearbeitet aber vom Grafen Capodistrias).

Monsieur, Au moment où l'Autriche va faire cause commune avec l'Empereur notre auguste maître, et le Roi de Prusse, Son Altesse Monsieur le Prince de Schwarzenberg, commandant en chef l'armée autrichienne, a manifesté le désir de se concerter sur le plan d'opération que nous jugeons le plus avantageux.

Les bases de ce plan sont tracées. Il est question maintenant de les porter à la connaissance du commandant en chef autrichien; de lui donner les éclaircissements y relatifs qu'il peut être dans le cas de demander, et de recueillir soigneusement les idées que ce général énoncera par rapport au plan susdit, et qui pourraient, à certains égards, s'éloigner des nôtres.

Vous êtes, Monsieur, chargé de cette commission aussi importante que délicate. La confiance que vous méritez, les connaissances et les talents qui vous distinguent, sont autant de garants du succès qu'on est en droit d'attendre de votre mission. Je me bornerai à vous donner ici quelques indications générales relatives à l'objet que vous avez à remplir.

Vous vous rendrez au quartier-général autrichien et vous présenterez à S. A. Monsieur le Prince de Schwarzenberg la lettre ci-jointe à son adresse, qui lui annonce le but de votre mission.

La pièce que vous trouverez ci-annexée, contient sommairement les considérations ayant trait aux opérations militaires antérieures à l'armistice — celles relatives à cette convention, et les idées d'après lesquelles nous avons tracé le plan que nous proposons de suivre moyennant la coopération autrichienne. Vous voudrez bien appuyer sur l'extrême importance que nous avons mise à ne rien compromettre, tant que les forces de Sa Majesté l'Empereur d'Autriche n'étaient point dans la situation qu'exigent les intérêts communs, et vous ferez sentir que c'est dans ce seul but, que nous avons dans cette dernière période évité un engagement décisif, et que nous nous sommes crûs obligés de céder du terrain pour gagner du temps.

Ce plan d'opérations a été séparé de la présente instruction afin de vous mettre à même de la communiquer en original à Monsieur le Prince de Schwarzenberg, au moment où cette preuve de confiance vous paraitra la plus convenable et la plus naturelle.

Vous trouvez encore ici la dislocation de l'armée ainsi qu'un état de sa force effective.

Vous pourrez également, quand les circonstances le demanderont, faire part au maréchal de cette pièce.

Comme il est dans l'ordre des vraisemblances que le général autrichien ait conçu pour les opérations à suivre conjointement avec nous, un plan qui pût s'écarter plus ou moins de celui dont vous êtes muni, et qu'il est de la plus haute importance de ménager avec un soin extrême l'amour-propre des généraux autrichiens, dont la longue expérience et les talents méritent de notre part beaucoup de déférence — vous voudrez bien, Monsieur, ne jamais perdre de vue, dans les entretiens que vous aurez relativement à ces plans respectifs, la circonspection et les égards dont il faut se faire une loi quand il est question d'objets aussi délicats et touchant le personel d'aussi près.

Quand vous aurez recueilli les idées du Prince de Schwarzenberg, et que vous aurez convenu des résultats avec lui, vous vous empresserez de venir me rejoindre, et de me faire part de l'issue de votre mission.

Au cas que le général autrichien acceptât en entier notre plan d'opérations, vous obtiendrez la désignation du terme précis auquel les opérations devront commencer sur tous les points. Vous connaissez les raisons qui nous font désirer qu'on n'éloigne pas trop ce terme.

Vous recevez pour les frais de votre voyage la somme de deux cents ducats d'après l'ordre que je viens d'en adresser au trésorier de l'armée. Agréez etc.

Barclay-de-Tolly
Reichenbach 1/13 Juin 1813.

b) Brief des Generals Barclay an den Feldmarschall Fürsten Schwarzenberg (in Barclay's Namen von Kapodistrias geschrieben).

Mon Prince! — En félicitant Votre Altesse de la haute destination à laquelle Elle est appelée pour le bien général, je me félicite également de me trouver à même par cette heureuse circonstance de poser, comme je le fais par la présente, les bases de nos relations.

Vous avez désiré, mon Prince, de vous entendre avec nous sur le plan d'opérations de votre armée et des nôtres, destinées à agir de concert. Le généralmajor de Toll, qui aura l'honneur de présenter cette lettre à V. A. est chargé de lui communiquer toutes mes idées à cet égard.

J'ai l'honneur de proposer à V. A. un plan qui est le résultat de nos opérations antérieures à l'armistice. Elles n'ont eu, ainsi que ce dernier, d'autre but que de gagner le temps, que Votre Auguste Souverain a jugé nécessaire pour concentrer ses forces, et pour les mettre en état d'agir de concert avec les armées combinées.

Il me sera infiniment agréable de connaître les idées de V. A. sur la combinaison des mouvements que j'ai crû devoir proposer, d'après les différentes suppositions, qu'il paraît que l'on peut admettre.

Je prie V. A. d'être bien persuadée que pénétré de la grandeur de l'objet que nous avons à remplir, je me ferais toujours un plaisir de déférer à ses lumières, et que je m'estimerais heureux de parvenir au but où nous tendons par les voies qu'Elle voudra bien m'ouvrir.

Je saisis avec le plus vif empressement cette occasion etc.

Barclay-de-Tolly
Reichenbach 1/13 Juin 1813.

c) Der Operations-Plan wie er dem Feldmarschall Fürsten Schwarzenberg vorgelegt wurde. (Von Kapodistrias redigirt.)

Il est aussi nécessaire qu'urgent de convenir d'un plan général d'opérations pour les mouvements futurs des armées.

Il n'est pas douteux que l'armistice récemment conclu n'ait pour nous les suites les plus avantageuses, si nous savons profiter du repos qu'il nous donne, pour compléter tous les préparatifs d'une lutte rigoureuse et décisive.

La fixation du plan général d'opérations en est sans contredit un des plus essentiels.

Quand l'ennemi s'avança sur nous dans la direction de l'Oder, son but était de nous rejeter au delà de cette rivière, de nous séparer de l'Autriche, et de chercher à isoler cette puissance. L'ennemi se flattait de nous forcer à poursuivre notre retraite bien que l'issue des différentes affaires, dans lesquelles les pertes en canons et en prisoniers furent toujours de son côté, eût dû lui faire soupçonner que nous ne cherchions qu'à gagner du temps pour donner à l'Autriche celui de concentrer ses forces, et de se mettre en état de remplir sa haute destinée, celle de décider du sort de l'Europe, et que notre but était d'éloigner l'ennemi de ses bases et de ses ressources, afin d'agir avec d'autant plus de vigueur sur la ligne d'opérations.

La direction que prit notre armée depuis Liegnitz, la position qu'elle occupa à Schweidnitz, éclaira l'ennemi sur le but de nos mouvements retrogrades. Dans cette position nous donnions la main à l'Autriche, en menaçant le flanc et les derrières de l'ennemi, s'il avait osé avancer encore d'avantage. Sa communication avec Dresde était déjà presqu' entièrement interrompue par nos troupes légères, et la situation de l'armée française n'était rien moins que satisfaisante. Au cas que l'Empereur Napoléon se fût décidé à nous attaquer, il nous trouvait dans une position avantageuse, considérablement renforcés par nos reserves et le corps de Sacken, si l'ennemi était battu, ce coup eût décidé du sort de l'Europe; il nous restait au contraire, en cas d'échec, une retraite assurée derrière la Neisse, et l'ennemi se trouvait alors dans le danger éminent d'être attaqué de revers par toutes les forces de l'Autriche.

Dans cet état de choses Napoléon proposa un armistice; nous l'avons accepté par les motifs indiqués plus haut.

Il faudra examiner maintenant quelles pourront être les opérations de l'armée française durant cet armistice.

L'on peut faire trois suppositions à cet égard.

La première, et peutêtre la plus probable, est, que l'ennemi, se reposant sur la durée du dit armistice, et ne laissant qu'une partie de ses forces contre nous, concentrera le reste sur la rive gauche de l'Elbe, pour s'opposer à l'Autriche. Dans ce cas les armées autrichiennes pourraient avoir en tête un ennemi supérieur; en conséquence il faudra les renforcer. La dislocation actuelle de notre armée nous en offre la facilité. Sa gauche, s'appuyant aux frontières de la Bohème, et consistant en trois corps d'armée d'environ 25 mill. hommes aux ordres du Comte de Wittgenstein, se porterait par une marche sur sa gauche en Bohème, et se réunirait à l'armée autrichienne, laquelle se serait concentrée sur l'Elbe, aux environs de Leitmeritz. Au moyen de ce renfort elle sera en état, nonseulement de tenir tête à l'ennemi, mais de se porter sur lui offensivement; ce mouvement commencé, notre grande armée se porterait en droiture sur Dresde en repoussant l'ennemi devant elle, sa droite étant formée par Sacken, le centre par Blücher, et sa gauche par Langeron.

Il s'entend que l'approvisionnement de ce corps depuis son entrée en Bohème, et tant qu'il resterait joint à l'armée autrichienne, serait effectué par l'intendance de cette armée, et que la Russie rembourserait les frais de cet entretien d'après les états présentés par la susdite intendance.

La deuxième supposition c'est que l'ennemi se concentre entre l'Elbe et l'Oder, sans repasser le premier de ces fleuves, qui resterait derrière lui. Alors nous agirions de concert avec l'armée autrichienne, ainsi qu'avec les corps de Bülow et de Wintzingerode, qui dans tous les cas opéreront avec la plus grande célérité, dès la reprise des hostilités, sur le flanc gauche de l'ennemi, et se porteront sur Meissen et Dresde, le premier par Hoyerswerda, le second par Sagan.

La troisième supposition, celle qui parait la moins probable, c'est que l'ennemi continue de garder ses forces contre nous ; dans ce cas l'armée autrichienne suivrait sa direction projetée sur Zittau, et notre armée entière s'avancerait sur Görlitz, où serait porté le coup décisif, si, contre toute apparence l'ennemi ralentissait sa retraite. Dans cette supposition le corps de Bülow mettra encore plus de célérité dans sa marche, et se portera sur la gauche et les derrières de l'ennemi ; il restera en communication avec Wintzingerode, ce dernier, repoussant ce qui se trouvera devant lui, agira dans le même sens, et autant que possible conjointement avec Bülow, en cherchant à maintenir sa communication avec la grande armée. Le corps de Sacken tâchera de tourner la gauche de l'ennemi et de se mettre en communication avec Wintzingerode, mais sans compromettre jamais sa communication avec la grande armée.

Les idées générales une fois fixées, l'établissement des magasins et entrepôts de toutes espèces, ainsi que la direction des reserves qui nous arrivent, seront déterminés de la manière la plus convenable.

Les troupes aux ordres du Prince-Royal de Suède, au nombre desquelles se trouvent les corps de Worontzow et de Walmoden, observeront avec le gros de leurs forces Hambourg et Magdebourg, et seront sur la défensive, tant qu'une bataille gagnée vers la haute Elbe n'aura point décidé du sort de l'Allemagne. Jusqu'à cette époque ces troupes se borneront à causer à l'ennemi tout le mal possible au moyen d'incursions effectuées par les troupes légères dans le Hartz et les pays de Brunswic et d'Hanovre. Une fois qu'à la suite d'une bataille gagnée la grande armée s'avancera vers le Thüringer-Wald, le Prince-Royal de Suède, passant l'Elbe avec toutes ses forces, coopérera, en se dirigeant par le Weser vers le bas Rhin.

L'on s'est borné à exposer ici des idées générales. Si ces vues sont adoptées, l'on s'empressera de faire part des principaux détails d'exécution. Dans un plan d'opérations vaste et compliqué l'on est obligé de remettre aux talents des généraux commandant les armées et les corps séparés, un grand nombre de ces détails, en donnant à ces généraux la latitude nécessaire pour les changements que peuvent amener les circonstances.

Il est de toute nécessité de fixer d'une manière précise le temps et même le jour du commencement des hostilités sur tous les points, et il serait avantageux de ne point reculer trop ce terme, afin que l'ennemi n'ait pas reçu tous ses renforts à cette époque.

Reichenbach 1/13 Juin 1813.

d) General-Dislocation der verbundenen Kaiserlich Russischen und Königlich Preußischen Truppen mit der Anzeige der wirklichen Stärke dieser Armee.

1. **Die Hauptarmee besteht aus:**　　　　　　　　　　　　　　　Mann

　　a) Das Corps des Generals der Kavallerie Grafen v. Wittgenstein bei
　　　　Schweidnitz 23,000
　　b) Das Corps des Generals der Infanterie Grafen Langeron zwischen
　　　　Schweidnitz und Strehlen 12,000
　　c) Das Corps des Generals der Kavallerie v. Blücher bei Strehlen . 30,000
　　d) Das Corps des General-Lieutenants v. Sacken nebst dem des Preu-
　　　　ßischen General-Majors v. Schüler bei Ohlau 23,000
　　e) Reserve, unter Befehl des Generals der Infanterie Miloradowitsch
　　　　besteht aus dem 3. Corps, den Kaiserlich Russischen und Königlich
　　　　Preußischen Garden, bei Reichenbach 33,000

　　　　Diese Hauptarmee hat einen Train Artillerie, welcher incl. der Preußischen,
aus 780 Kanonen besteht.

　　　　Außer den angegebenen Truppen befinden sich bei der Hauptarmee 8000 Kosacken.

　　　　NB. Zu dieser Hauptarmee stoßen binnen 14 Tagen gegen 20,000 Mann russische Reserven, und in drei Wochen 15,000 Mann preußische Truppen.

2. **Detachirte Corps:**　　　　　　　　　　　　　　　　　　　Mann

　　a) Das Corps des General-Lieutenants Baron Winzingerode bei Lissa
　　　　auf dem rechten Oder-Ufer, besteht aus 8,000
　　Demselben ist das Belagerungs-Corps von Küstrin untergeben, besteht aus 3,000
　　Das Corps von Winzingerode hat 36 Kanonen.
　　b) Das Königl. Preußische Corps des General-Lieutenants v. Bülow,
　　　　inclusive einer Russischen Brigade, ohnweit Berlin 25,000
　　c) Das Corps des General-Lieutenants Grafen Worontzow, zwischen
　　　　Magdeburg und Wittenberg, am rechten Ufer der Elbe 5,000
　　　　hat 12 Kanonen reitende Artillerie.

3. **Fliegende Corps,** unter Befehl des General-Lieutenants Grafen
　　Wallmoden, auf dem rechten Ufer der Elbe, zwischen Magdeburg und
　　Hamburg:

　　a) Des General-Majors Czernischew 1,800
　　b) 　 =　　　 =　　 =　 v. Dörnberg 1,700
　　c) 　 =　　　 =　　 =　 v. Tettenborn 2,300
　　　　Hierzu gehören 2 Kompagnien reitender Artillerie, in Allem 24 Kanonen.

4. **Die Russisch-Kaiserliche Deutsche Legion** ist im Anmarsch
　　gegen die Nieder-Elbe 10,000
　　auch hinlängliche Artillerie.

　　　　NB. Zu diesen besonderen Detachements stoßen gleichfalls die Reserve-Batail-
lons und Escadrons, welchen die Direction bereits gegeben ist.

　　　　　　　　　　　　　　　　　　　　　　　　　　　Mann

Die verschiedenen Belagerungs-Corps vor Danzig, Modlin und Zamoscz
aus russischen Truppen, betragen 60,000
　　　　Vor Stettin stehen Preußische Truppen 4—5000 Mann.

　　　　Uebersicht der Eintheilung bei der Kaiserlich-Russischen Armee.

　　　　Eine Infanterie-Division besteht aus 4 Linien- und 2 leichten Regimentern,
welche zusammen 3 Brigaden bilden.

Eine Kavallerie = Division besteht aus 4 Regimentern oder 2 Brigaden, ein vollständiges Regiment hat 6 Csfabrons, gegenwärtig aber sind sie nur 5 Csfa= trons stark.

Eine Artillerie=Brigade besteht aus einer Positions= und 2 leichten Batterieen, zusammen aus 36 Kanonen; eine solche Brigade wird gewöhnlich jeder Infanterie= Division zugetheilt.

Die reitende Artillerie, von der die Compagnien gleichfalls aus 12 Kanonen bestehen, wird gewöhnlich der Kavallerie in Verhältniß ihrer Stärke zugetheilt, woher dann die ganze reitende Artillerie zur Reserve gehört, einen besonderen Train aus= macht, und während einer Bataille zweckmäßig postirt wird. Gewöhnlich werden zur Reserve 300 bis 400 Kanonen gehalten.

e) Antwortschreiben des F. = M. Fürsten Schwarzenberg an den General Barclay de Tolly.

A Gitschin en Bohème ce 4/16 Juin 1813.

Les ouvertures de Monsieur le général de Toll, chargé de se concerter sur un plan d'opération éventuel entre les armées alliées et celle de Sa Majesté l'Empereur d'Autriche, roulent sur deux chances dont la première n'admet la reprise des hostilités qu'après l'échéance du terme fixé par l'armistice, et dont la seconde part de la supposition que l'armistice fût rompu avant l'échéance du terme.

Quant à la première, il semble qu'on ne pourra fixer avec succès un plan d'opération quelconque qu'après avoir recueilli des données plus certaines sur les forces et la position de l'armée qu'on aura à combattre à une époque encore reculée. Il est toutefois à observer qu'il est indispensable que le commandant en chef autrichien soit prévenu dixhuit jours d'avance du moment où les ar- mées alliées reprendraient les hostilités; il en faudra deux pour faire parvenir aux troupes les dispositions nécessaires, et quinze autres pour les réunir sur les points où elles se trouveront en position et en mesure à pouvoir passer les frontières dans les 24. heures. Ce n'est qu'en partant de cette base que l'on calculera juste sur l'époque où la coopération autrichienne pourra s'effectuer.

La seconde chance sortant des limites d'une simple transaction militaire, l'on doit se borner à l'observation que dans ce cas également les dixhuit jours devraient être mis en ligne de compte.

Beilage III.

Mémoire Napoleons dictirt am 13. August 1813.

§ 1. Dresde est fortifié, et dans une position telle qu'il peut se défendre huit jours, même les faubourgs. Je le fais couvrir par le 14e corps que com- mande le maréchal St. Cyr. Il a son quartier général à Pirna. Il occupe le pont de Königstein qui, protégé par la forteresse, est dans une position in- expugnable. Ce pont a un beau débouché sur Bautzen. La même division qui fournit des bataillons à Königstein, occupe Neustadt avec la cavalerie. Deux divisions campent dans une très-belle position à Gieshübel, à cheval sur les deux routes de Prague à Dresde. Le général Pajol, avec une division de cavalerie, est sur la route de Leipzig à Carlsbad, éclairant les débouchés jusques à Hof. Le général Durosnel est à Dresde avec 8 bataillons et 100 pièces de canon sur les remparts et dans les redoutes.

§ 2. Le 1er corps du général Vandamme et le 5e corps de cavalerie seront à Bautzen. — Je porte mon quartier-général à Görlitz; j'y serai le 16. J'y réunirai les 5 divisions d'infanterie, les 3 divisions de cavalerie et l'artillerie de la garde, ainsi que le 2e corps, qui seront placés entre Görlitz et Zittau; entre le 2e corps et la Bohème sera l'avantgarde formée par le 8e corps (Polonais).

§ 3. Le duc de Raguse est à Buntzlau; le duc de Tarente, à Löwemberg; le général Lauriston, à Goldberg; le prince de la Moskowa, dans une position intermédiaire entre Haynau et Liegnitz, avec le second corps de cavalerie.

L'armée autrichienne, si elle prend l'offensive, ne peut la prendre que de trois manières:

§ 1. En débouchant avec la grande armée que j'estime forte de 100,000 hommes, par Peterswalde sur Dresde; mais elle rencontrera les fortes position qu'occupe le maréchal Saint-Cyr, qui, poussé par des forces considérables, se retirerait dans le camp retranché de Dresde. En un jour et demi le 1er corps arriverait à Dresde; et dès-lors 60,000 hommes se trouveraient dans le camp retranché de Dresde. J'aurais été prévenu, et en quatre jours de marche je pourrais m'y porter moi-même de Görlitz, avec la garde et le 2e corps. D'ailleurs Dresde, comme je viens de le dire, quand même il ne serait pas secouru, est dans le cas de se défendre huit jours.

§ 2. Le deuxième débouché par où les Autrichiens pourraient prendre l'offensive, c'est celui de Zittau; ils y rencontreraient le prince Poniatowski, la garde qui se réunit sur Görlitz et le 2e corps; et avant qu'ils puissent arriver, j'aurai réuni plus de 150,000 hommes. En même temps qu'ils feraient ce mouvement, les Russes pourraient se porter sur Liegnitz et Löwemberg; alors le 6e, le 3e, le 11e, le 5e corps d'armée et le 2e corps de cavalerie, se réuniraient sur Bunzlau; ce qui ferait une armée de plus de 130,000 hommes; et en un jour et demi j'y enverrai de Görlitz ce que je jugerai superflu à opposer aux Autrichiens.

§ 3. Le troisième mouvement des Autrichiens serait de passer par Joseph-stadt, et de se réunir à l'armée russe et prussienne de manière à déboucher tous ensemble; alors toute l'armée se réunirait sur Bunzlau.

Beilage IV.

Napoleon's Heer im Herbstfeldzug 1813.

Das „Tableau de la grande armée en Septembre et Octobre 1813" welches der General Pelet im Spectateur militaire (T. IV. Seite 35 u. flgte) mittheilt, ist so wie es vorliegt für den Anfang des Feldzugs nicht unbedingt zu gebrauchen, weil es die Eintheilung bringt, die nach der Schlacht bei Dennewitz, und der Auflösung des 12. Armee-Corps nothwendig geworden war. Indessen läßt sich doch Alles leicht und mit vollkommener Sicherheit zurecktrücken, wenn man namentlich die zuverlässigen Nachrichten zu Hülfe nimmt welche über die Truppen des Rheinbundes und ihre Verwendung vorliegen, und es ergiebt sich alsdann für die Zeit unmittelbar nach dem Waffenstillstand folgendes Bild des französischen Heeres.

Die Kaiser-Garde
Alte Garde, Marschall Lefebvre

1. Division

Div.-G. Frlant, Br.-G. Christiani 1. Jäger . . . 2 Bat.
2. = . . . 2 =
Br.-G. Michel 1. Grenadier . . 2 =
2. = . . . 2 =

2. Division

Div.-G. Curial, Br.-G. Rousseau Fusiliers chasseurs 2 Bat.
Fusiliers grenadiers 2 =
Br.-G. Rottenbourg Velites de Turin . 1 =
Velites de Florence 1 =
Gardes Polonaises 1 =

Junge Garde, Marschall Mortier

1. Division

D.-G. Pacthod, Br.-G. Lacoste 1. Voltigeurs . . 2 =
2. = . . 2 =
3. = . . 2 =
6. = . . 2 =
Br.-G. Couloumy 7. = . . 2 =
11. = . . 2 =
11. Tirailleurs . . 2 =

2. Division

D.-G. Barrois, Br.-G. Poret 1. Tirailleurs . . 2 =
2. = . . 2 =
3. = . . 2 =
6. = . . 2 =
7. = . . 2 =

3. Division

D.-G. Decouz, Br.-G. Boyer de Rebeval 4. Tirailleurs 2 =
5. = 2 =
8. = 2 =
Br.-G. Pelet 9. = 2 =
10. = 2 =
12. = 2 =

4. Division

D.-G. Roguet, Br.-G. Flamand Flanqueurs chasseurs 2 Bat.
Flanqueurs grenadiers 2 =
4. Tirailleurs . . . 2 =
5. = . . . 2 =
Br.-G. Marquet 8. = . . . 2 =
9. = . . . 2 =
10. = . . . 2 =

Garde-Reiterei D.-G. Nansouty

1. Division

D.-G. Ornano, Br.-G. Colbert   Bergische Lanciers   6 Schw.

                       2. Lanciers   10   =

Oberst Pinteville, Dragoner der jungen Garde   2   =

2. Division

D.-G. Lefebvre-Desnouettes, B.-G. Krasinski 1. Lanciers der jungen

                                   Garde . . .   4 Schw.

                          Reitende Jäger d. jun-

                            gen Garde . .   4   =

      Br.-G. Caster   Grenadiere zu Pferde d. jungen Garde   2   =

3. Division

D.-G. Walther, Br.-G. Lyon   1. Lanciers der alten Garde .   3   =

                       4. Gardes d'honneur . . .   4   =

                       Reitende Jäger der alten Garde   6   =

      Br.-G.-Letort   1. Gardes d'honneur . . .   4   =

                       Dragoner der alten Garde .   4   =

                       2. Gardes d'honneur . . .   4   =

      Br.-G. Lafferière   Grenadiere zu Pferde d. alten Garde   4   =

                       3. Gardes d'honneur   4   =

Artillerie der Garde

9 Compagnien Fuß-Artillerie (4 der alten, 5 der jungen Garde)

3 Compagnien reitende Artillerie (2 der Garde, 1 bergische) außer den bei den Divisionen eingetheilten Batterien. Ferner: 14 Compagnien Artillerie-Train; — 4 Comp. Pontoniere; — 2 Comp. Sapeure; — 12 Comp. Fuhrwesen; — 3 Compagn. Handlanger der Heeresverwaltung (ouvriers d'administrations, Bäcker, Krankenwärter ɔc.)

65 Bataillone 61 Schwadronen = 38,191 Mann.

Erstes Armee-Corps
Divisions-General Vandamme

1. Division

D.-G. Philippou, Br.-G. Poucheton   7. leichte Inf.-Reg.   4 Bat.

                              12. Linien-Inf.-Reg.   4   =

              Br.-G. Fézensac 17.   =   =   =   4   =

                            36.   =   =   =   2   =

2. Division

D.-G. Dumonceau, Br.-G. Dunesme   13. leichte Inf.-Reg.   4   =

                              25. Linien-Inf.-Reg.   4   =

              Br.-G. Doucet   57.   =   =   =   4   =

                            51.   =   =   =   2   =

23. Division

D.-G. Teste, Br.-G. Oméara   21. Linien-Inf.-Reg.   4 Bat.

                          33.   =   =   =   4   =

              Br.-G. Quiot 85.   =   =   =   4   =

                          55.   =   =   =   2   =

21. leichte Kav.=Brigade, Br.=G. Gobrecht   9. Chevaurlegers   **2** Schw.

Anhaltische reitende Jäger   **2** ,

42 Bataillone, 4 Schwatronen — 33,298 Mann *).

Zweites Armee=Corps
Marschall Victor

4. Division

D.=G. Dubreton, Br.=G. Ferrière   24. leichte Inf.=Reg.   **4** Bat.

19. Linien=Inf.=Reg.   **4** =

Br.=G. Brun   37. , , ,   **3** =

56. = = =   **4** =

5. Division

D.=G. Dufour, Br.=G. D'Estko   26. leichte Inf.=Reg.   **4** Bat.

93. Linien=   **3** =

43. = , , ,   **3** =

73. = , =   **4** =

6. Division

D.=G. Vial, Br.=G. Valory   11. leichte Inf.=Reg.   **3** =

2. Linien = =   **3** =

Br.=G. Bronikowski   4. , = =   **3** =

18. = , =   **4** =

22. leichte Kav.=Brig. (Westphalen), Br.=G. Bruno 1. westphälisches Hu=

saren=Reg.   **3** Schw.

2. westphälisches Hu=

saren=Reg.   **3** ,

42 Bataillone, 6 Schwatronen — 25,158 Mann.

Drittes Armee=Corps
Marschall Ney

8. Division

D.=G. Souham, Br.=G. Brayer   6. }   6. provisorische leichte Inf.=Reg.   **2** Bat.

35. }

16. } 10. = = = =   **2** =

28. }

34. } 14. provisorische Linien=Inf.=Reg.   **2** =

40. }

32. u. 58. — 19. , = = =   **2** =

Br.=G. Charrière 59. u. 69. — 21. = = = = } **5** =

88. u. 103. — 24. = = = }

22. Linien=Infanterie=Reg. . . . .   **3** =

9. Division

D.=G. Delmas, Br.=G. Anthing 2. u. 4. — 2. provis. leichte Inf.=Reg.   **2** =

29. leichte Inf.=Reg.   **2** =

136. Linien= =   **3** =

B.=G. Vergez 138. = , =   **2** =

145. = , =   **3** =

---

*) Die Reserve=Artillerie der einzelnen Armee=Corps ist in dem Tableau nur unvollständig an= gegeben, darum übergehn wir sie.

10. Division

D.=G. Albert, Br.=G. Bachelet 5. u. 12. — 4. proviſ. leichte Inf.=Reg. 2 Bat.

                        139. Linien=Inf.=Reg. 3 =

        Br.=G. Suden 140. = = = 3 =

                     141. = = = 3 =

11. Division

D.=G. Ricard, Br.=G. Vanteden 9. leichte Infanterie=Reg. 2 =

         43. u. 75. — 17. prov. Linien=Inf.=Reg. 2 =

                     50. Linien=Inf.=Reg. 2 =

        Br.=G. Dumoulin 65. = = = 1 =

                     142. = = = 3 =

                     144. = = = 3 =

39. Division

D.=G. Marchand, Br.=G. Stockhorn 1. Badenſche Infanterie=Reg. 2 =

                        3. = = = 2 =

        Großherzog v. Frankfurt = = = 1 =

Br.=G. Prinz Emil v. Heſſen ⎰ Leib=Garde ⎱ . . 2 =
                ⎨ Garde=Füſeliers ⎬ Heſſen . 2 =
                ⎩ Leib=Füſeliers ⎭ . . . 2 =

23. leichte Kavallerie=Brigade

        Br.=G. Beurmann 10. Huſaren=Reg. 6 Schw.

                   Badenſche Dragoner 4 =

      63 Bataillone, 10 Schwadronen — 40,006 Mann.

Viertes Armee=Corps
Diviſions=General Bertrand

12. Division

D.=G. Morand, Br.=G. Ligier=Bélair 8. leichte Infanterie=Reg. 2 Bat.

        Br.=G. Touſſaint 13. Linien=Infanterie=Reg. 5 =

        Br.=G. Hulot 23. = = 4 =

15. Division (Italiener)

D.=G. Fontanelli, Br.=G. Martel 1. Linien=Infanterie=Reg. 2 =

                      4. = = = 3 =

        Br.=G. St. Andrea 1. leichte = = 3 =

                     6. Linien= = = 2 =

        Br.=G. Moroni Mailänder Bataillon . . 1 =

                     7. Linien=Infanterie=Reg. 3 =

38. Division (Württemberger)

G.=L. Franquemont, G.=M. Neuffert 1. (Linien) . . . . 2 =

                      2. = ... 2 =

                      7. = ... 2 =

        G.=M. Stockmayer 9. (leichte) . . . . 1 =

                     10. = ... 1 =

        G.=M. Spitzenberg 4. (Linien) . . . . 2 =

                     6. = ... 2 =

24. leichte Kav.=Brigade (Württemberger)

Br.=G. Briche 1. württembergiſches Chevaurlegers=Reg. 4 Schw.

                3. = = = 4 =

        36 Bataillone, 8 Schwadronen — 21,217 Mann.

Fünftes Armee-Corps
Divisions-General Lauriston.

16. Division

D.-G. Maison, Br.-G. Penne   131. Linien-Infanterie-Reg.   3 Bat.
                       132.   =   =   =   3 =
                       133.   =   =   =   3 =
                       134.   =   =   =   3 =

17. Division

D.-G. Puthod, Br.-G. Bachet   131.   =   =   =   2 =
                       116.   =   =   =   3 =
                       3. Fremde Inf.-Reg.   2 =
           Br.-G. Boifferol   147. Linien-Inf.-Reg.   3 =
                       148.   =   =   =   3 =

19. Division

D.-G. Rochambeau, Br.-G. Harlet   135. Linien-Inf.-Reg.   3 =
                       140.   =   =   =   3 =
           Br.-G. Lafitte   139. Linien-Inf.-Reg.   3 =
                       155.   =   =   =   3 =

6. leichte Reiter-Brigade

           Br.-G. Dermoncourt   2. reitende Jäger-Reg.   2 Schw.
                       3.   =   =   =   3 =
                       6.   =   =   =   2 =

37 Bataillone, 7 Schwadronen = 27,905 Mann.

Sechstes Armee-Corps
Marschall Marmont.

20. Division

D.-G. Compans, Br.-G. Pelleport   32. leichte Infanterie-Reg. . . .   2 Bat.
                       1. der Marine . . . . .   5 =
           Br.-G. Joubert 66 u. 122. — 20. prov. Linien-Inf.-Reg.   2 =
                47. u. 86. — 25.   =   =   ,   2 =
                       3. der Marine . . . .   3 =

21. Division

D.-G. Lagrange, Br.-G. Jamin   37. leichte Infanterie-Reg. . .   4 =
                       1. spanische Joseph Napoleon .   1 =
           Br.-G. Buquet   4. der Marine . . . . .   3 =
                       2.   =   = ...   6 =

22. Division

D.-G. Friedrichs, Br.-G. Coehorn   1. u. 62. — 11. prov. Linien-Inf.Reg. 2 =
                       14. u. 16. — 13.   =   =   =   2 =
                       23. leichte Infanterie-Reg. . . .   2 =
                       15. Linien-Infanterie-Reg. . . .   2 =
                       26. u. 82. — 16. prov.Linien-Inf.-Reg. 2 =
                       121. Linien-Infanterie-Reg. . . .   2 =
                       70.   ,   =   = ...   2 =

24. leichte Reiter=Brigade (Württemberger)

G.=M. v. Normann 2. württemb. Chevaurlegers=Reg. 4 Schw.
　　　　　　4.　　=　　reit. Jäger=Reg.　4　=

42 Bataillone, 8 Schwadronen = 27,754 Mann.

Siebentes Armee=Corps
Divisions=General Reynier.

32. Division

D.=G. Durutte, Br.=G. Deveaur 35. leichte Infanterie=Reg.　2 Bat.
　　　　　　　　　　　36.　　=　　　　　　2　=
　　　　　　　　132. Linien=Infanterie=Reg.　3　=
　　　　Br.=G. Jarry 131. Linien=Infanterie=Reg.　3　=
　　　　　　　　　133.　=　　　　=　　2　=
　　　　　　　　Würzburger Infanterie=Reg.　2　=

24. Division (Sachsen)

G.=L. v. Lecoq , Oberst v. Brause Garde=Grenadiere . . . 1 Bat.
　　　　　　Reg. Lecoq, leichte Infanterie　2　=
　　　　　　Inf.=Reg. Prinz Mar . .　1　=
　　　　　　　=　　=　　Rechten . . .　1　=
　　　　　　Jäger 1 Compagnie . .　¹/₄　=
　　　G.=M. v. Mellentin Grenadiere . .　1　=
　　　　　　Inf.=Reg. Prinz Friedr. Aug.　2　=
　　　　　　　=　　=　　Steinel . . .　2　=

23. Division (Sachsen)

G.=L. v. Sahr, Oberst v. Bose Grenadiere . . . . . .　1　=
　　　　　　Reg. Sahr leichte Infanterie　2　=
　　　　　　Inf.=Reg. König . .　1　=
　　　　　　　=　　=　　Niesemeuschel . .　1　=
　　　Oberst v. Ryssel Inf.=Reg. Prinz Anton .　2　=
　　　　　　　=　　=　　Low . . . .　2　=

26. leichte Reiter=Brigade (Sachsen)

G.=M. v. Gablenz Husaren . . . . . .　8 Schw.
　　　　　　Prinz Clemens=Uhlanen .　5　=

33¹/₄ Bataillone, 13 Schwadronen = 21,283 Mann.

Achtes Armee=Corps
Divisions=General Fürst Joseph Poniatowski.

26. Division (Polen)

D.=G. Kaminiecki, Br.=G.Sierawski 1. Infanterie=Reg. . .　2 Bat.
　　　　　　　　16.　　=　　=　. .　2　=
　　　　　　Regiment v. d. Weichsel　2　=
　　　Br.=Gen. Malachowski 8. Infanterie=Reg. .　2　=
　　　　　　　　15.　　=　　=　. .　2　=

27. leichte Reiter=Brigade

Br.=G. Uminski 14. oder Kürassier=Reg. .　2 Schw.
　　　　　　1. Avantgarde=Reg. .　4　=

10 Bataillone, 6 Schwadronen = 7,573 Mann.

Elftes Armee=Corps
Marschall Macdonald.

31. Division

D.=G. Ledru des Essarts, Br.=G. Fressinet 11. provisorische Halb=Brigade 3 Bat.
(20., 27. u. 102. Linien=Inf.=Reg.)
13. provisorische Halb=Brigade 3 Bat.
(5., 11. und 79. Linien=Inf.=Reg.)

Br.=G. d'Henin	Garde=Füseliers . . .	2 Bat.
(Westphalen)	8. Linien=Infant.=Reg.	2 =
	4. leichte =	1 =
Br.=G. Macdonald	Eliten=Regiment . . .	1 =
(Neapolitaner)	4. leichte Regiment . .	2 =

35. Division

D.=G. Gérard, Br.=G. Lesénécal	6. Linien=Infanterie=Reg.	3 =
	112. =	4 =
Br.=G. Zucchi	2. leichte = =	2 =
(Italiener)	5. Linien= = =	4 =

36. Division

D.=G. Charpentier, Br.=G. Simmer	22. leichte Infanterie=Reg.	4 =
	10. Linien= = =	2 =
Br.=G. Meunier	14. leichte Infanterie=Reg.	3 =
	3. Linien= = =	2 =

28. leichte Kavallerie=Brigade:

Br.=G. Montbrun 4. italienische reit. Jäger=Reg. ⎫
2. neapolit. = = ⎬ 11 Schwadr.
Würzburgische Chevaurlegers ⎭

38 Bataillone, 11 Schwadronen — 24,418 Mann.

Zwölftes Armee=Corps
Marschall Oudinot.

13. Division

D.=G. Pacthod, Br.=G. Cacault	1. leichte Inf.=Reg.	2 Bat.
	7. Linien = =	2 =
	42. = = =	2 =
Br.=G. Bardet	67. Linien=Inf.=Reg.	2 =
	101. = = =	2 =

14. Division

D.=G. Guilleminot, Br.=G. Brun	18. leichte Inf.=Reg.	3 =
de Villeret	156. Linien = =	3 =
	Illyrisches Regiment	2 =
Br.=G. Gruyer	52. Linien=Inf.=Reg.	3 =
	137. = = =	3 =

29. Division (Baiern)

G.=L. Raglovich, G.=M. Beckers	Leib=Regiment Nr. 1 . .	1 =
	Inf.=Reg. Prinz Carl Nr. 3	2 =
	= = Preising Nr. 5	1 =
	= = Herzog Pius Nr. 8	1 =

G.-M. Maillot de la Treille Inf.-Reg. Sachsen-Hildburghausen Nr. 4   1 Bat.
                  =   =   Jsenburg Nr. 0 . . . . .   1 =
                  =   =   Junker Nr. 10 . . . . .   1 =
                  =   =   Nr. 13 . . . .   2 =

29. leichte Kavallerie-Brigade (Baiern)

Br.-G. Beaumont   Chevaurlegers-Reg. Taris Nr. 2 . . 3 Schw.
G.-M. Seyssel d'Aix   =   =   Bubenhofen Nr. 6   3   =
   Br.-G. Wolff   Garde-Chevaurlegers, Westphalen . 4   =
           Chevaurlegers Hessen 4   =

34 Bataillone, 14 Schwadronen — 18,980 Mann.

Dreizehntes Armee-Corps
(d. h. der zur Verwendung im freien Felde bestimmte Theil)
Marschall Davoust.

3. Division

D.-G. Loison, Br.-G. Mielzinski   13. leichte Inf.-Reg.   4 Bat.
                          44. Linien =   =   2   =
         Br.-G. Leclerc   48. Linien-Inf.-Reg.   3   =
                      108.   =   =   =   4   =

40. Division

D.-G. Thiébault, Br.-G. Gengault   33. leichte Inf.-Reg.   2   =
                          30. Linien =   =   4   =
         Br.-G. Delcambre   61. Linien-Inf.-Reg.   4   =
                      111.   =   =   =   4   =

50. Division

D.-G. Pecheur, Br.-G. Rome   3. Linien-Inf.-Reg.   4   =
                     105.   =   =   =   2   =

30. leichte Kavallerie-Brigade

         Br.-G. Wathlez 17. polnische Uhlanen-Reg.   3 Schw.
                   28. reitende Jäger-Reg.   2   =

33 Bataillone, 5 Schwadronen — 27,034 Mann.

Das dänische Hülfs-Corps.

Gen.-Lieut. Landgraf Friedrich v. Hessen; Gen.-M. v. Waldeck, v. Schulenburg,
v. Lassan.

13 Bataillone, 10 Schwadronen — 10,480 Mann.

Vierzehntes Armee-Corps
Marschall Gouvion St. Cyr.

42. Division

D.-G. Mouton-Duvernet   4. u. 12. leichte Infanterie-Regiment . . 2 Bat.
                 9. u. 28. leichte (4. provis. Halb-Brigade)   2   =
                 10. u. 12. leichte Infanterie-Regiment . 2   =
                 27. u. 63.   =   ,   ,   . 2   =

Br.-G. Creuzer 40. u. 43. leichte (16. provis. Halb-Brigade) 2 Bat.
                 76. Linien-Infanterie-Regiment . . . . 2 ,
                 96. , , , ... 2 ,

43. Division
D.-G. Claparède, Br.-G. Gerard   27. leichte Infanterie-Regiment   2 Bat.
                       29. , , , . 2 ,
                    100. Linien- , , . 3 ,
                    45. , , , . 2 ,
        Br.-G. Butrant 103. Linien-Infanterie-Regiment   3 ,
                 65. u. 88. , 3 ,
                 50. u. 91. leichte (21. prov. Halb-Br.) 2 ,

44. Division
D.-G. Berthezène, Br.-G. Paillard 8. leichte Infanterie-Regiment . . 2 ,
                   64. Linien- , 2 ,
                 16. u. 18. leichte (34. prov. Halb-Br.) 2 ,
        Br.-G. Letellier 50. u. 75. Linien-Infanterie-Regiment 2 ,
               24. u. 39. , , , 2 ,
               34. u. 95. , , , 2 ,

45. Division
D.-G. Razout, Br.-G. Goguet 6. leichte Infanterie-Regiment . . 1 ,
              5. u. 11. Linien (26. prov. Halb-Br.) 2 ,
              8. u. 28. Linien-Infanterie-Regiment 2 ,
        Br.-G. d'Esclevin 32. u. 58. Linien-Infanterie-Regiment 2 ,
             79. u. 81. Linien (28. prov. Halb-Br.) 2 ,
             34. u. 60. Linien (18. prov. Halb-Br.) 2 ,

16. leichte Kavallerie-Brigade
        Br.-G. Jacquet   14. Husaren-Regiment . . . . 4 Schw.
               2. italienische reit. Jäger-Regiment 4 ,
               7. Chevaurlegers . . . . 4 ,
    53 Bataillone, 12 Schwadronen — 26,149 Mann *).

Kavallerie-Reserve
Der König von Neapel (Murat).
Erstes Kavallerie-Corps
Divisions-General Latour-Maubourg.

1. leichte Kavallerie-Division
D.-G. Corbineau, Br.-G. Piré   6. Husaren-Reg. . . . . 2 Schw.
                7. , , , 3 ,
                8. , , , 3 ,
        Br.-G. Montmarie 16. reitende Jäger-Reg. . . 2 ,
               1. Chevaurlegers-Reg. . . 2 ,
               3. , , 2 ,

---

*) Im Spectateur militaire T. I, p. 164, steht zwar 36,149 M. — bei dem Zusammenzählen und Vergleichung des Ergebnisses mit der Hauptsumme ergiebt sich aber daß dies bloßer Druckfehler ist.

Br.-G. Picquet   5. Chevaurlegers-Reg. . . 2 Schw.

8.   ⁊   ⁊   2 ⁊

1. italien. reit. Jäger-Reg. 4 ⁊

3. leichte Kavallerie-Division
D.-G. Chastel, Br.-G. Vallin   8., 9., 25. reitende Jäger-Regiment zu je 2 Schw. 6 ⁊

Br.-G. Vial   1. reitende Jäger-Reg. . . 3 ⁊

19.   ⁊   ⁊   . . 4 ⁊

1. Küraffier-Division
D.-G. Bordesoult, Br.-G. Berkheim   2., 3., 6. Küraffier-Reg. zu je 2 Schwadronen 6 ⁊

Br.-G. Beffières   9. Küraffier-Reg. . . . 3 ⁊

11.   ⁊   ⁊   . . . 3 ⁊

12.   ⁊   ⁊   . . . 2 ⁊

G.-M. v. Leffing (Sachsen)   Garde-Küraffier-Reg. . . . 4 ⁊

Zastrow Küraffier-Reg. . . 4 ⁊

3. Küraffier-Division
D.-G. Doumerc, Br.-G. d'Audenarde   4. Küraffier-Reg. . . . 3 ⁊

7.   ⁊   ⁊   . . 3 ⁊

14.   ⁊   ⁊   . . 2 ⁊

Dragoner Napoléon (Italien.) 4 ⁊

Br.-G. Reiset   7. Dragoner-Reg. . . . 2 ⁊

23.   ⁊   ⁊   . . 3 ⁊

28.   ⁊   ⁊   . . 2 ⁊

30.   ⁊   ⁊   . . 2 ⁊

78 Schwadronen = 16,537 Mann.

Zweites Kavallerie-Corps
Divisions-General Sebastiani.

2. leichte Kavallerie-Division
D.-G. Rouffel d'Hurbal, Br.-G. Gérard   2. Chevaurlegers-Reg. 3 Schw.

11. reitende Jäger-Reg. 3 ⁊

12.   ⁊   ⁊   ⁊   3 ⁊

Br.-G. Dommanget   4. Chevaurlegers-Reg. 3 ⁊

5. Hufaren-Reg. . 3 ⁊

9.   ⁊   ⁊   . 4 ⁊

4. leichte Kavallerie-Division
D.-G. Excelmans, Br.-G. Maurin   6. Chevaurlegers-Reg. 2 ⁊

4. reitende Jäger-Reg. 2 ⁊

7.   ⁊   ⁊   ⁊   3 ⁊

20.   ⁊   ⁊   ⁊   4 ⁊

Br.-G. Wathier   23. reitende Jäger-Reg. 4 ⁊

24.   ⁊   ⁊   . 3 ⁊

11. Hufaren-Reg. . 2 ⁊

2. Küraffier-Division
D.-G. St. Germain, Br.-G. Daugeranville   1. Carabinier-Reg. 2 ⁊

2.   ⁊   ⁊   2 ⁊

1. Küraffier-Reg. 2 ⁊

Br.-G. Thiry 5. Küraffier-Reg. 3 Schw.
8. = = 2 =
10. = = 2 =

52 Schwadronen — 10,304 Mann.

Drittes Kavallerie-Corps
Divisions-General Arrighi (Herzog von Padua).

5. leichte Kavallerie-Division

D.-G. Lorge, Br.-G. Jacquinot 5., 10., 13. reit. Jäger-Reg. } 30 Schw.
Br.-G. Merlin 15., 21., 22. reit. Jäger-Reg. }

6. leichte Kavallerie-Division

D.-G. Fournier, Br.-G. Mouriez 29., 31. reitende Jäger-, } 24 Schw.
1. Husaren-Reg. }
Br.-G. Amell 2., 4., 12. = = }

4. Division schwere Reiterei

D.-G. Defrance, Br.-G. Avice 4., 5., 12., 14., 24. Dragoner- } 33 Schw.
Regiment }
Br.-G. Quinette 16., 17., 21., 26., 27. Drago- }
ner-, 13. Küraffier-Reg. }

87 Schwadronen — 10,801 Mann.

Viertes Kavallerie-Corps
Divisions-General Kellermann (Polen).

7. leichte Kavallerie-Division

D.-G. Sokolnicki, Br.-G. Kruszewski 1. reitendes Jäger-Reg. 4 Schw.
3. Uhlanen-Reg. . 4 =
Br.-G. Krasinski 2. Uhlanen-Reg. . 4 =
4. = = . 4 =
Br.-G. Tolenski 6. = = . 4 =
8. = = . 4 =

8. leichte Kavallerie-Division

D.-G. Fürst Sulkowski, Br.-G. Weißenhoff 13. reit. Jäger-Reg. 4 Schw.
16. = = 4 =

32 Schwadronen — 4831 Mann.

Der allgemeine Artillerie- und Ingenieur-Wesen-Reserve-Park.

15 Compagnien Fuß-Artillerie; — 3 Compagnien reitende Artillerie; — 5 Compagnien und 16 Detachements vom Artillerie-Fuhrwesen; — 5 bis 6 Compagnien Artillerie-Handwerker; — 9 Compagnien Pontoniere; — 12 Compagnien Handwerker der Marine; — 1 Compagnie Handwerker vom Artillerie-Fuhrwesen; — 1 Detachement Waffenschmiede; — 3 Compagnien Sapeurs; — 2 Compagnien Mineurs; — 1 Compagnie Handwerker vom Ingenieur-Wesen; — 1 Compagnie Ingenieur-Fuhrwesen.

8010 Mann.

Nach den Tages-Rapporten vom 6. August, die Berthier für Napoleon zusammenstellte, bildeten diese Heertheile zusammen ein Ganzes von 421,961 Mann; nämlich:

Infanterie	=	312,306	Mann
Reiterei	=	69,707	=
Artillerie	=	32,528	=
Ingenieur-Truppen	=	4,087	=
Zur Armee-Verwaltung gehörig	=	3,333	=

Zusammen 421,961 Mann.

Oder, da die Mannschaft der letzten Rubrik nicht zu den wirklichen Streitkräften zu rechnen ist, und wir ähnliche Heertheile bei den Verbündeten auch nicht rechnen 418,628 Combattanten.

General Pelet, der diese Listen zuerst veröffentlicht hat, will eine unermeßliche Ueberlegenheit der Verbündeten herausrechnen, er will den Feldzug als ruhmvoll nur für Napoleon und das französische Heer darstellen — dies Heer selbst einer Ueberlegenheit gegenüber die jedes andere als ein französisches unbedingt erdrückt haben würde, nur durch Verrath besiegt. Da kann er natürlich die Zahlen wie sie nun einmal in den Tages-Rapporten stehen, nicht brauchen; sie sind für seine Zwecke zu hoch. Da er aber dennoch ihre Authenticität nicht läugnen kann, nicht zu läugnen wagt, sucht er sich dadurch zu helfen, daß er andeutet, Berthier's Bericht bringe nur die Kopfzahl des Effectiv-, nicht die des ausrückenden Standes; das heißt, der Bericht gebe die Zahl der wirklich vorhandenen Mannschaften, ohne die Kranken, Commandirten u. s. w. ab zu rechnen — nicht die weit geringere Zahl der Mannschaft, die nach Abrechnung aller dieser Kategorieen, wirklich bei den Fahnen in Reihe und Glied unter dem Gewehr stand; nur auf diese, auf den „ausrückenden Stand" komme es aber an.

Die Thatsache die er behauptet, unterlag aber von Anfang an sehr erheblichen Zweifeln; ja, bei einiger Ueberlegung mußte man sich sagen daß sie schwerlich gegründet sei. Eben weil es in der That zunächst immer auf den ausrückenden Stand ankömmt, constatiren die Berichte die dem commandirenden Feldherrn vorgelegt werden zuweilen wohl den ausrückenden Stand allein — niemals aber den Effectiv-Stand allein, und ohne daß der ausrückende daneben auch bemerkt würde. Berthier's Bericht vom 6. August, der den Feldzugsplanen Napoleon's zur Grundlage dienen sollte, enthält mithin ohne Zweifel außer dem Effectiv- auch den ausrückenden Stand der Truppen — : warum theilt Pelet diesen nicht ebenfalls mit, besonders wenn er wirklich bedeutend geringer war als jener? — Warum beruft er sich anstatt dessen auf einen so ganz bodenlos unzuverlässigen Zeugen wie Fain, um wahrscheinlich zu machen daß die französische Armee unter den Fahnen bedeutend schwächer gewesen sei? — Wobei denn stillschweigend nicht mehr und nicht weniger vorausgesetzt wird, als daß der ausrückende Stand, dieses wichtigste Element aller militairischen Berechnungen, in Napoleon's Hauptquartier ganz unermittelt geblieben sei.

Napoleon's eigene Berechnungen, die wir im Text unseres Werks mitgetheilt haben, beweisen aber, wie uns scheint, auf das Bündigste, daß die Zahlen der Listen Berthier's die des ausrückenden Standes sind, — der Unterschied zwischen diesem und dem Effectiv-Stand müßte denn nur ein sehr geringer gewesen sein. Denn ein Feldherr rechnet nur mit den Zahlen auf die er wirklich für das Gefecht zählen kann; er rechnet z. B. die Kranken in den Hospitälern nicht zu den Streitkräften, die in einem gegebenen Augenblick wirklich zu seiner Verfügung stehen.

Und so erweist es sich nun auch. In der „Geschichte der Nordarmee" die von der historischen Abtheilung des (preußischen) Generalstabs bearbeitet wird, sind (1. Heft, Seite 186—193) die Tages-Rapporte der einzelnen Heertheile mitgetheilt, die auf diesem Theil des Kriegsschauplatzes in Betracht kommen (Bertrand's und Oudinot's). Der Generalstab hat sich diese Documente abschriftlich aus den französischen Archiven (Depôt de la guerre) verschafft. Sie enthalten wie das üblich ist, und zu erwarten war, den Effectiv= und den ausrückenden Stand — und es ergiebt sich nun, daß es die Zahlen des ausrückenden Standes sind, die zu denen von Pelet bekannt gemachten Listen stimmen — nur mit solchen kleinen Abweichungen, die durch Verschiedenheit des Datums der Rapporte erklärt und gerechtfertigt werden.

Uebrigens wird auch durch das Zeugniß der Marschälle von Frankreich — Gouvion St. Cyr und Marmont (V, 135) ausdrücklich bestätigt, daß die Zahlen dieser Listen die richtigen sind, so daß darüber wirklich gar kein Zweifel bleiben kann.

Das Bild der französischen Armee zu vervollständigen müssen wir hinzufügen daß dem Kaiser Napoleon bei der Eröffnung des Feldzugs noch einige Heertheile zu Gebot standen, die in Berthier's Bericht nicht aufgenommen sind. Es waren dies:

a) Die Abtheilung des Div.=Gen. Girard.

Sie bestand aus einem Theil der Besatzung von Magdeburg, die einstweilen unter dem General Lanusse im freien Felde verwendet wurde, und aus folgenden Truppen zusammengesetzt war:

Franzosen: das 26. leichte, 18. 19. 72. Linien=Infanterie=Regiment zu 2 Bataillonen;

Westphalen: das 4. und 9. Linien=Infanterie=Regiment zu 2 Bataillonen;

ferner: 2 Bataillone eines illyrischen Infanterie=Regiments, 3 Bataillone herzoglich sächsischer Truppen; und 1 Bataillon Convalescenten aus dem Lazareth zu Magdeburg;

3 Schwadronen herzoglich sächsischer Reiterei; 8 Schwadronen aus den französischen Depots gezogener Reiter. — Zusammen

17 Bataillone, 9 Schwadronen, etwa 11,000 Mann mit 18 Stücken Geschütz.

Ferner gehörte dazu die Division Dombrowski, die aus 4 Bataillonen 10 Schwadronen Polen bestand, und wenigstens 4000 Mann zählte, von denen aber die Mannschaft von 8 Schwadronen, die hierher entsendet, eigentlich zu dem vierten Reiter=Corps gehörig, vielleicht dort schon mitgezählt sind.

b) das Observations=Corps bei Leipzig.

Br.=G. Margaron

das 35. leichte und 132. Linien=Infanterie=Regiment zu 2 Bataillonen; 3 provisorische Bataillone; 3 Bataillone badensche Infanterie = 10 Bataillone; 2 provisorische Kavallerie=Regimenter;

Infanterie = 5,763 Mann
Kavallerie = 1,836 =
Zusammen = 7,599 Mann mit 10 Stücken Geschütz.

Die Zahl der Geschütze welche dieses gewaltige Heer mit sich in das Feld führte, ist nur auf einem Umwege zu ermitteln, aber doch in solcher Weise daß wir jedenfalls der Wahrheit sehr nahe kommen.

General Pelet entnimmt den amtlichen Berichten des Artillerie=Commandos daß die verschiedenen Heertheile am 1. October, nach den schweren Niederlagen der letzten sechs Wochen, nachdem das 12. Armee=Corps der großen Verluste wegen bereits aufgelöst war, noch mit folgender Anzahl Geschütze ausgerüstet waren:

Das 1. Armee=Corps hatte = 47 Stücke Geschütz
Das 2.   =   =   = 55 = =
Das 3.   =   =   = 61 = =
Das 4.   =   =   = 32 = =

Das 5. Armee = Corps hatte = 55 Stück Geschütz
Das 6.   =   =   =   = 82   =   =
Das 7.   =   =   =   = 48   =   =
Das 8.   =   =   =   = 44   =   =
Das 11.   =   =   =   = 68   =   =
Das 13.   =   =   =   = 33   =   =
Das 14.   =   =   =   = 59   =   =
Das 1. Kavallerie = Corps =   = 27   =   =
Das 2.   =   =   =   = 12   =   =
Das 3.   =   =   =   = 9   =   =
Das 4.   =   =   =   = 12   =   =
                              662 Stücke Geschütz

Dazu die Artillerie der Garde, worunter
24 Zwölf = Pfünder . . . . . . = 202   =
          Im Ganzen = 864 Stücke Geschütz.

Der große Reserve=Artillerie=Park, die 18 Compagnien Artillerie die mit ihren Geschützen dazu gehörten, werden hier nicht mehr besonders angeführt. Es scheint also daß dieser Park zur Zeit aufgelöst war um die Verluste an Geschütz zu ersetzen welche die verschiedenen Heertheile bereits erlitten hatten.

Um die Zahl der Geschütze zu erhalten, welche Napoleon's Heer bei Eröffnung des Feldzugs mit sich führte, müssen dann zu der Zahl der am 1. October noch vorhandenen, noch hinzugezählt werden:

Erstens die Artillerie der Abtheilungen der Generale Margaron (10 St.) — und Girard (18 St.) — da aller Wahrscheinlichkeit nach auch die Division Dombrowski eine Batterie hatte, im Ganzen 36 Stück;

Dann aber auch — was sehr viel wichtiger ist — die Zahl derer die in den Schlachten und Gefechten von Eröffnung des Feldzugs bis Ende September verloren gegangen waren.

Die Verbündeten hatten aber erobert:

Bei Groß=Beeren . . . . .   14 Stück Geschütz
bei Luckau (unter General Wobeser)   8   =   =
bei Kulm   60   =   =
an der Katzbach   103   =   =
am 1. September bei Görlitz . .   1   =   =
bei Dennewitz   80   =   =
an der Görde   8   =   =
bei Nollendorf am 17. September   3   =   =
          im Ganzen = 273 Stück Geschütz.

Das giebt zusammen 1175 Stück Geschütz. Und einige waren dann auch wohl noch — z. B. bei Dresden — demontirt und unbrauchbar geworden ohne gerade in Feindes Hand zu fallen. — General Pelet gesteht (Spectateur militaire T. I., Seite 165) daß die Zahl der Geschütze bei dem Wieder=Ausbruch der Feindseligkeiten, nach den amtlichen Berichten 1200 betrug —: die angestellte Berechnung beweist, wenn wir nicht sehr irren, schlagend daß diese Zahl richtig, ja jedenfalls nicht zu hoch ist. Wir müssen nämlich hier nachträglich bemerken, daß Thiers Bericht zufolge, die Zahl der Geschütze 1300 betrug — und daß in Pelet's Listen wohl in Beziehung auf die Artillerie des 13. Armee=Corps ein Irrthum walten könnte. Davoust marschirte im Frühjahr 1814 mit 90 Stücken Geschütz aus Hamburg ab.

Napoleon hatte also, den Verbündeten gegenüber, an der Elbe vom böhmischen Gebirge bis Hamburg, die Division Dombrowski des obenerwähnten Umstands wegen nur zu 3000 Mann gerechnet (in runden Zahlen):

330,000 Mann Fußvolk
72,500 » Reiterei
33,500 » Artillerie
4,000 » Pioniere ꝛc.

Im Ganzen — 440,000 Mann mit 1200 Stücken Geschütz.

Dazu kommen nun noch die Besatzungen einer Anzahl fester Plätze. — Zwar die französischen Truppen zu Danzig, die Besatzungen der Festungen die Napoleon noch an der Oder und in Polen inne hatte, die brauchen nicht in Rechnung gebracht zu werden, da hier nur von der Macht die Rede ist, welche Napoleon gegen die Heere der Verbündeten an der Elbe in Thätigkeit bringen konnte. Anders aber verhält es sich mit den Besatzungen der festen Plätze an der Elbe. Diese mußten als wirksame Streitkräfte in das Gewicht fallen — Theile der activen verbündeten Heere mußten zu ihrer Einschließung oder Beobachtung entsendet, durch sie neutralisirt werden, sobald die Verbündeten an und über den Strom vordrangen.

Diese Besatzungen waren aber ganz beträchtlich. Besonders die von Hamburg. Sie bestand aus folgenden Truppen:

50. Division (die zweite Hälfte)

Br.-G. Avril	33. leichte Infanterie-Reg.	1 Bat.	
	3. Linien-Infanterie-Reg.	2 »	
B.-G. Osten	29. » »	4 »	
	105. » » »	3 »	

Br.-G. Dubois   1. 2. 3. provisorisches Küraffier-Reg. zu 4 Schwadronen (aus Reserve-Schwadronen von 12 Küraffier-Reg. bestehend) . . . 12 Schw.

Ein Marsch-Regiment Kavallerie aus Mannschaften verschiedener Truppen-Gattungen zusammengesetzt, 1305 Mann, 945 Pferde stark.

28. reitende Jäger-Regiment . . . 3 Schw.
Veteranen-Bataillon . . . . 1 Bat.
Depot vereinzelter Mannschaften . . 1 »
Zoll-Wächter . . . . . . 1 »
Gendarmerie, Artillerie, Sapeurs ꝛc.
13 Bataillone, 15 Schwadronen.

Mit den verschiedenen Commandos gewiß wenigstens 12,000 Mann. Da der Marschall Davoust im November, als er sich mit dem 13. Armee-Corps nach Hamburg zurückzog, hier im Ganzen, ohne die Besatzung von Bremen, noch über 34,500 Mann unter den Waffen zählte ist diese Annahme jedenfalls nicht zu hoch.

Ferner sind hierher zu rechnen:

Die Besatzung von Magdeburg; sie soll — abgesehen von der Division Lanusse, — unter dem Div.-Gen. Lemarrois, nur 3250 Mann stark gewesen sein.

Die Besatzung von Wittenberg; Div. Gen. Lapoype, 2318 Mann.

Die Besatzung von Torgau; Br.-Gen. Lauer, 2 Bataillone Westphalen, 1 Bataillon Hessen, etwa 2000 Mann.

Die Besatzung von Dresden; Div.-Gen. Durosnel; 5 Bataillone und 1 Batterie Westphalen; einige Depots u. s. w., im Ganzen wenigstens 4500 Mann (als Dresden capitulirte, rückte diese Besatzung noch 360 Offiziere und 4077 Mann stark aus).

Die Besatzung von Erfurt; Br.-G. Dalton, 1874 Mann.
Die Besatzung von Würzburg; 1 Bataillon Frankfurter, 941 Mann.
Im Ganzen also mindestens 23.000 Mann.

Die Verstärkungen und Ersatzmannschaften endlich welche das französische Heer an der Elbe im Lauf des Feldzugs noch erhalten konnte, bestanden hauptsächlich aus dem Observations-Corps das sich unter dem Marschall Augereau bei Würzburg sammelte, und einem kleineren Observations-Corps unter dem D.-G. Lemoine bei Minden.

Das Erstere bestand aus den beiden Infanterie-Divisionen Turreau (12 Bat.) und Sémélé (11 Bat.), zusammen 23 Bataillone, mit Ausnahme des 113. Linien-Regiments von 4 Bat. lauter neu gebildete provisorische Halbbrigaden. — Dazu kam das 5. Kavallerie-Corps unter dem Div.-Gen. Pasol, das im Gegentheil größtentheils (d. h. mit Ausnahme der Division L'héritier) aus alten, kriegsgewohnten Soldaten zusammengesetzt war, aus Regimentern die aus Spanien herangezogen wurden, und ohne Zweifel zur Zeit die beste Reiterei des französischen Heeres bildeten. — Dieses Corps zählte in drei Divisionen — 9. leichte Kavallerie-Division ,D.-G. Subervic, 17 Schw.; — 5. schwere Kav.-Division, D.-G. L'héritier, 16 Schw. Dragoner; — 6. schwere Kav.-Division D.-G. Milhaud, 13 Schw. Dragoner — 46 Schwadronen.

Von Napoleon selbst werden diese Heertheile, ohne die Division L'héritier, die getrennt davon früher aus der Rest zur Armee gezogen wurde, auf 15,000 Mann angeschlagen, müssen also wohl mit der genannten Division 18,000 Mann oder etwas darüber ausgemacht haben.

Eigentlich gehörten dazu auch noch zwei Infanterie-Divisionen, die als 53. und 54. zu Mainz, größtentheils aus Conscribirten der französischen Flotte gebildet wurden. Sie zählten zusammen 20 Bataillone, müssen also wohl 10,000 Mann oder mehr stark gewesen sein — sind aber, mit nur einer Ausnahme, nicht als selbstständige Truppenkörper verwendet worden. Ein Theil der Mannschaften ging gegen das Ende des Feldzugs in Marsch-Bataillonen zum Heer an die Elbe, wo diese Bataillone größtentheils aufgelöst, die Mannschaften als Ersatz verwendet wurden.

Die Abtheilung des Gen. Lemoine, die im September bei Minden durch drei Bataillone Schweizer unter dem General Amey abgelöst, gegen die Elbe vorrückte, bestand aus 8 Bataillonen, einigen Abtheilungen Artillerie, und einer Anzahl in provisorische Bataillone und Schwadronen zusammengestellter vereinzelter Leute — wenigstens 5000 Mann.

Endlich hatte die Reiterei der französischen Hauptarmee in Deutschland drei Depots die unter die Befehle des Div.-Gen. Bourcier gestellt waren, nämlich

zu Magdeburg   117 Offiziere, 3973 Mann, 759 Pferde
Hamburg   24   =   1002   =   161   =
Frankfurt a. M. 88   =   2593   =   386   =

Man darf mithin die Verstärkungen welche Napoleon im Laufe des Feldzugs aus diesen Reserven heranzog, auf wenig mehr als 30,000 Mann schätzen.

Wir glauben noch einige Bemerkungen hinzufügen zu müssen, denn die Zahlen sind in der Geschichte der Kriege von der höchsten Bedeutung. Von solcher Wichtigkeit daß ein Urtheil über militärische Entwürfe und Ereignisse ohne Feststellung der Zahlen eigentlich gar nicht möglich ist.

Und doch wird gerade mit den Zahlen nur all' zu oft in einer durchaus prinzipienlosen Weise verfahren; mit einer scheinbaren Gewissenhaftigkeit, die man berechtigt wäre Mangel an Kritik zu nennen.

Nur zu oft sucht der Geschichtschreiber alle Zahlenangaben zusammen, die sich irgend auftreiben lassen, und stellt sie nebeneinander als seien sie gleichberechtigt: die authentisch nachgewiesene Wahrheit — die unsichere individuelle Vermuthung irgend eines Schriftstellers, und sogar die absichtlich falsche Angabe eines ungetreuen

Zeugen —: und zwischen allen hindurch wird kann in unsicherer Weise ein Mittel=
weg gesucht; eine vermittelnde Angabe, für die es in der That durchaus gar keine
Rechtfertigung giebt.

Warum? — warum einen Mittelweg suchen zwischen der authentisch nachge=
wiesenen Wahrheit, und der in bestimmter Absicht ausgesprochenen Unwahrheit, wie
so oft geschieht?

Wir erinnern an die Schlacht bei Bautzen; daran daß in Beziehung auf diese
Schlacht die allein zuverlässigen Angaben des berühmten Clausewitz gerate am aller=
wenigsten beachtet worden sind. Was Napoleon's Heer bei dem Beginn des Herbstfeld=
zugs anbetrifft, müssen wir noch der gar seltsamen Mißverständnisse gedenken, zu
denen eine bereits angeführte und widerlegte Bemerkung des Generals Pelet Ver=
anlassung gegeben hat.

Pelet's Worte daß die Zahlen der amtlichen Listen die der überhaupt zu den
Regimentern gehörigen, nicht der zur Zeit wirklich bei den Fahnen vereinigten
Mannschaften seien, sind nämlich von redlichen Deutschen, die sich niemals an=
spruchslos und unparteiisch genug vorkommen — es ist der Mühe nicht werth zu er=
mitteln von wem zuerst — dahin mißverstanden worden, daß diese Listen überhaupt
nicht die Zahl der wirklich vorhandenen Mannschaften brächten, sondern die Zahl derer
die dagewesen sein müßten, wenn die Regimenter ganz vollzählig gewesen wären.
Den sogenannten Soll=Etat. „Sie nehmen die Stärke an wie sie nach den Etats
sein sollte, nicht wie sie wirklich war." — Damit haben deutsche Geschichtschreiber
sich zu einer Verwegenheit der Behauptungen empor geschwungen, zu der sich selbst
Pelet nie hinauf gewagt hat.

Dies Mißverständniß ist wirklich unbegreiflich! — Daß ein Gelehrter der nicht
Mann vom Fach ist, dergleichen nachschreibt wenn ein Militair ihn irre führt, das
läßt sich verzeihen — aber wie hat je ein Militair so etwas denken oder sagen
können? — Hatten die Herren denn ganz vergessen was ein „Tages=Rapport" —
eine „Combattanten=Liste" — ein „Etat de situation" für ein Ding ist? — Das
weiß jeder Feldwebel, jeder Wachtmeister! — und muß es von Amtswegen wissen.

Ein solcher Etat de situation ist kein Tableau des Heeres wie es werden soll,
sondern ein Bericht über seinen wirklichen Zustand in einem gegebenen Augenblick.
Die Etats de situation aller Heertheile werden im Generalstab zusammengestellt zu
einem umfassenden Bericht, um den Oberfeldherrn davon in Kenntniß zu setzen, was
für Streitkräfte in dem Augenblick wirklich unter den Fahnen zu seiner
Verfügung stehen. Da die Absicht natürlich nicht sein kann den Oberfeldherrn über
diesen wichtigen Punkt zu täuschen, ist in solchen Papieren von den Zahlen „wie sie
nach dem Etat sein sollten" nicht die Rede. Die verstehen sich ohnehin von selbst.

Uebrigens scheint es daß ein etwas aufmerksameres Examen der Listen Ber=
thiers auch den Laien über die Natur dieses Documents aufklären, und ihn über=
zeugen müßte, daß darin nicht von einem normalen Soll=Etat, sondern von dem
wirklichen Zustand der Truppen die Rede ist.

Man sehe nur nach. Das 1. Reiter=Corps (Latour=Maubourg) zählte 78
Schwadronen; — das 2. (Sebastiani) 52; — das 3. (Arrighi) 87. — Nach dem
Soll=Etat war dies Letztere also das bei Weitem stärkste. Es mußte um 2300
Reiter stärker als das Erste, und fast 1³/₄ so stark sein als das Zweite.

Nach den vorliegenden Listen aber zählte Latour=Maubourg's Heertheil 16,837
Reiter; — Sebastiani's 10,304; — Arrighi's 10,801.

Das erklärt sich daher daß unter Latour=Maubourg die besten Regimenter ver=
einigt, und seine Schaaren ziemlich vollzählig waren; daß Arrighi's Corps dagegen
aus den Regimentern zusammengesetzt wurde die in ihrer Formation am weitesten
zurückstanten. Aber sehr klar ist nach solchen Zahlen daß man es hier nicht mit
einem Soll=Etat, sondern mit dem wirklichen Zustand der Truppen zu thun hat.

Ebenso zählte Victor's Heertheil in 42 Bataillonen, 6 Schwadronen — 25,158 Mann.

Lauriston's Heertheil dagegen in 37 Bataillonen, 7 Schwadronen = 27,905 Mann; in fünf Bataillonen weniger, fast dreitausend Mann mehr!

Wie hat man dergleichen je für Zahlen halten können wie sie nach dem Etat sein sollten? — müssen wir von Neuem verwundert fragen.

Um übrigens die Sache ganz in das Reine zu bringen, wollen wir uns die Mühe nicht verdrießen lassen zu ermitteln, wie stark Napoleon's Heer bei normaler Vollzähligkeit nach dem Soll-Etat gewesen wäre.

Die Etats-Stärke der Truppentheile war zu damaliger Zeit: bei der französischen Armee: das Bataillon — 840 Mann; die Schwadron, bei den Carabiniers und Kürassieren 210 Mann; bei den Dragonern, Chasseurs, Husaren 256 Mann, Chevaurlegers-Lanciers 120 Mann.

Die polnischen Truppen und die des Großherzogthums Berg, hatten ganz dieselbe Organisation.

Die Armee des Königreichs Italien hatte Bataillone von 700, Schwadronen von 120 Mann.

Baiern, Bataillone von 900, Schwadronen von 119 Mann.

Sachsen, Bataillone von 800, Schwadronen von 160 Mann.

Westphalen, Bataillone von 775, Schwadronen von 155 Mann.

Württemberg, Bataillone von 686, Schwadronen von 132 Mann.

Baden, Bataillone von 860, Schwadronen von 136 Mann.

Großherzogthum Hessen, Bataillone von 740, Schwadronen von 140 Mann.

Die kleineren Rheinbund-Contingente sollten Bataillone von 900 Mann bilden.

Napoleon's Heer zählte, die Abtheilungen unter Girard, Dombrowski und Margaron natürlich mitgerechnet, an Infanterie:

457 französische, 14 polnische Bataillone zu 840 Mann = 393,640 Mann
20 italienische zu 700 Mann = 14,000 =
10 baierische und 4 der kleinen Contingente zu 900 M. = 12,600 =
19¼ sächsische zu 800 Mann = 15,400 =
9 westphälische zu 775 Mann . . . . = 6,975 =
12 württembergische zu 686 Mann . . . . . = 8,232 =
7 badensche zu 860 Mann . . . . = 6,020 =
6 hessische zu 740 Mann . . . . = 4,640 =
3 neapolitanische zu 800 Mann . . . . . . = 2,400 =

Im Ganzen also in = 547¼ Bataillonen
nach dem Etat = 463,907 Mann.

An Reiterei:

49 französische und polnische Schwadronen zu 240 Mann = 12,240 Mann.
205 französische, 52 polnische und 6 bergische zu 256 M. = 67,328 =
22 französische (Chevaurlegers) und 16 italienische zu 120
   Mann . . . . = 4,560 =
6 baierische, zu 119 Mann . . . . . . = 714 =
21 sächsische, zu 160 Mann . . . . . = 3,360 =
10 westphälische, zu 155 Mann . . . . = 1,550 =
16 württembergische, zu 132 Mann . . . = 2,112 =
4 badensche, zu 136 Mann . . . . . = 544 =
4 großherzoglich hessische, zu 140 Mann . . . = 560 =
4 neapolitanische, und 8 der kleinen Contingente zu
   150 Mann . . . . = 1,800 =

Im Ganzen in — 395 Schwadronen
— 94,768 Reiter.
Das Heer mußte also zählen:

Infanterie = 465,907 Mann
Reiterei = 94,768 „
Artillerie = 31,000 „
Pioniere = 4,000 „
Das dänische Hülfs-Corps = 10,480 „
Zusammen = 609,155 Mann.

Auf welche „die Stärke wie sie nach dem Etat sein sollte" führt.

Da der Etat de situation nur 440,000 Mann answies, fehlten mithin an der normalen Vollzähligkeit noch 169,000 Mann; abgesehen von dem dänischen Hülfs-Corps, bedeutend mehr als ein Viertheil (= 232 — ²/₇). Der Ausfall war in der That aber sogar noch etwas größer.

Schon der Infanterie fehlte mehr als diese Durchschnittszahl (0,303 — ³/₁₀) — der Reiterei allerdings weniger als ¹/₄ an der Mannschaft der vorhandenen Schwadronen (0,234); es fehlte aber außerdem den Regimentern noch mehr als ein Drittheil an der vorschriftsmäßigen Zahl der Schwadronen, so daß die Reiterei in der That, trotz aller Anstrengungen, kaum auf die Hälfte des Etats gebracht war.

(Die Berechnung, wie sie in der ersten Auflage dieses Werks vorliegt, bedurfte in doppelter Beziehung einer — glücklicher Weise nicht sehr wesentlichen Berichtigung. Ich hatte erstens, bei der Berechnung des Soll-Etats, die 4 Bataillone Polen unter dem General Dembrowski übersehen, und zweitens, bei der Vergleichung des Soll-Etats mit dem ausrückenden, die Mannschaft der dänischen Infanterie mitgerechnet, ohne auf der anderen Seite die 10 dänischen Bataillone zu der Zahl der Bataillone hinzu zu fügen. Doch machen diese Versehen zusammen in dem Ergebniß, was die Infanterie betrifft nur einen Unterschied von 0,024.)

Anhang.

Die in der ersten Ausgabe dieses Werks ermittelten Zahlenverhältnisse, haben seither in der historischen Literatur wie ich wohl sagen darf, Bürgerrecht gewonnen. Sie sind namentlich in zwei Kreisen von entscheidender Wichtigkeit ohne Widerrede und mit Dank angenommen worden —: in dem der militair-wissenschaftlichen Autoritäten, und in dem der Historiker von Fach.

Nur Eine Stimme hat sich dagegen erhoben; es ist die des Herrn Majors Beitzke, der außerhalb der beiden genannten Kreise eine eigenthümliche Stellung einnimmt.

Ich hatte seiner, vielleicht unnöthiger Weise, gedacht — einiger Irrthümer erwähnt, in die ein, in seinem Fall, wenn man will, verzeihlicher Mangel an Quellen-Kritik, ihn geführt hat — und er scheint verletzt.

Man wird vielleicht fragen, warum ich mich überhaupt mit ihm und seinem Werk beschäftigt habe, da er kein Quellenschriftsteller ist, und sein Werk auch wohl kaum eine bleibende Stelle in der historischen Literatur behaupten wird.

Ich muß zugeben daß dies einer Erklärung bedarf. Ich hatte mir die Aufgabe gestellt, die Fabeln die von St. Helena aus in einer bestimmten politischen Absicht,

die jetzt schon seit einigen Jahren offen genug zu Tage liegt, ohne alle und jede Rück=
sicht auf geschichtliche Wahrheit, verbreitet worden sind, gründlich aus der Geschichte
zu verbannen, indem ich die wirklich beispiellose Effronterie entlarvte, mit der buo=
napartistische Agenten, die man wohl nicht Geschichtschreiber nennen darf, dabei zu
Werke gegangen sind. Dabei sah ich mich veranlaßt auch dieses Werkes zu gedenken,
in das der Herr Major Beitzke selbst die verwegensten jener wunderbaren Sagen mit
einer kritiklosen Gläubigkeit aufgenommen hat, die der arglosen Schäferwelt des
goldenen Zeitalters Ehre machen würde. Ich ließ mich dazu bestimmen, weil das
Werk bei alle dem nicht ohne Verdienst ist, wenn dies Verdienst auch eigentlich nur
in einer gewissen Wärme der Darstellung liegt, und darin, daß das Buch sich sehr
leicht und angenehm, ohne alle geistige Anstrengung liest — besonders aber weil das
Buch, eben vermöge dieser Vorzüge, in den weiten Kreisen, in denen man herkömmlicher
Weise nicht über sog. „Unterhaltungs=Lectüre" hinaus zu gehen pflegt, eine sehr große
Verbreitung gefunden hat. — Wer Welt und Leben kennt wird gewiß die Bedeutung
der Literatur die für diese Kreise berechnet ist und darin einheimisch wird, den Ein=
fluß den sie auf das Leben der Gegenwart übt, nicht unterschätzen. Dieser Einfluß
ist keineswegs gering an zu schlagen, und am wenigsten in einer Zeit wie die unsrige,
in der alle Kreise der bürgerlichen Gesellschaft auf eine rege Theilnahme an dem
öffentlichen Wesen angewiesen sind. Eben darum aber ist es nichts weniger als
gleichgültig ob Werke dieser Art der Leser=Menge Wahrheit oder Irrthum bieten;
ob sie in ihren Kreisen richtige oder falsche Begriffe von einer wichtigen Periode un=
seres National=Daseins, und von den Helden und Trägern einer solchen Zeit ver=
breiten. Das Werk um das es sich hier handelt, hatte namentlich in Gegenden, in
denen man sich sonst nicht viel um die Kämpfe jener Tage kümmerte — besonders
in den südwestlichen Rheinbund=Landen, ein gewisses Interesse für die Ereignisse der
Befreiungs=Kriege erweckt — es war in den genannten Kreisen anerkannt und be=
liebt — und es schien mit geringer Mühe zu einem sehr viel besseren Buch gemacht
werden zu können. Vielleicht daß der Verfasser sich überzeugen ließ; daß er bestimmt
wurde kritische Bemerkungen für die späteren Auflagen seines Werkes zu benützen,
und einige Abenteuerlichkeiten daraus zu verbannen.

Daß er in seinen Ansprüchen als selbstständiger Forscher zu gelten bis zu dem
Punkte gehen könnte, sich in Beziehung auf historische Kritik mehr zu zu trauen
als Geschichtschreiber wie Häußer und Sybel — das hatte ich, die Wahrheit zu ge=
stehen, nicht gedacht.

Und doch erweist es sich so. Er bleibt bei seiner Ansicht; er bleibt namentlich
bei seiner Ueberzeugung daß die Wahrheit über Napoleon's Heer weder in den authen=
tischen Standeslisten noch in Napoleon's gleichzeitiger Correspondenz zu suchen ist,
sondern ausschließlich bei den buonapartistischen Agenten einer etwas späteren Zeit,
denen es wahrlich auf geschichtliche Treue nicht ankam.

Napoleon's Armee kann nicht 440,000, sie kann nicht über 300,000
Mann stark gewesen sein. Warum nicht? — Das sagt uns der Herr Major in
folgenden Worten mit einer Offenheit die nichts zu wünschen übrig läßt.

„Wenn der Eroberer wirklich so stark gewesen wäre wie die ganze Coali=
tion, so bin ich überzeugt, die Sache würde einen anderen Verlauf genommen
haben."

Napoleon wurde besiegt, folglich muß er, nach der subjectiven Ansicht des
Herrn Majors Beitzke, um die Hälfte schwächer gewesen sein als die Verbündeten.
Dieser vorgefaßten Meinung müssen sich nun die geschichtlichen Thatsachen anbe=
quemen und beugen — wohl übel! — Sie ist so festgewurzelt in seinem Geist,
daß er sich jeden Versuch die Angaben die urkundlich vorliegen, die authentischen
Tages=Rapporte der Regimenter und Heertheile, die Zeugnisse der französischen
Marschälle, Napoleon's eigene Berechnungen in zur Zeit geheim gehaltenen Denk=

schriften u. s. w. doch auch in Erwägung zu ziehen, nicht anders zu erklären weiß als durch einen „falschen Patriotismus".

Was er für falschen Patriotismus hält, ist natürlich sehr gleichgültig und gehört nicht hierher. An der Wahrheit, an dem objectiven Thatbestand wird durch seine Ansichten über diesen Punkt nichts geändert. Aber nach seinem eben angeführten Geständniß sagt sich nun wohl ein jeder leicht wie der Major Beitzke mit den Quellen umgeht. Sie werden keineswegs in Beziehung auf ihre Authenticität geprüft, keineswegs einer kritischen Untersuchung ihrer Glaubwürdigkeit unterzogen — sondern lediglich darauf angesehen, ob sie zu der vorgefaßten Meinung des Herrn Majors stimmen oder nicht, und je nachdem sich das Eine oder das Andere ergiebt werden sie angenommen oder verworfen. So werden zuvörderst nicht blos alle authentischen Urkunden die in Beziehung auf den Zustand der französischen Armee vorliegen durchaus verworfen, sondern auch alle diejenigen in denen Napoleon's Plane, die Motive seiner Handlungen ausgesprochen sind, da sie das Unglück haben nicht zu den vorgefaßten Meinungen des Herren Majors zu stimmen. Aus gleichem Grunde wird das Zeugniß der Marschälle von Frankreich, Marmont's und Gouvion St. Cyr's und solcher Generale wie Rogniat unbedingt verworfen. Vor Allem aber und hauptsächlich wird Napoleon's eigenes Zeugniß, das in seiner gleichzeitigen Correspondenz mit seinen Ministern und Generalen und in jenen geheimen, für den eigenen Gebrauch geschriebenen Denkschriften vorliegt, als ungültig verworfen; gelassen wie Iphigenia, die auch große Worte gelassen aus zu sprechen pflegte, stellt unser Autor buchstäblich die unglaubliche Behauptung auf: gerade dieses eigene Zeugniß Napoleon's beweise gar nichts!

Dagegen hängt er mit ritterlicher Treue und Hingebung an Mademoiselle Agnès de Sor; diese Demoiselle ist ihm eine Autorität die jede andere, namentlich die der Marschälle von Frankreich überwiegt!

Daß das Buch in dem diese Dame angeblich die Erinnerungen Caulaincourt's, die in Gesprächen mit ihm zu Tage gekommen sein sollen, gesammelt und redigirt hat. ein notorisch untergeschobenes ist, will der Major Beitzke nicht glauben — : ein Beweis daß er in den wissenschaftlichen und literarischen Kreisen Frankreichs keinerlei Verbindungen hat. Sonst wüßte er daß dieses Buch, gleich den Memoiren Robespierre's „écrits tout entiers de sa main" und ähnlichen Machwerken, den Erzeugnissen einer unredlichen und unsaubern literarischen Industrie angehört. Aber auch ohne das zu wissen, hätte er gewahr werden können daß kein französischer Schriftsteller der sich mit der Geschichte des Kaiserreichs beschäftigt — weder ein namhafter noch ein minder bekannter — je dieses Buches gedenkt. Es ist nie einer Widerlegung, nicht einmal einer Abfertigung werth geachtet worden, und in Frankreich, gleich den angeblichen Memoiren Robespierre's vollständig verschollen.

Auf was für Quellen sich der Major Beitzke beruft, welche Urkunden er dagegen ignorirt, darüber wird sich jeder der sein Buch darauf prüfen will, im Einzelnen immer wieder von Neuem verwundern müssen. Es sei gestattet das erste beste Beispiel an zu führen, das eine zufällig aufgeschlagene Stelle seines Buchs uns zuführt. — Hier! — Beitzke erzählt nach Mademoiselle Agnès de Sor u. Consorten, Napoleon habe am 12. October die Absicht gehabt sich in Preußen strategisch an zu siedeln, und den Krieg ganz gemüthlich von dieser neuen Heimath aus, unbekümmert einstweilen um Frankreich, fort zu setzen; aber er kann den genialen Gedanken nicht ausführen, weil seine Generale finden daß das über den Spaß geht, und diese halsbrechende strategische Seiltänzerei nicht mitmachen wollen. Da hat denn auch Sachsen, auch Dresden keinen Werth mehr für Napoleon. Auch sendet er (am 13. October) dem Marschall St. Cyr durch drei verschiedene Boten auf drei verschiedenen Wegen den Befehl Dresden zu verlassen und sich ihm bei Leipzig an zu schließen. — Die drei Boten fallen in Feindes Hand; das kann Napoleon nicht wissen —

und er zaudert bei Leipzig um auf St. Cyr zu warten; großentheils dadurch wird die Völkerschlacht herbeigeführt.

Die wirklichen Befehle Napoleon's, die urkundlich vorliegen, besagen das gerade entgegengesetzte. Napoleon, der von der Elbe nach Leipzig umwendete weil er dort einen vollständigen Sieg zu erkämpfen und sich in Sachsen zu behaupten hoffte, dachte nicht entfernt daran Dresden auf zu geben. Der letzte wirkliche Befehl den er vor der Schlacht bei Leipzig in Beziehung auf diesen Punkt erließ, ist vom 14. October Abends aus Kohlgärten bei Leipzig datirt, und an Berthier gerichtet. St. Cyr hatte nämlich unter dem 13. gemeldet: da der Kaiser wiederholt befohlen habe Dresden auf das äußerste zu vertheidigen, werde man das Mögliche thun — er könne aber nicht verschweigen daß die Truppen beunruhigt seien, und sehr darnach verlangten den Kaiser zum Entsatz der Stadt heranrücken zu sehen. (Votre Majesté m'ayant manifesté plusieurs fois l'intention où elle était que l'on défendît Dresde jusqu'à la dernière extrémité, nous allons faire tout ce qu'il sera possible pour cela: je ne puis toutefois lui dissimuler que tout le monde est fort inquiet et désire la voir arriver promptement pour nous dégager.) —

Darauf antwortet nun Napoleon am 14. — Berthier soll den Marschall von den Erfolgen benachrichtigen, die man so eben erfochten habe; er soll ihm mittheilen daß am 15. und 16. wahrscheinlich bei Leipzig Alles — natürlich siegreich — entschieden sein werde, daß er, Gouvion St. Cyr demnach in Dresden auf baldigen Entsatz rechnen könne. (Je reçois une lettre du maréchal St.-Cyr, en date du 13 à dix heures du soir, c'est à dire d'hier au soir. Écrivez lui par des gens du pays pour lui faire connaître nos succès de ces jours derniers. Dites-lui qu'on s'est encore battu aujourdhui avec succès comme affaire d'avant-garde; que probablement tout ceci sera décidé le 15 et le 16, et que dès-lors il peut calculer qu'il sera promptement dégagé. — Spectateur militaire II, 187.)

Solche Urkunden ignorirt der Major Beitzke; Angesichts solcher Urkunden erzählt er das gerade Gegentheil ihres Inhalts als Geschichte.

Wie er sich dann in kleinen Verlegenheiten zu helfen sucht, ist auch eigenthümlich genug. Ausdrücklich daran erinnert, kann er nicht umhin in der neuesten Ausgabe seines Werks, Merveldt's eigenen Bericht über seine Unterredung mit Napoleon am 17. October an zu führen. Aber dieser Bericht ist ihm verdächtig — und er sucht ihn auch seinen Lesern verdächtig zu machen, damit Fain's Darstellung immer die echte, wahre bleibt, und die Nachwelt nicht an Napoleon's Sehnsucht zu zweifeln braucht „im Schatten des Friedens das Glück Frankreichs zu träumen".

Der Herr Major sagt (dritte Auflage II, 503) „Bis in die jüngste Zeit ist der Geschichtschreiber auf diese (Fain's Berichte) allein angewiesen gewesen, da die Cabinette denselben nicht widersprachen, oder eine andere Version bekannt gemacht haben. Nun" (soll, wie es scheint, so viel heißen als neuerdings) — „nun findet sich in der zweiten Auflage des Werks von Lord Burghersh der Abdruck der Unterredung Graf Merveldt's mit Napoleon am 17. October, wie Ersterer dieselbe aus der Erinnerung niedergeschrieben." — „Wie die Aufzeichnungen Merveldt's dem englischen Autor bekannt geworden, wird nicht gesagt. Wir wissen also nicht welcher Grad von Authenticität diesem Actenstück, welches von Fain's Erzählung sehr abweicht, bei zu messen ist. — "

Bis in die jüngste Zeit? — Mit Nichten! — Das ist ein ganz gewaltiger Irrthum! — Die zweite Auflage von Lord Burghersh's Werk, um die es sich hier handelt, ist im Jahr 1822 erschienen; vor vier und vierzig Jahren, fast gleichzeitig mit Fain's manuscript de 1814, d. h. nur wenig später, und vor dem manuscript de 1813 in dem von Merveldt's Sendung die Rede ist. Außerdem hatte aber Lord Burghersh den Gang und Inhalt dieses Ge-

spräch bereits 1818 in englischer Sprache, in der ersten Auflage seines Memoir's
mitgetheilt. Fain's fabelnder Bericht ist demnach der spätere und war in dem
Augenblick wo er bekannt gemacht wurde, bereits urkundlich widerlegt.

Graf Merveldt hat das Gespräch aus dem Gedächtniß aufgeschrieben! — Sollen
wir dadurch etwa auf die Vorstellung geführt werden, Graf Merveldt habe seine
Erinnerungen erst nach langen Jahren, vielleicht nur zu seiner eigenen Befriedigung
niedergeschrieben? — Das wäre ein zweiter Irrthum; die Urkunde die vorliegt, ist
der amtliche Bericht den Merveldt den Tag nach seiner Rückkehr aus Napoleon's
Hauptquartier seiner Regierung eingereicht hat.

Der Herr Major Beitzke weiß nicht auf welche Weise Merveldt's Bericht zur
Kenntniß des „englischen Autors" gekommen ist! — Auf die einfachste Weise von
der Welt. Der Herr Major vergißt hier, was er doch sonst zu wissen scheint, daß
nämlich Lord Burghersh einer der Vertreter Englands im Hauptquartier der Verbündeten war. Den Vertretern Englands aber, wurde Merveldt's Bericht von
Seiten der österreichischen Regierung mitgetheilt, weil man England zur Theilnahme
an den Unterhandlungen zu bewegen wünschte. — Uebrigens, wenn der Herr Major
über die Authenticität der Urkunde ganz beruhigt sein will, braucht er nur im geheimen Staats-Archiv zu Berlin diejenige Abschrift derselben ein zu sehen, welche die
österreichische Regierung der unsrigen unmittelbar nach dem Ereigniß zustellen
lassen. Und wenn er alsdann noch Sir Robert Wilson (II, 171—173) nachschlagen
will, der dabei war als Merveldt am 18. October früh dem Fürsten Schwarzenberg
seinen ersten mündlichen Bericht abstattete, und darüber auf der Stelle dem
Grafen Aberdeen schrieb, wird er in diesem Brief Sir Robert's an Aberdeen keine
Spur finden, daß etwa Napoleon vor Rußlands drohender Macht gewarnt hätte,
wie Fain erzählt, und der Major Beitzke selbst gern wahr haben möchte. Sir Robert selbst hegte dergleichen Sorgen, und äußert sie wiederholt. — Napoleon aber hatte
diesmal nicht vor Rußlands Macht, sondern im Gegentheil, in gewissem Sinn
vor Rußlands Ohnmacht gewarnt, die Oesterreich in einem folgenden Feldzug
ohne Unterstützung lassen, und den Wechselfällen des Kriegs allein blossstellen
werde. —

Doch genug um Beitzke's Werk im Allgemeinen zu charakterisiren. Wir kommen auf den Punkt zurück um den es sich hier insbesondere handelt.

Napoleon's Heer soll und darf nicht über 300,000 Mann stark gewesen sein.
Den eigentlichen Grund warum der Major Beitzke es nicht für stärker will gelten
lassen hat er uns bereits gesagt — : er ist überzeugt daß Napoleon sonst Sieger
geblieben wäre. Aber natürlich muß eine solche Angabe denn doch auf irgend
ein Zeugniß, auf irgend etwas, gestützt sein. Da trifft es sich nun allerdings unglücklich daß in der ganzen, kaum zu übersehenden Literatur der
Befreiungskriege nur ein einziger Schriftsteller dem postulirten Satz des Herrn
Majors entspricht und die französische Armee auf eine so geringe Zahl anschlägt.
Dieser Eine ist Fain. Dessen Unwahrheit tritt nun freilich gerade hier auch wieder
recht handgreiflich zu Tage — z. B. in Beziehung auf St. Cyr's Heertheil; dieser
zählte, als er am Schluß des Feldzugs nach vielfachen Verlusten die Waffen streckte,
noch 947 Offiziere, 17,129 Unteroffiziere und Gemeine — : Fain zufolge wäre er
bei der Eröffnung des Feldzugs nur 13,000 Mann stark gewesen. Doch das thut
ihm keinen Eintrag: seine Angaben stimmen zu der vorgefaßten Meinung des Herrn
Majors, darum ist er ihm der unter allen allein gültige Zeuge. — Und doch
auch nur mit einer gewichtigen Einschränkung, denn ganz genügt auch Fain seinen
Forderungen nicht. Diesem Schriftsteller zufolge zählte nämlich die französische Artillerie 1,230 Stücke Geschütz. Das ist zu viel. Der Major Beitzke ist überzeugt
daß die Artillerie der Verbündeten von Anfang an der französischen um mindestens
800 Stücke überlegen sein muß, folglich kann die französische Armee

nicht über 1000 Stücke gehabt haben.   So zwingt ihn seine vorgefaßte Meinung selbst über die Angaben seines einzigen Gewährsmannes hinaus zu gehen — in die freie Region rein willkürlicher, auf gar nichts gegründeter Annahmen und Vorstellungen.

Doch fühlt er bei alledem die Nothwendigkeit irgend etwas gegen die gewichtige, überwältigende Masse entgegenstehender Zeugnisse vor zu bringen, gegen die authentischen états de situation der französischen Armee, die Zeugnisse der Marschälle von Frankreich, das eigene Zeugniß Napoleon's, in seiner Correspondenz und den für seinen eigenen Gebrauch niedergeschriebenen Denkschriften u. s. w.

Hier ist nun Pelet seine einzige schwache Stütze, aber da dieser General die Authenticität der états de situation doch nicht zu läugnen wagt, sieht sich der Herr Major Beitzke auch hier wieder genöthigt weit über die kühnsten Behauptungen seines Gewährsmannes hinaus zu gehen.

Fain wandelt wohlgemuth seinen Weg, er hat seine verwegene Darstellung weder gegen einen Standes=Ausweis noch gegen Napoleon's militairischen Briefwechsel zu vertheidigen, da zu seiner Zeit nichts davon öffentlich bekannt gemacht war. — Pelet hat es mit beiden zu thun; wie er sich, etwas schüchtern, mit den Tages=Rapporten ab zu finden sucht, haben wir bereits gesehen.   Die Angaben in Napoleon's Briefwechsel läßt er im Allgemeinen unberührt, namentlich hütet er sich wohl etwas gegen den Inhalt der Aufsätze vor zu bringen, die der französische Kaiser zu seinem eigenen Gebrauch dictirte. — Gegen das Ende aber stößt er in einem Brief Napoleon's an Murat auf die Bemerkung daß bei Leipzig 200,000 Mann zur Schlacht vereinigt sein würden.   Das ist ihm für eine verlorene Schlacht bei Leipzig zu viel.   Er hilft sich durch die leicht hingeworfene Bemerkung: „die in der Correspondenz angegebenen Zahlen waren immer übertrieben, um denen zu imponiren, durch deren Hände sie gingen." (Les nombres portés dans la correspondance étaient toujours exagérés, afin d'en imposer à ceux par les mains desquels elle passait.)

Aber wo ist der Beweis daß es damit so gehalten wurde? — Pelet führt keinen; versucht nicht einmal irgend einen Beweis bei zu bringen.   Was er da sagt ist einfach eine Behauptung die auf gar nichts gegründet ist. — Auch hat man weder früher noch später etwas von einer solchen Veranstaltung gehört.   Es fällt dem General Pelet selbst gar nicht ein, in seiner eigenen Geschichte des Feldzugs 1809 etwa die Zahlen an zu zweifeln die in Napoleon's Correspondenz vorkommen; im Gegentheil, er legt ihnen dort das größte Gewicht bei, und beruft sich mit großem Nachdruck auf sie.

War aber wirklich in der französischen Armee ein solches Herkommen eingeführt, dann mußten die leitenden Generale das wissen, da nach Pelet's eigener Angabe die Absicht nicht dahin ging auch sie zu täuschen — was ja auch, in Beziehung auf die Heertheile unter ihren eigenen Befehlen vollkommen unmöglich war, — und wenn möglich, im höchsten Grade gefährlich gewesen wäre. — Wir haben die Memoiren einer ganzen Reihe von Marschällen; Masséna, Soult, Suchet, Gouvion St. Cyr, Marmont; keiner von ihnen weiß etwas davon daß die Geschäfte des Generalstabs in dieser eigenthümlichen Art betrieben wurden.   Kein anderer militairischer Schriftsteller Frankreichs weiß etwas davon; weder Koch noch Chambray.   Selbst Gourgaud nicht.   Pelet steht mit seiner unerwiesenen Behauptung ganz allein, und wäre eben deshalb doppelt verpflichtet uns zu sagen, woher er das denn eigentlich weiß.

Nicht die kommandirenden Generale sollen getäuscht werden; nur die Individuen durch deren Hände die Briefe an sie gehen.   Wer sind die? — Wer mit dem Mechanismus eines Hauptquartiers irgend bekannt ist, der weiß daß solche Papiere in der geheimen Operations=Kanzlei nur durch die Hände sehr weniger Generalstabs=Offiziere gehen, die das vollständige Vertrauen des kommandirenden Generals schon deshalb haben müssen, weil sie unmöglich getäuscht werden können, da die einlaufenden Berichte, Tages=Rapporte der einzelnen Heertheile u. s. w eben auch durch ihre Hände geben.

Und die Denkschriften die Napoleon dem Marschall Berthier dictirte, lediglich um sich selbst gleichsam in seinen eigenen Planen zu orientiren und sie endgültig fest zu stellen — von denen sonst niemand etwas erfuhr — : wem wollte Napoleon da durch übertriebene Zahlen imponiren? — Etwa sich selbst oder dem Chef seines Ge=neralstabs, der alle Rapporte in Händen hatte, dem der Zustand der Armee voll=ständig gegenwärtig sein mußte? — von dem Napoleon Auskunft darüber erwar=tete? — Und wenn die Zahlen in den Briefen an die kommandirenden Generale so=wohl mit den geheim gehaltenen Denkschriften, als mit den einlaufenden Tages=Rapporten der einzelnen Heertheile stimmen — wie dann? — sind sie dann auch noch für übertrieben zu halten?

Wie haltungslos Pelet's Behauptung ist, ergiebt sich endlich in schlagender Weise aus Napoleon's Correspondenz während des Feldzugs 1814. Konnte es je nöthig scheinen zu „imponiren", den Muth der Seinigen wo möglich durch über=triebene Zahlen zu heben, so war es unstreitig in der damaligen verzweifelten Lage — und dennoch treten die sehr dürftigen Zahlen der französischen Armee, die den Feldzug sehr hoffnungslos erscheinen ließen, in Napoleon's Briefwechsel mit seinem Bruder Joseph und Marmont ganz unverholen und ohne alle übertreibende Nachhülfe hervor!

Der Herr Major Beitzke aber, der Pelet's Behauptung aufnimmt, geht mit großer Kühnheit noch weit über ihre Gränzen hinaus. Er sagt nämlich:

„Wenn Bernhardi ferner Napoleon's eigene „Schätzungen" seiner Heeres=massen als Beweis anführt, so weiß man zur Genüge durch sehr viele Beispiele, wie sehr Napoleon aus Politik und Gewohnheit seine eigene Stärke, selbst bis zur Lächerlichkeit und selbst gegen seine Generale, übertrieb, so daß dies gar kein Beweis sein kann."

Woher weiß „man" denn das zur Genüge? und wo sind die vielen Beispiele? wo ist der Beweis? — Der Herr Major scheint Beweise nicht für nöthig zu halten. Ihm zufolge sind es nun vollends die Marschälle von Frankreich, die kommandiren=den Generale selbst, die Napoleon irre zu führen sucht, über die Streitkräfte die er ihnen für bestimmte Zwecke anvertraut! — Hat der Major sich wohl mit vollkom=mener Klarheit von der Enormität dieser Behauptung Rechenschaft gegeben? — Schwerlich! Jedenfalls aber wäre er uns den strengsten Beweis schuldig, denn diese Behauptung ist durchaus neu, der Major ist ihr alleiniger Urheber und hat sie ganz allein zu vertreten; vor ihm hat niemals ir=gend jemand dergleichen behauptet. Die Beweise aber fehlen.

Der Herr Major sollte wenigstens unterscheiden. Daß Napoleon die Erfolge die er erkämpfte, die Zahl der Gefangenen und Trophäen, in den Briefen an die ent=fernteren Generale bis zum abenteuerlichen zu übertreiben pflegte, nicht nur bis an die Gränze des Lächerlichen, sondern gelegentlich bis über diese Gränzen hinaus — das frei=lich wissen wir zur Genüge. Daß er dem einzelnen General gegenüber, dem er von den allgemeinen Verhältnissen sprach, ein übertrieben günstiges Bild von der Lage im Ganzen zu geben suchte, das wäre allenfalls denkbar. Ich habe daher auch sol=chen Zahlen wie die 200,000 Mann in dem Brief an Murat, die 400,000 in dem Brief an St. Chr nicht eher ein Bürgerrecht zuerkannt, als bis mich die strengste kritische Untersuchung überzeugt hatte, daß sie von der ganzen Masse aller vorliegen=den authentischen und zuverlässigen Urkunden unterstützt und getragen werden.

Anders aber verhält sich die Sache wenn Napoleon dem einzelnen General von den Heertheilen spricht, die er unter dessen Befehle stellt. Da ist eine Absicht zu täuschen geradezu unmöglich. Wenn Napoleon dem Marschall Macdonald schreibt „ich lasse Ihnen in Schlesien 100,000 Mann," — oder dem Marschall Oudinot:

„ich stelle außer Ihrem eigenen Corps noch das 4. und 7. zu ihrer Verfügung, das macht zusammen 70 bis 75,000 Mann," — kann er ihnen dann etwa befehlen das zu glauben, es mag wahr sein oder nicht? — Der Zweck der Täuschung würde jedenfalls nicht erreicht worden sein, denn wie hätte er die Herren verhindern wollen Tages-Rapporte ein zu fordern und die Wahrheit zu ermitteln? — Was für einen Zweck hätte denn auch eine solche Täuschung haben können? — Wollte Napoleon etwa seine Armee absichtlich in das Verderben stürzen? — Einen anderen Erfolg konnte er sich schwerlich davon versprechen, wenn er seine Generale irre führte über die Mittel die ihnen zu Gebote standen. Es wäre der Act eines Wahnsinnigen gewesen.

Und wenn nun die Angaben in den ausgefertigten Befehlen zu den geheimen Orientirungs-Denkschriften Napoleon's stimmen? — Je nun! diese ignorirt der Herr Major eben ganz einfach!

Im Zusammenhang mit der Kühnheit die wir hier bewundern, versteigt er sich dann auch noch zu einer zweiten. Er erklärt — und zwar auch wieder ohne den Schatten eines Beweises — die Tages-Rapporte die Berthier am 6. August dem Kaiser Napoleon vorlegte, ganz einfach für absichtlich gefälscht.

Er sagt: „Auf diese Angaben erwidere ich (apodiktisch): der Stärke-Rapport Berthier's war bestimmt dem eigenen Heere und dem Feinde zu imponiren; deshalb ist die Stärke der französischen Armee darin um ein sehr Beträchtliches übertrieben, und man hat dies auch immer so angenommen."

Wir staunen! Zum Mindesten wäre doch der Herr Major auch hier wieder verpflichtet uns zu sagen woher er denn das zu wissen glaubt? — Diese Listen waren lediglich bestimmt Freund und Feind zu imponiren: — wurden sie denn etwa publicirt? wurden sie etwa den Verbündeten zur Beherzigung zugestellt — oder durch Spione in die Hände gespielt? — Keineswegs! sie wurden als das Geheimniß des französischen Hauptquartiers bewahrt, und so gut bewahrt daß die Verbündeten gar keine Ahnung von ihrem Inhalt hatten, wie die unsicheren, schwankenden Berechnungen Lord Burghersh's, Plotho's, des österreichischen Generalstabs zur Genüge beweisen. — Daß diese Listen, die Angaben in Napoleon's eigenen Papieren, die in seinem Briefwechsel mit seinen Generalen, die eigenen Zeugnisse der Marschälle St. Cyr und Marmont, die Berichte der einzelnen Truppentheile, wie namentlich der Rheinbundtruppen, und der Thatbestand der vorgefunden wurde wo ganze Heertheile capituliren mußten, wie in Dresden und Hamburg — daß alle diese Zeugnisse sich gegenseitig unterstützen und bestätigen, das ist ein Umstand den der Major Beitzke wohl geneigt sein wird ohne Umschweife für das Ergebniß eines künstlichen Gewebes von Lug und Trug zu erklären, und sich auch dabei wieder den Beweis zu ersparen. — Aus allen Feldzügen Napoleon's von 1805 an liegen ähnliche, von Berthier zusammengestellte états de situation vor — niemals ist bezweifelt worden daß sie echt seien, und den wirklichen Zustand der französischen Armee darstellen. — Und wenn er ja im Jahr 1813 auf den wunderbaren Gedanken verfallen sein sollte einen falschen état de situation anfertigen zu lassen um aller Welt damit zu imponiren indem er ihn sorgfältig geheim hielt, so wird doch wohl niemand für möglich halten daß ein Feldherr sich auf einen schwierigen Feldzug einlassen könnte ohne den Zustand seines eigenen Heers ermittelt zu haben — oder wenn etwa der Herr Major Beitzke so etwas für möglich halten sollte, wird er doch schwerlich einen Zweiten finden der sich ihm in einer so genialen Ueberzeugung anschließt. Napoleon theilte sie nicht, das wissen wir; er wollte sehr genau und im einzelnen unterrichtet sein; es liegen mehrfach Briefe von ihm vor, in denen er die Tages-Rapporte ausdrücklich „bataillon par bataillon" forderte (z. B. Marmont, mémoires VI, 72). Es müßte also jedenfalls neben den falschen Listen zum imponiren auch noch echte, und zwar sehr genaue, zum wirklichen Gebrauch gegeben haben, und diese müßten sich ebenfalls in ten französischen Militair-Archiven vorfinden. Wo sind die? — Warum hat der französische Generalstab nicht die echten bekannt gemacht anstatt dem General Pelet die falschen mit zu theilen? — Und warum hat die Direction des dépôt de la guerre neuerdings dem preußischen Generalstab — insbesondere dem verstorbenen General Höpfner, der mir die von dorther erhaltenen Materialien für die Geschichte des Feldzugs 1813 gezeigt hat — nicht die echten Listen mitgetheilt, sondern immer wieder nur spezielle états de situation die genau zu den angeblich falschen stimmen — und zwar als echte, wie sich von selbst versteht?

Aber es liegt eigentlich gar keine Veranlassung vor uns weiter mit der Behauptung des Herrn Majors zu beschäftigen. Sie ist durchaus neu, der Major Beitzke als ihr erster Urheber ist uns vor allen Dingen den Beweis schuldig. Erst wenn er wenigstens irgend einen positiven Beweis für seine Behauptung beigebracht haben wird, kann diese überhaupt Gegenstand einer Discussion werden. —

Was der Herr Major über Plotho's und Lord Burghersh's Berechnungen sagt, hat keinen sehr wesentlichen Inhalt. — Doch, wenn er meint Plotho habe die Listen Berthier's „ohne Zweifel" gekannt — und verschmäht — so ist das ohne Zweifel ein Irrthum. Plotho war nicht in der Lage die französischen Archive benützen zu können — veröffentlicht aber wurden Berthier's Listen erst 1836 — neun Jahre nachdem Plotho's Werk (1817) erschienen war.

Zum Schluß endlich versucht unser Major den Beweis zu führen daß die französische Armee nicht über 300,000 Mann stark war, indem er sich bemüht durch eine höchst originelle Berechnung dar zu thun daß sie nicht stärker gewesen sein kann. Er will zuerst feststellen was am 14. October von der französischen Armee überhaupt noch übrig, das heißt am Leben war, und beginnt mit den Gefangenen. Ihrer waren, nach einer Liste, die Lord Burghersh mittheilt, vom 17. August bis zum 14. October 57,810 in die Hände der Verbündeten gefallen. Also:

„1) Es wurden vom Wiederbeginn der Feindseligkeiten bis
ausschließlich der Schlacht bei Leipzig gefangen . . . . = 57,800 Mann
    2) In Dresden wurden gefangen die Corps von St. Cyr
und Lobau . . . . = 32,000 ;
    3) Davoust in Hamburg geht ab mit . . . . . = 30,000 ;
    4) Vor Beginn der Schlacht bei Leipzig hatte Napoleon
noch, einschließlich des jetzt heranrückenden Corps Augereau = 170,000 ;
                        Summa = 289,500 Mann."

Folglich, soll für wahr gelten daß die französische Armee bei Eröffnung des Feldzugs 440,000 Mann stark war, so muß man annehmen daß sie in zwei Monaten 150,000 Mann an Todten auf dem Schlachtfeld und im Lazareth verloren habe. Das sei nicht denkbar.

„Damit ist indessen die Sache noch nicht abgethan."

Von den Gefangenen muß ein Viertheil abgerechnet werden, weil es wahrscheinlich aus Verwundeten bestand. Diese Nothwendigkeit ist nicht recht einleuchtend, besonders da nicht klar werden will wo diese Leute wieder hinzugerechnet sind. Doch, da ich, offenherzig gestanden, dem Gedanken-Gang des Herrn Majors hier gar nicht zu folgen vermag, thue ich wohl am besten wenn ich, im Bewußtsein meiner Schwäche, ihn selbst sprechen lasse. Also:

„Ich glaube der Wahrheit ziemlich nahe zu kommen, wenn ich unter den Gefangenen von 57,800 Mann wenigstens den vierten Theil, also 14,375 Mann, als verwundet rechne, welche bei der Zahl der überhaupt Verwundeten in Anrechnung kommen."

„Nun ist bekannt, daß in Schlachten und Gefechten nur 5, höchstens 8 Mann vom Hundert getödtet, freilich die drei-, vier-, fünffache Zahl verwundet wird. Aber von den Verwundeten und besonders von den Leichtverwundeten, geneset doch der bei weitem größte Theil, $^4/_5$ oder wenigstens $^3/_4$; nur bei besonders schlechten Anstalten und schlechter Pflege genesen weniger. Wenn also auch 50 — 60,000 Mann auf Todte auf dem Schlachtfelde, an erhaltenen Wunden in den Lazareten oder an Krankheiten Gestorbene in den 2 Monaten gerechnet werden, so stellt sich die Gesammtstärke noch lange nicht auf die Höhe von 440,000 oder 450,000 Mann."

Wenn jemand die große Güte haben will mir den logischen Zusammenhang nach zu weisen, der sich in dieser Deduction ohne Zweifel findet, so wird er mich unendlich verbinden; mir fehlt das Verständniß. Was wird denn schließlich aus den 14,000 verwundet Gefangenen? — Nimmt der Herr Major an daß sie sämmtlich gestorben sind, und haben wir sie unter den 50—60,000 Todten zu suchen? — Oder gehören sie weder zu den Lebendigen noch zu den Todten? — Das Erstere wäre jedenfalls das begreiflichere Schicksal. Und aus welchen namenlosen $^4/_5$ oder $^3/_4$ ergiebt sich denn mit Nothwendigkeit die Zahl von 50—60,000 Todten?

Doch lassen wir den Theil der Rechnung, der wenigstens für mich und wohl auch für manchen Leidensgefährten in mystisches Dunkel gehüllt bleibt, auf sich beruhen, und halten wir uns an die Zahlen, zu denen der Major Beitzke schließlich gelangt.

Uebrig sind 289,500 Mann; davon müssen = 14,375 Gefangene abgerechnet werden, weil sie nebenher verwundet waren; 50 — 60,000 Todte werden dagegen hinzu gezählt um die ursprüngliche Streiterzahl des französischen Heeres zu finden, macht = 325,000 oder 335,000 Mann.

Davon sind aber dann noch die Truppen unter Augereau ab zu ziehen, und die Ersatzmannschaften, die gleich jenen erst im Lauf des Feldzugs herangezogen wurden — und so ergiebt sich dann daß die französische Armee ursprünglich kaum 300,000 Mann stark gewesen sein kann.

Der Herr Major sieht unverkennbar mit großer Befriedigung auf diese Rechnung und hält sie für siegreich — dem Unbefangenen aber ist wohl auf den ersten Blick und ohne Erinnern einleuchtend daß kein einziger ihrer Factoren irgend haltbar ist — buchstäblich kein einziger!

Fangen wir mit den Gefangenen an. Major Beitzke weiß nicht ob die Liste genau ist. Sie ist es nicht; das war selbst bei geringer Aufmerksamkeit leicht zu entdecken. Es fehlen darin solche Posten wie das Gefecht bei Dahme und die 2813 Gefangenen die General Wobeser dort machte. Besonders aber fehlen, wie das unvermeidlich war, die sehr zahlreichen Gefangenen die von allen Streifschaaren und Streifwachen der Verbündeten auf den Landstraßen und Feldwegen einzeln, ohne alles Gefecht aufgegriffen wurden. Der Zustand der französischen Armee macht es begreiflich daß ihrer sehr viele waren. Alle Zeugen von französischer Seite gestehen daß nach den ersten Niederlagen, bei jedem Marsch den Napoleon's Heer machte, Wege und Stege von Marodeurs wimmelten, von denen die wenigsten zu den Fahnen zurückkehrten. Sie verfielen entweder schließlich der Gefangenschaft, oder sie verloren sich und schlugen den Weg nach dem Rhein und der Heimath ein.

Die Geschichte der schlesischen Armee (bearbeitet vom preußischen Generalstab) bemerkt zum 5. October:

„Nichts zeugt mehr von der Auflösung der französischen Armee als die unzähligen Gefangenen, welche von den kleinen Patrouillen der Verbündeten aller Orten aufgebracht wurden, besonders in den folgenden Tagen von dem 3. Corps Souham. Nur wo Napoleon persönlich gegenwärtig war, zeigte sich noch der alte Geist der Armee auf Augenblicke." (Beiheft zum Militair-Wochenblatt, 1843, Seite 324.)

Der Major Beitzke scheint diese Stelle übersehen zu haben, gleich mancher anderen verwandten Inhalts bei Marmont, St. Cyr und Thiers.

Die wirkliche Zahl der Gefangenen mit einiger Sicherheit fest zu stellen, würde kaum übersehbare Forschungen in den preußischen, russischen und österreichischen Archiven erfordern. Einleuchtend aber ist ohne Weiteres daß diese Forschungen auf eine ganz andere, um eine nicht unbedeutende Anzahl Tausende höhere Zahl führen würden als Beitzke beibringt.

Auch die Zahl der Truppen in Dresden ist nicht ganz genau. Sie streckten allerdings Mitte November — abgesehen von 4437 Mann die der Besatzung von Dresden und Depots angehörten — 31,066 Mann stark die Waffen, hatten aber in der Zwischenzeit noch mehrere tausend Mann in vielfachen kleinen Gefechten, durch Krankheiten und an Ueberläufern verloren, so daß sie zu der Zeit von der hier die Rede ist (14. October) wohl noch etwas mehr als 32,000 Mann gezählt haben müssen. —

Nun aber Napoleon's Armee bei Leipzig. Welche Gründe hat der Major sie 170,000 Mann stark an zu nehmen?

Sie sind in ihrer Kürze sehr leicht zu übersehen — und zu würdigen! Er sagt (II, 471): „Nirgends findet sich eine Angabe, welche die von Plotho bezeichnete Stärke des französischen Heeres mit 171,000 Mann überstiege."

Wie? — Nirgends? — Das ist eine Behauptung die er unmöglich verantworten kann. Ja, das übersteigt allen Glauben! — Hier hätten von rechtswegen doch wohl vor allen Dingen die französischen Quellen zu Rathe gezogen werden müssen, und da würde der Herr Major aus Napoleon's gleichzeitigen Papieren ersehen haben, daß der französische Kaiser selbst das Heer, das er bei Leipzig vereinigte auf 200,000 Mann anschlug; Thiers, der hier gerade genaue Auskunft giebt und sich ausdrücklich auf die authentischen Urkunden in den französischen Archiven beruft, würde ihn belehrt haben, daß die bei Leipzig vereinigte französische Armee etwa acht Tage vor der Schlacht noch 210,000 Mann zählte, aber zu der Zeit so schnell zusammenschwand, daß am 12.—13. October nur noch 199,000 Mann gemustert werden konnten, am 16. nur noch wenig über 190,000 in Reihe und Glied standen — (nachdem nämlich die Reste der Baiern und die Mannschaften der Parks sich schon vor der Schlacht auf Torgau zurück gezogen hatten, und wobei die Truppen die unter Margaron seit Eröffnung des Feldzugs als Observations-Corps bei Leipzig standen, jetzt nur noch etwa 3,500 Mann in 7 Bataillonen — nicht besonders in Rechnung gebracht sind). — Endlich bezeugt auch der Marschall Marmont daß Napoleon als er in Düben verweilte und mit sich selbst berathschlagte, 130,000 Mann in der dortigen Gegend vereinigt hatte; 50,000 unter Murat jenseits Leipzig und gegen 30,000 in den Heertheilen unter Augereau und Margaron, und in den Ersatz-Bataillonen unter Lefol. — Alle diese gewichtigen Zeugnisse werden von dem Herrn Major auf das unbedingteste ignorirt — aus keinem irgend ersichtlichen Grunde, also wohl nur weil sie zu seiner vorgefaßten Meinung nicht stimmen.

Er giebt uns sogar zu verstehen daß er eigentlich noch ein Uebriges thut, wenn er das französische Heer 170,000 Mann stark gelten läßt; er findet wahrscheinlich daß es um 10,000 Mann schwächer war. „Die französischen Quellen nehmen durchgehends weniger an" — Durchgehends!! — Man traut seinen Augen nicht! — „So rechnet Vaudoncourt nur 156,800 Mann — Fain noch weniger u. s. w. (Wer und Was steckt denn hinter diesem u. s. w.?)

Diese beiden Autoren also, deren Unwahrhaftigkeit offen zu Tage liegt, — denen, selbst wenn sie wahrhaft sein wollten, nicht einmal das urkundliche Material der französischen Militair-Archive zu Gebote stand, die mit ganz willkürlichen, in keiner Weise urkundlich begründeten Zahlen operiren — die sind dem Herrn Major Beitzke allein, Zeugen von französischer Seite; von anderen darf nicht die Rede sein.

Daß wir es bei ihnen mit rein willkürlichen Zahlen zu thun haben, kann in

der That selbst dem flüchtigsten Blick nicht entgehen; es zeigt sich schon in den voll-
kommen regellosen Abweichungen der Angaben des Einen von denen des Anderen.
So berechnet Vaudoncourt Reynier's Heertheil auf 8000 Mann; — Fain dagegen
auf mehr als die doppelte Zahl, auf 18,000 Mann. Allerdings aus wichtigen
Gründen. Die Redlichkeit tritt hier wieder einmal glänzend hervor. Die Sachsen
nämlich, von denen wir wissen daß sie zur Zeit nur noch 4400 Mann unter den
Waffen zählten, erscheinen hier bei Fain, ganz unversehrt durch die Schlachten bei
Großbeeren und Dennewitz, 12,000 Mann stark wie bei der Eröffnung des Feld-
zuges! — Das schien dem Mann nöthig, damit der Uebergang der Sachsen zu dem
entscheidenden Wendepunkt der Schlacht bei Leipzig gemacht werden konnte.

Und am Ende hat der Major Beitzke die Zeugnisse seiner beiden Gewährs-
männer nicht einmal genau angesehen. Vaudoncourt rechnet 156,800
Mann „Fain noch weniger" — : Fain rechnet 164,000 folglich 7200 Mann mehr.
(Manuscrit de mil huit cent treize II, 409, 430.)

Gewiß kann sich niemand der Ueberzeugung erwehren daß die Zahlen des Herrn
Majors keineswegs das Ergebniß irgend einer mehr oder weniger unbefangenen
Untersuchung sind, sondern lediglich die zum Voraus festgestellten Postulate einer
vorgefaßten Meinung, die auf kein Bedenken Rücksicht nehmen will!

Wir Anderen aber, die wir keiner vorgefaßten Meinung huldigen, und uns
nicht durch eine solche gezwungen sehen gerade alle urkundlich begründeten Zeugnisse
zu verwerfen oder ihnen Gewalt an zu thun, — wir werden wohl nicht umhin können, die französische Armee bei Leipzig um wenigstens 20,000 — ja sogar, Margaron
mitgerechnet — um 23—24,000 Mann höher an zu setzen. Schon dadurch, und durch
verschiedene Tausende Gefangener mehr, stellt sich die Rechnung sehr wesentlich
anders.

Wir kommen nun auf die 50—60,000 Mann die nach Beitzke auf dem
Schlachtfelde oder in den Lazarethen dem Tode verfallen waren. Hier müssen wir
nun zuvörderst die 14,000 Mann verwundet Gefangener irgend wo unterzubringen
suchen, da sie doch unmöglich zwischen Himmel und Erde in der Schwebe bleiben können.
Wahrscheinlich nimmt der Herr Major an daß sie sämmtlich gestorben sind, und sie
müssen also wohl unter den 50—60,000 Todten mitbegriffen sein — wenigstens
erhellt aus seiner Rechnung in keiner Weise wo sie sonst hingerathen sein könnten.
Dann sind sie aber nicht in den französischen Lazareten gestorben, sondern in denen
der Verbündeten. Es blieben also nur 36,000 bis 46,000 Mann die auf den
Schlachtfeldern gefallen oder in den französischen Lazareten durch ihre Wunden,
oder durch Krankheiten dahin gerafft waren. Eine mäßige Anzahl. Auf den Verlust in den Lazareten zumal käme recht erfreulich wenig.

Aber was weiß denn der Herr Major eigentlich davon? — Hat er etwa die
Berichte der französischen Hospital-Verwaltung eingesehen? — Nein! — Seine
Zahlen sind einigermaßen willkürlich als wahrscheinlich angenommen. Und in
welcher Weise rechtfertigt er sie als wahrscheinliche? — Darüber schweigt er. — Ist
dabei wohl das Bild maaßgebend gewesen das alle Zeugen auf französischer Seite —
Gouvion St. Cyr, Marmont, Thiers, Odeleben, Aster, die Zeitgenossen in Dresden und Leipzig — von dem traurigen Gesundheitszustand der französischen Armee
entwerfen, wie er sich bei der großen Jugend der Leute, in Folge mangelhafter Verpflegung, in Folge von Hunger und Elend, unter dem Einfluß einer ganz ungewöhnlich ungünstigen nassen Spätsommer- und Herbst-Witterung entwickelte? — Hat er
sich der Verwüstungen erinnert die der Typhus in den Reihen dieses Heers anstellte?
— Wohl kaum. — Hat er dabei den furchtbar verwahrlosten Zustand der französischen Lazarete im Auge gehabt, den alle die genannten Zeugen schildern, die furcht-
bare Sterblichkeit die in ihnen herrschte? — gewiß nicht! — Er ist weit entfernt da
„schlechte Anstalten und schlechte Pflege" voraus zu setzen.

Wir wollen uns darauf beschränken ihn auf eine Stelle in Marmont's Memoiren (V. 273 – 274) aufmerksam zu machen, die ihm entgangen sein muß. Marmont sucht zu Düben seinen Kaiser davon zu überzeugen daß die ungeheuern Verluste (pertes énormes) welche die französische Armee während dieses Feldzugs — ganz unabhängig von den auf den Schlachtfeldern erlittenen (indépendamment de celles éprouvées sur le champ de bataille) — betroffen hatten, von der ungenügenden Verpflegung und der mangelhaften Ausrüstung der Lazarete herrührten. Er rechnet ihm vor daß bei besserer Vorsorge in beiden Beziehungen, fünfzig tausend Mann weniger in den Hospitälern gestorben sein würden, als da wirklich verloren gegangen seien. Der Marschall ist überzeugt daß diese Berechnung gewiß nicht über die Wahrheit hinausging (et certes cette évaluation n'était pas au dessus de la vérité). — Es handelt sich um 50,000 Mann mehr oder weniger — : wie groß muß der Gesammt-Verlust gewesen sein!!

Marmont sagt nicht mit Bestimmtheit in welchem Umfang er den Feldzug auffaßt; es ist möglich daß seine Zahlen sich auf den Frühjahrs-Feldzug mit beziehen. Aber von Mai bis August, und besonders natürlich während der neun Wochen des Waffenstillstands waren die Verhältnisse nicht besonders ungünstig — und es ist von 50,000 Mann weniger die Rede! — Kein Zweifel daß ein Auszug aus den französischen Hospital-Rapporten uns auch für den Herbstfeldzug allein von ganz — ganz anderen Verlusten berichten würde als von den 25,000 Mann oder so, die dem Major Beitzke zufolge höchstens in den Lazareten gestorben sein könnten. (Mehr läßt seine Berechnung nämlich nicht übrig, da wir von seinen 50—60,000 Todten, die 14,000 verwundet Gefangenen, und die auf dem Schlachtfeld gefallenen vorweg abziehen müssen.)

Können wir somit dem Herren Major kein einziges Element seiner Rechnung gelten lassen — so müssen wir nun auch noch an eine ganze Reihe von sehr gewichtigen Factoren erinnern, die er wunderbarer Weise ganz und gar vergessen hat!

Er vergißt erstens die Heertheile und Mannschaften die während des Feldzugs, durch die Wechselfälle des Kriegs in ein oder anderer Weise von dem französischen Heer abgekommen waren, ohne gerade dem Tode oder der Gefangenschaft verfallen zu sein. Dahin gehören unter Anderem die zwei westphälischen Husaren-Regimenter (800 Mann) die gleich zu Anfang zu den Verbündeten übergingen, und das sächsische Grenadier-Bataillon (600 Mann) das ihnen sehr bald folgte. — Ferner 3500 Mann von dem Heertheil Girards die sich, wenn auch nur zur Hälfte bewaffnet, nach Magdeburg retteten. — Dann 8 Bataillone Infanterie, 7635 Mann stark die nach der Schlacht bei Dennewitz zu Torgau aus versprengten Leuten u. dergl. von allen Heertheilen gebildet wurden und dort blieben, und ein eben dort, im October, zum Festungs-Dienst gebildetes Convalescenten-Corps von 1060 Mann; — der Rest der baierischen Division = 1900 Mann, der sich auf Torgau zurückzog — die Mannschaften der Artillerie-Parks und 1220 Marine-Soldaten die sich eben dahin geworfen hatten (Augoyat défense de Torgau, 20). — Es ergiebt sich, wie wir sehen, eine ganz ansehnliche Reihe von Tausenden, die auch noch den 289,500 des Herrn Majors hinzu gezählt werden müssen, wenn ermittelt werden soll was am Vorabend der Schlacht bei Leipzig noch übrig war von der französischen Armee.

Zweitens vergißt unser Autor den Kranken-Bestand in den Hospitälern. Es möchte wohl das allererste Mal sein daß bei einer solchen Berechnung dieser Posten übersehen worden ist! — Nach Beitzke's Darstellung war in Napoleon's Heer am Vorabend der Völkerschlacht Alles munter und wohlauf, kein Mann im Lazaret! — Ach! so schöne Zeiten erlebt man im Felde nie! — und wie dem Herren Major vielleicht bekannt ist, selbst in der Friedens-Garnison nicht!

Nach Thiers belief sich der Krankenbestand, Ende September, in runder Zahl auf 30,000 Mann. Für den 14. October möchte diese Zahl wohl zu gering sein. Wir wissen aus Gouvion St. Cyr's Memoiren, daß zu Dresden, als Napoleon am 7. October von dort aufbrach, 12,000 Kranke lagen, die nicht transportirt werden konnten. In den Hospitälern zu Torgau lagen, unmittelbar vor der Schlacht bei Leipzig, 7400 (Augoyat ibid.) — in Leipzig über 20,000 Mann. —

Endlich vergißt der Major Beitzke auch noch die Desertion, die bei dem entmuthigten Heere massenhaft eingerissen war; er scheint ganz und gar übersehen zu haben was alle Zeugen auf französischer Seite — freilich Fain und Vaudoncourt ausgenommen — was Gouvion St. Cyr, Marmont, Thiers, Aster, Odeleben, und die örtlichen Behörden zu Dresden und Leipzig davon erzählen; was die Marschälle Macdonald, Ney und Oudinot ihrem Kaiser darüber amtlich berichten. — Natürlich giebt es gar kein Mittel direct sie zu stellen wie viel die französische Armee durch die Desertion verloren hat; wir können uns vielmehr nur umgekehrt von der Desertion ein ungefähres Bild machen, wenn wir beobachten wie die verschiedenen Abtheilungen des französischen Heers von Tag zu Tag zusammen schwanden. Daß es sich um viele Tausende handelt, daran können wir nicht zweifeln, wenn wir einen Blick auf Macdonald's Berichte werfen; wenn wir sehen daß Napoleon sich schon unmittelbar nach der Schlacht an der Katzbach genöthigt sieht zu sehr energischen Maaßregeln zu greifen, um der Desertion zu steuern; daß er befahl von den eingefangenen Ausreißern den zehnten Mann zu erschießen; daß eigene Gensdarmerie-Colonnen das Land durchstreifen mußten um sie ein zu fangen; — wenn wir dann ferner den örtlichen leipziger Berichten entnehmen, daß der Durchzug der Deserteure in Leipzig namentlich seit der Schlacht bei Dennewitz nie aufhörte, und daß öfter an einem einzigen Tage mehrere tausend Deserteure durch Leipzig zogen. — Und Beitzke rechnet nicht einen einzigen Mann auf die Desertion!

Wenn der Herr Major diese ganze Reihe unerläßlicher Correcturen seiner Rechnung erwägen will, wird er wohl auch selbst überzeugt sein, daß die französische Armee bei der Eröffnung des Feldzugs unmöglich schwächer als 440,000 Mann gewesen sein kann — seine vorgefaßte Meinung müßte denn ganz ungewöhnlich zäher Natur sein.

Eine zweite Berechnung unseres Autors soll darthun daß Napoleon bei Eröffnung des Feldzugs nicht mehr als höchstens 1000 Stück Geschütz gehabt haben kann. Sie ist aber auch wieder so genial angelegt, und so flüchtig durchgeführt, daß sie schließlich auf das schlagendste gegen ihn beweist. Er sagt: das französische Heer hat nach Lord Burghersh's Ermittelungen, in den Schlachten und Gefechten, im Ganzen = 801 Stücke Geschütz verloren; war nun die ursprüngliche Zahl 12 oder 1300, dann müßte Napoleon noch 4 oder gar 500 Kanonen über den Rhein gerettet haben „was durchaus nicht anzunehmen ist."

Unglücklicher Weise hat der Herr Major hier wieder sehr wesentliche Dinge vergessen. Erstens Alles was der Rheinbund-Truppen, Sachsen, Baiern, Badener u. s. w. die sich von Napoleon lossagten, noch an Artillerie gerettet hatten. Wie viel oder wie wenig Geschütze das gewesen sein mögen — sie wurden weder von den Verbündeten erobert, noch von Napoleon über den Rhein gerettet. Dann vergißt der Major auch noch — was sehr viel schwerer ins Gewicht fällt — nicht mehr und nicht weniger als die Artillerie dreier französischer Armee-Corps! — Nämlich St. Cyr's und Lobau's in Dresden, Davoust's bei Hamburg. Die beiden ersteren hatten zur Zeit, nach den Berichten der französischen Artillerie-Direction, zusammen 106 Stücke Geschütz, Davoust 90. Also: 1000 — (801 + 196) so stellt sich die Rechnung. Hatte Napoleon ursprünglich nur 1000 Stück, so bleiben 3 Kanonen übrig, für die Artillerie der Sachsen u. s. w. — und was Napoleon anbetrifft, so muß er den Rückzug von Erfurt nach dem Rhein ganz ohne

Artillerie angetreten haben, „was durchaus nicht an zu nehmen ist." — Wrede hatte 116 Stücke Geschütz, und bekam es bei Hanau mit einer bedeutend überlegenen französischen Artillerie zu thun.

Hatte aber Napoleon weniger als 1000 Stücke Geschütz, wie dem Herrn Major eigentlich wahrscheinlicher ist, dann ergiebt sich am Schluß des Feldzugs sogar noch ein minus — eine negative Größe — ein Deficit an Kanonen, von dem wir nicht zu sagen wissen wie es wohl gedeckt worden sein könnte. —

Wir wollen hier nur ganz in der Kürze an noch eine andere Rechnung erinnern, die man eigentlich wohl angestellt haben muß, um sich ein Urtheil über den Erfolg der französischen Rüstungen und Napoleon's Streitkräfte zu bilden. Hat sich der Major Beitzke wohl Rechenschaft davon gegeben aus welchen Elementen Napoleon's Heer an der Elbe hervorgegangen war? — Es scheint nicht.

Napoleon verfügte in den ersten Monaten des Jahres behufs der Neubildung seines Heers in Deutschland über mindestens 105,000 Mann theils wirklich alter theils wenigstens älterer Soldaten.

Es fanden sich nämlich an Trümmern der großen Armee, die der Vicekönig Eugen gesammelt hatte, 8—10,000 Mann, von denen nur die allerwenigsten aus Rußland zurückkehrten; Marschbataillone, in Deutschland zurückgebliebene Commandirte und Convalescenten und die Truppen die seit dem vorigen Jahr unter dem jüngeren Morand im damals schwedischen Pommern standen, bildeten die eigentliche Masse. — Dazu kam die Division Durutte, die 3000 Mann gerettet haben soll. Anfang Februar kam die Division Grenier 19,425 Mann stark aus Italien dazu. —

Bertrand führte im April Alles herbei was sich an französischen Truppen noch in Italien befand; außerdem Italiener, Neapolitaner und Kroaten. Der Soll-Etat seiner Truppen hätte 44,000 Mann betragen; sie sollen nur 30,000 effectiv gezählt haben.

Aus Spanien wurden 7000 Mann Garden herbei gezogen, und die Cadres von 150 Bataillonen und 50 Schwadronen. Der Cadre eines Bataillons betrug, abgesehen von den Offizieren, 92 Unteroffiziere; der einer Schwadron 27. Das macht 15,150 Mann. — Von der Landgensdarmerie wurden 3000 Unteroffiziere und Gemeine zur Reiterei zurück versetzt.

Die Marine-Artillerie wurde in Linien-Truppen umgebildet. Fain sagt sie habe 40,000 treffliche Soldaten geliefert; das ist natürlich Uebertreibung und eine rein aus der Luft gegriffene Zahl, wie wir sie bei ihm gewohnt sind. Da aber aus den Marine-Artilleristen 20 sehr schöne Bataillone und die Garde-Artillerie gebildet wurden, müssen ihrer doch wenigstens 18,000 gewesen sein.

Mehrere tausend aus Rußland geretteter Unteroffiziere die in die neuen Bataillone vertheilt wurden, können keiner genauen Berechnung unterworfen werden.

Von dieser Masse müssen selbst nach den Verlusten des Frühjahrs-Feldzugs, immerhin noch gegen 85,000 Mann übrig gewesen sein.

Dann befanden sich bei Napoleon's Heer im Herbst in runder Zahl, 76,000 Mann Polen, Rheinbund-Truppen und Dänen — die Italiener rechnen wir hier nicht mit, weil sie bereits unter den Truppen älterer Formation mitgerechnet sind.

Es müssen also, da die Armee 440,000 Mann stark war, 280,000 Mann dabei gewesen sein, die aus den neuen Aushebungen hervorgegangen waren.

Was nun aber diese neuen Aushebungen anbetrifft, so fand Napoleon, als er Ende des Jahrs 1812 nach Frankreich zurückkehrte dort 220,000 Mann bereits ausgehobener, eingekleideter und bewaffneter Mannschaft vor, deren militairische Ausbildung begonnen war, nämlich 100,000 Mann sogenannte Cohorten, mobilisirte National-Garden, die durch Senats-Beschluß in 34 neue Linien-Regimenter umgewandelt wurden, und 120,000 Conscribirte der Klasse von 1813. Aus

tiefen beiden Kategorien ift die Armee des Frühjahrs-Feldzugs wesentlich hervorgegangen.

Im Januar wurden dann weitere 250,000 Mann ausgehoben, nämlich vor-
greifend, 150,000 Mann die der erst im Jahr 1814 conscriptionspflichtigen Klaffe
angehörten, und rückgreifend 100,000 aus den Klaffen der vier letzt verfloffenen
Jahre, die also nach dem Gesetz bereits der Conscription entwachsen waren. Am
4. April endlich wurden weitere 80,000 Mann National-Garden der ftehenden Armee einverleibt — und 10,000 junge Leute aus den wohlhabenden Ständen, die
sich bereits fämmtlich, und zum Theil wiederholt, von der Conscription freigekauft
hatten, mußten als angebliche Freiwillige die Waffen ergreifen, um die fogenannten
gardes d'honneur, fehr elegante, aber wenig brauchbare Reiter-Regimenter zu
bilden.

Das ergiebt im Ganzen 560,000 Mann. Von diefer Gefammtmaffe neu ausgehobener Mannfchaft befand fich im Auguft nur die Hälfte bei Napoleon's
Heer an der Elbe; nicht mehr. Und wenn wir nun auch berechnen was an Erfatz-
Mannfchaften nach Spanien und fpäter nach Italien gefendet — was auf die Be-
fatzung von Hamburg — was auf Augereau's Heertheil und zwei Divifionen Erfatz-
Mannfchaft für Deutfchland verwendet wurde — und wenn wir dann die Verlufte
des Frühjahrs-Feldzugs auch noch fo hoch anfchlagen, bleiben immer noch mehr als
120,000 Mann übrig, die ganz fehlen. Sie müffen auf unterwegs Defertirte und
Geftorbene gerechnet werden, und auf Mannfchaften mit deren Stellung die Com-
munen im Rückftand geblieben waren. Die Erfchöpfung Frankreichs begann fühlbar
zu werden!

Fain entwirft das pompbaftefte Bild von diefen Rüftungen, und übertreibt fie
theilweife noch, indem er z. B. von 40,000 Marine-Artilleriften fpricht — dann
aber legt er uns Liften der französifchen Armeen vor, denen zufolge — Spanien,
Italien, Erfatz-Bataillone, Alles mitgerechnet — Alles in Allem nicht mehr als kaum
zwei Fünftheile der ausgehobenen Mannfchaft zur Verwendung gekommen wären.
Nur ungefähr der Betrag der Mannfchaften die Napoleon im December 1812 bereits organifirt vorfand, fo daß alle fpäteren Aushebungen fo gut wie ganz ohne
Ergebniß geblieben wären. Wo find die drei Fünftheile geblieben, die in Fain's
Rechnung fehlen? — Darüber geruht er zu fchweigen. Er rechnet darauf, daß
man ihm diefe Frage nicht vorlegen werde — daß gedankenlofe Lefer auch über dergleichen Enormitäten gedankenlos hinweglefen werden ohne fich Rechenfchaft davon
zu geben — und es fcheint daß fich dergleichen Lefer auch wirklich gefunden
haben.

Schließlich muß ich noch eines merkwürdigen Punktes in Beltzke's dem
königlich preußifchen Generalftab und mir gewidmeten „Anhang" erwähnen,
weil er mich insbefondere betrifft. Es ift freilich nicht ganz leicht dabei ernfthaft
zu bleiben.

Ich hatte den Herrn Major auf den Irrthum aufmerkfam gemacht in den er
verfallen war, indem er drei verfchiedene Evaluationen der französifchen Armee die
Lord Burghersh mittheilt, und die fich auf drei fehr verfchiedene Perioden beziehen,
fo mißverfteht als bezögen fie fich, verfchiedenen Quellen entnommen, alle drei auf
eine und diefelbe Zeit, nämlich auf die Eröffnung des Feldzugs.

Darauf antwortet nun der Herr Major in etwas hochfahrendem Sieges-
bewußtfein: „Herr von Bernhardi giebt zu daß diefe Zahlen (die drei Schluß-
Zahlen der drei Liften Lord Burghersh's nämlich) richtig find" (das foll
wohl heißen von Beltzke richtig wieder gegeben) — „behauptet aber diefe verfchiedenen Stärkeangaben bezögen fich auf drei verfchiedene Perioden: die
von 204,000 Mann bezöge fich auf den 20. September und die dritte
Stärkeangabe bezöge fich auf den 24. September, nach den gehabten

großen Verlusten. Das Werk von Lord Burghersh, später Graf Westmoreland, in der Uebersetzung von Schreiber liegt vor mir. Ich finde aber weder im Text, noch in der Tabelle Nr. II, die geringste Andeutung, daß diese 3 Stärkeangaben sich auf 3 verschiedene Perioden beziehen, und daß ich also irgend ein Versehen in der Benutzung gemacht hätte. Es ist vielmehr ganz klar, daß dies ungefähr gleichzeitige Angaben vor dem Wiederausbruch der Feindseligkeiten sind, wie sie durch Verrath, Bestechung und durch Kundschafter beim Hauptquartier eingingen."

„Ganz klar" wird uns bei dieser Gelegenheit nur Eines: nämlich auch hier wieder daß der Herr Major Beißle auf dem Felde historischer Forschung — ein Fremdling ist! Wie könnte er sich sonst, nicht auf Lord Burghersh's Werk selbst, sondern auf eine Uebersetzung als Autorität berufen! — Wie könnte er sonst in diese Uebersetzung ein so blindes Vertrauen setzen, daß ihm gar nicht einfällt sie mit dem Urtert zu vergleichen — selbst jetzt nicht, nachdem er doch auf seinen Irrthum aufmerksam gemacht worden ist.

Wir rathen ihm Lord Burghersh's Werk auch jetzt noch im Original nach zu schlagen. Er weiß vielleicht kein Englisch? — Nun! wie wenig er auch der englischen Sprache mächtig sein mag, wird er doch wohl im Stande sein sich den Sinn folgender drei Columnen-Ueberschriften klar zu machen:

Aug. 17 th. Sept. 20 th. Sept. 24 th.

Er wird sie, Tabelle Nr. II, pag. 316 des genannten Werks, an der Spitze der drei verschiedenen Listen des französischen Heers finden; sie fixiren die Periode auf die eine jede von den dreien sich bezieht. Und wenn nun ein etwas flüchtig arbeitender Uebersetzer diese wichtigen Zeitbestimmungen aus reiner Fahrläßigkeit übersehen und weggelassen hat, so wird doch wohl selbst unser Autor eingestehen müssen daß dadurch an der Sache nichts geändert ist. —

Wie gesagt, man kann es nur bedauern, daß der Herr Major Beißle nicht die Ergebnisse fremder Forschungen unbefangen benützen will; besonders die Ergebnisse derjenigen Forschungen die mit ganz anderen Mitteln gefördert werden als ihm zu Gebote stehen. Wir meinen hier die Arbeiten des preußischen Generalstabs — die Geschichte der Nordarmee, der die wichtigsten, den Archiven Frankreichs entlehnten, authentischen Urkunden zum Grunde liegen. Wenn der Herr Major anstatt dessen als erneuerter Forscher auftreten, sich auf Kritik und Polemik einlassen will — davon dürfte sich wohl kaum jemals etwas erspießliches erwarten lassen; historische Kritik scheint ganz entschieden nicht sein Beruf zu sein.

Beilage V.

Die böhmische oder Hauptarmee im Herbstfeldzug 1813.

Oberbefehlshaber, Feldmarschall, Fürst Carl zu Schwarzenberg.
Chef des Generalstabs, F.-M.-L. Graf Radetzky.
General-Quartermeister, G.-M. Baron Langenau und Trapp.
Gen.-Quartermeister für die russischen Truppen Gen.-Major v. Toll.
Chef der Artillerie F.-M.-L. Reisner.
General-Intendant Baron Prohaska.

38 *

A) Die österreichische Armee:

1. leichte Division
F.-M.-L. Fürst Moritz Liechtenstein . — 2 Bat. 12 Schwadronen

2. leichte Division
F.-M.-L. Graf Bubna . . . . — 3 : 18 :

3. leichte Division
F.-M.-L. v. Meszko . . . . — 3 : 12 :

Der rechte Flügel:

Gen. d. Kavallerie Erbprinz von Hessen-Homburg.

Division Gr. Colloredo . . . . — 12 :		
" Bianchi . . . . — 12 :		
" Grenneville . . . . — 10 :		
" Civalart . . . . — 8 :		
" Chasteler . . . . — 8 :		
Kavallerie-Division Nostitz . . — — : 16 :		
Kavallerie-Division Schneller . . — — : 20 :		

Der linke Flügel:

F.-Z.-M. Graf Gyulai, Chef des Stabes, Oberst
      Graf Latour
    Division Aloys Liechtenstein . . — 12 :
      " Weißenwolff . . . — 12 :
    Kavallerie-Division Lederer . . — — : 24 :

Corps des Gen. v. d. Kavallerie Grafen Klenau.
  Chef des Stabes, Oberst Baron Rothkirch
    Division Hohenlohe . . . . — 12 :
     " Meyer . . . . — 12 :
    Eine Brigade Kavallerie . . . — — : 10 :

Im Ganzen — 106 Bat. 112 Schwadronen und, theils bei den Divisionen vertheilt, theils im Reserve-Park, an Artillerie 52 Batterien.

Das Bataillon im Durchschnitt zu 825, die Schwadron zu 140 Mann; die Batterie zu 6 Stücken Geschütz.

Zusammen in runden Zahlen:
    Infanterie   =   87,500 Mann
    Kavallerie   =   16,000 :
    Artillerie, Pioniere rc.   =   7,000 :

Zusammen = 110,500 Mann, 362 Stück Geschütz.
(So viele sollen ihrer nach Radetzky's Biographen gewesen sein; die in der österreichischen Artillerie normale Zahl von 6 Stücken per Batterie ergiebt aber nur 312 im Ganzen.)

B) Die russisch-preußische Armee:

Oberbefehlshaber, General der Infanterie Barclay de Tolly.
Chef des Stabes Gen.-Lieut. Sabaneyew.
General-Quartiermeister Gen.-Major Baron Diebitsch.
Chef der Artillerie G.-L. Fürst Jaschwil.
Dujour-General G.-M. Oldekop.
Chef der Ingenieure G.-M. Graf Siewers.

Der rechte Flügel:
Das Corps des Generals von der Kavallerie Grafen Wittgenstein.

Das I. Infanterie-Corps.
Gen.-Lieut. Fürst Gortschakow.

5. Infanterie-Division

G.-M. Mesenzow, G.-M. Lukow	23. Jäger-Regiment	. .	2 Bat.
	Inf.-Reg. Perm	. . .	2 =
	= = Mohilew	. .	2 =
G.-M. Wlasow	24. Jäger-Regiment	. .	2 =
	Inf.-Reg. Kaluga	. .	2 =
	= = Sewsk	. . .	2 =

14. Infanterie-Division

G.-M. v. Helfreich	= = Tenginsk	. .	2 =
	= = Ehstland	. .	2 =
	= = Tula	. .	1 =
	= = Rawaginsk	. .	1 =
das Bataillon der Großfürstin Catharina			1 =
G.-M. Roth	25. u. 26. Jäger-Reg.		4 =

23 Bataillone — 14,980 Mann.

Das II. Infanterie-Corps.
Gen.-Lieutenant Herzog Eugen von Württemberg.

3. Infanterie-Division

G.-M. Fürst Schachowskoy, Oberst Baron Wolff	Inf.-Reg. Tschernigow	2 Bat.
	= = Murom	2 =
Oberst Schilwinsky	= = Reval	2 =
	= = Selenginsk	2 =
	20. Jäger-Regiment	2 =
	21. = =	1 =

4. Infanterie-Division

G.-M. Pyschnitzky, Oberst Trefurt	Inf.-Reg. Tobolsk	2 =
	= = Wolynien	2 =
	= = Krementschug	2 =
	= = Minsk	1 =
	4. Jäger-Regiment	2 =
	34. = =	1 =

21 Bataillone — 12,088 Mann.

Reiterei unter dem G.-L. Grafen Peter Pahlen:
Die Husaren-Regimenter: Grodno, Sum, Olwipol
und Lubny . . . — 18 Schw. 2,629 Mann
4 donische Kosacken-Regimenter — 1,545 =
Artillerie: 2 Zwölfpfünder-, 4 Sechspfünder-, 2 reitende Batterien — 1,782 =
Pioniere — 73 =

43 Bataillone, 18 Schwadronen, 4 Kosacken-Regimenter — 33,097 Mann,
92 Stück Geschütz.

Der linke Flügel:

Das Corps des G.-L. v. Kleist (Preußen).

Die 9. Brigade (G.-M. v. Klür) — die 10. (G.-M. v. Pirch I.) — die 11.
(G.-M. v. Zieten) — die 12. (G.-L. Prinz August v. Preußen).

Reserve-Kavallerie, G.-M. v. Röder.

Reserve-Artillerie, Obrist-Lieutenant v. Braun.

41 Bataillone, 44 Schwadronen, 14 Batterien = 42,035 Mann,
112 Stück Geschütz

(nämlich ungefähr 33,000 Mann Fußvolk, 6500 Reiter, 2500 Artilleristen).

Die Reserven:

Der Großfürst Constantin.

Chef des Generalstabs, Gen.-Maj. Kurutta.

Ober-Quartiermeister, Oberst Baron Croffard.

Die Infanterie:

Gen. v. d. Infanterie Graf Miloradowitsch.

Chef des Stabes, Oberst und Flügel-Adjutant Sipägin.

Ober-Quartiermeister Oberst Neithart.

Das Grenadier-Corps:

General-Lieutenant Rajewsky.

1. Grenadier-Division

Gen.-M. Sulima, G.-M. Kniashnin	Grenadier-Reg.	Catherinoslaw	2 Bat.
: :	: :	Gr. Araktschew	2 :
Oberst Acht	: :	Taurien . .	2 :
: :	: :	St. Petersburg	2 :
Oberst Jemelianow	: :	Pernau . .	2 :
: :	: :	Kexholm . .	2 :

2. Grenadier-Division

Gen.-M. Tschoglikow, Oberst Pissarew	: :	Kiew . . .	2 :
: :	: :	Moskau . .	2 :
Oberst Golowin	: :	Astrachan .	2 :
: :	: :	Fanagor . .	2 :
Oberst Hesse	: :	Sibirien . .	2 :
: :	: :	Kleinrußland	2 :

24 Bataillone — 14,187 Mann.

1 Zwölfpfünder-, 1 Sechspfünder-Batterie (24 St. Geschütz) — 399 Mann.

Das Garde-Infanterie-Corps.

Gen.-Lieut. Yermolew.

1. Garde-Division

Gen.-Major Baron Rosen, Gen.-Major Potemkin	Reg.	Preobrashensk	3 Bat.
:	:	Semenow	3 :
G.-M. Chrapowitzly	:	Ismailow	3 :
:	.	Garde-Jäger	3 :
:	:	Garde-Marine-Equipage	1 :

2. Garde-Division
G.-M. Udom, G.-M. Kryshanowsky Reg. Lithauen . . 3 Bat.
               : Finland . . 3 :
      G.-M. Sheltuchin : Leib-Grenadiere 2 :
              : Pawlowsk . . 2 :
      23 Bataillone — 13,666 Mann.
1 Zwölfpfünder-, 2 Sechspfünder-Batterien (36 St. Geschütz) — 637 Mann.

K. preußische Garde-Infanterie-Brigade.
Obrist-Lieut. v. Alvensleben 1. Garde-Regiment 3 Bat.
                 2. : : 3 :
                 Garde-Jäger : 1/2 :
                 1 Fußbatterie.

Das Reserve-Kavallerie-Corps.
General-Lieutenant Fürst Demetrius Galitzin.
1. Küraffier-Division
G.-M. Depreradowitsch, G.-M. Arseniew Reg. Chevalier-Garde u. Garde zu Pferde.
    G.-M. Baron Rosen Reg. Leib-Küraffiere Sr. Majestät und
                Leib-Küraffiere Ihrer Majestät.
2. Küraffier-Division
G.-M. Kretow, G.-M. Karatajew Reg. Catherinoslaw und Astrachan.
    G.-M. Leontiew Reg. Gluchow und Pskow.
3. Küraffier-Division
G.-M. Duca, G.-M. Graf Gudowitsch Reg. St. Georg und Stara-Dub.
    G.-M. Lewaschow Reg. Klein-Rußland und Nowgorod.
      Zusammen 53 Schwadronen — 6300 Mann.

Die leichte Garde-Kavallerie-Division.
G.-M. Schaewitsch Leib-Garde-Dragoner 5 Schw.
            : : Uhlanen 6 :
            : : Husaren 6 :
            : : Kosacken 4 :
      22 Schwadronen — 2345 Mann.

K. preußische Garde-Kavallerie-Brigade.
Obrist v. Werder Reg. Garde du Corps 4 Schw.
      Leichte Garde-Reiter-Reg. 6 :
      1 reitende Batterie.

Zusammengesetzte russische Uhlanen-Brigade.
G.-M. Liffanewitsch: Reg. Tschugujew, Serpuchow und Tataren-Uhlanen.
      16 Schwadronen — 1947 Mann.
    3 Regimenter donische Kosacken — 1669 Mann.
  3 Batterien reitende Artillerie (28 St. Geschütz) — 558 Mann.

Die Reserve-Artillerie.
G.-M. v. Huene.
8 Zwölfpfünder- und 3 reitende Batterien (91 Stück Geschütz) — 1,917 Mann
                       Pioniere — 289 :
Zusammen (2 Bat. 4 Schw. und 12 Kosacken-Regimenter — 3,875 Mann, die
zur Bedeckung des Hauptquartiers und Armee-Polizei-Diensten commandirt waren
ungerechnet) an russischen Truppen:

47 Bataillone, 91 Schwadronen, 3 Kosacken-Regimenter, und 16 Batterien
— 44,144 Mann mit 182 St. Geschütz,

an preußischen Truppen:

6½ Bataillone, 10 Schwadronen, 2 Batterien
7,232 Mann mit 16 St. Geschütz.

Das Reserve-Corps zählte also im Ganzen:

53½ Bataillone, 101 Schwadronen, 3 Kosacken-Regimenter und 18 Batterien
— 51,376 Mann mit 198 St. Geschütz.

Die böhmische oder Hauptarmee im Ganzen:

Oesterreicher	— 110,500 Mann	362 St. Geschütz	
Russen	— 77,241 =	274 =	
Preußen	— 49,267 =	128 =	=
Zusammen	— 237,008 Mann	704 St. Geschütz	

Oder nach den verschiedenen Waffengattungen:

Infanterie: Oesterreicher	— 106 Bat.	— 87,500 Mann	
Russen	— 91 =	— 54,921 =	
Preußen	— 47½ =	— 38,200 =	
in runder Zahl	— 244½ Bat.	—180,600 Mann	
Reiterei: Oesterreicher	— 112 Schw.	— 16,000 Mann	
Russen	— 109 =	— 13,421 =	
Preußen	— 54 =	— 8,000 =	
	275 Schw.	— 37,500 Mann	
Artillerie, Pioniere ꝛc.: Oesterreicher	— 7,000 Mann	.	
Russen	— 5,685 =		
Preußen	— 3,000 =		
	15,700 Mann		
Kosacken, 7 Regimenter	— 3,204 =		
Im Ganzen wie oben, 237,008 Mann 764 St. Geschütz.			

Doch müssen wir dabei noch folgendes bemerken: es ist möglich daß die Kosacken welche die Streifschaar des Fürsten Kudaschew bildeten, und namentlich diejenigen welche man der Abtheilung des Grafen Mensdorf zugetheilt hatte, den
Regimentern entnommen waren, welche in den Listen als zum Polizei-Dienst im
Hauptquartier und im Rücken des Heeres bestimmt aufgeführt sind. In diesem
Fall wäre die Streiterzahl der böhmischen Armee um 1000 bis 1500 Kosacken höher
anzunehmen — was jedenfalls wenig bedeuten will.

Beilage VI.

Die schlesische Armee im Herbstfeldzug 1813.

Oberbefehlshaber General v. d. Kavallerie v. Blücher.
Chef des Generalstabs Gen.-Lieut. v. Gneisenau.
General-Quartiermeister G.-M. v. Müffling.

Das Corps des Gen.-Lieut. v. York (das 1. preußische Armee-Corps).
Die 1. Brigade (Obrist v. Steinmetz)
12½ Bataillone, 5 Schwadronen, 1 sechspfünder Batterie . . — 9,270 Mann
die 2. Brigade (Gen.-Major Prinz Carl v. Mecklenburg-Strelitz)
10 Bataillone, 4 Schwadronen, 1 sechspfünder Batterie . . — 7,673 =
die 7. Brigade (Obrist v. Horn)
12½ Bataillone, 5 Schwadronen, 1 sechspfünder Batterie . — 8,686 =
die 8. Brigade (Gen.-Major v. Hünerbein)
10 Bataillone, 4 Schwadronen, 1 sechspfünder Batterie . . — 7,447 =
die Reserve-Kavallerie (Obrist v. Wahlen-Jürgaß)
30 Schwadronen, 2 reitende Batterien . . . . — 3,896 =
die Reserve-Artillerie (Obristlieutenant v. Schmitt)
2 zwölfpfünder, 2 sechspfünder, 1 dreipfünder und 2 reitende
Batterien . . . . — 1,248 =

43 Bataillone, 48 Schwadronen, 13 Batterien,
Infanterie = 30,116 Mann
Kavallerie = 6,038 =
Artillerie = 1,917 =
Pioniere = 149 =

Zusammen = 38,220 Mann mit 104 Stück Geschütz.

Das Corps des Gen.-Lieut. Baron Sacken (Ruffen).
Die 10. Infanterie-Division

G.-M. Graf Liewen III.	G.-M. Agatin Inf.-Reg.	Jaroßlaw .	2 Bat.
	Obrist v. Saß = =	Bialystok .	2 =
	= =	Krimm . .	1 =
	Obrist Achlestischew	8. Jäger-Reg. . .	2 =
	39.	= . .	1 =

von der 16. Infanterie-Division

	G.-M. Repninsky Inf.-Reg.	Ochotzk . .	2 =
	= =	Kamtschatka	2 =

die 27. Infanterie-Division

G.-L. Newerowsky, Obrist-Lieut. Lewandowsky	= =	Odessa . .	1 =
	= =	Wilna . .	1 =
	Obrist Alexeyew = =	Simbirsk .	1 =
	= =	Tarnopol .	1 =
	Obrist Kologriwow 49. Jäger-Reg.	. .	2 =
	50. =	= . .	1 =

19 Bataillone — 8383 Mann.

Reiterei unter dem Gen.-Lieut. Wassiltschikow
Dragoner-Regimenter: Curland und Smolensk.
Husaren-Regimenter: Alexandria, Weiß-Rußland, Mariupol, Achtyr.
30 Schwadronen — 3697 Mann.

1 Ukrainisches, 8 donische Kosacken-, 1 Baschkiren, 1 Kalmucken-Reg.: im
Ganzen 11 Regimenter — 4524 Mann.

2 zwölfpfünder, 2 sechspfünder, 1 reitende Batterie — 906 Mann, 60 Stück
Geschütz.
Pioniere — 89 Mann.

19 Bataillone, 30 Schwadronen, 11 Kosacken-Regimenter, 5 Batterien
17,689 Mann, 60 Stück Geschütz.

Das Armee-Corps des Gen. v. d. Inf. Grafen Langeron (Ruſſen).
Das VI. Infanterie-Corps, Gen.-Lieut. Stſcherbatow,
    die 7. Inf.-Diviſion

G.-M. Taliſſin, Obriſt Kriſchnitzky Inf.-Reg. Pſkow	.	2	Bat.
= = Moskow		2	=
Obriſt Awguſt-w = = Liebau		1	=
= = Sofia	.	1	=
Obriſt Dietrich 11. Jäger-Reg.	.	2	=
36. = =	.	1	=

    die 18. Inf.-Diviſion

G.-M. Bernadoſſow, Obriſt-L. Blagoweſhensko Inf.-Reg. Wladimir		1	=
= = Tambow		1	=
Obriſt Heydenreich = = Dnieprow		1	=
= = Koſtroma		1	=
G.-M. Kornilow 28. u. 32. Jäger-Reg.		2	=
15 Bataillone = 8081 Mann.			

Das VIII. Infanterie-Corps, G.-L. Graf St. Prieſt,
    die 11. Inf.-Diviſion

G.-M. Fürſt Gurialow, G.-M. Karpenkow Inf.-Reg. Jeletzk	. .	1	=
= = Polotzk		1	=
Oberſt Turgeniew = = Rylſk	. .	1	=
= = Catherinenburg		2	=
Oberſt v. Biſtram 1. u. 33. Jäger-Reg.	.	2	=

    die 17. Inf.-Diviſion

G.-M. v. Pillar, Oberſt Kern Inf.-Reg. Räſan	. .	1	=
= = Bielo-oſero		1	=
Oberſt Tſchertow = = Breſt-Litowsky		1	=
= = Willmanſtrandt		2	=
30. Jäger-Reg.	. . .	1	=
48. = =	. .	2	=
15 Bataillone = 8604 Mann.			

Das IX. Infanterie-Corps, Gen.-Lieut. Olſuwiew,
    die 9. Inf.-Diviſion

G.-M. Udom: Inf.-Reg. Naſcheburg, Riäſchsk, Jakutzk, das 10. und 38. Jäger-Reg. zu 1 Bat.	. .	5	=

    die 10. Inf.-Diviſion

G.-M. Rudſéwitſch: Inf.-Reg. Witepsk, Koslowsk, Kolywan, Kurinsk, und von der 13. Infanterie-Diviſion das 12. und 22. Jäger-Reg. zu je 1 Bataillon	.	6	=
11 Bataillone = 6529 Mann.			

Das X. Infanterie-Corps, Gen.-Lieut. Kapzéwitſch,
    Die 8. Inf.-Diviſion

G.-M. Fürſt Uruſſow: Inf.-Reg. Archangelgorod, Schlüſſelburg, Alt-Ingermannland, das 7. u. 37. Jäger-Regiment zu je 1 Bataillen	. . . .	5	=

    die 22. Inf.-Diviſion

G.-M. Turtſchaninow, G.-M. Schapſſoy Inf.-Reg. Wätka		2	=
= = Staroskolsk		2	=
= = Olonetz		1	=
Oberſt Durnowo 29. Jäger-Regiment		1	=
45. = =		1	=
12 Bataillone = 7739 Mann.			

Kavallerie-Corps des Gen.-Lieut. Baron Korff,
    die 3. Dragoner-Division
G.-M. Berdajew, Drag.-Reg. Twer, Kinburn,
    die 1. Dragoner-Division
G.-M. Borosdin, G.-M. Gerngroß: Drag.-Reg. Moskau, Kargapol,
        G.-M. Dawydow: :   :   Neu-Rußland, Mitau,
    die 4. Dragoner-Division
G.-M Emanuel: Drag.-Reg. Charkow. Kiew,
    die 1. reitende Jäger-Division
G.-M. Pantschulidzew, G.-M. Denissew: reit. Jäger-Reg. Sewersk, Dorpat,
    die 2. reitende Jäger-Division
G.-M. Graf Paul Pahlen: reitende Jäger-Reg. Arsamas, Liefland.
        Zusammen 37 Schwadronen — 4604 Mann.
3 ukrainische, 5 donische Kosacken-Regimenter, 1 Reg. Kalmucken, zusammen
9 Regimenter = 4276 Mann.
        Artillerie:
6 Zwölfpfünder-, 7 Sechspfünder-, und 2 reitende, zusammen 15 Batterien,
2975 Mann mit 176 Stück Geschütz.
    Pioniere, 2 Comp. Pontoniere, und die 75. Schiffs-Equipage von der Flotte,
zusammen = 723 Mann.
    53 Bataillone, 37 Schwadronen, 9 Kosacken-Regimenter, 15 Batterien
                41,531 Mann.
Die schlesische Armee im Ganzen, zählte:
        Russen = 61,220 Mann, 236 Stück Geschütz
        Preußen = 38,220   :   104   :

    Zusammen — 99,440 Mann, 340 Stück Geschütz.
Nach den einzelnen Waffengattungen:
    Infanterie: Russen = 72 Bat., 39,336 Mann
           Preußen = 43   :   30,116

           115 Bat., 69,452 Mann.
    Reiterei: Russen = 67 Schw., 8,301 Mann
          Preußen — 48   :   6,038

           115 Schw., 14,339 Mann.
    Artillerie, Pioniere u. s. w. Russen — 4,783 Mann
              Preußen — 2,066

              6,849 Mann.
      Kosacken, 20 Regimenter — 8,800   :
   Zusammen wie oben 99,440 Mann, 340 Stück Geschütz.

Beilage VII.

Die verbündete Nordarmee im Herbstfeldzug 1813.

Oberbefehlshaber, der Kronprinz von Schweden, Carl Johann.
Chef des Generalstabs, der schwed. Gen.-Lieut. Baron Adlerkreutz.
Sous-Chefs des Generalstabs G.-M. Graf Löwenhielm, G.-M. Graf Sparre,
    G.-M. Baron Tawast (Schweden).

A) die schwedische Armee, Feldmarschall Graf Stedingk.

3 Infanterie= und 1 Kavallerie=Division;

35 Bataillone, 32 Schwadronen, 9 Batterien; nach den officiellen Angaben: 18,573 M. Infanterie, 3742 M. Kavallerie, 1703 M. Artillerie zusammen — 24,018 Mann mit 62 Stück Geschütz.

Es sollen ihrer aber in der That bedeutend weniger gewesen sein; von preußischen Offizieren wird dies Heer auf etwa 20,000 M. geschätzt, nach einer Angabe — (Friccius) — soll es gar nur 18,000 M. stark gewesen sein. Diese letztere Schätzung scheint wohl zu niedrig. Die Wahrheit aber könnte wohl nur der schwedische Generalstab ermitteln.

B) das Corps des Gen.=Lieut. Baron Winzingerode (Russen).

Die 21. Infanterie=Division

G.=M. Laptiew: Inf.=Reg. Petrowsk, 2 Bat.; — Lithauen, Podolsk, Newa zu 1 Bat.; — 44. Jäger=Reg. 2 Bat. . . . . . . 7 Bat.

die 24. Infanterie=Division

G.=M. Wuitsch: Inf.=Reg. Schirwan, Butyrsk, Ufa, zu 2 Bat.; — Tomsk, 1 Bat.; — 19. Jäger=Reg. 2 Bat.; 40. Jäger=Reg. 1 Bat. 10 =

17 Bataillone — 7635 Mann.

Reiterei:

G.=M. Graf Mannteufel: Drag.=Reg. St. Petersburg. Husaren=Reg. Elisabethgrad, freiwillige Husaren Jachontow, zusammen 12 Schwadronen — 1571 M.

5 Donische, 1 Uralisches, 1 Bugsches Kosacken=Regimenter, zusammen 7 Regimenter — 2604 Mann.

Artillerie:

1 Zwölfpfünder=, 2 Sechspfünder=, 1 reitende Batterie — 787 Mann, 44 Stück Geschütze.

Das Corps: 17 Bataillone, 12 Schwadronen, 7 Kosacken=Regimenter, 4 Batterien 12,597 Mann, 44 Stück Geschütz.

C) das Corps des Gen.=Lieut. Grafen Woronzow (Russen).

Infanterie (von verschiedenen Divisionen):

G.=M. Krassowsky: Inf.=Reg. Nawaginsk, Tula; 13. und 14. Jäger=Regiment zu je 2 Bat.; 1 Bat. Inf.=Reg. Sewsk; — 3 zusammengesetzte Grenadier=Bat. Im Ganzen . . . . 13 Bat. 6179 M.

Kavallerie:

G.=M. Graf Orurk: Reitende Jäger=Reg. Nieshinsk; Husaren=Reg. Pawlograd; Uhlanen=Reg. Polen u. Wolynien. Im Ganzen . . . . . . 21 Schw. 2561 =

6 donische, 1? Kosacken=Regimenter, 1 Baschkiren=Reg. Zusammen 8 Regimenter . . . . 3376 =

Artillerie:

1 Zwölfpfünder=, 1 Sechspfünder=, 2 reitende, zusammen 4 Batterien — 865 M. mit 48 Stück Geschütz.

Das Corps: 13 Bataillone, 21 Schwadronen, 8 Kosacken=Reg., 4 Batterien — 12,981 Mann, 48 Stück Geschütz.

Detachement des G.=M. Czernyschew.

Dragoner=Reg. Finland, Riga, Husaren=Reg. Isium . 15 Schw. 1955 M.

5 donische Kosacken=Regimenter . . . . 2048 =

Reitende Artillerie 58 Mann mit 4 Stück Geschütz.

Das Detachement: 15 Schw., 5 Kosacken-Regimenter — 4061 Mann, 4 Stück
Geschütz.
Bei dem Corps des Gen.-Lieut. v. Bülow:

2 Reg. donische Kosacken = 440 }
2 Zwölfpfünder-Batterien = 453 } 893 Mann, 22 Stück Geschütz.

D) das dritte preußische Armee-Corps.

Gen.-Lieut. v. Bülow.

Die 3. Brigade (G.-M. Prinz Ludwig v. Hessen-Homburg): 11 Bataillone, 5
Schwadronen.
Die 4. Brigade (G.-M. v. Thümen): 9½ Bataillone, 3 Schwadronen.
Die 5. Brigade (G.-M. v. Vorstell): 11 Bataillone, 9 Schwadronen.
Die 6. Brigade: 10 Bataillone, 4 Schwadronen.
Reserve-Kavallerie (G.-M. v. Oppen): 28 Schwadronen.
Artillerie (Obristlieut. v. Holzendorf): 2 Zwölfpfünder-, 5 Sechspfünder-, 3 rei-
tende, zusammen 10 Batterien, 80 Stück Geschütz.
Das Corps: 41 Bataillone, 42 Schwadronen, 10 Batterien — 31,511 Mann
Infanterie; 5912 Mann Kavallerie, 1570 Mann Artillerie
— 38,993 Mann, 80 Stück Geschütz.

E) das vierte preußische Armee-Corps.

Gen.-Lieut. Graf v. Tauenzien.

Division Dobschütz (bei Berlin): 16 Bataillone, 9 Schwadronen, 16 Stück Ge-
schütz — 13,140 Mann.
Division Wobeser (an der Oder): 14 Bataillone, 8⅓ Schwadronen, 8 Stück Ge-
schütz — 7937 Mann.
Brigade Hirschfeldt (vor Magteburg): 11 Bataillone, 6 Schwadronen, 8 Stück
Geschütz.
Brigade Puttlitz, Detachement Marwitz (unter Hirschfeldt's Oberbefehl an der
Nieder-Elbe): 7½ Bataillone, 6 Schwadronen, 3 Stück Geschütz.
Die drei Abtheilungen unter Hirschfeldt zusammen — 13,016 Mann.
Bekanntlich, mit Ausnahme eines einzigen Regiments, nur Landwehren. Die
Bataillone waren im Durchschnitt nur 635, die Schwadronen kaum 60 Reiter
stark. Das Corps zählte:
48½ Bataillonen, 29⅓ Schwadronen und 4³⁄₄ Batterien — 30,702 Mann In-
fanterie; 2762 Reiter; 589 Mann Artillerie. Zusammen — 34,053 Mann.

Die Nord-Armee zählte mithin im Ganzen:

Russen	— 30,532 Mann,	120 Stück Geschütz
Preußen	— 73,046 =	115 =
Schweden	— 24,018 =	56 = =

Im Ganzen = 127,596 Mann, 291 Stück Geschütz.
Nach den verschiedenen Waffen:

Infanterie: Russen	30 Bat.	= 13,814	Mann
Preußen	89½ =	= 62,213	=
Schweden	35 =	= 18,573	=
Zusammen	154½ Bat.	= 94,600	Mann.
Kavallerie: Russen	48 Schw.	= 6,087	Mann
Preußen	71⅓ =	= 8,674	=
Schweden	32 =	= 3,742	=
Zusammen	151⅓ Sch.	= 18,503	Mann.

Artillerie: Ruffen   **2163 Mann**
         Preußen 2159 :
        Schweden 1703 :
      Zusammen 6025 Mann.
    Kosacken: 22 Regimenter = 8468 Mann.
  Im Ganzen 127,596 Mann, 291 Stück Geschütz, wie oben.
(Hiernach ist die Zahl Seite 112 Zeile 2 zu verbessern. Die Differenz rührt von einem nicht sofort entdeckten Rechnungsfehler Danilewsky's her.)

Zu der Nord=Armee gehörte dann aber auch der abgesonderte Heertheil des russisch=englischen Gen.=Lieut. Grafen Wallmoden, der gegen Davoust und Hamburg, in Mecklenburg aufgestellt war.

Er bestand aus folgenden Truppen:

Abtheilung des russischen G.=M. Baron Tettenborn, 4 Kosacken=Regimenter 2 Stücke Geschütz.

	Bat.	Schw.	Batt.		M. Inf.		M. Kav.
Ruff.=deutsche Legion =	6 Bat.	8 Schw.	2 Batt.	=	4781 M. Jnf.		726 M. Kav.
Preußische Truppen	4 :	7 :	1 :	=	3869 :	:	630 : :
Engl.=deutsche Legion	1 :	4 :	2 :	=	340 :	:	841 : :
Hannöv. Truppen =	6½ :	3 :	1 :	=	4538 :	:	273 : :
Hanseaten =	2 :	8 :	1 :	=	1528 :	:	1449 : :
Schwedische Truppen =	6 :	4 :	1 :	=	3600 :	:	500 : :
Mecklenburger =	4 :	4 :	½ :	=	1983 :	:	600 : :

Zusammen = 29½ B. 38 Sch. 8½ B. = 20,639 M. Jnf. 5019 M. Kav.

Demnach: Infanterie = 20,639 Mann
    Kavallerie   = 5,019 :
    Artillerie (?) = 1,000 :
    Kosacken   = 1,350 :

          28,008 Mann, mit **62 Stücken** Geschütz (da die schwedischen, englischen und hannöverschen Batterien nur 6 Stück eine jede hatten). Die etwas höhere Zahl Seite 112 hat ihren Grund in einem Fehler, der sich wie es scheint, in den Angaben der „Geschichte der Nordarmee" eingeschlichen hat. Es sind dort nämlich in der Gesammtzahl 2 Schwadronen 450 Reiter mehr gerechnet, als im Einzelnen nachgewiesen sind. Ob der Fehler in der Gesammtzahl liegt, oder ob im Einzelnen etwas vergessen ist, muß dahingestellt bleiben. — Die „Geschichte der Nordarmee" rechnet die Kosacken zu 1350 Mann; die offiziellen russischen Listen geben 1415 an; vielleicht ist in dieser letzteren Zahl auch die Bedienungs=Mannschaft der zwei Geschütze mit einbegriffen.

Der Artilleristen endlich, über die genauere Angaben fehlen, könnten wohl ein Paar hundert mehr gewesen sein, als wir hier als Minimum in Rechnung gebracht haben, besonders da noch eine englische Raketen=Batterie mit etwa 100 Mann hinzu zu rechnen ist.

Fünf Bataillone Engländer (2300 Mann) und 1 Bataillon Anhalt=Dessauer (338 Mann) die gewöhnlich als zu den Truppen dieses Heertheils gehörig mitgezählt werden, bildeten die Besatzung von Stralsund, hatten ausschließlich die Bestimmung diesen, dem Kronprinzen von Schweden wichtigen Einschiffungsort zu behaupten, und können daher nicht unter die im freien Felde verfügbaren Streitkräfte gerechnet werden.

Die ganze Macht, über welche der Kronprinz von Schweden zu verfügen hatte, bestand mithin aus 150,000 Mann und 353 Stück Geschütz.

Beilage VIII.

Brief des Generals Baron Winkingerode an den Obersten Baron Löwenstern.

Je viens de recevoir la nouvelle du Prince Royal de Suède que l'Empereur Napoléon se rendra en personne à l'armée du Maréchal Oudinot.

Il se dirige de Dresde à Baruth avec l'intention de marcher de la droite sur Berlin, de nous battre, et de faire son entrée triomphale dans cette capitale.

Il s'agit à présent d'inquiéter sa gauche, et si cela se peut ses derrières.

Vous avez été choisi pour cette expédition, et vos antécédents me sont une garantie que vous répondrez à la confiance que je vous accorde.

Le Prince Royal me prévient que l'Empereur Napoléon suivra son armée, fortement escorté de cavalerie de la garde (probablement les chasseurs à cheval de la garde).

Le Prince Royal accorde à votre détachement dans le cas où vous seriez assez heureux pour l'enlever 500,000 roubles de gratification, et une recompense proportionelle à vous et à votre état-major.

Vous êtes parfaitement bien placé pour entreprendre cette expédition.

Dirigez-vous de Jüterbogk vers Baruth, où se trouve le quartier-général d'Oudinot, harcelez le flanc gauche de l'ennemi autant que vous le pourrez; glissez-vous après sur les derrières de l'armée ennemi, tâchez de gagner la grande route de Dresde, faites après comme vous l'entendrez, et sachez que votre soutien est établi à Belitz et commandé par le général Comte Orourk, sous les ordres directs duquel vous vous trouverez, et auquel il faut adresser vos rapports.

Dans le cas où vous ne pourrez pas parvenir jusqu'à Jüterbogk, et que cet ordre vous trouverait entre ce dernier endroit et Treuenbrietzen, tâchez alors de parvenir au même but en vous dirigeant sur Luckenwalde.

Wintzingerode.

à Belzig, le 17 Août 1813 à 4 heures du matin.

Den Kaiser Napoleon konnte Baron Löwenstern freilich nicht aufheben, aber er machte einen sehr glücklichen Streifzug über Herzberg bis nach Sonnenwalte und in die Wälder der dortigen Gegend, indem er unterwegs ein Marschbataillon aufhob das dem französischen Heere folgte, ein kleines Pferde-Depot, und endlich eine sehr bedeutende sächsische Kriegskasse mit ihrer Bedeckung. Die Depeschen eines aufgehobenen Couriers belehrten ihn am 20. daß Napoleon für seine Person nach Schlesien gehe, und darauf wurde der Rückmarsch angetreten.

Beilage IX.

Note sur la situation générale de mes affaires.

Von Napoleon am 30. August zum eigenen Gebrauch diktirt.

Je suppose l'armée de Silésie ralliée derrière le Bober; il n'y aurait pas même d'inconvénient qu'elle se mit derrière la Neisse. Si je voulais faire venir le Prince *Poniatowski* à l'armée de Berlin, le débouché de Zittau ne serait plus gardé. Il pourrait cependant arriver à Kalau en quatre jours; alors il serait indispensable que l'armée de Silésie s'appuya sur Görlitz et même en avant de Bautzen. — Pourvu qu'un corps occupât Hoyerswerda mon opération de Berlin ne serait pas compromise. Renonçant à l'expédition de Bohème afin de prendre Berlin et de ravitailler Stettin et Custrin, le maréchal *St. Cyr* et le général *Vandamme* prendraient position la gauche à l'Elbe, le duc *de Raguse* le centre, le duc *de Bellune* la droite; le roi de Naples pourrait commander ces quatre corps et s'établir à Dresde avec *Latour-Maubourg*. Ce serait une belle armée. Il serait possible dans des positions connues de se couvrir de quelques redoutes. Cette armée serait menaçante, n'aurait aucun danger à courir et elle pourrait se replier sur Dresde dans le temps que j'y arriverais de Luckau. L'armée de Silésie pourrait s'appuyer sur Rumbourg sa gauche à Weissenberg et occuper Bautzen et Hoyerswerda. Mes deux armées seraient alors sur la défensive couvrant Dresde sur l'une et l'autre rive dans le temps que j'opérerais sur Berlin et porterais le théâtre de la guerre sur le bas de l'Oder. — Les Russes ne pourraient pas être indifferents à l'existence d'une armée de 60,000 h. à Stettin, le blocus de Dantzik serait menacé, et probablement une partie de leur armée de Silésie passerait l'Oder pour se mettre en bataille entre Dantzik et Stettin. L'armée russe doit avoir perdu beaucoup de monde. Aussitôt la frontière menacée à Stettin, ce sera un prétexte pour abandonner la Bohème. Et moi étant dans une position transversale et ayant tous les Polonais entre Stettin et Custrin, j'aurais l'initiative de tous les mouvements.

J'ai deux plans d'opérations à adopter: le premier d'aller à Prague, profitant de mes succès contre l'Autriche. Mais d'abord je ne suis plus en mesure d'arriver avant l'ennemi à Prague, ville forte; je ne la prendrais pas, la Bohème peut s'insurger, je serais dans une position difficile. Secondement. l'armée ennemie de Silésie attaquerait mon armée de Silésie; je serais dans une position délicate à Prague. Il est vrai, cette armée pourrait se porter à Dresde et s'y appuyer. Troisièmement, dans cette position de choses l'armée d'*Oudinot* ne peut rester que défensive, ainsi que celle de *Davoust*, et vers le milieu d'octobre je perdrais 9000 h. à Stettin. J'occuperais alors une ligne de l'Elbe, de Prague à la mer; elle est par trop étendue; si elle était percée dans un point, elle ouvrirait accès dans la 32ième division et pourrait me rappeler dans la partie la plus faible de mes états. Les Russes ne craignant rien pour eux ni pour la Pologne, se renforceraient entre l'Oder et l'Elbe dans le Mecklenbourg et en Bohème. Ainsi le projet d'aller à Prague à des inconveniens:

Je n'ai pas suffisament de chances pour être sûr d'avoir la ville de Prague.

Que je me trouve alors avec mes principales forces dans un tout autre système et mis de ma personne à l'extrémité de ma ligne. je ne pourrais me porter sur les points menacés, des sottises seraient faites, qui porteraient la guerre entre l'Elbe et le Rhin, ce qui est le désir de l'ennemi.

Troisièmement, je perdrais mes places sur l'Oder et ne serais pas en acheminement sur Dantzik.

En marchant au contraire sur Berlin j'ai aussitôt un grand résultat, je protège ma ligne de Hambourg à Dresde; je suis au centre; en 5 jours je puis être aux points extrêmes de ma ligne; je dégage Stettin et Cüstrin, je puis obtenir le prompt résultat de séparer les Russes et les Autrichiens. — Dans la saison je ne puis être embarassé de vivre à Berlin; les pommes de terre, les grandes ressources de cette ville, les canaux etc. me nourriront et je maintien‑ la guerre où elle a été jusqu'à cette heure. La guerre d'Autriche n'a pour moi que l'inconvénient d'un sacrifice de 120,000 hommes mis sur la défensive entre Dresde et Hof, défensive utile à mes troupes qui se forment. Je puis me prévaloir auprès de l'Autriche de cette condescendance à ne pas porter la guerre en Bohème. L'Autriche ne pourra se porter nulle part, ayant 120,000 h. sur ses frontières; je menace d'aller à Prague sans y aller. Les Prussiens ne se soucieront pas de rester en Bohème leur capitale prise, et les Russes eux‑mêmes seront inquiets pour la Pologne en voyant les Polonais réunis sur l'Oder. — Les Russes, les Prussiens de Bohème forceront l'Autriche à reprendre l'offensive, à revenir à Dresde; ce ne peut être que dans 15 jours. Alors j'ai pris Berlin, ravitaillé Stettin, détruit les travaux des Prussiens et désorganisé la Landwehr. Alors, si l'Autriche recommence ses sottises, je me trouverai à Dresde avec une armée réunie; de grands événements, une grande bataille termineraient la campagne et la guerre. — Enfin dans ma position tout plan, où de ma personne je ne suis pas au centre, est inadmissible. Tout plan qui m'éloigne établit une guerre réglée, où la supériorité des ennemis en cavalerie en nombre et même en généraux me conduirait à une perte totale. — En effet pour bien comparer les deux projets il faut placer mes armées en ba‑ taille dans les 2 hypothèses:

1. Projet de Prague.

Il faut m'y porter de ma personne, y mettre le 2e, le 6e, le 14e et le 1er corps de cavalerie; il faudrait le prince d'*Eckmühl* devant Hambourg, les trois corps d'*Oudinot* sous Wittenberg et Magdebourg, l'armée de Silésie sous Bautzen. Dans cette situation je suis sur la défensive, l'offensive est à l'en‑ nemi; je ne menace rien; il serait absurde de dire que je menace Vienne; l'en‑ nemi peut masquer l'armée de Silésie, faire déboucher des corps par Zittau, m'attaquer à Prague; ou bien, masquant l'armée de Silésie, il détachera sur le bas Elbe, ira sur le Weser, tandis que je serai à Prague; il ne me restera qu'à gagner le Rhin en toute hâte. Le général qui commandera ne conviendra pas que l'ennemi s'est affaibli devant lui et mon arrivée sur Hambourg et Magdebourg sera tout‑à‑fait hors de ma main. Maintenant:

2ième Hypothèse.

Le 1er corps, le 14e, 2e, 6e et la cavalerie de *Latour-Maubourg* resteront tranquille autour de Dresde sans craindre les cosaques; le corps d'Augereau s'approche sur Bamberg et Hof; l'armée de Silésie sur la Queiss ou le Bober et Bautzen. Point d'inquiétude encore pour mes communications. Mes deux armées de Davoust et d'Oudinot seront sur Berlin et Stettin.

Bemerkenswerth ist hier unter anderem auch daß Napoleon hier — in einem Papier das lediglich zu seinem eigenen Gebrauch bestimmt war — die Heertheile unter Vandamme, St. Cyr, Victor, Marmont und Latour‑Maubourg zusammen auf 120,000 Mann schätzt. Sie hatten den Feldzug mit 138,896 Mann eröffnet. Napoleon berechnete ihren Verlust während der ersten vierzehn Tage des Feldzugs, so weit er ihn zur Zeit übersehen konnte, auf 19,000 Mann, wozu denn noch der Verlust der Garden käme, wenn der ganze Verlust berechnet werden soll, um den er den Sieg bei Dresden erkauft hatte. Wahrscheinlich nahm Napoleon bei dieser ungefähren Rechnung auch auf die, nach seiner Ansicht freilich nicht sehr bedeutenden Gefechte Rücksicht, die Vandamme inzwischen noch auf der Nollendorfer Höhe und bei Teplitz gehabt haben mußte, und gewiß hatte sich während dieser Tage, in Folge des schlechten Wetters der Krankenbestand rasch vermehrt.

Beilage X.

Zur Schlacht bei Kulm.

Der österreichische Major Ritter v. Thielen hat sich neuerdings in seinen „Erinnerungen" in etwas leidenschaftlicher Weise auch über den Feldzug 1813 vernehmen lassen. Er will unter Anderem von der Sendung des Fürsten Wenzel Liechtenstein in das Hauptquartier der schlesischen Armee nichts wissen — und erklärt es, Angesichts der von Duka entworfenen Instruction die dem Fürsten mitgegeben wurde, mit großer Indignation für unwahr daß man am 29. August im österreichischen Hauptquartier daran gedacht habe Blücher zu Hülfe zu rufen. Dagegen hat er das Talent gehabt ein Aktenstück zu entdecken, von dem niemand sonst etwas weiß. Es ist eine Disposition Schwarzenberg's, zur Schlacht bei Kulm am 30. August, angeblich von Radetzky's Hand geschrieben. Sie lautet wie folgt:

„An Se des die Armee der Verbündeten commandirenden Generalen Graf Barklay de Tolly Excellenz. Altenberg am 29. August."

„Da der Feind bis Peterswalde zurückgedrängt werden muß, damit die von hieraus kommenden diesseitigen Colonnen nicht verloren gehen, so ersuche E. E. den Angriff hiezu, nach Ihrer Einsicht und Mitteln morgen den 30. zu veranlassen, und gebe nur noch bekannt, daß die Divisionen Colloredo und Bianchy nebst der Cavallerie Brigade Prinz Koburg unter Einem beordert wird, morgen früh in Töplitz einzutreffen, welche an E. E. angewiesen sind. Nebstbei beordre ich den F. M. L. Lederer mit einer Cavallerie-Brigade nach Lobositz, um von da auf die Straße von Aussig vorzupoussiren; so wie ich den Gouverneur von Theresienstadt erneuert die Gegend von Zelwe und Nekizan zu besetzen beauftrage, um die dahin führenden Straßen sicher zu stellen; so muß ich E. E. Aufmerksamkeit dahin führen, daß bei dem morgigen Angriffe der linke Flügel auf das Beste gehalten und garantirt werden muß, während die Kleistische Colonne durch das Gebirge im Rücken des Feindes mitzuwirken und nachdrücklichst zu handeln, zu bestimmen kommt, wozu lediglich ohnedies nur Infanterie und vorzüglich die leichte verwendet werden kann, da solche von den Höhen herab in die Flanken des Feindes wirken soll. In welcher Gemäßheit E. E. dem Herrn Generalen von Kleist die erforderlichen Befehle ertheilen wollen."

Der Styl des Aktenstücks ist allerdings eminent österreichisch. — Die „Cavallerie-Brigade Koburg" fiel mir einigermaßen auf. Es ist nämlich der österreichische Gen. Maj. Prinz Ferdinand von Koburg gemeint. Der aber hatte zur Zeit, aus Rheinbund-Rücksichten eine Art von Incognito angenommen, und hieß in den Listen, den Befehlen und Berichten, der General Graf Sorbenburg. — Doch das konnte der Fürst Schwarzenberg in dem Augenblick vergessen haben.

Entschieden verdächtig aber, war mir der Ausstellungsort des Briefs. Wenn er in der Nacht vom 29. zum 30. zu Dur ausgefertigt wäre, so ließe sich begreifen — aber von Altenberg aus! — Dort, wo der Fürst Schwarzenberg am 29. bis vier Uhr Nachmittags verweilte, hat er gar keine Meldungen aus dem Thal von Teplitz erhalten, gar nicht erfahren daß Vandamme über die Nollendorfer Höhe vorgedrungen war, und daß man sich bei Kulm schlug. Selbst der Kaiser Alexander erfuhr dort nichts davon, — erfuhr überhaupt nichts davon, als bis er von den Höhen von Graupen herab das Gefecht im Thal mit eigenen Augen sah. Der Herzog Eugen v. Württemberg hatte sich um Hülfe in der nächsten Nähe an den König von Preußen gewendet. Nach Altenberg hatte er keine Meldungen gesendet, theils weil ihm das nichts helfen konnte, theils weil nicht Schwarzenberg, sondern Barclay die Behörde war, an die er unmittelbar zu melden hatte, und endlich weil man den Fürsten Schwarzenberg nicht dort, sondern in Dur vermuthete.

Und wenn auch der österreichische Feldmarschall in Altenberg etwas von dem

Gefecht erfahren hätte, konnte er dort, vor vier Uhr Nachmittags, wissen daß es dem Herzog Eugen gelingen werde sich bis in die Nacht bei Priesten zu behaupten wie hier vorausgesetzt wird? — Das wagte zu der Stunde noch niemand mit Zuversicht zu hoffen. Alles war von banger Sorge beseelt, Alles war mit Anordnungen beschäftigt, der dringenden Gefahr des Augenblicks zu steuern, an großartige, umfassende Dispositionen für den folgenden Tag konnte zu der Zeit niemand denken. — Auch ist hinreichend bekannt daß Colloredo und Bianchi solche Befehle wie hier angedeutet sind, nicht aus Altenberg, sondern erst spät in der Nacht aus Dur erhalten haben.

Ich mußte mir sagen, der Brief setzt ganz augenscheinlich voraus, daß man zur Zeit als er geschrieben wurde, das Gefecht bei Priesten beendigt wußte —: er kann also nur aus Dur erlassen sein. Sollte der Major Thielen sich in Beziehung auf den Ausfertigungsort geirrt haben — oder hat vielleicht jemand der ihn irre führt den Ausfertigungsort absichtlich von Dur nach Altenberg verlegt, um die Dispositionen zur Schlacht bei Kulm, die aus den gemeinsamen Berathungen auf dem Schlachtfelde bei Priesten und auf dem Schlosse zu Dur hervorgingen, dem Fürsten Schwarzenberg allein zu vindiciren?

Darüber wollte ich mir Gewißheit verschaffen. Die genauen Nachforschungen aber, die zu diesem Ende in den russischen Archiven veranlaßt worden sind, haben zu einem überraschenden Ergebniß geführt. Es hat sich nämlich erwiesen daß Barclay weder einen solchen Brief Schwarzenberg's je erhalten hat, noch irgend einen anderen irgend verwandten Inhalts.

Erhalten hat Barclay den Brief nicht, das ist gewiß! — Der Herr Major Thielen hätte nun zu beweisen daß er wirklich geschrieben worden ist. —

Beiläufig bemerkt: der Offizier der bei Kulm den General v. Kleist aus dem Gedränge führte, war der Lieutenant v. Uttenhoven. (Jetzt General-Lieutenant a. D.)

Beilage XI.

Remarques sur les partisans et la direction qu'on devrait leur donner à l'époque d'aujourdhui. Le 20 d'Août proposé au Maréchal Prince de Schwarzenberg par le G. M. de Toll.

L'armée coalisée peut être très souvent dans le cas de devoir se reposer quelque temps après avoir fait des marches forcées et penibles. Pour conserver l'offensive sur l'ennemi même dans les cas les plus critiques, il faudra mener la petite guerre avec la plus grande vigueur; en conséquence de quoi je propose de faire venir de l'armée de Blücher 12 régimens de Cosaques pour les faire joindre dans le plus court délai à l'armée de Bohème. De ces régimens on formera cinq ou six*) partisans leur ajoutant quelques pièces d'artillerie volante, que l'on enverra sur les routes de Dresde à Leipzig, de Dresde à Altenbourg, de Dresde à Chemnitz. Les opérations de ces partisans se borneront entre la Saale et la Mulde, afin de reserrer autant que possible le terrain qu'occupent les forces ennemies, et leur ôter par ce moyen toutes les ressources du pays de la Saxe.

On pourra même à Zwickau et Hof faire rassembler des vivres pour l'armée de Bohème, qui ne doit pas tarder de recommencer le mouvement stratégique sur les communications de l'ennemi, en se dirigeant sur (par) Zwickau

---

*) Zu suppliren: corps de.

et Chemnitz sur Leipzig dans le but de prêter la main à l'armée du Prince
Royal de Suède qui se dirigera par Rosslau sur ce même point.

Les partisans Seslawin, Davydow, Kudaschew, Fügner, Kaisarow et
Orlow ont rendu les plus grands services dans l'année 1812, et ils seraient
fort heureux d'être employés dans les circonstances actuelles. Ces mesures
prises nous procureraient des avantages immenses. Toute communication
avec la France sera interrompue, toute nouvelle formation de troupes ennemies en Allemagne sera détruite, la troupe de ces partisans se renforcera sen-
siblement par les allemands, qui prendront volontièrement les armes contre
leurs tyrans, et dans peu nous verrons les grands résultats de ce genre de
guerre que l'ennemi ignore entièrement.

Beilage XII.

Instruction für den Gen. der Kavallerie Grafen Platow. (Uebersetzung.)

Chemnitz, den 9. Octbr. — Da Euer Erlaucht jetzt durch drei Kosacken-Regimenter von der Armee des Generals Bennigsen verstärkt sind, die sich auf dem Marsch
zu Ihnen befinden, so belieben Sie die zwei Eskadronen vom Palatinal-Husaren-
Regiment mit ihrem Obersten, zu dem Corps des Generals Klenau zurückzusenden,
welches sich morgen bei dem Städtchen Rochlitz befinden wird. Der Umstand daß
die Kavallerie bei diesem Corps wenig zahlreich ist, bestimmt mich sie von Ihnen
abzurufen, und zu ihrem Regiment zurückzusenden.

Zu Ihrer Benachrichtigung theile ich Ihnen mit daß, nach einer durch den
General Blücher gegen den General Bertrand, auf dem linken Ufer der Elbe, nicht
weit von Wittenberg, gewonnenen Schlacht, Napoleon sich gegen Blücher gewendet
hat, wahrscheinlich in der Absicht ihn mit überlegener Macht zu schlagen. Diese
seine Bewegung scheint von allen Seiten bestätigt, denn die Corps von Victor und
Lauriston sind in der Nacht aus der Gegend von Oederan und Freiberg nach Alt-
wenda und Waldheim aufgebrochen. Von dem Corps Poniatowski's aber können
E. E. die genauesten Nachrichten haben.

Da die Bewegung der Hauptarmee auf Leipzig bestimmt ist, und das Corps
des Grafen Wittgenstein schon bei Altenburg steht, die übrigen aber in der Gegend
von Chemnitz, so belieben E. E. mit Ihrem fliegenden Corps die Richtung auf
Koltitz, Grimma oder Wurzen zu nehmen. Bei diesen Orten geht der Feind durch
sehr schwierige Engpässe, und wahrscheinlich können Sie ihn mit Erfolg angreifen
und ihm einen Theil seiner Artillerie nehmen. Eben so ist es nöthig daß E. E.
einen zuverlässigen Offizier mit einer wenig zahlreichen Partei zu dem Prinzen von
Schweden senden, mit der mündlichen Meldung daß unsere Armee auf Leipzig geht.
Schriftliches geben Sie ihm nichts mit, damit es nicht, im unglücklichen Falle, in
die Hände des Feindes komme.

Beilage XIII.

Précis d'un entretien du général Comte de Merveldt, avec l'empereur Napoléon, au camp près de Leipzig, le 17 Octobre 1813.

Da dieses wichtige Aktenstück in Deutschland wenig gekannt zu sein scheint, und
so gut wie gar nicht beachtet worden ist, wird man wohl für gerechtfertigt halten,
daß wir es hier vollständig einrücken.

L'Empereur Napoléon me fit appeler le 17 à 2 heures après midi, et après un compliment sur les efforts que j'avais fait pour passer sur le derrière de son armée, et l'attaquer sur ses communications, me dit qu'il voulait, comme un témoignage de son estime, me renvoyer sur parole.

Après quelques questions sur la force des armées alliées qu'il assura ne pas avoir supposées aussi considérables, il me demanda si sa présence à l'armée avait été connue; ce dont je l'assurais.

Vous aviez donc le projet de me livrer bataille?

Oui Sire.

Vous êtes dans l'erreur sur les forces que j'ai rassemblées ici; quelles forces me supposez-vous?

Au plus 120,000 hommes.

J'en ai plus que 200,000. Je crois que je vous ai taxé moins forts que vous n'êtes; quelle est votre force?

Plus de 350,000, Sire.

M'attaquerez-vous demain?

Je n'en doute pas, Sire; les armées alliées en confiant sur la supériorité de leurs moyens attaqueront V. M. journellement, et espéreront par là amener le résultat d'une bataille décisive, et la retraite de l'armée française, que Ses talents prouvés pourraient nous enlever les premiers jours.

Cette guerre durera-t-elle toujours? il sera (serait) bien temps de la finir une fois.

Sire, c'est le voeu général, et la paix est dans les mains de V. M.; il eût dépendu d'Elle de la conclure au congrès de Prague.

On n'était pas de bonne foi, on a finassé, on m'a fixé un terme péremptoire; une aussi grande affaire ne peut pas se finir en dix jours; l'Autriche a manqué le moment de se mettre à la tête des affaires de l'Europe; j'aurais fait tout ce qu'elle eût voulu, et nous aurions dicté la loi.

Je ne puis cacher à V. M. qu'on pense en Autriche qu'à la suite de votre (notre) dictature vous auriez fini par dicter la loi à l'Autriche.

Mais enfin, il faut que quelqu'un porte la parole, que ce soit l'Autriche! si vous écoutez la Russie, elle est sous l'influence de l'Angleterre, et celle-ci ne veut pas la paix.

Je ne suis nullement instruit des idées de mon gouvernement, Sire, tout ce que je puis avoir l'honneur de dire à V. M. je la supplie de ne considérer que comme mes idées à moi, mais je sais avec certitude que l'empereur mon maitre est décidé à ne jamais se départir dans les négociations de l'accord le plus étroit avec les cours alliées, que c'est à cet accord qu'il est convaincu de devoir la position heureuse de ses affaires, et l'espoir fondé d'une paix durable. V. M. connait combien les cours alliées partagent le désir de pouvoir amener cette paix le plutôt possible.

Eh bien, pourquoi n'accepte-t-on pas mes propositions de négocier? — Vous voyez bien que l'Angleterre ne veut pas la paix.

Sire, je sais avec certitude qu'on attendait journellement une réponse de l'Angleterre à laquelle on a transmis les propositions de V. M. d'entamer des négociations, et on se croit assuré de son consentement.

Vous verrez qu'elle ne voudra pas.

L'Angleterre a trop besoin de la paix, Sire, pour ne pas la désirer avec ardeur, mais elle désire une paix et non un armistice, une paix qui porte dans ses conditions la garantie de la stabilité.

Et en quoi supposez-vous que cette garantie pourrait se trouver?

Dans un équilibre de puissance en Europe, qui mettra des bornes à la prépondérance de la France.

Eh bien, que l'Angleterre me rende mes îles, et je lui rendrai le Hannovre; je rétablirai les départements réunis et les villes Anséatiques.

Je crois, Sire, qu'ils tiendront au rétablissement de la Hollande.

Oh! elle n'existera (n'existerait) pas, elle ne respecterait pas les pavillons; la Hollande isolée serait sous la dépendance de l'Angleterre.

Je crois, Sire, que les principes maritimes établis par l'Angleterre sont occasionnels, et une conséquence de la guerre, et cesseront avec elle; en suite de cela les raisons que V. M. dit avoir pour vouloir conserver la Hollande disparaitront.

Eh bien, il faudrait s'entendre sur cette indépendance, mais cela ne sera pas facile avec les principes de l'Angleterre.

Ce serait une résolution généreuse et un grand pas vers la paix.

Je la désire ardemment; je ferai des sacrifices, de grands sacrifices même, mais il y a des choses auxquelles mon honneur tient, et dont surtout dans ma position je ne saurais me départir; par exemple le Protectorat de l'Allemagne.

V. M. connait trop combien son influence en Allemagne est contraire au rétablissement de l'équilibre de force en Europe pour supposer qu'on puisse la consolider encore par une paix; notre alliance avec la Bavière et plusieurs autres confédérés de la ligue du Rhin, la possession que nous espérons obtenir de la Saxe, enlèvent au reste à V. M. de fait une partie de Ses alliés, et nous comptons que le reste tombera par la suite des succès que notre grande supériorité nous promet.

Oh, ceux qui ne veulent pas de ma protection, je les abandonne. Ils s'en répentiront; mais l'honneur ne me permet pas de me départir de la qualité de protecteur pour les restants.

Je me rappelle que V. M. anciennement m'a dit Elle même, qu'il était nécessaire pour le repos de l'Europe que la France soit séparée par une ceinture de petits états indépendants, des autres grandes puissances de l'Europe. Que V. M. revienne à ces justes principes qu'Elle avait conçus dans Sa sagesse dans des moments de calme et de réflexion, et elle assurera le bonheur de l'Europe.

L'Empereur ne répondit point négativement à cette observation, et il s'en suivit un instant de silence qu'il interrompit par l'exclamation: Eh bien, nous verrons: mais tout cela ne nous amenera (pas) à la paix; comment négocier avec l'Angleterre qui veut m'imposer la loi de ne pas construire plus de 30 vaisseaux de ligne dans mes ports; les Anglais sentent eux-mêmes tellement combien cette condition est inadmissible, qu'ils n'ont pas osé l'articuler jusqu'à présent, mais je leur en connais l'intention.

Sire, j'ai supposé dès le commencement de cette conversation que le but de cette guerre pour les puissances alliées était le rétablissement de l'équilibre de l'Europe; l'Angleterre ne peut pas se cacher qu'avec l'étendue de côtes que V. M. possède depuis l'Adriatique jusqu'à la mer du Nord, dans quelques années Elle aurait une marine double et triple de celle de la Grande Brétagne, et avec le talent et l'activité de V. M. les résultats seraient faciles à calculer; comment obvier à cette supériorité prochaine, qu'en fixant le nombre des vaisseaux qui pourront se construire dans les ports de la France, à moins que V. M. ne revienne aux stipulations qu'Elle a établies Elle-même en se plaçant à la tête du gouvernement du royaume d'Italie; savoir, de vouloir rendre l'indépendance à ce pays, à la paix continentale et générale. Je ne sache pas que V. M. ait jamais rien publié qui revoquât cette loi, qu'Elle s'était imposée à Elle-même, il serait beau de porter à la tranquillité de l'Europe, ce que l'Europe considérerait comme un sacrifice généreux, au lieu du déshonneur que V. M. attache avec justice à la loi qui bornerait le nombre des vaisseaux de la France; Elle aurait toute la gloire de cette paix, et après avoir acquis le plus haut degré de gloire militaire, la paix lui donnerait le temps d'achever tous les superbes établissements qu'Elle a commencé en France, et de faire le bonheur de son empire, auquel Sa gloire ne laisse pas que de couter un peu cher.

L'empereur convint que cette condition serait plus admissible. Dans tous les cas, ajoutait-il, je ne m'entendrai (pas) au rétablissement de l'ancien ordre de choses en Italie. Ce pays, réuni sous un même souverain, conviendrait à un système général de politique en Europe.

Quant au duché de Varsovie, V. M. y a renoncé je suppose.

Oh oui! je l'ai offert, et on n'a pas trouvé bon de l'accepter.

L'Espagne pourrait encore être une pomme de discorde.

Non, répondit l'empereur, l'Espagne est un objet de dynastie.

Oui, Sire, mais je pense que les puissances belligérantes n'ont pas toutes le même intérêt pour la même dynastie.

J'ai été obligé d'abandonner l'Espagne, cette question est donc décidée par là.

Il semble donc, répliquai-je, que la paix devrait être possible.

Eh bien, envoyez-moi, quelqu'un en qui je puisse avoir confiance, et nous pourrons nous arranger. On m'accuse de proposer toujours des armistices; je n'en propose donc pas; mais vous conviendrez que l'humanité y gagnerait beaucoup; si l'on veut, je me placerai derrière la Saale; les Russes et les Prussiens derrière l'Elbe; vous en Bohème, et la pauvre Saxe qui a tant souffert, resterait neutre.

Nous ne pourrions guère nous passer de la Saxe pour vivre, si même nous ne portions nos espérances (vu la supériorité de nos moyens) à voir V. M. passer le Rhin cet automne encore; il ne pourrait donc jamais, je pense, être de la convenance des armées alliées de voir V. M. par un armistice établie en deça.

Pour cela il faudrait que je perde une bataille, cela peut arriver — mais cela n'est pas.

Hier bricht der bekannt gewordene Bericht ab. Es fehlt der Schluß in dem wohl von dem Brief Napoleon's an den Kaiser Franz die Rede gewesen sein wird. —

Beilage XIV.

Tagsbefehl des Kronprinzen von Schweden, Hohenthurm 17. October 1813.

Au reçu du présent ordre et sans perdre un instant les généraux commandants des corps de l'armée, feront prendre leurs armes à leurs troupes.

Le Prince Royal se rend au corps russe pour commander la marche et se mettre à la tête des deux armées.

L'armée Suédoise se mettra en route sur le champ pour se rendre à Landsberg, elle suivra le mouvement de l'armée russe.

Les généraux en chef sont prévenus que la grande arméo et celle de Silésie ont eu hier des engagements très-vifs aux environs de Leipzic, que les alliés ont eu des succès, mais qu'il est indispensable de soutenir l'armée de Silésie, qui suivant toutes les probabilités sera attaquée dès la pointe du jour, par un corps venant de Düben.

Le Prince Royal compte sur la bravoure des troupes et sur les talents et l'expérience des généraux.

Les destinées de l'Europe peuvent se fixer aujourdhui, la cause des alliés est juste, Dieu bénira nos armes.

Beilage XV.

Zum 19. October.

Der Ruhm das äußere Grimmaische Thor erstürmt zu haben, ist dem Königsberger Landwehrbataillon streitig gemacht, und für das damalige 2te Reserve-Regiment (3. Pommersche Nr. 14) in Anspruch genommen worden. — Hoffentlich wird die „Geschichte der Nordarmee" die der preußische Generalstab ausarbeitet schon in ihrer nächsten Fortsetzung den Streit entscheiden und uns Gewißheit geben.

Beilage XVI.

Literatur.

Ueber die neueren Werke der europäischen Literatur, die sich mehr oder weniger eingehender Weise mit der Geschichte der Befreiungskriege beschäftigen, hat sich der Verfasser in der von Sybel herausgegebenen historischen Zeitschrift ausgesprochen. Es möchte kaum nöthig sein hier ausführlich darauf zurückzukommen, da diese zweite Auflage die wir der Oeffentlichkeit übergeben, hoffentlich den Beweis liefert, daß alle neueröffneten Quellen gewissenhaft benützt worden sind — und der erwähnte Aufsatz hinreichende Auskunft darüber giebt, von welchem Urtheil der Verfasser sich dabei leiten ließ.

Ein Paar kurze Bemerkungen mögen hier genügen. Wir haben in Sybel's Zeitschrift bereits darauf aufmerksam gemacht in welcher Weise die St. Helena-Literatur durch die politische Lage Frankreichs und Europa's, und durch die allgemein herrschende Stimmung begünstigt wurde, so daß die Fabeln die sie verbreitete, selbst außerhalb Frankreich Glauben fanden, wie plump und ungeschickt sie auch großentheils angelegt sein mochten.

Da die Wahrheit um durchdringen zu können, wie die Lüge, eines empfänglichen Publikums bedarf, das sich ihr nicht absichtlich verschließt, gehörte nicht weniger als eine veränderte Weltlage dazu der Kritik Gehör zu schaffen. Das zweite Empire mußte in Frankreich zur Herrschaft gelangt sein, damit dort eine Literatur entstehen konnte, in der die Geschichte der ersten Napoleonischen Periode mit größerer Wahrhaftigkeit besprochen wird als früher.

Motive, der augenblicklichen Lage — namentlich der persönlichen Stellung, der eigenen Nullität in dem neuen System entlehnt — haben auch Thiers bestimmt in den späteren Bänden seines Werks, wahrhafter zu sein als in den früheren. — Aber natürlich nur in Beziehung auf Napoleon selbst, seine Plane, und die Beweggründe die ihn bestimmten. Daß Thiers jemals eine Wahrheit sagen wird durch die das National-Gefühl der Franzosen verletzt werden könnte, das darf man natürlich nicht erwarten. — Wo ihm dergleichen entgegentritt in den Quellen, verleugnet er diese unbedingt, und wenn sich die Sache nicht in decenter Weise umgeben läßt, bebt er keineswegs davor zurück das grade Gegentheil der Wahrheit als Wahrheit zu erzählen.

Natürlich tragen nach seiner Darstellung Sachsen und Baiern allein die Schuld der Niederlagen bei Groß-Beeren und Dennewitz; sie flohen während die französische Division Durutte und Arrighi's Reiter Wunder der Tapferkeit vollbrachten! Das erzählt er — und die Berichte Ney's, Oudinot's und Reynier's, die das grade Gegentheil melden, sind in seinen Händen. Alle Zeugen bestätigen einstimmig daß die Division Durutte stets eine sehr schwache Haltung zeigte, daß Arrighi's Reiter immerdar flohen ohne es je zu einem wirklichen Gefecht kommen zu lassen, und man wird das natürlich finden, wenn man weiß daß Durutte's Heertheil aus Strafregimentern bestand, Arrighi's Reiterschaaren aber, aus lauter neugebildeten und schwach organisirten Regimentern.

Die Art wie Thiers die Zahlenverhältnisse behandelt, entspricht dem Uebrigen. Wie stark die französische Armee bei der Eröffnung des Herbstfeldzugs war — das konnte niemand besser wissen als Er, dem die Archive Frankreichs offen standen, aber er giebt nur in offenbar absichtlich verwirrter Weise Auskunft darüber und läßt die Sache in ein gewisses Dunkel gehüllt — aus Gründen die ein etwas aufmerksamer Leser sehr bald durchschaut. Thiers weiß sehr gut in welchem Grade das französische Heer dem der Verbündeten an Zahl gewachsen war — fühlt aber keinen Beruf das der französischen National-Eitelkeit ganz offen zu sagen, oder einzugestehen, wie schwer die Niederlagen waren von denen Napoleon's Armee betroffen wurde. — Einzelne Angaben, die er wie verstohlen einfließen läßt, stimmen durchaus zu den authentischen Listen Berthiers, aber er hütet sich eben sie zu einem vollständigen Bilde zusammen zu fügen! —

Da ist es denn sehr merkwürdig und beachtenswerth daß er die französische Armee bei Leipzig, indem er auf Einzelheiten genau eingeht, zu 190,000 Mann angiebt, und unter diese Zahl nicht herab zu gehen wagt. Stünde sein Zeugniß allein, so müßte man sagen: das also ist die geringste Zahl die ein Mann dem die authentischen Urkunden vorlagen, irgend wagen könnte anzugeben. — Wenn wir dann aber sehen daß seine Berechnungen namentlich in Beziehung auf den Zustand der Armee am 12. October selbst im Einzelnen genau zu den eigenen Berechnungen Napoleon's und den Angaben Marmont's stimmen, dann gelangen wir zu der Ueberzeugung, daß sie im Wesentlichen richtig sind — und die letzte, für den 16. October geltende Zahl, höchstens um eine Kleinigkeit, auf die in so großartigen Verhältnissen wenig ankömmt, zu gering.

Dann aber auch erinnert die Geschichte des Kaiserreichs, wie sie uns Thiers erzählt, den Sachverständigen auf jeder Seite daran, daß schon die überwiegend rhetorische Bildung der Franzosen, die Alles überragende Sorge für den Styl — die Stylmacherei wie man wohl sagen dürfte — die strenge geschichtliche Wahrheit eigentlich gar nicht zuläßt, wenigstens nirgends gestattet ein nicht übermaltes — unverfälschtes — Spiegelbild des Lebens einzufügen. Was nicht schön erzählt werden kann, kann überhaupt gar nicht erzählt werden. Die Thatsachen müssen sich gefallen lassen so gebeugt, in solche Schranken gebracht zu werden, wie die

Grazie des Salon-Styls oder die classische Eleganz akademischer Rederweise erfordert.

Das zeigt sich namentlich auch in Beziehung auf die Art wie Thiers Metternich's berühmtes Gespräch mit Napoleon zu Dresden erzählt — und zwar so daß man ein Lächeln kaum zu unterdrücken vermag. Es könnte unmöglich so mitgetheilt werden, wie es wirklich gehalten worden ist, wie es der Fürst Metternich unmittelbar nachher niedergeschrieben hat; das verstieße gegen alle französischen Begriffe von der nothwendigen Eleganz und Würde des historischen Styls. Wie ließe sich mit Eleganz und Würde sagen daß Napoleon ausgerufen hat: „Je me f... bien de la vie de deux cents mille hommes!“ — Thiers gesteht daß er die familiarité soldatesque des Ausdrucks nicht wiedergeben kann, und theilt das Ganze in elegant lackirter Gestalt mit.

Die „biographische Skizze“ — „Der k. k. Feldmarschall Graf Radetzky. Von einem österreichischen Veteran.“ — bringt manches sehr wichtige Aktenstück, und auch im Text manche leicht und leise hingeworfene Notiz, die dem Kundigen der sie versteht und zu nützen weiß, von großem Werth ist. — Daß die Darstellung der Ereignisse von einer gewissen österreichisch-patriotischen Befangenheit nicht ganz frei ist, können wir natürlich dem „österreichischen Veteran“ nicht übel deuten — ebenso wenig dürfen wir es aber auch bei der Benützung des Buchs vergessen. Diese Art von Befangenheit, wenn wir sie so nennen dürfen, erhellt zur Genüge schon daraus, daß der Veteran zwar wohl von dem Dasein einer starken Friedenspartei im Hauptquartier der Verbündeten weiß und spricht — dann aber die Dinge im Wesentlichen so darstellt, als hätte — Metternich!! — an der Spitze der Kriegspartei gestanden.

Einer an sich ehrenwerthen Pietät haben wir auch wohl zuzuschreiben — was wir bedauern müssen — daß nämlich der Veteran über gewisse — um uns eines österreichischen Ausdrucks zu bedienen — besonders „heiklige“ Perioden des österreichischen Heerbefehls schweigend hinweg eilt. — Und endlich scheint er, besonders in Beziehung auf die genaueren Umstände manches Ereignisses, mündlichen Ueberlieferungen, die doch nicht ganz so zuverläßig waren als er geglaubt haben mag, etwas zu sehr vertraut zu haben. — Wir erlauben uns dies an einem Beispiel nachzuweisen, das charakteristisch ist, wenn es sich auch nicht gerade um ein Ereigniß von großer historischer Wichtigkeit handelt.

Bei Leipzig erhielt der Fürst Schwarzenberg das Großkreuz des Marien-Theresien-Ordens — Radetzky war schon seit 1809 Commandeur dieses Ordens. Der Veteran erzählt: „Der Feldmarschall schon seit 1805 im Besitz des Commandeur-Kreuzes, nahm dasselbe im Beisein vieler Generale vom Halse, und gab es an Radetzky mit den Worten: „„Dieses Kreuz hat der große Loudon getragen und ich kann es an keinen Würdigeren abtreten.““ Und Radetzky hat es getragen, bis ihm seines Kaisers Huld nach dem unvergleichlichen Sieg bei Custozza das Großkreuz gab.“

Die Anekdote ist ungemein ansprechend, und gern würde sie wohl ein jeder für eine geschichtliche Thatsache halten. Aber wir haben dabei Folgendes zu erwägen.

Der Marien-Theresien-Orden wurde bekanntlich im Jahr 1757 gestiftet: der 14. Juni — Tag der Schlacht bei Collin — gilt als Stiftungstag. Der Orden bestand zunächst aus zwei Klassen: Großkreuzen und Rittern. Loudon — oder vielmehr Laudon, da diese liefländische Familie mit den schottischen Loudons gar nichts gemein hat — wurde noch im Herbst desselben Jahres Ritter, und erhielt schon 1758, nach dem Entsatz von Olmütz, das Großkreuz. Die Zwischen-Klasse der Commandeure aber wurde erst im Jahre 1779, zwanzig Jahre später gestiftet. Laudon ist nie Commandeur gewesen, ein Commandeur-Kreuz das von

Loudon auf Schwarzenberg und von Schwarzenberg auf Radetzky vererbt werden konnte, hat es nie gegeben.

Wir bemerken das nur weil die Sage eben immer nur zu leicht Eingang in die Geschichte findet. Das Werk ist darum nicht minder ein redliches, und hat nicht minder seinen Werth. —

Zu den wichtigsten Werken über die Befreiungskriege aber, zu den Quellenwerken ersten Ranges, gehört die vom preußischen Generalstab bearbeitete „Geschichte der Nordarmee" die wir in der That ungleich höher stellen müssen als die vor zwanzig Jahren herausgegebene Geschichte der schlesischen Armee. — Sehr werthvolle Daten berichtet dann auch in zuverlässiger Weise ein neueres Werk, das mit Umsicht und Ruhe, unparteiisch und gerecht gehalten, in mehr als einer Beziehung beherzigt zu werden verdient. Wir meinen: „Preußens Landwehr. Eine geschichtliche Skizze u. s. w. von einem preußischen Offizier."

Nachschrift.

Die in der Beilage XV. ausgesprochene Hoffnung ist inzwischen bereits in Erfüllung gegangen. In der Beilage Nr. 3 des Militairwochenblatts für 1866, ist der Gang der Ereignisse am äußeren Grimmaischen Thor authentisch und endgültig aus der Gesammtheit der vorliegenden Urkunden festgestellt worden. Es ergiebt sich daß die Königsberger Landwehr allerdings den Eingang durch das Grimmaische Thor unter sehr schwierigen Umständen erzwungen hat; daß Abtheilungen des 14. Regiments aber schon etwas früher durch Gartenhäuser und anderweitige Eingänge in die Gärten der Vorstadt eingedrungen waren, und dort, wo sie energischen Widerstand fanden, zur Zeit im Gefecht standen.

Berichtigung.

S. 272 3. 18 lies: im Rücken der feindlichen Armee gegen Böhmen vorrücken.